Le groupe international de sociétés

Publications Universitaires Européennes
European University Studies
Europäische Hochschulschriften

Série II
Droit

Series II Reihe II
Law
Rechtswissenschaft

Band/Vol. 5000

PETER LANG
Bern · Berlin · Bruxelles · Frankfurt am Main · New York · Oxford · Wien

Michael Bode

Le groupe international de sociétés

Le système de conflit de lois en droit comparé français et allemand

PETER LANG
Bern · Berlin · Bruxelles · Frankfurt am Main · New York · Oxford · Wien

Information bibliographique publiée par «Die Deutsche Nationalbibliothek»
«Die Deutsche Nationalbibliothek» répertorie cette publication dans la «Deutsche Nationalbibliografie»; les données bibliographiques détaillées sont disponibles sur Internet sous ‹http://dnb.d-nb.de›.

ISSN 0531-7312
ISBN 978-3-0343-0414-6

Hochfeldstrasse 32, CH-3012 Bern
info@peterlang.com, www.peterlang.com, www.peterlang.net

Imprimé en Suisse

Meinen Eltern

PREFACE

Le présent ouvrage est issu d'une thèse de doctorat de l'Université Panthéon-Assas (Paris 2) et de la Juristische Fakultät de la Humboldt Universität zu Berlin présentée et soutenue publiquement le 17 juin 2009. La thèse a été réalisée dans le cadre d'une cotutelle internationale sous la direction conjointe du Professeur Dominique BUREAU, Docteur d'État en droit, diplômé de l'I.H.E.I., qui a suggéré le sujet traité et de son homologue allemand, le Professeur Dr. Gerhard DANNEMANN, M.A. (Oxon). Je m'adresse tout d'abord à ces derniers pour les remercier vivement de leur soutien exceptionnel et de leur disponibilité exemplaire durant la réalisation de la thèse.

Je remercie ensuite le Professeur Louis D'AVOUT, Docteur en droit, LL.M. (Cologne/Paris 1), Université Jean Moulin (Lyon 3), et le Professeur Dr. Robert FREITAG, Maîtrise en droit public (Bordeaux 4), Universität Hamburg, d'avoir accepté de faire partie de mon jury de thèse.

J'exprime également ma gratitude à l'égard du DAAD (*Deutscher Akademischer Austauschdienst*) pour son soutien durant mon séjour en Allemagne, de même qu'à l'égard du ministère de l'Enseignement supérieur et de la Recherche pour la subvention d'aide à la mobilité couvrant les frais de voyage.

Merci à mes amis Benoît CAILLAUD, Avocat au Barreau de Paris, et Théodore EFTHYMIOU pour la relecture soigneuse du manuscrit. Merci également à mon amie Annabelle CARTON, LL.M. (Humboldt Univ., Berlin), Avocat au Barreau de Paris, pour son travail de relecture et, tout simplement, pour avoir été présente à mes côtés.

Enfin, mes parents méritent d'être mentionnés ici pour m'avoir soutenu pendant le cursus universitaire international que fut le mien. C'est à eux qu'est dédié cet ouvrage.

Sommaire

Table des Abréviations

§	Paragraph
§§	Paragraphen
ABl.	Amtsblatt (Journal Officiel)
alt.	(branche d'une) alternative
AG	*Die Aktiengesellschaft* (périodique)/ Aktiengesellschaft (société anonyme allemande)
AktG	Aktiengesetz (loi sur les sociétés anonymes)
al.	alinéa
AMF	Autorité des marchés financiers
art.	Article(s)
Ass. plén.	arrêt de l'Assemblée plénière de la Cour de cassation
BB	*Betriebsberater*
Bd.	Band (tome)
BGBl.	Bundesgesetzblatt
BGB	Bürgerliches Gesetzbuch
BGH	Bundesgerichtshof (=Cour fédérale de justice)
BGHZ	Entscheidungen des Bundesgerichtshofs in Zivilsachen
BT	Bundestag
BT-Drucks.	Bundestags-Drucksache
BVerwGE	Bundesverwaltungsgericht
Bull.	Bulletin
Cass.	Cour de cassation
CA	Cour d'appel
C. civ.	Code civil
C. com.	Code de commerce
CJCE	Cour de justice des Communautés européennes
chron.	Chroniques
concl.	Conclusions
com.	Chambre commerciale
CPC	Code de procédure civile

CMLR	*Common Market Law Review*
contra	solution/avis contraire
crim.	Chambre criminelle
DB	*Der Betrieb*
DIP	Droit international privé
Diss.	Dissertation (thèse)
éd.	Edition
éd. G	édition générale (cf. JCP)
éd. N	édition notariale (cf. JCP)
EEE	Espace économique européen
etc.	et caetera (et d'autres)
et s.	et suivant(e)(s)
FS	Festschrift (Mélanges)
GmbH	Gesellschaft mit beschränkter Haftung (SARL)
GmbHG	Gesetz betreffend die Gesellschaft mit beschränkter Haftung
GmbHR	*GmbH-Report*
HGB	Handelsgesetzbuch
ibid.	au même endroit (ouvrage, passage)
idem	le même auteur
in fine	à la fin
infra	plus bas
in principio	au début
IPR	Internationales Privatrecht = Kollisionsrecht = droit international privé
IPRax	*Praxis des Internationalen Privat- und Verfahrensrechts*
IR	Informations rapides
JCP	*La semaine juridique*
JDI	*Journal de droit international (Clunet)*
KTS	*Konkurs, Treuhand, Sanierung - Zeitschrift für Insolvenzrecht*
KStG	Körperschaftssteuergesetz
L.	Loi
LG	Landgericht (Tribunal de grande instance)
LM	*Lindenmaier-Möhring* (Lexique de la BGH)
NCPC	Nouveau Code de procédure civile
NJW	*Neue Juristische Wochenschrift*

n°	numéro(s)
NZG	*Neue Zeitschrift für Gesellschaftsrecht*
NZI	*Neue Zeitschrift für das Recht der Insolvenz und Sanierung*
OLG	Oberlandesgericht (Cour d'appel)
op. cit.	dans l'ouvrage précité
phr.	phrase(s)
p.	page(s)
pro	pour
R.	Règlement
RCADI	*Revue des cours de l'Académie de droit international de La Haye*
RCS	Registre du commerce et des sociétés/Handelsregister
RabelsZ	*Rabels Zeitschrift*
Reg.Begr.	Regierungsbegründung (exposé des motifs du Gouvernement)
Rec.	Recueil
Rev. crit. DIP	*Revue critique de droit international privé*
Rev. soc.	*Revue des sociétés*
R. ins.	Règlement insolvabilité (Règlement CE n° 1346/2000)
RG	Reichsgericht
RGZ	*Reichsgerichtszeitung*
RJC	*Revue de jurisprudence commerciale*
RJDA	*Revue de jurisprudence de droit des affaires*
RTD com.	*Revue trimestrielle de droit commercial*
SARL	Société à responsabilité limitée
StGB	Strafgesetzbuch
supra	ci-dessus
th.	Thèse
UE	Union européenne
UmwG	Umwandlungsgesetz
vol.	Volume
WpÜG	Wertpapiererwerbs- und Übernahmegesetz
ZeuP	*Zeitschrift für europäisches Privatrecht*
ZGR	*Zeitschrift für Unternehmens- und Gesellschaftsrecht*
ZHR	*Zeitschrift für das gesamte Handelsrecht und Wirtschaftsrecht*
ZIP	*Zeitschrift für Wirtschaftsrecht und Insolvenzpraxis*
ZInsO	*Zeitschrift für das gesamte Insolvenzrecht*

ZPO	Zivilprozessordnung
ZSR	*Zeitschrift für schweizerisches Recht/Revue de droit suisse*
ZZP	*Zeitschrift für Zivilprozess*
(= ...)	à contenu identique que précédemment

CHAPITRE INTRODUCTIF

1. Une première idée... Sans prétendre fournir une définition exhaustive, l'on peut décrire le groupe de sociétés comme étant

> *« l'ensemble constitué par plusieurs sociétés, ayant chacune leur existence juridique propre, mais unies entre elles par des liens divers en vertu desquels l'une d'elle, dite société mère, qui tient les autres sous sa dépendance, exerce un contrôle sur l'ensemble et fait prévaloir une unité de décision ».*[1]

2. Importance économique du phénomène – quelques chiffres. Le groupe est devenu une réalité de plus en plus forte de l'économie mondiale. Il faut savoir que, contrairement à une idée reçue, les groupes ne rassemblent pas que des grandes entreprises. Des groupes se créent aussi à un niveau inférieur, celui des moyennes et petites entreprises nationales et internationales. Il s'agit d'un domaine évolutif et dynamique. En 2006, les projets d'implantation de la part des groupes de sociétés opérant sur la scène internationale étaient au nombre de 565 en France (541 en 2007) et de 286 (305 en 2007) en Allemagne, devancés tous deux par le Royaume-Uni qui comptait 686 (713 en 2007) projets.[2] Toutefois, une forte tendance se fait sentir chez les investisseurs : l'Allemagne gagne en attractivité sur des critères aussi variés que les infrastructures de transport et de logistique, le niveau de qualification de la main d'œuvre, le marché intérieur allemand et la qualité des pôles d'innovation et de recherche.[3] Proportionnellement, l'Allemagne accueille plus de nouveaux projets que la France : l'Allemagne

1 Ch. JARROSSON, 'Conventions d'arbitrage et groupes de sociétés', *in Groupes de sociétés : contrats et responsabilités (actes de la journée d'études du 19 novembre 1993 organisée par le Laboratoire d'études et de recherches appliquées en droit privé (LERADP) de l'Université de Lille II et Ecole des Hautes Etudes commerciales du Nord (EDHEC))*, Paris, L.G.D.J. 1994, p. 53-69 (53). Cette description n'est pas une définition juridique. Elle est d'ailleurs incomplète car elle ne rend pas compte des groupes d'ordonnancement égalitaire du droit allemand.

2 Baromètre Ernst & Young 2007 de l'Attractivité du site France 2007 – Le monde change… et la France ?, (à consulter sur le site *www.ey.com/global/*), p. 9 ; Baromètre Ernst & Young 2008 de l'Attractivité du site France 2007 – Liberté, créativité, attractivité, (*ibid.*), p. 11.

3 Baromètre Ernst & Young de l'Attractivité du site France 2006 – La France en mal d'image ?, (*ibid.*), p. 10.

connaît trois quarts d'implantations nouvelles et un quart de projets d'extensions contre, respectivement, 57 et 43 % en France.[4] Aussi, la moyenne d'emplois créés est de 70 par implantation en Allemagne contre 53 en France.[5] Pour l'implantation à l'échelle mondiale de l'administration centrale de l'entreprise, soit de la société mère, les décideurs et managers internationaux préfèrent actuellement l'Allemagne (12 %) après les États-Unis (20 %) mais devant le Royaume-Uni (11 %) à la France qui, quant à elle, n'attire que 3 % des suffrages et partage sa place avec le Luxembourg, la Belgique, le Japon, l'Espagne et la Suède.[6] Il est intéressant de noter que parmi les dix pays préférés pour l'emplacement des centres de décisions ne se trouvent que des pays européens à l'exception des États-Unis et du Japon. Cette situation est d'autant plus frappante que les investissements internationaux, au contraire des centres de décision, ne se concentrent guère seulement dans le monde occidental mais connaissent une forte progression en Chine, en Inde, en Russie et au Brésil.[7]

Que faut-il en retenir ? Les études menées montrent que l'implantation internationale des centres de décision mondiaux des 2000 entreprises les plus puissantes du monde concerne principalement trois pays en Europe : le Royaume-Uni, la France et l'Allemagne.[8] Autant dire que les groupes de sociétés, y compris leur cadre juridique respectif, jouent un rôle essentiel dans l'économie de ces pays. Il convient par conséquent de localiser ce phénomène économique important que sont les groupes dans le monde du droit (Section 1). Une brève présentation du droit comparé permettra de déterminer la méthode et ainsi la démarche à suivre pour étudier le phénomène des groupes internationaux de sociétés (Section 2).

4 Baromètre Ernst & Young 2007 de l'Attractivité du site France 2007 – Le monde change… et la France ?, (*ibid.*), p. 12.

5 Studie Standort Deutschland 2007, Ernst & Young, (*ibid.*), p. 24.

6 *Ibid.*, p. 19.

7 *Ibid.*, p. 11.

8 Respectivement, ces pays occupent les places 3, 4 et 6 dans le classement mondial du nombre de centres de décision (Sénat, rapport n° 347, t. 2, « Centres de décision économiques », mai 2007, p. 11 ; ce rapport réalisé par le cabinet Ernst & Young est basé sur le classement du *Forbes Magazine*).

Section 1 Le groupe de sociétés et le droit

§ 1) Le groupe de sociétés – un problème juridico-économique

3. Le groupe de sociétés est une forme d'organisation particulière de l'activité économique. Elle permet la création de plusieurs niveaux juridiquement distincts, que sont les sociétés jouissant en principe d'une autonomie juridique, à l'intérieur d'une unité économique, le groupe.

4. Cette différenciation juridique déploie ses effets avant tout **dans les relations extérieures** des membres du groupe, c'est-à-dire dans leurs relations avec d'autres acteurs économiques, avec des institutions publiques et plus généralement dans toutes les relations avec des tiers auxquelles le droit attache des droits ou des obligations (notamment par la responsabilité délictuelle). Les réglementations de ces relations extérieures ont été désignées par E. REHBINDER de *Konzernaußenrecht*[9]. Ce domaine juridique a pour objet d'examiner si et, dans le cas d'une réponse positive, dans quelle mesure il faut juridiquement analyser le fait que plusieurs sociétés forment une unité économique.[10] En règle générale, l'unité économique, le groupe, n'est pas considérée en tant que tel par le droit. Au contraire, c'est l'entreprise ou la société membre du groupe qui voit son autonomie reconnue juridiquement. Le droit met donc à la disposition de l'unité économique la possibilité de différencier juridiquement plusieurs niveaux en son sein.

5. D'un point de vue économique, la différenciation juridique comporte plusieurs avantages. En premier lieu, le groupe permet une plus grande flexibilité qu'une entreprise prise individuellement. En effet, si l'unité économique qu'est le groupe souhaite conclure des contrats sur le marché, elle peut choisir à quel niveau, autrement dit par quelle société membre, ceux-ci seront conclus. Ainsi, la flexibilité élevée permet au groupe de faire agir ses membres sur les divers marchés comme s'ils étaient des unités économiquement indépendantes. La différenciation juridique ne sera remise en cause qu'exceptionnellement et alors partiellement.[11] En

9 Littéralement : droit extérieur du groupe.

10 E. REHBINDER, *Konzernaußenrecht und allgemeines Privatrecht,* Bad Homburg, 1969, p. 33 et s.

11 Il faut penser à des hypothèses telles que la confusion de patrimoines, la fictivité, le cautionnement, les lettres de confort ou encore le *Durchgriff* (littéralement : le fait de passer la main à travers. Il s'agit de la responsabilité directe soit des actionnaires d'une

deuxième lieu, l'organisation de l'activité économique sous forme de groupe permet à la tête du groupe, si le besoin se fait sentir, de diriger étroitement l'activité de ses membres, cette possibilité de direction étant toutefois limitée par le droit qui subordonne l'utilisation de la personne morale à l'existence d'un minimum d'autonomie. En troisième lieu, le groupe se distingue de l'entreprise à un niveau par le fait que la responsabilité est répartie selon les différents niveaux. On assiste à une segmentation de la responsabilité parmi les membres du groupe qui apporte un important avantage économique au groupe. Les créanciers d'une société membre ne peuvent en effet se faire payer que sur la base du patrimoine de leur société débitrice. Or, ce patrimoine fait l'objet de variations qui sont largement tributaires de la politique relative au bilan et aux distributions de la société mère. Autrement dit, la société mère est en mesure d'influencer le patrimoine de la filiale de sorte que les créanciers risquent de ne pouvoir se faire payer entièrement. À l'avantage du groupe correspond l'inconvénient des créanciers : on parle ici d'une situation d'externalisation des coûts.

6. À l'intérieur même du groupe, comme on le verra, la société mère a en règle générale la possibilité de diriger étroitement l'activité de ses filiales. Elle influence dans une large mesure les affaires de celles-ci, autrement dit leur vie sociale et leur fonctionnement interne. La présence de personnes juridiquement autonomes mais dépendantes de la société mère est en effet la deuxième conséquence de la différenciation juridique. La dépendance comporte cependant un certain nombre de risques pour les sociétés dépendantes ainsi que leurs associés auxquels le droit se doit de remédier.

7. Aussi, en vue de contrecarrer l'externalisation des coûts, le déséquilibre des risques encourus, entre le groupe, d'une part, et les créanciers et actionnaires minoritaires, d'autre part, le droit intervient en édictant que la société mère doit répondre des obligations de la société membre. Économiquement, cela se justifie par le fait que la transaction économique a en réalité lieu entre le partenaire (actionnaire, créancier) et l'unité économique, le groupe.[12]

En réalité, cela n'est cependant pas chose facile. D'un point de vue juridique, en effet, si les sociétés appartenant à l'unité économique qu'est le

---

société de capitaux à l'égard des créanciers de la société, soit de la société mère à l'égard des créanciers d'une société membre du groupe, cf. *infra*).

12 Chr. KIRCHNER, 'Ökonomische Überlegungen zum Konzernrecht', *ZGR* 2 (1985), 214-234 (228, 229).

groupe sont des sujets de droit ordinaires[13], le groupe lui-même, au contraire, n'a pas la qualité de sujet de droit de sorte que le pouvoir de direction qui est exercé sur les membres est difficilement qualifiable juridiquement.[14] Autrement dit, le droit des groupes ne régit pas le groupe en tant que sujet de droit. Ainsi, sauf limitations nécessaires en vue de la protection des actionnaires minoritaires et des créanciers par les règles relatives à la publicité et la responsabilité[15] ainsi que celle de la libre concurrence par les règles relatives à la concentration économique[16], la formation du groupe est en principe libre.

§ 2) Le groupe de sociétés et le droit matériel

8. Un droit des groupes de sociétés en tant que matière systématiquement codifiée existe en Allemagne depuis 1965.[17] Par la suite, des États comme le Portugal[18], la Croatie, la Hongrie, la Slovénie, le Brésil[19] et Taiwan[20] ont suivi l'exemple allemand. Cependant, mis à part le Portugal, la codification n'est que partielle. Dans les autres pays industrialisés, le droit des groupes de sociétés se rencontre dans de nombreuses dispositions particulières (Italie[21]) ou en *case law* (USA[22]) ou encore dans un mélange des deux formes précédentes (France).[23]

13 L. RAISER, 'Die Konzernbildung als Gegenstand rechts- und wirtschaftswissenschaftlicher Untersuchung', *in* RAISER/SAUERMANN/SCHNEIDER (dir.), *Das Verhältnis der Wirtschaftswissenschaft zur Rechtswissenschaft, Soziologie und Statistik*, Berlin, Schriften des Vereins für Socialpolitik, Bd. 33, 1964, p. 51-56 (55).

14 *Ibid.*

15 *Ibid.*, p. 53.

16 *Ibid.*, p. 54.

17 Loi sur les sociétés par actions (*Aktiengesetz*) du 6 septembre 1965, *BGBl.* I p. 1089 ; le droit des groupes est contenu dans les §§ 291 et s. AktG. Avant cela, il existait déjà une *Aktiengesetz* de 1937 qui se limitait cependant en matière de groupe à la réglementation de questions particulières.

18 Décret-loi n° 262/86 du 2 septembre 1986, *ZGR* 1991, 401 et s.

19 Loi n° 6.404 du 15 décembre 1976, *ZGR* 1979, 608 et s. (texte et traduction en langue allemande).

20 Entrée en vigueur 1997 : H. YEH, *ZGR* 2000, 287 et s.

21 Cf. P. SPADA, 'Neuere handelsrechtliche Gesetzgebung und Konzernrecht in Italien', *Konzernrecht im Ausland, ZGR, Sonderheft 11*, 1994, 115-125 (120).

22 Cf. l'ouvrage de Ph. I. BLUMBERG/K. A. STRASSER/N. L. GEORGAKOPOULOS/E. J. GOWIN (dir.), *Blumberg on Corporate Groups*, 2e éd., Aspen, 2005.

23 M. LUTTER (dir.), *Konzernrecht im Ausland, ZGR, Sonderheft 11*, 1994, V.

En Allemagne, le droit des groupes de sociétés, *Konzernrecht*, fait avant tout partie du droit des sociétés.[24] Le groupe apparaît toutefois également en droit fiscal, en droit comptable, en droit du marché des capitaux ainsi qu'en droit du travail.[25] Le droit allemand ne réglemente de manière exhaustive que les groupes de sociétés composés de sociétés anonymes (*Aktiengesellschaft* ou *AG*). Si une partie des dispositions est applicable telle quelle aux sociétés à responsabilité limitée (*Gesellschaft mit beschränkter Haftung* ou *GmbH*), en revanche, c'est à la jurisprudence qu'il est revenu de combler les lacunes laissées dans la protection de la *GmbH*, de ses associés et de ses créanciers. L'on verra aussi que, parfois, le régime des *GmbH*, par une sorte de fécondation mutuelle, donne des impulsions au système des *AG*.

En France, les règles relatives aux filiales, aux participations et aux sociétés contrôlées des articles L. 233-1 et s. C. com. s'appliquent sans distinction de forme sociétaire.[26] Les groupes sont en principe soumis au droit commun des sociétés comme en droit allemand. Mais les nécessités engendrées par le phénomène économique que sont les groupes amènent le législateur et les tribunaux à élaborer, au coup par coup, des règles particulières qui tendent dès lors à se multiplier. Ainsi, il n'existe pas en droit français de construction cohérente du groupe. *« Pire, d'autres disciplines, telles que le droit fiscal, le droit comptable ou le droit du travail s'intéressent aussi au groupe, développant une approche spécifique, sans grande ressemblance avec celle du droit commercial. Et la jurisprudence s'en est mêlée, spécialement en matière pénale, défendant sa propre idée du groupe de sociétés. Le groupe est donc une* ***réalité juridique à géométrie variable****. »*[27]

9. Le droit des groupes de sociétés, des entreprises liées ou encore le *Konzernrecht* fait partie, dans la plupart des pays, des matières de droit civil les plus discutées sur le plan conceptuel, théorique et pratique. Cela empêche fréquemment sa codification : pendant ces trente dernières années plusieurs projets de loi en ce sens ont échoué, que ce soit en Allemagne concernant le droit des sociétés à responsabilité limitée[28], en France[29] ou sur

24 EMMERICH/HABERSACK, § 1 I 1.

25 *Ibid.*, § 1 I 2.

26 Elles sont contenues dans un chapitre 3 comprenant les articles L. 233-1 à L. 233-31 qui fait partie du titre III relatif aux « dispositions communes aux diverses sociétés commerciales ».

27 COZIAN/VIANDIER/DEBOISSY, n° 1335 (Souligné par nos soins).

28 Regierungsentwurf eines Gesetzes über Gesellschaften mit beschränkter Haftung vom 5.11.1971, BT-Drucksache 595/71, §§ 234 ff. (« GmbH-Novelle »).

le plan communautaire[30] où l'on partait jadis de l'idée qu'une harmonisation de la matière était nécessaire, alors qu'aujourd'hui les aspects de la subsidiarité et de la concurrence des ordres juridiques semblent prépondérants.

En outre, l'approche globale de type allemand et l'approche ponctuelle qui prévaut par exemple en France se distinguent nettement. Alors que l'approche globale suppose des règles rigides, l'approche ponctuelle est caractérisée par des règles souples élaborées pour résoudre des problèmes pratiques spécifiques dans de nombreux domaines.[31] Il n'est pas surprenant par conséquent que l'exemple allemand caractérisé par l'inflexibilité et la recherche perfectionniste n'était pas attirant pour les autres États membres de l'Union européenne[32] ce qui explique également les échecs des tentatives d'établir un droit des groupes au niveau communautaire[33].

§ 3) Le groupe « international » de sociétés et le droit

10. Par la disparition progressive des obstacles commerciaux et la libéralisation des marchés de capitaux, l'économie s'est internationalisée et trouve une expression caractéristique dans la croissance des entreprises communément désignées par le vocable « multinationales ». Depuis la fin de la seconde guerre mondiale, on a assisté en effet à une concentration toujours croissante des entreprises de provenances différentes au moyen de fusions, de scissions, d'apports partiels d'actif, de contrats interentreprises,

---

29 'Proposition de loi sur les groupes de sociétés et la protection des actionnaires, du personnel et des tiers' (Proposition « Cousté », version 1979), *Groups of Companies*, p. 296 et s.

30 Le « rapport WÜRDINGER » sur l'instauration d'un droit européen des groupes de sociétés : *ABl. (EG)* C 124, 10 oct.1970, p. 1 (version allemande) ; Avant-projet de Directive dite « groupe de sociétés » de 1984.

31 K. J. HOPT, 'Comparative Company Law', *in Oxford Handbook of Comparative Law*, p. 1161-1191 (1175-1176).

32 Voir les conclusions de l'*Etude C.R.E.D.A.* : P. BEZARD/L. DABIN/J.-F. ECHARD/D. JADAUD/A. SAYAG, *Les groupes de sociétés – Une politique législative,* Etudes du Centre de Recherche sur le Droit des Affaires de la Chambre de commerce et d'industrie de Paris (C.R.E.D.A.), Paris, Librairies techniques, 1975, 372 p.

33 Voir cependant Forum Europaeum Konzernrecht, *Corporate Group Law for Europe* (Stockholm, 2000) et *idem*, *ZGR* 1998, 672 et s. qui vise à établir un cadre communautaire de règles communes applicables aux groupes de sociétés. Voir également Communication de la Commission au Conseil et au Parlement européen, 'Modernisation du droit des sociétés et renforcement du gouvernement d'entreprise dans l'Union européenne – Un plan pour avancer', COM (2003), 284 final.

etc. Ces groupes de sociétés ne se limitent plus à un ordre juridique mais sont véritablement transfrontaliers.

Précisions terminologiques. En matière de commerce international, le langage juridico-économique se réfère soit à la notion de firme, société ou entreprise transnationale ou multinationale, soit à celle de groupe multinational, international ou transnational de sociétés.[34] Il faut écarter d'emblée le terme de « société multinationale » (ou *multinational corporation*) qui est inexact et prête à confusion puisque l'entité en cause ici consiste en réalité en plusieurs sociétés distinctes.[35] Le terme de firme nous semble également devoir être écarté en ce qu'il désigne, au sens courant, une entreprise par extension de sa raison sociale. Le terme d'entreprise quant à lui est issu de la science économique et n'est retenu dans le langage juridique, à l'heure actuelle, qu'en matière de droit de la concurrence communautaire, qui fera l'objet de développements ultérieurs. Quant à la notion de « groupe de sociétés », elle est un phénomène juridique qui, dès lors qu'il s'inscrit dans un contexte impliquant plusieurs ordres juridiques, ne saurait être réduit au simple dépassement du cadre national[36] (*trans nationes*). Un groupe de sociétés n'est pas davantage « multinational » dans tous les cas car il peut être composé de sociétés ne présentant des liens qu'avec seulement deux États, par exemple, auquel cas il serait plus aisé de parler de groupe binational. Plus encore, l'adjectif implique seulement que l'entreprise en question opère sur le territoire de plusieurs États[37] sans que cela suppose l'existence et l'implantation de sociétés appartenant au groupe dans différents pays.[38] C'est pourquoi nous préférerons parler de groupe « international » de sociétés car il s'agit en réalité de sociétés privées de nationalités différentes appartenant au même groupe qui agissent entre différents ordres juridiques constitués d'États souverains, soit *inter nationes*. Notons dès maintenant que l'étude ne

34 M. DELAPIERRE/Ch. MILLELLI, *Les firmes multinationales, des entreprises au coeur d'industries mondialisées*, 1995 ; SANDRETTO, *Le commerce international*, 1995 ; Ch. HANNOUN, L*e droit et les groupes de sociétés*, Paris, L.G.D.J., 1991, p. 259 et s.

35 A. A. FATOUROS, 'Problèmes et méthodes d'une réglementation des entreprises multinationales', *JDI* 1974, 495, note de bas de page n° 1.

36 Le PETIT ROBERT, 2003, v° 'transnational'.

37 H. SYNVET, *L'organisation juridique du groupe international de sociétés*, t. 1, n° 7.

38 En effet, une 'multinationale' est une *« entreprise, firme, société dépassant le cadre national (production, prestation de services) dans plusieurs pays, soit qu'elle dispose de capitaux à caractère plurinational, soit que sa direction est assurée par un état-major composé de personnes de différentes nationalités, ces diverses caractéristiques pouvant être cumulées »* (GUINCHARD/MONTAGNIER (dir.), *Lexique des termes juridiques*, 12e éd. Dalloz, Paris, 1999).

portera pas, en raison de leurs spécificités, sur les sociétés publiques internationales issues d'un traité international.[39] Du reste, le groupe international ne fera pas l'objet d'une définition juridique précise, car il en est insusceptible.[40]

Les critères économiques. Une fois ces précisions terminologiques apportées, il reste la question de savoir à partir de quel moment un groupe peut être considéré comme étant international. Pour y répondre, plusieurs critères ont été proposés en doctrine qui, faute de catégorie juridique en droit positif, s'inscrivent d'abord dans une approche micro-économique : un critère quantitatif et un critère gestionnaire.[41] Le critère quantitatif qui prend en considération la taille de l'entreprise, l'importance des ses activités et le nombre de ses filiales doit être récusé de suite tant ces éléments sont insusceptibles d'être traduits en droit du fait de leur caractère arbitraire. De l'étude du critère gestionnaire cherchant à définir l'entreprise multinationale de l'intérieur en appréhendant ce qui constitue sa vie intérieure – la façon dont elle est organisée et gérée – ressort ensuite que l'unité économique réelle n'est pas accompagnée d'une unité juridique : il existe en général diverses sociétés ayant chacune la « nationalité » du pays où elles ont été installées, et reliées entre elles par certains liens. Ce critère a le mérite de mettre l'accent sur la contradiction profonde entre le caractère économique unitaire et le caractère juridique pluraliste que revêt le groupe international de sociétés.[42]

On a ainsi affaire à

> *« des unités économiques réparties territorialement qui profitent des avantages d'une administration locale indépendante et de l'incorporation (au sens général du terme) et, ce faisant, de l'ordre juridique d'un État déterminé, mais qui cherchent à en éviter les inconvénients par l'attachement (de chaque unité) à l'intérêt de l'entreprise en son entier défini par un centre de décision ».*[43]

39 Pour une étude détaillée de celles-ci : J.-P. CALON, 'La société internationale, éléments d'une théorie générale', *JDI* 1961, 694-732 ; B. GOLDMAN, 'Le droit des sociétés internationales', *JDI* 1961, 320-388.

40 H. SYNVET, *L'organisation juridique du groupe international de sociétés*, t. 1, p. 32.

41 Ch. LEBEN, 'Le juridique : problèmes de délimitation', *in* C. LAZARUS/Ch. LEBEN/A. LYON-CAEN/B. VERDIER, *L'entreprise multinationale face au droit*, Paris, 1977, n° 34-72.

42 Ch. LEBEN, *op. cit.*, n° 44-50. Pour la critique de la notion de nationalité, cf. cependant *infra* n° 177.

43 E. REHBINDER, 'Das auf multinationale Unternehmen anwendbare Recht', *Deutsche zivil- und kollisionsrechtliche Beiträge zum IX. internationalen Kongress für Rechtsvergleichung in Teheran*, 1974, p. 122.

Aussi, la pluralité juridique soulève un **problème d'importance centrale**. Les réglementations nationales relatives aux groupes sont *a priori* édictées pour régir la vie économique à l'intérieur de l'État qui les a édictées. Mais dès lors qu'un groupe international déploie ses activités sur le territoire de cet État, par exemple, en ayant recours à une société de cet État, la détermination du champ d'application international de ces réglementations se pose avec acuité. Il s'agit là d'une question qui doit être résolue selon les méthodes du droit international privé. Il en va ainsi parce qu'un statut juridique international fait défaut à l'heure actuelle.

11. À la recherche d'un statut juridique international. Un auteur éminent a pu écrire que

> « *le groupe* [...] *est une entité économique qui dépasse les frontières nationales. Son statut juridique devrait lui aussi découler d'un instrument dépassant les frontières. Mais il est également certain que ce droit véritablement international des groupes de sociétés n'est sans doute pas pour demain* [...]. »[44]

Ainsi, il paraît difficile, sur le plan mondial d'abord, que tous les États se mettent d'accord sur les mêmes règles matérielles par le biais d'une convention internationale par exemple.[45]

Sur le plan communautaire, ensuite, il est vrai que les autorités communautaires se sont efforcées de mettre sur pied une réglementation matérielle des groupes de sociétés[46] visant à établir un cadre permettant une gestion saine des groupes tout en garantissant une protection adéquate des intérêts touchés par les opérations de groupe. La consultation qui a suivi a révélé un très faible soutien de la part des États membres et même des entreprises pour un cadre législatif aussi exhaustif, contraignant et rigide sur les groupes. En définitive, cette entreprise a donc échoué.[47] Pourtant, une solution matérielle de droit communautaire aurait l'avantage incontestable

44 B. GOLDMAN, *Cours de droit du commerce international*, p. 186.

45 H. SYNVET, *L'organisation juridique du groupe international de sociétés*, t. 1, p. 259 et s.

46 Avant-projet de 9e directive communautaire en matière de droit des sociétés, décembre 1984.

47 Cf. Communication de la Commission au Conseil et au Parlement européen, 'Modernisation du droit des sociétés et renforcement du gouvernement d'entreprise dans l'Union européenne – Un plan pour avancer', COM (2003), 284 final, p. 21 et s.

de pouvoir s'appliquer sans le support d'une règle de conflit.[48] La Commission a depuis renoncé à une réglementation générale des groupes de sociétés et semble préférer des approches ponctuelles en la matière.[49] Selon ses propres dires, elle *« ne juge pas utile de réactiver le projet de neuvième directive sur les relations de groupe* [...] *mais estime que les problèmes rencontrés dans trois domaines précis doivent faire l'objet de dispositions particulières »*[50]. Les trois domaines envisagés sont l'information financière et non financière que la Commission entend étendre à toutes les sociétés issues du groupe même non cotées, la mise en œuvre d'une politique de groupe coordonnée ainsi que les pyramides de sociétés. Cette idée communautaire de l'élaboration d'un socle de droit substantiel constituant les principes applicables est par ailleurs partagée par les organes de réflexions de l'OCDE qui ont élaboré les « principes du gouvernement d'entreprise de l'OCDE » en 1999 qui ne sont pas des normes contraignantes mais peuvent servir de guide pour les autorités législatives de chaque pays.[51]

En attendant donc un « *einheitliches Konzernrecht für Europa* »[52] (un droit des groupes de sociétés uniforme pour l'Europe) qui ne verra sans doute pas le jour dans un avenir proche en raison des multiples oppositions nationales, il convient d'examiner de quelle manière le groupe de sociétés doit être appréhendé en droit international privé, français et allemand en ce qui nous concerne, afin d'assurer un équilibre économiquement avantageux et juridiquement justifié des nombreux intérêts en cause.

48 Y. LOUSSOUARN, 'La concentration des entreprises dans la communauté économique européenne', *Rev. crit. DIP* 1974, 269-270.

49 B. LECOURT, 'Avenir du droit français des sociétés et droit européen', *Revue des sociétés* 2004, 224-257, (255).

50 COM (2003), 284 final, *loc. cit.*

51 J.-M. JACQUET, 'Version révisée des principes directeurs de l'OCDE à l'intention des entreprises multinationales', *Revue trimestrielle de droit commercial* 2001, 296 et s.

52 J. LÜBKING, *Ein einheitliches Konzernrecht für Europa*, thèse Göttingen 2000 : L'auteur compare les réglementations matérielles anglaise, allemande et française relatives aux groupes de sociétés et constate la nécessité de créer un droit des groupes harmonisé en raison des défaillances de chaque réglementation prise individuellement sur le plan du droit matériel. Selon l'auteur, les législateurs nationaux seraient peu enclins à réformer leur droit, d'où la nécessaire intervention des instances communautaires, justifiée par ailleurs par l'article 44 § 2 g) du traité CE. Il dégage *in fine* un droit commun des groupes qui emprunterait aux trois ordres juridiques examinés, les instruments juridiques s'étant révélés efficaces. Le groupe n'est donc pas étudié sous l'aspect du droit international privé, ce qui surprend à l'heure actuelle, mais s'explique, pensons-nous, par le dessein de l'auteur de voir naître un droit commun qui ferait disparaître le conflit de lois.

12. Une étude de droit international privé. La présente étude est une étude de droit international privé, mettant en œuvre ses techniques et ses méthodes propres. Définir le droit international privé comme « l'ensemble de règles applicables aux personnes privées dans les relations internationales »[53] paraît pour le moins superficiel. Car le droit international privé, s'il constitue une discipline juridique, n'est en revanche ni international, ni privé. Il n'est pas international car il s'agit bien d'un droit en principe étatique et donc national. Le mot « international » fait donc référence à l'objet de ce droit, non à ses sources. De même, il n'est pas réellement privé au sens où il régirait directement les relations privées. Ainsi, il n'est « privé » que parce qu'il s'adresse essentiellement à des personnes privées, de nombreuses exceptions existent cependant.[54] En définitive, le droit international privé constitue le droit spécial qui s'applique à des situations juridiques comportant un élément d'extranéité déterminé subjectivement ou objectivement.[55] Il revêt la particularité par rapport aux autres domaines juridiques, que l'on nomme « droit matériel », de ne pas, en principe, aboutir à une solution matérielle pour un problème donné. Il se borne en effet à désigner à l'aide de critères objectifs, dits « critères de rattachement », la loi ou plutôt l'ordre juridique dans lequel il convient de rechercher cette solution.

13. Nous savons que la méthode conflictuelle classique a fait l'objet de critiques acerbes en provenance des États-Unis. En particulier, les fonctionnalistes américains firent valoir qu'il était possible et même plus avantageux de ne pas faire dépendre le règlement du conflit de lois de critères objectifs. Au contraire, il s'agirait de prendre en compte, entre autres, soit la teneur des lois en présence tout en appliquant des principes de préférences comme l'envisageait David CAVERS dans son *rule selecting approach*[56], soit les intérêts gouvernementaux en jeu selon la *governmental interest analysis* de Brainerd CURRIE[57], soit encore la solution matérielle la plus juste (*better law ap-*

53 *Lexique des termes juridiques*, v° Droit international privé.

54 MAYER/HEUZÉ, p. 2-3.

55 *Ibid.*, p. 4-5.

56 D. CAVERS, 'A Critique of the Choice of Law Problem', *Harvard Law Review* 1934, 173 et s. ; *idem*, *The Choice-of-Law Process*, 106 (1965).

57 B. CURRIE, *Selected Essays on the Conflict of Laws*, 77 (1963) : L'analyse des intérêts gouvernementaux se fonde sur l'idée selon laquelle les États ont un intérêt à réaliser certaines politiques par le biais de l'application de leur propre droit substantiel à des cas comportant un élément d'extranéité.

proach de Robert A. LEFLAR[58]). Or, dans la mesure où la méthode fonctionnaliste a perdu de son élan initial[59], qu'elle a été largement réfutée et que ses apports ont été relativisés par les auteurs[60], qu'elle manque d'une méthodologie conséquente[61] et que ces différentes approches n'assurent pas la sécurité et la prévisibilité des solutions[62] pourtant nécessaires au commerce international, l'étude ne prendra en compte ces théories que de manière tout à fait subsidiaire.

58 R. A. LEFLAR, 'Choice-Infuencing Considerations in Conflict Laws', *New York University Law Review* 41 (1966), 267-327 ; *idem*, 'Conflicts of Law – More on Choice-Influencing Considerations', *California Law Review* 45 (1966), 1584-1598.
Un autre défenseur ardent de l'approche *better law* fut F. K. JUENGER, *Choice of Law and Multistate Justice*, 1993.

59 M. REIMANN, 'A New Restatement – for the new international age?', *Indiana Law Review* 2000, 575 et s.

60 Sur la *Governmental-Interest Analysis* : G. KEGEL, 'The Crisis of the Conflict of Laws', *RCADI* (112) 1964, 95 et s. ; E. JAYME, 'Zur Krise des « Governmental-Interest Approach »', *FS Kegel* 1977, 359-366 : G. KEGEL nie l'existence d'intérêts étatiques dans le dénouement des litiges privés qui opposent au contraire des intérêts de personnes privées ne se confondant pas avec les intérêts étatiques. De plus, l'analyse des intérêts gouvernementaux n'est pas exhaustive car elle ne prévoit aucune solution pour le cas d'un *true conflict* (lorsqu'aucune des lois en présence ne se veut applicable par manque d'intérêt : exemple jurisprudentiel : Bernhard v. Harrah's Club, *Cal. Rptr.* 128 (1976), 215 et s. ; cf. cependant L. KRAMER, 'The Myth of the 'Unprovided-for' Case', *Virginia Law Review* 1989, 1045 et s.). Enfin, l'analyse est inopérante dès lors qu'une multitude d'États ont potentiellement un intérêt à voir leurs lois s'appliquer.
Sur la méthode de *rule-selecting* : La *rule-selecting* approche met en œuvre des principes de préférences censés guider le juge. P. MAYER et V. HEUZE (MAYER/HEUZÉ, n° 138) démontrent cependant que ces principes ne sont rien d'autres que des règles de droit international privé marquées d'un fort aspect substantiel. B. AUDIT, ('Le caractère fonctionnel de la règle de conflit de lois', *RCADI* 1985, 186 et s. ; *idem*, *Droit international privé*, Paris, Economica, 3e éd, 2000, n° 105) quant à lui, fait valoir l'impossibilité d'affirmer *a priori* une préférence pour l'une des solutions en présence tant chaque règle de droit opère un équilibre entre les multiples intérêts individuels en cause, lesquels ne sont pas forcément les mêmes dans tous les ordres juridiques.
Sur la *better law approach* : G. KEGEL, 'Paternal Home and Dream Home : Traditional Conflict of Laws and the American Reformers', *American Journal of Comparative Law* 27 (1979), 615 et s. ; S. C. SYMEONIDES, *Conflict of Laws*, 3e éd. 2000, p. 51-58 ; *idem*, *RCADI* (298) 2002, 13-414 (52 et s.) : S. C. SYMEONIDES démontre que les risques de cette approche sont avant tout l'euphémisme d'une application pure de la *lex fori* et une couverture théorique pour le subjectivisme judiciaire.

61 S. C. SYMEONIDES, *RCADI* (298) 2002, 13-414 (96 et s.).

62 M. REIMANN, 'Comparative Law and Private International Law', *in Oxford Handbook of Comparative Law*, p. 1363-1396 (1377).

§ 4) Exclusions

14. De par leur structure la plupart de ces groupes de sociétés sont des groupes de sociétés de subordination (*Unterordnungskonzerne),* pouvant être définis, avec le droit allemand, comme étant un ensemble composé par une entreprise dominante et une ou plusieurs entreprises dominées qui serait soumis à un pouvoir de direction unique.[63] En droit français, la notion de groupe s'entend naturellement dans le sens du groupe de subordination.[64] Les groupes d'ordonnancement égalitaire s'en trouvent en principe exclus.[65]

C'est la raison pour laquelle ce travail se bornera à traiter principalement les groupes de subordination. Il laissera de côté l'étude aussi bien des fusions[66] que des groupements d'intérêt économique, des coopératives, etc. Il ne sera pas davantage question, sauf exceptions, du droit fiscal, ni du droit du travail des groupes alors même que ces domaines sont non seulement intellectuellement intéressants mais aussi économiquement importants.[67] Dans le cadre qui nous est imparti, il est cependant impossible d'en donner une image suffisante.

63 Cf. § 18, al. 1er AktG.

64 *Encycl. jur. Dalloz, Rép. soc., Groupe de sociétés*, n° 3. Pour des raisons tenant aux particularités du droit français, la doctrine française retient une définition (non juridique) plus détaillée et plus descriptive du groupe que ne le fait le droit allemand : les groupes sont, selon P. DIDIER (*Droit commercial*, t. 3, 1996, p. 513), *« des ensembles de sociétés soumises au contrôle, direct ou indirect, exclusif ou partagé, de certaines d'entre elles, placées elles-mêmes sous le contrôle de sociétés situées plus haut dans la hiérarchie du groupe, lequel est tout entier dominé par une société mère, souvent simple holding, appartenant à une famille, au public, à l'État ou à d'autres groupes, le tout reposant principalement sur des structures de capital* [...] *»*.

65 Cf. *infra* n°36.

66 Il est vrai que les fusions peuvent intervenir et interviennent souvent en pratique au sein d'un groupe de sociétés (fusion « intra-groupe ») ou sont même à l'origine de la création d'un groupe international (hypothèse de la société mère de droit interne absorbée par une société allogène). Il ne serait pas illogique, de ce fait, de les étudier ici. Seulement, les fusions qui interviennent dans le cadre du groupe ne présentent pas de particularité par rapport à celles ayant lieu entre sociétés indépendantes. Il n'y a pas notamment d'incidence sur le traitement en matière de conflit de lois du seul fait de l'appartenance de l'une des sociétés à un groupe.

67 Concernant le droit du travail en matière de groupes internationaux de sociétés, on consultera avec intérêt les travaux d'habilitation du Professeur A. JUNKER, *Internationales Arbeitsrecht im Konzern*, Tübingen, Mohr 1992, 597 p.

Section 2 Méthodologie du droit comparé

15. Avant même de nous plonger dans l'étude des groupes de sociétés, il convient, s'agissant d'une étude consacrée au droit (international privé français et allemand) comparé, de s'attarder quelques instants sur la matière qu'est le droit comparé, y compris ses méthodes et techniques propres, en ce qu'elles détermineront non sans quelque importance la démarche à suivre.

§ 1) Le droit comparé

Qu'est ce que le droit comparé ? Le sens du vocable « droit comparé » nous enseigne d'abord qu'il s'agit d'un procédé de l'esprit qui est relatif, d'une part, au droit et, d'autre part, à la comparaison. Mais, plus que de mettre en relation ou de distinguer les différentes normes d'un même ordre juridique ce qui n'irait nullement au delà de la tâche quotidienne de tout juriste, il s'agit de comparer les différents ordres juridiques entre eux, voire les réglementations qui leur sont propres.[68]

A. Origine et état actuel de l'étude du droit comparé

16. L'origine. Le terme même de droit comparé n'est pas ancien et pour cause : jusqu'au XIXe siècle, le *ius commune* fondé sur le droit romain et le droit canonique s'appliquait partout en Europe en tant que droit commun.[69] C'est lui qui faisait l'objet des enseignements et réflexions universitaires et non pas le droit produit par les princes et souverains, que ceux qui méditaient et écrivaient sur le droit négligeaient par mépris.[70] Comme il était commun à toute l'Europe, il n'était nul besoin de comparer. L'éclatement de ce *jus commune*, dû à la naissance des nationalismes juridiques qui accompagnaient la montée des États au XIXe siècle et son remplacement par les codifications nationales, a fait perdre de vue que le droit est une science universelle qui vise la recherche de solutions justes. Ce n'est qu'à la fin du

68 K. ZWEIGERT/H. KÖTZ, *Einführung in die Rechtsvergleichung*, p. 1 et s. Cet ouvrage est également disponible en langue anglaise : K. ZWEIGERT, H. KÖTZ, T. WEIR (trad.), *An Introduction to Comparative Law*, Oxford University Press, 3e éd., 1998.

69 R. DAVID/C. JAUFFRET-SPINOSI, *Les grands systèmes de droit contemporains*, Paris, Précis Dalloz, 11e éd., 2002, p. 1-2, n° 2.

70 *Ibid.*

XIXe et au début du XXe siècle que l'on commença à comparer entre elles les législations des États nationaux de l'Europe.

SALEILLES, lors de son intervention à l'occasion du premier Congrès international de droit comparé[71] qui s'est tenu en 1900 à Paris, qualifie successivement le droit comparé de *« méthode auxiliaire de la critique législative qui consiste à apprécier et à juger la loi nationale en la comparant aux lois similaires ou aux institutions analogues des autres pays »* [72], de *« science qui se constitue à l'état indépendant, avec son objet propre, ses lois et ses méthodes »*[73] et même de *« science principale indépendante »*[74]. La confusion est de taille d'autant qu'avec chaque qualification la nature du droit comparé, ses buts et fonctions changent.

La doctrine plus contemporaine n'arrive pas davantage à se mettre d'accord et navigue entre les qualifications jadis données par SALEILLES. Les définitions de ce qu'est le droit comparé sont aussi nombreuses que les auteurs[75] et aucune n'est prépondérante. Depuis la première Guerre Mondiale, l'avis selon lequel le droit comparé est une méthode est cependant devenu majoritaire.[76] C'est ainsi que H. C. GUTTERIDGE[77] pense que l'expression droit comparé *« désigne une méthode d'étude et de recherche et que le droit comparé n'est pas une branche ou une division spéciale du droit »* et René DAVID constate que *« [l]e droit comparé n'est pas autre chose de fait que la comparaison des droits, c'est la méthode comparative appliquée dans le domaine des sciences juridiques »*[78]. Enfin, la question de savoir si le droit comparé est une méthode ou une science, laquelle a donné lieu à un véritable *« excès de spéculation doctrinale »*[79], semblait par la suite d'importance tout à fait secondaire[80].

71 R. SALEILLES, 'Conception et objet de la science juridique du droit comparé', Congrès international de droit comparé, Procès-verbaux des séances et documents, vol. I, p. 167 et s.

72 *Ibid.*, p. 167.

73 *Ibid.*, p. 168.

74 *Ibid.*, p. 188.

75 A. OTETELISANU, *Esquisse d'une théorie générale de la Science du droit comparé*, th. Paris, 1940, p. 200 et s. s'est attaché à analyser toutes les définitions et conceptions existantes au moment où il rédigea sa thèse.

76 L.-J. CONSTANTINESCO, *Rechtsvergleichung I*, p. 210.

77 H. C. GUTTERIDGE, *Comparative Law, An Introduction to the Comparative Method of Legal Study and Research*, 1ère éd., Cambridge, 1946, (traduction française, Paris, 1953), p. 17.

78 R. DAVID, *Traité élémentaire de droit civil comparé*, Paris 1950, p. 4.

79 M. ANCEL, 'La tendance universaliste dans la doctrine comparative française au début du XXe siècle', *in FS Ernst Rabel*, Tübingen 1953, p. 36.

80 H. C. GUTTERIDGE, *op. cit.*, p. 22 ; R. DAVID, *op.cit.*, p. 2 ; J. LAMBERT, 'L'idée d'une science universelle du droit comparé. Etudes de droit contemporain', Contributions

Il reste qu'il est communément admis aujourd'hui que le droit comparé connaît ses propres méthodes[81] qui servent à déterminer sur la base de critères scientifiques et de manière systématique et objective des catégories et des règles, comme l'écrit justement Léontin-Jean CONSTANTINESCO.[82] La méthode comparative et la science juridique comparative (*Rechtsvergleichung* = droit comparé) *« ne sont que les deux faces d'une même médaille »* puisque la première est la méthode dont se sert la seconde.[83] Il n'est par conséquent pas sûr qu'il faille refuser de considérer le droit comparé comme une « discipline autonome »[84]. Autrement dit, *« [l]e droit comparé étant une branche de la science juridique, les données qu'il recherche appartiennent au droit ».*[85]

17. Le développement en France et en Allemagne. En France, le droit comparé a d'abord connu une époque d'activité comparatiste intense allant de la création de la fameuse Société de législation comparée en 1869, en passant par celle de l'Institut de Droit comparé de la Faculté de droit de Paris par Henri LEVY-ULLMANN et Henri CAPITANT en 1931/32 jusqu'à la première publication des « Grands systèmes de droit contemporains » de René DAVID en 1964, puis un déclin dû à l'insuffisance d'initiation et d'incitation universitaires.[86] A l'heure actuelle, il connaît cependant une renaissance notable pour deux raisons essentiellement. D'une part, l'influence sur le droit français exercée par le droit communautaire, par le droit issu de la Convention européenne de sauvegarde des droits de l'Homme et par les instruments internationaux tels que la Convention sur la vente internationale de marchandises de 1980 devient de plus en plus importante.[87] D'autre part, les débats d'envergure internationale relatifs aux projets européens en matière de droit des contrats ou de Code civil européen incitent et obligent les

françaises au IIIe et IVe Congrès international de droit comparé, Paris 1959, vol. I, p. 271 et s.

81 Cf. *infra* n° 18.

82 L.-J. CONSTANTINESCO, *Rechtsvergleichung I*, p. 272-273.

83 *Ibid.*, p. 261.

84 *Ibid.*, p. 272-273.

85 R. SACCO, *La comparaison juridique au service de la connaissance du droit*, Paris, Economica, 1991, p. 8.

86 B. FAUVARQUE-COSSON, 'Development of Comparative Law in France', *in Oxford Handbook of Comparative Law*, p. 35-67 (39-54).

87 *Ibid.*, p. 55 et s.

universitaires français à prendre position.[88] Tout ceci rend en effet indispensable un plus grand intérêt pour le droit comparé que par le passé.[89]

En Allemagne, le développement du droit comparé a été longtemps freiné par l'existence de l'École historique dont les adeptes préféraient, selon les deux branches de cette École, s'en tenir à la seule étude soit du droit romain (*romanistes*), soit du droit d'origine allemande (*germanistes*).[90] Mais le mouvement codificateur dans l'Empire allemand durant la deuxième moitié du XIXe siècle[91] rendait nécessaire la comparaison non seulement entre le droit romain et les droits en vigueur dans des différentes parties de l'Empire mais aussi à l'égard des droits étrangers. Il est vrai cependant que le *Bürgerliches Gesetzbuch* est un fruit de la seule science juridique de l'École historique. L'âge d'or du droit comparé en Allemagne commence avec Ernst RABEL.[92] En 1926, il devient le premier directeur du *Kaiser-Wilhelm-Institut für ausländisches und internationales Privatrecht* fondé à Berlin la même année et édite l'année suivante la revue *Zeitschrift für Internationales und ausländisches Privatrecht* laquelle changera de nom en 1960 en reconnaissance des mérites de RABEL, et devient la célèbre *Rabels Zeitschrift.* Après la guerre, le *Kaiser-Wilhelm-Institut* a été formellement dissous et rétabli sous l'appellation actuelle de *Max-Planck-Institut für ausländisches und internationales Privatrecht*[93], mondialement connu et reconnu, dont le siège est depuis 1956 à Hambourg. L'ouvrage de langue allemande sans doute le plus éminent en matière de droit comparé est la *Einführung in die Rechtsvergleichung* de Konrad ZWEIGERT et de Hein KÖTZ, publié pour la première fois en 1969, suivi de près de l'ouvrage en trois tomes de Léontin-Jean CONSTANTINESCO[94] lequel

88 *Ibid.*

89 Au risque d'enfoncer des portes largement ouvertes, constatons avec le bon mot de B. FAUVARQUE-COSSON que : *« être comparatiste et bon juriste français »* ne s'exclut pas (*ibid.*, p. 61).

90 ZWEIGERT/KÖTZ, p. 56.

91 *Allgemeine Deutsche Wechselordnung,* 1848 (Loi générale allemande sur la lettre de change) ; *Allgemeines Deutsches Handelsgesetzbuch,* 1861 (Code allemand général de commerce) ; *Konkursordnung,* 1881 (loi sur la procédure de faillite) ; *Zivilprozessordnung,* 1880 (Code de procédure civile) et surtout le *Bürgerliches Gesetzbuch,* 1900.

92 I. SCHWENZER, 'Development of Comparative Law in Germany, Switzerland, and Austria', *in Oxford Handbook of Comparative Law*, p. 69-106 (p. 77 et s.).

93 Malgré la découverte, en avril 2008, dans les registres écclésiastiques dans la ville de Kiel du vrai prénom du physicien PLANCK, Karl Ernst Ludwig *Marx,* Marx étant une forme vieilli de Marcus, il ne semble pas probable que l'institution change de nom dans un avenir proche.

94 *op. cit.*

se veut une réflexion globale sur la matière en tant que science juridique. Il reste que, tout comme en France, les comparatistes déplorent un intérêt trop faible de la part des étudiants et des praticiens pour leur matière.[95]

B. Méthodes

18. Konrad ZWEIGERT et Hein KÖTZ ont établi la distinction entre la comparaison de « méthodes générales de traitement juridique, les procédés de médiation et de solution de différends ou encore la manière dont les juristes travaillent » appelée macrocomparaison et la comparaison de « certaines institutions et problèmes juridiques » appelée microcomparaison.[96]

1. La macrocomparaison

19. La macrocomparaison tend à distinguer des systèmes juridiques. Les auteurs proposent la classification de ces systèmes juridiques en familles ou cercles juridiques afin de faciliter et de systématiser leur comparaison. Toutefois, l'accord n'est pas réalisé pour savoir comment effectuer ce regroupement, et quelles différentes familles de droits il y a lieu en conséquence de reconnaître. Les critères servant à la classification sont en effet divers et leur pertinence différemment appréciée par les auteurs : l'origine et l'évolution historique d'un système juridique, le langage juridique (programmatique, abstrait, rationnel), la manière de raisonner des juristes, la présence d'institutions juridiques caractéristiques (exemples tirés du droit anglais : *agency, consideration, property*), la nature des sources du droit et leur interprétation, la formation des praticiens du droit, l'ensemble des facteurs idéologiques, etc. De surcroît, la plupart des classifications ne valent que pour le seul domaine juridique ayant fait l'objet de l'examen comparatif, donc bien souvent le seul droit privé. C'est en combinant cinq critères que René DAVID, le premier à avoir opéré une classification avec autant de netteté, et Camille JAUFFRET-SPINOSI distinguent en 1992[97] la famille romano-germanique, la famille des droits socialistes, la famille de la *common law* et, enfin, une catégorie appelée « autres conceptions » comprenant pêle-mêle le droit musulman, le droit de l'Inde et les droits de l'Afrique et de

95 SCHWENZER, *op. cit.*, p. 105.

96 ZWEIGERT/KÖTZ, p. 4 (notre traduction).

97 R. DAVID/C. JAUFFRET-SPINOSI, *Les grands systèmes de droit contemporains*, Paris, Précis Dalloz, 10e éd., 1997.

Madagascar. Lors de l'édition suivante de leur ouvrage, en 2000[98], ils préférèrent la distinction entre la famille romano-germanique, celle de la *common law* et celle de droit russe (les régimes socialistes ayant disparu entre-temps) en ajoutant une catégorie comprenant le droit musulman, le droit indien, le droit chinois, le droit japonais et le droit africain. ARMINJON, NOLDE et WOLFF[99], quant à eux, distinguent *« en tenant compte de l'originalité des rapports de dérivation et des ressemblances »* les cercles français, allemand, scandinave, anglais, russe, islamique et hindou. Force est alors de constater que les classifications entreprises ne sauraient avoir de valeur définitive puisqu'elles varient en fonction des changements (géo-)politiques et ne servent qu'à structurer l'approche comparative.

La famille juridique romano-germanique (ou *kontinentaleuropäisch*) est, quant à elle, spécialement caractérisée par le fait que, dans les pays concernés, la science du droit s'est formée sur la base du droit romain et que les mouvements de codification ont été importants.[100] À l'intérieur de la famille romano-germanique, K. ZWEIGERT et H. KÖTZ[101] distinguent clairement, en reprenant et affinant la thèse de ARMINJON, NOLDE et WOLFF[102], le cercle juridique allemand comprenant l'Allemagne, l'Autriche, la Grèce et, dans une certaine mesure, la Suisse, d'une part, et le cercle juridique français comprenant quant à lui la France, l'Italie et l'Espagne principalement, d'autre part. Le cercle allemand et le cercle français se distinguent notamment par leur évolution historique, la nature de la dogmatique[103], le langage juridique employé (sobre ou fleuri, abstrait ou programmatique voire déclamatoire), le style rédactionnel des décisions de justice (présence ou absence de citations de précédents ou de la doctrine, explications ou phrase

98 R. DAVID/C. JAUFFRET-SPINOSI, *Les grands systèmes de droit contemporains*, Paris, Précis Dalloz, 11e éd., 2002. Dans son *Traité élémentaire de droit civil comparé* (*op. cité*, p. 222), R. DAVID distinguait et opposait les familles de droits occidentaux, de droits soviétiques, de droit islamique, de droit juif, de droit hindou et de droit chinois. Il est alors frappant de constater que le droit d'Europe continentale et la *common law* ont pu être regroupés au sein de la famille de « droits occidentaux ».

99 ARMINJON/NOLDE/WOLFF, *Traité de droit comparé*, Paris 1950, p. 47 et s.

100 R. DAVID/C. JAUFFRET-SPINOSI, n° 17 et 25.

101 ZWEIGERT/KÖTZ.

102 ARMINJON/NOLDE/WOLFF.

103 Ph. JESTAZ/Chr. JAMIN, *La doctrine*, Paris, Dalloz, coll. Méthodes du droit, 2004, p. 303 : P. JESTAZ et Chr. JAMIN distinguent la dogmatique fort abstraite des pandectistes allemands et une dogmatique « bien tempérée » à la « manière française » se situant entre la méthode allemande partant de la règle et la méthode américaine partant du cas.

unique) ainsi que par la formation, l'exercice et les vertus typiques des professions juridiques.[104]

20. C'est l'occasion d'attirer spécialement l'attention du lecteur français sur le fait que le langage juridique allemand est très riche, plus riche que le langage français pour des raisons historiques et linguistiques. Pour des raisons historiques, d'abord. En effet, le droit allemand contemporain est fortement caractérisé par la science juridique du XIXe siècle. Les *Pandectistes*[105] de l'époque, adeptes de l'École historique qui délaisse la philosophie des Lumières, exploitèrent le *ius commune* (droit commun à l'Europe continentale) dans le but d'en faire un système de droit privé complet et exempt de contradictions inhérentes, capable de servir de droit positif. Pour ce faire, ils construisirent un corps de règles, de principes et de notions généraux à l'aide de déductions logiques et systématiques.[106] À chaque concept correspond un mot particulier, inventé au besoin. Le caractère abstrait qui résulte par la force des choses de cette méthode toujours en vigueur et désignée par l'expression *Begriffsjurisprudenz* (jurisprudence conceptuelle) nécessite encore de nos jours que soient définis précisément les termes avant leur emploi. L'écueil ne peut être contourné. La richesse du langage juridique allemand par rapport au langage juridique français a des raisons spécialement linguistiques ensuite. Le langage juridique français est ainsi parsemé de synecdoques.[107] En effet, la langue juridique française a tendance à définir un ensemble composé de plusieurs circonstances de fait par le fait unique qui est le plus apte à évoquer immédiatement les conséquences de cette situation de fait complexe.[108] *« Les Français ne se rendent pas compte de cette spécialité de leur langue ».*[109, 110]

104 ZWEIGERT/KÖTZ, p. 117-130.

105 Les représentants les plus éminents du mouvement pandectiste sont Friedrich Carl von SAVIGNY, PUCHTA, WINDSCHEID et, à la fin du XIXe siècle, Rudolf von IHERING.

106 Sur l'évolution historique du droit allemand et pour un très bon aperçu du droit allemand contemporain : C. WITZ, *Le droit allemand*, coll. Connaissances du droit, éd. Dalloz, Paris, 2001.

107 P. G. MONTATERI, 'Règles et techniques de la définition dans le droit des obligations et des contrats en France et en Allemagne ; la synecdoque française', *Revue internationale de droit comparé* 1984, 77 et s. *Le* PETIT ROBERT, v° « synecdoque » : « *Figure de rhétorique qui consiste à prendre le plus pour le moins, la matière pour l'objet, l'espèce pour le genre, la partie pour le tout, le singulier pour le pluriel ou inversement* [...]. »

108 En ce sens : R. SACCO, p. 23-24. L'auteur cite comme exemple « l'acte juridique », composé en réalité d'une volonté et d'une déclaration (et, concernant les actes conven-

Notons enfin que cette théorie des familles juridiques a fait l'objet de critiques lui reprochant son caractère formaliste et arbitraire dans le choix des critères de distinction aboutissant à des classifications artificielles.[111] Particulièrement depuis la deuxième moitié du XXe siècle, il est de surcroît des droits qui sont devenus inclassables comme celui de l'Union européenne.[112] Le survivant des auteurs de l'ouvrage précité, H. KÖTZ, a d'ailleurs apporté une nuance en constatant : « *Elle* [la théorie des familles juridique] *est modestement utile parce qu'elle indique aux débutants une première orientation qui peut rendre service tant que les différences et similitudes sont présentées de manière sincère* [...]. ».[113]

2. *La microcomparaison*

21. Au niveau de la microcomparaison, les méthodes du droit comparé que l'on peut trouver en doctrine sont multiples et divergent selon les auteurs. Nous nous contenterons par conséquent de dire l'essentiel sur les méthodes essentielles.

a) *La méthode fonctionnelle et sa critique*

22. La méthode fonctionnelle. Le principe de la fonctionnalité développé initialement par E. RABEL[114], puis repris et renouvelé par K. ZWEI-

---

tionnels, même d'un concours de volontés). Notons qu'en droit allemand, au moins six expressions différentes et distinctes concourent à l'acte juridique au sens français.

109 *Ibid.*

110 Si nous mentionnons cette différence de langage, nous le faisons pour deux raisons : premièrement, pour attirer l'attention sur la nécessité que nous avons ressenti d'être exhaustif en matière de définitions et, deuxièmement, pour nous en excuser car nous sommes conscient que le style peut en souffrir.

111 L. FRIEDMANN, 'Some thoughts on Comparative Legal Culture', *in* D. S. CLARD, *Comparative and Private International Law, Essays in Honor of John Henry Merryman*, 1990, p. 49 et s. ; J. HUSA, 'Classification of Legal Families Today : Is it Time for a Memorial Hymn?', *Revue internationale de droit comparé* 56 (2004), 11 et s. ; H. P. GLENN, 'Comparative Legal Families and Comparative Legal Traditions', *in Oxford Handbook of Comparative Law*, p. 421-440.

112 H. P. GLENN, *op. précit.*, p. 438.

113 H. KÖTZ, 'Abschied von der Rechtskreislehre', *ZEuP* 1988, 493 et s. (504) (notre traduction).

114 E. RABEL, 'Aufgabe und Notwendigkeit der Rechtsvergleichung' (1924), *in* H. G. LESER (éd.), *Ernst Rabel, Gesammelte Aufsätze, vol III : Arbeiten zur Rechtsvergleichung und zur Rechtsvereinheitlichung* (1967), p. 1-21.

GERT et H. KÖTZ, a été dominant pendant une large partie du XXe siècle en tant que *« le principe méthodique de base du droit comparé »*[115]. Ce principe trouve avant tout application en matière de microcomparaison puisqu'il s'avère difficile de trouver des réponses aux questions générales que pose la macrocomparaison en comparant les solutions de cas similaires.[116] En vertu de ce principe, il ne faut et l'on ne peut comparer que ce qui remplit la même fonction (règles, procédures, etc.). Cela implique deux choses. Premièrement, le comparatiste doit rechercher, dans l'ordre juridique examiné, la solution du problème qui fait l'objet de son étude sans se laisser perturber par les différentes manières que peut emprunter le système considéré pour parvenir à cette solution, ni par les notions employées par le système étranger qui peuvent différer, parfois sensiblement, de celles qui lui sont familières de par son propre ordre juridique. Deuxièmement, il ne doit pas se limiter d'une façon quelconque dans la recherche à l'intérieur du système étranger.[117] Cela est notamment vrai pour les sources du droit qui peuvent être multiples et dont l'importance variera en fonction des systèmes considérés (ex : rôle de la jurisprudence, de la doctrine, etc.).[118]

L'approche fonctionnelle sous-entend que *« les différents ordres juridiques arrivent à des solutions, identiques ou similaires, souvent jusqu'à dans les détails, malgré les grandes différences quant à l'évolution historique, à la structure conceptuelle et au style d'application »*.[119] Ainsi, il serait possible de parler d'une présomption de similarité des solutions en pratique, *praesumtio similitudinis,* selon K. ZWEIGERT et H. KÖTZ[120]. Avec ce postulat, l'approche fonctionnaliste est encore très influente de nos jours dans les mouvements d'harmonisation ou d'uniformisation du droit privé à l'échelle européenne[121] ou internationale.[122]

115 ZWEIGERT/KÖTZ, p. 33.

116 G. DANNEMANN, 'Comparative Law : Study of Similarities or Differences ?', *in* M. REIMANN/R. ZIMMERMANN (dir.), *The Oxford Handbook of Comparative Law*, Oxford, Oxford University Press, 2006, p. 383-419 (388).

117 ZWEIGERT/KÖTZ, p. 33-35.

118 Lire à ce sujet les développements de R. SACCO : il identifie et distingue cinq *formants* à l'intérieur de chaque ordre juridique (p. 33-35) qui contribuent, à un degré qui varie en fonction des ordres juridiques, à la formation du droit par des mécanismes divers (p. 61-98).

119 ZWEIGERT/KÖTZ, p. 38.

120 ZWEIGERT/KÖTZ, p. 39.

121 **La commission LANDO** : O. LANDO/H. BEALE (dir.), *Principles of European Contract Law, Parts I and II*, 2000 (version allemande par Chr. VON BAR/R. ZIMMERMANN, *Grundregeln des Europäischen Vertragsrechts, Teile I und II*, 2002) ; O. LANDO/E. CLIVE/A. PRÜM/R. ZIMMERMANN (dir.), *Principles of European Contract Law, Part III*, 2003 ;

23. Les critiques. L'approche fonctionnelle a cependant fait l'objet de maintes critiques. D'abord, selon Marc ANCEL, il conviendrait de donner davantage d'importance dans les études de droit comparé à l'opposition entre les systèmes qu'à leur convergence. Pour cela, il forge la notion de « comparaison contrastée » : toute comparaison se fait en termes de contraste et, d'une manière subjective, ce sont d'abord les différences de l'autre système par rapport au système dans lequel il a été formé que le comparatiste remarquera.[123] Günter FRANKENBERG va encore plus loin en exigeant la reconnaissance du subjectivisme pur dans toute comparaison : le comparatiste est forcément partial et en tant que tel un *participant observer*.[124] Par la suite, un mouvement doctrinal naquit qui rejeta en bloc l'approche fonctionnaliste et son postulat de la comparaison basée sur les solutions et érigea une présomption inverse, celle de la dissimilitude.[125] L'opposant le plus radical au fonctionnalisme est Pierre LEGRAND qui, après avoir fait un tour d'horizon sociologique, philosophique et psychologique des systèmes, constate que le droit est un produit individuel propre à chaque culture et, pour cela, accorde expressément la priorité à la différence.[126] Enfin, pour Ralf MICHAELS[127], la méthode fonctionnelle n'est rien d'autre qu'une chimère à l'heure actuelle en ce qu'elle serait inexistante en théorie et en pratique : en théorie, parce que le texte de K. ZWEIGERT n'établit pas une théorie complète et, en pratique, parce que il n'y a pas une méthode mais plusieurs qui sont mises en œuvre sans distinction conceptuelle suffisante, que certaines

---

Avant-projet GANDOLFI sur un code européen des contrats : G. GANDOLFI (dir.), *Code Européen des Contrats : Avant-projet*, 2000 (traduction allemande *in* R. SCHULZE/ R. ZIMMERMANN (dir.), *Basistexte zum Europäischen Privatrecht*, 2e éd., 2002, p. 473 et s. ; en dernier lieu : 'Der „Codice Gandolfi" als Modell eines einheitlichen Vertragsrechts für Europa?', *in FS Erik Jayme*, Band II, 2004, p. 1401 et s.).

122 **Principes UNIDROIT** : *Unidroit, Principles of International Commercial Contracts*, 1994.

123 M. ANCEL, *Utilité et méthodes du droit comparé : Eléments d'introduction générale à l'étude comparative des droits*, Paris, 1971, p. 65.

124 G. FRANKENBERG, 'Critical Comparisons : Re-thinking Comparative Law', *Harvard International LJ* 26 (1985), 411 et s. (441).

125 Notamment R. HYLAND, 'Comparative Law', *in* D. PATTERSON (éd.), *A Companion to Philosophy of Law and Legal Theory*, 1996, p. 184 et s.(193-194).

126 P. LEGRAND, 'The Same and the Different', *in* P. LEGRAND/R. MUNDAY, *Comparative Legal Studies : Traditions and Transitions*, New York, Oxford University Press, 2003, p. 240 et s. (286).

127 R. MICHAELS, 'The Functional Method of Comparative Law', *in Oxford Handbook of Comparative Law*, p. 339-382 (p. 340-343).

d'entre elles ne sont pas fonctionnelles et que parfois les travaux comparatistes ne suivent aucune méthode.

En réalité, il faut nuancer et relativiser. S'il est vrai que le comparatiste encourt en permanence le danger du subjectivisme, il saura s'en protéger en accédant à de bonnes connaissances du système étranger étudié par une *cultural immersion*[128] sans toutefois oublier de reprendre sa place d'observateur extérieur (*outsider*[129]) afin de retrouver une certaine neutralité d'esprit. La présomption de similitude ne doit pas être renversée pour être remplacée par une présomption de dissimilitude ou de différence.[130] Cela serait en effet dangereux car si les systèmes sont présumés différents tant en ce qui concerne les problèmes posés que les solutions que les systèmes y apportent[131], à quoi bon comparer quoi que ce soit ? Il convient, au contraire, de rester sensible au même niveau tant aux différences qu'aux similitudes pendant toute l'opération de comparaison. Ainsi, il semble possible de combiner l'approche fonctionnelle avec une attention particulière accordée aux différences.[132] Tous ces éléments militent en faveur d'une approche fonctionnelle modérée qui écarterait trois éléments du *hardcore functionalism* : la présomption de similitude, les explications en termes de causalité pour les similitudes ainsi que la notion de cadre neutre du droit comparé.[133] H. KÖTZ lui-même écrit bien des années après la parution de l'ouvrage qu'il a rédigé avec K. ZWEIGERT que l'inconvénient du principe de fonctionnalité consiste en le fait que le principe ressemble à une sorte de « boîte noire » dans laquelle on met le problème d'un côté et de laquelle sort, de l'autre côté, la solution. Autrement dit, le fonctionnalisme mène à ce que soit négligée la manière dont les solutions sont trouvées et élaborées dans le système étranger[134], ce qui est dommage puisque, et cela est vrai pour la com-

128 V. GROSSWALD CURRAN, 'Cultural Immersion, Difference and Categories in U.S. Comparative Law', *American Journal of Comparative Law* 26 (1998), 43 et s. (51).

129 *Ibid.*, p. 57.

130 *Ibid.*, p. 85.

131 Tel est, en somme, le constat dressé par P. LEGRAND qui croit le droit continental et la *common law* '*irrevocably irreconcilable*' : *op. précit.*, p. 245.

132 M. GRAZIADEI, 'The Functionalist Heritage', *in* LEGRAND/MUNDAY, *op. cit.*, p. 100 et s. (125).

133 J. HUSA, 'Farewell to Functionalism or Methodological Tolerance ?', *RabelsZ* (67) 2003, 417 et s. (443).

134 H. KÖTZ, 'Abschied von der Rechtskreislehre', *ZEuP* 1988, 493-505 (505) (notre traduction).

paraison juridique au même titre que pour la vie humaine, souvent *« le chemin est le but »*[135].

Il ne faut pas oublier en outre que K. ZWEIGERT et H. KÖTZ ont conçu la présomption de similitude pour le seul domaine du droit civil *« non politique »* et libre de *« valeurs morales »*[136] et *« pour un seul aspect de la comparaison, les solutions que sont les résultats pratiques que les ordres juridiques donnent en réponse à des situations spécifiques »*[137]. H. KÖTZ lui-même reprécise le contenu de la présomption de similitude qui *« veut dire que les faits problématiques doivent être décrits sans avoir recours aux notions d'un ordre juridique en particulier et que, ensuite, il faut rechercher les règles qui, dans les ordres juridiques faisant l'objet de la comparaison, remplissent la même fonction, c'est-à-dire celle de résoudre le problème de départ. »*[138] Pour le dire avec les mots de R. MICHAELS, *« ce ne sont ni les problèmes posés, ni les institution légales chargées de les résoudre, ni les besoins de l'ordre juridique de les voir résolus mais la relation fonctionnelle entre les problèmes et les solutions »*[139] qui fait l'objet de la présomption. Cet auteur fait valoir que le terme de similitude induit en erreur puisque les solutions que peuvent prévoir plusieurs ordres juridiques pour un même problème ne sont pas similaires parce qu'elles remplissent la même fonction consistant en la résolution du problème. Elles sont, au contraire, seulement fonctionnellement équivalentes et il est par conséquent préférable de parler d'équivalence fonctionnelle.[140] Il s'ensuit que cette présomption d'équivalence fonctionnelle ne préjuge pas l'existence de similitudes ou de différences des institutions étudiées.[141]

Partant, le Professeur Gerhard DANNEMANN a récemment démontré qu'il dépendait du but poursuivi par l'enquête de droit comparé que la balance entre la recherche des différences et la recherche des similitudes penche en faveur de l'une ou de l'autre.[142] Ainsi, le but d'unifier ou d'harmoniser le droit mène le comparatiste à s'intéresser davantage aux solutions similaires.[143] Si, au contraire, le but de la comparaison est la recherche dans le système étranger d'éléments de réponse pour éventuellement résoudre un problème

135 Attribué à CONFUCIUS, (551 av. J.-C. - 479 av. J.-C.).
136 ZWEIGERT/KÖTZ, p. 39.
137 DANNEMANN, *op. cit.*, p. 395 (notre traduction).
138 H. KÖTZ, *op. cit.*, p. 504 (notre traduction).
139 R. MICHAELS, *op. cit.*, p. 371.
140 *Ibid.*
141 *Ibid.*, p. 372.
142 DANNEMANN, *op. cit.*, p. 396 et s.
143 *Ibid.*, p. 402.

particulier du droit interne, une similitude des solutions lui serait fatale ; seul le postulat du fonctionnalisme selon lequel tous les systèmes juridiques connaissent des problèmes similaires peut lui être utile.[144] Il en va encore différemment concernant la comparaison de droits matériels par un juriste du commerce international qui chercherait à savoir quelle solution nationale est la plus appropriée pour ses besoins (*law shopping*) : en ce cas, une étude de *« boîte noire »* s'avère tout à fait suffisante car seule la solution importe.[145]

En outre, les différentes étapes de l'étude de droit comparé nécessitent que l'on s'intéresse tantôt aux similitudes, tantôt aux différences, tantôt à la balance des deux.[146] Ainsi, le choix de la base de comparaison nécessite indiscutablement la mise en œuvre d'une recherche des similitudes, comme l'ont dit K. ZWEIGERT et H. KÖTZ.[147] Au contraire, les étapes de la comparaison consacrées à la description et à l'analyse doivent tenir compte et des similitudes et des différences avec, toutefois, une attention particulière accordées aux différences dès lors que celles-ci semblent être dues aux particularités du système étudié empêchant l'aboutissement au même résultat en cas de transfert de la solution dans l'autre système[148].[149]

En définitive, il semble que la méthode puisse être maintenue[150], y compris avec la présomption de similitude, mais dans le sens d'une présomption d'équivalence fonctionnelle[151], qui fait office de principe heuristique[152] et indique utilement au comparatiste la direction dans laquelle il faut rechercher à l'intérieur du système étranger.

b) Le problème des legal transplants

25. Comme au cours de toute étude de droit comparé, il pourra se poser la question de savoir si un certain mécanisme connu par un droit peut avoir vocation à et qualité pour se substituer à une réglementation d'un

144 *Ibid.*, p. 403.
145 *Ibid.*, p. 405.
146 *Ibid.*, p. 406 et s., 419.
147 *Ibid.*, p. 407 ; ZWEIGERT/KÖTZ, p. 34.
148 Cf. *legal transplants*, *infra* n° 25 et s.
149 DANNEMANN, *op.cit.*, p. 416-418.
150 R. MICHAELS, *op. cit.*, se prononce également en faveur du maintien du fonctionnalisme, il exige cependant la construction d'une méthode fonctionnaliste plus solide et unifiée sur la base du principe susmentionné d'équivalence fonctionnelle (p. 381).
151 Voir R. MICHAELS, *op. cit.*, p. 371.
152 Ainsi déjà ZWEIGERT/KÖTZ, p. 39 ; HYLAND, *op. cit.*, p. 190 ; DANNEMANN, *op. cit.*, p. 395-396.

ordre juridique qui serait peu satisfaisante ou défaillante.[153] En effet, au cours de l'examen du droit international des groupes, lequel est très différent en France et en Allemagne comme on le verra ultérieurement, il est possible de s'imaginer qu'une réglementation allemande serait apte à combler un vide juridique de l'ordre juridique français en la matière ou *vice versa.* Alan WATSON démontre sous le vocable *legal transplants*[154], à partir de l'étude de l'accueil du droit romain en Europe, que des corps entiers de règles juridiques peuvent se déplacer, sans altération, d'un système à l'autre, dès lors que les conséquences socio-économiques s'avèrent favorables à l'emprunt.[155] Il écrit[156] :

> « *Law shows us many paradoxes. Perhaps the strangest of all is that, on the one hand, a people's law can be regarded as being special to it, indeed a sign of that people's identity, and it is in fact remarkable how different in important detail event two closely related systems might be; on the other hand, legal transplants – the moving of a rule or a system of law from one country to another, or from one people to another – have been common since the earliest recorded history* ».

Et de poursuivre que « *la transplantation de règles est socialement facile. Quelle que soit l'opposition de la part des avocats ou du législateur, il reste vrai que les règles légales se meuvent facilement et sont acceptées dans le système (étranger) sans grande difficulté. Cela en est même ainsi lorsque les règles proviennent d'un système très différent.* » WATSON voit la raison de cette acceptation facile dans le fait que « *beaucoup de règles légales n'ont qu'un impact restreint sur les individus et très souvent il importe seulement qu'il y a une règle ; mais quelle règle sera adoptée est d'une signification restreinte pour le bonheur des gens* [general human happiness] ». Il en conclut que « *les règles ne sont pas en règle générale créées spécialement pour la société dans laquelle elles opèrent et que cela a peu d'importance* ». Il précise toutefois son propos en déclarant qu'il considère uniquement l'existence de règles similaires mais « *non si elles fonctionnent toujours avec les mêmes effets à l'intérieur de systèmes différents* ».[157]

153 Cette conséquence n'est toutefois nullement inéluctable ; SACCO, p. 8, remarque à ce propos que « [l]*a comparaison est une science ; elle est une science pourvu qu'elle rassemble des données théoriques, indépendamment de toute utilisation pratique de ces données. En même temps, elle reste science lorsqu'on a recours à elle en vue d'une possible imitation des modèles* ».

154 On parle aussi de ce phénomène en termes de « réception » ou de « transfert » ou, d'une façon plus générique, d'« influence » ou d'« inspiration ».

155 A. WATSON, *Legal Transplants*, Edinburgh, 1974 (toutes les traductions sont les nôtres).

156 *Ibid.*, p. 21.

157 *Ibid.*, p. 95-96.

Pour Rodolfo SACCO, les causes d'un tel transfert doivent être recherchées dans deux phénomènes : la contrainte[158] et le prestige[159]. Le prestige peut être la qualité d'une solution juridique donnée, ou d'un système juridique tout entier.[160] R. SACCO précise que les influences et les imitations seront d'autant plus intenses que deux systèmes se ressemblent.[161] Concernant les vides juridiques, il constate qu'*« un système lacunaire sera enclin à imiter, quel que soit le modèle à emprunter, pourvu que le vide se comble »*.[162] Il est possible d'ajouter à la liste des causes du transfert l'amélioration de la performance économique par la mise en œuvre d'institutions légales plus efficaces.[163]

26. L'existence même des *legal transplants* est combattue par deux séries d'arguments. D'une part, la théorie des *legal transplants* mettrait en cause le principe de souveraineté des États qui sont seuls compétents pour décider du contenu de leurs droits. Cet argument peut être facilement réfuté par le constat que le législateur peut lui-même décider d'adopter une réglementation qui existe déjà ailleurs[164] de sorte que la souveraineté ne sera nullement mise en cause. Il ne faut pas oublier, en outre, que les *legal transplants* peuvent également consister, non en des lois, mais en des idéaux ou des modes de pensées[165], qui seraient repris et véhiculés par la doctrine interne par exemple et qui influencent ainsi le droit sans pour autant être reconnus

158 Exemple : La contrainte par laquelle le Code civil a été imposé dans les colonies françaises. Les réceptions dues à la seule force sont cependant réversibles et ses effets sont susceptibles de cesser au moment où cesse la force (*ibid.*, p. 123-124).

159 Il donne l'exemple du *ius commune,* du Code civil français et du BGB allemand qui se sont largement répandus en Europe pour ne pas avoir eu de concurrent de qualité et de prestige, chacun à son époque. Pour lui, cependant le fait d'imiter un droit ou un système juridique étrangers n'est pas toujours le résultat d'une comparaison scientifique préalable (*ibid.*, p. 6).

160 *Ibid.*, p. 123-124 ; cf. cependant U. MATTEI, *op. cit.,* p. 7 : *« It is not the prestige of a certain legal system that we must look at, but the prestige of the legal culture of certain portions of a particular legal system. »*

161 *Ibid.*, p. 125.

162 *Ibid.*

163 M. GRAZIADEI, 'Comparative Law as the Study of Transplants and Receptions', *in Oxford Handbook of Comparative Law*, p. 441-475 (459 et s.) : l'auteur aborde la performance économique comme l'une des causes possibles d'un *transplant* mais soulève en même temps la question de savoir s'il existe réellement une corrélation entre la performance économique et les institutions légales.

164 *Ibid.*, p. 463.

165 *Ibid.*, p. 464.

formellement. En cela, le rôle (créateur) de la doctrine n'est pas différent de celui qu'elle joue en droit interne.

D'autre part, les *legal transplants* sont rejetés par certains au nom de la relation fondamentale entre le droit sécrété par une société donnée et sa culture.[166] P. LEGRAND considère ainsi que

> « [...] *la décision de modifier le cadre institutionnel local au niveau des règles formelles et ce, par emprunt, est avant tout fonction d'un engagement culturel d'altérité* [167] *qui rend la culture étrangère réceptive pour la nouvelle règle d'une manière qui évitera des tensions internes. L'emprunt de règles formelles devient par conséquent un avatar de normes de comportement dérivées culturellement* [qui est] *intégré dans une communauté juridique particulière.* »[168]

Il refuse ainsi d'admettre que le droit puisse se mouvoir entre deux sociétés données sans changer de contenu car le droit n'a de contenu, selon lui, qu'à l'intérieur de la société qui l'a produit en raison de ses particularités linguistiques et culturelles.

Cette manière de raisonner rappelle les propos de MONTESQUIEU sur le lien entre le droit et la société[169] ainsi que le *Volksgeist*[170], conception de l'École historique allemande selon laquelle le droit est sécrété à travers les siècles par la conscience commune du peuple et s'exprime par les coutumes,

166 P. LEGRAND, 'Overlooking the Invisible', *Fragments on Law-as-Culture*, Deventer, 1999 ; W. EWALD, 'Comparative Jurisprudence (II) : The Logic of Legal Transplants', *American Journal of Comparative Law*, vol. 43, 1995, 489-510 : il distingue les arguments forts de WATSON de ses arguments plus faibles ou modérés. En isolant les arguments faibles ou modérés, il parvient à la conclusion que le travail de WATSON fut une *« avancée théorique majeure »* (p. 491) amenant à une vue plus subtile de la relation entre le droit et la société (p. 509). Il rejette cependant les arguments forts de WATSON pour être trop absolus car ils mènent à la thèse de l'isolation *(« Watson's Strong Insulation Thesis »*, p. 500-502) selon laquelle le droit est *« radically insulated from economics, sociology, and politics »* (p. 509).

167 Dans l'original : *alterity*. Le PETIT ROBERT, v° Altérité : Fait d'être un autre, caractère de ce qui est autre.

168 P. LEGRAND, p. 85 (notre traduction).

169 Charles de Secondat, Baron de Montesquieu, *De l'esprit des lois*, 1748 : il dresse la liste des facteurs formateurs du droit qui seraient inextricablement liés au niveau local et conclut à une coïncidence dès lors que le droit de deux pays se ressemblent. On lui reproche aujourd'hui son défaut de neutralité et une approche normative (voir CONSTANTINESCO, *Rechtsvergleichung I*, p. 93 et M. GRAZIADEI, *op. précit.*, p. 466).

170 Comme le démontre CONSTANTINESCO, *Rechtsvergleichung I*, p. 94, la paternité de ce terme revient moins à SAVIGNY, à qui il a pourtant été attribué, qu'à HEGEL qui, à son tour, a probablement été influencé par les expressions « esprit des lois » et « le génie de la nation » chères à MONTESQUIEU.

la science juridique et la pratique du droit.[171] Vu ainsi, le droit est spécifique à chaque peuple de sorte qu'il ne saurait s'appliquer avec succès à un autre.[172]

Or, cette conception n'est plus apte aujourd'hui à expliquer la réalité. Il est d'abord extraordinairement difficile de faire des constats empiriques précis sur la relation exacte entre le droit et la société.[173] Ensuite, il est des projets législatifs qui ne fonctionnent pas de manière satisfaisante dans leur pays d'origine mais qui sont couronnés de succès à l'étranger[174] ou qui, au contraire, fonctionnent parfaitement dans le pays d'origine et dans le pays étranger. Enfin, s'il est concevable que le transfert d'institutions juridiques entre ordres juridiques appartenant à des familles juridiques très éloignées historiquement et socialement puisse se heurter à des obstacles d'ordre sociologique en ce qui concerne des matières juridiques sensibles comme peut l'être le droit de la famille[175], il convient cependant de se demander s'il en va de même dès lors qu'on se trouve à l'intérieur d'une même famille juridique et relativement à une matière peu sensible comme en l'espèce. Notamment compte tenu du fait que le droit communautaire, s'il n'uniformise pas tout simplement, harmonise quasiment sans exception tous les domaines des droits nationaux, surtout la matière commerciale. En effet, on assiste tous les jours, à l'intérieur de l'Union européenne (et anciennement dans la CEE) à l'emprunt, volontaire ou non, de concepts juridiques et de réglementations en toutes matières, que ce soit civile, commerciale ou, dans une moindre mesure, pénale, lesquels proviennent non pas de l'esprit d'un peuple en particulier auquel ils s'appliquent mais d'une instance supranationale qui puise bien souvent ses idées dans le vivier juridique des législations des États membres.[176] En conséquence, il ne peut plus être raisonnablement soutenu aujourd'hui que le droit des sociétés en particulier, qui a fait l'objet de maintes harmonisations, soit dans son ensemble tellement spéci-

171 F. C. von SAVIGNY, *Vom Beruf unserer Zeit für Gesetzgebung und Rechtswissenschaft*, Heidelberg, 1814, p. 8 ; *idem*, *System des heutigen römischen Rechts*, Berlin, 1840, p. 14.

172 J.-L. CONSTANTINESCO, *Rechtsvergleichung I*, p. 94-97.

173 L. FRIEDMAN, 'Some Comments on Cotterelland Legal Transplants', *in* D. NELKEN and J. FEEST (dir.), *Adapting Legal Cultures*, 2001, p. 93 et s. (94).

174 M. GRAZIADEI, *op. précit.*, p. 467.

175 Que l'on pense aux différences concernant la forme du mariage (monogamie, polygamie) ou les moyens d'y mettre fin (répudiation, divorce avec ou sans faute)...

176 Dans le même sens : P. PESCATORE, 'Le recours dans la jurisprudence de la Cour de justice des Communautés européennes à des normes déduites de la comparaison des droits des États membres', *Revue internationale de droit comparé* 1980, 337 et s.

fique au peuple français ou allemand que son voisin ne puisse en accepter l'application, en partie, à lui-même.[177]

Dire dans ce contexte que « *what can be displaced from one jurisdiction to another is, litterally, a meaningless form of words* »[178] est une vision erronée de la réalité.[179] Il est cependant vrai que par l'interprétation de l'institution juridique qui sera faite dans le pays receveur, celle-ci subira une transformation plus ou moins grande.[180] Ce phénomène est cependant connu : chaque interprète propose sa propre analyse de l'institution qu'il a en face de lui, qu'il s'agisse d'une institution juridique de son propre ordre juridique ou d'une institution appartenant à un ordre juridique étranger.

En définitive, il nous semble qu'il faille retenir que l'emprunt ou le *legal transplant* est possible, en tout cas entre systèmes juridiques proches, mais qu'il convient de rester attentif quant à la question de savoir si le *legal transplant* produira dans le système « adoptant » les mêmes effets juridiques que dans son système d'origine. Pour cela, il convient de tenir compte en ce qui concerne la matière sociétaire du fait que le tissu économique et le modèle économique peuvent être différents selon le système considéré.

c) La spécificité de la comparaison en droit international privé[181]

Concernant plus spécifiquement le droit international privé, il est aisé de constater son état peu satisfaisant tant les solutions sont loin d'être uniformes.[182] En effet, les conflits de juridictions et conflits de lois sont le plus souvent résolus dans chaque pays, sans souci de ce qui est décidé dans les autres pays. Il en résulte deux conséquences fâcheuses qui sont l'imprévisibilité des solutions pour les parties et, pis encore, le risque de contrariété de décisions tranchant un même problème. R. DAVID et C. JAUFFRET-SPINOSI appellent les juristes à *« mettre fin à cette anarchie »*, invitent les États à *« élaborer et accepter, en la matière, des solutions uniformes »* et, encouragent la ju-

177 Un exemple frappant est celui de la *GmbH* qui a été incontestablement le modèle de la SARL française laquelle a vu le jour plus d'une vingtaine d'années après la promulgation de la loi allemande sur la *GmbH*, donc une fois que le modèle allemand avait fait ses preuves.

178 P. LEGRAND, 'What Legal Transplants ?', in D. NELKEN and J. FEEST (dir.), *op. cit.*, p. 54 et s. (63).

179 M. GRAZIADEI, *op. précit.*, p. 470.

180 *Ibid.*, p. 469-470.

181 Sur les nombreuses interconnections entre le droit comparé et le droit international privé : M. REIMANN, 'Comparative Law and Private International Law', *in Oxford Handbook of Comparative Law*, p. 1363-1396.

182 DAVID/JAUFFRET-SPINOSI, n° 7.

risprudence, lorsqu'elle établit une règle de conflit, *« à prendre en considération la manière dont le problème, qui se pose à elle, a d'ores et déjà été résolu par la loi et la jurisprudence dans les autres pays ».*[183] En matière de groupe de sociétés, nous savons que les efforts déployés par les États sont, ou bien limités, ou bien n'aboutissent que rarement (la seule exception notable étant la S.E.). Face à cette inertie législative, il semblerait que la tâche incombe aux juridictions nationales d'assurer une certaine harmonie internationale, notamment par la voie de l'interprétation *praeter legem*. Nous y reviendrons.

La comparaison des droits internationaux privés, c'est-à-dire des normes qui décident en présence de faits comportant un élément d'extranéité quelle loi est applicable[184], n'est cependant pas chose facile. Il est certaines spécificités par rapport à la comparaison de droit matériel. En premier lieu, il faut porter un regard attentif sur les critères de rattachement[185] dont la signification, même si des termes identiques sont employés pour les désigner, peut différer.[186] En deuxième lieu, ce qui vient d'être dit vaut également concernant les liens possibles entre le conflit de lois et le droit processuel.[187] En troisième lieu, les règles du droit international privé, plus que celles du droit matériel, sont souvent rédigées en des termes généraux, comportent des notions larges et sont par conséquent susceptibles d'être interprétées très différemment. Il s'ensuit qu'une règle de conflit dont le texte est identique à celui d'une règle appartenant à un autre ordre juridique, même très proche, peut revêtir une signification tout à fait différente.[188] En quatrième lieu, il faut noter que la recherche de la signification réelle d'une règle de conflit est rendue particulièrement ardue par le fait que beaucoup de règles de conflit trouvent leur origine dans la pratique du commerce ou des tribunaux[189], comme c'est le cas en l'espèce. En cinquième et dernier lieu, il ne faut pas oublier que les règles de conflit sont profondément ancrées dans le droit matériel de leur ordre juridique de sorte que la comparai-

183 *Ibid.*

184 Ph. FRANCESCAKIS, *Répertoire Dalloz*, Droit international I, 1968, v° Droit international privé.

185 G. BEITZKE, 'Bemerkungen der Kollisionsrechtsvergleichung in der Praxis', *RabelsZ* 48 (1984), 623-648 (623).

186 Un exemple étant la *Sitztheorie* du droit allemand qui ne se confond pas avec la théorie du siège social en France, voir *infra* n° 174.

187 G. BEITZKE, *op. cit.*, 624.

188 *Ibid.*

189 *Ibid.*, 625.

son du droit international privé ne saurait se faire sans avoir égard au droit matériel.[190]

C. Buts et fonctions

28. Le droit comparé poursuit plusieurs buts. Son but premier[191] – sinon unique[192] – est la connaissance : celle des modèles juridiques étrangers et des différences entre eux. D'autres buts s'en déduisent aisément : un débat international permanent, *« une pénétration consciente dans les différentes institutions sociales et culturelles de notre monde en mettant de côté les préjugés nationaux et de ce fait une meilleure compréhension de l'autre, l'utilité élevée de la recherche comparée pour les réformes juridiques des pays en voie de développement, la critique permanente de son propre ordre juridique qui est stimulée par la recherche en droit comparé et peut ainsi contribuer davantage à l'évolution du droit que la discussion dogmatique[193] nationale exiguë »*.[194]

Quant aux fonctions plus concrètes et pratiques, le droit comparé sert d'outil, ou plutôt de vivier d'idées, au législateur national dans la confection des lois, d'instrument d'interprétation de règles nationales obscures ou manquantes au juge et, enfin, de base à l'unification internationale du droit.[195]

Cependant, ce à quoi le droit comparé n'est que difficilement apte est le suivant : déterminer la meilleure solution parmi deux ou plusieurs qui feraient l'objet de la comparaison. On perçoit les difficultés rencontrées à travers les propositions des auteurs de quelle manière la meilleure solution pourrait être déterminée. R. SALEILLES, afin de trouver ce qu'il nomma le *« droit idéal relatif »*, proposa de prendre en compte celle des solutions que la majeure partie des ordres juridiques avait adoptée.[196] En réalité, ce critère de majorité n'est pas apte à déterminer la meilleure solution car une solution

190 *Ibid.*

191 ZWEIGERT/KÖTZ, p. 14.

192 En ce sens : R. SACCO, p. 8. Pour une acception très large des buts théoriques et pratiques du droit comparé, voir cependant : CONSTANTINESCO, *Rechtsvergleichung II*, p. 331-431.

193 Le mot « dogmatique » ou « *dogmatisch* » en allemand renvoie à la jurisprudence conceptuelle (*Begriffsjurisprudenz*) : la science du juriste allemand du XIXe siècle s'exerce dans la recherche de définitions douées de précision. Ne souffrant d'exception, il s'agit de dogmes. C'est ainsi qu'il faut comprendre ce mot, et non au sens français du terme qui peut signifier « sentencieux » (Le PETIT ROBERT, v° dogmatique).

194 ZWEIGERT/KÖTZ, p. 14.

195 *Ibid.*, p. 14-30.

196 SALEILLES, *op. cit.*, p. 173, 178 ; *idem*, 'École historique et droit naturel', *RTD civ.* 1902, 80 (101, 106, 109 et s.).

majoritairement adoptée n'est pas, par là même, la meilleure. K. ZWEIGERT pensait que la meilleure de deux solutions similaires en présence était celle qui présentait la meilleure formulation doctrinale[197], critère assez peu pertinent, celui-là aussi, pour déterminer une supériorité qualitative. Aussi, E. RABEL soutenait que l'évaluation n'était pas au sens strict un élément du droit comparé.[198] Cela tient à une raison systématique : en effet, l'approche fonctionnelle sous-entend que les solutions sont similaires, ou plus exactement équivalentes[199], de sorte qu'elles seront de valeur égale en ce qui concerne la fonction étudiée.[200] Autrement dit, *« lorsqu'une fonction spécifique a été utilisée pour déterminer une similitude relative, la même fonction ne saurait déterminer une quelconque supériorité (de l'une des solutions sur l'autre), cela requerrait une différence relative »*.[201] La seule manière d'évaluer consiste par conséquent en la mise en œuvre d'un critère différent de celui qui avait été utilisé pour la comparaison[202], mais il sera difficile à trouver. De plus, l'évaluation ainsi faite ne vaudra que pour la seule fonction des solutions qui a fait l'objet de la comparaison.[203]

Lorsqu'il est question, en droit international privé, de la recherche de la meilleure solution, cela rappelle l'approche de *better law* de Robert A. LEFLAR au sens de la recherche d'une justice matérielle que nous avons d'ores et déjà écartée de notre étude.[204] Ici, au contraire, il s'agit de savoir quels sont les mécanismes les plus performants et les plus adaptés pour résoudre un problème donné. En matière de droit international privé comparé, lorsqu'on parle de *« meilleure solution »*, il faut penser non pas aux solutions substantielles mais aux règles de conflit. La meilleure règle de conflit de lois sera celle qui, conformément à l'esprit du droit international privé, permettra d'aboutir à l'harmonie internationale des solutions et d'éviter la contrariété des décisions de justice tout en assurant une solution matérielle adaptée pour l'ordre juridique qui l'a édictée. C'est cet équilibre difficile à atteindre qui nous accompagnera tout au long de cette étude.

197 K. ZWEIGERT, 'Die kritische Wertung in der Rechtsvergleichung', *in Law and Trade : Recht und internationaler Handel, FS Clive Schmitthoff*, 1973, p. 403 et s. (408 et s.).
198 E. RABEL, *Rheinische Zeitschrift für Zivil- und Prozessrecht* 13, 280 et s. (286 et s.).
199 R. MICHAELS, *op. cit.*, p. 374.
200 *Ibid.*, p. 371.
201 *Ibid.* p. 374 (notre traduction).
202 *Ibid.*, p. 374.
203 *Ibid.*
204 Cf. *supra* n° 13.

§ 2) Méthode comparatiste suivie et démarche à entreprendre

29. Problématique de droit comparé. Il existe une controverse en droit comparé quant à la question de savoir s'il convient de décrire chaque système juridique comme il se voit lui-même[205], si le comparatiste doit le présenter de son propre point de vue[206] ou si, enfin, il doit prendre une perspective neutre dérivant d'une comparaison fonctionnelle en se plaçant dans un système qu'il a donc établi lui-même, *System von Funktionskomplexen*[207]. Toutes ces possibilités présentent des avantages et des inconvénients qui diffèrent en fonction du but assigné à l'étude de droit comparé.[208] Aussi, nous tenterons de choisir pour chaque partie de ce travail un mode de présentation qui convient le mieux à la démonstration que nous voulons entreprendre. En même temps, le caractère comparatif et l'objet de l'étude nous dictent, naturellement semble-t-il, l'ordre des développements.

30. L'objet de notre étude est le régime de droit international privé des groupes en France et en Allemagne. Or, comme le droit international privé entretient des liens étroits avec le droit matériel en raison du fait que le législateur qui a créé le droit matériel est parti de celui-ci et des notions qu'il contient pour confectionner les règles de droit international privé, il convient de présenter en amont le droit matériel des groupes de sociétés. Et dans la mesure où ce travail a aussi pour but de faire connaître le droit de l'autre, y compris avec son esprit inhérent, il nous semble que chaque droit matériel des groupes doit être décrit comme il se voit lui-même, tout en adaptant cependant la présentation du droit allemand à l'esprit des lecteurs français qui ne sont peut-être pas avertis du droit allemand des *Konzerne*. L'indication d'éléments de comparaison peut néanmoins se révéler nécessaire en ce qui concerne les mécanismes de protection des groupes à risque.

À la suite de la présentation de la notion de groupe en droit matériel, l'étude de la notion de groupe en droit international privé, cette fois-ci, s'impose. En effet, l'existence d'approches théoriques fort différentes relatives au statut du groupe et au rattachement des sociétés membres requiert une prise de position de notre part. Aussi, la notion de groupe de sociétés en droit matériel et en droit international privé fera l'objet d'une première partie.

205 LEGRAND, p. 298 et s.

206 B. S. MARKESINIS/W. LORENZ/G. DANNEMANN, *The German Law of Obligations vol I : The Law of Contracts and Restitution*, 1997, préface.

207 ZWEIGERT/KÖTZ, p. 44.

208 Cf. DANNEMANN, *op. cit.*, p. 413.

Une fois que la notion de groupe de sociétés en droit matériel et en droit international sera clairement perçue et les principes directeurs arrêtés, il sera possible dans la deuxième partie de ce travail d'analyser l'articulation complexe des différentes lois en présence tout au long de la vie du groupe : aussi bien lors de la formation par divers mécanismes que lors du fonctionnement et de la fin du groupe ou de certains de ses membres. Pour des raisons pratiques, l'étude du conflit de lois des groupes de sociétés en droit français et allemand se fera cependant concomitamment à sa comparaison. Pour ces aspects de droit comparé, nous tenterons de prendre une perspective neutre nous permettant de combiner plus aisément les deux systèmes dans les réflexions sur le droit international privé.

31. Il en résulte tout naturellement notre **plan de travail** :

Partie I – L'appréhension de la notion de groupe de sociétés en droit matériel et en droit international privé

Partie II – L'élaboration d'un régime du groupe international de sociétés

PARTIE I
L'APPREHENSION DE LA NOTION DE GROUPE DE SOCIETES EN DROIT MATERIEL ET EN DROIT INTERNATIONAL PRIVE

32. Il est nécessaire d'exposer les traits caractéristiques du droit matériel français et allemand du groupe de sociétés pour deux raisons.

D'une part, tout système de droit international privé s'inscrit dans un ordre juridique et entretient des liens étroits avec le droit matériel. Aussi, la connaissance du droit matériel est indispensable à la compréhension du droit international privé lequel plonge ses racines conceptuelles dans le droit matériel.

D'autre part, ce n'est que la présence d'une éventuelle diversité des droits qui nécessite le recours au droit international privé.

Titre 1
La notion de groupe de sociétés en droit matériel

33. Dans la mesure où cela s'avère utile pour l'étude ultérieure du droit international privé, la présentation de la réglementation matérielle des groupes de sociétés est faite d'un point de vue de droit comparé. Cela est particulièrement nécessaire en ce qui concerne la protection des « groupes à risque » (actionnaires externes, créanciers) à laquelle il convient de consacrer des développements spécifiques car, comme cela a été montré[1], ces deux groupes constituent les enjeux essentiels et la raison d'être de tout droit des groupes, qu'il soit codifié ou non.

1 Cf. *supra* n° 3 et s.

Chapitre 1 Formes et organisation des groupes de sociétés

Dans un souci de clarté, l'organisation des groupes de sociétés sera étudiée de manière séparée pour le droit français et allemand tant les notions et mécanismes peuvent diverger. Ils ne feront l'objet de comparaisons que de manière occasionnelle.

Section 1 Les *Konzerne* en droit matériel allemand

En tant que caractéristique du développement économique moderne, le groupe de sociétés fascine depuis longtemps les sciences juridique et économiques et ce, à un point tel que le *Konzern* a donné son nom à la matière juridique.

§ 1) Définition des termes utilisés

34. Conformément à la tradition pandectiste[2], l'*Aktiengesetz* définit les termes employés dans sa partie générale. Ce sont les §§ 15 à 22[3] qui concernent le groupe de sociétés, ou plus précisément le droit des « entreprises liées ». Pour faciliter la lecture, il convient par conséquent de présenter successivement quelques unes des notions-clefs les plus importantes.

La notion d'entreprise (*Unternehmen)*, non définie légalement et autrefois très discutée en raison des problèmes de délimitation qu'elle pose, recouvre « tout actionnaire poursuivant des intérêts économiques à l'intérieur de la

2 Cf. *supra* n° 20.

3 Par la suite, les normes dont l'origine n'est pas citée expressément sont celles de l'*Aktiengesetz*.

société [liée] considérée mais également à l'extérieur de celle-ci ».[4] Est ainsi exclu l'actionnaire, personne privée, se bornant à gérer son patrimoine privé.[5]

L'*Aktiengesetz* entend par « entreprises liées » définies au § 15 des « entreprises juridiquement autonomes qui sont :

1° les entreprises détenant une participation majoritaire dans une autre entreprise et celle-ci (§ 16)

2° les entreprises dominante et dépendante (§ 17)

3° les entreprises du *Konzern* (§ 18)

4° les entreprises à participations réciproques (§ 19)

5° les parties à un contrat interentreprises (§§ 291, 292) ».

La participation majoritaire du § 16 peut prendre deux formes. Elle peut passer par la détention de la majorité des actions sans droit de vote ou, au contraire, par l'exercice d'une majorité de voix.

La dépendance du § 17 constitue la notion centrale de la réglementation. Elle s'entend de la possibilité pour une entreprise d'exercer directement ou indirectement une influence dominante sur une société juridiquement autonome.[6] Sans doute, serait-il plus facile pour les lecteurs français de parler ici sans ambages de « contrôle »[7] mais la loi allemande ne mentionne pas ce terme. La dépendance doit se fonder sur un mécanisme du droit des sociétés de sorte qu'une dépendance purement économique ou résultant d'autres contraintes ne saurait suffire.[8] La dépendance est présumée dans le cas d'une participation majoritaire, § 17 al. 2. La notion de

4 *BHGZ* 69, 334 (337 et s.) = *NJW* 1978, 104 = *JuS* 1978, 202 n° 7, *VEBA/Gelsenberg* ; *BGHZ* 74, 359 (364 et s.) = *NJW* 1979, 2401 = *JuS* 1980, 227 n° 11, *WAZ* ; *BGHZ* 80, 69 (72) = *NJW* 1981, 1512 = *JuS* 1981, 923 n° 11, *Süssen* ; *BGHZ* 85, 84 (90 et s.) = *NJW* 1983, 569, *ADAC* ; *BGHZ* 95, 330 (337) = *NJW* 1986, 188 = *JuS* 1986, 236, *Autokran* ; *BGHZ* 113, 203 (210 et s.) = *NJW* 1991, 2765 ; *BGHZ* 115, 187 (189 et s.) = *NJW* 1991, 3142 = *JuS* 1992, 157 n° 9, *Video* ; *BGHZ* 117, 8 (18) = *NJW* 1992, 1702 ; *BGHZ* 135, 107 (113) = *NJW* 1997, 1855 (1856) = *JuS* 1997, 855 n° 13, *VW* ; *BGHZ* 148, 123 (125 et s.) = *NJW* 2001, 2973, *MLP* ; *BGH LM* n° 13 zu § 302 AktG = *NJW* 2001, 370.

5 Emmerich/Habersack, § 2 II 1 a.

6 Emmerich/Habersack, § 3 II.

7 Cf. Sinay, *Gaz. Pal.* 1976, 70-86. Nous avons déjà eu l'occasion de mentionner les synecdoques de la langue française (cf. Chapitre introductif, note de bas de page n° 107).

8 Ainsi, pour ne pas faire éclater la matière, les accords de franchise ou de *just-in-time* ne sauraient entrer dans le champ d'application du droit des groupes alors même qu'ils peuvent être à l'origine d'une dépendance de fait : *BGHZ* 90, 381 (395 et s.) = *NJW* 1984, 1893, *BUM* ; *BGHZ* 121, 137 (145) = *NJW* 1993, 2114, *WAZ/IKZ* ; *BGHZ* 135, 107 (114) = *NJW* 1997, 1855 (1856) = *JuS* 1997, 855 n° 13, *VW*.

dépendance revêt une telle importance et devient le point central de la réglementation parce que la présomption de l'existence d'un groupe de sociétés (*Konzernvermutung*, § 18 al. 1er phr. 3) se fonde sur elle. A titre terminologique, il faut remarquer que l'*Aktiengesetz* parle d'entreprise et non de société dominante pour mieux distinguer l'entité dominante (entreprise dominante), désignée comme entreprise, et l'entité dépendante, désignée comme société (société dépendante). Les dispositions seraient sans doute illisibles sans cette marque de distinction en raison de leur complexité. Nous utiliserons indistinctement les deux termes.

La notion de *Konzern* (groupe de sociétés) du § 18 désigne la réunion la plus étroite possible de plusieurs entreprises juridiquement autonomes en une unité économique nouvelle qui se situe en delà du seuil de fusion.[9] La caractéristique du groupe est par conséquent la réunion de plusieurs entreprises juridiquement autonomes sous la direction unique d'une autre entreprise.

Si la loi sur les sociétés par actions ne contient cependant pas de définition de la notion de direction unique (*einheitliche Leitung*), cela s'explique par le fait que le législateur n'a pas voulu la définir afin de permettre la prise en compte de la grande variété de formes que prennent les groupes en pratique.[10] En réalité, la doctrine est divisée sur l'étendue de cette notion. Par répercussion, elle distingue deux acceptions du *Konzern,* l'une large, l'autre étroite. Selon l'acception étroite, l'existence du groupe suppose, outre la réunion des conditions du § 18 al. 1er, une unité économique telle qu'elle est entendue par les sciences économiques. Il y a donc groupe lorsque la direction d'un groupement de sociétés établit des programmes globaux et uniformes dans tous les domaines centraux de l'activité économique (serait indispensable le *cash management*, *management* financier) et les fait exécuter auprès des membres du groupe sans égard à leur autonomie juridique.[11] L'acception plus large du *Konzern* coïncide avec l'acception étroite sur un point : si la direction du groupe planifie de manière centrale les finances pour toutes les entreprises liées, il s'agit forcément d'un groupe au sens du § 18 al. 1er. Cependant, il peut également s'agir d'un groupe selon cette conception lorsque seulement un ou plusieurs domaines centraux de l'activité économique (p. ex. achat, ressources humaines, vente) sont planifiés par la

9 EMMERICH/HABERSACK, § 4 I.

10 KROPFF, *AktG*, p. 33.

11 HÜFFER, § 18 n° 8-13 ; *MüHb-AktG*/KRIEGER, § 68 n° 67 et s.

direction du groupe.[12] Il ressort seulement de l'analyse de la jurisprudence que l'existence d'un groupe est présumée dès lors qu'il y a planification uniforme des finances.[13]

Cela étant, l'*Aktiengesetz* distingue les différentes formes que peut prendre le groupe et les modalités de sa constitution. Dans un souci de clarté, nous suivrons cette distinction.

§ 2) Les formes légales du groupe

L'*Aktiengesetz* distingue le groupe de subordination et le groupe d'ordonnancement égalitaire[14].

A. Le groupe de subordination

35. On entend par groupe de subordination (*Unterordnungskonzern*) au sens du § 18 al. 1er, le résultat de la soumission d'une ou plusieurs entreprises à la direction unique d'une entreprise dominante, les entreprises étant liées entre elles par une relation de dépendance au sens du § 17.

Comme la preuve de la direction unique s'avère souvent difficile en pratique comme nous venons de le voir, le législateur a posé deux présomptions quant à l'existence du groupe de sociétés de subordination, l'une réfragable, l'autre irréfragable. La présomption est irréfragable selon le § 18 al. 1 phr. 2 lorsqu'un contrat de domination (§ 291) lie deux entreprises ou lorsque l'une est intégrée dans l'autre (§§ 319 et s.). Elle est réfragable dans les autres cas de dépendance (§ 18 al. 1er phr. 3).

B. Le groupe d'ordonnancement égalitaire

36. Le groupe d'ordonnancement égalitaire (*Gleichordnungskonzern*) du § 18 al. 2 peut, quant à lui, être défini comme le groupe de sociétés au sein duquel se lient entre elles des entreprises dont chacune conserve non seulement sa personnalité juridique mais aussi son indépendance, sans subordination de l'une à l'autre. Jusqu'à une époque récente, il était admis qu'en

12 *MüKo-AktG*/BAYER, § 18 n° 33 ; HOMMELHOFF, *Die Konzernleitungspflicht*, 1982, p. 220 et s. ; RAISER/VEIL, § 51 n° 29.

13 *BGHZ* 107, 7 (20) = *NJW* 1989, 1800, *Tiefbau* ; *BGHZ* 115, 187 (191) = *NJW* 1991, 3142, *Video*.

14 Vocabulaire emprunté à SINAY, 'Vers un droit des groupes de sociétés', *Gaz. Pal.* 1976, 75.

pratique le groupe d'ordonnancement égalitaire était assez rare avant de réaliser, avec le contrôle des fusions, qu'il existe bien certaines relations interentreprises, notamment dans le secteur des assurances et celles de nature transfrontalière, correspondant à ce type de groupe.[15] Il n'est pas réglementé spécifiquement par la loi de sorte que la doctrine discute du point de savoir si la réglementation relative au groupe contractuel des §§ 293 et s. peut s'appliquer, alors que le § 291 al. 2 relatif aux contrat de domination et contrat de transfert de bénéfices semble l'exclure.[16] Des directives nocives données par un organe de direction sont interdites.[17] Si elles interviennent, les inconvénients et dommages subis doivent être compensés et réparés tout comme dans les groupes de subordination de fait. Les fondements en sont l'obligation de fidélité qui pèse sur les membres du groupe d'ordonnancement égalitaire en ce qu'ils forment une société civile en vertu des §§ 705 et s. BGB[18] ainsi que les §§ 311 et 317 AktG par analogie[19]. Les hésitations relatives au régime de droit matériel du groupe d'ordonnancement égalitaire ainsi que l'application par analogie des dispositions sur les groupes de subordination de fait sont les raisons pour lesquelles il nous semble préférable, en vue d'un raisonnement en droit international privé exempt de complications superfétatoires, d'exclure le groupe d'ordonnancement égalitaire de nos développements ultérieurs. De plus, le droit français ne connaît rien d'analogue.

§ 3) Les modalités de constitution et de fonctionnement du groupe

37. Les groupes de sociétés peuvent être constitués de plusieurs façons qui se distinguent par les moyens mis en œuvre pour assurer la dépendance[20] : moyens juridiques ou « de droit » concernant le groupe contractuel (*Vertragskonzern*[21]) et le groupe intégré (*Eingliederungskonzern*[22]), moyens da-

15 Emmerich/Habersack, § 4 IV 1 b).

16 En ce sens : Schmidt, *FS Rittner*, p. 576 et s., Grüner, *NZG* 2000, 601 et s.

17 Lutter/Drygala, *ZGR* 1995, 559 et s. ; Hommelhoff, *Die Konzernleitungspflicht*, 1982, p. 389.

18 Lutter/Drygala, *ZGR*, 1995, 565 et s.

19 Emmerich/Habersack, § 4 IV.

20 Voir *supra* § 1.

21 §§ 291-310.

22 §§ 319-327.

vantage factuels ou de fait concernant le groupe de fait (*faktischer Konzern*[23]). C'est la raison pour laquelle le droit allemand distingue les groupes de droit et les groupes de fait.[24]

Les groupes peuvent également comporter une *GmbH* et ce, en tant qu'entreprise dominante ou société dépendante. Les dispositions de l'AktG s'appliquent en principe également aux *GmbH*, mais non dans leur totalité ; ainsi, des particularités dont il faut faire état subsistent.

A. Les groupes de droit

38. En droit allemand, deux voies mènent au groupe de droit : l'une passe par la conclusion d'un contrat de domination et mène au groupe contractuel (1), l'autre par des moyens propres du droit des sociétés et mène au groupe intégré (2).

1. Le groupe contractuel

39. Comme son nom l'indique, c'est la conclusion d'un contrat interentreprises, le contrat de domination (a), qui est à l'origine de la *Konzernierung* (constitution du groupe) des sociétés impliquées.

Si seul le contrat de domination peut mener à un groupe contractuel, il convient toutefois de mentionner également ici les autres contrats interentreprises dans la mesure où ils peuvent intervenir et dans les groupes de droit et dans les groupes de fait. Les deux contrats interentreprises les plus importants sont le contrat de domination et le contrat de transfert de bénéfices (b) régis par le § 291. D'autres contrats interentreprises (§ 292, (c)) existent cependant. Tous sont soumis aux règles communes des §§ 293-299 relatives à la conclusion des contrats, à leur inscription au RCS, à leurs modification, annulation et résiliation.

23 §§ 311-318.

24 Les auteurs allemands opposent, quant à eux, le groupe contractuel (*Vertragskonzern*) et le groupe de fait (*faktischer Konzern*). Mais ils classent dans la catégorie du groupe contractuel non seulement le groupe se fondant sur un contrat de domination mais également le groupe intégré (*Eingliederungskonzern*) alors même qu'aucun mécanisme contractuel n'intervient dans cette dernière hypothèse de constitution du groupe, ceci afin de mieux les distinguer du groupe de fait. Or, cette distinction prête à confusion. Mieux vaut-il distinguer d'une part le groupe de droit avec, en son sein, le groupe contractuel et le groupe intégré, et, d'autre part, le groupe de fait. Par conséquent, nous employons le terme « contractuel » au sens étroit ne comprenant que les groupes se fondant sur un contrat de domination.

a) Le contrat de domination

40. Le groupe contractuel repose sur un contrat de domination (*Beherrschungsvertrag*), pièce maîtresse du système, par lequel une *AG* ou une *KG a. A.*[25] transfère le pouvoir de direction de sa société à une autre entreprise.[26] Cette entreprise appelée « entreprise dominante » acquiert ainsi le droit d'adresser des directives à l'organe directeur, appelé *Vorstand* dans les *AG*, de la société dépendante au sens de du § 308 al. 1er de sorte que ces entreprises liées forment désormais un groupe (cf. § 18 al. 1er phr. 2). Les parties à un contrat de domination au sens du § 291 al. 1er doivent être, d'une part, une *AG* ou une *KG a. A.* allemande en tant que société dépendante et, d'autre part, une entreprise dominante quelconque ayant son siège en Allemagne ou à l'étranger.[27]

41. Par « **pouvoir de direction** », il faut entendre non pas la direction de la marche quotidienne de la société dépendante mais les fonctions centrales de direction comprenant la détermination des buts économiques, la coordination ainsi que le *controlling* financier de l'entreprise en cause ainsi que la nomination des directeurs. On pourrait définir les directives par lesquelles le pouvoir de direction s'exerce comme « tout acte accompli par l'entreprise dominante par lequel elle veut exercer une influence sur la direction de la société dépendante à travers son organe directeur à condition que la mesure en cause soit en fait obligatoire pour l'organe directeur en ce sens que celui-ci mettrait en danger la reconduite de son mandat s'il ne mettait pas en œuvre les directives de l'entreprise dominante ».[28]

Le pouvoir de direction de la société dominante au sein d'un groupe se distingue nettement de la fonction de direction interne d'une société. En effet, celle-ci ne doit avoir en vue que l'intérêt de la société isolée. Le pouvoir de direction au sein du groupe, au contraire, obéit à l'intérêt de la société dominante qui s'identifie à l'intérêt du groupe. Or, il est évident qu'il y a couramment contradiction irréductible entre l'intérêt de la société dominante et celui de la société dépendante si bien que celle-ci peut éprouver, par l'exécution des directives, un préjudice considérable, susceptible de l'at-

25 *Kommanditgesellschaft auf Aktien* (§§ 278 et s.) = société en commandite par actions.

26 Emmerich/Habersack, § 11 I.

27 Emmerich/Habersack, § 11 II 1.

28 *MüKo-AktG*/Altmeppen, § 308 n° 9 ; Emmerich/Habersack, *commentaire*, § 308 n° 23 et s.

teindre dans ses intérêts vitaux.[29] C'est le caractère novateur et audacieux de l'*Aktiengesetz* de 1965 que de permettre que *« sauf dispositions contraires du contrat* [de domination]*, des directives nocives pour la société* [dépendante] *peuvent être données si elles servent les intérêts de la société dominante ou ceux des entreprises liées à elle et à la société dépendante sous forme de groupe »*, § 308 al. 1er phr. 2. L'organe directeur de la société dépendante a l'obligation de suivre les directives. Il ne peut s'opposer à la mise en œuvre des directives que si celles-ci sont de manière évidente contraires aux intérêts du groupe, § 308 al. 2.

Mais le transfert du pouvoir de direction qu'opère le contrat de domination ne va pas jusqu'à conférer le pouvoir de représentation à la société dominante. En effet, seuls les organes de la société dépendante peuvent valablement représenter et engager celle-ci.[30]

42. Les responsabilités. Les représentants légaux de la société dominante ont la libre appréciation économique dans l'exercice du pouvoir de direction mais doivent *« apporter le soin d'un dirigeant ordonné et consciencieux »*, § 309 al. 1er. En cas de violation de cette obligation, ils sont personnellement et solidairement responsables à l'égard de la société dépendante, § 309 al. 2. Or, en pratique, la responsabilité des représentants légaux n'est presque jamais recherchée en raison de l'absence de personnes qui pourraient faire valoir des droits aux dommages-intérêts au nom de la société dépendante. En effet, l'organe directeur ne le fera pas de peur de ne pas être réinvesti dans ses fonctions, les actionnaires non plus puisque les dommages-intérêts ne leur reviennent pas mais à la société. Enfin, ses créanciers ne le font pas davantage puisqu'ils sont déjà suffisamment protégés par les §§ 302 et 303 (compensation des pertes de la filiale, protection des créanciers par la constitution de sûretés).[31] À ceci s'ajoutent régulièrement des difficultés de preuve insurmontables.[32]

En outre, la société dominante est responsable solidairement de toute violation des obligations incombant à ses dirigeants à l'égard de la société

29 R. SINAY, *op. cit.*, p. 76.

30 BGH *LM* n° 23 relatif au § 35 GmbHG = *AG* 1990, 459 (460) = *NJW-RR* 1990, 1313.

31 EMMERICH/HABERSACK, § 23 VI 1.

32 EMMERICH/HABERSACK, § 23 VI 1.

dépendante sur le fondement du contrat de domination pour non-respect des termes de celui-ci.[33]

Il ne faut pas oublier, enfin, que les membres du directoire et du conseil de surveillance de la société dépendante cette fois-ci sont responsables à l'égard de la société en vertu du § 310 al. 1er phr. 1 et des §§ 93 et 116 dès lors qu'ils ont violé leurs obligations consistant en l'occurrence en le contrôle des directives émanant de la société dominante quant à leur conformité à l'objet social de leur société[34], à la loi et aux bonnes mœurs (§§ 134, 138 BGB) ainsi qu'à la viabilité de leur société[35].

43. La nature du contrat. Le contrat de domination n'est cependant pas un contrat quelconque : il doit respecter les conditions de fond et de forme précises énoncées au § 291 al. 1er phr. 1 alt. 1ère. Le contrat est obligatoire en ce sens que les membres du groupe doivent le conclure pour bénéficier des avantages attachés au groupe de droit. L'idée de contrat obligatoire est en elle-même antinomique car elle exprime l'existence d'un acte juridique par lequel les deux parties se soumettent à un statut légal qui est, lui, obligatoire. Ainsi, l'apparente liberté des parties consiste seulement à enfermer leurs relations dans le cadre prévu par ce statut pour échapper aux sanctions prévues pour les groupes de fait. R. SINAY rapproche le contrat de domination du contrat social et constate l'identité de leur statut juridique en ce que l'un et l'autre *« sont en réalité des conditions légales d'ouvertures aux institutions du droit des sociétés ; ils ont valeur constitutives »*[36]. Plus encore, le contrat de domination a pour effet de rendre inapplicable bon nombre de points importants contenus dans les statuts de la société dépendante.[37] En réalité, cela équivaut à une modification (provisoire) des statuts.[38] C'est la raison pour laquelle la doctrine et la jurisprudence allemandes les analysent comme

33 En ce sens : EMMERICH/HABERSACK, § 23 I. Le mécanisme de la responsabilité est celui de la responsabilité contractuelle civile (§§ 31, 278, 280 al. 1er BGB en combinaison avec le § 309 AktG).

34 OLG Düsseldorf *AG* 1990, 490 (492) ; OLG Nürnberg *AG* 2000, 228 (229), *WBG*.

35 OLG Düsseldorf *AG* 1990, 490 (492) ; AUTENRIETH, *GmbHR* 1984, 198 ; CLEMM, *ZHR* 141 (1977), 197 (204 et s.) ; GEẞLER, *ZHR* 140 (1976), 433 ; HÜFFER, § 308 n° 19 ; IMMENGA, *ZHR* 140 (1976), 301 ; WIEDEMANN/HIRTE, FS 50 Jahre BGH, t. II, 2000, 337 (383).

36 R. SINAY, *op. cit.*, p. 76.

37 KRONSTEIN, *Die abhängige juristische Person*, 1931, p. 46 et s.

38 Analysé en ce sens par : BGH, *NJW* 1989, 295 ; OLG Karlsruhe, *NJW* 1976, 831 et s. ; LG Ingolstadt, *AG* 1991, 45-25 ; BÄLZ, *AG* 1992, 277 et s. (en particulier 285, 299) ; EMMERICH/HABERSACK, § 11 III 1 ; ULRICH, *GmbHR* 2004, 1000 (1003).

étant des « contrats d'organisation » (*Organisationsvertrag*)[39]. Il faut entendre par là qu'ils n'ont pas principalement pour effet de créer des droits et devoirs synallagmatiques entre les parties mais bien plus de faire naître et modeler des relations de type sociétaire[40] entre les parties ainsi qu'entre la société dépendante et ses actionnaires extérieurs.[41] Il est évident que cette qualification aura ultérieurement son rôle à jouer dans la détermination de la loi applicable.[42]

Il ne faut cependant pas conclure de la différence qui existe avec un contrat obligationnel de droit commun que le contrat de domination n'est pas à l'origine d'obligations à la charge des parties et ne réglerait que des compétences.[43] Au contraire, il fait naître certaines obligations réciproques dont le respect peut être demandé en justice : droit de la société dominante de voir ses directives suivies par la société dépendante et son organe directeur, droit de la société dominée de voir ses pertes reprises par la société dominante et même le droit des actionnaires minoritaires de se voir proposer une allocation compensatrice (*Ausgleich*, § 304) ou un indemnité de retrait (*Abfindung*, § 305).[44]

Il faut enfin noter que la doctrine allemande emploie le vocable « *Organisationsvertrag* » pour désigner deux « contrats » distincts : d'une part, le contrat interentreprises ici étudié et, d'autre part, le contrat de société lui-même[45]. Les deux contrats ont en effet en commun de viser à organiser quelque chose : la société elle-même dans le second cas[46], les rapports

39 *BGHZ* 103, 1 = *NJW* 1988, 1326, *Familienheim* ; *BGHZ* 305, 324 = *NJW* 1989, 295, *Supermarkt* ; *BGHZ* 116, 37 = *NJW* 1992, 505 = *JuS* 1992, 437 Nr. 9, *Stromlieferung* ; OLG Hamm, *WM* 1988, 1164 ; *BayObLGZ* 1988, 201 = *AG* 1988, 375 = *WM* 1988, 1229 ; OLG Stuttgart, *NZG* 1998, 601 = *AG* 1998, 585, *Dornier/DB* ; OLG Karlsruhe, *AG* 1994, 283 ; OLG Hamburg, *NZG* 2000, 421 = *AG* 2001, 91 ; OLG Oldenburg, *NZG* 2000, 1138.

40 Le terme de « *gesellschaftsrechtlich* » est utilisé en droit allemand.

41 *MüKo-AktG*/ALTMEPPEN, § 291, n° 25 et s. ; EBENROTH, *Vermögenszuwendungen*, p. 371 et s. ; KROPFF, *BB* 1965, 1282, K. SCHMIDT, *GesR*, § 31 III 1 a.

42 Cf. *infra* n° 303.

43 EMMERICH/HABERSACK, § 11 III 2 ; *contra* : Bälz, *AG* 1992, 277 (287).

44 Cf. *infra* n° 94 et s.

45 Sur l'*Organisationsvertrag* en tant que contrat de société : HUECK/WINDBICHLER, § 1 n° 13 et 28, § 6 n° 2 et 3.

46 En comparant les théories contractuelle et institutionnelle de la société du droit français à la théorie du contrat d'organisation du droit allemand, C. DUCOULOUX-FAVARD, *Rev. soc.* 1966, 1-12, constate que la théorie allemande du contrat d'organisation est, en réalité, très proche de la thèse française de la société-institution (p. 12). Plus encore, la

qu'entretient la société avec une autre dans le premier cas. Malgré leur appellation originale et leurs particularités, les deux contrats appartiennent en principe à la catégorie des contrats obligationnels de droit (matériel) commun.[47] À l'intérieur de celle-ci, ils se distinguent cependant nettement des contrats-échange.[48]

b) Le contrat de transfert de bénéfices

44. Le contrat de transfert de bénéfices (*Gewinnabführungsvertrag*) est défini par le § 291, al. 1er, phr. 1 comme le contrat par lequel s'engage une *AG* ou une *KG a. A.* à transférer la totalité de ses bénéfices à une autre entreprise. Il convient de préciser que le montant du bénéfice transféré est limité, selon le § 301, à l'« excédent annuel » (*Jahresüberschuss*), c'est-à-dire au bénéfice déterminé selon les règles du droit des sociétés, moins la réserve légale.[49] Est également réputé contrat de transfert de bénéfices le contrat par lequel une *AG* ou une *KG a. A.* s'engage à gérer son entreprise pour le compte d'une autre entreprise (§ 291 al. 1er phr. 2, *Geschäftsführungsvertrag*) sans aucune contrepartie[50], de sorte que, juridiquement, les bénéfices et les pertes ne sont plus générés en son sein mais par l'autre entreprise. Si des différences comptables existent dans l'exécution de ces deux contrats, puisque le premier suppose d'abord une comptabilisation des bénéfices et pertes dans l'entreprise obligée alors qu'il résulte du deuxième que les bénéfices et les pertes sont générés directement dans le patrimoine de l'entreprise receveuse, leurs effets sont identiques.[51] C'est pourquoi ils reçoivent un traitement identique par la loi.

---

notion de « contrat-organisation » est également connue en droit français sous l'acception de contrat social. Ainsi, P. DIDIER, 'Brèves notes sur le contrat-organisation', *in Mélanges en hommage à F. Terré*, Dalloz, PUF, éd. J.-Cl., 1999, p. 635 et s., a récemment indiqué que la distinction entre contrats-échange (l'exemple par excellence étant le contrat de vente) et contrats-organisation avait pour origine précisément le malaise de la doctrine face à la qualification du contrat de société.

47 HUECK/WINDBICHLER, § 6 n° 2 ; P. DIDIER, *op. cit.* . Une conséquence en est l'application de principe des normes générales du BGB relatives au contrat (§§ 145 et s. BGB), cf. *infra* d).

48 EMMERICH/HABERSACK, § 11 III 1 et 2 ; HUECK/WINDBICHLER, § 6 n° 3. Sur la distinction contrat-échange – contrat-organisation en droit français : P. DIDIER, *op. précitée*, p. 636.

49 EMMERICH/HABERSACK, § 20 III.

50 *MüKo-AktG*/ALTMEPPEN, § 291, n° 174 ; HÜFFER, § 291, n° 31.

51 EMMERICH/HABERSACK, § 12 V 1.

L'importance du contrat de transfert de bénéfices est de nature fiscale puisqu'il constitue la base de l'*Organschaft* dont la condition première est l'intégration financière de la société dans une autre en raison d'une participation majoritaire de celle-ci à celle-là.[52]

Les règles applicables au contrat de transfert de bénéfices et sa nature juridique correspondent pour l'essentiel à celles du contrat de domination[53] : il en résulte notamment qu'il est également qualifié de *contrat organisationnel* par la doctrine majoritaire parce qu'il a pour effet de modifier largement la constitution financière de la société en privant les actionnaires de leurs dividendes (§ 58, al. 4) et de leur droit de décider de l'utilisation des bénéfices inscrits au bilan (§§ 119 al. 1er n° 2, 174 al. 1 phr. 1).

À la différence du contrat de domination, le contrat de transfert de bénéfices ne fait pas naître au bénéfice de la société dominante un droit de donner des directives. Cela a pour conséquence que la seule conclusion d'un tel contrat ne fait pas immédiatement présumer l'existence d'un groupe de sociétés. Il reste que le contrat de transfert de bénéfices sert d'indice de taille à l'existence d'une dépendance au sens du § 17 al. 2 qui fait quant à elle présumer le groupe (cf. § 18 al. 1er phr. 3).[54]

Le contenu minimum d'un contrat de transfert de bénéfices résulte de la lecture combinée des §§ 291 al. 1er phr. 1 et 304 al. 3 phr. 1. Le contrat doit contenir des stipulations relatives à l'obligation pesant sur la société dépendante de transférer la totalité de ses bénéfices à la société dominante ainsi que celles relatives à l'obligation mise à la charge de la société dominante de payer une indemnité compensatoire aux actionnaires externes. Rien de plus n'est exigé par le droit des sociétés. Le droit fiscal, en revanche, pose des conditions supplémentaires.[55]

Les contrats de domination et de transfert de bénéfices impliquent toujours en pratique la dépendance[56] et déclenchent des garanties légales au profit de la société dépendante, ses actionnaires et ses créanciers. Les autres contrats interentreprises dont la description suit la comportent également presque toujours mais pas nécessairement. C'est la raison pour laquelle ils peuvent intervenir et dans le groupe de droit et dans le groupe de fait.

52 Pour une présentation complète du régime et ses conditions : cf. *infra* n° 52 et s.

53 Cf. *supra* a).

54 Emmerich/Habersack, § 12 I.

55 Sur ce point, cf. *infra* n° 52 et s.

56 Emmerich/Habersack, § 3 II 6.

c) Les autres contrats interentreprises

45. Alors que le contrat de domination et le contrat de transfert de bénéfices, régis par le § 291, sont des contrats organisationnels, les contrats interentreprises régis par le § 292, dont il sera maintenant question, ont été voulus par le législateur comme des contrats synallagmatiques classiques entre entreprises indépendantes.[57] Il part de l'idée que les entreprises parties au contrat se trouvent sur un pied d'égalité lors de la conclusion du contrat de sorte que le rapport entre les prestations des entreprises sera équilibré. Or, il n'a pas relevé que la conclusion de ces contrats interentreprises suppose déjà une soumission de fait[58] et peut avoir des effets considérables sur la constitution de la société.[59] De la même façon, ces contrats ne sont pas moins aptes à servir de moyen pour construire un groupe que ne le sont les contrats de domination et de transfert de bénéfices. Ainsi, bien que le législateur y voie des contrats classiques, ils peuvent contenir des éléments organisationnels. Le § 292 distingue trois types de contrats interentreprises.

46. En premier lieu, le **contrat de communauté de bénéfices** (*Gewinngemeinschaft*, § 291 al. 1er n°1) est un cas particulier de la communauté d'intérêt, très répandue autrefois. On parle d'une communauté de bénéfices lorsque une *AG* ou *KG a. A.* s'engage à mettre en commun en vue du partage ultérieur tout ou partie des bénéfices réalisés par elle ou ses établissements avec ceux réalisés par une ou plusieurs autres entreprises ou leurs établissements. Au moins l'une des sociétés participantes doit être une société anonyme, allemande ou étrangère.[60] Le partage ultérieur se fait en fonction d'une clef de répartition fixée dans le contrat lui-même.

Le contrat de communauté de bénéfices nécessite pour être valide l'accord des assemblées générales de chaque société partie au contrat. Il faut toutefois noter que les §§ 293 à 294 ne visent que les bénéfices réalisés par la société elle-même ou ses établissement. Cela signifie *a contrario* que la réglementation ne s'applique pas lorsque l'objet du contrat n'est pas les bénéfices propres de la société mais ceux de ses filles. L'affaire « HOESCH/HOOGOVENS »[61] le démontre bien. Dans cette affaire, afin de contourner l'exigence de validation du contrat de communauté de bénéfices par l'as-

57 KROPFF, *AktG*, p. 378 et s. : motifs du projet de loi du § 292.
58 *MüKo-AktG*/ALTMEPPEN, Einl. §§ 291 et s., n° 52.
59 EMMERICH/HABERSACK, *commentaire*, § 292 n° 5.
60 EMMERICH/HABERSACK, § 13 II.
61 *BGHZ* 82, 188 = *NJW* 1982, 933.

semblée générale (§ 293 al. 1er), la direction d'une *AG* a transféré les activités les plus importantes de la société à ses filiales avant de mettre les bénéfices de celles-ci et d'autres entreprises en commun par le biais de la communauté de bénéfices. La question de savoir si une application analogue des dispositions doit avoir lieu dans une telle hypothèse, fait l'objet de débats.[62]

Si la communauté va jusqu'à former une communauté d'administration en instituant par exemple une identité personnelle du personnel directeur (*Personalunion*) et que cela aboutit à la direction unique des entreprises ainsi liées, la communauté de bénéfices peut être à l'origine d'une union égalitaire par application des §§ 18 al. 2 et 291 al. 2.[63] Souvent, il s'avère difficile de délimiter le contrat de communauté de bénéfices par rapport au contrat de domination : dès lors que l'une des parties dispose cependant d'un droit unilatéral de donner des directives, il convient de penser qu'il s'agit en réalité non pas d'un contrat de communauté de bénéfices mais d'un contrat de domination (§§ 291 al. 1er phr. 1 et 308). Il convient de même de requalifier le contrat en cause en contrat de transfert de bénéfices au sens du § 291, al. 1er, phr. 1 lorsque le bénéfice entier sera transféré.

De nos jours, cependant la communauté de bénéfices ne joue plus qu'un rôle secondaire en pratique parce qu'elle ne peut servir de base à l'*Organschaft* fiscale.[64]

47. Le **contrat de transfert *partiel* de bénéfices** (*Teilgewinnabführungsvertrag*), en deuxième lieu, est défini au § 292 al. 1er n° 2 comme un contrat par lequel une *AG* ou *KG a. A.* s'engage envers une personne (quelconque) de lui verser une partie de ses bénéfices ou tout ou partie des bénéfices de certains de ses établissements. Il doit être bien distingué du contrat de transfert de bénéfices étudié précédemment qui – nous le rappelons – a pour effet de transférer la totalité des bénéfices réalisés.[65] Dans le cadre du contrat de transfert partiel, au contraire, un minimum de bénéfices doit obligatoirement rester dans l'entreprise transférant ses bénéfices. De plus, le contrat de transfert partiel a été conçu comme un contrat synallagmatique en ce sens qu'il suppose, à peine de nullité, qu'existe une contre-

62 *Pro :* EMMERICH/HABERSACK, § 13 III 2 ; *MüHb-AktG*/KRIEGER, § 72 n° 12 ; M. LUTTER, *FS Barz*, 1974, p. 199 (212) ; *contra* : *KöKo-AktG*/KOPPENSTEINER, § 292 n° 46 et s.

63 *MüKo-AktG*/ALTMEPPEN, § 292 n° 42, HÜFFER, § 292 n° 5.

64 EMMERICH/HABERSACK, § 13 I 3 ; RAISER/VEIL, § 57 n° 8 ; HÜFFER, § 292 n° 4. Il n'en sera par conséquent plus question par la suite.

65 Cf. *supra* b).

partie financière raisonnable pour l'entreprise réalisant le transfert.[66] En effet, à défaut de cette contrepartie correspondant à la valeur des bénéfices transférés, un contrat conclu avec un actionnaire (que nous imaginons majoritaire) par exemple serait qualifié de distribution occulte interdite.

En vertu de l'alinéa 2ᵉ du § 292, n'entrent pas dans le champ d'application de cette disposition les contrats de participation aux bénéfices conclus entre la société et les membres de son directoire ou certains de ses salariés (il faut penser ici aux tantièmes), les contrats portant sur une participation aux bénéfices résultant de contrats relatifs aux affaires courantes ainsi que les licences.

Ce type de contrat est d'une importance non négligeable en pratique. En effet, s'agissant des contrats de société occultes auxquels les investisseurs ont de plus en plus recours, ils constituent par nature des contrats de transfert partiel de bénéfices.[67]

48. Un troisième groupe de contrats interentreprises est relatif à l'exploitation de l'entreprise et comprend le contrat de bail d'entreprise (*Betriebspachtvertrag*), le contrat de mise à disposition de l'entreprise (*Betriebsüberlassungsvertrag*) ainsi que le contrat de *management* (*Betriebsführungsvertrag*). Le juriste français s'étonnera peut-être que n'apparaisse pas ici la notion de fonds de commerce. En effet, en droit français, c'est sur le fonds de commerce que porte la location-gérance, par exemple, mais non pas sur l'« entreprise » en tant que telle. Or, il faut savoir que la notion de fonds de commerce est une notion française qui n'est pas partagée par le droit allemand.

Le **contrat de bail d'entreprise** (*Betriebspachtvertrag*, § 292 al. 1ᵉʳ n° 3 alt. 1) est le contrat par lequel une *AG* ou une *KG a.A.*, allemande par hypothèse, s'engage envers l'autre partie à lui donner en usufruit son entreprise en entier pour une durée déterminée contre paiement du loyer.[68] Autrement dit, ce contrat est caractérisé par le fait que le bailleur donne en usufruit la totalité de ses actifs contre paiement du loyer au preneur, lequel continue à exploiter en son nom propre et pour son compte alors que le bailleur se borne à percevoir le loyer, à administrer ses autres participations

66 EMMERICH/HABERSACK, § 14 I, II.

67 EMMERICH/HABERSACK, § 14 I.

68 Nous préférons notre traduction à celle proposée par SINAY (p. 75) qui parle d'un « bail d'établissement » en méconnaissant que le bail porte sur l'intégralité de l'entreprise et non seulement sur une partie ou un « établissement » de celle-ci. Sans doute, s'est-il mépris sur la signification du mot *Betrieb* qui peut vouloir dire « établissement » mais signifie ici « fonctionnement ».

financières éventuelles et à exercer ses droits contractuels en vertu du contrat de bail d'entreprise de sorte qu'il se transforme *in fine* en une « société rentière ».[69] N'est pas, au contraire, un contrat de bail d'entreprise au sens de l'*Aktiengesetz*, le contrat qui ne porte que sur certains établissements du bailleur[70] ou qui est non onéreux. Dans ce dernier cas cependant, il peut s'agir d'un contrat de mise à disposition de l'entreprise.[71]

Le **contrat de mise à disposition de l'entreprise**[72] (*Betriebsüberlassungsvertrag*, § 292 al. 1er n° 3, alt. 2) se distingue du contrat de bail d'entreprise seulement en ce qu'il prévoit que le preneur exploite l'entreprise non en son nom propre mais au nom du bailleur en vertu d'un mandat.[73]

Le **contrat de *management*** (*Betriebsführungsvertrag*) n'est pas réglé expressément par les dispositions de l'*Aktiengesetz*. Il concerne l'hypothèse dans laquelle une société charge une autre d'exploiter son entreprise pour son compte et, en règle générale, en son nom. En pratique, les sociétés se servent de ces contrats en vue d'acquérir un savoir-faire de direction ou de *management* qui leur fait défaut. Juridiquement, ces contrats sont des contrats de gestion d'affaires à caractère de service au sens des §§ 675 al. 1er et 611 BGB (*Geschäftsbesorgungsvertrag* qui équivaut, à quelques différences près, au contrat de mandat à titre onéreux du droit français). Alors même que le contrat de *management* n'est pas réglé par le § 292 al. 1er n° 3 et qu'il se distingue des contrats de bail et de mise à disposition d'entreprise, la doctrine majoritaire s'accorde pour appliquer cette disposition de manière analogue au contrat de *management* en vue de la sauvegarde de la société mandant et de ses actionnaires.[74]

d) Le régime juridique des contrats interentreprises

49. Tous les contrats interentreprises des §§ 291 et 292 sont soumis à un régime unique dont il convient de retracer brièvement les traits saillants. Pour

69 BVerwGE 34, 56 (60) ; *MüKo-AktG*/ ALTMEPPEN, § 292 n° 97 et s. ; RAISER/VEIL, § 57 n° 15.

70 RAISER/VEIL, *loc. cit.*

71 EMMERICH/HABERSACK, § 15 II 1 a.

72 SINAY (p. 75) parle ici d'un « contrat de cession d'exploitation ». Cette traduction est cependant erronée puisque le *Betriebsüberlassungsvertrag* ne donne jamais lieu à une cession dans cette hypothèse, le propriétaire restant le même.

73 EMMERICH/HABERSACK, § 15 III.

74 Étant donné son caractère particulier par rapport aux autres contrats prévus par le § 292 AktG, le contrat de management ne fera pas l'objet d'une étude en matière de conflit de lois.

leur conclusion, valent en principe les dispositions générales du droit commun des contrats (§§ 145 et s. BGB) ainsi que celles relatives aux compétences des organes sociaux (§§ 76 et s. et 278 al. 2 AktG). C'est ainsi que le *Vorstand* de l'*AG* décide en principe de l'opportunité de la conclusion et du contenu du contrat interentreprises. Le pouvoir de représentation du directoire est toutefois limité par le § 293 qui prévoit que le contrat ne prend effet que lorsque l'assemblée générale l'a validé à la majorité qualifiée des trois quarts du capital représenté lors de la décision. Les éléments essentiels du contrat doivent figurer à l'ordre du jour de l'assemblée.[75] En d'autres termes, les actionnaires savent à quoi ils s'engagent. Avant cette validation, le contrat est considéré en droit allemand comme étant « invalide en suspens »[76]. Au préalable, les actionnaires sont informés sur le contrat en cause par le biais d'un rapport juridique et économique du directoire relatif au contrat interentreprises (§ 293 a) et d'un rapport d'expertise comptable (§§ 293 b - 293 e).

Notons aussi que l'assemblée des actionnaires peut décider à la majorité qualifiée des trois quarts de demander au directoire la préparation et la conclusion de contrats interentreprises.[77] Le § 293, al. 2 phr. 1 prévoit l'intervention de l'assemblée générale de la société dépendante et, concernant les contrats de domination et de transfert de bénéfices, également celle de l'assemblée générale de la société dominante dès lors que celle-ci revêt la forme d'*AG* ou *KG a. A.* allemandes.

Les nullités et les demandes en annulation des décisions des assemblées générales sont régies par le droit commun du BGB. Il existe cependant une exclusion des demandes en annulation desdites décisions en matière d'allocation compensatrice et d'indemnité de retrait dès lors que seul le caractère équitable du montant des sommes en question est litigieux (cf. §§ 304 al. 3 phr. 2 et 305 al. 5 phr. 1 et 2). A la place, une procédure spéciale est prévue.[78]

Pour donner plein effet au contrat interentreprises, celui-ci doit en outre être inscrit au RCS par le *Vorstand* en vertu du § 294. Pour des raisons fiscales, il est d'usage de conclure les contrats de domination et de transfert de bénéfices pour une durée de cinq ans.[79]

75 § 124 al. 2 phr. 2.

76 *Schwebend unwirksam.*

77 § 83 a. 1er phr. 2 ; exemples jurisprudentiels : *BGHZ* 82, 188 (195) = *NJW* 1982, 933 = *AG* 1982, 129, *Hoesch/Hoogovens* ; *BGHZ* 121, 211 (217) = *NJW* 1993, 1976 = *AG* 1993, 422, *SSI.*

78 *Spruchverfahren* (*Spruchverfahrensneuordnungsgesetz* du 12 juin 2003, *BGBl.* I, p. 838, entrée en vigueur le 1er septembre 2003), cf. *infra* note de bas de page n° 287.

79 EMMERICH/HABERSACK, § 20 II 1.

Des dispositions relatives à la modification des contrats (§ 295) ainsi que leur résiliation (§ 296) complètent le régime.

2. Le groupe intégré

50. Etant donnée la lourdeur de la réglementation du groupe contractuel, l'*Aktiengesetz* prévoit un autre régime allégé de l'exigence d'un contrat ainsi que de la plupart des garanties dont celui-ci est assorti : celui de l'intégration[80].

Définition. Par intégration, on entend l'incorporation d'une société, appelée société intégrée, dans une autre, appelée société principale (*Hauptgesellschaft*). Il en existe deux sortes : l'intégration d'une fille détenue à 100 % (§ 319) et l'intégration par vote majoritaire (§§ 320 à 320 b). Dans ce dernier cas, l'intégration a pour conséquence le *squeeze out*[81] des actionnaires minoritaires et le transfert de leurs actions à la société principale. Les actionnaires dont le départ a été ainsi forcé ont le droit d'obtenir une indemnité de départ (*Abfindung, § 320 b*). A la différence du groupe contractuel, le groupe intégré se constitue, non par contrat, mais par décision des assemblées générales des deux sociétés.

51. Le régime de l'intégration est caractérisé par le fait que la société principale obtient le droit de donner des directives (*Weisungen,* §§ 308 et 323 al. 1er) à l'égard de la société intégrée qui continue à exister, y compris avec sa personnalité juridique. Ces directives ont la particularité d'aller au-delà des directives dans le cadre d'un contrat de domination du § 308 en ce qu'elles ne sont pas limitées quant à leur étendue par les intérêts de la société intégrée ou de n'importe quelle autre société du groupe. Au contraire, même les directives mettant en danger l'existence de la société intégrée peuvent être données.[82]

Concomitamment, les dispositions relatives à la libération et la protection du capital social de la société intégrée deviennent partiellement inapplicables en vertu du § 323, al. 2 selon lequel *« [d]es paiements de la société intégrée à la société principale ne sont pas considérés comme étant des violations des §§ 57* [in-

80 §§ 319 à 327.

81 Terme anglais signifiant « exclusion forcée ». Sur cette notion et son fonctionnement en d'autres matières, cf. également *infra* n° 102.

82 Doctrine majoritaire : EMMERICH/HABERSACK, *commentaire*, § 323 n° 2 ; *KöKo-AktG/KOPPENSTEINER*, § 323 n° 4 ; *MüKo-AktG*/GRUNEWALD, § 323 n° 3 ; doutant cependant HÜFFER, § 323 n° 3.

terdiction de la restitution des apports], *58* [utilisation du gain annuel] *et 60* [répartition du gain] ». Il s'ensuit que, par cette fiction, le principe de la libération intégrale et du maintien du capital social, si cher également aux rédacteurs de la deuxième directive communautaire[83], est suspendu de sorte que la société principale a un accès au capital social de la société intégrée sans restriction.[84]

Les créanciers de la société intégrée sont néanmoins protégés par les §§ 321 et s. qui leur accordent des garanties de paiement (au sens des §§ 232 et s. BGB[85]) pour les dettes nées avant l'intégration et retiennent la responsabilité solidaire accessoire de la société principale pour toutes les dettes de la société intégrée nées avant l'intégration et pour celles nées après l'intégration dans la limite du § 15, al. 2, phr. 2 HGB (= jusqu'à quinze jours après la publication de l'intégration au RCS allemand à condition que le créancier soit de bonne foi).[86] S'y ajoute l'obligation pour la société principale d'égaliser les pertes de la société intégrée selon le § 324, al. 3.

L'intégration qui, en fait, est très proche de la fusion mais s'en distingue par le fait que la société intégrée subsiste et garde sa personnalité juridique, ne peut toutefois se faire qu'à la double condition qu'il s'agisse (1) de deux *AG* allemandes (2) ayant leurs sièges sociaux réels en Allemagne.[87] Ainsi, l'intégration comme technique de rapprochement international des entreprises est *a priori* exclue.[88]

83 Notamment les articles 15 et 16 de la Deuxième directive 77/91/CEE du Conseil, du 13 décembre 1976, tendant à coordonner pour les rendre équivalentes les garanties qui sont exigées dans les États membres des sociétés au sens de l'article 58 deuxième alinéa du traité, en vue de la protection des intérêts tant des associés que des tiers, en ce qui concerne la constitution de la société anonyme ainsi que le maintien et les modifications de son capital (*Journal officiel n° L 026 du 31/01/1977 p. 0001-001)* ; v. cependant sur la conformité de l'*Aktiengesetz* à la directive : HABERSACK, *Europäisches Gesellschaftsrecht*, 2e éd., 2003, n° 170.

84 EMMERICH/HABERSACK, § 10 V 2.

85 Parmi les garanties énumérées par les §§ 232 et s. BGB : le gage sous forme d'argent ou de valeurs mobilières.

86 EMMERICH/HABERSACK, *commentaire*, § 322, n° 3 à 5.

87 EMMERICH/HABERSACK, *commentaire*, § 319 n° 5 et s. ; *KöKo*/KOPPENSTEINER, vor § 319 n° 10 et s. ; *MüKo-AktG*/GRÜNEWALD, § 319 n° 1 et s ; *MüKo-IntWR(IntGesR)*/KINDLER, n° 835.

88 Cf. cependant *infra* n° 349 et s.

3. Aspects de droit fiscal des entreprises

52. Afin de mieux saisir l'attractivité du groupe de droit, il convient d'entreprendre une rapide incursion en droit fiscal des entreprises dont il faut se garder de méconnaître l'importance dans la vie pratique des affaires. Parmi les avantages jadis conférés par le seul statut de groupe de droit se trouve l'*Organschaft*. Le terme s'explique historiquement. La jurisprudence fiscale, notamment dans les années 1920, a progressivement admis qu'une personne morale pouvait n'être que l'organe, c'est-à-dire l'outil, d'une autre entreprise. L'*Organschaft* suppose l'intégration « économique, financière et organisatrice » de la société « organe », soit de la société dépendante, dans l'entreprise porteur d'organes (*Organträger*), soit la société mère.[89] C'est là l'une des caractéristiques du groupe contractuel, de sorte que, par le passé, seul le groupe contractuel pouvait en pratique profiter de l'*Organschaft* sans être confronté à des problèmes insurmontables de preuve de l'intégration. L'*Organschaft* était un régime fiscal privilégié dont profitait le groupe si le contrat de domination s'accompagnait d'un contrat de transfert de bénéfices. Ce régime permettait à la société mère de reprendre les bénéfices et les pertes de l'*Organ* qui n'étaient alors imposés que dans la personne de la société mère. Au final, ce système permettait d'éviter l'imposition multiple des distributions des bénéfices et, plus encore, de procéder à une compensation généralisée des bénéfices et des pertes au niveau du groupe étant donné que la société mère pouvait entretenir des relations d'*Organschaft* avec plusieurs de ses sociétés dépendantes. La direction du groupe pouvait ainsi décider librement de payer l'impôt sur les sociétés ou de compenser les bénéfices et les pertes des sociétés membres du groupe afin d'atténuer la charge fiscale de certaines sociétés membres du groupe par la prise en compte des pertes d'autres membres du groupe.

Aujourd'hui, l'*Organschaft* existe toujours en tant que régime fiscal de faveur. Il est réglé par les §§ 14 phr. 1 et 17 KStG[90] (et § 2, al. 2, phr. 2 GewStG[91]). Mais ses conditions ont été modifiées en 2000[92] de sorte que désormais, outre le contrat de transfert de bénéfices, seule « l'intégration financière » est requise. Et cette condition est remplie dès lors que la société

89 KNOBBE-KEUK, *Bilanz- und Unternehmenssteuerrecht*, 9e éd., 1993, § 20 I.

90 *Körperschaftssteuergesetz* = Loi sur l'impôt sur les sociétés de capitaux.

91 *Gewerbesteuergesetz* = loi sur la taxe professionnelle. Les conditions d'application étant foncièrement les mêmes que dans le cadre de la *KStG*, nous nous bornons à présenter ce dernier régime.

92 *Steuersenkungsgesetz* du 23 octobre 2000, BGBl. I, p. 1433.

mère acquiert la majorité des voix dans la société « organe ».[93] Notons que dans la plupart des cas, le groupe de fait remplira la condition de l'intégration financière et profitera ainsi du régime de l'*Organschaft*. C'est la raison pour laquelle on pense qu'à l'avenir des contrats de transfert des bénéfices isolés verront le jour en nombre croissant.[94] De surcroît, la doctrine met en cause le bien-fondé de la distinction entre groupe de droit et groupe de fait concernant le droit fiscal des entreprises de sorte que même la conclusion du contrat de transfert de bénéfices pourrait ne plus être nécessaire pour que le groupe de fait puisse également bénéficier du régime de l'*Organschaft*. Un tel changement serait susceptible de provenir du droit communautaire qui, en vue de la non-discrimination des sociétés étrangères, pourrait exiger une extension du régime de l'*Organschaft* aux sociétés non allemandes qui n'auraient pas passé un contrat de transfert de bénéfices.[95]

Ainsi, il n'est pas surprenant de constater que la majorité des groupes de sociétés prennent aujourd'hui, contre toute attente du législateur, non pas la forme du groupe de droit mais celle du groupe de fait.[96]

B. *Les groupes de fait*

53. Selon la compréhension allemande, il y a groupe de fait (*faktischer Konzern*) lorsqu'une ou plusieurs entreprises sont rassemblées sous la direction unique d'une entreprise dominante sans qu'un contrat de domination (*Beherrschungsvertrag*, § 291 al. 1er phr. 1 alt. 1ère) n'ait été conclu ou qu'une intégration (*Eingliederung*, § 319 et s.) n'ait eu lieu.[97] Contrairement au droit français, le droit allemand des groupes *stricto sensu* ne s'intéresse donc pas à la manière dont le groupe de fait s'est constitué. Ce n'est qu'à l'aide du droit des marchés financiers et du droit des offres publiques – lesquels constituent des matières autonomes selon la compréhension allemande – que cette question est appréhendée. Elle sera traitée de manière incidente dans le cadre de l'étude consacrée à la protection des « groupes à risque ».

Le régime du groupe contractuel des §§ 302 et s. qui prévoit la compensation par l'entreprise dominante des pertes que subit la société dépendante indépendamment de tout exercice effectif d'influence, se distingue nettement du régime du groupe de fait. Dans ce cadre, en effet, c'est l'exer-

93 EMMERICH/HABERSACK, § 1 IV 1 b).
94 EMMERICH/HABERSACK, § 11 I.
95 SCHÖN, *ZHR*, 168 (2004), 629 et s.
96 EMMERICH/HABERSACK, § 11 I.
97 EMMERICH/HABERSACK, § 24 I.

cice effectif d'une influence nocive sur la société dépendante qui est à l'origine de la responsabilité de l'entreprise dominante.

1. Esprit de la réglementation

54. Sous le régime précédent – l'*Aktiengesetz* de 1937 qui ne contenait pas de réglementation spécifique des groupes de sociétés –, la disposition du § 101 *AktG* de 1937 instituant la responsabilité des personnes exerçant une influence préjudiciable sur la société posait problème. Alors que le législateur laissait entendre que l'intérêt du groupe était de nature à fonder une exonération de cette responsabilité en ce qu'il était un intérêt protégé[98], la doctrine majoritaire et la jurisprudence considéraient que le seul pouvoir économique détenu par la société dominante ne pouvait justifier le préjudice d'ordre patrimonial des actionnaires minoritaires qui résultait de l'exercice de l'influence. Par conséquent, l'atteinte aux droits de la minorité par les faits de la société dominante n'était autorisée que lorsqu'un dédommagement était prévu.[99] Durant les travaux préparatoires de l'*Aktiengesetz* 1965 et notamment dans l'avant-projet (*Referentenentwurf*), était présente l'idée selon laquelle l'exercice préjudiciable d'une influence ne pouvait être justifié qu'en cas de conclusion d'un contrat de domination. L'*Aktiengesetz* 1965 dans sa version définitive prend le contre-pied et, selon l'avis communément partagé aujourd'hui[100], admet la licéité du groupe de fait à côté du groupe de droit. Le régime de la compensation est de surcroît allégé considérablement par rapport aux travaux préparatoires : sans que la conclusion d'un contrat de domination soit requise, il suffit que la compensation intervienne à la fin de l'exercice sous la forme de la simple détermination des avantages par lesquels les inconvénients subis doivent être compensés.

98 *Deutscher RAnz.*, n° 28 du 30 janvier 1937.

99 OLG Frankfurt, *AG* 1988, 276 et s., *IG Farben* ; FILBINGER, *Die Schranken der Mehrheitsherrschaft im Aktienrecht und Konzernrecht*, 1942, p. 54 et s. ; C. E. FISCHER, *AcP* 154 (1955), 181 (238).

100 OLG Hamm *NJW* 1987, 1030, *Banning* ; LG Mannheim *WM* 1990, 760-764 ; FLUME, *Juristische Person*, § 4 IV, p. 122 ; HOMMELHOFF, *Die Konzernleitungspflicht*, 1982, p. 109 et s. ; LUTTER, *AG* 1990, 179 ; TIMM, *NJW* 1987, 977 ; K. SCHMIDT, *GesR*, § 31 IV 2 b ; *KöKo-AktG*/KOPPENSTEINER, vor § 311 n° 6 et s. ; *MüKo-AktG*/KROPFF, § 311 n° 21 ; HÜFFER, § 311 n° 6 et s.

2. L'influence licite et ses limites

55. L'*AktG* ne donne aucune définition légale du groupe de fait. Ne sont visées que les limites légales de l'influence de l'entreprise dominante. Selon le § 311 al. 1er, « *l'entreprise dominante n'a pas le droit d'user de son influence afin d'inciter la société dépendante à prendre des actes ou mesures ou à s'abstenir de les prendre à ses dépends (inconvénients), sauf si l'entreprise dominante compense ces inconvénients* ».

*a) La notion d'incitation (*Veranlassung*)*

56. L'incitation par l'entreprise dominante appuyée sur son influence suppose qu'elle cherche à déterminer le comportement de la société dépendante. La notion d'« incitation » est en principe identique à celle de « directive » que l'on connaît du groupe contractuel. La différence de terminologie est pourtant intentionnelle. Elle exprime que, contrairement au groupe contractuel dans lequel le pouvoir de direction (*Konzernleitungsmacht*) existe grâce au contrat de domination, l'entreprise dominante dans le cadre d'un groupe de fait n'est nullement détentrice d'un tel pouvoir. En conséquence, l'organe directeur de la société dépendante n'est pas obligé juridiquement de suivre les directives de l'entreprise dominante.[101] Il en découle en outre que n'incombe pas à l'entreprise dominante une obligation d'exercer le pouvoir de direction (*Konzernleitungspflicht*) à l'égard de la société dépendante.[102]

Il faut bien cependant se garder de penser que le groupe de fait, comme son nom semble l'indiquer pourtant, trouve nécessairement ses fondements dans de simples faits. Au contraire, l'incitation est multiforme : elle peut prendre la forme de liaisons personnelles au sein des organes de direction et de surveillance[103], du vote de l'entreprise majoritaire dans les assemblées de la société dépendante[104] mais également d'un mandat donné à l'entreprise dominante[105], etc.

101 GEßLER, *FS Westermann*, p. 145 et s. ; MESTMÄCKER, *FG Kronstein*, p. 129 (145 et s.) ; *MüKo-AktG*/KROPFF, § 311 n° 280 et s. ; *KöKo-AktG*/KOPPENSTEINER, vor § 311 n° 9 et s. ; HÜFFER, § 311 n° 8. *Contra* : LUCHTERHANDT, *ZHR* 133 (1970), 1 (6 et s., 13).

102 Cf. références citées dans la note de bas de page précédente.

103 HOFFMANN-BECKING, *ZHR* 150 (1986), 570 ; HÜFFER, § 311 n° 22 ; *MüHb-AktG*/KRIEGER, § 69 n° 65 ; MESTMÄCKER, *Verwaltung, Konzerngewalt und Rechte der Aktionäre*, 1958, p. 258 et s. ; REHBINDER, *Konzernaußenrecht und allgemeines Gesellschaftsrecht*, 1968, p. 250 et s. ; SÄCKER, *ZHR* 151 (1987), 59.

104 KROPFF, *AktG*, p. 408.

105 WÜRDINGER, § 311 n° 3 ; *KöKo-AktG*/KOPPENSTEINER, § 311 n° 23.

Cette incitation doit aboutir, dans un rapport de cause à effet, à la conclusion d'un acte juridique ou à la prise d'une mesure voire à l'abstention de prendre une mesure nécessaire par la société dépendante.

b) Distinction entre inconvénient et dommage

57. Par **inconvénient** (*Nachteil*), il faut entendre « *toutes détérioration ou mise en danger concrète de la situation patrimoniale de la société pourvue qu'elles soient dues à la dépendance* ».[106] Sert alors de mesure le comportement fictif d'une société qui bien que n'étant pas dépendante se trouverait dans la même situation factuelle et juridique que la société en question.[107] L'inconvénient est apprécié au moment où l'acte a été accompli, au moment où la mesure a été prise voire au moment où ceux-ci auraient dû être accomplis ou pris. Il comprend ainsi les seules détériorations de la situation financière qui ont été prévisibles au moment de l'accomplissement de l'acte voire de la prise de la mesure ou de l'abstention d'y procéder.[108] Partant, la situation réelle ultérieure de l'entreprise n'a pas à être prise en compte pour décider si un acte ou une mesure est désavantageux.

Le **dommage** (*Schaden*), au contraire, s'apprécie *ex post*, c'est-à-dire au moment du procès[109] lorsque toutes les conséquences de l'exercice de l'influence sont connues.

Un inconvénient peut par conséquent exister lorsqu'aucun dommage ne s'est réalisé[110] ou même lorsque la société dépendante réalise des bénéfices[111]. Cet inconvénient doit être compensé. Si une compensation n'a pas lieu, la responsabilité de l'entreprise dominante et de ses directeurs du § 317 joue ; l'inconvénient constitue le montant minimal des dommages-intérêts.

106 *BHGZ* 141,79 (84) = *NJW* 1999, 1706 ; HÜFFER, § 311 n° 25 ; *MüKo-AktG*/KROPFF, § 311 n° 138.

107 *BGHZ* 141, 79 (84, 88) = *NJW* 1999, 1706 ; EMMERICH/HABERSACK, *commentaire*, § 311 n° 41 et s. ; *MüKo-AktG*/KROPFF, § 311 n° 151.

108 *MüKo-AktG*/KROPFF, § 311 n° 141 ; GEẞLER, *FS Westermann*, p. 145 (163 et s.) ; HÜFFER, § 311 n° 28.

109 *KöKo-AktG*/KOPPENSTEINER, § 311 n° 53 ; HÜFFER, § 311 n° 28 ; *MüHb-AktG*/KRIEGER, § 69 n° 65.

110 EMMERICH/HABERSACK, *commentaire*, § 311 n° 45 ; *MüKo-AktG*/KROPFF, § 311 n° 145 et s. Plus nuancé : *MüHb-AktG*/ KRIEGER, § 69 n° 65.

111 EMMERICH/HABERSACK, § 25 II 1 c : pensable en cas d'opération à (haut) risque qui, *ex ante*, semblait être condamnée à échouer.

c) Le système légal de la compensation individuelle

58. La règle la plus importante est celle du § 311 al. 1er qui interdit l'exercice d'une influence nocive sur la société dépendante. Est cependant illicite et générateur de responsabilité, non pas l'acte par lequel l'influence est exercée, mais le fait pour l'entreprise dominante de ne pas l'assortir d'une compensation au sens de l'alinéa 2 du § 311.

La compensation peut intervenir *de facto* (avantages commerciaux tels que crédits, marchés, remboursements en argent[112] etc.) ou en accordant un droit de créance visant la compensation des inconvénients subis au plus tard à la fin de l'exercice au cours duquel l'acte nocif a été accompli. Le § 311 n'est donc pas constitutif d'un droit à compensation (*Rechtsanspruch auf Nachteilsausgleich*). Si elle n'intervient pas de suite après l'apparition de l'inconvénient, il incombe au contraire au *Vorstand* de la société dépendante d'exercer une certaine pression sur l'entreprise dominante afin d'obtenir la compensation ou d'attendre la fin de l'exercice, moment où le paiement de dommages-intérêts est automatiquement dû.[113]

Les §§ 311 et s. visent indiscutablement la protection de la société dépendante, de ses créanciers et de ses actionnaires minoritaires. Or, depuis la reconnaissance d'un devoir de fidélité étendu incombant à l'actionnaire à l'égard de la société et des co-actionnaires tiré du § 117[114], il serait tout à fait possible d'assurer la protection qu'assurent les §§ 311 et s. en passant par ce devoir de fidélité. Il apparaît dès lors que les §§ 311 et s. ont pour fonction de rendre valide l'exercice préjudiciable d'influence en écartant la responsabilité générale et *in fine* de privilégier l'entreprise dominante.[115] Celle-ci pourra alors exercer une influence nocive sur la société dépendante à condition de sauvegarder les intérêts patrimoniaux de celle-ci par la compensation au sens du § 311 al. 2. Autrement dit, le fait pour la société dominante de compenser l'inconvénient causé à l'entreprise dépendante constitue un fait justificatif de l'acte préjudiciable.[116] Si tel n'était pas le cas et que la so-

112 EMMERICH/HABERSACK, *commentaire*, § 311 n° 62 et s.

113 EMMERICH/HABERSACK, *commentaire*, § 311 n° 75 ; HÜFFER, § 311 n° 38.

114 *BGHZ* 103, 183 = *NJW* 1988, 1579, *Linotype* ; *BGHZ* 129, 136 = *NJW* 1995, 1739, *Girmes* ; *BGH ZIP* 1999, 1444, *Hilgers*.

115 EMMERICH/HABERSACK, § 25 IV 1 a.

116 FLUME, § 4 IV ; HÜFFER, § 311 n° 6 et s., 42 ; *KöKo-AktG*/ KOPPENSTEINER, vor § 311 n° 5 et s. ; K. SCHMIDT, *GesR*, § 31 IV 2 b ; MÜLBERT, *ZHR* 163 (1999), 1 ; *contra* cependant : WÜRDINGER, § 311, n° 5, 6 et 9 ; ALTMEPPEN, *Die Haftung*, p. 56 et s. ; BÄLZ, *FS Raiser*, p. 287 ; KELLMANN, *ZGR* 1974, 220 et s.

ciété dominante pouvait être tenue responsable sur le fondement du § 117 ou sur le fondement du devoir de fidélité pour avoir exercé une influence nocive sur la société dépendante, la possibilité de la compensation en fin d'exercice offerte par le § 311 ne pourrait jamais jouer.[117] Si la compensation n'a cependant pas lieu en fin d'exercice, la responsabilité sur le fondement du § 117 ou sur celui du devoir général de fidélité renaît et s'ajoute à la responsabilité du § 317 dans le sens d'un cumul des responsabilités.[118]

59. Notons que l'influence de l'entreprise dominante connaît des limites naturelles. D'une part, l'entreprise dominante ne peut, bien sûr, modifier à sa guise l'objet social de la société dépendante dans le but par exemple de lui assigner une fonction particulière au sein du groupe. D'autre part, l'entreprise n'a le droit d'user de son influence que dans la limite du fonctionnement du système légal de la compensation individuelle, c'est-à-dire acte par acte et mesure par mesure, organisée par les §§ 311 al. 2 et 317. Si l'exercice de l'influence est tel que des actes et mesures individuels ne peuvent plus être distingués ou que les conséquences de l'exercice de l'influence ne peuvent être mesurées pour la société dépendante, il ne peut y avoir compensation individuelle. Une telle influence ne devrait s'exercer qu'après conclusion d'un contrat de domination. Si elle a lieu sans être « couverte » par un tel contrat de domination, l'entreprise dominante sera tenue du paiement de dommages-intérêts sur le fondement du § 317. En cas d'influence exercée de manière très intensive et globale, il peut arriver que le dommage ne soit plus quantifiable. Dans ce cas, les principes sur le groupe de fait qualifié jouent[119].

3. Les garde-fous

a) La responsabilité des acteurs

60. Les §§ 317 et s. préviennent les dangers de la dépendance et de l'exercice d'influence sans compensation en responsabilisant l'entreprise dominante, ses représentants ainsi que les membres du directoire et ceux du conseil de surveillance de la société dépendante. Ainsi, en cas de violation de leurs obligations, ces acteurs sont tenus de réparer le dommage à l'égard de la

117 EMMERICH/HABERSACK, § 24 VI 2.

118 *MüKo-AktG*/KROPFF, § 317 n° 108 ; *KöKo-AktG*/KOPPENSTEINER, § 317 n° 52 ; HÜFFER, § 311 n° 50.

119 Cf. *infra* n° 61 et s.

société dépendante qui n'aurait pas été compensée par le mécanisme du § 311[120]. Le dommage subi par les actionnaires minoritaires de la société dépendante peut également être réparé dès lors que celui-ci leur est individuel.[121]

Pour que les personnes intéressées puissent agir, le § 312 organise l'accès à l'information en faveur des actionnaires et créanciers. Il impose à la direction de la société dépendante la confection annuelle d'un compte rendu sur les relations de contrôle du dernier exercice, document appelé « compte rendu sur les relations avec les entreprises liées » par la loi ou plus simplement « compte rendu de dépendance » par la doctrine. Celui-ci devra faire état de *« tous les actes que la société dépendante a réalisés avec l'entreprise dominante ou avec une entreprise liée à celle-ci, sur injonction ou dans l'intérêt de ces entreprises »* ainsi que de *« toutes les autres mesures que la société dépendante a prises ou s'est abstenue de prendre sur injonction ou dans l'intérêt de ces entreprises »*. A la différence du rapport annuel ordinaire de la société, destiné à la publicité, le compte rendu demeure confidentiel et soumis à une procédure de vérification. Celle-ci implique l'intervention du commissaire aux comptes (§ 313), du conseil de surveillance (§ 314) et, si un actionnaire en fait la demande, celle d'un commissaire nommé en justice chargé de procéder à une vérification spéciale du compte rendu (*Sonderprüfung*, § 315) dès lors que le commissaire aux comptes refuse de déclarer les comptes conformes, que le conseil de surveillance déclare son désaccord sur le compte rendu établi par le directoire ou que le directoire a déclaré lui-même qu'il existe un inconvénient au détriment de la société.

Si la compensation n'intervient pas comme prévue au § 311 al. 2, l'entreprise dominante ainsi que ses représentants sont automatiquement tenus de réparer le dommage en vertu du § 317. En droit allemand, la réparation a en principe lieu par la remise en état (§ 249, al. 1er BGB), en l'occurrence par l'annulation de l'acte et de la mesure pris. Si cela s'avère impossible, le paiement de dommages-intérêts peut être demandé (§ 251 al. 1er BGB). La responsabilité ne joue cependant pas lorsque l'acte ou la mesure incriminé(e) aurait aussi été accompli(e) par *« un dirigeant ordonné et consciencieux d'une société indépendante »*, § 317 al. 2. Mais il ne s'agit pas là d'une cause d'exonération. Au contraire, c'est l'une des conditions du fondement de la responsabilité qui fait défaut dans cette hypothèse : en effet, si l'acte avait été accompli par tout dirigeant se trouvant dans la même situation, le critère du § 317 al. 1er de l'inconvénient subi au sens du § 311 n'est pas rempli et la

120 EMMERICH/HABERSACK, § 27 II 2.

121 § 317 al. 1er phr. 2.

responsabilité ne peut jouer.[122]Le § 318 al. 1er vise la responsabilité solidaire (solidarité passive avec les personnes responsables en vertu du § 317) des membres du *Vorstand* de la société dépendante en cas de violation de leur obligation d'établir un compte rendu de dépendance complet et véridique. Il en va de même en ce qui concerne les membres du conseil de surveillance en cas de violation de leur obligation de l'examiner dûment, § 318 al. 2.

Le système de responsabilité organisé par les §§ 317 et 318 ne joue cependant qu'un rôle marginal en pratique. Cela est sans doute dû au fait que ni les actionnaires minoritaires, ni les créanciers de la société dépendante ne sont incités à porter plainte en raison des coûts et risques importants attachés au procès visant l'obtention de dommages-intérêts. S'y ajoute le fait que les actionnaires minoritaires ne peuvent demander que le paiement desdits dommages-intérêts au profit de la seule société, de sorte qu'un succès éventuel profiterait en sa majeure partie à l'entreprise dominante en sa qualité d'actionnaire de la société dépendante.[123]

b) Le groupe de fait qualifié

61. L'*Aktiengesetz* est muette pour le cas où l'inconvénient subi par la société dépendante n'est pas quantifiable, où l'atteinte est donc qualifiée[124]. Il en va *a fortiori* de même en ce qui concerne la *GmbH* en tant que société dépendante à laquelle les §§ 311 et s. ne sont pas applicables.[125] Une série d'arrêts très importants a cependant progressivement établi la responsabilité de l'entreprise dominante à l'égard des créanciers de la *GmbH* dépendante. La doctrine appelle ce type de responsabilité « groupe de fait qualifié »[126]. Il convient d'en faire état puisque les solutions dégagées ont ensuite été appliquées au groupe d'*AG*.

Par la décision *Autokran*[127], la *BGH* a institué une responsabilité subsidiaire (*Ausfallhaftung*) de l'entreprise dominante à l'égard des créanciers de la

122 EMMERICH/HABERSACK, § 25 II 1.

123 *MüKo-AktG*/KROPFF, § 315 n° 36 ; *KöKo-AktG*/KOPPENSTEINER, § 315 n° 13 ; HABERSACK, *FS Peltzer*, p. 139 (146 et s.). *Contra* : *MüHb-AktG*/KRIEGER, § 69 n° 101.

124 *Qualifizierte Nachteilszufügung.*

125 Cf. *infra* n° 64 et s.

126 *Qualifizierter faktischer Konzern.*

127 Décision du II. Zivilsenat de la BGH du 16 septembre 1985 : *BGHZ* 95, 330 = *NJW* 1986, 188 ; ASSMANN, *JZ* 1986, 146 et s. ; EMMERICH, *GmbHR* 1987, 213 et s. ; LUTTER, *ZIP* 1985, 1425 et s. ; SCHMIDT, *ZIP* 1986, 146 et s. ; ULMER, *NJW* 1986, 1579 et s. et *AG* 1986, 123 et s.

GmbH dépendante lorsque celle-là a dirigé la marche des affaires de celle-ci d'une manière permanente et exhaustive. Pour ce faire, elle applique de manière analogue le § 303 relatif à la protection des créanciers à la fin d'un contrat de domination ou de transfert de bénéfices par la mise à disposition de garanties. La décision *Tiefbau*[128] apporte une précision à la définition de la direction permanente et exhaustive qu'exerce l'entreprise dominante et admet une application analogue du § 302 relatif à la compensation des pertes dans le cadre d'une relation contractuelle basée sur un contrat de domination ou de transfert de bénéfices. La décision *Video*[129], qui applique la solution de l'« entreprise dominante » au sens des §§ 302 et 303 à l'associé unique personne physique d'une *GmbH* unipersonnelle et pose des présomptions très restrictives quant à l'exonération possible, a été très critiquée en raison de l'automatisme de la responsabilité sans possibilité d'exonération de l'associé unique.

62. Aussi, le mérite de la décision *TBB*[130] consiste en l'échange des qualifications tout en maintenant de manière formelle l'application analogue des §§ 302 et 303. En effet, l'abus objectif du pouvoir de direction par l'entreprise dominante a remplacé le critère de la direction permanente et exhaustive. C'est donc seulement lorsque des éléments de comportement s'ajoutent aux éléments structurels que la jurisprudence allemande admet la responsabilité directe de la société dominante. Ainsi, l'associé dominant d'une *GmbH* est responsable sur le fondement des §§ 302 et 303 *AktG* appliqués de manière analogue lorsqu'il *« exerce le pouvoir de direction d'une manière qui ne prend pas en compte raisonnablement les besoins de la société dépendante et sans que l'inconvénient global qu'elle subit de ce fait puisse être compensé par des mesures indivi-*

128 BGH, décision du 20 février 1989 ; *BGHZ* 107, 7 = *NJW* 1989, 1800 ; SCHMIDT, *ZIP* 1989, 545 et s. ; STIMPEL, *ZGR* 1991, 144 et s.

129 BGH, décision du 23 septembre 1991, *BGHZ* 115,187 = *NJW* 1991, 3142.

130 BGH, décision du 29 mars 1993 – II ZR 265/91 (Oldenburg) connue sous le nom de *TBB* du nom de l'entreprise principale impliquée dans cette affaire, *T-Baubetreuungs-gesellschaft*, *BGHZ* 122, 123 = *NJW* 1993, 1200 ; KÜBLER, *NJW* 1993, 1200 et s. ; GOETTE, *DStR* 1993, 568 et s. ; HOMMELHOFF, *ZGR* 1994, 395 et s. ; SCHMIDT, *ZIP* 1993, 549 et s. ; WESTERMANN, *ZIP* 1993, 554 et s.
Dans le même sens : BGH *NJW* 1994, 446 ; *NJW* 1994, 3288 ; *NJW* 1995, 1544 ; *NJW* 1995, 2989 ; *NJW* 1997, 943 – *Wochenkonzern* ; *ZIP* 2000, 2163 ; OLG München *NJW* 1994, 2900 ; OLG Köln *BB* 1997, 169 ; OLG Celle *ZIP* 2000, 1981.

duelles »[131]. Cette solution a été par la suite étendue au groupe de fait qualifié dont la société dépendante était une *AG*.[132]

63. L'exception – l'*Existenzvernichtungshaftung*. La difficulté provient du fait que, concernant les *sociétés unipersonnelles,* la solution dégagée pour les *GmbH* a été modifiée à deux reprises. Il s'agit de l'hypothèse où est recherchée la responsabilité personnelle de l'associé pour mise en cause de l'existence de la société par le retrait d'actifs de la société amenant celle-ci à la cessation des paiements (cas d'ouverture de la procédure d'*Insolvenz*, procédure collective), *Existenzvernichtungshaftung*.[133] La raison en est que le créancier de bonne foi ne pouvait s'attendre à un tel comportement abusif de la part de l'associé.[134] En 2001, la décision *Bremer Vulkan*[135] a remplacé l'application analogue des §§ 302 et 303 par des considérations de *Durchgriff,* soit par la responsabilité personnelle de l'associé à l'égard des créanciers de la société.[136] Plus récemment, en 2007, la BGH a préféré un autre fondement : celui du § 826 BGB relatif à la responsabilité délictuelle pour atteinte intentionnelle contraire aux bonnes mœurs.[137] La conséquence en est cependant que cette responsabilité, jadis fondée sur le droit des groupes, devient une responsabilité générale et ainsi déconnectée de l'*AktG*.

En raison des différences de structure juridique entre, d'une part, la *GmbH* qui n'est pas en principe protégée contre les inconvénients sans compensation[138] – en dehors de l'hypothèse sus-évoquée – et, d'autre part,

131 1er principe directeur énoncé par *TBB*, cf. note précédente.

132 OLG Hamm, *NJW* 1987, 1030 ; HEYER, *Aktienkonzern*, p. 175 et s. ; HOFFMANN-BECKING, *in* ULMER, *Probleme des Konzernrechts*, p. 68 ; HÜFFER, *AktG* (5e éd.), § 302 n° 30, § 303 n° 7, § 311 n° 11 ; *MüHb-AktG*/KRIEGER, § 69 n° 113 et s. ; SCHMIDT, *GesR*, § 31 IV 4 a ; STIMPEL, *AG* 1986, 117 ; TIMM, *NJW* 1987, 977 ; WIEDEMANN, *Unternehmensgruppen*, p. 77 et s. ; *MüKo-AktG*/KROPFF, Anh. § 317 n° 45 et s., 50 et s. *Contra* cependant : BÄLZ, *AG* 1992, 277 (291 et s.) ; KOPPENSTEINER, *in* ULMER, *Probleme des Konzernrechts*, p. 87 (90 et s.) ; MÜLLER, *FS Rowedder*, p. 277 (287 et s.).

133 HUECK/WINDBICHLER, § 36 n° 35. Examen d'ensemble de la question en droit international privé, cf. *infra* n° 550 et s.

134 *MüHb-GmbH*/SCHIESSL, § 35 n° 21.

135 *BGHZ* 149, 10 = *NJW* 2001, 3622 = *NZG* 2002, 38. Plus récemment : *BGHZ* 151, 181 = *NJW* 2002, 3024 = *JZ* 2002, 1047 – *KBV* ; ALTMEPPEN, *ZIP* 2001, 1837 ; *NJW* 2002, 321 ; SCHMIDT, *NJW* 2001, 3577 ; ULMER, *ZIP* 2001, 2022 ; WIEDEMANN *ZGR* 2003, 283 ; WINTER, *ZGR* 1994, 570.

136 Pour une vision globale de ce type de responsabilité et de son fonctionnement : HUECK/WINDBICHLER, § 36 n° 34 et s.

137 *Vorsätzliche, sittenwidrige Schädigung.*

138 RÖHRICHT, *VGR* 5 (2002), p. 3.

l'*AG* qui l'est en principe par le jeu des §§ 311 et s., une partie de la doctrine pense que cette dernière solution ne devrait pas être transposée au groupe de fait dont la société dépendante est une *AG*.[139] Au contraire, il conviendrait de **continuer à appliquer à l'*AG* de manière analogue les §§ 302 et 303** (solution *TBB*), d'autant que cette solution permet à l'*AG* dépendante ainsi qu'à ses créanciers d'être protégés contre les mesures mettant en cause l'existence de la société avant que la faillite ne se réalise. Ainsi, sans avoir à attendre le pire, les actionnaires minoritaires peuvent intenter une action en abstention contre l'entreprise dominante (§§ 317 al. 4 et 309 al. 4 appliqués par analogie). [140] La société dépendante dispose ainsi de l'action en compensation par application analogue du § 302 al. 1er.[141]

C. Le groupe comportant une GmbH

64. Puisque les §§ 15 à 19 AktG ne font pas référence à une quelconque forme de sociétés, ils s'appliquent, outre aux *AG*, aux *GmbH* pour lesquelles il n'existe pas de dispositions particulières de type *Konzern*. Il en découle que la *GmbH* peut être une entreprise dépendante ou dominante.[142] Les questions qui se posent lorsqu'une *GmbH* participe au *Konzern* sont résumées par les auteurs allemands sous le vocable de *GmbH-Konzernrecht*. Il est assez fréquent, en réalité, qu'une *GmbH* fasse partie d'un groupe, ce qui est dû au fait que la *GmbH* est particulièrement apte à servir de société mère et même de société filiale au sein d'un groupe grâce à la flexibilité de sa constitution organisationnelle et financière.[143] Il n'est pas rare qu'elle serve de filiale aux groupes étrangers.[144]

L'utilisation d'une *GmbH* comporte cependant des dangers accrus. En particulier, les règles concernant les statuts d'une *GmbH* ne sont pas impératives de sorte que l'associé majoritaire réunissant entre ses mains 75 % ou plus des parts sociales aura suffisamment de liberté pour organiser la société selon son désir.[145] De plus, eu égard au fait que les gérants de la *GmbH*

139 CAHN, *ZIP* 2001, 2159 ; EBERL-BORGES, *Jura* 2000, 761 et *WM* 2003, 105 ; K. SCHMIDT, *GesR*, § 31 IV 4 ; SCHÜRNBRAND, *ZHR* 169 (2005), 35 ; WIEDEMANN, *ZGR* 2003, 283 ; *contra* : HÜFFER, § 1 n° 25 et s., § 302 n° 9.

140 EMMERICH/HABERSACK, § 28 II 1 b.

141 EMMERICH/HABERSACK, § 28 IV 1.

142 EMMERICH/HABERSACK, § 29 I.

143 *Ibid.*

144 HUECK/WINDBICHLER, § 34 n° 4.

145 EMMERICH/HABERSACK, § 29 II.

sont davantage liés aux directives données par les associés[146] que ne le sont les dirigeants d'une *AG*, il sera facile pour l'associé majoritaire de déterminer la politique de la société. Bien que nécessitant en principe la conclusion d'un contrat de domination, il est même envisageable que l'associé majoritaire se dispense de passer par l'assemblée des associés et donne directement des directives, ce qui entraînerait l'impossibilité pour les autres associés de pouvoir demander la nullité d'une décision d'assemblée. Il s'ensuit que les associés minoritaires sont particulièrement exposés. Et il en va de même en ce qui concerne les créanciers qui, dans le droit des *GmbH*, ne sont protégés que par le seul patrimoine social.

*1. L'application des dispositions de l'*Aktiengesetz

65. Pour savoir quelles dispositions de l'AktG sont susceptibles de s'appliquer aux *GmbH* il convient de se référer aux dispositions en cause qui définissent leur champ d'application personnel. S'appliquent tout d'abord les dispositions relatives aux déclarations de franchissement de seuil des §§ 20 à 22 AktG à la *GmbH* dès lors que la société dont elle détient les titres est une *AG* ou une *KG a. A.*.[147] Ensuite, les dispositions relatives aux contrats interentreprises des §§ 291 à 310 s'appliquent également à la *GmbH* dès lors qu'elle prend la position de l'entreprise dominant une *AG* ou *KG a. A.*. Enfin, la *GmbH* peut être l'entreprise dominante dans le cadre d'un groupe de fait (§§ 311 et s.). Il reste par conséquent des domaines qui manquent de réglementation légale explicite concernant la *GmbH* composante d'un groupe.

*2. Les domaines non réglementés par l'*Aktiengesetz

66. Il en existe principalement trois. Il s'agit du cas dans lequel la *GmbH* prend la position de la société dépendante, de celui dans lequel une atteinte qualifiée de la *GmbH* a eu lieu ainsi que de celui dans lequel la *GmbH* en tant que société dépendante voudrait conclure un contrat interentreprises.

146 § 37 al. 1 GmbHG ; HUECK/WINDBICHLER, § 36 n° 5.
147 Cf. *infra* n° 98.

a) Le contrat interentreprises avec une GmbH *dépendante*

67. La *GmbH* peut participer à tous contrats interentreprises des §§ 291 et s.[148].[149] Nous savons qu'il n'y a pas de particularités pour le cas où la *GmbH* prend la place de l'entreprise dominante. Il peut être renvoyé à ce qui a été dit préalablement sur les *AG*.[150]

Il en va différemment lorsque la *GmbH* participe au contrat en tant que société dépendante puisque *l'Aktiengesetz* ne peut s'appliquer directement en raison de l'autolimitation de son champ d'application personnel. En l'absence de réglementation de ces contrats spécifiques aux *GmbH*, la solution du problème doit être recherchée dans les dispositions générales la régissant.

Le contrat de domination. La notion de contrat de domination est la même que dans le droit des *AG*.[151] Le contrat a pour conséquence de transférer à l'entreprise dominante les pouvoirs de direction incombant d'ordinaire au gérant et à l'assemblée[152]. Il constitue la seule possibilité légale de transférer les pouvoirs de direction à une autre entreprise dont l'exercice peut aboutir à des inconvénients pour la société.[153] Si le gérant est compétent pour conclure le contrat, celui-ci ne peut entrer en vigueur qu'une fois approuvé par l'assemblée.[154] Puisque le contrat de domination entraîne *en fait* une modification de l'objet social de la *GmbH* en le soumettant aux intérêts de l'entreprise dominante[155], les §§ 53 al. 3[156] et 54[157] GmbHG ainsi

148 Contrat de domination, contrat de transfert de bénéfices, contrat de communauté de bénéfices, contrat de transfert partiel de bénéfices, contrat de bail d'entreprise, contrat de mise à disposition de l'entreprise.

149 Emmerich/Habersack, § 32 I 1.

150 Cf. *supra* n° 39 et s.

151 Scholz, *GmbHG*, § 44 Anh. n° 134 et s. ; *contra* : Bitter, *ZIP* 2001, 256 (270 et s., 274 et s.).

152 Cf. §§ 37 al. 1, 46 n° 6 GmbHG.

153 BGH *LM* n° 2 ad § 293 AktG = *NJW* 1992, 1452 = *AG* 1992, 192 (194), *Siemens/NRG* ; Baumbach/Hueck/Zöllner, *GmbHG*, Schlussanh. I n° 48 et s. ; Beuthien, *ZIP* 1993, 1589 ; Bitter, *ZIP* 2001, 265 (274 et s.) ; Scholz, *GmbHG*, § 44 Anh. n° 137 ; Hachenburg/Ulmer, *GmbHG*, § 77 Anh. n° 186 ; Zöllner, *ZGR* 1992, 173, (186 et s.). Il ne peut en aller différemment qu'en ce qui concerne la *GmbH* unipersonnelle dans laquelle on admet le transfert des pouvoirs de direction par le contrat de société étant donné qu'il n'y pas d'associés minoritaires nécessitant une protection, les créanciers étant protégés par les règles protectrices du capital social (§§ 30 et 31 GmbHG, *Existenzvernichtung*).

154 *BGHZ* 105, 324 (332) = *NJW* 1989, 295 ; Emmerich, *AG* 1975, 285 (291).

155 Emmerich/Habersack, § 32 II 3.

que le § 33 al. 1 phr. 2 BGB[158] relatifs à la modification statutaire doivent trouver application de sorte que le consentement de tous les associés est requis pour approuver la conclusion du contrat de domination, décision qui doit être inscrite au RCS.[159] Si un seul associé peut donc, en principe, faire opposition à la conclusion du contrat, il y a des cas dans lesquels les associés peuvent être obligés par leur devoir de fidélité de donner leur consentement à la conclusion du contrat si par exemple celui-ci peut assurer la survie de la *GmbH*.[160] La protection des actionnaires externes se fait en principe par le biais de la nécessité de recueillir leur consentement : ceci leur donne l'occasion de négocier leur consentement. Il n'est donc guère nécessaire de passer par une application analogue des §§ 304 et 305 AktG.[161]

---

156 Le § 53 GmbHG (notre traduction) : (al. 1) Une modification du contrat de société ne peut avoir lieu que par décision des associés. (al. 2) La décision est un acte notarié nécessitant, en outre, une *majorité des trois quarts des voix exprimées*. Le contrat de société peut cependant prévoir d'autres conditions. (al. 3) L'augmentation des obligations des associés ne peut être décidée qu'avec le *consentement de tous les associés concernés* (souligné par nos soins).

157 Le § 54 GmbHG est relatif à l'inscription obligatoire au RCS des modifications statutaires.

158 Le § 33 al. 1er BGB (notre traduction) : Pour prendre une décision comportant une modification des statuts, une majorité des trois quarts des membres présents est nécessaire. *Pour modifier l'objet de l'association le consentement de tous les membres est requis* ; le consentement des membres absents doit être recueilli par écrit (souligné par nos soins).

L'applicabilité du BGB. La *GmbH,* tout comme l'*AG,* est une personne morale qui existe indépendamment de ses membres. C'est pourquoi ce sont des corporations et, en tant que telles, elles constituent des associations (*Vereine*) au sens des §§ 21 et s. BGB. Ce constat est important puisque le droit du *Verein* issu du BGB est applicable en tant que *lex generalis* aux *GmbH* et aux *AG* dès lors que les lois spéciales que sont la *GmbH-Gesetz* et l'*Aktiengesetz* sont lacunaires (HUECK/WINDBICHLER, § 2 n° 9 et s ; *idem*, § 20 n° 1 ; *idem*, § 34 n° 6).

159 *MüHb-GmbH*/DECHER, § 70 n° 6 ; EBENROTH/MÜLLER, *BB* 1991, 358 (359) ; EMMERICH, *AG* 1991, 303 (308) ; *idem*, *JuS* 1992, 102 (103) ; JÄGER, *DStR* 1997, 1770 (1773) ; KLEINDIEK, *ZIP* 1988, 613 (617) ; RAISER/VEIL, § 54 n° 17 ; SCHILLING, *ZHR* 140 (1976) 528 (535 et s.) ; K. SCHMIDT, *GesR*, § 38 III 2 a ; BAUMBACH/ HUECK/ZÖLLNER, *GmbHG*, Schlussanh. I n° 39 ; *contra* – pour l'application du § 53 al. 2 phr. 1 (majorité des trois quarts des voix exprimées) à condition, cependant, que le contrat assure l'allocation compensatoire et l'indemnité de retrait des §§ 304 et 305 AktG – HALM, *NZG* 2001, 728 (729 et s.) ; KOERFER/SELZNER, *GmbHR* 1997, 285 (278 et s.) ; ROWEDDER/KOPPENSTEINER, *GmbHG*, § 52 Anh. n° 55 et s. ; LUTTER/HOMMELHOFF, *GmbHG*, § 13 Anh. n° 38, 49 et s. ; A. WEBER, *GmbHR*, 2003, 1347 (1348).

160 EMMERICH, *JuS* 1992,102 (104) ; TIMM, *WM* 1991, 481 (483 et s.).

161 ZÖLLNER, *ZGR* 1992, 173 (193, 199 et s.). Sauf à considérer qu'une majorité qualifiée suffise pour conclure le contrat (cf. *réf. précit.* dans note de bas de page n° 158) auquel

Quant à la protection des créanciers, les §§ 302 relatif à la compensation des pertes de la société dépendante et 303 relatif à la mise à disposition des créanciers de sûretés s'appliquent de manière analogue.[162] Durant l'exécution du contrat de domination, la responsabilité de la société mère et de ses dirigeants sera engagée si elle n'a pas agi avec *« le soin et la diligence d'un commerçant ordonné et consciencieux »*, § 309 al. 1er, 2 et § 310 al. 1er appliqués de manière analogue. Elle pourra être engagée par les associés par le biais de l'*actio pro socio*[163], § 309 al. 4 et § 310 al. 4 AktG appliqués de manière analogue.

Pour les **autres contrats interentreprises** valent en principe les développements consacrés au contrat de domination, des différences mineures pouvant être négligées pour notre étude.

b) La dépendance de la GmbH *dans le groupe de fait*

68. Les §§ 311 et s. ne sauraient s'appliquer à la *GmbH* société dépendante : ni tels quels parce que le présupposé de la règle exige que la société dépendante soit une *AG* ou une *KG a. A.*, ni par analogie parce que la *GmbH* ne dispose pas d'un organe directeur non lié par les directives de l'assemblée (tel le directoire de l'*AG)*, ni d'un organe en mesure de vérifier le compte rendu sur les entreprises liées du § 312 (tel le conseil de surveillance de l'*AG)*.[164]

Face à ce constat, la protection de la *GmbH*, de ses associés minoritaires et de ses créanciers doit passer par les **principes propres à ce type de société**. Si cette manière de faire correspond à l'approche ponctuelle des groupes en vigueur dans de nombreux États[165], elle diverge profondément

---

cas le respect des §§ 304 et 305 s'impose en vue d'une protection adéquate des associés externes.

162 BGH *LM* n° 46 ad § 105 HGB = *NJW* 1980, 231 = *AG* 1980, 47, *Gervais* ; *BGHZ* 95, 330 (345 et s.) = *NJW* 1986, 188 = *JuS* 1992, 437 n° 9 ; SCHOLZ, § 44 Anh. n° 180 et s. ; *contra* : EHRICKE, *Das abhängige Unternehmen in der Insolvenz*, p. 430 et s. ; KÜBLER, *FS Heinsius*, 1991, p. 397.

163 *MüKo-AktG*/ALTMEPPEN, § 309 n° 123 et s. ; *contra* : – pour un cas de *Prozessstandschaft* (KÖBLER, *Rechtsfranzösisch* : fait de faire valoir en justice en son propre nom le droit de tiers) – HÜFFER, § 309 n° 21.

164 *BGHZ* 65, 15 (18) = *NJW* 1976, 191, *ITT* ; *BGHZ* 95, 330 (340) = *NJW* 1986, 188, *Autokran* ; EMMERICH/HABERSACK, § 29 III 2 a ; HACHENBURG/ULMER, *GmbHG*, Anh. § 77 n° 55 et s. ; BAUMBACH/HUECK/ZÖLLNER, *GmbHG*, Schlussanh. I n° 56; *contra* pour une application analogue des §§ 311 et 317 AktG : KROPFF, *FS Semler*, p. 517 (536 et s.) ; *idem*, *FS Kastner*, p. 279 (292) ; K. SCHMIDT, *GesR*, § 39 III 2 c.

165 Notamment du droit français.

de la conception de l'AktG. Il reste que les principes généraux de la *GmbH* ne seront pas appliqués tels quels au groupe mais seront, au contraire, adaptés et affinés pour les besoins du groupe.

Outre des mécanismes spécifiques destinés à protéger les associés minoritaires[166] et les créanciers[167], il existe un mécanisme central assurant directement la protection de la *GmbH* et, ce faisant, indirectement celle des associés et des créanciers : il s'agit de l'interdiction faite à tout associé de porter atteinte à la société. Cette interdiction se fonde sur le **devoir de fidélité**, lequel joue d'une part entre les associés et, d'autre part, entre les associés et la société.[168]

Toute influence nocive sur la société est prohibée.[169] Le caractère nocif s'apprécie comme dans le cadre des §§ 311 et 117 AktG relatifs au groupe de fait[170], toutefois non applicables en l'espèce, ou encore à la lumière du § 43 al. 1er GmbHG[171]. Il s'agit, en d'autres termes, de savoir si *« un dirigeant ordon-*

166 Cf. *infra* n° 91 et s.

167 Cf. *infra* n° 119 et s.

168 *BGHZ* 65, 15 (18 et s.) = *NJW* 1976, 191, *ITT* ; *BGHZ* 95, 330 (340) = *NJW* 1986, 188, *Autokran* ; EMMERICH/HABERSACK, § 30 II 1 a ; SCHOLZ/EMMERICH, *GmbHG*, Anh. Konzernrecht n° 70 ; BAUMBACH/HUECK/ZÖLLNER, *GmbHG*, Schlussanh. I n° 53 et s. ; LUTTER/HOMMELHOFF, *GmbHG*, Anh. § 13 n° 17 ; ROWEDDER/ SCHMIDT-LEITHOFF/KOPPENSTEINER, *GmbHG*, Anh. § 52 n° 74 ; HACHENBURG/ ULMER, *GmbHG*, Anh. § 77 n° 73 ; *contra* : pour la responsabilité de l'associé majoritaire par analogie à la responsabilité du gérant du § 43 al. 2 *GmbHG* : J. WILHELM, *Rechtsform und Haftung bei der juristischen Person*, 1988, p. 253, 326, 352 et s.

169 Exemples : la facturation à la *GmbH* de prix spéciaux pratiqués à l'intérieur de groupe, plus élevés que d'ordinaire (*Konzernverrechnungspreise : BGHZ* 65, 15 (18 et s.) = *WM* 1975, 1152 = *NJW* 1976, 191 = *JuS* 1976, 54 n° 6, *ITT* ; *BGHZ* 141, 79 (84 et s.) = *NJW* 1999, 1706 ; *BGHZ* 124, 111 (118 et s.) = *NJW* 1994, 520 = *AG* 1994, 124) ; l'utilisation d'objets ou de droits de la *GmbH* dépendante par la société mère sans contrepartie réelle ; l'envoi de personnel à l'entreprise dominante ; toute forme de déplacement des bénéfices réalisés par la *GmbH* (BGH *BB* 1977, 456 ; BGH *NJW* 1989, 2104 ; BGH *WM* 1978, 1205) ; toute forme de concurrence de la part de l'associé dominant non couverte par le contrat de société (RAISER/VEIL, § 53 n° 46) ; le redressement d'une autre filiale du groupe aux dépens de la *GmbH* (OGH, *GesRZ* 1982, 256 et s.).

170 EMMERICH/HABERSACK, § 30 III 2 ; *idem, commentaire*, Anh. § 318 n° 29.

171 ROWEDDER/SCHMIDT-LEITHOFF/KOPPENSTEINER, *GmbHG*, Anh. § 52 n° 77 ; SCHOLZ/SCHNEIDER, *GmbHG*, § 43 n° 18 et s.

né et consciencieux d'une société indépendante »[172], voire un *« dirigeant appliquant le soin et la diligence d'un commerçant ordonné »*[173], aurait agi de la même façon.[174]

L'action en responsabilité visant l'obtention de dommages-intérêts appartient à la société et peut par conséquent être mise en œuvre par le gérant ou par les associés par le biais de l'*actio pro socio*[175].[176] Si l'atteinte n'est pas encore consommée, il est également possible de demander l'abstention de la mesure.[177]

c) L'atteinte qualifiée

69. Le problème de l'atteinte qualifiée dans le cadre du groupe de fait qualifié dont la société dépendante était une *AG* a été étudié.[178] Nous avons vu par la même occasion qu'il existait la possibilité de rechercher la responsabilité de l'associé unique d'une *GmbH*, l'*Existenzvernichtungshaftung*. Nous y reviendrons ultérieurement.[179]

§ 4) Résumé du droit matériel allemand des groupes

70. En raison de la complexité de la réglementation allemande des groupes, il convient d'en résumer le fonctionnement essentiel en quelques mots. Le droit allemand des groupes est fondé sur la distinction entre les groupes à structure contractuelle (*Vertragskonzern*) et les groupes de fait (*faktischer Konzern*). Les groupes contractuels se constituent en vertu d'un contrat de domination (*Beherrschungsvertrag*, § 291, al. 1er, phrase 1 AktG) ou

172 (notre traduction) cf. § 317 al. 2 AktG : « [...] *ein ordentlicher und gewissenhafter Geschäftsleiter einer unabhängigen Gesellschaft* [...] ».

173 (notre traduction) cf. § 43 al. 1er GmbHG : « *Geschäftsführer* [...] *die Sorgfalt eines ordentlichen Geschäftsmannes* [...] ».

174 Sur l'équivalence de ces deux notions, cf. EMMERICH/HABERSACK, § 30 III 2.

175 Appelée action *ut singuli* en droit français.

176 EMMERICH/HABERSACK, *commentaire*, Anh. § 318 n° 32 ; EMMERICH/HABERSACK, § 30 IV 2 ; SCHOLZ/EMMERICH, *GmbHG*, Anh. Konzernrecht n° 79 ; HACHENBURG /ULMER, *GmbHG*, Anh. § 77 n° 90 ; ASSMANN, *FS 100 Jahre GmbH-Gesetz*, p. 657 (681 et s.) ; *contra* – pour une action des associés en leur nom propre – LUTTER, *ZHR* 162 (1998), p. 164 (180) ; RAISER, *ZHR* 153 (1989), 1 (9 et s.).

177 HACHENBURG/ULMER, *GmbHG*, Anh. § 77 n° 89 ; SCHOLZ/EMMERICH, *GmbHG*, Anh. Konzernrecht n° 81.

178 Cf. *supra* n° 61 et s.

179 Dans le cadre de l'étude du droit international, cf. *infra* n° 550 et s.

en vertu de la décision prise par l'assemblée extraordinaire d'intégrer une autre société anonyme (*Eingliederung*, §§ 319 et 320 AktG). Tous les autres groupes sont des groupes dits « de fait ».

Dans l'hypothèse du groupe contractuel, il existe un contrat de domination entre deux entreprises. Dans le système instauré par la loi, ce contrôle sera réputé légal signifiant que l'entreprise dominante a le droit de donner des instructions à l'entreprise contrôlée et que ces instructions peuvent être préjudiciables à l'entreprise contrôlée pourvu qu'elles servent les intérêts de l'entreprise dominante ou d'autres entreprises du groupe. En contrepartie, l'entreprise dominante doit prendre en charge les pertes infligées à l'entreprise contrôlée et, le cas échéant, indemniser équitablement les actionnaires minoritaires de l'entreprise contrôlée ou, s'ils le souhaitent, leur acheter leurs actions à un prix équitable.

Dans l'hypothèse du groupe de fait, le contrôle s'exerce en fait. Le législateur, pour inciter à la conclusion d'un contrat de contrôle et ainsi à la légalisation du contrôle, discrimine en quelque sorte ces groupes de fait en interdisant à l'entreprise dominante de fait d'influencer les entreprises contrôlées à prendre à leur détriment certaines mesures, à moins que ne soit prévue une compensation pour ces préjudices.

Section 2 Les groupes de sociétés en droit matériel français

71. Le droit français est caractérisé par une approche ponctuelle du phénomène des groupes de sociétés en ce sens que la loi française ne connaît pas une réglementation spécifique des groupes.[180] Seules quelques dispositions du droit des sociétés (articles L. 233-1 à 233-31 C. com.[181]) s'intéressent spécifiquement au droit des groupes et en constituent le tronc. Elles s'appliquent sans distinction de forme sociétaire, c'est-à-dire indistinctement notamment aux SA et aux SARL. Autour de celui-ci se nouent des

180 En effet, seule la proposition COUSTE, s'inspirant en partie de l'*Aktiengesetz* de 1965, avait construit un modèle législatif d'ensemble mais ne fut jamais discutée au Parlement : Proposition de loi n° 1055 déposée sur le bureau de l'Assemblée nationale par MM. COUSTE et autres le 9 avril 1970 ; déposée de nouveau, sous le n° 52, le 12 avril 1973 et, dans son dernier état, le 2 juillet 1981, *Doc. AN*, n° 25.

181 Articles 354 à 359-1 de la loi n° 66-537 du 24 juillet 1966, *D.* 1966, p. 265, *rect.* p. 400.

dispositions provenant du droit bancaire, boursier et pénal. Cela a pour conséquence première qu'il n'existe aucune définition légale du groupe. Cette situation n'a rien de dérangeant en soi puisque, comme nous l'avons vu, le droit allemand n'en a pas davantage, quand bien même il connaît une réglementation spécifique des groupes. Il reste cependant que, avec l'approche ponctuelle qui suppose qu'une intervention législative ne se fait (si elle se fait) par hypothèse qu'*a posteriori*, de nombreux problèmes sont apparus. Ces problèmes n'étaient pas réglés par les textes et nécessitaient une intervention créatrice de droit de la jurisprudence. Autrement dit, *« en matière de groupe, les Français adoptent une position plus empirique que cartésienne »*[182]. La deuxième conséquence est que le groupe n'a pas, tout comme en droit allemand, la personnalité juridique et ne peut par conséquent être sujet de droit.

Il n'est pas inutile de répéter que le groupe de sociétés au sens où le comprennent les juristes français est similaire au seul groupe de subordination (*Unterordnungskonzern*) au sens du droit allemand. Le groupe d'ordonnancement égalitaire (*Gleichordnungskonzern*[183]) est parfaitement inconnu en droit français. Fort intéressant est le constat que toutes les réglementations dont il va être question ici existent, du moins sous forme similaire, en droit allemand également. Seulement, la doctrine allemande ne les thématise pas sous l'appellation de droit des groupes mais sous celle de droit civil, droit des sociétés, droit boursier, etc.

Il convient de retracer les grandes lignes du droit français des groupes en distinguant ses notions clef, les modalités de constitution et les modalités de fonctionnement du groupe.[184] L'étude spécifique de la protection des actionnaires et des créanciers se fera de manière comparée au droit allemand dans une section ultérieure.

§ 1) Les notions clef

Les dispositions du Code de commerce qui sont consacrées au groupe de sociétés sont de deux ordres. Le premier comprend celles qui sont relatives au contrôle, le second celles qui sont relatives aux participations et aux filiales.

182 Y. GUYON, 'Examen critique des projets européens en matière de groupes de sociétés (le point de vue français)', *Group of Companies*, p. 155.

183 Cf. *supra* n° 36.

184 Les développements qui vont suivre valent tant pour les SA que pour les SARL, sauf indications contraires.

A. Le contrôle

72. Le contrôle qui soumet les sociétés membres du groupe à une société mère ou chef de file résulte des articles L. 233-3 à L. 233-5 C. com. La prise de contrôle répond pour la société à l'intention d'exercer une influence déterminante sur la gestion de la société dont elle acquiert ou souscrit les titres.

L'article L. 233-3 C. com.[185] définit les différentes modalités du contrôle d'une société sur l'autre ; il s'agit du contrôle dit « direct ». Il est possible de distinguer trois sortes de contrôle qui ne ressortent cependant pas en ces termes de la loi elle-même. En premier lieu, il y a *contrôle de droit* lorsqu'une société détient une fraction du capital lui conférant la majorité des droits de vote dans les assemblées générales d'une autre société. En deuxième lieu, on parle de *contrôle conjoint* lorsqu'une société dispose seule de la majorité des droits de vote dans une autre société en vertu d'un accord conclu avec d'autres associés à condition que cet accord ne soit pas contraire à l'intérêt de cette société. L'expression induit cependant en erreur puisque le contrôle est exercé par une seule société. En troisième lieu, il y a *contrôle de fait* quand une société détermine en fait, par les droits de vote dont elle dispose, les décisions des assemblées générales. Afin d'en faciliter la preuve, l'article L. 233-3, al. 2 C. com. ajoute que le contrôle est présumé lorsque la société *« dispose directement ou indirectement, d'une fraction des droits de vote supérieure à 40 % et qu'aucun autre associé ou actionnaire ne détient directement ou indirectement une fraction supérieure à la sienne ».*

Il faut distinguer du contrôle direct le contrôle indirect régi par l'article L. 233-4 C. com. selon lequel *«* [t]*oute participation, même inférieure à 10 % détenue par une société contrôlée est considérée comme détenue indirectement par la société qui contrôle cette société ».*[186] Il s'agit donc du contrôle qui ne s'exerce pas directement d'une société sur une autre mais indirectement par l'intermédiaire d'une ou plusieurs sociétés.

Il est logique que ces modalités de contrôle se réfèrent, du moins implicitement, aux droits de vote puisqu'il n'est possible de diriger une autre société que lorsqu'une influence sur les organes de celle-ci peut être exercée. Partant, il convient de prendre en compte les droits de vote double et les certificats de droit de vote ainsi que d'écarter, le cas échéant, les actions à dividende prioritaire sans droit de vote, les actions de préférence, les actions d'autocontrôle et les actions détenues par la société dans son propre

185 Art. 355-1 L. 1966.
186 Art. 355-2 L. 1966.

capital. En cas de démembrement des actions, enfin, c'est en principe à la société usufruitière qu'appartient le contrôle puisque c'est elle qui votera à l'assemblée ordinaire, sauf clause contraire.[187]

Outre les limites jurisprudentielles du contrôle dont il sera fait mention ultérieurement, il existe des limites issues du droit des sociétés. Ainsi, en cas de maîtrise totale de la société dominante, la société dépendante n'est qu'une société fictive puisque l'une des conditions constitutives de la société fait défaut, l'*affectio societatis* de l'article 1832 C. civ.[188] Concernant la SARL, l'article L. 223-5 C. com. prévoit l'interdiction de la SARL « associé unique » dont cet associé serait organisé lui aussi sous forme d'une SARL « associé unique ».

B. La participation et les filiales

73. Le terme de « participation » est utilisé lorsqu'une société vient à détenir une certaine fraction du capital social d'une autre société. La participation suppose la volonté de créer des liens durables avec la société dont les parts ou actions sont souscrites ou achetées et d'exercer sur cette société une certaine influence, sans que celle-ci soit directe comme en cas de contrôle, dans le but d'en retirer un avantage, qui est souvent d'ordre économique.

L'article L. 233-2 C. com.[189] retient qu'une société est considérée comme ayant une participation dans une seconde société dès lors que la fraction du capital détenue est comprise entre 10 et 50 %. Cette disposition est critiquée à juste titre. Elle l'est en raison du critère de la fraction du capital détenue parce que la détention d'une fraction inférieure à 10 % du capital d'une société peut être suffisante pour exercer un contrôle déterminant dès lors que le capital est dispersé dans le public et, à l'inverse, la détention d'une fraction de plus de 10 % du capital d'une société fermée ne suffit pas toujours pour exercer une influence au capital de cette société. Elle l'est encore parce que le contrôle peut s'exercer à travers des éléments factuels comme la communauté de dirigeants.[190] La participation peut être pyramidale[191], radiale[192] ou circulaire[193].

187 *Encycl. jur. Dalloz, Rép. soc., Groupe de sociétés*, n° 31.

188 Sur la théorie de la fictivité : cf. *infra* n° 129.

189 Art. 355 L. 1966.

190 *Encycl. jur. Dalloz, Rép. soc., Groupe de sociétés*, n° 11.

191 Une société a des participations dans un certain nombre de sociétés qui, à leur tour, en détiennent dans d'autres et ainsi de suite (participations en cascade).

Est réputée filiale toute société dont plus de la moitié du capital appartient à une autre société[194] à l'exclusion, le cas échéant, de la fraction de ce capital correspondant à des actions à dividende prioritaire sans droit de vote[195]. La caractérisation de filiale ne modifie pas en principe la nature juridique de cette société : elle reste une personne morale autonome[196], est en théorie indépendante[197], possède sa nationalité propre[198] et conserve son autonomie patrimoniale[199].

Les termes de filiale et de participation font cependant abstraction du délai de possession des titres, de l'intention qui a motivé l'achat ou la souscription et des pouvoirs réels de la société participante. Force est par conséquent de constater que ces notions ne suffisent pas à définir ou caractériser le groupe. Pis, leur rigidité ne reflète aucunement la situation actuelle des groupes de sociétés.[200] C'est la raison pour laquelle la jurisprudence a joué un rôle particulièrement important.

§ 2) Les modes de constitution du groupe

Il existe plusieurs possibilités de constituer un groupe de sociétés en droit français lesquelles sont essentiellement tirées du droit des sociétés. La pratique démontre que la constitution d'un groupe résulte soit de la création par une société donnée d'une ou plusieurs filiales, soit de la création d'une société *holding*, soit encore de la prise de contrôle par cette société d'une ou plusieurs autres sociétés.

---

192 Une société principale détient une participation dans chaque société secondaire du groupe sans qu'il n'existe de lien entre les différentes sociétés secondaires.

193 Soit trois sociétés A, B et C : A détient une participation dans B, B dans C et C, à son tour, dans A.

194 Art. L. 233-1 C. com., art. 354 L. 1966.

195 Art. L. 228-35-11 C. com.

196 *Encycl. jur. Dalloz, Rép. soc., Groupe de sociétés*, n° 20.

197 *Ibid.*, n° 21.

198 *Ibid.*, n° 22.

199 *Ibid.*, n° 23.

200 *Encycl. jur. Dalloz, Rép. soc., Groupe de sociétés*, n° 16.

A. La création d'une filiale

74. La création de filiales, en premier lieu, peut se faire par deux mécanismes essentiellement.[201] Premièrement, la future société mère pourra tout simplement constituer une nouvelle société, la filiale. Deuxièmement, la société dominante peut réaliser un apport partiel d'actif[202] à une société créée à cet effet afin d'obtenir les titres de cette dernière en nombre suffisant pour exercer un contrôle sur celle-ci.

B. La constitution d'un holding

75. En deuxième lieu, le groupe peut se constituer à l'aide d'une société holding pouvant être définie comme une *« société dont le capital est composé de titres d'une ou plusieurs autres sociétés sur lesquelles elle exerce un pouvoir »*[203]. Il est fait usage de ce type de société lorsque la société mère est censée jouer un rôle exclusivement financier sans activité industrielle ou commerciale propre. Il reste que le holding assume de plus en plus aujourd'hui, indépendamment de son rôle financier, une action de direction et de gestion.

On distingue la société holding créée par le haut et celle qui est créée par le bas : dans le premier cas, il est procédé par voie de filialisation des diverses divisions de l'entreprise ; dans le second cas, les associés ou actionnaires d'une société apportent tout ou partie de leurs titres à une société, qui deviendra de ce fait une société mère.[204] On le voit alors, les mécanismes juridiques dont il est fait application sont classiques : dans le premier cas, il s'agit en règle générale d'apports partiels d'actif et, dans le second cas, d'apports en nature.

Cette technique sociétaire qui trouve son origine aux États-Unis, a fait ses preuves en Europe. Elle permet, entre autres, de faire entrer de nombreux investisseurs dans le groupe par la multiplication des holdings à plusieurs niveaux tout en gardant le contrôle[205] ainsi que de choisir pour son emplacement un État à faible imposition[206]. Bien que n'étant régies par

201 *Encycl. jur. Dalloz, Rép. soc., Groupe de sociétés*, n° 39.

202 L'apport partiel d'actifs étant l'opération par laquelle une société fait apport à une autre (nouvelle ou déjà créée) d'une partie de ses éléments d'actifs et reçoit, en échange, des titres émis par la société bénéficiaires des apports.

203 *Encycl. jur. Dalloz, Rép. soc., Groupe de sociétés*, n° 49.

204 A. COURET/D. MARTIN, *Les sociétés holdings*, Que sais-je, 1991, p. 14 et s. ; F. DRUMMOND, *Les sociétés dites « holdings »*, th. microfichée, Paris II, 1993.

205 *Encycl. jur. Dalloz, Rép. soc., Groupe de sociétés*, n° 49.

206 *Ibid.*, n° 50.

aucun texte de loi, les sociétés holdings ont été reconnues licites par la jurisprudence[207].

C. La prise de contrôle

76. En troisième et dernier lieu, quant à la prise de contrôle, il existe essentiellement deux mécanismes permettant de s'assurer le contrôle d'une société – la souscription à une augmentation de capital réservée et la cession de contrôle – dont les modalités diffèrent cependant selon qu'il s'agit de sociétés cotées ou non.

1. La souscription à une augmentation de capital réservée

77. La prise de contrôle par souscription à une augmentation de capital de la SA cible constitue un moyen de prendre le contrôle de celle-ci. Elle comporte cependant un danger : celui de ne pas pouvoir acquérir suffisamment d'actions pour s'assurer du contrôle. Cela est d'autant plus vrai qu'en principe toute augmentation de capital en numéraire ouvre aux actionnaires, proportionnellement au montant de leurs actions, un droit de préférence à la souscription des actions nouvelles, art. L. 225-132, al. 1er et 2 C. com.[208] C'est la raison pour laquelle on réserve l'augmentation du capital à la société qui souhaite prendre le contrôle de la société cible. L'assemblée générale extraordinaire peut en effet décider de supprimer le droit préférentiel de souscription pour la totalité de l'augmentation (augmentation de capital réservée, art. L. 225-135 C. com.). En principe, l'assemblée générale extraordinaire ne peut supprimer le droit préférentiel de souscription qu'au profit de personnes dont l'identité lui est révélée ou d'une ou plusieurs catégories de personnes, art. L. 225-138, al. 1er C. com.

Si les titres de la société sont admis aux négociations sur un marché réglementé, la suppression du droit préférentiel peut, sous certaines conditions, être décidée sans bénéficiaires dénommés, art. L. 255-136 et L. 255-

207 CA Paris, 18 juin 1986, *Rev. soc.* 1986, 422 et s., note Y. GUYON ; Cass. com., 24 févr. 1987, *Bull. Joly* 1987, 213 et s., note P. LE CANNU, *D.* 1987, 599 et s., note J. HONORAT.

208 La plupart des dispositions relatives à l'augmentation du capital ou aux valeurs mobilières qui seront citées par la suite, ont été modifiées par l'Ordonnance n° 2004-604 du 24 juin 2004 portant réforme du régime des valeurs mobilières émises par les sociétés commerciales et extension à l'Outre-mer de dispositions ayant modifié la législation commerciale, *JO* du 26 juin 2004, texte 11.

137 C. com.[209] . Enfin, l'émission, par une telle société, de titres de capital assimilables aux titres préexistants, réalisée par offre au public sans droit préférentiel de souscription est soumise au régime spécial de fixation du prix d'émission prévu à l'article L. 225-136 C. com.

2. La cession de contrôle

78. Outre la souscription à une augmentation de capital réservée, la prise de contrôle peut également se faire par la cession de contrôle. On comprend par là la cession de titres qui a pour objet, ou du moins pour conséquence, de conférer la majorité du capital ou des droits de vote représentés à un tiers. Autrement dit, la prise de contrôle consiste en l'acquisition, soit directement, soit indirectement d'un nombre d'actions ou de parts d'une société suffisant pour pouvoir gouverner quasi souverainement cette société. Il convient de distinguer la cession de contrôle impliquant les sociétés non cotées de celle impliquant les sociétés cotées.

a) Sociétés non cotées

79. Le droit civil des contrats est applicable. La nature juridique de la cession a longtemps posé problème mais, après des hésitations doctrinales[210], la Cour de cassation a précisé que le régime applicable sera celui de la cession des droits sociaux en excluant par là même la qualification de

209 Cette disposition a été modifiée, en dernier lieu, par l'Ordonnance n° 2009-80 du 22 janvier 2009 relative à l'appel public à l'épargne et portant diverses dispositions en matière financière (NOR : ECET0825537R).

210 On a notamment pu se poser la question de savoir si la cession de contrôle revêtait un caractère spécifique ou si elle valait cession d'entreprise. Sur ces débats : M. GERMAIN, 'Pratiques des cessions de contrôle des sociétés non cotées', *RJ com.*, n° 3 spécial, nov. 1988, 69 et s. ; J. PAILLUSSEAU et *alii*, 'La cession d'entreprise', 3e éd., 1993, Dalloz ; J. J. CAUSSAIN/M. GERMAIN, 'Pratique des cessions de contrôle des sociétés anonymes', *JCP* éd. E, 1987. I. 14915 ; C. HANNOUN, 'Les conventions portant transfert du contrôle et la transparence des sociétés', *D.* 1994, chron., 67 et s. ; P. MOUSSERON, 'L'obligation de renseignement dans les cessions de contrôle', *JCP* éd. E, 1994. I. 362 ; MASSART, *Le régime juridique de la cession de contrôle*, thèse dactyl., Paris II, 1995.

cession d'entreprise[211]. L'opération est de nature commerciale puisqu'elle a pour objet ou pour effet d'assurer aux acquéreurs le contrôle de la société.[212]

b) Sociétés cotées

80. Si l'acquisition d'un bloc de contrôle ne fait l'objet d'aucune réglementation spécifique lorsque la société concernée n'est pas cotée, il en va autrement dès lors que la prise de contrôle concerne une société cotée en Bourse. L'acquisition du contrôle d'une société cotée est appréhendée différemment par la loi selon qu'il s'agit d'une opération progressive ou d'une opération instantanée. Cette dernière est une offre publique.[213]

Parfois, l'acquisition de titres effectuée en vue de prendre le contrôle s'échelonne dans le temps. Il en va ainsi pour ne pas provoquer la hausse du prix des actions. Ce procédé est toutefois assez incertain quant à l'acquisition effective du contrôle de la société visée car l'acquéreur, d'une part, n'a pas la certitude de pouvoir acquérir un nombre de titres suffisant pour exercer le contrôle de la société et, d'autre part, peut se heurter à des clauses d'agrément, voire à l'existence de droits de vote doubles au profit de certains actionnaires.[214] La loi encadre cette possibilité de prise de contrôle en établissant une obligation pesant sur l'acquéreur de donner des informations à la société cible ainsi qu'à l'Autorité des marchés financiers (AMF). La première information obligatoire concerne le **franchissement de certains seuils de participation**. L'article L. 233-7, al. 1er C. com. dispose que

> « [l]*orsque les actions d'une société ayant son siège sur le territoire de la République sont inscrites en compte chez un intermédiaire habilité* [...], *toute personne physique ou personne morale agissant seule ou de concert* [...] *qui vient à posséder un nombre d'actions représentant plus du vingtième, du dixième, du cinquième, du tiers, de la moitié ou des deux*

211 Cass. com., 21 juin 1982, cf. *infra* n° 105 pour références et présentation de cet arrêt de principe intervenu dans l'affaire *Saupiquet-Cassegrain* ; arrêts ultérieurs confirmant cette qualification : Cass. com., 13 févr. 1990, *Bull. Joly* 1990, 659, note M. JEANTIN ; 22 janvier 1991, *Bull. Joly* 1991, 398, note D. LEOTY.

212 Cass. com., 3 janv. 1985, *Bull. civ.* IV n° 7 ; Cass. com., 28 avril 1987, *Rev. soc.* 1987, 391 et s., note J.-C. BOUSQUET ; Cass. com., 11 juill. 1988, *Bull. civ.* IV n° 249 ; Cass. com., 27 nov. 1992, *RJDA* 2/93 n° 124.

213 Le régime des OPA et notamment les aspects de protection des actionnaires seront étudiés ultérieurement, cf. n° 98 et s., 106 et s. Nous n'avons pas mentionné le droit boursier allemand à ce stade, alors qu'il comprend bien sûr également une réglementation des offres publiques, puisqu'il ne fait pas partie *stricto sensu* du droit des *Konzerne*.

214 NURIT-PONTIER, *Les groupes de sociétés*, p. 28 et s.

tiers du capital ou des droits de vote informe la société [...] *du nombre total d'actions ou de droits de vote qu'elle possède.* »

Cette obligation d'information peut également découler des statuts et ce, avec des taux de participation inférieurs déclenchant alors plus tôt l'obligation.[215] La deuxième **information obligatoire est relative aux objectifs** que l'acquéreur a l'intention de poursuivre, art. L. 233-7, al. 7 C. com. : il doit déclarer lors du franchissement de cinq et de dix pourcent du capital social s'il a l'intention d'arrêter ou poursuivre les achats, d'acquérir ou non le contrôle de la société, de demander une nomination dans un organe social, etc. En cas de manquement aux obligations susmentionnées, la sanction civile consiste à priver de droit de vote les actions qui excèdent la fraction qui aurait dû être déclarée.[216]

§ 3) Les modes de fonctionnement du groupe

Une fois que le groupe est constitué, plusieurs réglementations interviennent en droit français dont on présentera successivement les plus importantes. Il convient de distinguer les réglementations spécifiques relatives aux titres, les réglementations issues du droit commun ainsi que les réglementations relatives aux opérations de trésorerie.

A. Les réglementations spécifiques relatives aux titres

Les réglementations relatives aux titres intéressant le groupe au stade de son fonctionnement sont de deux sortes : la réglementation des participations réciproques et celle de l'autocontrôle.

1. Les participations réciproques

81. Les participations réciproques entre deux sociétés peuvent conduire à deux sortes d'abus : d'une part, elles peuvent avoir pour effet de majorer artificiellement l'actif apparent des sociétés (*watering*) dans la mesure où chaque société se trouve indirectement, par l'intermédiaire de l'autre, propriétaire de ses propres actions et, d'autre part, il peut se produire un verrouillage de la direction des sociétés lorsque chacune des sociétés détient

215 Art. L. 233-7, al. 5 C. com.

216 Art. L. 233-14, al. 1er C. com. (art. 356-4 L. 1966).

dans le capital de l'autre une participation suffisante pour en avoir le contrôle de sorte que les associés n'ont plus aucun moyen de contrôle de l'organe directeur de leur société.[217] Pour assurer la réalité du capital social l'article L. 233-29 C. com. prohibe les participations réciproques directes[218] en disposant qu'*« une société par actions ne peut posséder d'actions d'une autre société, si celle-ci détient une fraction de son capital supérieur à 10 % »*. A défaut d'accord entre elles, *« celle qui détient la fraction la plus faible du capital de l'autre doit aliéner son investissement »*.[219] Il ne s'ensuit cependant pas la nullité de la cession qui aurait été faite en violation de cette disposition.[220] Au contraire, jusqu'à leur aliénation, les actions sont simplement privées du droit de vote.[221]

2. L'autocontrôle

82. En raison de l'insuffisance de la réglementation des participations réciproques directes pour combattre le verrouillage de la direction de la société mère, le législateur est intervenu pour encadrer les participations croisées indirectes en réglementant l'autocontrôle.[222] On entend par autocontrôle la situation dans laquelle une société assure son propre contrôle par l'intermédiaire d'une ou plusieurs sociétés dont elle détient elle-même directement ou indirectement le contrôle. La loi supprime le droit de vote attaché aux actions d'autocontrôle, art. L. 233-31 C. com., et rend nulle, en tant que règle impérative, toute assemblée générale ordinaire à l'occasion de laquelle les actions d'autocontrôle ont pris part au vote[223], mais laisse subsister les droits autres que le droit de vote.[224] Contrairement aux règles applicables en cas de participations réciproques, les sociétés ne sont cepen-

217 COZIAN/VIANDIER/DEBOISSY, n° 1347.

218 Selon la terminologie utilisée par RIPERT/ROBLOT/GERMAIN, n° 2012.

219 Art. L. 233-29 al. 2 C. com.

220 Cass. com., 3 janv. 1996, *JCP éd. E* 1996, II, 808 et s., note HOVASSE, RJDA 1996, n° 512 : *« Attendu que pour déclarer nulle la cession* [...] [la Cour] *énonce que la participation réciproque entre ces deux sociétés est prohibée par une loi d'ordre public ; qu'en statuant ainsi alors que les présomptions ne sont pas sanctionnées par la nullité de la cession, la cour d'appel a violé les textes susvisés* [...] *»*.

221 Art. L. 233-29 al. 3 C. com.

222 Loi n° 89-531 du 2 août 1989. A. COURET, 'L'autocontrôle', *RJ com.*, n° spéc., nov. 1990, 55 et s. ; J. RICHARD, 'Participations croisées et autocontrôle après la loi n° 89-531 du 2 août 1989', *JCP* éd. N 1990, 55 et s.

223 En ce sens : COZIAN/VIANDIER/DEBOISSY, n° 1348.

224 RIPERT/ROBLOT/GERMAIN, n° 2012 ; *Encycl. jur. Dalloz, Rép. soc., Groupe de sociétés*, n° 73.

dant pas tenues de revendre les titres qu'elles détiennent, même au-delà du seuil de 10 %.[225]

Le non-respect de l'article L. 233-31 C. com. est sanctionné pénalement.[226] Il l'est aussi civilement dès lors que les actionnaires minoritaires parviennent à démontrer que les conditions de l'article 1382 C. civ. sont remplies, ce qui suppose notamment l'existence d'un préjudice du fait d'une décision prise au mépris de la limitation du droit de vote attaché aux actions d'autocontrôle.

B. Les réglementations de droit commun des sociétés

83. La relation mère-fille est caractérisée par la présence, au sein de la filiale, de dirigeants par le biais desquels la société mère assure une politique d'ensemble du groupe. Un moyen commode d'assurer l'unité du groupe serait la présence de la société mère dans les organes directeurs des filiales lesquelles, il ne faut pas l'oublier, sont des sociétés à part entière avec tous les organes prévus par la loi. Un autre consisterait en la nomination de dirigeants communs à toutes les sociétés du groupe. La question qui se pose est par conséquent de savoir si de telles manœuvres sont envisageables juridiquement. En vertu du principe du parallélisme entre pouvoir et responsabilité, la deuxième question doit ensuite avoir trait au régime de responsabilité de ces dirigeants. En l'absence de réglementation spécifique du groupe, il est nécessaire de rechercher les réponses à ces questions dans les dispositions générales de la loi de 1966 sur les sociétés commerciales et dans la jurisprudence y afférente. Ce constat en mène à un autre : si la loi de 1966 s'applique, les règles relatives aux conventions réglementées entre la société et ses dirigeants devront être respectées, le cas échéant.

1. Identification des dirigeants possibles et cumul des mandats sociaux

a) La société mère en tant que dirigeant des filiales

84. La question qui se pose ici est celle de savoir si la société mère peut être dirigeante d'une filiale. Il est certain que la société mère ne saurait être gérant d'une SARL car la loi dispose que *« la société à responsabilité limitée est*

225 *Encycl. jur. Dalloz, Rép. soc., Groupe de sociétés*, n° 73.
226 Art. L. 247-3 al. 1er C. com.

gérée par une ou plusieurs personnes physiques »[227]. Il ne sera plus question que du régime des seules SA par conséquent.

En revanche, dès lors que la filiale est une SA, il convient de distinguer. La SA à structure française classique comprenant un conseil d'administration, un président du conseil d'administration (et un directeur général), peut avoir des administrateurs personnes morales en vertu de l'article L. 225-20 C. com. lequel subordonne cependant cette possibilité à l'exigence de la désignation d'un représentant permanent, soumis aux mêmes responsabilités que s'il était administrateur en son nom propre. Il s'agit là d'une responsabilité solidaire entre la personne morale représentée et le représentant.[228] La société mère ne peut, en revanche, exercer la fonction de président du conseil d'administration, cette fonction étant réservée aux seules personnes physiques, art. L. 225-47 C. com. La situation est plus compliquée dans la SA à directoire et conseil de surveillance, calquée sur le modèle allemand.[229] En effet, *« à peine de nullité de la nomination, les membres du directoire* [...] *sont des personnes physiques. ».*[230] Concernant le conseil de surveillance, en revanche, une personne morale peut être membre de celui-ci à condition de désigner un représentant permanent (art. L. 225-76 C. com.), la responsabilité étant solidaire comme dans le cadre de l'article L. 225-20 C. com. concernant le conseil d'administration de la SA classique.

Il en résulte que la société mère peut elle-même exercer les fonctions de dirigeant de la filiale dans deux hypothèses : elle peut l'être à travers une personne physique la représentant au sein du conseil d'administration d'une SA à structure classique ou au sein du conseil de surveillance d'une SA à directoire.

Il faut remarquer qu'en droit allemand, la réponse à apporter à cette interrogation sera négative : ni le *Vorstand* (§ 76 al. 2 AktG), ni le *Aufsichtsrat* (§ 100 al. 1er AktG) ne peuvent être composés que de personnes physiques. Il en va de même pour le gérant de la GmbH (§ 6 al. 2 GmbHG[231]).

227 Article L. 223-18 al. 1er C. com.

228 Cf. art. L. 225-20, al. 1er *in fine* C. com. Il semble en outre que pour mettre en cause l'administrateur personne morale, l'action en responsabilité doit également se diriger obligatoirement à l'encontre du représentant (Paris, 15 février 1990, *D.* 1990, IR, 80).

229 Ainsi COZIAN/VIANDIER/DEBOISSY, n° 463 et 606.

230 Article L. 225-59, al. 3 C. com.

231 Loi du 20 avril 1892 dans sa version du 20 mai 1898 (RGBl., p. 846).

b) Le cumul des mandats sociaux

85. Il est également envisageable pour les sociétés du groupe d'avoir des dirigeants communs. En principe, une personne physique ne peut exercer plus de cinq mandats d'administrateur ou de membre de conseil de surveillance.[232] Il en résulte *a contrario* qu'une personne morale peut être titulaire d'un nombre illimité de sièges d'administrateurs ou de membres du conseil de surveillance. Ainsi, la société mère d'un groupe peut être administrateur d'un nombre illimité de filiales constituées sous forme de SA. La limitation s'applique cependant aux représentants permanents de ces personnes morales de sorte que la société mère, pour être elle-même dirigeant des filiale, devra multiplier ses représentants.

Mais il existe d'autres exceptions facilitant la gestion du groupe.[233] Afin de faciliter le contrôle de ses filiales par les dirigeants d'une société mère, il est permis à un administrateur ou à un membre du conseil de surveillance d'exercer un nombre illimité de mandats d'administrateur ou de membre du conseil de surveillance dans des sociétés contrôlées par celle dont il est déjà administrateur ou membre du conseil de surveillance.[234] En outre, les fonctions d'administrateur ou de membre du conseil de surveillance exercées dans des sociétés non cotées contrôlées par une même société, soit des sociétés sœurs, ne comptent que pour un seul mandat.[235] De plus, d'une manière générale, les mandats dans les sociétés étrangères ne sont pas pris en compte.[236]

2. La responsabilité de la société mère en tant que dirigeant de sa filiale

86. L'article L. 225-251 C. com. prévoit la responsabilité des dirigeants à l'égard de leur société et des tiers[237] en cas de non-respect des dispositions législatives ou réglementaires applicables aux SA, de violation des statuts ou de fautes commises dans leur gestion. La responsabilité des dirigeants à l'égard de la société peut être recherchée par l'action sociale en réparation du préjudice subi par la société du fait des agissements de ceux-ci. L'action

232 Art. L. 225-21 al. 1er C. com., art. L. 225-77 al. 1er C. com., art. L. 225-94 al. 1er C. com.

233 On ne mentionnera que les exceptions les plus importantes.

234 Art. L. 225-21 al. 2 C. com., art. L. 225-77, al. 2 C. com., art. L. 225-94 al. 2 C. com. dans leur rédaction issue de la loi 2002-1303 du 29 oct. 2002.

235 Art. L. 225-21 al. 3 C. com., art. L. 225-77, al. 3 C. com., art. L. 225-94 al. 3 C. com. dans leur rédaction issue de la loi 2002-1303 du 29 oct. 2002.

236 COZIAN/VIANDIER/DEBOISSY, n° 470.

237 Cf. *infra* n° 130.

sociale peut être intentée, outre par les représentants légaux de la société (action *ut universi*) lesquels ne le font généralement pas[238], par un actionnaire agissant individuellement ou par un groupe d'actionnaires (action *ut singuli*, art. L. 225-252 C. com.).

Outre les administrateurs et les directeurs généraux de SA expressément désignés par l'article L. 225-251 C. com., sont également dirigeants les présidents du conseil d'administration et les directeurs généraux délégués qui sont administrateurs, les membres du directoire ainsi que *les représentants permanents des personnes morales administrateurs de SA*. Ne sont cependant pas visés les dirigeants de fait.[239] Cela résulte déjà de la lecture combinée de deux dispositions : alors que l'article L. 651-2 C. com. relatif aux personnes obligées au comblement du passif mentionne expressément les dirigeants de fait, l'article L. 225-251 C. com. ne les mentionne pas. L'article L. 225-257 C. com. prévoit la responsabilité des membres du conseil de surveillance à l'égard de leur société[240] en raison des seules fautes de surveillance, y compris celle consistant en la non-révélation, malgré leur connaissance, des délits commis par les membres du directoire à l'assemblée générale, mais non en raison des actes de la gestion et de leur résultat. L'hypothèse ne se réalisera donc que rarement.

Il s'ensuit que la responsabilité de la société mère peut être recherchée par le biais de l'action *ut singuli* dès lors qu'elle officie en tant que dirigeant de droit de la société filiale à travers une personne physique la représentant. La responsabilité pour faute de gestion des dirigeants sociaux (= de la société mère en tant que dirigeant de sa filiale) peut encore être recherchée par la voie de **l'action individuelle** dès lors que les **actionnaires** ont subi un préjudice personnel qui doit toutefois être distinct de celui éventuellement subi par la société et ne peut par conséquent consister en une perte de

238 Selon le bon mot de COZIAN/VIANDIER/DEBOISSY (n° 266), *« les intéressés sont rarement enclins à tresser la corde qui servira à les pendre »*.

239 *Ibid.*

240 Contrairement à l'article L. 225-251 C. com., l'article L. 225-257 C. com. ne mentionne pas les tiers en tant que bénéficiaires d'une action en responsabilité. Il peut en être tiré argument, selon nous, que la responsabilité des membres du conseil de surveillance ne peut être engagée par les tiers. *Contra* : HEMARD/TERRE/MABILAT, *Sociétés commerciales*, t. 2, 1972, n° 1252, p. 991.

valeur des titres.[241] Cette action n'est cependant prévue par aucun texte[242] et la jurisprudence rechigne à prendre en compte ce type de demande.[243]

Notons, enfin, que la question de la responsabilité de la société mère en tant que dirigeant de sa filiale ne saurait se poser en droit allemand parce qu'une personne morale ne peut être dirigeant.[244]

3. Le régime des conventions réglementées

87. Il arrive fréquemment qu'une société du groupe ait pour dirigeant une autre société du groupe ou que les sociétés mère et filiale aient des dirigeants communs. En vue de protéger la société contre ses dirigeants qui sont en mesure, par leur prérogatives, d'imposer à celle-ci des affaires qui sont bonnes pour eux, mais mauvaises pour elle, les conventions passées entre la société et ses dirigeants sont soumises à la procédure particulière des articles L. 225-38 et s. C. com. Cette procédure assure, en outre, l'information et par là même la protection des actionnaires. La réglementation est ajustée en fonction des risques liés aux contrats en cause.

L'article L. 225-39 C. com. dispense les opérations courantes[245] et conclues à des conditions normales[246] de la procédure de l'art. L. 255-38 C. com. L'existence du groupe doit être prise en compte pour déterminer si une convention intervenant entre deux sociétés d'un même groupe porte sur une opération courante et a été conclue à des conditions normales. Des

241 Cass. com., 1er avril 1997, *D.* 1998, Somm., 179, obs. HALLOUIN = *RTD com.* 1997, 647, obs. PETIT et REINHARDT = *RJDA* 1997, n° 659 ; Cass. com., 15 janvier 2002, *RJDA* 2002, n° 650.

242 Et ce, alors même que l'article L. 225-252 la mentionne expressément (« *Outre l'action en réparation du préjudice subi personnellement* [...] »).

243 COZIAN/VIANDIER/DEBOISSY, n° 268.

244 LUTTER/HOMMELHOFF, *GmbHG*, § 65 n° 50.

245 Par *opérations courantes*, il faut entendre celles qui sont effectuées par la société dans le cadre de son activité ordinaire et, s'agissant d'actes de disposition, arrêtés à des conditions suffisamment usuelles pour s'apparenter à des opérations habituelles (Cass. com., 1er oct. 1996 n° 1313, *RJDA* 1/97 n° 65).

246 Sont *normales* les conditions qui sont habituellement pratiquées dans la société en cause dans ses rapports avec les tiers de telle sorte que l'administrateur intéressé ne retire pas de l'opération un avantage qu'il n'aurait pas eu s'il avait été un simple tiers. On tient également compte des conditions en usage pour des conventions semblables dans d'autres sociétés ayant la même activité.

obligations d'information encadrent cette exception à la procédure des conventions réglementées.[247]

Si l'article L. 225-43 C. com. interdit en principe des conventions considérées comme nocives (les emprunts et découverts, les cautions et avals), cette interdiction ne s'applique pas au dirigeant dès lors qu'il est une personne morale. Ceci présente l'avantage de ne pas entraver les relations entre sociétés appartenant au même groupe à l'intérieur duquel il est courant qu'une société mère prête de l'argent et cautionne sa filiale ou inversement.

Les opérations qui ne sont ni libres, ni interdites sont soumises à la procédure de l'article L. 225-38 C. com. comprenant l'information du conseil par l'intéressé, l'autorisation préalable du conseil, l'information du commissaire aux comptes, un rapport spécial du commissaire au compte et l'approbation lors de l'assemblée ordinaire annuelle. Cette procédure s'applique à toute convention conclue directement ou par personne interposée entre, d'une part, la société et, d'autre part, l'un de ses directeurs, l'un de ses administrateurs, l'un de ses actionnaires disposant d'une fraction des droits de vote supérieurs à 10 % ou la société contrôlant ce dernier.[248] Plus généralement, chaque fois que les intérêts de la filiale risquent d'être en conflit avec ceux de l'administrateur représentant la société mère, la procédure d'autorisation s'impose.[249] En cas de non-respect de cette procédure, la sanction est la nullité relative[250] de la convention qui n'est cependant encourue que lorsque celle-ci a eu des conséquences dommageables pour la société[251]. La nullité due à l'absence d'autorisation peut, en outre, être couverte par un vote de l'assemblée pris sur un rapport spécial du commissaires aux comptes.[252,253]

247 Art. L. 225-39 al. 2 et art. L. 225-87 al. 2 C. com.

248 COZIAN/VIANDIER/DEBOISSY, n° 563 à 566.

249 *Encycl. jur. Dalloz, Rép. soc., Groupe de sociétés*, n° 84.

250 Ne pouvant être évoquée par conséquent que par la société mais non par le cocontractant : Cass. com., 15 mars 1994, *Dr. sociétés* 1994, n° 98, note H. LE NABASQUE.

251 Art. L. 225-42 C. com.

252 Cass. com., 16 juin 1998, *Bull. Joly* 1998, 1063, note P. SCHOLER.

253 Dans la mesure où le régime des conventions réglementées constitue une procédure interne de la société filiale (française) qui s'applique sans égard à la qualité française ou étrangère des dirigeants considérés, il ne soulève pas un conflit de lois à proprement parler. Dès lors, il n'en sera plus traité spécifiquement par la suite.

C. Les réglementations relatives aux opérations de trésorerie

88. L'appui financier que peuvent se prêter mutuellement les sociétés membres du groupe est l'un des principaux intérêts du groupe de sociétés.[254] Il est fréquent ainsi que les excédents de trésorerie dont peuvent disposer certaines sociétés d'un groupe soient mis à la disposition d'autres sociétés du même groupe qui ont à faire face à des besoins de financement. Souvent, ces opérations sont centralisées par l'intermédiaire de la société mère ou d'un *holding* en application d'une convention appelée convention de trésorerie ou convention d'*omnium*.[255]

La dérogation au profit des administrateurs personnes morales dans le cadre des conventions normalement interdites permet des opérations normales entre les sociétés d'un même groupe.[256]

En outre, par dérogation au monopole des établissements de crédit, l'article L. 511-7-3 C. mon. fin. permet au groupe de sociétés d'échapper à la réglementation bancaire dès lors qu'elle centralise de la manière susmentionnée sa gestion financière. Il suffit pour cela qu'existe un « contrôle effectif » de l'une des sociétés sur les autres.

Enfin, le fait de transférer des fonds à l'intérieur d'un groupe n'est pas en soi un obstacle à la qualification d'abus de bien sociaux. La jurisprudence manifeste cependant un certain libéralisme pour sanctionner le délit d'abus de biens sociaux dès lors que

> *« *[l]*e concours financier apporté par les dirigeants d'une société à une autre entreprise du même groupe* [est] *dicté par un intérêt économique, social ou financier commun, apprécié au regard d'une politique élaborée par l'ensemble du groupe. Il ne doit pas être démuni de contrepartie ou rompre l'équilibre entre les engagements respectifs des sociétés concernées et ne doit pas excéder les possibilités financières de celle qui en supporte la charge ».*[257]

Il s'ensuit que si sacrifice auprès d'une société il y a, il faut que celui-ci ait été réalisé dans l'intérêt du groupe et qu'il ne fasse pas courir à la société concernée des risques trop importants sans contrepartie suffisante et hors

254 RIPERT/ROBLOT/GERMAIN, n° 2008.

255 *Mémento F. Lefebvre, Groupes de sociétés*, n° 3560.

256 Cf. *supra* n° 87.

257 Cass. crim., 4 février 1985, affaire, *Rozenblum*, *Gaz. Pal.* 1985, I, 377 ; *D.* 1985, 478, note D. OHL ; *Rev. soc.* 1985, 648, note B. BOULOC ; *JCP* 1985, II, 14613, note W. JEANDIDIER ; solution confirmée par Cass. crim., 18 janvier 1993, *RJDA* 1993, 437.

de proportion avec ses possibilités réelles.[258] Pour que l'intérêt du groupe soit reconnu, il est nécessaire qu'une complémentarité existe entre les activités des sociétés concernées, cette complémentarité conditionnant l'émergence d'un intérêt commun, ce qui n'est pas le cas si chacune des sociétés a un objet distinct.[259]

258 *Encycl. jur. Dalloz, Rép. soc., Groupe de sociétés*, n° 106.
259 Cass. crim., 14 avril 1993, *Bull. Joly* 1993, 771 et s. (sociétés civiles de construction).

Chapitre 2 Les mécanismes spécifiques de protection des « groupes à risque »

89. Au centre de la réglementation des groupes de société en **droit allemand** se trouvent les dispositions relatives à la protection de la société filiale, des actionnaires externes et des créanciers contre les dangers encourus lors de la conclusion de contrats de domination et de transfert de bénéfices.[260] La protection de ces groupes à risque constitue même tout l'enjeu et la raison d'être du *Konzernrecht* allemand. Aussi, les dispositions concernant le droit allemand du groupe contractuel qui y sont consacrées se subdivisent clairement en ces trois groupes.[261]

La protection de la société elle-même cependant, si elle a des influences notables sur la protection des actionnaires minoritaires et des créanciers, participe cependant du système global de la réglementation décrit précédemment. L'efficacité de ce système de protection du capital social de la filiale dans le cadre des groupes contractuels n'est pas à l'abri de critiques. En effet, seul le patrimoine social que présente le bilan est protégé, le patrimoine réel de la société reste fortement menacé. Car l'entreprise dominante peut, grâce à son pouvoir de direction dans le groupe contractuel, éviter, d'une part, l'apparition d'un excédent annuel, d'autre part, celle d'une perte, qu'elle devrait compenser, et maintenir la société dépendante à la limite de la perte.[262] Cet état de « médiocrité prolongée »[263] va à l'encontre des intérêts des actionnaires externes et des créanciers. Il est donc nécessaire de prévoir des mécanismes de protection particuliers pour eux. Tel est l'objet de cette section.

90. Pour comprendre la position du **droit français** à cet égard, il est une notion clef : celle de l'intérêt social voire du groupe. En effet, la société est une technique d'organisation d'une entreprise que les associés ou actionnaires décident de créer et de gérer en respectant les décisions de la

260 EMMERICH/HABERSACK, § 20 I 1.
261 EMMERICH/HABERSACK, § 20 I 1.
262 M. BEJOT, *La protection des actionnaires externes dans les groupes de sociétés en France et en Allemagne*, Bruxelles, Bruylant, 1976, p. 100.
263 *Idem.*

majorité d'entre eux prises dans l'intérêt collectif devenant l'intérêt social. Le groupe transforme ce schéma classique puisque les sociétés membres de celui-ci sont dominées par une société mère pour laquelle l'intérêt social des sociétés membres n'est pas une préoccupation. Au contraire, les décisions au niveau du groupe seront prises en fonction de l'intérêt du groupe. Il y a par conséquent déplacement de la notion d'intérêt.[264] Comme le groupe ne fait pas l'objet d'une réglementation en droit français, il est revenu à la jurisprudence de veiller à ce que ce déplacement ne se fasse au détriment de personne.

En vue d'une étude ultérieure profitable du régime international des groupes de sociétés, il est attaché de l'importance au fait que soient présentés et étudiés en parallèle les droits matériels français et allemand sous leurs aspects de protection des actionnaires et des créanciers. Car si l'on ne peut comparer que ce qui est connu, inversement *« la connaissance des modèles progresse par l'effet de la comparaison »*.[265]

Section 1 La protection des actionnaires externes

Les actionnaires minoritaires (ou externes au phénomène de groupe) de la filiale sont particulièrement exposés aux dangers découlant de la situation de faiblesse dans laquelle se trouve la filiale par rapport à la société mère et aux pouvoirs que détient celle-ci sur celle-là (§ 1). Cela va tellement de soi que les réglementations et jurisprudences nationales poursuivent expressément le but d'assurer leur protection. Ce faisant, il n'a cependant pas été vu pendant longtemps que le sort des actionnaires de la société mère peut également être menacé dans la situation du groupe de sociétés (§ 2).

§ 1) La protection des actionnaires externes de la société dépendante

Tout en comparant le droit français et le droit allemand tout au long des développements qui vont suivre, il n'est pas possible, pour des raisons

264 C. CHAMPAUD, Le Pouvoir de concentration de la société par actions, 1962, Sirey, p. 87.
265 SACCO, *op. cit.*, p. 10.

tenant à la clarté des développements, de les exposer concomitamment. On distinguera donc la protection des actionnaires externes en droit allemand (A) de celle qu'assure le droit français (B).

A. En droit allemand

91. Nous avons vu[266] que les dispositions de l'AktG s'appliquaient à la société dépendante lorsque celle-ci est une *AG*, mais seulement partiellement lorsque celle-ci est une *GmbH*. C'est pourquoi il convient de séparer l'étude de la protection des actionnaires et associés externes au sein d'une *AG* (2) de celle au sein d'une *GmbH* (3). Mais avant de voir leur société devenir dépendante, il est également des moyens, pour les actionnaires et associés, de prévenir la formation même du groupe (1).

1. Le contrôle préventif de la formation du groupe

92. Même d'importance restreinte au niveau de la société dépendante[267], le contrôle de la formation du groupe permet aux associés de prévenir la dépendance dès lors qu'ils ne la souhaitent pas. La question même de ce contrôle semble déplacée dans un système – tel que le système allemand – qui organise la dépendance et ses conséquences, qui va jusqu'à légaliser une dépendance absolue comprenant le transfert des bénéfices de la société dépendante à l'entreprise dominante. Or, il ne faut pas oublier que ce *Konzernrecht* ne joue qu'une fois que l'indépendance des sociétés est *en fait* perdue. Il n'est donc pas illogique de vouloir protéger les membres de la société contre l'acquisition d'une position dominante de l'un des leurs, d'autant que, souvent, cette acquisition ne constitue que le début d'un processus à la fin duquel se trouvent l'intégration ou même la fusion.[268] On distingue les cas de la *GmbH* de celui des *AG*.

La protection contre la dépendance de la *GmbH*. Protéger la *GmbH* et ses associés contre la dépendance n'est pas chose facile, d'autant plus que la majorité simple[269], la libre cessibilité des parts sociales[270] et une liberté statutaire relativement importante sont de principe. *« Le législateur a*

266 Cf. *supra* n° 64.

267 Pour le contrôle de formation et de direction au niveau de la société dominante cf. *infra* n° 111.

268 Lutter/Timm, *NJW* 1982, 409.

269 Cf. § 45 GmbHG.

270 Cf. §§ 15 al. 1er et 47 al. 1er GmbHG.

conçu la GmbH comme une société ouverte au groupe de sociétés et a remis la protection contre les dangers de la dépendance entre les mains des associés. »[271]

Aussi, ce sont principalement les clauses statutaires elles-mêmes qui peuvent se révéler des armes contre la menace de la dépendance. Des clauses d'agrément peuvent être prévues[272] de sorte que la cession d'un bloc important de parts sociales menant à une position dominante du cessionnaire peut être subordonnée à l'agrément de la société voire de celui des associés.[273] Des droits de vote multiple et des clauses de préemption sont d'autres moyens de protection.

La décision d'entrer dans la dépendance, si elle est prise, doit respecter le devoir de fidélité de sorte qu'elle n'est légitime que dès lors que des alternatives moins lourdes de conséquences pour les associés externes ne sont pas disponibles et que des précautions contre une influence nocive ont été prises.[274]

Sur le plan du droit commercial, l'entreprise dominante est soumise à l'interdiction de concurrence à l'égard de la *GmbH* dépendante laquelle découle du devoir de fidélité qui lui incombe en tant qu'associé de la *GmbH*.[275]

La protection contre la dépendance de l'*AG*. La protection contre la dépendance passe dans le groupe contractuel avant tout par le vote de l'assemblée de la société dépendante approuvant ou non le contrat de domination ou de transfert de bénéfices. Une telle protection préventive n'existe pas, en revanche, dans le système des §§ 311 et s. relatif au groupe de fait. Le régime de l'offre publique obligatoire[276], s'il vise dans une certaine mesure la protection des actionnaires minoritaires, ne s'applique de la même manière que lorsque la dépendance est chose faite.

Il est néanmoins possible de prévoir des clauses d'agrément[277] ainsi que des limitations des droits de vote (§ 134 al. 2 phr. 1) à condition cependant que l' *AG* ne soit pas cotée. La majorité requise pour les décisions de l'as-

271 EMMERICH/HABERSACK, § 8 II 5.

272 *Vinkulierung der Anteile*, § 15 al. 5 GmbHG ; cf. HUECK/WINDBICHLER, § 35 n° 4, § 36 n° 15.

273 LUTTER/HOMMELHOFF, *GmbHG*, § 15 n° 46 et s.

274 *BGHZ* 80, 69 (74 et s.) = *NJW* 1981, 1512 = *JuS* 1981, 923 n° 11, *Süssen* ; RAISER/VEIL, § 52 n° 15.

275 *BGHZ* 89, 162 (165) = *NJW* 1984, 1351 ; EMMERICH/HABERSACK, *commentaire*, Anh. § 318 n° 16 et s. ; RAISER, *FS Stimpel*, p. 855 ; IMMENGA, *JZ* 1984, 578 et s.

276 Cf. *infra* n° 100.

277 § 68 al. 2 AktG.

semblée générale peut être augmentée.[278] Enfin, l'interdiction de concurrence joue, du moins à l'extérieur du champ d'application des §§ 311 et s. lesquels empêchent par principe le jeu de cette interdiction.[279]

*2. La protection des actionnaires externes de l'*AG *société dépendante*

93. Les garanties au profit des actionnaires externes que le législateur allemand a attachées au contrat de domination et de transfert de bénéfices dans le cadre du groupe contractuel (a) sont très différentes de celles que présente le groupe de fait (b). Alors que toute *AG* peut faire partie d'un groupe de droit ou de fait, seules les *AG* cotées sont concernées par la réglementation des offres publiques (c).

a) Dans les groupes contractuels

94. Le contrat de domination, on l'a vu, accorde à la société dominante le pouvoir de donner à la société dépendante des instructions que celle-ci a l'obligation de suivre. Les droits sociaux de ceux, parmi les actionnaires, qui ne sont pas parties au contrat, sont presque nuls. La situation dans laquelle se retrouvent ces actionnaires est encore plus périlleuse dès lors qu'un contrat de transfert de bénéfices est conclu parce que plus aucun bénéfice n'apparaît au bilan et plus aucun dividende ne peut être versé. Cela a pour conséquence que les garanties dont se trouvent assortis ces contrats interentreprises sont étendues.

Elles visent à satisfaire l'exigence d'un dédommagement total en cas d'expropriation posée à l'article 14 al. 1er de la Loi fondamentale. Car lorsqu'un contrat de domination et de transfert de bénéfices intervient, il a bien pour effet d'exproprier *de facto,* du moins en grande partie, les droits financiers et sociaux des actionnaires qui ne sont pas parties au contrat.[280] En guise de dédommagement[281], les actionnaires externes de la filiale ont le

278 §§ 133 al. 1er et 179 al. 2 AktG.

279 EMMERICH/HABERSACK, *commentaire,* § 311 n° 89 et s.

280 *BVerfGE* 14, 263 (276 et s.) = *NJW* 1962, 1667, *Feldmühle* ; *BVerfGE* 100, 289 (303, 305) = *NJW* 1999, 3769 « DAT/Atlanta » ; BVerfG *NJW* 1999, 1701 = *AG* 1999, 217 = *NZG* 1999, 397, *Tarkett/Pegulan* ; *NJW* 1999, 1699 = *AG* 1999, 218 = *NZG* 1999, 302 « SEN/KHS » ; *AG* 2000, 321 (322), *Hoffmanns Stärkefabriken* ; *NZG* 2003, 1316 = *AG* 2003, 624 (625), *DAB/Hansa* ; *BGHZ* 119, 1 (10) = *NJW* 1992, 2760, *Asea/BBC* ; *BGHZ* 156, 57 (61) = *NJW* 2003, 3272, *Ytong AG.*

281 EMMERICH/HABERSACK, § 20 I 1.

choix entre une allocation compensatrice, s'ils souhaitent rester actionnaires de la société dépendante, et une indemnité de retrait.

*i) L'allocation compensatrice (*Ausgleich, *§ 304)*

95. Si les actionnaires décident de rester dans la société, ils doivent être traités comme si le contrat n'avait jamais eu lieu, c'est-à-dire comme si leur société était encore indépendante et était gérée non pas exclusivement dans l'intérêt de la société dominante ou du groupe mais dans l'intérêt de l'ensemble de ses actionnaires.[282]

Le contrat de transfert de bénéfices doit donc prévoir une allocation compensatrice équitable aux actionnaires demeurés étrangers au contrat, au moyen d'une prestation en espèces périodique, proportionnelle au montant nominal des actions. L'entreprise dominante en est la débitrice.[283] Cette allocation compensatrice est une partie intégrante du contrat. Elle peut être fixe ou variable. Lorsqu'elle est fixe, son montant correspond à la somme qui pourrait être attribuée à chaque action, à titre de part moyenne dans les bénéfices, d'après les résultats antérieurs de la société et d'après ses perspectives de rendement, compte tenu des amortissements et des réajustements de valeur appropriés, § 304 al. 2 phr. 1. Cette méthode présente l'inconvénient pour la société dominante de devoir toujours verser l'allocation compensatrice, même en l'absence de bénéfices. L'allocation compensatrice dite variable y remédie : selon cette méthode, l'allocation est calculée d'après les dividendes attribués aux actions de la société dominante dès lors que celle-ci est une société par actions, § 304 al. 2 phr. 2, y compris celle qui a son siège à l'étranger[284]. Le mode de calcul employé est celui qui s'applique en matière de fusion. De la sorte, les actionnaires ne participent plus à la prospérité de leur société, mais à celle du groupe tout entier. Il faut cependant remarquer que cette dernière méthode comporte un inconvénient majeur pour les actionnaires : l'allocation compensatrice est fonction de la politique de distribution de gains de l'entreprise dominante de sorte qu'aucune allocation ne sera versée si l'entreprise dominante décide de consacrer ses gains à l'autofinancement et aux réserves.[285]

282 KROPFF, *AktG*, p. 394 et s.

283 La doctrine est unanime sur ce point (EMMERICH/HABERSACK, § 21 II 3) ; BEJOT, *op. cit.*, p. 104 écrit en 1976 que « *c'est la société dépendante qui* [...] *doit l'allocation compensatrice* ». Son erreur peut être due au fait que la loi ne nomme pas expressément le débiteur.

284 HÜFFER, § 304 n° 14.

285 EMMERICH/HABERSACK, § 21 IV 3.

Si un contrat de domination est conclu isolément, ce qui sera assez rare à l'avenir, il doit garantir aux actionnaires externes le versement d'une partie du bénéfice annuel, d'après le montant qui serait fixé pour l'allocation compensatrice en cas de contrat de transfert de bénéfices (§ 304 al. 1 phr. 2). Les actionnaires ont la faculté de contester l'indemnité qui leur est proposée (§ 306).

En cas d'absence d'allocation compensatrice dans le contrat interentreprises, celui-ci sera nul.[286] Lorsque le montant de l'allocation n'est pas assez élevé, le contrat interentreprises n'est pas frappé de nullité mais chaque actionnaire peut demander au *Landgericht* compétent la fixation d'une allocation équitable.[287]

L'allocation compensatoire est en principe fixée lors de l'assemblée générale de la société dépendante approuvant le contrat interentreprises pour toute la durée de celui-ci. Exceptionnellement, des changements graves dans la structure financière de l'entreprise dominante peuvent cependant être à l'origine d'une réévaluation du montant de l'allocation sur le fondement de la théorie de l'imprévision (*Wegfall der Geschäftsgrundlage* – § 313 BGB).[288]

*ii) L'indemnité de retrait (*Abfindung*, § 305)*

96. En vertu du § 305 al. 1er, le contrat interentreprises, qu'il soit contrat de domination ou contrat de transfert de bénéfices, doit comporter, outre l'allocation compensatrice, l'engagement de l'entreprise dominante d'acquérir contre paiement d'une indemnité de retrait équitable les actions des actionnaires externes dès lors que ceux-ci en font la demande.[289] En pratique, les milieux d'affaires préfèrent cette indemnité de retrait à l'allocation compensatrice du § 304.

286 § 304 al. 3 phr. 1.

287 § 304 al. 3 phr. 2 et 3. Il s'agit là d'une procédure spéciale dite *Spruchverfahren* qui est organisée par une loi spéciale, la *Spruchgesetz* (*Spruchverfahrensneuordnungsgesetz* du 12 juin 2003, BGBl. I p. 838, entrée en vigueur le 1er septembre 2003). Il s'agit d'une procédure spéciale de fixation des droits des actionnaires minoritaires (allocation compensatrice, indemnité de retrait, indemnité de *squeeze out*) qui fait intervenir un représentant commun des minoritaires pour éviter l'abus de ces derniers. Le risque des coûts de cette procédure doit être supporté par le défendeur de la demande, c'est-à-dire par l'actionnaire majoritaire, § 15 al. 2 SpruchG.

288 Emmerich/Habersack, § 21 VI ; H.-J. Hüchting, *Abfindung und Ausgleich im aktienrechtlichen Beherrschungsvertrag*, Köln, Heymann, 1972, p. 212 et s. ; D. Schwenn, *Ausgleichs- und Abfindungsanspruch der außenstehenden Aktionäre im Unternehmensvertrag bei Eintritt neuer Umstände*, Frankfurt a. M., Berlin, Lang, 1998 (Diss. Bonn, 1998), p. 124, 177 et s.

289 Notre traduction.

L'indemnité de retrait peut revêtir plusieurs formes. Elle permet aux actionnaires, selon les hypothèses, d'échanger les actions de la société dépendante contre des actions de la société dominante, voire de la société mère de celle-ci, ou d'obtenir une indemnité de retrait en espèce.[290] Le choix de la nature de l'indemnité incombe cependant à l'entreprise dominante, non aux actionnaires.[291]

Si les actions d'une autre société sont proposées en guise d'indemnité de retrait, l'échange doit se faire de la même manière que se ferait l'échange des actions en cas de fusions.[292] L'évaluation de la valeur des différentes actions en cas d'échange et de celle de la société dépendante en cas de paiement de l'indemnité en espèces n'est pas sans poser de sérieux problèmes de calcul.[293] La même procédure que pour la réévaluation judiciaire de l'allocation compensatrice est applicable.

La nature juridique de l'indemnité de retrait. L'indemnité de retrait s'analyse en un contrat de vente ou d'échange entre l'entreprise dominante et les actionnaires externes portant sur les actions de ces derniers.[294] Le

290 Lorsque l'entreprise dominante est une société anonyme ou une société en commandite par actions ayant son siège sur le territoire d'un État membre de l'Union européenne ou sur le territoire d'un État partie au traité EEE et qui est indépendante et ne fait pas l'objet d'une participation majoritaire (cf. § 16), elle doit offrir ses propres actions en échange des actions de la société dépendante (§ 305 al. 2 n° 1).

Si l'entreprise dominante est au contraire contrôlée ou fait l'objet d'une participation majoritaire par une entreprise ayant son siège sur le territoire d'un État membre de l'Union européenne ou sur le territoire d'un État partie au traité EEE, elle doit offrir aux actionnaires externes des actions de la société qui la domine (voire qui détient une participation majoritaire) ou une indemnité en espèces (§ 305 al. 2 n° 2). Dans des groupes à plusieurs niveaux, cette disposition s'applique de manière analogue (*MüHb-AktG*/KRIEGER, § 70 n° 98).

Dans tous les autres cas, l'entreprise dominante doit offrir une indemnité en espèces (§ 305 al. 2 n° 3). C'est l'hypothèse lorsque ni l'entreprise dominante ni l'entreprise qui domine l'entreprise dominante ne sont des sociétés par actions ou lorsque la société filiale dépend de plusieurs sociétés à la fois ou encore lorsque l'entreprise dominante dépend d'un établissement public (*BGHZ* 69, 334 (335 ff.) = *NJW* 1978, 104 = *JuS* 1978, 202 Nr. 7, *VEBA/Gelsenberg*).

291 HÜFFER, § 305 n° 15 ; *KöKo-AktG*/KOPPENSTEINER, § 305 n° 23 ; EMMERICH/HABERSACK, *commentaire*, § 305 n° 16.

292 § 305 al. 3 phr. 1.

293 Il serait vain de faire état de ces discussions. Il est cependant intéressant de noter que la doctrine est assez partagée sur ces points. Pour les références, cf. EMMERICH/HABERSACK, § 22 III 1 à 8.

294 EMMERICH/HABERSACK, § 22 II 1.

contrat interentreprises qui prévoit les modalités de cette transaction constitue par conséquent un contrat avec stipulation pour autrui, *Vertrag zugunsten Dritter,* régi par le § 328 al. 1er BGB.[295] Les actionnaires disposent d'une option entre l'allocation compensatrice et l'indemnité de retrait. S'ils choisissent cette dernière, le contrat de vente ou d'échange portant sur l'indemnité de retrait sera conclu avec l'entreprise dominante par simple acceptation des actionnaires.[296]

b) Dans les groupes de fait

97. Dans les groupes de fait, il n'existe aucun mécanisme spécifique de protection des actionnaires minoritaires de la société dominée, mis à part leur droit de demander un compte rendu spécial de dépendance au titre du § 315 AktG. Cela s'explique simplement par le fait que la réglementation des groupes de fait des §§ 311 et s. vise la protection du capital social de la société dépendante et par là même, sans le dire expressément, la protection des créanciers et des actionnaires minoritaires de cette dernière.[297] Il peut donc être renvoyé à ce qui a été dit préalablement au sujet du système général du groupe de fait.[298]

*c) L'*AG *cotée et les offres publiques*

98. D'origine américaine (*take-over bid* ou *tender offer*, l'offre publique consiste, de la part d'une personne morale (ou physique), agissant seule ou de concert avec d'autres, à faire connaître publiquement aux actionnaires d'une société qu'elle se porte acquéreur de leurs titres à un prix déterminé (en règle générale, supérieur à celui de bourse) réglé soit en espèces (offre publique d'achat ; OPA), soit par remise d'actions ou d'obligations (offre publique d'échange ; OPE).

Notons d'abord que le droit allemand connaît comme le droit français les déclarations de franchissement de certains seuils de participation[299]. En

295 EMMERICH/HABERSACK, *commentaire*, § 305 n° 5 et s., 19 et s., 25 et s.

296 *RGZ* 147, 42 (47) ; *BGHZ* 135, 374 (380) = *NJW* 1997, 2242 = *AG* 1997, 515, *Guano* ; *BGHZ* 152, 29 (31) = *NJW* 2002, 3467, *Rütgers* ; OLG Hamburg *AG* 2002, 409 (410) = *ZIP* 2002, 754, *Philips*.

297 EMMERICH/HABERSACK, § 24 IV 1.

298 Cf. n° 53 et s.

299 § 20 AktG prescrit un seuil de 25 % de détention des actions (al. 1) et un seuil d'acquisition de la majorité des droits de vote (al. 4) voire de sa perte (al. 5). De l'avis général des auteurs, cette disposition n'a pas atteint ses buts consistant en l'information

revanche, la déclaration d'intention telle que le connaît le droit français depuis longtemps n'a été introduite en droit allemand que récemment.[300]

Dès lors qu'un acquéreur obtient un pourcentage de droits sociaux lui permettant de contrôler la société, il peut en déterminer la gestion et la politique commerciale. La société devient dépendante ce qui entraîne des dangers graves pour les actionnaires externes. L'adoption de la **réglementation européenne** actuelle en la matière a été précédée de trente ans d'aléas multiples.[301] Après la recherche initiale d'un *level playing field*, une réglementation uniforme, pour les OPA européennes exempt de tout obstacle[302], la Commission s'est finalement contentée d'un compromis. Le 21 avril 2004 la directive 2004/25/CE du Parlement européen et du Conseil concernant les offres publiques d'acquisition[303] a été adoptée. Elle poursuit expressément deux buts : assurer un niveau de protection élevé des actionnaires[304] et rendre égales les entreprises européennes face à des offres publiques en supprimant les obstacles nationaux[305]. Si elle prescrit des standards minimum en matière de garanties *« pour protéger les intérêts tant des asso-*

de la société cible et du public ainsi qu'en la connaissance nécessaire des participations pour une bonne application du *Konzernrecht* (Monopolkommission, *7. Hauptgutachten 1986/87*, n° 827, 832 ; BURGARD, *Offenlegung*, p. 18 et s. ; *idem*, *AG* 1992, p. 41 et s.). Les §§ 21-30 *Wertpapierhandelsgesetz* s'appliquent aux sociétés cotées et prévoient des seuils de 5, 10, 25, 50 et 75 % des droits de vote.

300 § 27 a WpHG, entrée en vigueur le 1er mars 2009, rend la déclaration obligatoire à partir d'un seuil de 10 % des participations.

301 Une première initiative date de 1974, le rapport *Pennington*. La Commission européenne avait ensuite proposé une 13e directive en matière de droit des sociétés concernant les offres publiques d'acquisition dès 1989 (oct.1970 1989 Nr. C 64/8 (version allemande)). De nombreuses versions se sont succédées : oct.1970 1990 Nr. C 240 (version allemande), oct.1970 1996 Nr. C 162/5 (version allemande), oct.1970 1997 Nr. C 378/10 (version allemande), oct.1970 2001 Nr. C 23/1 (version allemande). Constituaient notamment des pommes de discorde entre les États membres la question de savoir s'il fallait intégrer ou non dans la directive un régime d'offre obligatoire ainsi qu'une limitation des mesures de défense anti-OPA, à laquelle notamment les députés européens allemands s'étaient farouchement opposés après les tentatives de prise de contrôle d'EDF sur des opérateurs italiens et espagnols. Sur un plan plus politique, les débats ont été pendant longtemps parasités par le différend entre le Royaume-Uni et l'Espagne relatif au statut de Gibraltar au regard du droit communautaire.

302 SEIBT/HEISER, *ZGR* 2005, 200 et s. (201).

303 *JOUE* n° L. 142 du 30 avril 2004, p. 12-23.

304 Considérant n° 2 de la directive.

305 Considérant n° 3 de la directive.

ciés que des tiers »[306], la mise en œuvre est laissée à l'appréciation des États membres.[307] La directive vient d'être transposée en droit interne.[308]

99. Cadre général. En droit allemand, une réglementation impérative des OPA/OPE n'existe que depuis la *Wertpapiererwerbs- und Übernahmegesetz* (WpÜG) entrée en vigueur le 1er janvier 2002 qui a été modifiée en vue de la transposition de la Directive OPA. En vertu de ses §§ 1 et 2, elle s'applique à toute offre publique d'acquisition ou d'échange portant sur les titres émis par la société cible et admis sur un marché réglementé. L'approche poursuivie est clairement une approche des marchés financiers : le domaine d'application est limité aux seules sociétés cotées et l'autorité de contrôle qu'est le *BaFin* (*Bundesanstalt für Finanzdienstleistungsaufsicht*) en Allemagne n'agit pas dans l'intérêt des actionnaires de la société cible mais dans l'intérêt « public ». Cela a pour conséquence que la réglementation ne modifie pas le droit des sociétés en général, ni le droit des groupes, y compris les §§ 311 et s., en particulier.[309] Il en résulte qu'aux sociétés cotées s'appliquent concomitamment le *Konzernrecht* et la WpÜG alors que les sociétés non cotées seront régies exclusivement par le *Konzernrecht*[310] avec la conséquence que, tant qu'un contrat de domination et/ou de transfert de bénéfices n'intervient ou la société non cotée n'est intégrée, les actionnaires externes doivent accepter le changement de contrôle sans pouvoir demander leur retrait[311].

306 Considérant n° 1 de la directive.

307 C'est la raison pour laquelle d'aucuns parlent d'une directive-cadre (KINDLER/HORSTMANN, *DStR* 2004, 866 (867) ; MÜLBERT, *NZG* 2004, 633 (635) ; SEIBT/HEISER, *ZGR* 2005, 200 (201).

308 En France : **Loi n° 2006-387 du 31 mars 2006 relative aux offres publiques d'acquisition,** *J.O.* n° 78 du 1 avril 2006, p. 4882 et s. Pour l'étude du droit français, cf. *infra* n° 106. En Allemagne : *Gesetz zur Umsetzung der Richtlinie 2004/25/EG des Europäischen Parlaments und des Rates vom 21. April 2004 betreffend Übernahmeangebote (Übernahmerichtlinie-Umsetzungsgesetz)* du 8 juill. 2006, entrée en vigueur le 14 juill. 2006, *BGBl.* 13 juill. 2006 I p. 1426 et s. (modifiant la *Wertpapiererwerbs- und Übernahmegesetz* du 20 déc. 2001 (*BGBl.* I p. 3822) laquelle a été modifiée en dernier lieu par l'article 10 de la loi du 5 janv. 2007 (*BGBl.* I p. 10)).

309 EMMERICH/HABERSACK, § 9 a II 1.

310 GRUNEWALD, *in* BAUMS/THOMA, *WpÜG*, § 33 n° 5 et s. ; *MüKo-AktG*/SCHLITT, § 33 WpÜG n° 81.

311 EMMERICH/HABERSACK, *commentaire*, n° 1 ; *KöKo-AktG*/KOPPENSTEINER, Anh. § 318 n° 47 ; KLEINDIEK, *ZGR* 2002, 546 (557 et s.) ; *contra* : MÜLBERT, *ZIP* 2001, 1221

100. Le régime. Après les règles générales applicables à toute offre[312], la loi distingue les offres volontaires (§§ 29 et s. WpÜG) et les offres obligatoires (§§ 35 et s. WpÜG). Concernant la régulation des **offres volontaires**, elle vise l'égalité des actionnaires par l'instauration d'obligations d'information à leur égard. Le mécanisme est déclenché dès lors qu'une offre vise (volontairement) le contrôle d'une société cible[313], le contrôle étant défini comme étant la détention de 30 % des droits de vote de la société cible.[314] Les offres ne portant pas sur la totalité des actions sont interdites.[315] Le prix de l'offre doit être équitable et vise surtout à faire participer les actionnaires de la société cible au prix plus élevé que la société offrante aura payé préalablement afin d'acquérir un nombre important d'actions (*Paketzuschlag*).[316] Pour ce faire, la moyenne du cours boursier des actions de la société cible et les acquisitions antérieures de l'offrant, des personnes morales agissant de concert avec lui ainsi que leurs filiales[317] sont prises en compte.

La régulation des **offres obligatoires** est conçue spécialement pour protéger les actionnaires minoritaires. Pour cela, les dispositions obligent l'actionnaire majoritaire contrôlant directement ou indirectement la société à faire une offre aux actionnaires minoritaires sur la totalité de leurs titres à un prix équitable dans le mois suivant la publication du contrôle.[318] Il n'est pas tenu compte ici de la manière dont le contrôle a été acquis.[319] L'offre obligatoire doit être faite chaque fois qu'il y a dépassement du seuil légal des 30 % des droits de vote, peu importe que la société cible ait déjà été contrôlée par une autre personne ou que la même personne tombe au dessous du seuil pour le dépasser à nouveau après.[320] Pour les actionnaires, il s'agit là

(1227 et s.) : Cet auteur voit dans l'introduction des offres obligatoires une *« sorte de vote de méfiance contre la validité des §§ 311 et s. »*.

312 §§ 10-18 WpÜG.

313 Selon le § 2 al. 3 WpÜG, des sociétés cibles ou « sociétés visées » sont : *« 1. les AG et KG a. A. ayant leur siège en Allemagne et 2. les sociétés ayant leur sièges dans un autre État de l'EEE »* (notre traduction).

314 § 29 al. 1 et 2 WpÜG.

315 § 32 WpÜG.

316 Buxbaum, *FS Wiedemann* 2002, p. 796 ; Herkenroth, *Konzernierungsprozesse*, p. 119 et s. (spéc. 299 et s.) ; Oechsler, *FS Hadding*, p. 1027 et s. ; Habersack, *ZHR* 166 (2002), 619 et s. ; voir aussi : article 5 al. 5 de la directive.

317 Cf. § 2 al. 5 WpÜG.

318 §§ 35 et s. WpÜG, voir aussi article 5 de la directive.

319 Emmerich/Habersack, § 9 a III 4 b.

320 *Ibid.*

d'une première forme de *Konzerneingangsschutz* (protection et contrôle de la formation du groupe).[321]

101. Il se peut qu'après la fin de l'opération, certains actionnaires minoritaires subsistent dans la société parce qu'ils n'ont pas accepté l'offre. Ils ont alors la possibilité d'accepter l'offre pendant deux semaines après la fin officielle de celle-ci grâce à une **prorogation de délai** prévue par le § 16 al. 2 WpÜG.[322] De plus, s'ils représentent 5 % ou moins du capital social, ils ont le **droit de se retirer** de la société par le *Andienungsrecht/sell out.*[323]. En effet, le § 39 c WpÜG leur accorde un délai supplémentaire de trois mois après la fin de la période de l'OPA pour accepter l'offre aux mêmes conditions.

102. Si les actionnaires restants eux-mêmes n'entreprennent pas le retrait, il est envisageable de les exclure par la voie du ***squeeze out***. Economiquement, il peut être préférable d'exclure des minorités qui sont à l'origine de coûts alors que leur apport financier n'est pas important. Cela est particulièrement vrai pour les sociétés cotées qui doivent organiser les assemblées générales et financer toutes les mesures de publicité. Par le transfert des actions à un actionnaire principal – engendrant par là même la transformation en une société unipersonnelle, des coûts de plusieurs millions d'euros peuvent être économisés.[324]

Il en existe deux types en droit allemand. Le premier type est de nature sociétaire et s'applique indifféremment aux sociétés cotées ou non ; il ne fait pas partie de la réglementation des *Konzerne*[325]. Les §§ 327 a et s. AktG[326] permettent à l'actionnaire majoritaire, dit principal[327], détenant une participation d'au moins 95 % du capital social, d'exclure les actionnaires minoritaires contre leur volonté par paiement d'une indemnité en espèces

321 HUECK/WINDBICHLER, § 32 n° 9. Voir cette notion *infra* n° 112.

322 Règle appelée *Zaunkönigsregelung* à l'image du roitelet qui reste sur son grillage et observe ce qui se passe, quitte à se manifester après l'opération. Cette réglementation correspond à la procédure française de la garantie de cours, cf. *infra* n° 106.

323 Cette règle équivaut à la procédure française de l'offre publique de retrait cf. *infra* n° 106 .

324 HUECK/WINDBICHLER, § 32 n° 17. EMMERICH/HABERSACK, § 10 a II 1 ; Begr. zum RegE, BT-Drucks. 14/7034, p. 32 ; BAUMS, *Ausschluss*, p. 24 et s. ; FLEISCHER, *ZGR* 2002, 757 (760 et s.).

325 EMMERICH/HABERSACK, § 10 a II 2.

326 Introduit dans l'AktG par la WpÜG du 20 décembre 2001. Sous le droit antérieur, l'exclusion était également possible mais seulement en tant que conséquence d'autres mesures de restructuration (cf. HENZE, *FS Wiedemann*, p. 934).

327 Qui peut être une société cotée ou non, voire une personne physique (HUECK/ WINDBICHLER, § 32 n° 18).

équitable. L'exclusion a lieu sur demande de l'actionnaire majoritaire par décision spéciale de l'assemblée générale et l'inscription de celle-ci au RCS. Le problème du ***squeeze out* sociétaire** réside cependant dans le fait que la convocation, la préparation et la réalisation de l'assemblée générale ainsi que les demandes en annulation de la décision prise pour erreur de procédure font durer cette procédure pendant plusieurs mois voire plus d'un an.[328] Les minoritaires peuvent demander la vérification du caractère équitable de l'indemnité dans le cadre d'une procédure spéciale qui n'a pas d'effet suspensif sur le fond.[329]

Le deuxième type de ***squeeze out*** est un mécanisme propre aux **marchés de capitaux** provenant de l'article 15 de la Directive OPA, transposé aux §§ 39 a et s. WpÜG. L'offrant détenant au moins 95 % des droits de vote peut demander, dans les trois mois suivant la fin de la période régulière de l'OPA, à un tribunal spécialisé (*Landgericht* Frankfurt am Main) d'exclure les actionnaires minoritaires par le transfert de leurs actions sur sa personne contre une indemnité équitable correspondant à celle fixée par l'offre initiale ; une indemnité alternative en espèces devant toujours être proposée. Contrairement à la procédure du *squeeze out* sociétaire, la décision n'est donc pas prise par l'assemblée générale mais par un tribunal qui connaît des demandes de contestation du caractère équitable de l'indemnité.

L'avantage de ce *squeeze out* du marché des capitaux par rapport au *squeeze out* sociétaire réside alors dans le fait que l'assemblée générale n'a pas besoin d'intervenir. Cet avantage est cependant fortement relativisé par le fait que les demandes contestant le montant de l'indemnité doivent être tranchées par le juge avant dire droit relativement alors que, dans le cadre du *squeeze out* sociétaire, les contestations du caractère équitable de l'indemnité n'ont aucun effet sur le fond. En conséquence, relativement à la durée, le *squeeze out* sociétaire semble préférable, sauf lorsque l'offrant a acquis 90 % du capital social auquel cas l'indemnité est présumée équitable par le § 39a al. 3 phr. 3 WpÜG.[330]

328 H. DIEKMANN, 'Änderungen im Wertpapiererwerbs- und Übernahmegesetz anlässlich der Umsetzung der EU-Übernahmerichtlinie in das deutsche Recht', *NJW* 2007, 17-21 (19).

329 *Spruchverfahren,* cf. *supra* note de bas de page n° 287.

330 H. DIEKMANN, *op. cit.*, p. 20.

3. La protection des associés externes de la GmbH *société dépendante*

a) Dans les groupes contractuels

103. Nous avons vu qu'en principe, le consentement de tous les associés était nécessaire pour conclure un contrat de domination. C'est parce que chaque associé peut négocier sa position à ce moment-là qu'il est suffisamment protégé et que les §§ 304 (allocation compensatrice) et 305 (indemnité de retrait) AktG n'ont pas lieu de s'appliquer.[331]

b) Dans les groupes de fait

104. L'exercice d'une influence nocive de la part d'un associé de la *GmbH* sur celle-ci fait naître une action sociale en responsabilité de cet associé (société mère) fondée sur une violation du devoir de fidélité que peuvent exercer les associés externes par l'action *pro socio*. Si la société mère a exercé son influence sans passer par l'assemblée (ce qui enlève aux associés la possibilité de contester la validité de la décision prise), les associés ont en outre le droit de demander l'abstention et la remise en état.[332] Avant tout, la protection des associés externes passe donc par la protection de la *GmbH* elle-même.

S'y ajoutent des instruments généraux de protection des minoritaires, tel le principe de l'égalité de traitement des associés, qui joue par exemple en matière de décision d'utilisation des bénéfices (§ 46 n° 1 GmbHG).[333] Les associés ont des droits d'information étendus (§§ 51 a et 51 b GmbHG). Les interdictions de vote instituées par le § 47 al. 4 GmbHG assurent que l'associé – que l'on imagine majoritaire – ne prenne pas part au vote concernant le *quitus* de sa personne, une convention conclue entre lui et la société ainsi que la fin d'un litige l'opposant à la société. La disposition s'applique également à un associé autre que l'associé dominant lequel serait cependant contrôlé par celui-ci.[334] Enfin, si les associés externes ne disposent pas en principe d'un droit de retrait, il en va autrement dès lors que l'entreprise dominante a porté atteinte d'une manière qualifiée à la *GmbH* dépendante. En ce cas, la jurisprudence lui reconnaît un droit exceptionnel de

331 Cf. *supra* n° 67.

332 EMMERICH/HABERSACK, *commentaire*, Anh. § 318 n° 31.

333 HUECK/WINDBICHLER, § 36 n° 19.

334 HACHENBURG/ULMER, *GmbHG*, § 47 n° 133 et s. ; ROWEDDER/SCHMIDT-LEITHOFF/KOPPENSTEINER, *GmbHG* § 47 n° 59 et s.

retrait en tant que *« résiliation pour cause sérieuse d'un contrat à durée indéterminée »*, la compensation devant correspondre à la valeur réelle de la part sociale.[335]

B. En droit français

La protection des actionnaires externes de la filiale en droit français a lieu principalement dans deux hypothèses que sont la cession de contrôle et l'abus de majorité. Ils disposent, en outre, de certains droits relatifs à la gestion et au contrôle de la société.

1. La protection des actionnaires en cas de cession de contrôle

a) Dans les sociétés non cotées

105. Il n'existe pas, en ce qui concerne les sociétés non cotées, de dispositions légales ou réglementaires particulières tendant à protéger les intérêts des actionnaires minoritaires en cas de cession du contrôle de la société.[336] Cette situation est à l'origine d'une inégalité entre associés susceptible d'engendrer des conflits[337] résolus au détriment des actionnaires minoritaires. En témoigne la célèbre affaire *Saupiquet-Cassegrain.*[338]

335 *RGZ* 128, 1, 16 ; OLG Saarbrücken *AG* 1980, 26 (28) ; BAUMBACH/HUECK/FASTRICH, *GmbHG*, Anh. § 34 n° 15 et s. ; CAHN, *ZIP*, 2001, 1937 (1944 et s.) ; EMMERICH/HABERSACK, § 30 II 2 et V ; HUECK/WINDBICHLER, § 36 n° 18 ; ROWEDDER/SCHMIDT-LEITHOFF/KOPPENSTEINER, *GmbHG*, Anh. § 52 n° 80 ; SCHOLZ/WINTER, *GmbHG*, § 15 n° 144 et s. ; HACHENBURG/ULMER, *GmbHG*, Anh. § 77 n° 73 ; RÖHRICHT, *FS Kellermann*, 1991, p. 361.

336 *Encycl. jur. Dalloz, Rép. soc., Groupe de sociétés*, n° 43.

337 D. SCHMIDT, 'Quelques remarques sur les droits de la minorité dans les cessions de contrôle', *D.* 1972, chron. 223 et s.

338 Dans cette affaire, un actionnaire minoritaire de la société Cassegrain reprochait aux dirigeants de cette société qui avaient donné leur agrément, conformément aux statuts, à une cession d'actions consenties par d'autres actionnaires à la société Saupiquet, et portant sur 67 % du capital social. La décision du conseil d'administration avait été approuvée par une assemblée générale extraordinaire. La cour d'appel de Rennes a estimé par arrêt du 23 février 1968 (*JCP* 1969, II, 16122) que cette opération de regroupement, en mettant en cause l'objet social et l'existence même de la société, excédait les pouvoirs du conseil d'administration et relevait de la seule assemblée extraordinaire, qui n'avait cependant pas été suffisamment informée et avait voté au mépris des intérêts des actionnaires minoritaires. L'arrêt est cassé (Cass. com., 21 janvier 1970, *Bull. civ.* IV, n° 28 ; *JCP* 1970, II, 16541, note B. OPPETIT) au motif que la société a bel et bien conservé son existence propre, qu'aucune modification statutaire n'a eu lieu, que l'information de l'assemblée extraordinaire par le conseil d'administration fut complète

Il existe cependant des moyens de prévenir les cessions de contrôle. Tout comme en droit allemand, il est possible de prévenir une affiliation à un groupe par des clauses statutaires d'agrément de nouveaux actionnaires en ce qui concerne la SA (art. L. 228-23 C. com.). Les statuts peuvent même prévoir des clauses d'agrément pour le cas d'un changement de contrôle des associés personnes morales[339]. Dans la SARL, le principe de non-cessibilité des parts sociales de l'article L. 223-14 C. com. joue le même rôle.

D'un maniement plus difficile, le mécanisme voisin des clauses de préemption[340] statutaires[341] ou extra-statutaires[342] peut également être utilisé. Son efficacité est plus grande dans le premier cas que dans le second.[343]

---

et exacte et que, enfin, le vote de l'assemblée extraordinaire n'était pas entaché d'un abus de droit. La cour d'appel de renvoi de Caen (arrêt du 18 avril 1978, *Rev. soc.* 1978, 763 ; *RTD com.* 1979, 261, obs. R. HOUIN ; *D.* 1980, IR 164, obs. J.-C. BOUSQUET) a décidé que *« les actionnaires, propriétaires de leurs titres, peuvent les vendre au prix et dans les conditions qui leur conviennent, dans la seule limite de la clause d'agrément qui restreint leur droit de libre négociabilité »*. Enfin, la Cour de cassation confirme cette vision en ce qu'elle rejette le pourvoi formé contre l'arrêt de la cour de Caen (Cass. com., 21 juin 1982, *Rev. soc.* 1982, 852, *RJ com.* 1983, 49, note de FONTBRESSIN).

339 Cette dernière possibilité comporte la particularité qu'un actionnaire personne morale de la société pourra être exclu par un refus d'agrément si son propre contrôle venait à changer. Pour une admission de cette clause : Cass. com., 13 décembre 1994, *RJDA* 1995, n° 292 ; CA Lyon, 4 mars 1994, *SA coopérative pharmaceutique française c/ SNC pharmaceutique de l'Esplanade.*

340 La préemption est le droit d'acquérir par préférence à toute autre personne un titre que son propriétaire se propose de céder, et ceci soit au prix prévu pour la cession envisagée, soit au prix fixé par expert.

341 CA Paris, 14 mars 1990, *Bull. Joly* 1990, 353 ; *D.* 1992, somm. 178, obs. BOUSQUET ; Cass. com., 15 février 1994, *Bull. Joly* 1994, 508, note VELARDOCCHIO (licéité des clauses de préemption).

342 Cass. com., 7 mars 1989, *Bull. civ.* IV, n° 79 ; *D.* 1989, 231, concl. JEOL ; *JCP* 1989, II, 21316, note REINHARD ; *Rev. soc.* 1989, 478, note FAUGEROLAS.

343 En effet, le non-respect des clauses de préemption statutaires est sanctionné par l'inopposabilité de la cession à la société car les tiers ont pu prendre connaissance de la clause. En revanche, s'agissant des pactes d'actionnaires, la sanction sera moins efficace que précédemment. Cela correspond à l'idée que la préemption extra-statutaire n'est qu'une convention privée qui *« tient loi à ceux* [et seulement à ceux] *qui l'ont faite »*. La violation de ses termes ne peut donc avoir pour sanction que celle qui est prévue pour les conventions, c'est-à-dire le paiement de dommages-intérêts de l'article 1142 C. civ. à la charge de l'associé ayant violé la convention (cf. Cass. com. 7 mars 1989, *précit.*). Une annulation de la cession n'est envisageable que lorsqu'il y a collusion frauduleuse entre le cédant et le cessionnaire, la substitution des bénéficiaires du pacte au cessionnaire étant exclue (même arrêt ; également CA Rouen, 9 décembre 1999, *RJDA* 2000, n° 669).

b) Dans les sociétés cotées

106. Concernant les sociétés cotées, en revanche, outre les obligations de déclaration de franchissement de seuil et d'intention qui sont importantes en cas d'acquisition progressive du contrôle[344], il existe pour la cession de contrôle instantanée le régime des offres publiques.[345] En vue d'assurer l'égalité des actionnaires, plusieurs mécanismes spécifiques encadrent le prix de rachat des actions détenues par les minoritaires. En premier lieu, les **offres publiques** deviennent **obligatoires** dès lors qu'une personne détient *« plus des deux tiers des titres du capital ou plus du tiers des droits de vote »* d'une société de droit français dont les actions sont admises aux négociations sur un marché réglementé.[346] Ce régime assure l'égalité des actionnaires en fixant le prix de rachat comme étant *« au moins équivalent au prix le plus élevé payé par l'auteur de l'offre, agissant seul ou de concert, sur une période de douze mois précédant le dépôt de l'offre »*.[347]

En deuxième lieu, les **offres publiques de retrait** permettent aux actionnaires minoritaires de sociétés dont les actions sont admises aux négociations sur un marché réglementé de se retirer de leur société dès lors qu'une personne détient 95 %[348] des droits de vote en demandant à l'AMF d'imposer aux majoritaires le dépôt d'une offre publique de rachat des actions.[349] Inversement, à l'issue d'une procédure d'offre ou de demande publique de retrait, le retrait des minoritaires qui n'auraient pas répondu à l'offre peut être forcé par les majoritaires :

344 Cf. *supra.*

345 Les offres publiques d'acquisition sont soumises, en droit français, aux textes suivants : la directive n° 2004/25 du 21 avril 2004 ; les articles 231-1 à 238-10 du règlement général de l'AMF du 12 novembre 2004 *(A. 12 nov. 2004 : Journal Officiel 24 Novembre 2004, spécialement p. 19765 s.*, portant homologation des livres II à VI du règlement général de l'AMF) ; les articles L. 433-1 à L. 433-4 du Code monétaire et financier ; le règlement n° 2002-04 de la Commission des opérations de bourse qui demeure en vigueur après l'institution de l'Autorité des marchés financiers. Pour une présentation générale des OPA communautaires, cf. *supra* n° 98.

346 Art. L. 433-3 C. mon. et fin.

347 Art. L. 433-3 C. mon. fin. ; cette fixation du prix fait cependant l'objet de critiques, notamment en raison de l'incompatibilité entre la directive communautaire et la loi française de transposition sur ce point : J.-M. MOULIN, *JCP* éd. E 2006, 1651 et s.

348 La France a donc, tout comme l'a fait l'Allemagne, levé l'option offerte par l'article 15-2 de la directive permettant de choisir un pourcentage entre 90 et 95 %.

349 Art. L. 433-4 C. mon. fin. ; *Encycl. jur. Dalloz, Rép. soc., Groupe de sociétés*, n° 45.

> *« l'actionnaire ou le groupe majoritaire peut se voir transférer les titres non présentés par les actionnaires minoritaires ou les porteurs de certificats d'investissement ou de certificats de droits de vote dès lors qu'ils ne représentent pas plus de 5 % du capital ou des droits de vote moyennant indemnisation de ces derniers »*[350].

Le nouveau III de l'article L. 433-4 du Code monétaire et financier dispose que l'indemnisation offerte aux actionnaires dans les procédures de retrait et de retrait obligatoire doit être égale, par titre, au prix proposé lors de la dernière offre ou, le cas échéant, au résultat de *« l'évaluation multicritères pondérés »*[351].

En troisième lieu, une **procédure de garantie de cours**[352] est prévue dès lors que l'acquéreur acquiert un bloc de titres lui conférant, compte tenu des titres ou des droits de vote qu'il détient déjà, la majorité du capital ou des droits de vote d'une société. La procédure est destinée à protéger les actionnaires minoritaires auxquels l'acquéreur n'aurait pas proposé le rachat des titres parce qu'il aurait déjà acquis les titres des actionnaires détenteurs du bloc de contrôle à un prix élevé qui, ainsi, ne profitera pas aux minoritaires. Elle consiste à obliger l'acquéreur du bloc à se porter acquéreur sur le marché, pendant une durée de dix jours de négociation minimum, de tous les titres présentés à la vente au prix auquel la cession des titres a été ou doit être réalisée, et seulement à ce cours ou à ce prix (art. 235-2 al. 1er Règlement général AMF).

2. La protection contre l'abus de majorité

107. Tout comme dans les sociétés non liées, il peut y avoir un abus de majorité au détriment des actionnaires minoritaires au sein du groupe. Les tribunaux transposent la théorie civiliste de l'abus de droit[353]. Il y a abus de majorité « *lorsque la résolution litigieuse a été prise contrairement à l'intérêt général et dans l'unique dessein de favoriser les membres de la majorité au détriment de ceux de la minorité* »[354]. L'abus de majorité implique donc la réunion de deux éléments

350 Art. 237-1 al. 1er Règlement général AMF.

351 Jean-Marc MOULIN, *JCP* éd. E 2006, 1651 et s.

352 Art. 235-1 à 235-3 Règlement général de l'AMF.

353 Fait par le titulaire d'un droit de le mettre en œuvre en dehors de sa finalité (*Lexique des termes juridiques*, v° abus de droit).

354 Cass. com., 18 février 1961, *JCP* 1961, 12164, note D. B. ; Cass. com., 8 janvier 1973, *Bull. civ.* IV, n° 13 ; Cass. com., 7 juin 1980, *Rev. soc.* 1981, 315 et s.

que sont la violation de l'intérêt social[355] et la rupture d'égalité entre les associés. L'abus de majorité est susceptible de jouer en de maintes hypothèses.[356]

Dans le cadre d'un groupe de sociétés, l'abus de majorité dépasse le cadre de la seule protection des actionnaires minoritaires en tant qu'individus (personnes physiques ou morales) et s'étend à la protection des intérêts des sociétés du groupe. Ainsi, la majorité qui contrôle le groupe ne peut pas abuser de sa position pour imposer à l'une des sociétés contrôlées,

355 Il n'existe pas, en doctrine, d'unanimité sur la question de savoir ce qu'est l'intérêt social. Dans la jurisprudence, les solutions varient en fonction des faits de l'espèce. Dans un souci de systématisation, il est cependant possible de retenir trois catégories. Selon une vision minimaliste, l'intérêt social se confondrait avec l'intérêt des associés visé à l'article 1833 C. civ.. Selon une vision maximaliste, au contraire, l'intérêt social engloberait l'intérêt de l'entreprise. Selon une vision médiane, enfin, l'intérêt social serait l'intérêt propre à la société en tant que communauté (pour plus de précisions sur ce point : cf. COZIAN/VIANDIER/DEBOISSY, n° 344).

356 Ont été annulés pour abus de majorité :

- en matière de filiation au sein de la société mère (!) : Constitue un abus de majorité la résolution décidant d'un apport d'actifs, dès lors que la société a cédé les actions de sa filiale à une société en commandite par actions, créée pour l'occasion, et qu'à la suite de l'interposition de celle-ci, la société est devenue une « coquille vide » dont le chiffre d'affaires, le bénéfice et le prix de l'action ont considérablement chuté (Cass. com., 24 janvier 1995, *D.* 1995, informations rapides, 56 = *Rev. soc.* 1995, 46, note JEANTIN = *Defrénois* 1995, 690 et s., obs. J. HONORAT = *Droit des sociétés* 1995, n° 102, note VIDAL ; *contra*, sur renvoi : CA Paris, 19 septembre 2001, *D.* 2001, actualité juridique, 3124) ;
- en matière de cautionnement hypothécaire (Cass. Civ. 3e, 25 mars 1998, *Bull. Joly* 1998, 635, note A. COURET = *JCP* éd. N 1998, n° 42, 1511, note RANDOUX = *JCP* éd. E 1998, n° 50, 1971, note GARÇON) ;
- la location-gérance consentie par une SA à une autre société constituée par les actionnaires majoritaires de la première, dès lors qu'en pratique cette opération avait pour but de permettre au groupe majoritaire de transférer l'actif social à la société locataire créée manifestement pour la circonstance (Cass. com., 8 janvier 1973, *Bull. civ.* IV, n° 13) ;
- des conventions dites d'assistance ou de groupe conclues entre une société mère et sa filiale dès lors qu'elles étaient sans contrepartie réelle pour cette filiale (Cass. com., 21 janvier 1997, *RJDA* 1997, n° 439).

Cependant, pour un refus d'admettre l'abus de majorité dans une hypothèse de cession de contrôle par voie d'OPA : les décisions du conseil d'administration et la délibération de l'assemblée générale d'une société anonyme autorisant la cession à une autre société des deux tiers de son capital social ne peuvent être annulées comme portant une atteinte grave à l'objet social et mettant en cause sa survivance même, dès lors que cette société conserve son existence propre, sa personnalité juridique, son objet et sa durée (Cass. com., 21 janvier 1970, *Rev. soc.* 1970, 292 = *JCP* 1970, II, 16541, note OPPETIT = *Gaz. Pal.* 1970, II, 33).

au nom des intérêts généraux du groupe, une décision contraire aux intérêts particuliers de cette société. La sanction de l'abus de majorité peut consister en l'octroi de dommages-intérêts[357] et au prononcé de la nullité de la décision abusive par les tribunaux[358]. En matière de groupe de sociétés, il a également été jugé qu'en présence d'une majorité ayant imposé à la filiale d'un groupe de surseoir à l'exécution d'un contrat, il était possible de nommer un administrateur judiciaire de cette filiale pour protéger la minorité au sein de celle-ci contre l'exécution d'une décision susceptible de conséquences catastrophiques pour elle.[359]

Un constat s'impose : en droit français, l'autonomie de la filiale implique que le dirigeant de la société mère ne peut imposer ses décisions à la filiale.[360] Autrement dit, contrairement aux groupes contractuels du droit allemand dans lesquels le contrat de domination implique une permission légale pour la société mère de donner des directives et une obligation faite à la société dépendante de les respecter, le pouvoir de direction de la société mère en droit français n'est pas juridiquement fondé.[361] S'il l'est, il ne peut l'être que de manière factuelle (tout comme dans le groupe de... fait).

108. En droit allemand, l'idée d'abus de majorité est également présente dans le droit général des *AG*. Elle l'est sous la forme de la responsabilité en dommages-intérêts pour « *avoir incité un membre du directoire ou du conseil de surveillance* [...] *d'agir au détriment de la société* » (§ 117 al. 1er). Elle l'est encore sous la forme de cause d'annulation des décisions de l'assemblée générale

357 L'action en responsabilité, dirigée contre les associés majoritaires (cf. Cass. com., 6 juin 1990, *Rev. soc.* 1990, 606 et s., note CHARTIER), sera fondée sur l'article 1382 C. civ. et ne sera par conséquent ouverte qu'à la personne pouvant prouver un préjudice : le minoritaire.

358 L'action en annulation de la délibération abusive, intentée contre la société, est fondée sur l'article 1844-10 CPC et est ouverte à tous ceux qui peuvent se prévaloir d'un intérêt légitime : un minoritaire mais également un dirigeant agissant au nom de la société puisque l'abus de majorité porte préjudice non seulement aux minoritaires mais encore à la société (cf. Cass. com., 21 janvier 1997, *RJDA* 1997, n° 525).

359 Il s'agit de la célèbre affaire *Fruehauf* : CA Paris, 14e ch., 22 mai 1965, *Société Fruehauf Corporation c/ Massardy et autres*, *JCP* 1965, II, 14274 bis, concl. NEPVEU ; voir aussi R. CONTIN, 'L'affaire Fruehauf et l'évolution du droit des sociétés', *D.* 1968, chron., 45 et s. Il s'agissait d'une hypothèse dans laquelle une société mère américaine cherchait à imposer à sa filiale française une décision allant manifestement à l'encontre de l'intérêt de cette dernière.

360 *Encycl. jur. Dalloz, Rép. soc., Groupe de sociétés*, n° 89.

361 C'est la raison pour laquelle, un auteur réclame depuis plus de trente ans l'admission en droit français du contrat de domination (M. BEJOT, *La protection des actionnaires externes dans les groupes de sociétés en France et en Allemagne*, Bruxelles, Bruylant, 1976, p. 81 à 84).

ayant profité à un actionnaire mais porté atteinte aux intérêts de la société ou des autres actionnaires, sauf compensation appropriée des autres actionnaires par la même décision (§ 243 al. 2.)

En principe, ces institutions ne jouent cependant pas en présence d'un groupe de sociétés et, à dire vrai, ceci est assez logique puisque le *Konzernrecht* a justement pour but de régler les hypothèses de prise d'influence d'un actionnaire majoritaire sur la société. Ainsi, dans le groupe contractuel, la direction de la filiale est même obligée par le contrat de domination de suivre les directives, même nocives pour la filiale, édictées par l'associé majoritaire, à savoir par la société mère, de sorte que le § 117 al. 1er ne saurait jouer.[362] Quant au § 243 al. 2, son application doit être écartée dans le groupe contractuel en raison de la primauté en tant que *lex specialis* de la réglementation des contrats de domination ou de transfert de bénéfices avec leurs mécanismes spécifiques de compensation des actionnaires externes.[363]

Dans le groupe de fait, la fonction de privilège de responsabilité du § 311 écarte la responsabilité fondée sur le § 117 al. 1er afin de ne pas mettre en cause la possibilité offerte par le § 311 de compenser des inconvénients subis en fin d'exercice.[364] Il en va néanmoins différemment en ce qui concerne la demande en nullité d'une décision de l'assemblée générale fondée sur le § 243 al. 2 dans le cadre d'une groupe de fait. Cette possibilité pour les actionnaires minoritaires de demander la nullité, pour absence de compensation appropriée de leurs intérêts, d'une décision prise par l'assemblée générale laquelle aurait été dictée par l'actionnaire majoritaire (à savoir la société mère), doit en effet exister car, si tel n'était pas la cas, la décision prise serait valable quand bien même aucune compensation ultérieure n'aurait lieu.[365]

3. Les droits des minoritaires relatifs à la gestion et au contrôle de la société anonyme

109. Les actionnaires minoritaires disposent de droits portant sur le contrôle de la gestion de la société. En premier lieu, dès lors qu'un ou plusieurs actionnaires représentent au moins 5 % du capital social, ils peuvent demander en justice la désignation d'un ou plusieurs experts chargés de

362 Cf. § 308 al. 2.

363 HUECK/WINDBICHLER, § 25 n° 40.

364 Cf. *supra* n° 58.

365 OLG Frankfurt a. M., *WM* 1973, 348 (350 et s.) ; *MüKo-AktG*/ KROPFF, § 311 n° 120 et s. ; HÜFFER, § 243 n° 43 ; *KöKo-AktG/KOPPENSTEINER*, § 311 n° 165 et s. ; EMMERICH /HABERSACK, § 24 VI 3.

présenter un rapport sur une ou plusieurs opérations de gestion de la société après consultation préalable infructueuse du président ou du directoire de la société (art. L. 225-231 al. 1 et 2 C. com., « expertise de minorité »). Cette demande doit revêtir un caractère sérieux[366] qui peut être établi par le risque d'atteinte à l'intérêt social[367]. Si ces conditions ne sont pas remplies, notamment lorsque les actionnaires représentent moins de 5 % du capital social, ils ont encore la possibilité de solliciter le référé probatoire de droit commun de l'article 145 du Code de procédure civile afin d'obtenir du président du tribunal de commerce la désignation d'un expert aux fins de se ménager des éléments de preuve susceptibles d'être utiles à la solution d'un litige à venir.[368] La mise en œuvre de ce référé suppose cependant l'existence d'un intérêt légitime.[369]

366 Cass. com., 15 juillet 1987, *Bull. civ.* IV, n° 193 ; Cass. com., 22 mars 1998, *Bull. civ.* IV n° 124.

367 Cass. com., 10 février 1998, *RJDA* 1998, n° 738 ; CA Versailles 20 avril 1995, *RJDA* 1995, n° 993 ; CA Paris 8 septembre 1999, *RJDA* 1999, n° 1343.

368 En ce sens : Cass. com., 7 décembre 1981, *D.* 1982, informations rapides, 212 et s. = *Rev. soc.* 1982, 519 et s., note MICHEL-FINIENZ ; Cass. com., 16 avril 1991, *RJDA* 1991 n° 600 ; CA Paris 9 décembre 1994, *RJDA* 1995, n° 728. Ultérieurement, le Tribunal de commerce de Paris, intervenant dans l'affaire *Vivendi* (P. LE CANNU, 'Nouvel assaut contre l'expertise préventive demandée par des actionnaires ou une association d'investisseurs', note sous Tribunal de commerce de Paris, 27 juin 2002, *Adam et autres contre SA Vivendi Universal*, *Rev. soc.* 2002, 719-726), a dénié à un actionnaire le droit de recourir à l'article 145 CPC contre des dirigeants de cette société, considérant qu'il s'agissait là du dévoiement d'une disposition à caractère général dès lors qu'il existait la procédure spéciale d'expertise de minorité prévue par l'article L. 225-231 C. com. . Mais un arrêt de la Cour d'appel de Paris du 25 octobre 2002 (A. COURET, 'Expertise de gestion ou mesure d'instruction *in futurum*... ou comment faire le départ entre les deux procédures', note sous CA Paris, 25 oct. 2002, *SA Phénix Éditions c/ SA Aurex*, *Bull. Joly* 2003, 213-217) est venu contredire cette décision et rétablir la possibilité pour des actionnaires d'utiliser cette mesure pour obtenir des éclaircissements sur la gestion de la société. La Cour souligne qu'il importe peu qu'en sa qualité d'actionnaire, le demandeur dispose du droit d'engager la procédure prévue par l'article L. 225-231 C. com., et que ce droit ne saurait le priver de la faculté de demander des mesures d'instruction sur le fondement de l'article 145 du CPC.

En doctrine, l'utilisation de l'article 145 CPC dans une hypothèse dans laquelle les conditions d'application de l'article L. 225-231 C. com. ne sont pas réunies, est cependant discutée (*contra* : VIANDIER/CAUSSAIN, *JCP* 1966, I, 3980, n° 2 ; J. MOURY, 'Expertise de gestion, la concurrence indélicate de l'article 145 du nouveau Code de procédure civile', *Mélanges Michel Jeantin*, Dalloz, 1999, p. 297-309 ; *pro* : M. JEANTIN, 'Le rôle du juge en droit des sociétés', *Mélanges Perrot*, Dalloz 1996, p. 152-153 ; plus nuancé : L. CADIET, 'Brèves observations sur l'expertise préventive en droit des sociétés',

En deuxième lieu, les actionnaires peuvent demander la nomination d'un administrateur provisoire[370] sur le fondement de l'article 873 du Code de procédure civile.[371] Lorsque l'intérêt d'un groupe de société est menacé, la mission de l'administrateur provisoire peut porter sur l'ensemble des sociétés du groupe. Ainsi, un actionnaire d'une société dont le président fait l'objet de poursuites pénales peut obtenir la désignation d'un administrateur provisoire non seulement pour cette société mais aussi pour toutes les autres sociétés du groupe auquel elle appartient, dès lors que le président poursuivi est le principal animateur de ce groupe.[372] On a vu précédemment l'exemple de l'exécution d'un contrat par la filiale nécessaire à la survie de celle-ci.[373]

Entre l'expertise et l'administration provisoire, existe une différence de degré, non de nature. Différence de degré, en effet, parce que l'expertise constitue une simple mesure préventive d'information alors que la nomination d'un administrateur provisoire entraîne l'écartement temporaire du dirigeant mis en cause des affaires courantes. Quant à la nature des deux moyens d'actions, lorsqu'ils aboutissent, ils impliquent tous deux une immixtion dans les affaires privées. Mais les deux visent l'intérêt social voire celui du groupe mais non celui des minoritaires à l'origine de l'action.[374]

110. Comparaison. En Allemagne, dans le droit général des sociétés de capitaux, il existe un droit d'interrogation des actionnaires lors de l'assemblée générale (§ 131). Ce droit s'étend aux relations de droit et de fait qu'entretient la société avec une autre entreprise liée à elle (§ 131 al. 1er phr. 2). Le renseignement par le directoire peut être refusé, notamment

---

Mélanges Michel Jeantin, Dalloz 1999, p.151-160, qui souhaite cantonner le jeu de l'article 145 NCPC au seul but de la réunion de preuves à l'exclusion de tout examen de gestion proprement dit).

369 À titre d'exemple : Cass. com., 3 décembre 2002, pourvoi n° 99-16246, inédit.

370 L'administrateur provisoire étant un mandataire désigné en justice et chargé d'assurer momentanément la gestion des affaires sociales en cas de difficultés graves empêchant le fonctionnement normal de la société et compromettant l'intérêt social.

371 CAVALLINI, 'Le juge des référés et les mandataires de justice dans les sociétés *in bonis*', *Rev. soc.* 1998, 247 et s.

372 Cass. com., 5 févr. 1985, *JCP* éd. E 1985, II, 20492, note VIANDIER : *« Les mêmes juges, qui avaient constaté aussi la carence des organes sociaux de chacune des sociétés, qui mettait en péril imminent non seulement les intérêts de la société concernée mais aussi ceux du groupe tout entier, ont donc pu décider la nomination d'un administrateur provisoire »*.

373 L'affaire *Fruehauf*, cf. *supra* note de bas de page n° 359.

374 *Encycl. jur. Dalloz, Rép. soc., Groupe de sociétés*, n° 88.

lorsque la communication de l'information est susceptible de causer à la société ou à une entreprise liée un dommage non négligeable.[375]

Concernant l'expertise, le § 142 al. 2 oblige les actionnaires à s'adresser d'abord à l'assemblée générale pour qu'elle en décide, avant de pouvoir saisir le tribunal à condition cependant de réunir 100 % du capital social ou 100.000 euros afin d'obtenir un examen spécial lorsqu'ils soupçonnent des irrégularités dans la constitution ou la direction de la société. Dans les mêmes conditions, les actionnaires peuvent demander à un expert de vérifier les comptes (§ 258).

Enfin, spécialement dans le cadre du groupe de fait, dès lors qu'il apparaît qu'une irrégularité pourrait avoir eu lieu, un seul actionnaire peut demander au tribunal de nommer un expert en vue de la vérification du compte rendu sur les entreprises liées prévu au § 315.[376] Il n'existe pas, en revanche, d'administrateur provisoire en droit allemand, sauf dans le cadre des procédures collectives.

§ 2) La protection des actionnaires de l'entreprise dominante

111. Exposé du problème. Une relation de dépendance a des conséquences non seulement pour les actionnaires ou associés de la société dépendante mais encore pour ceux de la société dominante. Cela tient au fait que la société dominante détient en règle générale de nombreuses actions ou parts dans les sociétés dépendantes. Ces participations constituent souvent même la majeure partie du patrimoine de l'entreprise dominante. Or, l'acquisition de ces participations et l'exercice des droits sociaux y afférents appartiennent en principe aux dirigeants de la société dominante (et non à ses actionnaires ou associés).

A. En droit allemand

112. La constitution d'un groupe par la prise de participation ou par le démembrement de branches d'activité de l'entreprise dominante ainsi que l'exercice des droits sociaux que détient ensuite l'entreprise dominante dans les sociétés dépendantes sont des moyens puissants, pour les dirigeants de la société dominante, d'exclure de la gestion du patrimoine de cette société

375 § 131, al. 3 n° 1.
376 Cf. *supra* n° 60 et *infra* n° 374.

les actionnaires/associés. À cet égard, la constitution et le fonctionnement du groupe comportent pour les membres de la société mère le risque d'une médiatisation de leurs droits sociaux par le déplacement des compétences de l'assemblée générale vers les dirigeants.[377] C'est pourquoi il faut les protéger spécialement dans une situation de groupe lors de la formation et l'extenstion du groupe (1) et lors de la direction du groupe à proprement parler (2). Les développements qui vont suivre sont consacrés aux seules relations internes de la société.

1. Le contrôle de la formation et de l'extension du groupe

113. Le droit spécial de chaque type de société décide si, et dans quelle mesure, les associés/actionnaires de la société dominante devront participer à la décision de constituer une filiale. En principe, chaque mesure de formation d'un groupe, qu'il s'agisse d'acquisitions de participations, d'un démembrement d'une branche d'activité ou de la constitution d'une filiale[378], nécessite leur accord sous la forme d'une autorisation statutaire au profit des dirigeants, l'objet social ne pouvant contenir une clause générale permettant la constitution d'un groupe (*Konzernklausel*).[379] Bien sûr, la transformation structurelle du groupe et son extension comportent les mêmes dangers que la formation du groupe.

a) La situation dans les AG

114. Le problème de la protection des actionnaires de la société majoritaire se pose avec acuité car l'assemblée générale ne dispose que d'une compétence limitée à un certain nombre de cas limitativement énumérés

377 HABERSACK, *AG* 2005, 137 (140) ; EMMERICH/HABERSACK, *commentaire*, vor § 311 n° 34 et s.

378 Parfois, la filiale constituée aura comme apports de la part de la société mère les titres que celle-ci détient dans une autre filiale. La pratique allemande appelle cette manière de faire la *Umhängung* (signifiant le revêtement de la participation d'un habit juridique prenant la forme d'une autre filiale). Ce procédé astucieux a cependant pour conséquence directe que l'emprise des associés/actionnaires de la société mère sur la filiale, désormais petite-fille, s'amenuise et se médiatise davantage. BGH *NZG* 2004, 571 et s. = *NJW* 2004, 1860 = *ZIP* 2004, 993, *Gelatine I*.

379 BGH *NZG* 2004, 571 (575) = *NJW* 2004, 1860 = *ZIP* 2004, 993, *Gelatine I* ; *KöKo-AktG*/KOPPENSTEINER, vor § 291 n°39 ; *MüKo-AktG*/STEIN, § 179 n° 110 ; GROß, *AG* 1994, 266 (269 et s.) ; TIEVES, *Unternehmensgegenstand*, p. 447 et s. ; *contra* : HOMMELHOFF, *Konzernleitungspflicht*, p. 273 ; *KöKo-AktG*/MERTENS, § 76 n° 51 ; WESTERMANN, *ZGR* 1984, 352 (362).

par le § 119 al. 1er AktG. Et surtout, les questions relatives à la direction de la société ne sont de la compétence de l'assemblée que lorsque le directoire lui demande d'intervenir (§ 119 al. 2). En ce cas, la décision de l'assemblée lie le directoire (§ 83 al. 2).

Ce n'est que depuis une vingtaine d'années que la jurisprudence a admis des hypothèses dans lesquelles le directoire doit obligatoirement consulter l'assemblée générale qui dispose dès lors de compétences sans fondement textuel (*ungeschriebene Hauptversammlungszuständigkeiten*). L'arrêt fondateur en est la décision *Holzmüller* rendue par le *II. Zivilsenat* de la BGH le 25 février 1982 qui fonde une compétence spéciale de l'assemblée générale pour les cas de transferts d'actifs les plus importants de l'*AG* à une filiale.[380] Les principes ont été confirmés et reprécisés par l'arrêt *Gelatine* du 26 avril 2004 qui délaisse le § 119 al. 2 pour parler d'une *« création jurisprudentielle originelle »*.[381] Le fondement juridique demeure par conséquent une question ouverte.[382]

380 BGHZ 83, 122 et s. = NJW 1982, 1703 = JuS 1982, 700 n° 9. Sa motivation mérite d'être reproduite : « *Dès lors qu'une AG transfère des parties essentielles de son patrimoine à une filiale, cette modification structurelle affaiblit la situation juridique des actionnaires et ce, même si toutes les actions de la filiale demeurent entre les mains de l'AG. En particulier, les actionnaires perdent la possibilité, accordée à l'assemblée générale par le § 119 AktG, de pouvoir décider de l'utilisation du capital scindé, du risque de sa perte ainsi que de l'utilisation de ses revenus. Car tous les droits sociaux dans la filiale seront exercés, en cas de participation à 100 pour cents, par le directoire de l'AG lequel ne rencontre pas d'obstacles insurmontables* [...] *ni sous la forme des statuts de la filiale, ni sous celle de conditions de majorité qualifiée et qui peut par exemple décider pratiquement librement de l'utilisation des bénéfices annuels de la filiale. De surcroît, existe le danger que le directoire sape entièrement l'assise des droits des actionnaires minoritaires de l'AG en concluant des contrats interentreprises avec des tiers ou en faisant entrer de nouveaux actionnaires par le biais d'une augmentation de capital ; en même temps, il peut y avoir des dommages patrimoniaux pour les actionnaires minoritaires (dès lors que par exemple le prix d'émission des actions nouvelles est trop bas)* » (notre traduction).

381 BGH *NZG* 2004, 571 = *NJW* 2004, 1860 = *ZIP* 2004, 993, *Gelatine I* ; BGH *NZG* 2004, 575 = *ZIP* 2004, 1001, *Gelatine II*. La jurisprudence et la doctrine suivent majoritairement cette approche : OLG Köln, *ZIP* 1993, 110 ; OLG München, *AG* 1995, 232 et s. ; OLG Celle, *ZIP* 2001, 613 ; LG Stuttgart, *AG* 1992, 236 ; LG Frankfurt *AG* 1993, 287 = *ZIP* 1997, 1698 = *AG* 2001, 431 ; LG Heidelberg, *AG* 1999, 135 (137) ; LG Duisburg, *NZG* 2002, 643 ; LUTTER, *FS Ulmer*, p. 347 et s. ; *idem*, *FS Barz*, p. 199 et s. ; EMMERICH/HABERSACK, *commentaire*, vor § 311 n° 33 et s. ; HÜFFER, § 119 n° 19 ; *MüKo-AktG*/KUBIS, § 119 n° 39 et s. ; RAISER/VEIL, § 52 n° 27.

382 EMMERICH/HABERSACK, § 9 IV 1 b ; FLEISCHER, *NJW* 2004, 2335 et s. ; WEIßHAUPT, *AG* 2004, 585 (586).

Ces compétences supplémentaires de l'assemblée visent expressément la protection des actionnaires. Elles sont déclenchées, non pas par des mesures exceptionnelles de direction, mais par des mesures structurelles ayant une influence notable sur les droits sociaux des actionnaires.[383] Tel n'est cependant le cas que lorsqu'une partie « essentielle » du patrimoine de la société est concernée. Cette partie est chiffrée par les tribunaux et la doctrine à environ 80 % du patrimoine social.[384] Il semble acquis que les principes *Holzmüller* s'appliquent à des hypothèses telles que la filialisation[385], l'acquisition de participations, la constitution d'une filiale par apport partiel d'actifs dès lors qu'une « partie essentielle » du patrimoine social est concerné. En ce cas, la compétence de l'assemblée générale est fondée et une décision en faveur de la mesure proposée ne peut être prise par l'assemblée qu'à une majorité qualifiée des trois quarts du capital représenté lors du vote.[386]

Si les dirigeants ne respectent pas cette compétence de l'assemblée, c'est-à-dire ne soumettent pas la mesure à l'assemblée, chaque actionnaire peut demander à l'organe directeur de s'abstenir de prendre la mesure voire de remettre la société dans l'état antérieur à la prise de la mesure sur le fondement du devoir de fidélité[387] et de la responsabilité délictuelle[388].

b) La situation dans les GmbH

115. En vertu du principe de la compétence-compétence des associés posé au § 45 al. 1er GmbHG, ceux-ci peuvent s'attribuer la direction de la *GmbH* et donner des directives aux gérants.[389] Mais les gérants sont en outre obligés de recueillir le consentement de l'assemblée pour des mesures exceptionnelles comportant des dangers particuliers[390] telles que la conclusion d'un contrat ayant pour conséquence la domination d'une autre socié-

383 EMMERICH/HABERSACK, § 9 IV 1 b.

384 Arrêts *Holzmüller*, *Gelatine I* et *Gelatine II préc.* ; GOETTE, *DStR* 2004, 927 ; FLEISCHER, *NJW* 2004, 2335 (2338 et s.) ; FUHRMANN, *AG* 2004, 339 (341).

385 *Ausgliederung von Unternehmensteilen*, (hypothèse même de la décision *Holzmüller*).

386 Cf. les arrêts précités ; EMMERICH/HABERSACK, *commentaire*, vor § 311 n° 50 ; ALTMEPPEN, *ZIP* 2004, 575 (579) ; BUNGERT, *BB* 2004, 1345 (1349, 1359) ; HÜFFER, § 124 n° 11 ; *contra* : IMMENGA, *BB* 1992, 2446 (2448).

387 *BGHZ* 83, 122 (133 et s.), *Holzmüller*.

388 Seulement EMMERICH/HABERSACK, § 9 I 3.

389 BAUMBACH/HUECK/ZÖLLNER, *GmbHG*, § 46 n° 60 et s.

390 SCHOLZ/SCHNEIDER, *GmbHG*, § 37 n° 13 et s. ; BAUMBACH/HUECK/ZÖLLNER, *GmbHG*, § 37 n° 6 et s. ; ROWEDDER/SCHMIDT-LEITHOFF/KOPPENSTEINER, *GmbHG*, Anh. § 52 n° 86 ; LUTTER/LEINEKUGEL, *ZIP* 1998, 225 (231 et s.).

té. Dès lors que la mesure modifie sensiblement la structure de l'entreprise, une majorité qualifiée des trois quarts s'applique comme pour l'*AG*.[391]

Les associés peuvent demander l'abstention et la remise en état comme pour les *AG*.[392]

2. *Le contrôle de la direction du groupe*

116. Tout comme la formation du groupe, la direction du groupe peut directement influencer les droits des actionnaires.

a) La situation dans les AG

Les actionnaires doivent participer aux décisions concernant la direction du groupe par le biais de l'assemblée générale[393] lorsque la filiale joue un rôle essentiel dans le patrimoine de la société.[394] Des mesures soumises à la compétence de l'assemblée sont celles relatives aux fusions et scissions, à la conclusion du contrat de domination et/ou de transfert de bénéfices ainsi qu'à l'intégration au niveau des sociétés fille et petite-fille.[395]

b) La situation dans les GmbH

Si l'exercice des droits sociaux que tient la société dominante dans les sociétés dépendantes est de la compétence des gérants, des mesures exceptionnelles telles qu'une augmentation de capital ou la conclusion de contrats interentreprises nécessitent que le consentement des associés soit au préalable recueilli.[396]

B. En droit français

117. La doctrine française ne semble pas avoir thématisé le problème de la protection des actionnaires de l'entreprise dominante jusqu'à présent. Il est cependant certain que les pouvoirs des dirigeants sociaux dans les relations internes connaissent des limites analogues à celles du droit allemand. Outre l'obligation d'inscrire leur action dans les limites de l'objet

391 REICHERT, *AG* 2005, 150 (159 et s.).

392 EMMERICH/HABERSACK, *commentaire*, Anh. § 318 n° 49.

393 Cf. les arrêts *Holzmüller*, *Gelatine I* et *Gelatine II*.

394 Cf. *supra* n° 114.

395 LG Düsseldorf, *DB* 2004, 428 et s. ; HENZE, *FS Ulmer*, p. 211 (225).

396 Cf. les références *supra* n° 115.

social[397] que seule l'assemblée générale extraordinaire peut modifier par le biais de la modification statutaire, les dirigeants sont soumis à un impératif qui leur impose d'agir dans l'intérêt de la société[398]. Nous pensons que cette notion d'intérêt social[399] pourrait être un fondement propice de compétences supplémentaires de l'assemblée générale pour les décisions relatives à la formation, l'extension et la direction d'un groupe à l'image du droit allemand ou, du moins, d'une limite des pouvoirs des dirigeants. Car la filialisation d'une branche essentielle de l'activité de la société ne saurait correspondre à l'intérêt de la société, ni d'ailleurs à celui de ses membres.[400]

118. Expertise de gestion d'opérations effectuées dans une filiale. Dès lors qu'un ou plusieurs actionnaires représentent au moins 5 % du capital social, ils peuvent demander en justice la désignation d'un ou plusieurs experts chargés de présenter un rapport sur une ou plusieurs opérations de gestion effectuées par une filiale contrôlée au sens de l'article L. 233-3 C. com. après consultation préalable infructueuse du président ou du directoire de la société, art. L. 225-231, al. 1 et 2 C. com. Le caractère sérieux d'une telle demande qui, en ce cas[401], doit être appréciée au regard de l'intérêt du groupe en vertu de l'article L. 225-231, al. 1er *in fine* C. com., a été admis dans un cas où une filiale avait perdu plus de la moitié de son capital et où un doute sérieux existait sur sa capacité à poursuivre son activité.[402]

397 Cf. art. 225-35, 225-56 et 225-64 C. com.

398 Cf. *supra* n° 107.

399 La notion d'intérêt social et sa fonction protectrice pour la société et ses membres est englobée, en droit allemand, dans la théorie du devoir de fidélité. Le devoir de fidélité, on l'a vu, comporte en effet deux branches : l'une imposant la fidélité des associés entre eux, la deuxième imposant la fidélité des associés et des dirigeants à l'égard de la société. Cette seconde branche remplit une fonction équivalente, en jurisprudence, à celle que remplit la notion d'intérêt social en droit français.

400 A ainsi été qualifié d'abus de majorité la concession à une autre société, manifestement créée à cet effet par les actionnaires composant la majorité, d'un contrat de location-gérance portant sur toute l'activité commerciale de la société (Cass. com., 8 janv. 1973 : *RTD com.* 1973, 586, obs. R. HOUIN).

401 Cf. pour l'expertise de gestion des opérations dans la société même en vue de la protection des actionnaires minoritaires de celle-ci, *supra* n° 109.

402 CA Versailles, 23 octobre 2002, *RJDA* 2003, n° 395.

Section 2 La protection des créanciers de la filiale

§ 1) En droit allemand

119. La protection des créanciers de la filiale est recherchée de plusieurs manières en droit allemand. Il faut encore distinguer la protection des créanciers de la filiale *AG* (A) de celle des créanciers de la filiale *GmbH* (B). Dans les deux cas, le cas général du *Haftungsdurchgriff* peut jouer (C).

A. Dans les AG

1. Dans les groupes contractuels

120. Dans le groupe contractuel, la protection de la société filiale dans sa substance sociale correspond en de nombreux points à la protection de ses créanciers. Il suffit de rappeler à cet égard que la protection du capital social de la filiale est assurée, en principe, par la responsabilité de la société dominante et de ses dirigeants à l'égard de la société dépendante ainsi que par celle, éventuelle, des dirigeants de la filiale elle-même (§§ 309 et 310).[403]

Si la société mère ne s'exécute pas et que les créanciers ne peuvent obtenir satisfaction de leur débiteur, la société filiale, ils peuvent mettre en œuvre l'action en responsabilité à l'encontre de la société mère, qui appartient en principe à la société dépendante, tout en demandant que les dommages-intérêts leur soient versés directement (§ 309 al. 4 phr. 3).[404] La société mère peut cependant se libérer en compensant la société dépendante. Il sera par conséquent plus astucieux pour les créanciers de faire pratiquer entre les mains de la société dominante en tant que tiers une saisie-attribution (§§ 829 et 835 ZPO) portant sur la créance dont la société dépendante est titulaire.[405]

S'y ajoute la constitution obligatoire d'une réserve légale au sein de la filiale de telle manière qu'elle atteigne son montant maximum[406] ayant pour but d'assurer à la société dépendante son capital social inscrit au bilan durant

403 Cf. *supra* n° 42.

404 Hüffer, § 309 n° 23.

405 Pour un exemple jurisprudentiel : BGHZ 115, 187, *Video. KöKo-AktG*/Koppensteiner, § 309 n° 35 ; Hüffer, § 309 n° 23 ; § 93 n° 32 et s.

406 Cf. le § 300 n° 1 pour les conventions de transfert de bénéfices, le § 300 n° 2 pour les contrats de transfert partiel de bénéfices et le § 300 n° 3 pour les contrats de domination.

l'existence des contrats de domination et/ou de transfert de bénéfices.[407] Force est cependant de constater que cette obligation peut être facilement contournée puisque la constitution de la réserve légale suppose l'existence de bénéfices au sein de la filiale, ce que la société dominante peut empêcher par divers moyens comme par exemple les prix de transactions internes au groupe (*Konzernverrechnungspreise*).[408] Enfin, outre la limitation des bénéfices transférables à l'« excédant annuel »[409] (§ 301) la société dominante est obligée de compenser pendant la durée du contrat de domination et/ou de transfert de bénéfices les pertes de la filiale, si celles-ci ne sont pas couvertes par les réserves libres constituées après la conclusion du contrat (§ 302).

Mais nous avons vu que la société filiale n'était pas suffisamment protégée contre des influences de la part de la société mère détentrice d'un pouvoir de direction important à son égard. C'est pourquoi le législateur allemand assure des garanties spécifiques aux créanciers de la filiale par le biais du § 303. Au titre de cette disposition, au moment de la cessation du contrat de domination ou de transfert de bénéfices, la société dominante doit constituer des sûretés au sens des §§ 232 et s. BGB au profit des créanciers de la société pour les créances nées avant l'inscription de la cessation du contrat au RCS et ce, dans un délai de six mois à compter de l'inscription.[410]

2. *Dans les groupes de fait*

121. Dans les groupes de fait, la responsabilité « extérieure » (*Außenhaftung*) de l'entreprise dominante à l'égard des créanciers de la société dépendante n'est pas envisagée par la loi. L'entreprise dominante est seulement tenue selon les §§ 311 al. 2 et 317 AktG de compenser les inconvénients qu'a subis la société dépendante du fait de son influence (*Innenausgleich*). Seulement, si elle ne s'exécute pas et que la société dépendante ne peut pas payer les créanciers, ceux-ci peuvent mettre en œuvre l'action contre la société dominante en vue d'obtenir directement le remboursement de leurs créances (§ 317 al. 4 renvoyant au § 309 al. 4 phr. 3). Tout comme dans le cadre des groupes de fait, il est cependant plus avantageux pour les créanciers de passer par la saisie-attribution.[411]

407 EMMERICH/HABERSACK, § 20 II 1.

408 *Ibid.*

409 Étant défini comme étant le montant des bénéfices moins la réserve légale.

410 EMMERICH/HABERSACK, § 20 VI.

411 Cf. *supra* 1.

Concernant en outre le groupe de fait qualifié (*qualifiziert faktischer Konzern*), lorsque des éléments de comportement s'ajoutent aux éléments structurels, la jurisprudence allemande admet la responsabilité directe de la société dominante comme on l'a vu précédemment[412] : lorsque la société dépendante est soumise à un pouvoir de direction tellement dense que les inconvénients que subit cette société et qui doivent être compensés par la société dominante ne peuvent plus être isolés (élément structurel) et que, de plus, il y a abus de la position d'associé dominant consistant en ne pas prendre en compte les besoins de la société dépendante (élément de comportement), les créanciers peuvent d'abord demander à la société dominante de leur fournir des sûretés par application analogue du § 303 al. 1er.[413] En cas de cessation de paiement de la société dépendante, cette mesure serait cependant dilatoire pour les créanciers. Ils peuvent alors agir en paiement de leur créance contre la société dominante sur le fondement du § 303 al. 3 phr. 1 appliqué de manière analogue.[414]

B. Dans les GmbH

122. Les dispositions relatives à la libération et au maintien du capital social de la *GmbH* ont été conçues par le législateur pour protéger les créanciers de la société. Elles tendent à assurer que le capital libéré corresponde au montant du patrimoine social fixé dans les statuts.[415] Cela suppose d'abord que tous les apports soient libérés entièrement (§§ 19 et s. GmbHG) et que, en cas de défaut, les autres associés soient tenus solidairement du montant non libéré des apports (§ 24 GmbHG). Cela suppose

412 Cf. *supra* n° 61 et s.

413 CAHN, *ZIP* 2001, 2159 ; EBERL-BORGES, *Jura* 2000, 761 et *WM* 2003,105 ; EMMERICH/HABERSACK, § 38 IV 2 ; K. SCHMIDT, *GesR*, § 31 IV 4 ; SCHÜRNBRAND, *ZHR* 169 (2005), 35 ; WIEDEMANN, *ZGR* 2003,283 ; *contra* : HÜFFER, § 1 n° 25 et s., § 302 n° 9 ; *KöKo-AktG*/KOPPENSTEINER, Anh. § 318 n° 63 et s.

414 Le § 303 al. 3 phr. 1 permet à la société dominante de se porter caution des sommes dont les créanciers sont titulaires au lieu de fournir des sûretés. Le § 773 al. 1er BGB permet ensuite aux créanciers d'actionner directement la caution en cas d'ouverture de procédure collective à l'égard du patrimoine du débiteur (n° 3) ou lorsqu'une mesure conservatoire ne semble pas permettre de satisfaire le créancier (n° 4). Ainsi, le § 303 al. 3 phr. 1, appliqué de manière analogue, combiné avec le § 773 al. 1er n° 3 et 4 permet aux créanciers de la filiale d'actionner directement la société mère. *BGHZ* 96, 330 (347) = *NJW* 1986, 188, *Autokran* ; *BGHZ* 105, 168 (183) = *NJW* 1988, 3143, *HSW* ; *BGHZ* 115, 187 (200) = *NJW* 1991, 3142, *Video* ; BGH *ZIP* 2000, 2163.

415 HUECK/WINDBICHLER, § 36 n° 11.

ensuite qu'aucun élément ne doit quitter le patrimoine social en cours de vie sociale. Dans ce but, le § 30 al. 1er GmbHG comporte une interdiction absolue de rétrocession aux associés tant que le patrimoine réel est inférieur au capital statutaire.[416] Les paiements reçus doivent être rendus à la société (§ 31 al. 1er GmbHG), ce dont les gérants sont tenus responsables par ailleurs (§ 43 al. 3 GmbHG). Enfin, dès lors qu'un associé a accordé des prêts à la société dans une situation de crise nécessitant en réalité une augmentation de capital, le montant du prêt équivaut à un apport (§§ 32a et 32b GmbHG). Toutes ces dispositions s'appliquent bien sûr à la société dominante en sa qualité d'associé de la *GmbH.* Ainsi, par exemple, la requalification de prêt accordé par la société dominante à sa filiale *GmbH* aura pour conséquence que les sommes prêtées seront traitées comme du capital propre de la *GmbH.*[417]

Il existe, en outre, des mécanismes de protection des créanciers spécifiques pour l'hypothèse d'un groupe à *GmbH* société dépendante.

1. Dans les groupes contractuels

Dans le cadre du groupe contractuel, les créanciers sont protégés par les § 302 AktG relatif à la compensation des pertes de la société dépendante et § 303 AktG relatif à la mise à disposition de sûretés s'appliquant de manière analogue.[418] En outre, si la société mère viole son obligation d'*« apporter le soin consciencieux d'un dirigeant »* (application analogue du § 309 al. 1er)[419], les créanciers peuvent demander que leur soient versés directement les dommages-intérêts par le biais de l'action en responsabilité dont la mise en œuvre incombe en principe à la société dépendante lorsque celle-ci ne le fait pas. Le § 309 al. 4 phr. 3 s'applique de manière analogue.[420]

416 HUECK/WINDBICHLER, § 34 n° 8.

417 Cf. U. WILKEN, *Kapitalersetzende Nutzungsüberlassungen im internationalen Unterordnungskonzern*, 1993 ; JULA/BREITBARTH, AG 1997, 256.

418 BGH *LM* n° 46 ad § 105 HGB = *NJW* 1980, 231 = *AG* 1980, 47, *Gervais* ; *BGHZ* 95, 330 (345 et s.) = *NJW* 1986, 188 = *JuS* 1992, 437 n° 9 ; SCHOLZ, § 44 Anh. n° 180 et s. ; *contra* : EHRICKE, *Das abhängige Unternehmen in der Insolvenz*, p. 430 et s. ; KÜBLER, *FS Heinsius*, 1991, p. 397.

419 EMMERICH/HABERSACK, § 32 III 3.

420 LUTTER/HOMMELHOFF, *GmbHG*, Anh. § 13 n°22 ; EMMERICH/HABERSACK, *ibid.*

2. Dans les groupes de fait

La protection des créanciers de la *GmbH* qui deviendrait société dépendante est assurée, avant tout, indirectement par le devoir de fidélité interdisant à tout associé, et donc à la société mère, de porter atteinte à la société.[421] Contrairement au groupe de fait dont la société dépendante est une *AG*, toute influence nocive est donc strictement interdite et ne peut être réparée par une compensation individuelle.[422] Par application analogue des §§ 317 al. 4 et 309 al. 4 phr. 3 AktG, les créanciers peuvent en outre demander que l'entreprise dominante leur verse directement les dommages-intérêts pour violation du devoir de fidélité, mais seulement à hauteur de leurs créances à l'égard de la société.[423] Ce système suppose cependant qu'existent dans la *GmbH* une pluralité d'associés.

*C. Le recours général des créanciers de la filiale contre la société mère pour les obligations de la filiale (*Haftungsdurchgriff*)*

123. Contrairement à une idée reçue, il n'existe pas en droit allemand une responsabilité générale directe de la société mère ou d'autres sociétés du groupe au profit des créanciers de l'une des sociétés du groupe.[424] Il en est ainsi même dans le groupe contractuel où – comme nous l'avons vu – la société dominante n'est pas responsable de l'exécution des obligations de ses filiales.[425] La responsabilité directe de la société mère peut tout au plus constituer une **exception devant être particulièrement fondée** et dont les conditions sont toujours assez strictes. On peut penser à des cas de *Durchgriff* comme la confusion des patrimoines (*Vermögens- und Sphärenver-*

421 Cf. *supra* n° 104.

422 *BGHZ* 95, 330 (340), *Autokran* ; SCHOLZ/EMMERICH, *GmbHG*, Anh. Konzernrecht, n° 75 ; LUTTER/HOMMELHOFF, *GmbHG*, Anh. § 13 n° 17 et s.

423 *BGHZ* 95, 330 (340) = *NJW* 1986, 188 ; BAUMBACH/HUECK/ZÖLLNER, *GmbHG*, § 46 n° 39 ; EMMERICH/HABERSACK, § 30 IV 2 ; ROWEDDER/SCHMIDT-LEITHOFF/ KOPPENSTEINER, *GmbHG*, § 46 n° 41, Anh. § 52 n° 79 ; HACHENBURG/ULMER, *GmbHG*, Anh. § 77 n° 91.

424 EMMERICH/HABERSACK, § 20 IV 1. Voir cependant toutes les hypothèses d'application du § 317 al. 4 AktG permettant aux créanciers de mettre en œuvre l'action en responsabilité ou en compensation individuelle de leur débiteur, la société dépendante, tout en demandant paiement entre leurs mains, ce qui équivaut *en fait* à une responsabilité directe.

425 L'arrêt de principe étant *BGHZ* 81, 311 (317) = *NJW* 1982, 383, *Sonnenring-Urteil*. Il reste cependant que la société mère sera tenue des pertes subies par sa filiale (§ 302 AktG).

mischung)[426] laquelle suit la même idée que son patronyme français[427] ou encore la sous-capitalisation grave (*materielle Unterkapitalisierung*).[428]

124. Responsabilité contractuelle. Tout comme en droit français, la société mère pourra cependant être tenue contractuellement sur le fondement du cautionnement (§ 765 BGB), d'une délégation imparfaite, d'une garantie (§ 311 al. 1er BGB) ainsi que des lettres de confort (*Patronatserklärungen*) dites « dures »[429], c'est-à-dire celles comportant une obligation de faire.[430]

Il reste que la responsabilité contractuelle n'est pas une hypothèse de *Durchgriff* : il serait en effet erroné de confondre, d'une part, un mécanisme contractuel (tel que le cautionnement ou la garantie) ainsi que l'intégration d'une troisième partie dans le contrat (la société mère, le plus souvent, ou une autre société du groupe) par une interprétation extensive du contrat avec, d'autre part, la responsabilité directe de la société mère pour confusion de patrimoines. La *Durchgriffshaftung* n'est pas davantage une action directe « à la française ».

En revanche, elle n'est pas non plus qualifiée de responsabilité délictuelle[431] de sorte que la qualification de ce mode d'action revêtira une importance particulière en droit international privé.[432]

426 *BGHZ* 22, 226 (230) ; *BGHZ* 21, 258 (270 et s.) = *NJW* 1960, 258 ; *BGHZ* 125, 366 (368 et s.) = *NJW* 1994, 1801. La confusion des patrimoines serait même le seul cas de *Haftungsdurchgriff* : ALTMEPPEN, *ZIP* 2002, 1553 (1557 et s.) ; *contra* : ULMER, *JZ* 2002, 1049 (1050).

427 Cf. *supra*.

428 Sur ces cas de *Durchgriff* cf. : LUTTER/HOMMELHOFF, *GmbHG*, § 13 n° 7 et s. ; EMMERICH/HABERSACK, § 31 III 3 ; SCHOLZ/EMMERICH, *GmbHG* § 13 n° 81 et s. ; WIEDEMANN, *ZGR* 2003, 282 (295 et s.) ; HÖLZLE, *ZIP* 2004, 1729 et s. La sous-capitalisation grave concerne l'hypothèse proche de l'abus dans laquelle les associés ne dotent pas leur société des moyens dont elle aurait besoin pour réaliser l'objet social. Notons qu'elle n'est cependant pas admise en jurisprudence parce qu'il n'y a pas d'obligation légale en ce sens pesant sur les associés (*BGHZ* 68, 312, 319 = *NJW* 1977, 1449 ; dans des cas critiques, les tribunaux retiennent cependant la responsabilité délictuelle des associés : *MüHb-GmbH*/SCHIESSL, § 35 n° 15 ; LEIBLE/HOFFMANN, *RIW* 2002, 930).

429 BGH *NZG* 2003, 725 ; LG Berlin *WM* 2000, 1060 = *AG* 2001, 149.

430 EMMERICH/HABERSACK, § 20 IV 2. Sur le droit français en particulier, cf. *infra* § 2.

431 HUECK/WINDBICHLER, § 36 n° 39 : « *Le fondement juridique* Durchgriff *n'existe pas en tant que tel* [...] ».

432 Cf. *infra* n° 416 et s.

§ 2) En droit français

Le droit français fait partie des droits d'origine romaine qui, en matière de groupe de sociétés, retient un concept de responsabilité de structure.[433] C'est pourquoi il faut distinguer en droit français la situation de la société *in bonis* de celle de la société en difficulté.

A. La protection des créanciers en dehors d'une procédure collective

125. Contrairement à la société dominante dans le groupe contractuel allemand, la société mère française n'a pas de pouvoir de direction juridiquement fondé à l'égard de ses filiales. Cette situation a pour corollaire qu'en principe, la société mère ne souffre d'aucune responsabilité du fait de ses filiales et *vice versa*.[434] En effet, les différentes composantes du groupe ont une personnalité juridique distincte, qui interdit de tenir l'une responsable en raison du comportement des autres.[435] La jurisprudence y a cependant apporté de nombreuses exceptions, notamment en matière contractuelle.[436]

1. La garantie des engagements des filiales

126. La société mère est souvent appelée à garantir les engagements de ses filiales à l'égard des tiers. Cette garantie peut revêtir plusieurs formes dont les plus usitées sont, comme en droit allemand[437], le cautionnement, la garantie autonome et la lettre d'intention.

En premier lieu, en vertu de l'article 2011 C. civ., la société mère peut s'engager envers le créancier à exécuter l'obligation à la charge de sa filiale si cette dernière ne s'exécute pas (cautionnement). L'obligation de la société

433 P. KINDLER, 'Haupfragen des Konzernrechts in der internationalen Diskussion', *ZGR* 1997, 455.

434 COZIAN/VIANDIER/DEBOISSY, n° 1352.

435 Cass. com., 18 octobre 1994, *RJDA* 1994, 993 ; sur l'ensemble de la question, voir C. D'HUIR-LAUPETRE, 'L'émergence d'un droit des obligations adapté au phénomène des groupes de sociétés', *D.* 1993, 248 et s.

436 Mais des exceptions existent également dans la sphère de la responsabilité non contractuelle ; ainsi une société mère peut être déclarée responsable des conséquences d'une publicité trompeuse concernant l'activité de certaines filiales, présentées comme des départements, si les termes de la publicité accréditent le sentiment que la publicité émane de la société mère (Cass. com., 1er mars 1994, *RJDA* 1994, 533, affaire *Ribourel*).

437 Cf. *supra* n° 124.

mère revêt un caractère accessoire. La garantie autonome, en deuxième lieu, est celle par laquelle la société mère s'engage à régler au créancier de la filiale toutes les sommes que celui-ci réclame en application de la lettre de garantie.[438] Contrairement au cautionnement, la garantie autonome est indépendante de l'obligation principale. La lettre d'intention, en troisième lieu, encore appelée lettre de parrainage ou lettre de confort, *Patronatserklärung* en allemand, est celle par laquelle la société mère s'adresse au créancier de sa filiale et dans laquelle cette société assure ce créancier du respect des engagements contractés par la filiale. La portée juridique, engagement moral, obligation de moyens[439] ou obligations de résultat[440], dépend de la formulation employée.

2. Exécution des obligations d'une société par une autre société du groupe

Il existe deux sortes de mécanismes reconnus par la jurisprudence.

a) L'apparence d'unité des sociétés

127. La responsabilité de la société mère peut encore être recherchée sur le terrain de la responsabilité contractuelle par le mécanisme de l'interprétation extensive du contrat au moyen de laquelle la société mère sera considérée comme une partie contractuelle.

438 Cass. com., 20 décembre 1982, *D.* 1983, 365 et s., note VASSEUR ; Cass. com., 19 novembre 1985, *Bull. civ.* IV n° 274.

439 Sont constitutifs d'une obligation de moyens les engagements suivants : lorsque la société mère s'engage à faire tous ses efforts pour que sa filiale dispose d'une trésorerie suffisante pour faire face à ses engagements envers le créancier (CA Paris, 10 mars 1989, *D.* 1989, 436, 4e espèce) ; lorsqu'elle s'engage à veiller très étroitement à ce que les engagements pris par sa filiale soient respectés (Cass. com., 19 mars 1996, *D.* 1997, 330) ; lorsqu'elle s'engage à faire tout son possible pour que sa filiale puisse poursuivre son activité afin qu'elle puisse notamment tenir ses engagements à l'égard de la banque créancière (Cass. com., 4 oct. 1994, *RJDA* 1995, n° 194) ; lorsque la société mère s'oblige à surveiller la gestion de la filiale (CA Versailles, 7 mars 2002, *RJDA* 2002, n° 814).

440 Sont constitutifs d'une obligation de résultat les engagement suivants de la société mère : prendre toutes les dispositions nécessaires pour que la filiale remplisse ses obligations et de ne pas céder sa participation (CA Versailles, 17 juin 1999, *RJDA* 1999, n° 1083) ; apporter tout le soutien nécessaire à la filiale aussi bien sur le plan technique et commercial qu'administratif et assurer le respect du plan de financement ainsi que l'octroi du crédit fournisseur nécessaire à l'activité de la filiale (Cass. com., 26 février 2002, *RJDA* 2002, n° 815) ; faire le nécessaire pour mener à bonne fin l'opération conclue par la filiale envers un créancier (Cass. com., 9 juillet 2002, *RJDA* 2003, n° 75).

De nombreuses décisions de justice admettent la possibilité pour les créanciers d'une société du groupe de demander à une autre société du même groupe le paiement de leur créance lorsqu'ils ont pu légitimement croire que les deux sociétés n'en formaient qu'une seule ou qu'elles étaient unies par une communauté d'intérêts ou encore lorsque l'une des sociétés a eu un comportement fautif en laissant croire qu'elle prenait part à l'engagement de l'autre[441] (théorie dite de l'apparence). Il a été ainsi jugé que des tiers avaient pu croire à l'existence d'une entité unique.[442] En revanche, le simple contrôle d'une filiale que détiendrait la société mère n'est pas suffisant pour faire naître l'apparence et ne permet pas, par conséquent, de condamner cette dernière à exécuter les engagements de la filiale.[443]

b) La compensation des dettes et créances des sociétés membres du groupe à l'égard d'un même créancier en cas de confusion des patrimoines

128. Il n'y a pas, en principe, de compensation possible entre les dettes à l'égard de la société mère et les créances à l'encontre de la filiale.[444] Le

441 Cass. com., 5 février 1991, *RJDA* 1991, n° 303 ; Cass. com., 18 octobre 1994, *RJDA* n° 153.

442 Une société mère qui avait laissé croire qu'elle participait étroitement aux activités de sa filiale dont l'absence d'autonomie avait été soulignée (Cass. com., 5 février 1991, *RJDA* 1991, n° 303 ; Cass. com., 15 juin 1993, *RJDA* 1993, n° 907 ; Cass. com., 17 octobre 1995, *RJDA* 1996, n° 68) ; une société mère qui s'était délibérément immiscée dans les rapports commerciaux de sa filiale avec les tiers (Cass. com., 2 mai 1978, *Gaz. Pal.* 1978, somm., 291 et s.) ; deux sociétés en commandites allemandes qui avaient la même adresse, le même objet social, le même dirigeant, le même commanditaire, les tiers qui traitaient avec l'une d'elles ne pouvant se rendre compte qu'ils s'agissait de deux sociétés différentes (Cass. com., 15 nov. 1977, *Bull. civ.* IV n° 265) ; une société mère et sa filiale dès lors que la première est intervenue à plusieurs reprises dans l'exécution du contrat conclu entre sa filiale et un tiers et a présenté sa filiale comme son agence (CA Versailles, 21 avril 2000, *Droit soc.* 2000, n° 93, D. VIDAL).

En revanche, l'immixtion d'une société mère dans la gestion de sa filiale n'est caractérisée ni par la participation de la première au capital de la seconde, ni par l'usage d'un même logo par les deux sociétés, ni par la participation du président du directoire de la société mère aux conseils d'administration des différentes filiales du groupe, ni par les déclarations publiques faites par celui-ci sur la politique du groupe, ni même par le fait que la société mère décide la cessation d'activité de sa filiale (Cass. civ. 3e, 25 février 2004, n° 240, *RJDA* 2004, n° 715).

443 Cass. com., 6 avril 1993, *RJDA* 1993, n° 705 ; Cass. com., 26 avril 1994, *RJDA* 1994, n° 930 ; Cass. com., 2 décembre 1997, *RJDA* 1998, n° 438 ; CA Versailles 22 février 1996, *RJDA* 1996, n° 786.

444 CA Paris, 12 juin 2001, *Bull. Joly* 2001, 1098, note P. SCHOLER ; CA Orléans, 20 mai 1992, *Juris-Data* n° 043912, à rapprocher de Cass. com., 12 févr. 1980, *D.* 1980, *IR*, 395 et s.

créancier de la société mère qui est en même temps débiteur d'une de ses filiales (ou inversement) peut cependant se prévaloir de la compensation légale entre sa créance sur la société mère et sa dette à l'égard de la filiale de ladite société[445] (ou inversement) s'il démontre que, sous couvert de deux sociétés distinctes, il n'existe qu'une seule personne morale. Il en va ainsi lorsque les patrimoines de ces sociétés se confondent car cette situation donne une apparence d'unité qui abuse les tiers.[446]

Il y a **confusion des patrimoines** dès lors que, contrairement au principe de la séparation des patrimoines des associés et celui de la société, ces derniers sont imbriqués d'une manière telle qu'il est devenu impossible d'attribuer clairement les éléments de patrimoines présents à l'un ou l'autre sujet de droits.[447] Cette impossibilité de distinguer les deux sociétés a pour

445 Une telle compensation est par nature impossible en présence de deux débiteurs distincts (CA Paris, 29 novembre 1962, *D.* 1963, 648, note VERDIER ; Cass. com., 28 mai 1991, *Rev. soc.* 1991, 764).

446 *Encycl. jur. Dalloz, Rép. soc., Groupe de sociétés,* n° 111 ; La compensation est admise exceptionnellement dans les cas où société mère et filiale se confondent aux yeux des tiers qui l'invoquent (Cass. civ., 21 novembre 1934, I, 289, ROUSSEAU).

447 La confusion des patrimoines était caractérisée lorsque l'exécution partielle de divers contrats conclus entre une SARL et une SA qui détenait la moitié du capital social de celle-ci avait créé un désordre généralisé des comptes et un état d'imbrication inextricable entre elles (Cass. com., 24 octobre 1995, *RJDA* 1996, n° 266).

En revanche, ne sont pas constitutives d'une confusion de patrimoines les situations suivantes : la présence de dirigeants communs et l'identité des sièges sociaux dès lors que les rapports financiers se limitaient à des opérations courantes dans des conditions normales (CA Paris, 21 décembre 1982, *BRDA* 8/1983, 20) ; la prise en charge par une société des déficits d'une autre société et l'existence ente elles d'une communauté d'intérêts, d'objectifs et de moyens (Cass. com., 20 octobre 1992, *RJDA* 1993, n° 59) ; l'existence d'avances consenties par une filiale à l'autre au sein d'un même groupe dans le cadre d'une convention de trésorerie, dès lors que ces avances n'ont pas présenté un caractère anormal ni excédé les possibilités financières des deux sociétés (CA Versailles, 2 avril 2002, n° 00-3930, *RJDA* 2002, n° 1150) ; deux sociétés ayant les mêmes dirigeants, des objets sociaux identiques, une gestion centralisée en un même lieu, des relations commerciales constantes et une clientèle commune dès lors qu'elles avaient conservé une activité indépendante, un actif et un passif propres et qu'aucun flux financier anormal n'avait existé entre elles (Cass. com., 11 mai 1993, *RJDA* 1993, n° 948) ; un ensemble de sociétés exerçant chacune une activité propre et bénéficiant des prestations d'une société de prestations de service commune, tout en étant contrôlé par une société *holding* qui détient tout ou partie du capital de l'ensemble (CA Versailles, 6 février 2003 n° 02-3584, *RJDA* 2004, n° 335) ; la seule appartenance à un groupe ainsi qu'une domiciliation commune (Cass. com., 20 janvier 1998, *Bull. Joly* 1998, 474, note J.-P-DOM).

conséquence de fonder la responsabilité des deux acteurs portant sur l'ensemble du patrimoine confus. J.-J. DAIGRE [448] y ajoute la présence de *« flux financiers anormaux »* que sont ceux qui sont *« dénués de toute contrepartie pour les sociétés »*[449]. En l'absence de flux anormaux, il est encore possible qu'existent des *« relations financières anormales »* dès lors que l'une des sociétés, souvent la mère, ne paie pas ce qu'elle doit normalement à l'autre société, la filiale.[450]

c) La demande en paiement direct adressée à la société mère en cas de fictivité de la filiale

129. Les obligations d'une société peuvent être mises à la charge de son associé, lorsqu'on constate que la personne morale est fictive.

Une **société** est **fictive** (également appelée « société de façade » ou « société écran ») dès lors que son autonomie financière et de fonctionnement est simulée et ne correspond donc pas à la réalité. Une définition précise et unanime de la fictivité n'existe ni en jurisprudence, ni en doctrine.[451] Si le créancier démontre que la société avec laquelle il avait contracté est une société fictive, il peut demander paiement de sa créance à la société mère directement. A titre d'exemple, la Cour de cassation a retenu la fictivité d'une société puisque celle-ci *« était dépourvue d'organe de direction, d'associés participant à la vie sociale, d'apport effectif, de siège social, et était dirigée par un gérant de fait non associé »*. La conséquence juridique était que l'associé de la société fictive *« qui avait créé l'apparence d'une société sous couvert de laquelle il exerçait son activité, devait être tenu des obligations qu'il avait à ce titre contractées »*.[452]

Notons enfin que les notions de confusion de patrimoines et de fictivité sont assez proches. La confusion des patrimoines peut inclure mais n'inclut pas nécessairement la fictivité.[453] La jurisprudence, quant à elle, ne dis-

448 J.-J. DAIGRE, *Bull. Joly* 1993, 1239.

449 *Encycl. jur. Dalloz, Rép. soc., Groupe de sociétés*, n° 120.

450 Cass. com., 5 mars 2002, pourvoi n° 99-13302, inédit. ; Cass. com., 3 avril 2002, pourvoi n° 99-12008, inédit (dans ces deux espèces : absence de versement des loyers) ; Cass. com., 7 janv. 2003, pourvoi n° 00-13192 : Bull. civ. 2003, IV, n° 3 ; *Rev. huissiers* 2003, 235, obs. P.-M. LE CORRE ; *Bull. Joly* 2003, 402, obs. F.-X. LUCAS.

451 *« La fictivité relève de la fraude et de la simulation. »* (*Encycl. jur. Dalloz, Rép. soc., Groupe de sociétés*, n° 118). *« Elle procède de la confusion des patrimoines, d'une absence de réalité de la personne morale, ainsi de la filiale traitée comme une simple succursale ou d'une société inséparable de son animateur »* (COZIAN/VIANDIER/DEBOISSY, n° 159).

452 Cf. Cass. com., 3 nov. 2004, pourvoi n° 03-11974 ; Cass. com., 25 fév. 2004, *D.* 2004, 703 ; *Rev. sociétés* 2004, 418, note J.-F. BARBIERI.

453 *Encycl. jur. Dalloz, Rép. soc., Groupe de sociétés*, n° 119.

tingue souvent pas clairement entre les deux hypothèses voire ne les nomme pas.[454]

3. La responsabilité de la société mère[455]

130. En principe, le comportement des dirigeants (= la société mère) sera imputable à la société (= filiale) au nom et pour le compte de laquelle ils ont agi. En ce cas, seule la société est responsable des actes accomplis par ses organes directeurs. Il en va cependant différemment lorsque les dirigeants commettent certaines « fautes » : il peut y avoir une responsabilité des dirigeants à l'égard des tiers.

À l'égard des tiers (non actionnaires), la responsabilité des dirigeants de droit de la filiale – dirigeant de droit que peut être la société mère dans certaines hypothèses[456] –, ne peut être engagée sur le fondement de l'article L. 225-251 C. com. que si ceux-ci ont commis une faute séparable de leurs fonctions qui leur soit imputable personnellement.[457] Si la jurisprudence est constante sur ce point, en revanche, la transposition pure de cette théorie venant du droit administratif[458] a conduit la Haute juridiction à largement exonérer les dirigeants, même en cas de fautes graves de gestion.[459] Dans son important arrêt du 20 mai 2003, la Cour de cassation a pour la première fois défini les critères de la faute séparable des fonctions déterminant la responsabilité personnelle des dirigeants sociaux à l'égard des tiers. La Chambre commerciale semble définir la faute détachable du dirigeant comme étant celle qui est incompatible avec l'exercice normal de ses fonctions, cette incompatibilité se définissant à partir de deux éléments : le ca-

454 Sans le dire expressément la Cour de cassation (Req., 19 juin 1929, *S.* 1930, 1, 176) retient la fictivité de deux sociétés en constatant que *« sont opposables à l'une des sociétés les marchés passés par l'autre lorsque, leur raison sociale étant à peu près identique, elles ne forment en réalité qu'une seule société ayant le même siège social, même succursale, même numéro de téléphone et même signature dans leur correspondance ».*

455 Pour l'étude générale de la responsabilité de la société mère en tant que dirigeant de sa filiale, cf. *supra* n° 86.

456 Cf. *ibid.*

457 Cass. com., 4 mai 1999, *Bull. Joly* 1999, note L. GODON.

458 Sur cette transposition, voir : G. AUZERO, 'L'application de la notion de faute personnelle détachable des fonctions en droit privé', *D.* 1998, 502 et s.

459 Cass. com., 28 avril 1998, *Rev. soc.* 1998, 767, note B. SAINTOURENS (dol du dirigeant dans l'exécution du contrat) ; Cass. com., 27 janv. 1998, *RJDA* 1998 n° 610 ; Cass. com., 12 janvier 1999, *RJDA* 1999, n° 301.

ractère intentionnel de la faute et sa particulière gravité.[460] Les conditions sont restrictives. Il est donc permis de penser que la responsabilité de la société mère sera retenue assez rarement sur ce point, ce dont témoigne d'ailleurs la jurisprudence.[461] Aussi, l'importance pratique de cette responsabilité est quasi inexistante. Tant que la filiale est *in bonis*, le créancier demandera paiement de sa créance auprès d'elle. La situation change cependant en cas de cessation des paiements de la filiale.[462]

Devant le caractère décevant des actions directes en responsabilité personnelle, le contentieux s'est parfois déplacé des tribunaux civils vers les tribunaux répressifs pour passer par l'action civile mettant en cause un délit d'abus de biens sociaux. La Chambre criminelle reste en effet insensible à la distinction entre faute séparable ou non des fonctions.[463] Or, il a déjà été vu que, depuis la jurisprudence *Rozenblum*, la Cour de cassation manifeste un certain libéralisme dans la qualification de ce délit en matière de groupe.[464]

460 Cass. com., 20 mai 2003, *RJDA* 2003, n° 842 ; *D.* 2003, 1503, note A. LIENHARD ; *JCP éd. E* 2003, 1203, n° 2, obs. J.-J. CAUSSAIN, F. DEBOISSY, G. WICKER : La gérante d'une SARL avait cédé à un fournisseur, en guise de paiement d'une livraison, deux créances qu'elle avait antérieurement cédées à une banque. Les juges du fond, approuvés par la Cour de cassation, firent droit à la demande du fournisseur qui invoquait la responsabilité personnelle de la gérante aux fins d'obtenir réparation du préjudice résultant de l'absence de remise des titres relatifs aux créances cédées. Dans un attendu de principe, il est rappelé le principe selon lequel *« la responsabilité du dirigeant à l'égard des tiers ne peut être retenue que s'il a commis une faute séparable de ses fonctions »*. Celle-ci est définie par la suite : *« il en est ainsi lorsque le dirigeant commet intentionnellement une faute d'une gravité particulière incompatible avec l'exercice normal des fonctions sociales »*.

461 Il a été jugé à plusieurs reprises que ne constituait pas une faute séparable des fonctions le fait, pour le président d'une SA, d'avoir consenti un cautionnement ou une garantie au nom de la société sans autorisation préalable du conseil d'administration (Cass. com. 20 oct. 1998, *JCP* 1998, 2025, note A. COURET ; Cass. com., 9 mai 2001, *Dr. et patr.* 2002, 98, obs. D. PORACCHIA ; Cass. com., 9 juin 2004, *RJDA* 2004, n° 1003) ce qui peut être étonnant dans la mesure où, en droit de sociétés, ce genre d'agissement est constitutif justement d'un dépassement de pouvoir.

462 Cf. *infra* B.

463 Elle juge *« que les dirigeants sociaux sont civilement responsables du préjudice causé par l'infraction qu'ils commettent dans l'exercice de leurs fonctions »* (Cass. crim., 14 octobre 1991, *Rev. soc.* 1992, 782, note B. BOULOC).

464 Cf. *supra* n° 88.

B. La protection des créanciers de la filiale dans le cadre d'une procédure collective

131. Il arrive fréquemment que la procédure collective ouverte sur le patrimoine social ne suffise pas à désintéresser les créanciers sociaux. Or, il existe plusieurs techniques juridiques pour faire produire à la procédure ouverte des effets à l'égard de celle des sociétés du groupe qui est (presque) toujours solvable : la société mère. En effet, le comportement de la société mère en tant que dirigeant de sa filiale n'est souvent pris en compte à travers les notions de dirigeant de fait, de fictivité et de confusion des patrimoines que lorsque la société dépendante fait l'objet d'une procédure collective.[465] On peut constater en effet à propos de la responsabilité des dirigeants à l'égard des tiers que

> « [s]*i les finances sont équilibrées* [...], *les juges sont indulgents à leur égard ; par principe, c'est la société qui supportera les conséquences des fautes commises par les dirigeants dans l'exercice de leurs fonctions. A l'inverse, si la société a déposé le bilan et ne peut donc payer, le dirigeant sera souvent condamné personnellement* ».[466]

Les dirigeants de sociétés mises en redressement ou en liquidation judiciaire encourent deux sortes de sanctions. Il est des sanctions patrimoniales, la condamnation au comblement du passif (art. L. 651-2 C. com., ancien art. L. 624-3 C. com.) et l'éphémère obligation aux dettes sociales (art. L. 652-1 et s. C. com., abrogé), ainsi que des sanctions personnelles, le prononcé de la faillite personnelle avec l'interdiction de gérer (art. L. 653-2 et s. C. com., ancien art. L. 625-5 C. com.) et le prononcé de sanctions pénales pour banqueroute (art. L. 654-1 et s. C. com., ancien art. L. 626-2 C. com.). Ici, ce sont avant tout les sanctions patrimoniales qui sont susceptibles de protéger les créanciers parce qu'elles concourent à restaurer partiellement la solvabilité de la société. S'y ajoutent les possibilités d'extension de la procédure.

465 Y. GUYON, 'Das Recht der Gesellschaftsgruppe in Frankreich', *in* LUTTER (dir.), *Konzernrecht im Ausland*, 1994, p. 91 et s.

466 COZIAN/VIANDIER/DEBOISSY, n° 269.

1. L'action en responsabilité pour insuffisance d'actif et l'obligation aux dettes sociales

a) L'action en responsabilité pour insuffisance d'actif (ancienne action en comblement du passif)

132. L'ancienne action en comblement du passif[467] a été quelque peu modifiée par la loi de 2005[468] et porte depuis le nouvel intitulé d'**action en responsabilité pour insuffisance d'actif**[469] codifiée à l'article L. 651-2 C. com., lequel a récemment fait l'objet d'une retouche par l'Ordonnance n° 2008-1345 du 18 décembre 2008 portant réforme du droit des entreprises en difficulté[470].

Cette action vise la situation dans laquelle la liquidation judiciaire d'une personne morale fait apparaître une insuffisance d'actif à l'existence de laquelle a contribué une faute de gestion d'un ou plusieurs dirigeants antérieure à l'ouverture de la procédure juridictionnelle. Les personnes visées sont les dirigeants de droit[471] et de fait[472], rémunérés ou non, associés ou

467 Art. 99 de la loi de 1967, devenu art. 180 de la loi du 25 janvier 1985.

468 Loi (dite) de sauvegarde des entreprises, n° 2005-845 du 26 juillet 2005.

469 Nous utiliserons les deux appellations indistinctivement.

470 NOR : JUSC0824839R, *JO* du 19 décembre 2008.

471 A été déclarée responsable en tant que personne morale dirigeante de droit la société administrateur d'une SA en liquidation judiciaire qui, par sa surface financière personnelle et celle de sa société mère, son poids économique, la hauteur de sa participation au capital et son rôle réel dans la marche de la SA, en était l'administrateur de référence (CA Paris, 22 nov. 1996, *RJDA* 1997, n° 280).

472 Le dirigeant de fait peut être défini comme celui qui exerce une activité positive et indépendante dans l'administration générale de la société (Cass. com., 9 mai 1978, *D.* 1979, 419, note VASSEUR ; RIVES-LANGES, *La notion de dirigeant de fait*, *D.* 1975, chron., 41 ; N. DEDESSUS/LE MOUSIER, 'La responsabilité du dirigeant de fait', *Rev. soc.* 1997, 499).
En cas de mise en redressement ou en liquidation judiciaire d'une société filiale, la société mère peut être condamnée à supporter tout ou partie des dettes de sa filiale si elle s'est comportée comme un dirigeant de fait de celle-ci : est dirigeant de fait la société mère qui s'était immiscée en toute liberté et indépendance dans la gestion de sa filiale en la soutenant sur les plans administratif, commercial et financier (CA Paris, 23 mai 1997, *RJDA* 1997, n° 1277) ; est aussi dirigeant de fait au sens de l'article L. 624-3 C. com. la société mère qui a été la seule maîtresse de la politique économique et financière de sa filiale (CA Paris, 15 janvier 1999, *RJDA* 1999, n° 488) ; il en va de même en ce qui concerne la société mère d'un groupe qui a contraint sa filiale à modifier ses comptes, changer de politique salariale, prélever de la trésorerie au profit d'autres sociétés du groupe et à procéder à sa liquidation amiable ainsi qu'à la fermeture de son établissement (Cass. com., 6 juin 2000, *RJDA* 2000, n° 868).

non, français et étrangers, les dirigeants personnes physiques et personnes morales voire les représentants permanents de personnes morales dirigeantes, art. L. 651-1 et s. C. com. Du fait que, à la différence du droit allemand, le dirigeant peut être une personne morale, cette fonction remplit en partie les fonction que le droit allemand a attribué au *Konzernrecht*.[473] En revanche, la responsabilité des dirigeants de droit de la société mère ne peut être recherchée par l'action en comblement du passif que lorsque ceux-ci ont commis des actes positifs de direction directement à l'égard des filiales qui iraient au-delà de leur activité au sein de la société mère.[474]

Concernant le lien de causalité entre la faute de gestion et l'insuffisance d'actif, il suffit que la faute ait contribué à l'insuffisance d'actif dans le sens d'une condition équivalente (théorie de l'équivalence des conditions).[475]

Quant à l'étendue de la responsabilité, le tribunal peut décider que le montant de l'insuffisance d'actif de la personne morale sera supporté, en tout ou en partie *selon son appréciation souveraine*, par tous les dirigeants de droit ou de fait avec ou sans solidarité.[476] Le tribunal peut même décider pour des raisons d'opportunité de ne pas condamner malgré les fautes commises. Les tribunaux jouissent ainsi d'une très grande liberté d'appréciation relative à l'étendue et même à l'opportunité de la condamnation laquelle présente peut-être des avantages[477] mais comporte certaine-

---

Notons cependant que le seul contrôle ne suffit pas pour faire de la société mère un dirigeant de fait de sa filiale, il faut en outre une action consistant en une directive donnée ou une décision prise (Cass. com., 26 octobre 1971, *Bull. civ.* IV n° 256 ; CA Paris, 7 mai 1975, *D.* 1975, somm. 121.

473 BAIERLIPP, *Die Haftung der Muttergesellschaft eines multinationalen Konzerns*, p. 252 ; EHRICKE, *Das abhängige Konzernunternehmen in der Insolvenz*, p. 531.

474 Cass. com., 2 novembre 2005, Rev. soc. 2006, 398 et s. (408 et s.), note D. PORACCHIA : « *Le fait pour une personne d'être administrateur* [...] *d'une société qui était elle-même dirigeant de fait de ses filiales, constituent des motifs impropres à établir que ces personnes avaient dirigé, en fait, chacune des filiales. Il est nécessaire d'établir des actes positifs de gestion effectués en toute indépendance* ». Autrement dit, la direction de fait d'une filiale ne peut se déduire de la seule qualité de dirigeant de droit de la société mère. Alors même que, dans les faits, les décisions de la société mère, y compris celles relatives à la direction des filiales, ont été prises par l'actionnaire majoritaire de la société mère, il reste que juridiquement, ces directions émanent de la société mère et non de son actionnaire. Cf. également la précision du Président de la Chambre commerciale de la Cour de cassation D. TRICOT, 'Direction de fait : un débat s'instaure', *Les Echos*, 3 mai 2006.

475 PEROCHON/BONHOMME, n° 570 ; Com., 21 juin 2005, *D.* 2005, 1850, obs. LIENHARD.

476 Cf. art. L. 651-2 al. 1er C. com.

477 En ce sens : PEROCHON/BONHOMME, n° 571.

ment aussi un certain risque d'arbitraire[478]. La limite de la condamnation est le montant de l'insuffisance d'actif, la condamnation pouvant être partielle ou totale mais non excédentaire.[479] Enfin, il semblerait que les tribunaux soient sensibles au comportement du dirigeant et modulent les condamnations qu'ils prononcent en fonction des constats qu'ils peuvent établir, sans aller pour autant à une condamnation systématique à la totalité.[480]

Le tribunal compétent pour connaître de cette action est en principe celui qui a prononcé la sauvegarde, le redressement ou la liquidation judiciaires de la personne morale.[481] Il est saisi par le mandataire judiciaire, le liquidateur ou le ministère public. Subsidiairement, dans l'intérêt collectif des créanciers, le tribunal peut également être saisi par les créanciers contrôleurs (catégorie de créanciers désignés par le juge-commissaire) lorsque le mandataire de justice ayant qualité pour agir n'a pas engagé l'action en responsabilité pour insuffisance d'actif, après une mise en demeure restée sans suite.[482]

Une dernière particularité est à signaler : les sommes versées par le ou les dirigeants condamnés ne sont affectées au patrimoine de la société que pour être ensuite *« réparties entre tous les créanciers au marc le franc »*[483], abstraction faite de tout droit de préférence.

b) L'obligation aux dettes sociales

133. Cette obligation est issue de la loi de sauvegarde des entreprises du 26 juillet 2005. Elle a été abrogée par l'Ordonnance du 18 décembre 2008[484] mais continue à s'appliquer aux procédures ouvertes avant le 15 février 2009[485]. En vertu des articles L. 652-1 à L. 652-5 C. com., il était possible, dans les mêmes conditions quant aux personnes que précédemment, de mettre dans une liquidation judiciaire à la charge des dirigeants

478 En ce sens : J.-P. SORTAIS, 'Les contours de l'action en comblement de l'insuffisance d'actif', *in* Mél. Bézard, 2002, p. 322.

479 Cass. com., 18 oct. 1982, *JCP* 1983, I, 11874, obs. CABRILLAC et VIVANT ; *Gaz. Pal* 1983, I, jurispr., 210, note DUPICHOT ; *RTD com.* 1984, 358, obs. SOINNE. – Cass. com., 21 janv. 2003 : Juris-Data n° 2003-017405 ; *Act. proc. coll.* 2003, comm. 77.

480 CREDA (Centre de recherche sur le droit des affaires de la Chambre de commerce et d'industrie de Paris), sous la dir. de A. SAYAG et H. SERBAT, *L'application du droit de la faillite, éléments pour un bilan,* Paris, Litec, 1982, p. 244.

481 D. n° 2005-1677, 28 déc. 2005, art. 316.

482 Art. L. 651-3 C. com. PEROCHON/BONHOMME, n° 563.

483 Art. L. 651-2, al. 3 C. com.

484 Art. 133 de l'Ordonnance.

485 Date d'entrée en vigueur de l'Ordonnance, cf. art. 173.

l'obligation de payer la totalité ou une partie des dettes sociales dès lors que ceux-ci ont commis des fautes particulièrement graves limitativement énumérées ayant contribué à la cessation des paiements.[486] Avant la réforme de 2005, certaines de ces fautes ouvraient la voie à une procédure de redressement et de liquidation judiciaire des dirigeants fautifs.[487] L'action en paiement des dettes sociales ne pouvait être cumulée avec une demande en comblement de passif.[488] Plus encore, au-delà du principe du non-cumul, dès lors qu'il se trouve en présence de l'un des cinq cas d'ouverture propres à l'obligation aux dettes sociales, le demandeur ne disposait que de l'action relative à l'obligation aux dettes sociales.[489]

L'action en paiement des dettes sociales ne présuppose pas l'insuffisance d'actif. Il suffit, au contraire, que la faute du dirigeant ait contribué à la cessation des paiements. La différence des actions à cet égard semble toutefois illusoire.[490] Le tribunal compétent est à nouveau celui qui a prononcé la sauvegarde, le redressement ou la liquidation judiciaires de la personne morale.

L'étendue de la responsabilité a fait l'objet de controverses. Pour certains, la condamnation en vertu de l'article L. 652-1 C. com. aurait une assiette très large, puisqu'elle concernerait l'ensemble des dettes de la personne morale alors que l'assiette de la condamnation issue d'une action en responsabilité pour insuffisance d'actif serait, quant à elle, beaucoup moins

486 En vertu de l'article L. 652-1 C. com, il s'agit des faits de :
1° Avoir disposé des biens de la personne morale comme des siens propres ;
2° Sous le couvert de la personne morale masquant ses agissements, avoir fait des actes de commerce dans un intérêt personnel ;
3° Avoir fait des biens ou du crédit de la personne morale un usage contraire à l'intérêt de celle-ci à des fins personnelles ou pour favoriser une autre personne morale ou entreprise dans laquelle il était intéressé directement ou indirectement ;
4° Avoir poursuivi abusivement, dans un intérêt personnel, une exploitation déficitaire qui ne pouvait conduire qu'à la cessation des paiements de la personne morale ;
5° Avoir détourné ou dissimulé tout ou partie de l'actif ou frauduleusement augmenté le passif de la personne morale.

487 Cf. *infra* 2 a).

488 Art. L. 652-1 C. com. *in fine.*

489 PEROCHON/BONHOMME, n° 575.

490 En ce sens : PEROCHON/BONHOMME, n° 575 ; P. LE CANNU, *Rev. soc.* 2005, chron., 743, n° 31 ; Ph. PETEL, 'Le nouveau droit des entreprises en difficultés', *JCP éd. E* 2005, 1509, n° 18.

lourde puisqu'elle ne s'étendrait qu'à l'insuffisance d'actif.[491] Pour d'autres auteurs, en plus grand nombre, une telle interprétation n'est pas admise au vu de termes pratiquement identiques des dispositions s'agissant du résultat des actions ; ils retiennent que, dans les deux cas, la condamnation est plafonnée au montant de l'insuffisance d'actif.[492] Cette dernière interprétation semble préférable dans la mesure où elle est conforme à la lettre claire de la loi. Surtout, comment justifierait-on en effet une condamnation à l'ensemble des dettes sociales, donc au paiement d'un montant entièrement dissocié de la gravité de la faute, à titre de sanction, dans un ordre juridique qui, à l'heure actuelle, ne connaît pas les *punitive damages* du droit américain ? En définitive, l'étendue de l'obligation aux dettes doit donc être identique à celle de l'action en responsabilité pour insuffisance d'actif : le montant de l'insuffisance d'actif.

Enfin, ici les sommes recouvrées entraient d'abord dans le patrimoine social avant d'être redistribuées aux créanciers « *selon l'ordre de leurs sûretés* » (art. L. 652-3 C. com.).

c) Différences et similitudes des deux actions

134. La nature des actions. L'action en responsabilité pour insuffisance d'actif et l'action en paiement des dettes sociales sont toutes deux des actions en responsabilité civile qui permettent de mettre tout ou partie du passif social à la charge de dirigeants ayant commis certaines fautes. Leur finalité première est, par conséquent, de nature réparatrice. D'ailleurs, la loi de 2005 parle bien de *responsabilité* et non de *sanction* afin de mettre en exergue l'aspect indemnitaire de ces actions.[493] Il reste qu'une certaine fonction de sanction ne peut être niée dès lors que les dirigeants sont largement tenus responsables par les tribunaux.[494] Mais une responsabilité civile, outre sa fonction réparatrice, n'a-t-elle pas toujours également une fonction de

491 Ch. HANNOUN, *JurisClasseur Commercial*, Fasc. 2905, n° 126 ; P.-M. LE CORRE, intervention, Colloque à la Cour de cassation, 2006, à consulter sur *http://www.courdecassation.fr* (5/6/2008), *idem*, *D.* 2005, chron., 2299, voit en outre dans l'obligation aux dettes sociales une forme de sanction des dirigeants tout comme c'était avant le cas de l'extension-sanction de l'ancien article L. 624-5 C. com.

492 PEROCHON/BONHOMME, n° 577 et s. ; Ph. PETEL, *JCP éd. E* 2005, 1509, n° 18 ; P. LE CANNU, *Rev. soc.* 2005, 743, n° 43 ; C. REGNAUT-MOUTIER, *chron. RPC* 2006, 159.

493 Cf. sur ce point les rapport HYEST, Sénat n° 335, p. 439 et rapport DE ROUX, AN n° 2095, p. 428.

494 À titre d'illustration, rappelons que le rapport HYEST, Sénat n° 355, p. 439 indique que le taux d'appel était de 48 % en 2002 en ce qui concerne l'action en comblement du passif.

prévention, puis de sanction afin d'influencer le comportement des individus dans le sens souhaité ?[495]

Les conditions. Les personnes visées sont identiques. Il en va de même en ce qui concerne les personnes admises à saisir le tribunal. Le lien de causalité, selon l'avis majoritaire des auteurs, n'est pas différent selon les actions. Il en va de même en ce qui concerne l'étendue de la responsabilité et l'étendue du pouvoir d'appréciation du juge alors même que les degrés de gravité des fautes commises diffèrent. Dans les deux cas, les créanciers de la personne morale débitrice ne deviennent pas personnellement créanciers des dirigeants fautifs puisque les sommes versées transitent d'abord par le patrimoine de la personne morale. Aucune des deux actions ne se cumule avec la responsabilité des dirigeants de l'article L. 225-251 C. com.[496] ou celle fondée sur les articles 1382 et s. C. civ.[497].[498] Force est de constater que ces actions se ressemblent à un point tel qu'il ne semble pas exister de réel *« espace pour l'action relative à l'obligation aux dettes sociales »*[499] de sorte qu' *« elles auraient dû fusionner »* parce qu'elle fait *« très largement double emploi avec elle »*[500].[501] C'est désormais chose faite avec l'Ordonnance du 18 décembre 2008 qui a simplement supprimé cette obligation aux dettes sociales.

495 En revanche, l'immense pouvoir d'appréciation des juridictions relatif non seulement au montant mais encore à l'opportunité de la condamnation ne nous paraît pas justifié. Le législateur de 2005 a choisi de conserver cette liberté d'appréciation dans le but, dit-il, « *d'éviter de déresponsabiliser* [...], *en laissant au juge toute la faculté d'apprécier les efforts des uns et des autres pour s'opposer à une erreur de gestion* ... » (ainsi, Rapport DE ROUX, AN n° 2095, p. 426). Est-ce dire que tous les autres systèmes de responsabilité civile (tels la responsabilité du fait des choses, du fait d'autrui, du fait personnel) sont « déresponabilisants » parce que le juge ne peut déterminer l'étendue de la responsabilité qu'en fonction du seul préjudice subi ?

496 Telle est d'abord la solution retenue en ce qui concerne la relation entre l'action en comblement du passif et la responsabilité des gérants d'une SARL fondée sur l'article L. 233-22 C. com. (Cass. com., 28 février 1995, *D.* 1995, p. 390 et s., note F. DERRIDA). La nature de la responsabilité des gérants fondée sur l'article L. 233-22 C. com. et celle des administrateurs de SA fondée sur l'article L. 225-251 C. com. étant identiques, il était logique d'étendre la même solution aux SA (Cass. com., 28 févr. 1995 et Cass. com., 20 juin 1995, *RJDA* 1995, n° 904).

497 En ce sens : PEROCHON/BONHOMME, n° 560-1.

498 Cass. com., 10 juin 1995, *JCP éd. E* 1995, I, 487 n° 15 ; Cass. com., 20 juin 2006, *Bull.* 152, (2 arrêts).

499 P. LE CANNU, *Rev. soc.* 2005, chron., 743 ; J.-L. VALLENS, *RLDA* sept. 2005, p. 13, n° 30 et s. ; *contra* : P.-M. LE CORRE, chron., séminaire Cass., 23 juin 2006.

500 PEROCHON/BONHOMME, n° 560-1, 565.

Exclusion. En raison de la suppression définitive de cette action et de sa similitude profonde avec l'action en responsabilité pour insuffisance d'actif, il ne sera plus question par la suite de l'action en paiement des dettes sociales, quand bien même elle s'appliquerait encore pour un certain temps aux procédures en cours.

2. *Les extensions de la procédure collective*

Le droit français connaissait deux manières d'étendre la procédure collective ouverte à l'encontre d'une personne morale. Celle qui a disparu était fondée sur l'article L. 624-5 C. com., celle qui subsiste est une création prétorienne que la loi est venue consacrée.

a) *Extension imparfaite de la procédure selon les anciens articles L. 624-4 et L. 624-5 C. com.*

135. Lorsque les dirigeants de fait ou de droit d'une société en redressement ou en liquidation judiciaire ont commis certains agissements prévus par l'article L. 624-5 C. com.[502] ou n'ont pas donné suite à la condamnation dont ils ont fait l'objet au titre de l'action en comblement du passif[503], les tribunaux pouvaient prononcer le redressement ou la liquidation judiciaires personnels de ces dirigeants. Il appartenait au tribunal compétent de *décider souverainement* d'ouvrir ou non une procédure collective à l'encontre des dirigeants.[504] Ces procédures étaient cependant distinctes de la procédure collective touchant la société elle-même. Mais elles étaient particulièrement graves : cette extension conduisait à la mise en redressement ou en liquidation immédiate de la société mère ; que celle-ci ait ou non les moyens de faire face au passif de la filiale, elle sera soumise à la procédure collective de paiement.[505]

On a vu qu'une société mère pouvait avoir la qualité de dirigeant de droit de ses filiales dès lors qu'elle est administrateur de celle-ci. De plus,

---

501 *contra* P.-M. LE CORRE, *op. cit.*, analyse l'action en paiement des dettes sociales comme une sanction et trouve ainsi une opposition tranchée avec la responsabilité pour insuffisance d'actif.

502 La rédaction de l'article L. 624-5 C. com. était identique à celle de l'art. L. 652-1 C. com. (avant son abrogation récente), cf. *supra.*

503 Art. L. 624-5 C. com.

504 En ce sens, sur la l'article 101 de la loi de 1967 qui est identique à l'article 624-5 C. com. : Cass. com. 11 avril 1975, *D.* 1975, somm., 112 ; Cass. com., 30 janvier 1979, *Bull. civ.* IV, n° 39 ; CA Aix-en-Provence, 2 juin 1978, *D.* 1979, IR, 5.

505 COZIAN/VIANDIER/DEBOISSY, n° 1359.

une société mère peut également revêtir la qualité de dirigeant de fait s'il est démontré qu'elle s'est immiscée dans la direction générale de la société filiale, situation courante, ou si la dépendance, financière, commerciale, administrative de la filiale est avérée.[506]

Ainsi, a été mis personnellement en redressement judiciaire le dirigeant d'une société ayant poursuivi abusivement une exploitation déficitaire car, bien que ne percevant aucune rémunération de la société, l'intéressé avait un intérêt personnel à la poursuite de l'activité en raison des rémunérations que la société versait à une autre société qu'il contrôlait majoritairement.[507] A également été mis en redressement judiciaire le dirigeant d'une société, créée par scission partielle d'une SA appartenant à un groupe afin de recueillir une partie des dettes d'autres sociétés de ce groupe, dès lors que ce dirigeant avait un intérêt personnel au transfert du passif des différentes sociétés du groupe sur la seule d'entre elles qui était vouée au dépôt de bilan puisque la cession envisagée des autres sociétés lui était profitable en tant qu'associé de celles-ci.[508]

Ces actions ont été supprimées avec la loi du 26 juillet 2005 du fait de la suppression systématique des extensions-sanctions. Elles ont été en partie remplacées par l'obligation aux dettes sociales étudiée *supra.*

b) Extension complète de la procédure en cas de fictivité et de confusion de patrimoines

136. Lorsque, au sein d'un même groupe, la société mère ou l'une des filiales est reconnue en état de cessation des paiements, les tribunaux peuvent, le cas échéant, prononcer le redressement ou la liquidation judiciaire non seulement de cette société, mais aussi d'autres sociétés du groupe dès lors qu'ils constatent une confusion de patrimoines entre les sociétés[509] ou la fictivité[510] de la société en cause.

506 Cass. com., 6 juin 2000, *RJDA* 2000, n° 868 (société filiale dépourvue d'autonomie, contrainte par la société mère de modifier ses comptes, de verser ses excédents de trésorerie à d'autres sociétés du groupe, de fermer son établissement).

507 Cass. com., 6 juillet 1999, n° 1341, inédit.

508 Cass. com., 14 nov. 2000, *RJDA* 2001, n° 348.

509 Cf. *supra* n° 128 ; Cass. com., 8 février 1994, *Bull. Joly* 194, 394 : Une procédure unique de liquidation a été ouverte à l'encontre de quatre sociétés dont le gérant commun avait, sous couvert de ces sociétés, poursuivi, en se servant de cadres juridiques différents mais fictifs, la même activité commerciale sans qu'il soit nécessaire de prouver, outre la fictivité des sociétés, la confusion de leurs patrimoines.

510 Cf. *supra* n° 129.

Ces exceptions doivent cependant être caractérisées et ne jouent pas de manière automatique à partir du moment où il existe un groupe de sociétés. Ainsi, le rapport de société mère à filiale ou de sœur à sœur est insuffisant pour que la faillite de l'une emporte la faillite de l'autre.[511] La Cour de cassation veille fermement au respect des critères de l'extension[512] : s'agissant de la confusion de patrimoine, doivent exister entre les deux entités une anormalité des flux financiers et des relations financières[513] ou une imbrication des patrimoines, tandis que la fictivité suppose que l'une des entités est une société de façade.[514]

Plusieurs remarques d'ordre procédural s'imposent. D'abord, la Cour de cassation a précisé que les créanciers ne peuvent demander l'extension d'une procédure collective d'une société à une autre.[515] Seuls peuvent faire cette demande la société débitrice, le ministère public, l'administrateur judiciaire, le liquidateur judiciaire ou le représentant des créanciers (devenu le mandataire judiciaire). Ensuite, il n'est pas nécessaire, en cas d'extension de la liquidation judiciaire d'une société à une autre pour confusion de patrimoines, de rechercher si la société à laquelle la liquidation est étendue se trouve en état de cessation des paiements.[516] Contrairement à l'action en responsabilité pour insuffisance d'actif et l'action en paiement des dettes

511 La Cour d'appel de Douai, dans un arrêt remarquable du 2 octobre 2003 (*RJDA* 2004, n° 730), a pu juger que *« l'organisation d'un groupe est susceptible de faire apparaître un intérêt collectif, qualifié d'intérêt de groupe, distinct de l'intérêt propre de ses composantes et que le rôle d'une société mère peut consister à exercer, régulièrement, un contrôle sur ses filiales pour assurer la cohérence économique de l'ensemble par la coordination des stratégies mises en œuvre ; dès lors, la seule interdépendance économique des sociétés d'un groupe, dont certaines fonctions, notamment comptables ou administratives, sont centralisées afin de les optimiser ou de les harmoniser, ne suffit pas à fonder l'extension de la procédure collective ouverte à l'encontre de l'une d'elles et il en est de même de l'identité des dirigeants ; toutefois, la mise en commun des moyens, et la subordination à l'intérêt du groupe des intérêts des sociétés le composant, ne doit pas dépasser le degré d'organisation inhérent à un tel ensemble économique et les sociétés contrôlées doivent conserver la maîtrise des fonctions essentielles à leur autonomie »*.

512 En dernier lieu, cf. les affaires *AOM Liberté* et *Metaleurop* : Cass. com., 10 janvier 2006, *Rev. soc.* 2006, 629, note Ph. ROUSSEL GALLE ; Cass. com., 19 avril 2005, *D.* 2005, 1225, obs. A. LIENHARD.

513 Sur la notion de normalité et d'anormalité en matière de groupe de sociétés dans le cadre de l'article L. 621-2 C. com., cf. spécialement B. GRELON/C. DESSUS-LARRIVE, *Rev. soc.* 2006, 281 (291 et s.).

514 D. TRICOT, 'La confusion des patrimoines et les procédures collectives', *Rapp. Cour de Cassation 1997*, p. 165.

515 Cass. com. 15 mai 2001, n° 950, *RJDA* 2001, n° 990.

516 Cass. com., 11 octobre 1994, *RJDA* 1995, n° 200 ; Cass. com., 3 avril 2001 n° 719, *RJDA* 2001, n° 874 ; Cass. com., 7 janvier 2003 n° 38, *RJDA* 2003, n° 609.

sociales où l'action ouvre une procédure distincte, la première procédure est ici étendue à la seconde unité de sorte qu'il y a une **unité de procédure**.

La confusion de patrimoines et la fictivité ont fait l'objet d'une consécration législative par la loi de sauvegarde des entreprises du 26 juillet 2005 et figurent désormais à l'article L. 621-2, al. 2 C. com. relatif à la procédure de sauvegarde.

CONCLUSION DU TITRE 1

137. Le système de l'organisation juridique du groupe. La différenciation du droit allemand en groupes contractuels, groupes de fait simples et qualifiés est inconnue en droit français. En France, il importe seulement de savoir si la relation de groupe existe ou non. La structure concrète du groupe n'est pas prise en compte et il n'y a donc pas, à l'inverse du droit allemand, une différenciation des conséquences juridiques en fonction du type ou de l'organisation du groupe (groupes contractuels ou de fait).

138. La protection des actionnaires externes est équivalente en droit français et en droit allemand dans le cadre des sociétés cotées, à la différence près que les offres deviennent obligatoires plus tôt en droit allemand qu'en droit français.[517] Ainsi, l'offre publique de retrait trouve son équivalent dans l'*Andienungsrecht* et la procédure de garantie de cours correspond à la prorogation du délai de l'offre.

En revanche, le droit allemand semble plus protecteur dans le cadre des sociétés dont les actions ne sont pas admises à la négociation sur un marché réglementé puisque les mécanismes de l'allocation compensatrice et de l'indemnité de retrait intervenant dans les groupes contractuels sont absents en droit français. La protection des actionnaires doit cependant être considérée comme étant équivalente pour ce qui est des groupes de fait.

Quant à la **protection des créanciers de la filiale**, force est de constater que la responsabilité de la société mère repose, en droit français, sur les fondements généraux du droit civil, du droit des sociétés et du droit des procédures collectives alors que le droit allemand tente de protéger les créanciers par des mécanismes propres (mise à disposition de sûretés, obligation des compensation des pertes dans les groupes contractuels et les groupes de fait qualifiés ainsi que la responsabilité quasi-directe[518] du § 309

517 L'offre est obligatoire en droit allemand dès lors que l'offrant détient 30 % des droits de vote et non 75 % des titres ou droits de vote de la société cible comme c'est le cas en droit français. Cette différence s'explique par la marge de manœuvre large laissée aux États membres dans la transposition de la directive OPA en vertu de l'article 5-3.

518 La responsabilité est quasi-directe car le droit à réparation ou à compensation individuelle, selon les cas, appartient en principe à la société dépendante. Ce est seulement si

al. 4 phr. 3 dans tous les types de groupe). Il est frappant de constater que, contrairement au droit allemand, le système français de responsabilité est organisé principalement par le droit des procédures collectives et subit l'influence de ses particularités. Ainsi, le droit français n'attache pas de conséquences juridiques au fait, pour une société, d'appartenir, en tant que société dépendante, à un groupe de sociétés. Les exceptions existantes sont rarement appliquées par les tribunaux. La dépendance importe principalement dans le cadre des procédures collectives, même si là aussi le comportement de la société mère est décisif (cf. action en responsabilité pour insuffisance d'actif ainsi que les possibilités d'extension de la procédure collective) et non la structure de groupe. La responsabilité de la société mère signifie, en droit français, que la société mère devra payer un montant déterminé souverainement au cas par cas par le juge du fait pour renforcer la solvabilité de la société dépendante et non le montant du dommage ou de l'inconvénient réellement subi.

Le système français de la réparation au cas par cas a comme motif récurrent l'abus : que l'on songe à l'abus de majorité, la fictivité et la confusion des patrimoines. En droit allemand, la compensation individuelle est le *leitmotiv* de la réglementation légale des §§ 311 et 317 AktG du groupe de fait impliquant une *AG*. Dans le groupe comprenant une *GmbH* en tant que société dépendante, l'interdiction de porter atteinte à la société tirée du devoir de fidélité remplit la même fonction. En rapprochant ce devoir de fidélité de l'abus de majorité du droit français, on constate que, fonctionnellement, les deux visent la même chose, soit la remise en l'état antérieur à l'intervention nocive. Une différence de taille subsiste cependant : alors que l'abus de majorité n'est conçu que pour résoudre des litiges internes, les §§ 317 al. 4 et 309 al. 4 (appliqués, au besoin, de manière analogues) permettent la mise en cause de la société mère par les créanciers directement.

139. Force est de constater que, différents par leur origine et leur structure, le droit français et le droit allemand des groupes le sont aussi en ce qui concerne le moment de l'intervention des règles protectrices de la filiale, des actionnaires externes et des créanciers. En effet, alors que le droit allemand tend généralement à intervenir *a priori* en matière de groupes de droit et du moins rapidement en matière de groupes de fait afin de compenser les inconvénients ou de réparer les dommages subis, le droit français a ten

---

cette dernière ne met pas en œuvre l'action en responsabilité et ne peut payer les créanciers que ceux-ci peuvent mettre en œuvre l'action à leur propre profit.

dance à assurer la protection des intérêts par la voie du droit des procédures collectives, intervenant donc *a posteriori* et bien après les faits.

Après l'étude de la notion de groupe de sociétés en droit matériel français et allemand qui a démontré l'existence de nombreuses différences, il convient de s'intéresser à la notion de groupe de sociétés en droit international privé.

Titre 2
La notion de groupe de sociétés en droit international privé

140. Il a été soulevé en doctrine que le groupe de sociétés pourrait se voir appliquer une seule loi et ce, afin de traduire la réalité économique de celui-ci. Une analyse rigoureuse montre cependant qu'un tel dessein relève de l'utopie juridique. Au contraire, le groupe de sociétés revêt un statut pluraliste de sorte qu'il faudra déterminer de quelle manière les sociétés membres du groupe seront rattachées. Il s'ensuit qu'il est indispensable de rappeler – et au besoin de rectifier – certains principes de résolution du conflit de lois en matière sociétaire.

Chapitre 1 Le rattachement du groupe de sociétés : un statut pluraliste

Le statut juridique d'ensemble des groupes de sociétés est un mythe relativement tenace qu'il convient de dissiper. Cependant, si un tel statut unitaire n'existe pas, se posera en deuxième lieu la question de savoir par quels éléments de rattachement les relations que les sociétés membres de groupes nouent entre elles peuvent être régies.

Section 1 Le statut unitaire du groupe de sociétés en droit international privé – un mythe

141. Le groupe de sociétés se présente comme un ensemble composé de plusieurs sociétés autonomes mais unies par des liens divers intégrateurs et unificateurs. Ainsi, économiquement, le groupe apparaît comme une unité qu'il s'agira de traduire en entité juridique si l'on tient à respecter la réalité économique. Tel est l'objectif de l'approche unitaire en droit international privé des sociétés. Nous verrons, cependant, que l'exercice n'est pas aisé juridiquement. Il reste que, d'une manière davantage pratique que théorique, l'unité économique du groupe international de sociétés sera parfois prise en compte par la pratique lorsque cela s'avère utile aux yeux de ceux qui y procèdent : tel est le cas en matière de clause compromissoire en droit de l'arbitrage international ainsi que de manière ponctuelle en droit communautaire de la concurrence. Cependant, l'inopportunité de la conception unitaire tant économique que juridique mènera finalement au rejet du statut unitaire du groupe en droit international privé.

§ 1) L'approche unitaire des groupes de sociétés en droit international privé des sociétés

Rendre compte en droit de la réalité économique du groupe de sociétés est une entreprise qui peut s'avérer difficile à réaliser en raison des disparités qui existent entre le concept économique et l'appréhension juridique du groupe. Notamment, la traduction du groupe en droit international se heurte à des obstacles inhérents à la méthode conflictuelle que met en œuvre le droit international privé.

A. La difficile traduction de la réalité économique unitaire du groupe de sociétés en droit

Le groupe de sociétés est un phénomène difficile à appréhender par les juristes tant son unité économique ne s'accompagne guère *a priori* d'une unité juridique. Il en résulte un certain malaise lorsqu'il s'agit de le définir juridiquement. Cela n'empêche cependant pas de rechercher un statut juridique au groupe de sociétés, que ce soit sur le plan national ou international.

1. Unité économique et pluralité juridique des groupes de sociétés

142. L'enjeu de toute définition juridique est de saisir l'objet de la définition dans toute son ampleur. La définition juridique du groupe de sociétés se heurte au fait que ce vocable est issu, sinon du langage courant, du langage économique et qu'il ne correspond pas, loin s'en faut, à une quelconque acception juridique. En effet, le groupe de sociétés, comme la définition sommaire donnée en guise d'introduction le démontre, est composé de sociétés autonomes qui, seules, font l'objet d'une réglementation légale précise en droit positif français à l'exclusion du groupe lui-même. Partant, les liens qui unissent ces sociétés, et en font un groupe, ne sont pas davantage perçus juridiquement sauf exceptions, par exemple en droit comptable. Il peut être intéressant par conséquent de se demander dans quelle mesure le droit allemand qui, quant à lui, connaît une réglementation de la matière depuis longtemps pourrait apporter des éléments de réponse utiles au débat.

a) La définition économique du groupe de sociétés et les réglementations des groupes de sociétés en France et en Allemagne

143. Le droit français ne connaît pas de réglementation d'ensemble en matière de groupes de sociétés. Aucune des tentatives d'y parvenir n'a abouti.[1]

Nous savons que le droit allemand des groupes de sociétés ne consacre pas la notion de « groupe de sociétés » (*Konzern*) elle-même mais définit des notions qui acheminent vers elle.[2] Ce faisant, la loi cerne l'essence du groupe qui est la suivante : la mise en œuvre du contrôle par l'exercice d'une direction unique du groupe par l'entreprise dominante.[3] Mais est-ce dire pour autant que le groupe de sociétés bénéficie d'un statut en droit allemand ? Il semble que la réponse doit être négative tant le droit allemand ne confère pas la personnalité morale au groupe en tant qu'entité juridique. En effet, toutes les sociétés membres du groupe restent autonomes juridiquement, d'où également l'appellation préférable de « *verbundene Unternehmen* » (entreprises liées) à celle de groupe. Le groupe n'est donc pas un sujet de droit. Ce sont uniquement les entreprises dominantes qui sont visées par la réglementation. Partant, en ce qui concerne le statut du groupe en droit international privé allemand, s'étant donné une législation complète des groupes, le législateur allemand a dû en définir le domaine d'application international. S'il l'a fait dans un certain nombre de dispositions de fond de l'*Aktiengesetz*, il ne l'a nullement fait de manière exhaustive en établissant un statut international du groupe. Au contraire, le règlement du conflit des lois est composé, soit, de règles expresses de la loi, soit, et surtout, des principes qui s'en induisent.[4] Ces principes découlent de l'objectif de la législation même qui est la protection des intérêts que le contrôle lèse ou pourrait léser. Et ces intérêts ont tous leur point d'attache dans la société contrôlée. Autrement dit, il s'agit de règles unilatérales en ce sens qu'elles ne régissent que la protection de sociétés ou entreprises allemandes (désignées comme ayant leur siège « à l'intérieur », c'est-à-dire sur le territoire de la RFA, selon les termes du § 319, al. 1er, phrase 1 AktG) contre le préjudice réel ou hypothétique de contrôle, et non l'exercice du contrôle par des sociétés ou entreprises allemandes sur des sociétés ou entreprises étrangères.

1 Voir en ce sens les nombreuses propositions de loi déposées à l'Assemblée nationale par le député COUSTE.

2 R. SINAY, 'Vers un droit des groupes de sociétés (L'initiative allemande et le marché commun)', *Gaz. Pal.* 1976, 70 ; cf. *supra* n° 34 et s.

3 *Ausübung einer einheitlichen Leitungsmacht durch ein herrschendes Unternehmen.*

4 En ce sens : R. SINAY, *Gaz. Pal.* 1976, 70 (83).

Nous constatons dès lors que le droit allemand, malgré la réglementation minutieuse du groupe de sociétés et la rigueur qui est la sienne, n'a pas jugé nécessaire de définir le groupe de sociétés, ni *a fortiori* de lui conférer un statut, une autonomie juridique par rapport aux sociétés qui le composent. Il en résulte que le droit allemand n'est d'aucun recours pour traduire l'approche économique unitaire du groupe de sociétés en droit (international).

b) Le problème de la transposition du concept économique en droit international privé

144. Les rapports de domination incitent à appréhender juridiquement le groupe de sociétés comme un tout autonome par rapport à chaque société qui le compose. Une telle analyse s'avère cependant complexe lorsque les sociétés composant le groupe ne sont pas implantées sur le même territoire national.[5] Du point de vue du droit international privé, le problème fondamental reste entier : comment appréhender l'unité du groupe international de sociétés dès lors que les sociétés composant le groupe dépendent chacune d'une loi différente ? Retranscrire juridiquement l'unité du groupe ou l'ensemble des liens unissant les sociétés implique qu'une seule loi ait vocation à s'appliquer. La loi la plus adéquate semble, de prime abord, être de ce point de vue la loi du siège de la société dominante.[6] Pour dépasser les conflits de lois dus au rattachement de chacune des sociétés à un pays déterminé, pour tenter d'appliquer une loi unique au groupe de sociétés – une *lex concilii societatium* [7] –, plusieurs idées ont été avancées.

2. Les instruments permettant de saisir le groupe de sociétés en son centre – les critères de rattachement de la lex concilii societatium

En vue d'une solution unique résolvant l'ensemble des problèmes du groupe international de sociétés, plusieurs critères de rattachement ont été proposés.

5 A. Couret, 'Les groupes multinationaux – filiales et succursales', *in* Beguin/Menjucq, *Droit du commerce international*, p. 233 et s., 261.

6 Ch. Hannoun, *Le droit et le groupe de sociétés*, Paris, L.G.D.J., 1991, p. 261 ; H. Synvet, *L'organisation juridique du groupe international de sociétés*, t. 1, p. 66.

7 Terme latin que nous proposons. Il signifie : « loi du groupe de sociétés ».

a) Le critère de la nationalité du groupe de sociétés

145. Selon certains, il faudrait s'attacher à la nationalité de la personne morale afin de savoir quelle loi il convient de lui appliquer.[8] On a pu se demander alors s'il n'était pas possible de déduire de l'existence d'un pouvoir de direction à l'intérieur du groupe de sociétés l'attribution d'une nationalité commune à toutes les sociétés membres. Cela a pour conséquence que si les sociétés appartenant à un groupe sont dotées d'une nationalité identique, le droit appelé à les gouverner devrait lui-même être unique.[9] De cette manière, toutes les sociétés du groupe sauf une, la société mère, seraient soumises à une nationalité étrangère par rapport au lieu de leur implantation.

Selon les adeptes de ce critère, le terme de nationalité des sociétés recouvre deux notions fort différentes : ce critère serait non seulement l'élément déterminant de la condition des sociétés en droit international, c'est-à-dire la jouissance des droits et l'exercice des obligations de la personne morale, mais aussi le critère de rattachement de la loi applicable aux sociétés, c'est-à-dire les règles gouvernant le fonctionnement des sociétés, soit la *lex societatis*.[10] Appliqué au groupe de sociétés, cela signifierait que la filiale d'un groupe étranger verrait sa *lex societatis* dépendre de la loi nationale de la société mère. En conséquence, dès lors qu'une société constituée conformément à la loi d'un État passerait sous la direction d'une société étrangère par les mécanismes propres au groupe de sociétés, sa *lex societatis* changerait, ce qui implique la mise en cause de sa constitution si les exigences en la matière ne sont pas partagées par la loi de la filiale et celle de la société mère. La conséquence en serait soit l'annulation de la société, soit une grande complexité dans son fonctionnement.[11] Un tel effet ne peut être voulu. Aussi, les difficultés spécifiques du groupe en ce qui concerne sa nationalité proviennent du fait que le groupe a des liens étroits avec trop de pays à la fois. Or, la notion de nationalité repose sur l'exclusivité des liens

8 Telle est du moins au demeurant l'analyse faite par Henri BATIFFOL et Paul LAGARDE, *Traité de droit international privé*, Paris, L.G.D.J., 2e éd., 1993, n° 192 selon laquelle la notion de nationalité et celle de siège social seraient devenues des synonymes aux yeux du législateur. Pour une analyse de la situation actuelle du débat en doctrine et en jurisprudence, cf. *infra*.

9 H. SYNVET, *L'organisation juridique du groupe international de sociétés*, t. 1, p. 66.

10 J.-P. LABORDE, 'Droit international privé et groupes internationaux de sociétés : une mise à l'épreuve réciproque', *Mélanges Derruppé, Les activités et les biens de l'entreprise,* Litec 1991, p. 49-61 ; Jean-Pierre CALON, 'La société internationale, éléments d'une théorie générale', *JDI* 1961, 696-698 ; B. AUDIT, *Droit international privé*, n° 1105 et s.

11 H. SYNVET, *L'organisation juridique du groupe international de sociétés*, t. 1, p. 71.

rattachant une personne à une communauté territoriale. Comme le caractère incontesté du groupe de sociétés est le manque de liens exclusifs avec un seul pays, la notion de nationalité ne lui est pas adaptée.[12]

Cette approche suppose, en outre, de considérer que la nationalité des sociétés constitue le critère de rattachement des sociétés en matière de conflit de lois. Or, cette analyse, à dire vrai, est erronée et n'est plus partagée ni par la doctrine majoritaire[13], ni par la jurisprudence[14]. Surtout, cette approche est contraire aux textes-mêmes du Code civil et du Code de commerce. On y reviendra.[15] C'est la raison pour laquelle il nous semble juste d'abandonner la nationalité comme critère de rattachement des sociétés. Aussi, il apparaît rapidement que la nationalité comme critère de rattachement, déjà s'agissant des sociétés prises individuellement, n'est pas davantage apte à exercer cette fonction en ce qui concerne le groupe de sociétés à plus forte raison.

Si l'on s'en tient par conséquent au siège social de la société mère pour déterminer la loi applicable au groupe, encore est-il cependant nécessaire de déterminer la société mère du groupe. Aussi, le critère du contrôle et celui du centre de décision furent proposés en doctrine.

b) Le critère du contrôle

146. Les tenants de cette conception font valoir que les filiales sont des fidèles exécutants des décisions de leur société mère, dont il serait naturel d'étendre la loi applicable à l'ensemble des sociétés du groupe.[16] Est donc

12 A. A. FATOUROS, 'Problèmes et méthodes d'une réglementation des entreprises multinationales', *JDI* 1974, 506-507.

13 M. MENJUCQ, *Droit international et européen des sociétés*, Paris, éd. Montchrestien, coll. Précis Domat droit privé, 2001, p. 42 (« *Il est préférable d'éviter de s'encombrer du concept de nationalité des sociétés pour déterminer la* lex societatis ») ; P. MAYER/V. HEUZE, *Droit international privé*, 8e éd., Montchrestien, coll. Domat droit privé, 2004, n° 1031 ; H. SYNVET, *L'organisation juridique du groupe international de sociétés*, t. 1, p. 154 et s ; *contra* cependant : B. AUDIT, *op. cit.*, n° 1113.

14 TC, 23 novembre 1959, *Dalloz* 1960, 224 et s., note R. SAVATIER ; *Revue critique de droit international privé* 1960, 180 et s., note Y. LOUSSOUARN ; Cass. civ 1ère, 8 décembre 1998, *Rev. crit. DIP* 1999, 284 et s., note M. MENJUCQ.

15 Cf. *infra* n° 177.

16 J.-P. LABORDE, 'Droit international privé et groupes internationaux de sociétés : une mise à l'épreuve réciproque', *Mélanges Derruppé, Les activités et les biens de l'entreprise,* Litec 1991, p. 53.

recherchée derrière l'organigramme des participations dans le capital la réalité psychologique du pouvoir.[17]

Les tribunaux français eurent l'occasion, dès la première guerre mondiale, de mettre en avant le critère du contrôle afin de découvrir derrière le vêtement juridique français les intérêts étrangers qui s'y cachaient. Ce critère prend en considération la nationalité des associés majoritaires ou des dirigeants, voire celui du centre d'exploitation qui est le lieu où se développe l'activité principale de la société.[18]

Cependant, la guerre terminée, la jurisprudence revint au critère du siège social réel.[19] La notion de contrôle se révèle en effet ambiguë en ce qu'elle mêle constamment deux phénomènes :

> *« celui du contrôle d'une société par des individus étrangers qui ne pose en somme que des problèmes limités à des domaines très particuliers ou à des périodes particulières (guerre) et celui du contrôle d'une société par une autre société étrangère qui, lui, pose un problème permanent d'une toute autre nature »*[20].

De surcroît, le critère du contrôle est particulièrement difficile à mettre en œuvre. Concernant les sociétés indépendantes d'abord, il est possible à cet égard d'hésiter entre la nationalité des associés et des dirigeants dès lors qu'elle est différente selon les hypothèses, de douter de l'établissement certain des titulaires d'actions dès lors que celles-ci sont au porteur. Concernant les groupes de sociétés ensuite, il ne suffirait pas de prendre en compte la nationalité de la société mère mais il faudrait rechercher, au-delà de la société mère, la nationalité des personnes physiques qui la dirigent ou en possèdent la majorité des titres ce qui, bien sûr, s'avère infaisable en pratique.[21]

c) Le critère du centre de décision

147. Pour tenir compte des critiques adressées au critère du contrôle, il a été proposé de se référer au centre de décision étant défini comme *« le lieu*

17 H. SYNVET, *L'organisation juridique du groupe international de sociétés*, t. 1, p. 85 et s.

18 Req., 12 mai 1931, *Remington Typewriter*, *S.* 1932, International, 57, obs. NIBOYET ; Req., 24 décembre 1929, *Soie artificielle de Calais*, *S.* 1929, International, 121, commentaire NIBOYET.

19 Charles LEBEN, *in* Cl. LAZARUS/Ch. LEBEN/A. LYON-CAEN/B. VERDIER, *op. cit.*, p. 192.

20 *Ibid.*, p. 218.

21 H. SYNVET, *L'organisation juridique du groupe international de sociétés*, t. 1, p. 75-76.

d'où partent toutes les initiatives de l'activité sociale et économique du groupe » ou encore *« le milieu politique, juridique et économique dans lequel sont définies les grandes lignes de leurs actions »* (des filiales).[22] Le principal promoteur de ce critère censé traduire le pouvoir de direction exercé à l'intérieur du groupe de sociétés est B. GOLDMAN qui prend cependant pour point de départ la notion de nationalité des sociétés.

Le centre de décision qui cherche à saisir l'effectivité d'une relation de domination d'une société sur une ou plusieurs autres sociétés est un critère intellectuel. Il fait figure de critère unique de détermination de la nationalité, selon GOLDMAN, et est destiné à remplacer tant le siège réel que le contrôle. Il apparaît cependant justement comme un critère de rattachement tenant à la fois du siège réel et du contrôle selon que la société est isolée ou membre d'un groupe.[23] En effet, dans le premier cas, le centre de décision se confond avec le siège social. Ce n'est qu'en ce qui concerne le groupe international de sociétés qu'il y a divergence entre les deux critères. Le critère du centre d'intérêt conduit en effet à refuser à la filiale la nationalité de l'État où son siège est fixé, et à lui conférer en échange celle de la société dont elle reçoit les directives.[24] Mais alors on ne voit pas en quoi le centre de décision se distinguerait du critère du contrôle mis à part le fait qu'il ne tient pas compte de la domination exercée sur une société par des personnes physiques[25].

Le recours à la localisation du centre de décision pour l'attribution de la nationalité présente néanmoins certains avantages, notamment celui d'aboutir à une solution nuancée en ce qu'il opère dans les deux sens. En effet, si le centre de décision se situe au lieu où délibèrent les organes de la société mère, c'est la nationalité de ce pays qui devrait être attribuée aux filiales, même installées à l'étranger ; si, au contraire, la filiale semble pouvoir développer une politique au moins relativement autonome, c'est-à-dire poursuivre dans toute la mesure du possible son intérêt économique personnel, elle mériterait de se voir reconnaître la nationalité de son siège.[26]

22 B. GOLDMAN, 'La nationalité des sociétés dans la communauté économique européenne', *Travaux du comité français de droit international privé*, 1966-69, Dalloz, 1970, p. 245 ; *idem*, *Cours de droit du commerce international*, Paris 1970-1971, notamment p. 98 ainsi que p. 159 et s.

23 M. MENJUCQ, *Droit international et européen des sociétés,* p. 27 ; H. SYNVET, *L'organisation juridique du groupe international de sociétés*, t. 1, n 33.

24 B. GOLDMAN, *Travaux du comité français de droit international privé*, 1966-69, p. 242.

25 H. SYNVET, *L'organisation juridique du groupe international de sociétés*, t. 1, n° 33.

26 J.-P. LABORDE, *op. cit.*, p. 54.

Les limites de ce critère de rattachement apparaissent cependant rapidement. En effet, la géométrie du groupe n'est pas statique mais évolutive. D'abord, les centres de décision au sein d'un même groupe sont de plus en plus déconcentrés, ne correspondant pas nécessairement à un lieu unique. Aussi, une société mère n'est parfois localisée dans un pays que pour des raisons fiscales ou juridiques, alors que les décisions adoptées pour l'ensemble du groupe sont prises par les organes de gestion d'une société apparaissant comme une simple filiale. Ensuite, le centre de décision est difficile à saisir dès lors que les relations entre sociétés intégrées ne sont pas uniquement fondées sur des participations en capital mais également sur la simple possibilité de désigner les dirigeants des filiales ou encore des éléments beaucoup plus diffus et de ce fait difficilement localisables, tels que les contrats de partenariat, des cessions de droits de propriété intellectuelle, des contrats de distribution et autres.[27] La chaîne des participations ne révèle pas nécessairement la hiérarchie réelle du pouvoir dans le groupe.[28] Puis, il ne faut pas oublier que la modification des liens de capitaux à la suite de prises de contrôle modifierait le rattachement juridique des filiales auquel, même dans le cadre européen, elles ne survivraient guère.[29] Enfin, les filiales peuvent se présenter sous la forme d'entreprises communes de plusieurs sociétés à la fois qui se partagent leur capital et dont on serait bien en peine de déterminer le centre de décision.[30]

Outre la difficulté de trouver un critère de rattachement adéquat pour déterminer la *lex concilii societatium*, la mise en œuvre du critère à travers la méthode conflictuelle du droit international privé se heurte à des obstacles plus importants encore.

B. *Les obstacles inhérents à la méthode conflictuelle justifiant le refus de l'approche unitaire du groupe de sociétés en droit international privé*

148. Soumettre, comme le veut l'approche unitaire, le groupe international de sociétés à une loi unique, celle de la société mère, par l'application d'une règle de conflit unique (pouvant par exemple être libellée ainsi : « Le groupe est régi par la loi du lieu du siège (réel) de la société mère ») suppose premièrement que le critère de rattachement qu'est, selon toutes les accep-

27 A. Couret, *op. cit.*, n° 707, p. 264.

28 M. Menjucq, *Droit international et européen des sociétés*, p. 263-264.

29 M. Menjucq, *Droit international et européen des sociétés*, p. 262.

30 Ch. Leben, *op. cit.*, p. 220.

tions, la nationalité de la société mère, soit définie, deuxièmement, que le groupe soit un sujet de droit et, troisièmement, que la loi applicable ainsi désignée contienne une réglementation sur les groupes de sociétés. Or, tous ces éléments de la règle de conflit semblent incertains.

1. *L'indétermination du critère de rattachement*

149. Il faut, en premier lieu, que le critère de rattachement, en l'occurrence, la nationalité de la société mère, soit clairement défini. Il apparaît cependant que la définition du critère de rattachement utilisé dans l'approche unitaire pose problème dans un certain nombre d'hypothèses en ce qu'elle peut faire l'objet d'hésitations de nature à nuire à la stabilité du critère de rattachement.

Ainsi, le juge saisi sera amené à se demander ce qu'il faut entendre par société mère. Notons d'emblée que le raisonnement qui va suivre vaut également si l'on pose la question en termes non de société mère mais de centre de décision, de contrôle ou autres critères de rattachement.

Si le concept de la nationalité de la société mère retenu comme élément de rattachement par la règle de conflit existe dans le droit interne du juge, il convient de résoudre ce problème d'interprétation par référence au système juridique de l'auteur de la règle, soit le for, et il est permis de supposer que son contenu est identique en droit international privé.[31] Si, au contraire, le droit du for est muet à cet égard, ce qui sera *a priori* le cas dans tous les ordres juridiques qui ne connaissent pas une réglementation globale sur les groupes de sociétés, le problème est plus délicat. D'aucuns pensent qu'il convient alors de dégager une solution particulière en fonction de son opportunité.[32] Cette idée se heurte pourtant au fait qu'en permettant à chaque juge de dégager lui-même sa propre conception du critère de rattachement, celui-ci variera en fonction du juge saisi et entraînera par là même une variation de la loi applicable au groupe. Mais, au fond, quand bien même la loi du for contiendrait des indications sur la définition du critère de rattachement, rien ne permet de penser que la conception retenue par cette loi sera partagée par l'ensemble des lois qui sont en cause dans un groupe international de sociétés donné. Car, en effet, la loi de chaque société membre du groupe peut potentiellement retenir une conception différente de cette société mère (ou du centre de décision, du contrôle, etc.) en fonction du

31 MAYER/HEUZE, p. 129.
32 *Ibid.*

taux de participation dans les filiales, du contrôle effectivement exercé sur celles-ci etc. Autrement dit, la loi applicable au groupe qui se veut pourtant unique sera différente, fort logiquement, à chaque fois que le critère de rattachement reçoit une acception divergente suivant le juge saisi. L'objectif d'unicité et d'harmonie internationale des solutions que l'on cherche à obtenir par l'application d'une règle de conflit unique serait alors déjoué par la mise en œuvre de cette même règle. Or, il ne peut être admis que l'ensemble de sociétés composant le groupe change de loi applicable en fonction du juge saisi.

Constater ceci ne signifie pourtant pas mettre en cause globalement le principe de la qualification *lege fori* retenu dans la plupart des droits internationaux privés nationaux. Au contraire, notre propos consiste seulement à dire que l'approche globalisante unitaire du groupe international de sociétés qui veut attribuer une loi unique à toutes les sociétés membres du groupe n'est pas opérationnelle.

Le seul moyen de parvenir à une solution satisfaisante dans l'objectif de l'application d'une loi unique au groupe serait dès lors la conclusion d'un traité international qui poserait une définition d'abord du critère de rattachement (la société mère, centre de décision, contrôle, etc.) et ensuite de l'objet même auquel la loi désignée devra s'appliquer : le groupe.

2. *L'indétermination de l'objet du conflit de lois : l'absence de personnalité morale du groupe*

150. Surtout, se pose alors, en deuxième lieu, la question de l'identification de l'objet de notre règle de conflit, le groupe, auquel la loi unique désignée devra s'appliquer. L'approche unitaire visant à appliquer le droit international privé des sociétés au groupe part en effet de l'idée que le groupe est une entité économique unique et, en tant que telle, susceptible d'être titulaire de droits et d'obligations, tout comme l'est une société. Ce faisant, cette approche passe cependant sous silence que le groupe n'est pas identifiable par une personnalité juridique comme l'est la société. À défaut de personnalité morale du groupe de sociétés, il sera donc difficile de lui reconnaître par exemple une nationalité qui est un attribut de la personnalité juridique. Partant, la réponse à apporter à cette interrogation s'avère difficile à trouver dans la mesure où, à notre connaissance, le groupe n'a fait l'objet d'aucune définition légale dans aucun ordre juridique du monde. Ainsi, même le droit allemand, qui contient pourtant une réglementation sur les groupes de sociétés, n'a pris le soin de définir le groupe. En conséquence, l'indétermination de l'objet du conflit de lois démontre une fois encore l'échec de l'approche unitaire.

3. L'incertitude quant à la solution matérielle : les réglementations nationales et communautaire fragmentaires relatives au groupe de sociétés

151. L'application d'une loi unique à l'ensemble du groupe de sociétés n'est guère satisfaisante en l'état actuel du droit positif où de nombreux droits nationaux en matière de groupe de sociétés sont lacunaires. Il n'en va guère différemment lorsque la loi applicable contient une réglementation exhaustive d'ailleurs. Seule une approche communautaire, initiée de longue date, a pu nourrir certains espoirs.

a) Positionnement du problème

152. En effet, l'approche unitaire, qui retient systématiquement la compétence de la loi de la société mère comme *lex concilii societatium*, c'est-à-dire comme loi régissant l'ensemble du groupe de sociétés, risque dans bon nombre d'hypothèses de conduire à une impasse. Tel sera notamment le cas lorsque cette loi du siège de la société mère ne contient qu'une réglementation fragmentaire du groupe de sociétés, ce qui est vrai pour la plupart des pays et notamment en France où la réglementation peut être qualifiée de *« globalisante »*[33] mais non de globale. Choisir dans ces conditions la loi du siège de la société mère n'aboutit pas, à notre sens, à un vide législatif[34] puisque chaque ordre juridique est par hypothèse complet, en ce sens qu'il détient une solution pour chaque problème juridique posé (complétude des ordres juridiques). Au contraire, l'application d'une telle loi mènerait à une situation dans laquelle le droit matériel national applicable serait tout simplement en peine de rendre compte de la complexité des rapports qu'entretiennent d'ores et déjà les sociétés étrangères soumises jusque-là à une autre loi. Par exemple, dans l'hypothèse d'une société mère française ayant des filiales allemandes, le droit matériel français ne serait pas en mesure de reproduire le tissu sociétaire complexe existant entre ces filiales allemandes.

33 M. MENJUCQ, *Droit international et européen des sociétés,* p. 259.

34 En ce sens : Y. LOUSSOUARN, 'Règles de conflit et règles matérielles dans le droit international des sociétés', *Mélanges Goldman, Le droit des relations économiques internationales,* Paris, Litec 1987, p. 175.

b) La réglementation allemande permet-elle une approche unitaire lorsqu'elle est désignée comme loi compétente ?

153. La réglementation allemande poursuit une approche pluraliste en matière de conflit de lois. À supposer que la société mère d'un groupe international de sociétés ait son siège social en Allemagne et que, en suivant la conception unitaire ici examinée, le droit allemand sur les groupes de sociétés trouverait application, celui-ci ne fournirait pourtant aucune réponse.[35] Il en est ainsi puisque le droit allemand, par le *telos* de sa législation, ne se veut applicable que lorsque la protection des intérêts réellement ou hypothétiquement mis à mal en raison de l'existence du contrôle est en jeu et concerne une société allemande. Or, nous l'avons déjà dit, ces intérêts susceptibles d'être protégés ne se trouvent en principe qu'au niveau des filiales d'un groupe. Seulement, dans l'hypothèse envisagée, aucune filiale n'est en Allemagne. Le droit allemand ne serait pas applicable.

Il est vrai que parfois les intérêts des actionnaires minoritaires de la société mère sont mis à mal, notamment en cas de filialisation et transfert du patrimoine social de la société mère à la fille. En ce cas, le droit allemand se veut applicable. Mais alors il ne régira nullement les filiales étrangères.

c) La SE : l'aboutissement ?[36]

154. Par le passé, on a pu se poser la question de savoir si la société européenne (SE) allait constituer une sorte de *« groupe de sociétés européen »*.[37] Alors qu'on ne l'espérait plus, la SE a vu le jour après un accord des États Membres au sommet de Nice de décembre 2000. L'idée d'une SE est très ancienne[38] et si souvent repoussée qu'elle fut qualifiée de *« serpent de mer »*[39]

35 Cf. *infra*.

36 Nous faisons ici référence à la note de M. MENJUCQ, 'La société européenne : enfin l'aboutissement!', *Dalloz* 2001, chron., n° 13, 1085-1090 qui prend soin de préciser que si le mouvement législatif concernant la SE a enfin abouti, en revanche, la solution trouvée ne satisfait pas les attentes des milieux économiques.

37 Y. LOUSSOUARN, 'La proposition d'un statut des sociétés anonymes européennes et le droit international privé', *Rev. crit. DIP* 1971, 383-413 (spéc. p. 405 et s.).

38 Cette volonté est même antérieure à la Communauté européenne puisque, dès 1949, le Conseil de l'Europe présenta un projet de « Compagnie européenne » qui n'aboutit pas. À l'initiative de la France, la Commission européenne désigna, en 1965, un groupe d'experts présidé par le Professeur SANDERS pour élaborer un avant-projet, puis elle prépara une proposition de règlement en 1970 fondé sur le modèle allemand de cogestion, le plus exigeant de l'Union européenne. Un phénomène de rejet de la part de

communautaire. À la suite du sommet de Nice, la SE fut instituée par le règlement n° 2157/2001 du Conseil du 8 octobre 2001 relatif au statut de la société européenne (SE)[40] et la directive n° 2001/86/CE du Conseil du 8 octobre 2001 complétant le statut de la SE pour ce qui concerne l'implication des travailleurs[41].

Le projet initial avait pour ambition d'établir un droit communautaire des sociétés, totalement indépendant des droits nationaux et facilitant la mobilité intracommunautaire par la création d'un statut unique de société afin notamment que les sociétés relevant d'États membres différents puissent fusionner ou même transférer leur siège social d'un État membre à un autre sans que cela entraîne la dissolution de leur personne morale. Or, les divergences existant entre les quinze et désormais vingt-sept États membres, notamment quant au degré d'implication des salariés, étaient trop prégnantes. Aussi, les ambitions sont devenues plus modestes. Pour pouvoir concilier les particularismes nationaux, on a renoncé à l'unité normative de cette nouvelle forme sociale. Celle-ci est finalement soumise à un double régime juridique. Les textes communautaires ne forment qu'un régime fragmentaire, qui doit être complété par les législations nationales. Cette juxtaposition de règles semble avoir été le prix à payer pour parvenir à un accord des États membres.

La SE, nouvelle société par actions, considérée comme une société anonyme par les lois de l'État de son siège est à la disposition des entrepreneurs européens depuis le 8 octobre 2004, date d'entrée en vigueur du règlement et date limite de transposition de la directive qui l'accompagne. La France, qui avait pris du retard et risquait des pénalités, a désormais adapté son droit interne en adoptant la loi Breton du 26 juillet 2005[42]. Présentée comme un outil indispensable à la compétitivité des entreprises au sein de l'Union européenne, cette forme sociale est bien différente de celle attendue par les praticiens. La dénomination de société européenne (*societas europaea*) a pu créer l'illusion que celle-ci serait soumise au droit européen. Ce qui, en

---

certains États membres apparut et, malgré la relance régulière des discussions en 1989, 1991, 1993, 1996, aucun accord ne fut trouvé.

39 M. MENJUCQ, *Droit international et européen des sociétés*, p. 116.

40 *JOCE*, L. 294 du 10 novembre 2001, p. 1 et s.

41 *JOCE*, L. 294 du 10 novembre 2001, p. 22

42 Loi n° 2005-842 du 26 juillet 2005 pour la confiance et la modernisation de l'économie, *JO* du 27 juillet 2005, p. 12160.

réalité, est loin d'être le cas. En effet, un certain nombre de difficultés liées à la loi applicable surgissent.

Très rares dans les premières propositions relatives à la SE, les renvois aux droits nationaux se sont faits de plus en plus nombreux au fur et à mesure des nouvelles propositions. Ainsi dénombre-t-on 84 renvois dans le texte communautaire final de 2001. La nouvelle forme sociétaire vient simplement s'ajouter aux autres formes issues des législations nationales. Elle est soumise à un double régime juridique : celui contenu dans le Règlement 2157/2001 ainsi que dans les autres textes communautaires afférents et celui issu des normes légales des États membres. On a pu parler de *« régime fragmentaire »*[43] devant être complété par les législations nationales.

Selon le texte communautaire, l'harmonisation des diverses législations doit être mise en œuvre pour les matières considérées comme indispensables et il est décidé de renvoyer au droit national pour les dispositions d'importance secondaire. La réglementation européenne se limitant à traiter deux domaines, à savoir les quatre modes de constitution (articles 15 à 37) et l'organisation interne (articles 38 à 60) de la SE, l'invitation faite aux États membres d'élaborer leur propre droit des SE sur de nombreux sujets constitue *de facto* un *« obstacle supplémentaire à la construction d'un statut unifié de la SE »*.[44] Le renvoi aux dispositions nationales est double : on a affaire, d'une part, à un renvoi classique aux dispositions nationales visant les sociétés anonymes et, d'autre part, à un renvoi à des dispositions nationales visant spécifiquement les sociétés européennes.[45] La SE étant soumise cumulativement au droit communautaire et au droit national, on dénote une *« juxtaposition de règles risquant à terme de rendre le Règlement du Statut inopérant, de promouvoir une hétérogénéité des SE, voire même de nuire au caractère européen de la nouvelle structure sociétaire »*.[46]. Les interactions éventuelles entre les différents systèmes nationaux et les difficultés à résoudre les conflits qui éventuellement en découleront conduisent certains auteurs à déplorer le *« coût de main-*

43 M. BOULOUKOS, 'Le régime juridique de la société européenne : vers une société européenne « à la carte » ?', *Revue de droit des affaires internationales* 2004, 489.

44 M. BOULOUKOS, *op. cit., loc. cit.*

45 G. BLANC, 'La société européenne : la pluralité des rattachements en question', *Dalloz* 2002, 1052 et s.

46 A. WEHLAU, 'The Societas Europea: a critique of the Commission's 1991 amended proposal', *Common Market Law Review* 1992, 473-510.

tien d'une équipe juridique chargée de trouver des solutions aux problèmes de la vie quotidienne qui ne pourra être supporté que par les grandes entreprises »[47].

Pour éviter tout conflit lié au rattachement, le système le plus exigeant[48], à savoir le système du siège réel, est retenu par le Règlement en ce qu'il impose que la SE ait obligatoirement son siège statutaire et son administration centrale dans le même État, voire dans un même endroit si la loi de l'État concerné l'exige.[49] La combinaison de la pluralité de rattachements (législations nationales) et des instruments communautaires offrent par conséquent ce que beaucoup d'auteurs ont qualifié de *« rattachement européen discret »*[50], de *« SE à la carte »*, de *« société nationale à caractère européen »*, ou encore de *« SA européenne à variation nationale »*[51]. Ainsi, la SE n'a pas de nationalité européenne.

La SE ne connaît pas une conception unitaire, sauf en ce qui concerne les quelques règles qui en forment le tronc commun. Du reste, on assiste à l'application des lois nationales. La SE n'est donc pas un groupe européen de sociétés et elle ne favorise pas véritablement la cohérence juridique du groupe[52].

Le rejet théorique de l'approche unitaire n'a pourtant pas empêché le groupe de sociétés d'être pris en considération de manière ponctuelle. L'étude de ce phénomène fait l'objet des développements qui suivent.

§ 2) La prise en considération exceptionnelle de la réalité économique des groupes internationaux de sociétés en droit international et en droit communautaire

Si l'approche unitaire ne se justifie pas théoriquement au regard des critères classiques du droit international privé des sociétés, il reste que la réalité économique des groupes est souvent prise en considération, ne serait-ce que de manière exceptionnelle, en matière d'arbitrage et en droit

47 P. HOMMELHOFF/J. BOUCOURECHLIEV/R. DRUDY, 'Pour une « société européenne »', *Gaz. Pal.* 1998, 34-47.

48 M. MENJUCQ, 'La société européenne : enfin l'aboutissement !', *D.* 2001, chron., n° 13, 1088.

49 Cf. article 7 du Règlement n° 2157/2001.

50 J. BEGUIN, 'Le rattachement de la société européenne', *in La société européenne*, Dalloz, 2003, p. 31 et s.

51 M. MENJUCQ, *Droit international et européen des sociétés*, p. 109-144.

52 *Contra* : B. LECOURT, 'Avenir du droit français des sociétés et droit européen', *Revue des sociétés* 2004, 256.

communautaire de la concurrence. Il convient, par conséquent, de vérifier que ces domaines ne mettent pas à mal les réflexions précédentes.

A. La prise en considération du groupe de sociétés en matière d'arbitrage international

155. La question de l'arbitrage et des groupes de sociétés est un sujet d'actualité en raison, d'une part, du vaste mouvement de constitution de ces groupes et, d'autre part, du recours quasi-systématique à l'arbitrage dans les litiges du commerce international, là où précisément les groupes de sociétés ont vocation à intervenir. L'arbitrage est le

> *« mode de résolution des litiges par lequel les parties, d'un commun accord, décident de soustraire l'examen de leur litige aux juridictions étatiques et d'en confier le règlement définitif à une ou plusieurs personnes privées qu'elles choisissent à cet effet et investies, pour la circonstance, de la mission de juger ».*[53]

Le commun accord des parties à un contrat de soumettre à l'arbitrage tout litige qui pourrait éventuellement naître à l'avenir du contrat est appelé « clause compromissoire ».[54] Concernant les groupes de sociétés, l'arbitrage est utilisé, tant dans les relations internes entre les membres du groupe que dans les relations externes avec des tiers[55], même si, en pratique, le volume de l'arbitrage externe semble plus important.

Il peut arriver que la société mère ou une autre filiale que la société signataire de la clause compromissoire ait participé activement à la négociation du contrat litigieux ou ait pris une part prépondérante à son exécution ou à son inexécution, si bien que l'idée apparaît que la véritable partie au contrat n'est pas celle qui l'a matériellement signé, ou en tous cas pas exclusivement celle-ci, mais celle qui se trouvait également impliquée.[56] Incidemment, le problème relatif à la question de savoir si une société constitue une entité distincte ou non par rapport au groupe se pose donc dans des

53 Définition empruntée à Ch. SERAGLINI, 'L'arbitrage commercial international', *in* BEGUIN/MENJUCQ, *Droit du commerce international*, p. 836.

54 Il faut la distinguer du « compromis d'arbitrage » qui est un contrat signé après la naissance du conflit, dans lequel les parties s'accordent pour recourir à l'arbitrage. Dans notre hypothèse, les problèmes proviennent cependant majoritairement des difficultés d'interprétation de la clause compromissoire.

55 D. COHEN, *Arbitrage et société*, L.G.D.J., 1993, pp. 274 et s.

56 A. CHAPELLE, 'L'arbitrage et les tiers : Le droit des personnes morales (Groupe de sociétés ; Interventions d'État)', *Rev. arb.* 1988, 476.

termes analogues à ceux de la question du statut unique ou pluraliste du groupe de sociétés.

1. *Le mécanisme d'extension de la convention d'arbitrage*

156. Si le groupe de sociétés pose problème au regard du droit de l'arbitrage, c'est parce que de plus en plus d'arbitres, en prenant en considération la dimension économique du groupe de sociétés, admettent d'étendre la clause compromissoire signée par un membre du groupe à une autre société du même groupe, qu'il s'agisse de lui opposer ou, au contraire, pour elle de s'en prévaloir.[57] Ce faisant, le principe d'autonomie juridique des personnes morales est écarté. Si, en outre, l'on part du principe de l'effet relatif des contrats (article 1165 C. civ.) qui implique qu'un contrat ne lie que ceux qui l'ont conclu, la question ne devrait pas se poser. Si elle se pose, c'est en raison, d'abord, de la fréquente distorsion entre les parties telles qu'elles figurent formellement au contrat et celles qui l'exécutent réellement ou en sont les véritables bénéficiaires, ensuite, en raison d'une stratégie de défense selon laquelle une partie veut éviter de recourir à l'arbitrage pourtant préalablement accepté, ou tente d'y envoyer une sœur ou une fille et, enfin, en raison des liens particulièrement étroits entre mère et filles.[58]

157. Plusieurs fondements semblent envisageables pour admettre cette prise en considération du groupe de sociétés.

En premier lieu, d'apparition relativement récente, la théorie de la transparence semble avoir été sollicitée en vue de l'extension de la convention d'arbitrage en cas d'abus ou de fraude, en l'occurrence de la part de la société mère, envers cette dernière.[59] L'application de cette théorie paraît satisfaisante compte tenu du fait que l'autonomie de la personne morale peut justement être limitée en droit des sociétés par l'apparence.[60]

57 Ch. JARROSSON, 'Conventions d'arbitrage et groupes de sociétés', *in Groupes de sociétés : contrats et responsabilités (actes de la journée d'études du 19 novembre 1993 organisée par le Laboratoire d'études et de recherches appliquées en droit privé (LERADP) de l'Université de Lille II et Ecole des Hautes Etudes commerciales du Nord (EDHEC))*, Paris, L.G.D.J. 1994, p. 53.

58 Ch. JARROSSON, *op. cit.*, p. 55-56.

59 Sentence CCI n° 8385, *JDI* 1997, 1061 : hypothèse de la société mère qui vide sa filiale, signataire de la convention, de tous ses actifs.

60 En ce sens : D. COHEN, *Arbitrage et société*, p. 294.

En second lieu, il convient de faire état de la sentence *Dow Chemical*[61] dans laquelle les arbitres (GOLDMAN, VASSEUR et SANDERS) ont retenu que :

> *« la clause compromissoire expressément acceptée par certaines des sociétés du groupe doit lier les autres sociétés qui, par le rôle qu'elles ont joué dans la conclusion, l'exécution ou la résiliation des contrats contenant ladite clause, apparaissent selon la commune volonté de toutes les parties à la procédure, comme ayant été de véritables parties à ces contrats ou comme étant en premier chef concernées par ceux-ci et par les litiges qui peuvent en découler ».*

Cette motivation comporte deux facettes : l'une concerne la notion de groupe de sociétés (sa réalité économique unique) et son effet sur la compétence du tribunal arbitral ; l'autre concerne l'analyse *in concreto* de la volonté des parties telle qu'elle ressort notamment de leur comportement. La Cour d'appel de Paris a confirme la sentence en se fondant sur la volonté commune des parties et *« accessoirement »* sur la notion de groupe de sociétés en tant qu'*« usage du commerce international »*.[62]

Certains y ont vu un principe d'extension de la clause compromissoire dès lors que l'on se trouve en présence d'un groupe de sociétés. D'autres faisaient valoir qu'il s'agirait là d'une règle appartenant à la *lex mercatoria*.[63] En réalité cependant, il n'y a jamais eu de décision arbitrale ou étatique considérant que l'existence d'un groupe de sociétés pouvait fonder à elle seule l'extension de la clause compromissoire à d'autres sociétés non signataires.[64] Au contraire, les arbitres s'efforcent toujours d'analyser la volonté des parties et y trouvent parfois un mandat apparent, une ratification[65], une stipulation pour autrui, une subrogation ou une acceptation tacite.[66]

61 Sentence CCI n° 4131, *Isover St Gobain v. Dow Chemical*, *JDI* 1983, 899, obs. Y. DERAINS, *Rev. arb.* 1984, 115 et s.

62 CA Paris, 1ère ch. suppl., 21 octobre 1983, *Rev. arb.* 1994, 98, note A. CHAPELLE.

63 Y. DERAINS/S. SCHAF, 'Clauses d'arbitrage et groupe de sociétés', *Journal de droit des affaires international* 1985, 236 et s.

64 Ch. JARROSSON, *op. cit.*, p. 59-60.

65 *« Les effets de la clause compromissoire s'étendent aux parties directement impliquées dans l'exécution du contrat dès lors que leur situation et leur activité font présumer qu'elles avaient connaissance de l'existence et de la portée de cette clause afin que l'arbitre puisse être saisi de tous les aspects économiques et juridiques du litige »* : CA Paris, 7 déc. 1994, n° 94/12322 et n° 94-12323, *RTD com.* 1995, 401, obs. É. LOQUIN ; *Rev. arb.* 1996, 67, note JARROSSON ; CA Paris, 30 nov. 1988 ; CA Paris, 14 févr. 1989, *Rev. arb.* 1989, 691, note TSCHANZ ; CA Paris, 11 janv. 1990, *Rev. arb.* 1992, 95, note COHEN ; CA Paris, 17 déc. 1998, *RTD com.* 1998, 580, obs. É. LOQUIN ; Cass. civ. 1ère, 27 mars 2007, *JDI* 2007, comm. 18, note C. LEGROS.

66 Ch. JARROSSON, *op. cit.*, p. 63-65 ; D. COHEN, *op. cit.*, p. 281.

Ainsi, il convient de constater que la simple existence d'un groupe de sociétés n'est pas en soi suffisante pour poser une présomption d'extension de la clause compromissoire à n'importe quelle société du groupe mais que l'on peut tout de même y voir un indice en ce sens que l'appartenance à un même groupe de sociétés permet de présumer la connaissance, par les sociétés membres, de l'existence de la clause.[67]

Si la jurisprudence française a pu fonder l'extension d'une convention d'arbitrage signée par une société à la personne la contrôlant sur le principe *« de validité et d'efficacité propres »* de la convention d'arbitrage, en relevant l'existence d'un groupe formant un *« ensemble de sociétés* [...] *liées dans une unité économique soumise à un pouvoir unique »*[68] et que la solution paraît donc résulter de la simple *« identité économique »* entre les sociétés[69], elle est peu soucieuse de la pluralité juridique du groupe de sociétés et risque de provoquer bien des craintes de la part des professionnels. Aussi, les auteurs les plus autorisés condamnent cette voie.[70]

2. *Le rôle qui incombe au groupe de sociétés dans le mécanisme d'extension*

158. L'unité économique du groupe n'est donc qu'un indice parmi d'autres dans un faisceau d'indices indiquant la volonté des parties. Elle ne suffit pas à fonder l'extension de la convention d'arbitrage.[71] La partie qui allègue l'extension doit, en faisant un effort de motivation spécifique, rapporter d'autres preuves qui corroborent ce *« commencement de preuve de la volon té commune »*.[72] Un autre élément de preuve est sans doute le rôle joué dans l'affaire concernée par la société non-signataire.[73] Mais, comme le constate

67 En ce sens : Ch. JARROSSON, Débats consécutifs à l'intervention de Charles CHAPELLE, 'L'arbitrage et les tiers : Le droit des personnes morales (Groupe de sociétés ; Interventions d'État)', *Rev. arb.* 1988, 498 ; X.-Y. LI, *La transmission et l'extension de la clause compromissoire dans l'arbitrage international,* thèse Dijon, 1993 ; I. FADLALLAH, 'Clauses d'arbitrage et groupes de sociétés', *Travaux comité fr. DIP* 1984-1985, 105 ; Y. DERAINS/S. SCHAF, *op. cit.*, p. 221 ; CA Paris, 20 avril 1988, *Rev. arb.* 1988, 570 ; CA Paris, 14 févr. 1989 et 30 nov. 1989, *Rev. arb.* 1990, 690, note MEZGER.

68 CA Paris, 11 janv. 1990, *JDI* 1991, 141, note B. AUDIT.

69 Ch. SERAGLINI, *op. cit.*, p. 961.

70 P. MAYER, note sous Cass. civ. 1ère, 25 juin 1991, *Rev. arb.* 1991, 453 ; Ph. FOUCHARD/E. GAILLARD/B. GOLDMAN, *Traité de l'arbitrage commercial international*, Paris, Litec, 1996, pp. 304-305.

71 Y. DERAINS/S. SCHAF, *op. cit.*, p. 238.

72 I. FADLALLAH, *op. cit.*, p. 118 ; Y. DERAINS/S. SCHAF, *op. cit.*, p. 238.

73 I. FADLALLAH, *op. cit.*, p. 114 ; Y. DERAINS/S. SCHAF, *op. cit.*, p. 237.

expressément le Professeur Ch. JARROSSON, *« il n'y a pas de règles d'extension de la convention d'arbitrage dans les groupes de sociétés, lesquels ne sont pas par eux-mêmes un facteur automatique d'extension »*[74]. En présence d'une volonté commune expresse contraire enfin, l'existence du groupe de sociétés n'a pas à être prise en considération et l'interprétation stricte des clauses compromissoires reprend ses droits.[75]

En conséquence, l'existence du groupe de sociétés est loin de fonder l'éventuel attrait devant un tribunal arbitral d'une société du groupe autre que celle qui aurait signé la clause compromissoire. La prise en considération de sa réalité économique se limite, sauf sentences arbitrales contraires, à un rôle probatoire de la volonté commune des parties à l'arbitrage.

B. La prise en considération du groupe de sociétés par le biais de « l'entreprise » en droit communautaire de la concurrence

159. L'entreprise est une notion polymorphe.[76] Elle est à la fois *« insaisissable »* et *« incontournable »*.[77]

Pour l'économiste, l'entreprise est une unité de décision regroupant des moyens matériels, financiers et humains dans le but de produire des biens et des services afin de générer un profit. Si une société peut être constituée pour plusieurs entreprises, il peut y avoir plusieurs sociétés pour la même entreprise.[78]

Juridiquement, la notion d'entreprise ne fait pas l'objet d'une définition légale, ni en droit français, ni en droit communautaire. Pourtant, l'entreprise est au centre de la construction communautaire. Ainsi, en droit communautaire de la concurrence, les articles 81 et 82 CE ne s'appliquent qu'à des entreprises. En l'absence de définition dans le traité, le soin de définir la notion est revenu à la jurisprudence. La Cour de justice des Communautés européennes[79] a entendu consacrer une notion communau-

74 Ch. JARROSSON, *op. cit.*, p. 69.

75 Y. DERAINS/S. SCHAF, *op. cit.*, p. 234.

76 Sur le problème général de la réception de l'entité économique qu'est l'entreprise en droit cf. J.-Ph. ROBE, 'L'entreprise en droit', *Droit et société* 1995, 117-136 évoquant l'idée selon laquelle l'entreprise devrait être perçue comme un véritable ordre juridique à part entière (*ibid.*, p. 132).

77 Selon l'expression de A. SUPIOT, 'Groupe de sociétés et paradigme de l'entreprise', *RTDC* 1985, 623.

78 J. PAILLUSSEAU, 'La notion de groupe de sociétés et d'entreprises en droit des activités économiques', *Rec. Dalloz* 2003, chron., 2346 et s.

79 Ci-après : la CJCE.

taire autonome, une signification propre au système communautaire[80], comme elle en a l'habitude. Dès 1962, la définition donnée par la CJCE dans l'affaire *Mannesmann AG/Haute Autorité*[81] permet de distinguer les deux fondements sur lesquels cette notion allait s'ériger :

> *« l'entreprise est constituée par une* **organisation unitaire** *d'éléments personnels, matériels et immatériels, rattachés à un sujet juridiquement autonome et poursuivant d'une façon durable* **un but économique** *déterminé ».*[82]

Les critères qui sont dégagés sont, d'une part, le but économique[83] et, d'autre part, l'organisation unitaire. Quant à cette dernière, c'est le groupe de sociétés qui constitue sans doute la meilleure illustration. Celui-ci n'est cependant visé par le droit communautaire, ni en tant que « groupe », ni en tant que « groupe de sociétés », ni en tant que « groupe d'entreprises » ; la référence qui est faite au groupe de sociétés se fait toujours de manière indirecte.[84] Relativement à l'article 81 CE, d'abord, il a été considéré qu'en vertu de la thèse de l'entité unique[85], les ententes survenant au sein de groupes de sociétés échappent à l'empire du § 1 :

> *« puisque sur le plan économique le comportement des filiales est coordonné par le centre de décision comme peuvent l'être les divers services d'une même société, le fait que dans le groupe se trouve rassemblées plusieurs sociétés juridiquement autonomes ne doit pas faire obstacle à la prise en compte de leur unité d'organisation qui en fait une seule entreprise au regard de l'article 85 (nouvel art. 81) »*[86]

Relativement, ensuite, à l'article 82 CE, cette même thèse de l'unité économique conduit bien évidemment au renforcement de la prohibition de

80 Ch. BOLZE, 'La notion d'entreprise', *RJ com.*, numéro spécial novembre 1987, 'L'influence du droit communautaire sur le droit des affaires en France dans la perspective de 1992', p. 66.

81 CJCE, arrêt du 13 juillet 1962, *Rec.*, p. 705.

82 Souligné par nos soins.

83 Le but économique comprend *« toute activité durable qui consiste à produire, distribuer ou commercialiser à ses risques un bien ou un service, sans qu'il y ait lieu de considérer la nature du bien ou du service ni la qualité ou le statut de l'entité qui exerce cette activité »* (Ch. BOLZE, *op. cit.*, p. 67).

84 J. PAILLUSSEAU, *op. cit., loc. cit.*

85 Ch. BOLZE, *op. cit.*, p. 69.

86 L. IDOT, 'La notion d'entreprise', *Revue des sociétés* 2001, 191 et s. (à propos de CJCE, 31 octobre 1974 – aff. 16-74, *Centrafarm*, *Rec.*, p. 1147).

l'abus de position dominante. Ainsi, plusieurs décisions de la Commission[87] et de la CJCE semblent reconnaître le groupe comme destinataire des dispositions de l'article 82 CE, c'est-à-dire comme le sujet communautaire du droit de la concurrence désigné sous le vocable d'entreprise. En définitive, est une entreprise *« toute entité exerçant une activité économique indépendamment de son statut juridique et de son mode de financement »*[88]. C'est en raison du caractère large des termes employés que l'entreprise communautaire comprend facilement le groupe de sociétés.[89]

Selon les circonstances et en fonction du degré d'autonomie des filiales[90], on a pu considérer qu'un groupe était constitué d'une pluralité d'entreprises[91] ou, au contraire, qu'il constituait à lui seul une entreprise unique. Il en va ainsi lorsque la filialisation n'est en définitive qu'une simple répartition des tâches à l'intérieur d'une même entité économique.[92] Ce faisant, la CJCE a consacré une approche fonctionnelle plutôt qu'organique. Or, cette approche rend difficile une définition unitaire : l'entreprise communautaire est encore un être hybride tant dans son contenu que dans son rattachement, partagée entre les droits internes et le droit communautaire.[93] Il en résulte que le groupe de sociétés ne connaît pas un statut juridique unitaire en droit communautaire, ni même par la prise en considération à travers la notion d'« entreprise », quand bien même il est vrai que

87 Voir, p. ex., Décision de la Commission du 19 avril 1977, *JOCE* L. 117

88 CJCE, 23 avril 1991 – aff. C. 41-90, *Höfner c. Mocroton*, *Rec.*, p. I-1979.

89 Outre la prise en considération de l'unité économique du groupe de sociétés, il semble que la tendance de la jurisprudence de la CJCE va vers un débordement du cadre des seuls groupes de sociétés. C'est ainsi qu'au sujet de l'ancien système de l'exemption catégorielle, la Cour a pu considérer qu'un accord réunissant plus de deux parties (ce qui rendait impossible d'ordinaire le bénéfice de l'exemption catégorielle) pouvait bénéficier de l'exemption catégorielle dès lors que plusieurs sociétés ne formaient qu'une seule entreprise parce qu'elles avaient un intérêt identique (CJCE, 12 juillet 1984 – aff. 170/83, *Hydrotherm*, *Rec.*, p. 2999). Cette identité d'intérêt (intérêt du groupe) faisait perdre aux intéressés dans un contexte de droit de la concurrence leurs personnalités distinctes qui sont *« fondues, amalgamées, englobées dans celle de l'entité dont elles font partie, l'entreprise »* (Ch. BOLZE, *op. cit.*, p. 70). Plus encore, même la succession de personnes juridiques distinctes poursuivant le même but économique ne rompt pas l'unité de l'entreprise au regard des règles de concurrence (*ibid.*).

90 GAVALDA/PARLEANI, *Droit des affaires de l'Union européenne*, Paris, Litec, 4e éd., 2002, p. 285-286.

91 CJCE, 12 juillet 1979 – aff. jointes 32/78, 36/78, 82/78, *BMW Belgium*, *Rec.*, p. 2435.

92 CJCE, 24 octobre 1996 – aff. C 73-95P, *Viho Europe c. Commission*, *Rec.*, p. I-5457 ; TPI, 12 janvier 1995 – aff. T 102/92, *Rec.*, II-17.

93 L. IDOT, *op. cit.*, *loc. cit.*

cette notion est tout à fait apte à accueillir en son sein le groupe de sociétés comme cela a été démontré à de multiples reprises par la Cour.

Outre la prise en considération des groupes de sociétés en matière d'arbitrage et en droit communautaire de la concurrence qui soulève des interrogations classiques, la prise en considération des groupes de sociétés en matière de faillite internationale, et notamment communautaire, présente un intérêt tout particulier en raison de sa grande actualité. La question sera traitée séparément.[94]

Si une prise en considération du phénomène économique paraît en définitive possible selon les matières étudiées, il reste que globalement la conception unitaire du groupe semble inopportune.

§ 3) L'inopportunité de la conception unitaire du groupe de sociétés

Il semble inopportun à deux égards, économiquement mais également juridiquement, de retenir une conception unitaire du groupe de sociétés.

A. Inopportunité économique de la conception unitaire

160. En débordant les espaces nationaux, le groupe de sociétés tire avantage des disparités qui existent entre les législations.[95] La multinationalité du groupe de sociétés apparaît comme une source autonome de pouvoir. Elle intervient de deux manières : d'une part, elle offre le choix du lieu d'implantation des filiales, d'autre part, elle libère le pouvoir économique de la contrainte étatique. Ainsi, les dirigeants du groupe décideront d'implanter une filiale dans un pays dans lequel par exemple le coût de production est moindre, la protection de la part des autorités locales plus élevée, etc.

1. La pluralité comme facteur d'optimisation

161. Les entreprises à la tête d'activités multiétatiques tirent parti du caractère disparate des législations internes pour se soumettre aux ordres juridiques les moins contraignants. En effet, le groupe choisira pour l'implantation de ses filiales les États dont les lois permettent les structures juridiques et surtout fiscales les plus avantageuses. Le groupe se forme également souvent par la prise de contrôle d'une société située dans un autre

94 Cf. *infra* PARTIE II – Titre 3, notamment n° 441 et s.

95 H. SYNVET, *L'organisation juridique du groupe international de sociétés*, t. 1, p. 3.

pays que celui de la société initiale, alors que l'opération n'était peut-être pas prévue dans les plans d'investissement. La pratique est riche d'exemples pour cette dernière hypothèse.

La gestion du groupe ne peut ainsi se passer de la pluralité des lois applicables. La pluralité des personnes morales composant le groupe permet, en outre, de limiter les risques liés à ses activités par le cantonnement de leurs conséquences au seul cadre de la filiale.[96]

2. La concurrence entre les ordres juridiques

162. Selon la conception unitaire du groupe de sociétés chère à B. GOLDMAN, la seule loi applicable au groupe dans son ensemble serait celle de la société mère. Il serait dès lors tentant pour les dirigeants du groupe de procéder à un *law shopping*[97] en établissant la société mère sur le territoire d'un État dont la législation est libérale en matière de groupe de sociétés afin d'échapper aux contraintes imposées par les législations d'autres États. Il s'ensuivrait un concours d'attractivité[98] des législations nationales qui serait naturellement emporté par l'État disposant de la législation la plus laxiste. La concurrence des ordres juridiques par l'application de la conception unitaire aboutirait par conséquent à une *« course »* ou à un *« renivellement vers le bas »* (risque dit du « *race to the bottom* », aussi appelé *« effet Delaware »*) des droits nationaux relatifs aux groupes de sociétés et, *in fine*, au décloisonnement progressif des marchés nationaux.[99] Si cet effet est acceptable en ce qui concerne la recherche d'optimisation par le biais d'une implantation stratégique des filiales, en revanche, l'effet obtenu par l'application d'une loi à l'ensemble du groupe, de par son étendue, serait néfaste et contraire aux buts mêmes qui sont recherchés par tout droit sur les groupes de sociétés. Ainsi, la protection des actionnaires minoritaires, pour ne citer qu'un exemple, serait à temps sacrifiée parce que la société mère du groupe s'implanterait dans l'État ayant la législation la plus laxiste qui soit en la matière.

Concernant spécifiquement les sociétés européennes qui sont régies pour partie par différents droits étatiques, elles ne seront pas identiques. Il n'est pas exclu dès lors que se développe une concurrence entre les droits nationaux sous forme de *law shopping*. On ne peut parler de SE à *« l'état*

96 Voir en ce sens : M. MENJUCQ, *Droit international et européen des sociétés,* p. 265.

97 *Ibid.*, p. 295.

98 D. FASQUELLE, 'Les faillites des groupes de sociétés dans l'Union européenne : la difficile conciliation entre approche économique et juridique', *Bull. Joly Sociétés* 2006, 153.

99 H. SYNVET, *L'organisation juridique du groupe international de sociétés*, t. 1, p. 19.

pur »[100] mais d'un type de SE par État, soit 25 SE potentielles inspirées de la forme sociétaire des sociétés anonymes (article 3 du Règlement). Dès lors, le critère déterminant pour la localisation d'une SE dans un pays de l'Union sera la flexibilité de son droit des sociétés.

Il ne faut cependant pas passer sous silence certains auteurs qui parlent, au contraire, d'une *race to the top* : une telle concurrence permettrait d'éliminer les législations nationales les plus lourdes et formalistes, éliminant *de facto* des procédures parfois inutiles et permettant à terme une harmonisation des législations. Cette finalité paraît cependant peu vraisemblable et il semble qu'on assistera plutôt à une mise en concurrence sauvage des législations, en lieu et place d'une quelconque unification.

B. Inopportunité juridique de la conception unitaire

Juridiquement, ensuite, il apparaît peu opportun d'admettre l'approche unitaire. L'approche unitaire tend à soumettre les sociétés membres du groupe ainsi que les relations entre elles à une loi unique, celle de la société mère.

1. Les relations entre les sociétés du groupe

163. L'approche unitaire semble inopportune pour régir les relations interentreprises dès lors que les intérêts mis en cause ne sont pas forcément pris en compte par la loi de la société dominante et nécessitent par conséquent une protection particulière que seules les lois des filiales sont aptes à assurer.

Pour s'en convaincre, il faut partir de la situation des personnes dont les droits sont susceptibles d'être modifiés à leur désavantage du fait de la présence du groupe. En premier lieu, les actionnaires minoritaires des filiales, encore appelés les actionnaires externes, en cas de prise de contrôle de la société mère de la société à laquelle ils appartiennent ou en cas de cession de cette dernière par la société mère, perdraient le bénéfice de la loi qui les a incités à entrer de la société et seraient soumis à la loi de la société nouvellement dominante. Ils subiraient dès lors directement dans leurs droits les conséquences d'une opération à laquelle ils n'ont pas concouru. Leur attente légitime serait lésée. Un exemple tiré de la jurisprudence illustre parfaitement ce propos.[101] Or, la première qualité d'un critère de rattachement des sociétés, en matière de conflit de lois, est de procurer la perma-

100 M. Bouloukos, *op. cit.*, p. 489.

101 CA Paris, 14e ch., 22 mai 1965, *Soc. Fruehauf Corporation c/ Massardy et autres*, *JCP* 1965, II, 14274 bis, concl. Nepveu.

nence du statut juridique de la personne morale.[102] En deuxième lieu, les créanciers de la filiale risquent de voir la solvabilité de leur débiteur décroître au fur et à mesure que la société mère lui imposera par les moyens de domination à sa disposition des choix de gestion qui ne sont pas dans l'intérêt de la filiale. L'insolvabilité de la société mère risque ainsi d'avoir des répercussions sur la filiale alors que celle-ci, si elle était gérée indépendamment, serait économiquement viable. Aussi, le point de départ et la raison d'être de toute législation ou réglementation sur les groupes de sociétés, à l'image de l'*Aktiengesetz* allemande, doit être la sécurité juridique et la protection de ces « groupes à risque » qui passent par l'application de la loi de la filiale.

2. La loi régissant les sociétés membres du groupe

164. Une deuxième série d'objections à la loi unique a trait aux sociétés filiales elles-mêmes et tient au fait que l'imposition à une société (filiale) d'une loi qui n'a pas présidé à sa constitution comporte des risques graves. L'approche unitaire du groupe de sociétés conduit, nous l'avons dit, à soumettre l'ensemble des sociétés composant le groupe à une seule loi, celle de la société mère. Or, il n'est pas sûr que cette circonstance soit défendable juridiquement La *lex societatis* de la société mère, ou *lex concilii societatium*, peut prévoir la nullité des sociétés créées en violation de ses prescriptions. Il faudrait alors remplacer la filiale par une succursale, ce qui n'est pas économiquement intéressant dans la plupart des cas.[103]

165. En définitive, l'approche unitaire du groupe de sociétés ne peut être retenue pour des raisons de théorie juridique mais aussi pour des raisons d'opportunité. Chaque société membre du groupe, société mère et filiales, devra en principe être régie par sa propre loi. En ce qui concerne les relations interentreprises, l'application d'une loi unique étant rejetée, il convient désormais d'étudier quelles lois sont applicables aux relations entre les sociétés membres du groupe et pour quelles raisons.

102 H. SYNVET, *L'organisation juridique du groupe international de sociétés*, t. 1, p. 101.
103 KROPFF, 'Das Konzernrecht des Aktiengesetzes 1965', *BB* 1965, 1281 et s.

Section 2 Le statut pluraliste du groupe de sociétés en droit international privé – le rattachement des liens d'affiliation à plusieurs lois

166. Distinction entre relations internes et externes du groupe. Une distinction semble s'imposer entre le fonctionnement interne de chaque société membre du groupe et les relations entre les membres du groupe.[104] Il est acquis qu'en l'absence de statut juridique du groupe de sociétés – de *lex concilii societatium* –, à l'évidence, les questions relatives au fonctionnement interne de chaque société ne peuvent relever que de la *lex societatis* de chaque société concernée, que ce soit celle de la société mère ou celles des filiales.

La différenciation entre les relations extérieures et les relations internes de chaque société s'impose cependant seulement lorsque les relations entre les sociétés membres du groupe – les liens d'affiliation – sont régies par une loi déterminée par le truchement d'une loi de police ou encore par une loi déterminée en fonction du contenu des lois en présence. Ces lois peuvent alors différer de la loi par ailleurs applicable au fonctionnement interne de chaque société. Une différenciation n'a pas lieu d'être, en revanche, dès lors que le fonctionnement de chaque société englobe en quelque sorte le lien d'affiliation. Plusieurs fondements sont, en effet, envisageables pour rattacher les liens d'affiliation à une pluralité de lois. On se bornera ici à les présenter brièvement.

*§ 1) Le rattachement par application d'une loi de police (*Sonderanknüpfung*)*

167. Il a été proposé en doctrine de justifier le choix de la loi de la filiale par des considérations d'intérêt public, ce qui passe techniquement par la mise en œuvre de lois d'application immédiate[105], ou selon une autre appellation, les lois de police[106] qui déterminent leur propre champ d'application dans l'espace, sans la médiation d'une règle de conflit. Une réglemen-

104 J.-M. JACQUET/Ph. DELEBECQUE, *Droit du commerce international*, Paris, Dalloz, 2e éd., 2000, p. 21.

105 Sur ce concept Ph. FRANCESCAKIS, 'Quelques précisions sur les « lois d'application immédiate » et leurs rapports avec les règles de conflit des lois', *Rev. crit. DIP* 1966, 1.

106 MAYER/HEUZE, n° 121 et s.

tation du groupe de sociétés à travers des règles spécifiques d'application immédiate d'origine nationale a été l'objet de réflexions approfondies.[107] Cette théorie a été défendue principalement par M. LUCHTERHANDT sous l'appellation de *wirtschaftsrechtliche Sonderanknüpfung*[108] consistant à écarter la méthode conflictuelle traditionnelle en la matière et à soumettre toutes les questions au droit international économique avec la conséquence que les règles de rattachement seraient unilatérales en ce sens qu'elles désigneraient la seule loi du for (de la société dont les actionnaires ou créanciers seraient lésés) lorsque un *« effet territorial »* se fait sentir.[109] Le choix de la loi se ferait donc en fonction du but d'une règle considérée.

Une variation de cette théorie est celle dite de l'apparence qui vise à rendre applicable une norme substantielle au préjudice du principe d'autonomie des sociétés en ce que cette norme substantielle serait une loi d'application immédiate qui assure la transparence des situations de fait.[110] Ainsi, il serait possible d'appliquer immédiatement une règle du droit matériel en raison des objectifs qui la sous-tendent.[111]

Ce type de fondement a fait l'objet de critiques en ce que le caractère profondément civiliste du droit des sociétés (des groupes de sociétés) serait méconnu[112] par l'application de lois de police ou de *Sonderanknüpfung* d'ordre économique dès lors que celles-ci se veulent protectrices *« de l'organisation politique, sociale ou économique du pays »*[113]. Nous y reviendrons.

§ 2) Le rattachement en fonction du contenu des lois

168. La théorie d'origine américaine de *better law* de Robert A. LEFLAR[114] vise à rendre applicable la loi dont le contenu matériel serait le meil-

107 G. CASSONI, 'Le droit international privé des groupes de sociétés. L'exemple italien pourrait-il devenir un modèle ?', *Rev. crit. DIP* 1986, 633-671.

108 H.-F. LUCHTERHANDT, *Deutsches Konzernrecht bei grenzüberschreitenden Konzernverbindungen*, Stuttgart, 1971.

109 *MüKo-IntGes*R/KINDLER, n° 561.

110 Ch. HANNOUN, *op. cit.*, p. 270-274.

111 *Ibid.*, p. 262.

112 *MüKo-IntGes*R/KINDLER, n° 561.

113 *Encyclopédie juridique Dalloz, Répertoire de droit international*, 1ère éd., v° conflits de lois, n° 137.

114 R. A. LEFLAR, 'Choice-Infuencing Considerations in Conflict Laws', *New York University Law Review* 41 (1966), 267-327 ; *idem*, 'Conflicts of Law – More on Choice-Influencing Considerations', *California Law Review* 45 (1966), 1584-1598.

leur pour une situation donnée. L'auteur propose une liste non hiérarchisée de cinq *« considérations influençant le choix de lois »* pouvant servir de guide au juge qui se trouve face à un conflit de lois : (1) la prévisibilité des résultats, (2) le maintien de l'ordre interne et international, (3) la simplification de la tâche judiciaire, (4) la prise en compte des intérêts gouvernementaux du *forum* et (5) l'application de la meilleure règle de droit. Dans la logique de cet auteur, il convient de bannir toute réflexion conflictuelle au profit des *« vraies raisons »* que sous-entendent les décisions judiciaires. Si l'application de la meilleure règle n'est à l'origine qu'un *criterium* parmi d'autres, il tend par la suite à supplanter les autres, tant en doctrine qu'en jurisprudence, au point de donner son nom à la théorie de LEFLAR. L'idée de meilleure règle vise la réalisation d'une justice matérielle.[115]

Plus nuancée, la *rule selecting approach* de David CAVERS[116] prescrit la comparaison des lois en présence et la détermination de celle qui devrait s'appliquer au litige en fonction du *telos* des réglementations en cause. Afin de ne pas aboutir à une simple application de la loi que le juge considère comme étant la meilleure, il lui prescrit des « principes de préférences » le guidant dans sa recherche. Ainsi, le juge doit tenir compte à la fois des liens plus ou moins étroits des diverses législations en présence avec la situation litigieuse, et du contenu de ces lois. Sa méthode est *result selective*, parce que le juge tient compte, pour effectuer ce choix, de la solution substantielle à laquelle il conduit.[117] Il s'agit, autrement dit, pour ces théories de tenir compte des intérêts des personnes à protéger en retenant la loi qui leur est la plus favorable.[118]

En Allemagne, c'est D. KLOCKE qui, en partant expressément des théories américaines susmentionnées, propose que la méthode des conflits de lois mette en œuvre des règles de conflit bilatérales à coloration matérielle (*ergebnisbestimmte Anknüpfung*).[119] Une variation de cette théorie a été

115 S. C. SYMEONIDES, *RCADI* (298*)* 2002, 13-414 (53).

116 D. CAVERS, 'A Critique of the Choice of Law Problem', *Harvard Law Review* 1934, 173 et s. ; *idem*, *The Choice-of-Law Process,* 106 (1965).

117 MAYER/HEUZE, n° 138.

118 J.-P. LABORDE, 'Droit international privé et groupes internationaux de sociétés : une mise à l'épreuve réciproque', *Mélanges Derruppé, Les activités et les biens de l'entreprise,* Litec 1991, p. 55.

119 *MüKo-IntGes*R/KINDLER, n° 563 ; Selon D. KLOCKE, *Deutsches Konzernkollisionsrecht und seine Substitutionsprobleme,* thèse Bielefeld, 1973, Nomos, 1974, p. 61, le rattachement est *« ergebnisbestimmt »* (déterminé par le résultat de sa mise en œuvre) et la règle de conflit *« materiellrechtlich gefärbt »* (colorée de droit matériel).

défendue par B. GOLDMAN[120] qui propose de choisir l'une ou l'autre des lois en cause selon que l'une des sociétés serait soumise à une réglementation des groupes de sociétés auquel cas il conviendrait de donner application à cette loi même s'il s'agit de la loi de la société dominante. Dans l'hypothèse où aucune société n'est régie par un droit des groupes, il faudrait faire prévaloir la loi de la société dominée. J.-P. LABORDE quant à lui semble également avoir été inspiré par ces pensées lorsqu'il propose de tenir compte du fond des lois en conflit dans tous les cas, qu'une société soit ou non gouvernée par un droit des groupes.[121]

Une critique fondamentale d'origine conflictualiste est adressée à ces théories : il n'est pas de règle en droit international privé de considérer le contenu des règles matérielles dans l'opération de rattachement.[122] De plus, elles aboutissent à une imprévisibilité juridique considérable tant le rattachement ne repose sur aucune règle stable et tant chaque question pourra être résolue en ayant recours à un critère de rattachement différent et ainsi à une loi différente.[123] Ces raisons nous conduisent à écarter d'emblée cette approche de nos réflexions.

§ 3) Le rattachement par application de la lex societatis

169. La théorie de l'application pure et simple du droit international privé des sociétés consiste à dire que les problèmes soulevés par les liens d'affiliation dans le cadre des groupes de sociétés sont de nature sociétaire et peuvent être résolus avec les techniques classiques du droit international privé des sociétés. Telle est, en particulier, l'approche de F. A. MANN.[124] Ainsi, les relations entre la société dominante d'une part et les sociétés dé-

120 B. GOLDMAN, *Cours de droit du commerce international*, 1972-73, p. 148-155 ; *idem*, *Colloque international sur le droit international privé des groupes de sociétés*, Genève 1973, p. 7-38 (spéc. 31) et p. 75.

121 J.-P. LABORDE, 'Droit international privé et groupes internationaux de sociétés : une mise à l'épreuve réciproque', *Mélanges Derruppé, Les activités et les biens de l'entreprise,* Litec 1991, p. 49-61 (55).

122 H. SYNVET, *L'organisation juridique du groupe international de sociétés,* t. 1, p. 567-575 ; MAYER/HEUZE, n° 138.

123 En ce sens : *MüKo-IntGesR*/KINDLER, n° 564 ; M. MENJUCQ, *Droit international et européen des sociétés*, p. 270 et s. ; H. SYNVET, *L'organisation juridique du groupe international de sociétés*, t. 1, p. 107 et s.

124 *FS Barz*, 1974, p. 219-237.

pendantes et leurs actionnaires minoritaires d'autre part seraient de même nature que les relations entre un actionnaire et sa société voire ses co-actionnaires. La loi de la filiale trouverait application en vertu de règles protectrices du droit des sociétés, internationalisées et bilatéralisées au besoin, dès lors que les intérêts lésés sont ceux des actionnaires minoritaires ou créanciers de la filiale.[125] Avec ce système de rattachement, il ne serait guère utile d'ailleurs de distinguer en fonction de la présence ou non d'un droit matériel des groupes au niveau national comme le faisait GOLDMAN.[126]

170. Résumé et précisions. À l'unité économique du groupe ne répond pas, en droit, la compétence d'une loi unique, qui serait celle de la société mère, pour régir le fonctionnement de l'ensemble des sociétés appartenant au groupe ainsi que les liens d'affiliation entre elles. Au contraire, la compétence des lois varie en fonction de la question posée et des intérêts en cause.

Il est acquis à ce stade de l'examen qu'en l'absence de *lex concilii societatium*, le fonctionnement interne des sociétés doit en principe relever de la seule loi qui a régi la constitution voire l'*incorporation* de la société en cause, la *lex societatis*. N'est pas, en revanche, sans débat la question de savoir de quelle manière il convient de rattacher les liens d'affiliation entre les sociétés. Les trois approches exposées semblent toutes *a priori* avoir leur légitimité. Il nous semble alors recommandé de ne pas trancher définitivement, à ce stade, le débat en faveur de l'un ou l'autre des critères de rattachement proposés. Au contraire, les arguments avancés par les tenants des différentes théories devront être confrontés à la réalité et seront par conséquent soumis à un examen détaillé tout au long de la présente étude.

Il reste que l'approche consistant en le rattachement des liens d'affiliation par la *lex societatis* nécessite davantage de commentaires et ce, pour plusieurs raisons. D'abord, comme cela a été dit, pour ce qui est du fonctionnement interne, chaque société membre restera soumise à sa propre loi. Ensuite, rien n'a été dit pour l'instant sur la détermination, ni le contenu exacte de cette loi ou de ce *Gesellschaftsstatut*. Enfin, des changements récents en droit communautaire ont modifié la donne en droit international privé français et allemand. Tel sera l'objet du chapitre deuxième.

125 R. SINAY, 'Vers un droit des groupes de sociétés (L'initiative allemande et le marché commun)', *Gaz. Pal.* 1976, 83.

126 Cf. *supra* § 2.

Chapitre 2 Le rattachement de la société membre du groupe

Pour rattacher une société à une loi la régissant – la *lex societatis* –, il est nécessaire de déterminer un critère (ou facteur) de rattachement (I). L'existence de plusieurs approches nécessite la présentation et la discussion de celles-ci. Le débat alors mené apportera des précieux éléments de réponse quant à la question du domaine et de la portée de la loi désignée et à l'interrogation soulevée précédemment consistant à savoir si les liens d'affiliation sont, du moins théoriquement, susceptibles d'être régis par la *lex societatis* (II).

Section 1 La détermination de la *lex societatis*

La détermination de la *lex societatis* passe, conformément à l'esprit du droit international privé, par un critère de rattachement. Plusieurs théories, différentes selon les pays, existent sur ce point en droit international commun (§ 1). L'ordonnancement juridique des États membres de l'Union européenne a cependant été quelque peu modifié par plusieurs arrêts de la Cour de justice des Communautés europénnes relatifs à la liberté d'établissement des personnes morales (§ 2). Enfin, une récente proposition allemande visant l'adoption d'un règlement communautaire relatif au droit applicable aux sociétés est susceptible de changer entièrement la donne (§ 3).

§ 1) La détermination de la lex societatis *en droit international commun*

171. Il existe principalement deux critères de rattachement pour la loi applicable à la société : la théorie de l'*incorporation* et celle du siège social. Selon la théorie de l'*incorporation,* qui est prépondérante dans la famille juridique anglo-américaine, la *lex societatis* est celle qui a présidé à l'*incorporation,* soit à la constitution et à l'immatriculation de la société. La théorie du siège social, très répandue en Europe continentale, s'appuie au contraire sur l'emplacement du siège social pour décider que constitue la *lex societatis* la loi de l'État sur le territoire duquel se trouve le siège social. La théorie du siège social peut prendre deux formes selon que l'on s'attache au siège statutaire ou réel. On distinguera par conséquent la théorie de l'*incorporation* (A) des théories qui prennent pour point de départ le siège social (B).

A. La détermination de la loi applicable dans la théorie dite de l' incorporation

172. Le développement de la théorie de l'*incorporation* dans l'Angleterre du 18e siècle trouve son origine dans les besoins économiques de la grande puissance coloniale. En vue de protéger efficacement les activités d'outre-mer de ses commerçants, l'Angleterre évita de soumettre les fondateurs de sociétés à des contraintes d'ordre juridique ou factuel. Le concept de la théorie de l'*incorporation* permettait et permet de constituer une société suivant le droit anglais et de la protéger *abroad* avec le même droit.[127] On visait ainsi expressément la possibilité pour une société de transférer son siège effectif à l'étranger sans modifier la loi applicable.[128] La théorie de l'*incorporation* est aujourd'hui en vigueur dans la famille juridique anglo-saxonne[129], aux Pays-Bas[130], et, dans une moindre mesure[131], en Suisse (art. 154 LDIP), en Italie[132] ainsi qu'au Japon[133].

L'analyse portera sur le droit anglais en raison de son ancienneté et de son exemplarité dans la matière. En droit anglais, le rattachement de principe pour les personnes, qu'elles soient physiques ou morales, est le *domicile*.[134] Cette notion ne doit pas être confondue avec celle de domicile des

127 GROßFELD, *RabelsZ* 31 (1967), 1, 3, 42.

128 GROßFELD, *RabelsZ* 31 (1976), 200 et s. ; STAUDINGER-*IntGesR*/GROßFELD, n° 31.

129 STAUDINGER-*IntGesR*/GROßFELD, n° 31 ; MERKT, *RabelsZ* 59 (1995), 545 (554 et s.).

130 STAUDINGER-*IntGesR*/GROßFELD, n° 157.

131 Les ordres juridiques suivants connaissent en effet des exceptions au principe de l'application de la loi de l'*incorporation.* En Suisse, pour protéger les créanciers sociaux, la responsabilité des organes sociaux est soumise au droit suisse (art. 159 LDIP) et, en cas de transfert de siège, les créanciers doivent être informés (art. 163 al. 2 LDIP). Le droit italien et le droit japonais quant à eux appliquent leur propre droit des sociétés dès lors qu'une société étrangère a son siège réel sur leur territoire et écartent ainsi la loi de l'*incorporation.*

132 Article 25 de la loi italienne sur le droit international privé, cf. KINDLER, *RabelsZ* 61 (1997), 227 (281 et s.).

133 GROßFELD/YAMAUCHI, *AG* 1985, 22.

134 CHESHIRE/NORTH/FAWCETT, p. 175 : *« the question concerning the status of a body of persons associated together for some enterprise, including the fundemantal question wether it possesses the attri-*

personnes physiques, ni avec celle de siège social pour les personnes morales au sens du droit français ou allemand. Elle s'apparente davantage à la résidence habituelle[135] dans la compréhension continentale sans être toutefois identique à celle-ci.

Pour une **personne physique**, le *domicile of origin* se détermine au moment de sa naissance par rapport à celui de ses parents : l'enfant né de parents mariés acquiert le *domicile* de son père, l'enfant né hors mariage acquiert le *domicile* de sa mère.[136] Ce *domicile* est en principe immuable de sorte que même un déménagement temporaire ne fait pas perdre le *domicile* à une personne. Il n'en va différemment que lorsque le centre des intérêts de la personne se déplace. Des conditions très restrictives gouvernent cependant ce changement au profit du *domicile of choice* : la personne doit s'établir dans une autre *jurisdiction*, soit dans un système légal distinct du système anglais, et avoir la volonté d'y rester de manière permanente.[137]

Pour qu'une **personne morale** puisse exister par le truchement de l'*incorporation*, il est nécessaire en vertu des *Sections* 7, 8, 9 et 15 du *Companies Act 2006*[138] que le *memorandum of association* signé par les (futurs) associés ainsi qu'une demande d'enregistrement soient adressés au *registrar*. Cette demande doit indiquer, entre autres, la raison sociale de la société, son objet ainsi que le lieu souhaité de son *registered office*. Celui-ci est l'équivalent fonctionnel du registre des sociétés mais doté, en plus, de pouvoirs de contrôle importants. Le *registered office* peut être choisi en Angleterre et au Pays de Galles, au (seul) Pays de Galles, en Ecosse et en Irlande du Nord. Une société prend pour *domicile* la loi qui a présidé à son *incorporation*.[139] En respectant les conditions de la loi anglaise, notamment celles relatives au choix du *registered office*, les fondateurs choisissent la loi anglaise comme *domicile* pour leur société. C'est par conséquent ce lieu du *registered office* choisi lors de

---

bute of legal personality must on principle be govern by the same law that governs the status of individual, i. e. by the law of the domicile ».

135 *Whicker v Hume* (1858), 7 HL Cas 124 at 160 parle de *« habitual residence ».*

136 CHESHIRE/NORTH/FAWCETT, p. 153.

137 *Idem*, p. 139. CLARKSON/HILL, p. 46 et s.

138 A consulter sur *http://www.berr.gov.uk/whatwedo/businesslaw/co-act-2006/*.

139 CHESHIRE/NORTH/FAWCETT, p. 175 : *« Every person, natural and artificial, acquieres at birth a domicile of origin by operation of the law. In the case of the legitimate natural person it is the domicile of his father; in the case of a juristic person, it is the country in which it is born, ie in which it is incorporated. If it is a corporation, it can be so only by virtue of the law by which it was incorporated ».*

l'*incorporation* qui donne le *domicile* à la société.[140] Il s'ensuit fort logiquement que le *domicile* est une conséquence du lieu de l'*incorporation*[141], soit de celui de la constitution et de l'immatriculation[142].

Mais le système de l'*incorporation* ne s'arrête pas là. Alors qu'une personne physique, comme nous l'avons dit, peut modifier son *domicile* au profit d'un *domicile of choice* sous certaines conditions, une personne morale ne peut jamais changer de *domicile of corporation.*[143] C'est la raison pour laquelle les tribunaux d'outre-manche en arrivent à la compétence de la loi de l'État sur le territoire duquel une société s'est « incorporée »[144] sans égard à la situation réelle du siège effectif de direction. La loi ainsi désignée s'applique également à toutes les questions relatives à la dissolution de la société[145], à sa capacité de contracter[146], à la responsabilité personnelle éventuelle des associés[147], etc.

En définitive, la société est tenue pour valablement constituée pourvu qu'elle ait été créée selon la loi du pays de la constitution. Si la loi applicable est toujours celle ayant présidé à la constitution de la société, cela signifie aussi que les fondateurs de la société ont indirectement le libre choix de la loi applicable.

140 COLLIER, p. 57 : « *The personal law of a company is that of its domicile, which means the law of the place of its incorporation* ». Il cite : *Re F (A Minor) (Child Abduction)* [1992] 1FLR 548 CA) ; CHESHIRE/NORTH/FAWCETT indiquent (p. 175) qu'en matière de conflit de juridictions « *the seat of a corporation is treated as its domicile* ». Ce siège est, à son tour, fixé au lieu « *where a corporation has its registered office or some other official address* » (*idem*, p. 189).

141 Mais non une conséquence du rattachement comme l'affirme le Professeur H. SYNVET, *L'organisation juridique du groupe international de sociétés*, t. 1, p. 166, le *domicile* lui-même étant le critère de rattachement.

142 L'*incorporation* correspond en effet à la constitution et à l'immatriculation dans les systèmes continentaux.

143 CHESHIRE/NORTH/FAWCETT, p. 175 : « [...] *the domicile of a corporation has this peculiarity, that it cannot be changed. It cannot be converted into a domicile of choice* ».

144 En ce sens : House of Lords, *Lazard Brothers & Co v Midland Bank Ltd* [1933] AC 289 at 297 ; DICEY/MORRIS/COLLINS, *Conflict of Laws*, 11e éd., 1987, rule 172 : « *The domicile of a corporation is in the country under whose law it is incorporated* ».

145 CHESHIRE/NORTH/FAWCETT, p. 175 : « *It is to this law alone that all questions concerning the creation and dissolution of the corporate status are reffered* » ; COLLIER, p. 57. C'est d'ailleurs l'arrêt précité House of Lords, *Lazard Brothers & Co v Midland Bank Ltd* [1933] AC 289 at 297 qui est intervenu en matière de dissolution d'une société.

146 COLLIER, p. 57.

147 *Risdon Iron and Locomotive Works v Furness* [1906] 1 KB 49 CA ; COLLIER, p. 57.

173. Les avantages. La théorie de l'*incorporation* comporte l'avantage indiscutable de déterminer sans ambiguïté la loi applicable à la société puisque la recherche du pays de l'*incorporation* est aisée en raison des documents attestant l'*incorporation*.[148] Cette théorie semble aussi contribuer à la sécurité juridique puisque la société a la capacité juridique dès lors que les conditions de constitution sont remplies dans l'État de constitution, peu importe que le siège effectif de la société soit maintenu ou non dans cet État.[149] Elle comporte cependant également de nombreux inconvénients.

Les inconvénients. La théorie de l'*incorporation* a fait l'objet de maintes critiques. On lui reproche notamment son critère de rattachement artificiel et le risque inhérent accru d'un *legal forum shopping*[150] et de ce fait, la facilité à contourner la loi 'normalement' compétente. La théorie de l'*incorporation* ouvre en effet aux fondateurs la possibilité de choisir une *lex societatis* plus laxiste en matière de protection d'intérêts nationaux ou individuels que ne l'est la loi de l'État dans lequel la société déploie ses activités essentielles.[151] En d'autres termes, le problème rencontré dans ce dernier État n'atteint pas le champ d'application de la loi déclarée compétente.[152] Cela entraîne le risque de la mise à mal des intérêts des créanciers sociaux[153] ainsi que des employés[154] et des actionnaires minoritaires[155] en cas de contournement, respectivement, des dispositions relatives à la cogestion et au *Konzernrecht* pour prendre des exemples frappants du droit allemand. L'objection selon laquelle la théorie de l'*incorporation* n'affecte pourtant pas, en Angleterre, ce type d'intérêts plus que dans les droits continentaux de sorte qu'elle devrait avoir les mêmes effets partout peut être réfutée aisément. En effet, en droit anglais pour commencer, la protection des intérêts en cause est assurée par

148 Pour ne citer que deux auteurs : GROßFELD, *RabelsZ* 31 (1967), 1, 22 ; EIDENMÜLLER, *JZ* 2003, 526 et s.

149 En ce sens : KOPPENSTEINER, *Internationale Unternehmen*, p. 122 et s.

150 SPAHLINGER/WEGEN, n° 60. C'est aux États-Unis que cette tendance est la plus visible. La loi de l'État de Delaware est en effet la plus choisie par les fondateurs parmi toutes les lois qu'offrent les différents États fédérés en raison d'abord de sa flexibilité et permissivité mais aussi, et il ne faut pas l'oublier, de sa qualité ainsi que de la spécialisation poussée des avocats et juges en la matière dans cet État.

151 EBENROTH, *Vermögenszuwendungen*, p. 356 ; WIEDEMANN, *FS Kegel* (1977), p. 197.

152 KEGEL/SCHURIG, *IPR*, § 17 II 1.

153 EBENROTH, *Vermögenszuwendungen*, p. 356 ; *MüKo-IntWR(IntGesR)*/KINDLER, n° 349.

154 HIRTE/BÜCKER/MÜLLER-BONANI, § 13 ; HIRTE/BÜCKER/BÜCKER, § 3 n° 27.

155 EBENROTH, *Vermögenszuwendungen*, p. 356 ; *contra :* KOPPENSTEINER, *Internationale Unternehmen*, p. 130 fait valoir, au contraire, que de tels risques sont secondaires.

des mécanismes de surveillance et d'intervention des autorités publiques qui empruntent au droit public et s'appliquent donc en pratique sans conflit de lois, y compris aux sociétés non anglaises présentant un lien suffisant avec la Grande-Bretagne.[156] Aux États-Unis, ensuite, il a été démontré que les différents systèmes de droit des sociétés des États fédérés ne sont pas équivalents.[157] Cela a déterminé les tribunaux, dans un premier temps, à corriger les développements néfastes de la théorie de l'*incorporation* par application de la loi du siège sur le fondement de la *fairness*[158] et les États, dans un deuxième temps, à légiférer en la matière soit pour mettre sur un pied d'égalité les *foreign* et les *home companies*[159], soit pour directement appliquer leur loi à des *pseudo-foreign companies*[160].

B. La détermination de la loi applicable dans les théories dites du siège social

On enseigne classiquement que la France et l'Allemagne, en tant que pays d'Europe continentale, appliquent toutes deux la théorie du siège social. Cette affirmation d'ordre général n'est pas tout à fait fausse car le siège social constitue effectivement le point de départ des deux systèmes de rattachement. Les droits communs français et allemand diffèrent cependant sensiblement lorsqu'il s'agit de savoir s'il faut prendre en compte le siège statutaire ou le siège réel.

1. En droit allemand

174. En Allemagne, le critère de rattachement de la loi applicable à la société n'est pas déterminé par la loi.[161] Il a alors incombé aux tribunaux de dégager un principe.

156 HÖFLING, *Das englische internationale Gesellschaftsrecht*, 2002, p. 167 et s. ; EBENROTH/EYLES, *DB-Beilage n° 2*, 88, 8 ; *idem*, *DB* 1989, 413 ; HAHN/SWOBODA, *GmbHR* 1984, 86 ; TRIEBEL/HODGSON/KELLENTER/MÜLLER, *Englisches Handels- und Wirtschaftsrecht*, 2e éd., 1995, n° 561 et s.

157 LATTY, 65 *Yale L.J.* (1955/56), p. 137 et s.

158 *Western Airlines Inc. v. Sobieski*, 191 Cal. App. 2 d 339 (1961) ; *State v. Iowa Southern Utilities Co.*, 2 N. W. 2 d 372 (1942) ; SANDROCK, *RabelsZ* 42 (1978), 227 (250) ; GÖTHEL, *RIW* 2000, 904.

159 EBENROTH/EINSELE, *ZVglRWiss* 87 (1988), 217.

160 GÖTHEL, *RIW* 2000, 904 (908).

161 En effet, l'EGBGB (Loi d'introduction au BGB contenant les dispositions relatives à l'entrée en vigueur du BGB, la réglementation de droit international privé de toutes matières, y compris la Convention de Vienne de 1980, les dispositions transitoires concernant certaines lois ainsi que le droit transitoire pour le territoire de l'ex-RDA après

La théorie du siège réel. La jurisprudence allemande, soutenue en ce sens par la doctrine majoritaire, reconnaît la théorie du siège social réel (*Sitztheorie*) en tant que droit coutumier.[162] La théorie du siège social réel est une règle de conflit qui rattache la loi applicable au siège effectif de l'administration de la société (*effektiver Verwaltungssitz*).[163] Selon la formule généralement admise de O. SANDROCK, il s'agit du *« lieu d'activité de la direction de la société et des organes appelés à y procéder, soit le lieu où les décisions essentielles de la direction de l'entreprise sont accomplies sous forme d'actes courants de gestion »*.[164] En conséquence, il n'importe pas de savoir où se trouvent les lieux de production ou d'exploitation. Le lieu décisif est celui où les contrats sont régulièrement conclus avec les tiers.[165] Il s'agit d'une règle de conflit bilatérale.[166]

175. La théorie du siège réel et le groupe. La même chose vaut d'ailleurs pour les sociétés membres d'un groupe de sociétés. L'on pourrait être tenté de croire que le pouvoir de direction ou l'incitation exercés par la société mère à l'égard les filiales seraient de nature à déterminer le siège effectif de l'administration des filiales au siège de la société mère. Il ne faut cependant pas oublier que, nonobstant la subordination, la filiale est une société dotée d'autonomie juridique. Aussi, même les mesures de direction qui seraient prises par la filiale sur directive ou incitation de la mère sont néanmoins juridiquement réputées avoir été prises par l'organe directeur de

---

le traité de réunification.) ne contient pas de règle de conflit à cet égard. Au contraire, l'article 37 n° 2 EGBGB précise que les règles de conflit en matière contractuelle ne sont pas applicables aux questions relevant du droit des sociétés.

162 RG, *JW* 1904, 231 ; *JW* 1934, 28 (45) ; *RGZ* 77, 19 (22) ; *RGZ* 83, 367 (369) ; *RGZ* 92, 73 (76) ; *RGZ* 117, 215 (217) ; *RGZ* 159, 33 (42 et s.) ; *BGHZ* 53, 181 (183) ; *BGHZ* 78, 318 (334) ; *BGHZ* 97, 269, *NJW* 95, 1032, *NJW* 96, 55 ; BayObLG 92, 113 ; Hamm, *RIW* 97, 237, 875 ; Bremen, *RIW* 98, 65 ; Düsseldorf, *JZ* 2000, 203 ; *MüKo-IPR (1998)*/HELDRICH, Anh zu Art. 12 EGBGB, n° 2 ; SOERGEL/LÜDERITZ, Anh. Art. 10, n° 8 ; *MüKo-IntGesR*/KINDLER n° 5 et 312 et s. ; VON HALEN, *Das Gesellschaftsstatut nach der Centros-Entscheidung des EuGH*, p. 29 et s. ; B. GROßFELD, *IPRax* 1986, 145 ; W. F. EBKE, *ZGR* 1987, 245 et s. ; *contra* : P. BEHRENS, *Die GmbH im europäischen und internationalen Recht*, p. 20.

163 PALANDT-*EGBGB (2002)*/HELDRICH, Anh. zu EGBGB 12, n° 1 ; *MüKo-IntGesR*/KINDLER, n° 258 et s. ; NIESSEN *NJW* 1986, 1408 ; BEHRENS, *RabelsZ* 52 (1988), 498 et s. ; KNOBBE-KEUCK, *ZHR* 154 (1990), 325 et s.

164 O. SANDROCK, *FS Beitzke*, p. 683 : *« Tätigkeitsort der Geschäftsführung und der dazu berufenen Vertretungsorgane, also der Ort, wo die grundlegenden Entscheidungen der Unternehmensleitung effektiv in laufende Geschäftsführungsakte umgesetzt werden »*.

165 OLG München, *NJW-RR* 1995, 703, 704.

166 STAUDINGER-*IntGesR*/GROßFELD, n° 103.

la filiale, comme nous l'avons vu[167]. Le lieu où ces mesures sont prises étant celui de la direction de la société filiale, c'est ce lieu qui déterminera le siège effectif de la société et donc sa loi applicable.[168] Concernant la société mère elle-même, son siège effectif de l'administration se déterminera *a fortiori* comme celui de toute société indépendante.

176. L'esprit de la théorie. Cette théorie repose sur l'idée que le rattachement doit se faire à la loi de l'État avec lequel le rapport de droit en cause a les liens les plus étroits[169] et la présomption selon laquelle la société entretient les liens les plus étroits sous forme d'activités effectives avec l'État sur le territoire duquel elle a son siège réel.[170] De cette manière, il serait également tenu compte des intérêts légitimes de l'État le plus concerné.[171] La théorie du siège social réel a été considérée comme un instrument permettant d'assurer, sur le plan du droit international privé, la réalisation de l'ordre économique et social que le législateur national poursuit avec ses lois en matière de sociétés en droit interne[172] : parmi les objectifs poursuivis, on compte notamment la protection des intérêts des salariés, de ceux des actionnaires minoritaires ainsi que ceux des créanciers.

Ses inconvénients. Elle comporte cependant certains inconvénients : en particulier, comme on le verra, elle empêche dans sa forme actuelle toute

167 Cf. *supra* n° 41 et n° 56.

168 BGH *WM* 1979, 692 ; *MüKo-IntGes*R/KINDLER, n° 319 ; *MüHb-GmbH*/JASPER, § 75 n° 28 ; KEGEL/SCHURIG, *IPR*, p. 584.

169 Ce principe est tiré de plusieurs dispositions de l'EGBGB. En premier lieu, l'article 5 § 1 EGBGB relatif au statut personnel (*Personalstatut*) retient en principe en tant que loi personnelle la loi nationale de la personne (ce qui équivaut à l'article 3 du Code civil français) mais fait aussi une place à l'idée des liens les plus étroits lorsqu'il retient que la loi personnelle de la personne ayant la nationalité de plusieurs États est celle de l'État avec lequel elle entretient les liens les plus étroits, notamment par sa résidence habituelle ou par le cours de sa vie. En deuxième lieu, l'article 28 § 1 EGBGB (comme l'article 4 § 1 de la Convention de Vienne) rattache le contrat sans choix de loi à la loi du pays *« avec lequel il présente les liens les plus étroits »*. En dernier lieu, l'article 41 EGBGB relatif à la responsabilité délictuelle fait échapper celle-ci à la loi déterminée par les dispositions précédentes (par exemple loi de l'État sur le territoire duquel le dommage s'est réalisé) pour la soumettre à la loi avec laquelle le rapport de droit entretient des liens *essentiellement* plus étroits (Souligné par nos soins. Ex : loi de l'État du domicile commun des deux parties au litige).

170 En ce sens : PALANDT-*EGBGB (2007)*/HELDRICH, Anh. zu EGBGB 12, n° 2.

171 *MüKo-IntGes*R/KINDLER, n° 314.

172 *MüKo-IPR (1998)*/SONNENBERGER, n° 151.

mobilité internationale des sociétés.[173] De plus, la localisation du siège réel s'avère souvent assez difficile en pratique.[174] Enfin, le siège réel pouvant être sujet à des modifications constantes durant la vie de la société, le rattachement de la loi applicable à ce siège va de pair avec une perte de sécurité plus importante que dans le cadre de la théorie de l'*incorporation.*

Le développement de théories intermédiaires. Ces insuffisances ont incité certains auteurs à chercher une voie médiane entre la théorie du siège réel et celle de l'*incorporation* en essayant d'éviter les inconvénients de l'une et de l'autre.[175] Alors même que la théorie du siège réel est toujours le principe en droit international privé commun allemand, une loi récente semble amorcer un mouvement d'abandon progressif de celle-ci.[176] Enfin, si la proposition du Conseil allemand pour le droit international privé[177] aboutit, la théorie cessera d'exister.

2. *En droit français*

En France, il est souvent professé en doctrine que la loi applicable à la création et au fonctionnement d'une société est la loi de sa nationalité.[178] Avant même d'étudier l'élément de rattachement de la loi applicable en droit français, il nous semble important de réfuter cette analyse parce qu'elle part d'une confusion malencontreuse des termes et concepts employés, de nature à encombrer le débat ultérieur.

a) *Le rôle de la nationalité dans le conflit de lois*

177. La doctrine française a beaucoup réfléchi sur la légitimité du concept de nationalité des sociétés ou, plus précisément, sur la question de savoir s'il convenait d'assimiler personne physique et personne morale sur ce point.[179] Ce faisant, elle a quelque peu négligé le débat sur le fond, à

173 Bayer, *BB* 2003, 2357 (2358) ; Sandrock, *RIW* 1989, 505 (507) parle de *« l'effet resctrictif de concurrence de la théorie du siège réel ».*

174 Bayer, *BB* 2003, 2357.

175 Cf. *infra* n° 196 et s.

176 La MoMiG, cf. *infra* n° 225 et le commentaire par Fingerhuth/Rumpf, *IPRax* 2008, 90 et s. (spécialement p. 92).

177 Cf. *infra* § 3.

178 En faveur de ce vocable par exemple : J.-P. Laborde, *in Mélanges Derruppé, Les activités et les biens de l'entreprise*, p. 49 (52).

179 Ancel/Lequette, *Grands arrêts DIP,* p. 408 ; Audit, n° 1105 ; B. Goldman, *Cours de droit du commerce international,* 1970-71, p. 48 ; L. Levy, *La nationalité des sociétés*, L.G.D.J.

savoir s'il était vraiment juridiquement souhaitable de retenir la nationalité en tant que critère de rattachement de la loi applicable.[180] Il est vrai que les textes de loi emploient des notions différentes pour dire la même chose ce qui, bien sûr, peut induire en erreur et n'est pas de nature à faciliter le consensus.[181] La jurisprudence, quant à elle, a longtemps jugé que les sociétés étaient soumises à leur *« loi nationale »*.[182]

Les auteurs sont cependant de plus en plus nombreux à dénoncer l'intégration artificielle de la notion de nationalité dans le conflit de lois en matière de rattachement des sociétés.[183] Ainsi, H. SYNVET démontre qu'en

---

1984, p.117 et s. ; Ch. LEBEN, *in* Cl. LAZARUS/Ch. LEBEN/A. LYON-CAEN/B. VERDIER, *L'entreprise multinationale face au droit*, Paris, 1977, p. 224 ; LOUSSOUARN/BREDIN, n° 237 et s. ; MAYER/HEUZE, n° 1043 et s. ; L. MAZEAUD, *JDI* 1928, 30 ; J.-P. NIBOYET, *Rev. crit. DIP* 1927, 402 ; H. SYNVET, *L'organisation juridique du groupe international de sociétés,* t. 1, n° 61 et s. ; F. TERRE, *Rev. crit. DIP* 1975, 4.

180 En ce sens : H. SYNVET, *ibid.*

181 Alors que les articles 1837, al. 1er C. civ. et L. 210-3, al. 1er C. com. attribuent en effet autorité pour régir la société à la loi du siège, les articles L. 222-9 C. com. (la société en commandite), L. 223-30 C. com. (SARL) ainsi que L. 225-97 C. com. (SA), lesquels visent sous l'expression *« changement de nationalité »* la modification par les associés de la loi à laquelle est soumise la personne morale. Certes, cela n'a pas empêché certains auteurs d'en tirer argument pour affirmer que ces textes consacreraient implicitement la nationalité comme critère de la *lex societatis « en raison du lien qui a toujours existé en droit français entre détermination de la nationalité des sociétés et loi applicable »* (B. GOLDMAN, *Cours de droit du commerce international*, p. 78) et que le législateur assimilerait l'un à l'autre (également en ce sens : BATIFFOL/LAGARDE, n° 192).

182 Civ., 20 janvier 1870, *S.* 1871, 1, 373 ; Req. 1898, *S.* 1901, 1, 70 ; Req., 17 juin 1899, *S.* 1900, 1, 389 ; Paris, 3 octobre 1984, *Banque ottomane*, *Rev. crit. DIP* 1985, 526, note H. SYNVET ; B. GOLDMAN, *JDI* 1986, 160 ; Cass. com., 21 décembre 1987, *Rev. soc.* 1988, 398, note H. SYNVET ; M. MONTANIER, *JCP* 1988, II, 21113 ; J.-P. LABORDE, *Bull. Joly* 1988, 194 ; M.-N. JOBARD-BACHELLIER, *Rev. crit. DIP* 1988, 297 ; Cass. com. 8 novembre 1988, *JCP* 1989, II, 21230, note J.-F. BARBIERI ; Cass. com., 9 avril 1991, *RTD com.* 1991, 402, obs. Y. REINHARD ; C. FAUGEROLAS, *Bull. Joly* 1991, 589 ; R. LIBCHABER, *Rev. soc.* 1991, 746 ; Cass. com., 19 mai 1992, *JDI* 1992, 954, note Ph. KAHN ; Cass. com., 9 mars 1993, *Rev. soc.* 1993, 584.

183 P. LOUIS-LUCAS, 'Remarque sur la nationalité des sociétés', *JCP* 1953, I, 1104 ; MAYER/HEUZE, n° 1031, p. 717 et s. ; H. SYNVET, *L'organisation juridique du groupe international de sociétés,* t. 1, n° 61 et s. ; L. LEVY, *La nationalité des sociétés*, p. 104 et s. ; Ph. FRANCESCAKIS, 'Lueurs sur le droit international des sociétés de capitaux', *Rev. crit. DIP* 1970, 609 ; J. FROSSARD, 'Un vide législatif : la nationalité des sociétés', *D.* 1969, chron., 9 ; J. BEGUIN, 'La nationalité juridique des sociétés commerciales devrait correspondre à leur nationalité économique', *Mél. Catala*, Litec 2001, p. 859.

réalité, le débat sur la question de savoir si le concept de nationalité peut[184] ou non[185] s'appliquer aux sociétés par assimilation aux personnes physiques importe peu. Car il n'y a pas de contradiction intrinsèque à conférer aux sociétés une nationalité pour les besoins de la protection diplomatique et de jouissance de droits, et à refuser de la prendre en compte dans l'opération de détermination de la loi applicable étant donné que la loi nationale des personnes physiques, c'est-à-dire la loi personnelle, connaît également des exceptions.[186] Les auteurs remarquent également que la symétrie alléguée entre personnes physiques et morales se révèle largement illusoire.[187] Le postulat selon lequel la nationalité des sociétés correspondrait à celle des personnes physiques n'est plus admis.[188] Tout cela est vrai et mérite d'être mentionné sur un plan théorique.

Sur le plan pratique, comme c'est le cas souvent, la solution est plutôt évidente. Il suffit de partir de l'énoncé clair des articles 1837, al. 1er C. civ.[189] et L. 210-3, al. 1er C. com.[190] pour constater que la loi applicable est déterminée par référence au siège social sans mentionner la nationalité.[191] L'argument des tenants de la conception classique, selon lequel il n'y aurait qu'une différence

184 Pour une application de ce concept : ANCEL/LEQUETTE, *Grands arrêts DIP,* p. 408 ; B. GOLDMAN, *Cours de droit du commerce international,* 1970-71, p. 48 ; L. MAZEAUD, 'De la nationalité des sociétés', *JDI* 1928, 30 ; M. MENJUCQ, *Droit international et européen des sociétés,* n° 12. La position de la doctrine contemporaine est certainement bien résumée par les propos du Professeur Bernard AUDIT, n° 1105 : *« L'on s'accorde en général à reconnaître que les personnes morales n'ont pas à proprement parler de nationalité ; mais que l'expression s'impose par sa commodité pour désigner le lien privilégié de la société avec un État aux fins de protection diplomatique et de jouissance des droits ».*

185 *Contra* : J.-P. NIBOYET, *Rev. crit. DIP* 1927, 402 ; PILLET, *La personne morale en droit international privé,* Paris, 1914, p. 121 et s. ; VAREILLES-SOMMIERES, *in La personne morale,* Paris, 1988, p. 643 et s.

186 H. SYNVET, *L'organisation juridique du groupe international de sociétés,* t. 1, n° 68. L'auteur cite l'exemple des effets du mariage quand les époux sont de nationalité différente auquel cas s'applique en principe la loi de leur domicile commun (arrêt *Rivière,* Civ. 17 avril 1953, *Rev. crit. DIP* 1953, 412, note BATIFFOL ; PLAISANT, *JDI* 1953, 860 ; BUCHET, *JCP* 1954, II, 7864 ; ANCEL/LEQUETTE, *Grands arrêts DIP,* n° 49).

187 L. LEVY, p. 104 et s. ; R. LIBCHABER, *Rev. soc.* 1991, 750 ; H. SYNVET, *L'organisation juridique du groupe international de sociétés,* t. 1, n° 70.

188 Ch. LEBEN, *in* Cl. LAZARUS/Ch. LEBEN/A. LYON-CAEN/B. VERDIER, *op. cit.,* p. 189.

189 L'alinéa 1er de l'article 1837 C. civ. dispose que *«* [t]*oute société dont le siège est situé sur le territoire français est soumise aux dispositions de la loi française ».*

190 L'alinéa 1er de l'article 210-3 C. com. applicable aux sociétés commerciales dispose que *«* [l]*es sociétés dont le siège social est situé en territoire français sont soumises à la loi française ».*

191 L. LEVY, p. 114 et s. ; MAYER/HEUZE, n° 1031.

de formulation puisque le critère de nationalité est précisément ce même siège social[192], peut être réfuté par une première objection de bon sens :

> *« Même s'il en était ainsi, on ne voit guère de raison de compliquer l'énoncé tout à fait simple de l'article 1837 C. civ. en introduisant une notion de nationalité rigoureusement inutile à ce stade. »*[193]

Plus encore, des raisons purement juridiques s'opposent à l'usage du concept de nationalité pour la détermination de la loi applicable. Premièrement, les alinéas 2 des articles 1837 C. civ. et L. 210-3 C. com. accordent aux tiers le droit de se prévaloir à leur choix du siège statutaire ou du siège réel.[194] Si le siège social était pris comme critère attributif de nationalité, celle-ci changerait au gré de l'option des tiers ce qui ne peut être voulu.[195] Aussi, l'article 1837 C. civ. retient le siège social comme critère de rattachement de la loi applicable, non de la nationalité. Deuxièmement, la nationalité étant un attribut de la personne, on ne saurait l'attribuer à une société avant de savoir si celle-ci est valablement créée et donc titulaire de la personnalité morale ; le conflit de lois doit donc précéder la question de la nationalité.[196] Troisièmement, une règle de conflit ne saurait décider de la nationalité étrangère d'une société.[197] En effet, tout comme en matière de personnes physiques[198], il appartient en principe à chaque État de déterminer par sa législation quelles sont les sociétés qu'il considère comme étant ses nationaux[199].

192 Voir par exemple : COZIAN/VIANDIER/DEBOISSY, n° 213-214 ; L'arrêt de principe en matière de nationalité des sociétés étant Cass. civ. 1ère, 30 mars 1971, *Caisse centrale de réassurance des mutuelles agricoles (CCRMA)*, *JCP* 1972, II, 17101, note B. OPPETIT ; P. LAGARDE, *Rev. crit. DIP* 1971, 451 ; ANCEL/LEQUETTE, *Grands arrêts DIP*, n° 50.

193 MAYER/HEUZE, n° 1031.

194 En ce sens : MENJUCQ, *Droit international et européen des sociétés*, n° 75.

195 MAYER/HEUZE, n° 1031.

196 *Ibid.*

197 *Ibid.*

198 Les questions de nationalité sont comprises dans le domaine *« réservé »*, c'est-à-dire ressortissant à la compétence exclusive de l'État (Cour permanente de justice internationale, Avis consultatif n° 4 du 7 février 1923 relatif aux décrets de nationalité promulgués en Tunisie et au Maroc, *Rec.*, *Série B* ; Cour permanente de justice internationale, Avis consultatif n° 7 du 15 septembre 1923 relatif à l'interprétation du traité des minorités du 28 juin 1919 entre la Pologne et les Puissances alliées, *Rec.*, *Série B*).

199 L. LEVY, *La nationalité des sociétés*, L.G.D.J. 1984, p.117 et s. ; MAYER/HEUZE, n° 1043 et s. (1044) ; VON BAR, *Annuaire Instit. Droit international*, t. IV, p. 541 : « *Imposer une compétence à qui n'en veut pas, ce n'est pas le traiter en égal, c'est revendiquer une espèce de supériorité ou*

À titre de comparaison, notons simplement qu'en droit allemand et anglais, le concept de nationalité (*Staatsangehörigkeit* et *nationality*) est exclusivement utilisé en matière de jouissance des droits et de protection diplomatique. En revanche, il ne joue aucun rôle en matière de conflit de lois.[200]

En définitive, le critère de la nationalité se révèle insuffisant, inapplicable et même parfaitement inutile en matière de conflit de lois.[201] Aussi, pour éviter toute équivoque, il est préférable d'éliminer le mot « nationalité » sur ce terrain.[202] Les sociétés ne sont pas régies par leur loi nationale.[203] Une jurisprudence récente semble également aller dans le même sens.[204] Il nous semble ainsi juste d'abandonner la nationalité comme critère de ratta-

---

s'attribuer un droit supranational [...] ». Il est vrai cependant que les juridictions françaises ont toujours raisonné en termes de conflit de lois pour attribuer ou non *lege fori* la nationalité française à une société (Cass. civ. 1ère, 18 avril 1972, *JDI* 1973, 218, 2e espèce, note OPPETIT ; P. LAGARDE, *Rev. crit. DIP* 1972, 672) de sorte qu'il faut se demander si le concept français de nationalité coïncide avec celui retenu dans l'ordre international (cf. H. SYNVET, *L'organisation juridique du groupe international de sociétés*, t. 1, n° 65, p. 152). *Contra :* J.-P. NIBOYET, 'Existe-t-il vraiment une nationalité des sociétés', *Rev. crit. DIP* 1927, 402. Ce dernier auteur conteste toute application aux sociétés de la notion de nationalité.

200 Pour le droit anglais, cf. en guise d'une doctrine unanime CHESHIRE/NORTH/ FAWCETT, p. 175 : *« It is seldom* [...] *that its nationality will be relevant to a question of the English conflict of Laws ».* Pour le droit allemand, voir déjà les développements fondamentaux de G. KEGEL, *Das internationale Privatrecht im EGBGB*, Stuttgart, 1961, p. 679 : l'auteur distingue en effet deux questions. La première question est celle du *Personalstatut* de la société, c'est-à-dire la question de la détermination du rattachement de la société en droit international privé. La deuxième question est, au contraire, relative à la condition des étrangers, c'est-à-dire au point de savoir si une société est ou non ressortissant allemand. Et ce n'est que relativement à cette deuxième question que G. KEGEL parle de nationalité (*Staatsangehörigkeit*).

201 Y. LOUSSOUARN, *Les conflits de lois en matière de sociétés,* thèse 1949, p. 87 parle de *« l'habitude de faire ce détour inutile et de rechercher la loi applicable en deux étapes alors qu'une seule aurait amplement suffi ».* M. MENJUCQ, *Droit international et européen des sociétés.,* n° 21 précise que : « [...] *soit la loi nationalité de la société se confond avec la loi de son siège social, soit la nationalité se définit par un autre critère mais, dans ce cas, elle ne détermine pas la* lex societatis ». Dans le même sens : H. SYNVET, *L'organisation juridique du groupe international de sociétés*, t. 1, n° 33. La nationalité joue cependant un rôle en matière de condition des personnes morales, cf. B. AUDIT, n° 1105 et s.

202 En ce sens : LOUSSOUARN/BOUREL/DE VAREILLES-SOMMIERES, n° 704.

203 MAYER/HEUZE, n° 1031 ; M. MENJUCQ, *Droit international et européen des sociétés*, p. 42 (*« Il est préférable d'éviter de s'encombrer du concept de nationalité des sociétés pour déterminer la* lex societatis *»*) ; H. SYNVET, *L'organisation juridique du groupe international de sociétés,* t. 1, n° 61 et s. (spéc. n° 76) ; *contra* cependant : B. AUDIT, n° 1107 et s. (spéc. 1113).

204 Cass. civ 1ère, 8 décembre 1998, *Rev. crit. DIP* 1999, 284 et s., note M. MENJUCQ.

chement des sociétés, raison pour laquelle le vocable « nationalité » sera rigoureusement banni par la suite.

b) Le critère de rattachement de la loi applicable

178. La question de la détermination de la loi applicable se pose en d'autres termes qu'en droit allemand. En droit français, en effet, deux règles de conflit quasi-identiques se trouvent à deux endroits de la loi, à l'article L. 210-3 C. com.[205] ainsi qu'à l'article 1837 C. civ.[206]. Ces articles ont été bilatéralisés.[207] Le législateur, cependant, ne définit pas pour autant le facteur de rattachement utilisé dans la norme de conflit qu'il pose. Le siège à la loi duquel la société est déclarée soumise peut donc *a priori* être compris comme statutaire aussi bien que réel. Aussi, un débat de la doctrine relatif à la détermination de ce facteur de rattachement opposait les tenants du siège réel aux tenants du siège statutaire.[208] Il est vrai qu'entre ces deux positions extrêmes, il y a place pour toute une série de solutions intermédiaires, situation propre à alimenter les débats.

i) La position traditionnelle

179. La position que l'on peut qualifier de traditionnelle, est celle qui défend le siège réel. Ce siège serait, *« d'une part, réel c'est-à-dire non fictif et, d'autre part, sérieux c'est-à-dire non frauduleux »*.[209] Il semblerait qu'une impor-

205 Cet article est issu de l'article 3 de la loi du 24 juillet 1966, L. n° 66-537, sur les sociétés commerciales. Il est libellé comme suit : *« (1) Les sociétés dont le siège social est situé en territoire français sont soumises à la loi française. (2) Les tiers peuvent se prévaloir du siège statutaire, mais celui-ci ne leur est pas opposable par la société si son siège réel est situé en un autre lieu ».*

206 Cet article étend l'application de l'article L. 210-3 C. com. à toute société.

207 Cass. civ. 1ère, 18 avril 1972, *RC* 1972, 672, note LAGARDE ; Cass. com., 21 décembre 1987, *Société Viuda de José Tolra, JCP éd. G* 1988, II, 21113, concl. MONTANIER et *Rev. soc.* 1988, 398, note SYNVET ; Cass. com., 9 avril 1991, *Rev. soc.* 1991, 746, note LIBCHABER ; Cass. civ. 1ère, 8 décembre 1998, *Rev. crit. DIP* 1999, 284, note MENJUCQ.

208 Pour un résumé de la controverse : J.-B. BLAISE, 'Une cohabitation difficile (...)', *Mél. Kahn,* p. 593 et s. ; GOLDMAN/LYON-CAEN/VOGEL, n° 105, p. 122 ; BATIFFOL/LAGARDE, p. 334 et s.

209 LOUSSOUARN/BREDIN, *Droit du commerce international,* Paris, Sirey, 1969, n° 264 et s. Encore aujourd'hui dans le même sens : LOUSSOUARN/BOUREL/DE VAREILLES-SOMMIERES, n° 707. Un auteur, en particulier, fait valoir dans sa thèse que le siège réel est en mesure de combattre efficacement la fraude à la loi et ce, par simple application de la règle de conflit sans qu'il soit donc nécessaire solliciter le mécanisme de la fraude. Plus encore, la règle de conflit faisant régir la société par la loi de son siège réel, per-

tante jurisprudence puisse être citée à cet égard.[210] Concernant, en premier lieu, le caractère non fictif du siège, l'article 3 de la loi de 1966 (soit l'article L. 210-3 C. com.), conforterait la jurisprudence antérieure à la loi de 1966 retenant comme critère de rattachement en matière de conflits de lois le siège réel.[211] Le siège statutaire ne serait retenu *« qu'à titre de simple indication, valable seulement dans la mesure où elle n'était pas démentie par les faits »* et *« [d]errière le siège statutaire, [les] tribunaux recherchent toujours le siège effectif »*.[212] Aussi, dans cette perspective, l'alinéa 2 des articles L. 210-3 C. com. et 1837 C. civ. est interprété comme consacrant la théorie du siège social fictif, les tiers pouvant invoquer le siège statutaire en tant qu'*« acte apparent »* de la simulation laquelle consisterait en la présence de ce siège statutaire en un autre lieu que celui où se trouve le siège réel.[213] Concernant, en deuxième lieu, le caractère non frauduleux du siège, l'exigence d'un siège choisi pour une raison légitime serait superposée par les tribunaux à l'exigence du siège réel pour sanctionner l'hypothèse dans laquelle le *« siège social, qui est réel, a été établi à l'étranger dans le but de frauder la loi française »*.[214] Selon ces auteurs, l'article 3 de la loi de 1966 ne s'y opposerait pas.[215]

ii) La position renouvelée

180. C'est de ces développements que part un auteur désireux de voir le système français s'approcher du système de l'*incorporation*, H. SYNVET, pour réfuter un à un les arguments présentés en faveur du siège réel comme facteur de rattachement de la loi applicable. Il ouvre ainsi la voie à une

---

mettrait de sanctionner indistinctement la fraude et la simulation (B. AUDIT, *La fraude à la loi*, Paris, Dalloz, 1974, n° 280 et 514.).

210 Ainsi, LOUSSOUARN/BREDIN, n° 258, p. 274, note de bas de page n° 1, citent : Douai, 1er décembre 1955, *D. S.* 1956, 233 ; note GORE ; Loussouarn, *Rev. crit. DIP* 1956, 490 ; Cass. civ. 1ère, 17 juillet 1958, *Rev. crit. DIP* 1958, 704, note FRANCESCAKIS ; LOUSSOUARN, *RTD com.* 1959, 255 ; Paris, 21 octobre 1965, *Gaz. Pal.* 1965, II, 353 ; BREDIN, *JDI* 1966, 58 ; Cass. civ. 1ère, 25 janvier 1966, *D.* 1966, 390, note LOUSSOUARN ; FRANCESCAKIS, *Rev. crit. DIP* 1966, 238 ; Paris, 26 mars 1966, *JDI* 1966, 845, note GOLDMAN ; LOUSSOUARN, *Rev. crit. DIP* 1968, 58.

211 BATIFFOL/LAGARDE, n° 193 ; LOUSSOUARN/BREDIN, n° 258, 266, BEGUIN, 'Un texte à abroger: …', *in Mél. Champaud*, 1997, p. 1.

212 LOUSSOUARN/BREDIN, n° 265.

213 *Ibid.*

214 LOUSSOUARN/BREDIN, n° 267.

215 *Idem*, n° 268.

grande partie de la doctrine contemporaine qui, au contraire, retient le siège statutaire comme facteur de rattachement de principe.

L'auteur démontre d'abord que le critère du siège réel peut ne pas être efficace pour empêcher un rattachement artificiel de la société[216] : tel est le cas par exemple lorsque la réunion des assemblées et des conseils de direction sur un territoire donné est « mise en scène ». Ensuite, H. SYNVET s'emploie à démontrer que le fait, pour une partie de la doctrine, de tenir le siège réel pour le facteur de rattachement de la loi applicable provient d'une analyse erronée de la jurisprudence due, comme nous l'avons évoqué auparavent, à la confusion terminologique regrettable autour de la nationalité mêlant jouissance des droits et conflit de lois.[217] Pour ce faire, il retient les seules décisions ayant traité du problème du conflit de lois et écarte celles relatives à la jouissance des droits. Sur cette base, il examine si le siège réel a véritablement été employé en tant que facteur de rattachement par la jurisprudence. La règle de conflit étant bilatérale, il en déduit deux conditions devant être remplies pour qu'il en soit ainsi :

> *« premièrement, des sociétés constituées à l'étranger mais dont le siège réel se localisait en France ont été soumises à la loi du for, alors qu'aucun arbitraire ne pouvait être relevé dans le choix des fondateurs ; secondement, la loi étrangère du siège réel a été appliquée à des sociétés immatriculées en France ou dans un pays tiers ».*

En vérifiant ces deux conditions, H. SYNVET constate qu'aucune n'est remplie. D'une part, en effet, toutes les décisions soumettant une société au droit français alors qu'elle a été constituée selon une loi étrangère, constatent expressément une fraude ou un défaut de lien sérieux laissant apercevoir la volonté d'éluder la loi du for.[218] Notons, dès à présent, que les arrêts qui ont été cités sur ce point sont plutôt anciens. D'autre part, aucun

216 H. SYNVET, *L'organisation juridique du groupe international de sociétés,* t. 1, n° 87, p. 201 ; *contra* : B. AUDIT, *La fraude à la loi*, n° 514.

217 *Idem*, n° 91 et s.

218 Cass. crim., 21 novembre 1889, *S.* 1890, 1, 94 ; *JDI* 1889, 850 ; Paris, 31 octobre 1957, *RTD com* 1958, 345, note Y. LOUSSOUARN. Du reste, l'auteur cite des décisions, p. 207, note de bas de page n° 273, datant du début du 20e siècle voire du 19e siècle alors que sa thèse date de 1979 ! Il ne nous semble guère nécessaire de procéder à un réexamen de la jurisprudence et ce, pour deux raisons : premièrement, la démonstration faite par H. SYNVET est exhaustive et, selon nous, exacte ; deuxièmement, il ne semble y avoir aucun exemple jurisprudentiel postérieur où la question de la loi applicable à une société étrangère se serait posée.

exemple jurisprudentiel n'a pu être trouvé témoignant de ce que les tribunaux français appliquent à une société, constituée conformément à la loi française ou celle d'un pays tiers, le droit étranger du siège réel de celle-ci.

Enfin, des arguments textuels ont été apportés en faveur du siège statutaire. L'auteur part de l'énoncé des articles 1837 C. civ. et L. 210-3 C. com. pour constater que leur premier alinéa, faute de précision sur ce point, n'est pas incompatible avec la thèse selon laquelle le siège pourrait revêtir le caractère statutaire. Quant à leur alinéa 2 selon lequel *« les tiers peuvent se prévaloir du siège statutaire, mais celui-ci ne leur est pas opposable par la société si son siège réel est situé en un autre lieu »*, le raisonnement est le suivant : si, comme le prétend la position traditionnelle, le siège de principe visé à l'alinéa 1er était le siège réel, l'ajout à l'alinéa 2e, selon lequel la société ne peut opposer aux tiers le siège statutaire dès lors que le siège réel se localise en un autre lieu, serait superfétatoire puisque, de toute manière, seul le siège réel serait pris en compte pour le rattachement de la société.[219]

A partir de ce constat, H. SYNVET examine le fondement de **l'option entre siège social et siège réel ouverte aux tiers**. Après avoir écarté la théorie de la simulation, défendue jadis[220], pour défaut d'une condition d'application[221], il retient la théorie de l'apparence[222]. C'est ce point du raisonnement que critique M. MENJUCQ faisant valoir que la jurisprudence actuelle ne se concilie pas avec la théorie de l'apparence, puisque, en cas de fraude ou de fictivité de la société, elle confère un *« droit d'option pur et simple »* aux tiers, indépendamment de leur connaissance ou non de la situation réelle du siège social.[223]

La doctrine majoritaire actuelle, en suivant la voie tracée par H. SYNVET, s'accorde aujourd'hui sur la position suivante : le siège social statutaire est le critère de rattachement de principe en droit français, sauf fraude au-

219 H. SYNVET, *L'organisation juridique du groupe international de sociétés,* t. 1, n° 94.

220 Par LOUSSOUARN/BREDIN, n° 266.

221 H. SYNVET, *L'organisation juridique du groupe international de sociétés,* t. 1, n° 95. Il n'y a pas, en effet deux actes ici, l'un ostensible, l'autre secret comme l'exige la théorie de la simulation mais une seule société qui est enregistrée au lieu du siège statutaire.

222 H. SYNVET, *L'organisation juridique du groupe international de sociétés,* t. 1, n° 96. Dans le même sens : BATIFFOL/LAGARDE, n 194 ; M.-N. JOBARD-BACHELLIER, *L'apparence en droit international privé,* L.G.D.J., 1984, p. 262 et s.

223 M. MENJUCQ, *Droit international et européen des sociétés,* n° 75 citant CAA Paris, 2 juillet 1991, *Bull. Joly* 1991, 858 et Cass. com., 23 février 1993, *Dr. soc.* 1993, n° 85. Les deux arrêts ne concernent cependant pas un conflit de lois.

quel cas, à la demande des tiers, le critère du siège réel sera retenu.[224] Aussi, l'on ne s'interrogerait pas *a priori* sur la localisation du siège réel d'une société mais sur son siège statutaire pour déterminer la loi applicable.

iii) Appréciation des positions doctrinales

181. Un examen approfondi montre que les arguments invoqués classiquement et ceux que propose la doctrine majoritaire actuelle se valent sur le plan des concepts juridiques. Ainsi, dès lors que la détermination de la loi applicable ne pose pas de difficulté, il est logique que les tribunaux s'en tiennent d'abord à l'indice *prima facie* du siège statutaire. Ce n'est en effet que lorsque la loi applicable fait l'objet d'une controverse dans un cas concret que les juges s'intéresseront à la localisation du siège réel afin de déterminer si le siège statutaire est frauduleux ou non. Il ne saurait en être autrement et un juge allemand, appliquant pourtant en droit commun la théorie du siège réel, ne procéderait pas autrement. Mais il ne semble pas raisonnable d'en conclure que le siège statutaire prévale en droit français, ni inversement que le siège réel l'emporte.

Tout d'abord, il est particulièrement frappant de constater que le défenseur le plus ardent de la position renouvelée, H. SYNVET, semble abjurer ses ardeurs seulement quelques années après la rédaction de sa thèse. Il écrit ainsi à propos d'un arrêt de la Cour de Paris intervenant dans la seconde affaire *Banque ottomane*[225] que « [...] *la règle de conflit française,* [...] *en matière de sociétés, désigne la loi du siège réel. La solution retenue à cet égard par l'arrêt commenté est évidemment d'une parfaite orthodoxie.* »

Concernant, ensuite, l'argument textuel de H. SYNVET selon lequel un défaut de logique syntaxique existerait dans l'alinéa 2, si l'on retenait comme facteur de rattachement de principe le siège réel, il peut être réfuté sans grande difficulté. En effet, dire, comme le font les tenants de la position traditionnelle, que l'alinéa 1er conforte la thèse du rattachement par le siège

224 B. LE BAR, *in* BEGUIN/MENJUCQ, *Droit du commerce international*, n° 470 ; MAYER/ HEUZE, n° 1037 et s. ; M. MENJUCQ, *Droit international et européen des sociétés,* p. 72 et s. ; M. STORCK, Commentaires joints de l'arrêt CJCE, 30 sept. 2003, *Inspire Art Ltd.*, C-167/01 et de l'arrêt Cass.com. 8 juill.2003, *Banque international pour le commerce et l'industrie de la Guinée c/ Sté Grégori international*, *Banque et droit*, 2003, n° 92, p. 42. ; H. SYNVET, *L'organisation juridique du groupe international de sociétés,* t. 1, n° 96, p. 209 et s. (216) ; *(probablement)* J.-B. BLAISE, 'Une cohabitation difficile...', *Mél. Kahn*, p. 593 ; *contra* : LOUSSOUARN/BOUREL/DE VAREILLES-SOMMIERES, n° 707, p. 926 ; AUDIT, n° 1114.

225 SYNVET, *Rev. crit. DIP* 1985, 526 (530).

réel, n'est pas incompatible avec l'énoncé de l'alinéa 2 lequel permet aux tiers de se prévaloir, outre du siège réel, du siège statutaire tout en interdisant en même temps à la société d'en faire de même dès lors que celui-ci est fictif. L'option entre siège statutaire et siège réel ouverte aux tiers permettrait donc de combattre la fictivité de la société.[226]

Enfin, quant à la discussion relative à l'option des tiers commune aux deux positions, elle s'avère d'un intérêt assez limité quand on examine la question de près. En effet, à notre connaissance, nul n'a songé, dans la doctrine française, sans doute en raison de l'absence de toute jurisprudence sur ce point[227], à s'interroger sur le *domaine d'application* de l'option ouverte aux tiers par les alinéas 2 des articles en cause. Ainsi, est-il réellement concevable qu'un tiers, qu'il soit cocontractant ou non de la société, se prévale de l'un ou l'autre des sièges, réel ou statutaire, sur le fondement de l'art. L. 210-3 al. 2 C. com. ? Nous savons qu'il est indispensable, en droit des sociétés, de distinguer les relations internes (entre associés) des relations externes (à l'égard des tiers).[228] Aussi, les tiers n'ont aucun intérêt, du moins juridique, à agir lorsque sont en cause les relations internes de la société. L'option réservée aux tiers ne devrait donc jouer que dans les relations externes. Il existe principalement deux types de relations externes[229] : celles qui sont de nature contractuelle et celles qui sont de nature délictuelle. Mais lorsque est en cause un contrat ou un délit entre le tiers et la société, est appliqué le droit... contractuel ou délictuel en droit interne, soit la *lex contractus* ou la *lex delicti* dès lors que le rapport de droit présente un élément d'extranéité, mais non le droit des sociétés, ni la *lex societatis*.[230] Ce n'est qu'à titre exceptionnel que les relations externes revêtent une nature sociétaire : l'on pense notamment à la responsabilité personnelle des associés voire des

226 En ce sens : LOUSSOUARN/BREDIN, n° 265.

227 Également en ce sens: H. SYNVET, *L'organisation juridique du groupe international de sociétés,* t. 1, p. 216, note de bas de page n° 294.

228 Cette distinction est couramment faite par la doctrine allemande (ainsi HUECK/ WINDBICHLER, § 2, n° 13), la parenté revenant à G. GRASSMANN, *System des internationalen Gesellschaftsrechts*, Herne Berlin, 1970, n° 615 et s. Même sens mais plus nuancé : D. COHEN, *Rev. crit. DIP* 2003, 585 et s. (602).

229 L'on pourrait y ajouter, selon les ordres juridiques, les quasi-délits, la gestion d'affaire, la *culpa in contrahendo*, l'enrichissement sans cause… Il est cependant permis de regrouper ces hypothèses comme le fait l'article 2.1 du Règlement Rome II.

230 *contra* : H. SYNVET, *L'organisation juridique du groupe international de sociétés,* t. 1, p. 216, note de bas de page n° 294, suppose que l'option accordée aux tiers devrait trouver à jouer dans les relations contractuelles qu'ils nouent avec la société.

directeurs en cas de faute séparable des fonctions pour le droit français et au *Haftungsdurchgriff* pour le droit allemand ou encore aux pouvoirs des représentants sociaux pour conclure un contrat. Mais alors reste le principe selon lequel ces questions sociétaires sont soumises... à la *lex societatis*.[231] Ce n'est que lorsque la fraude est prouvée que les tiers pourront demander que soit écartée la *lex societatis* au profit de la loi du siège social réel. Il en résulte que l'alinéa 2 des articles n'a, en réalité, qu'un domaine d'application fortement limité.

Un autre argument permet de se convaincre du faible intérêt de l'option ouverte aux tiers. Selon les auteurs défendant la position renouvelée, c'est la présence d'une fraude qui déclenche cette option au profit des tiers. Or, il s'agit de la fraude à loi.[232] De deux chose, l'une. Soit le rattachement de la société est frauduleux par une manipulation du critère de rattachement et alors la société devra être soumise, à titre de sanction, au critère que l'on a tenté de contourner[233], soit le rattachement n'est pas frauduleux et la société restera soumise à la loi choisie. Mais on ne voit pas pourquoi, dans le premier cas, ce serait aux tiers de déclencher le mécanisme de la fraude. En réalité, il incombe à la seule loi dont la compétence a été frauduleusement éludée de réclamer sa compétence. En d'autres termes, la sanction de la fraude incombe à l'ordre juridique dont la loi a été éludée ; il ne peut dépendre de l'intérêt, aussi légitime soit-il, d'une partie au litige que la fraude à la loi soit sanctionnée ou non.

231 Pour les pouvoirs des représentants, cette solution semble acquise : cf. *Encycl. jur. Dalloz, Rép. Droit international, Société,* n° 115 et s. (123) ; BUREAU/MUIR WATT, n° 1042 ; Cass. civ. 1ère, 8 déc. 1988, *Rev. crit. DIP* 1999, 284, note M. MENJUCQ. Concernant la responsabilité des membres de la société (associés et organes) à l'égard des tiers, la réponse à apporter au conflit de lois est plus complexe. Lorsqu'est en cause un devoir sociétaire, seule la *lex societatis* s'applique en principe. Si le for qualifie cependant ce même fait de délictuel, il est recommandé de retenir un « rattachement accessoire à la *lex societatis* », c'est-à dire de faire jouer la clause échappatoire de l'art. 4.3 Rome II permettant d'aboutir à l'application de (toutes les dispositions) la loi de l'État de la société. On y reviendra plus en détail, cf. *infra* n° 416 et s. (spéc. n° 426 et s.). En revanche, pour ce qui est de la responsabilité personnelle des directeurs en cas de faute séparable des fonctions (art. L. 225-251 C. com.) à l'égard des tiers la qualification sociétaire nécessite un réexamen précis. Celui-ci mènera au rejet de la qualification sociétaire, voir *infra* n° 412 et s. (spéc. n° 414).

232 MAYER/HEUZÉ, n° 1037.

233 Selon la formule de M. VIDAL, *Essai d'une théorie générale de la fraude à la loi en droit français*, Paris, 1957, p. 372, *« la fraude a pour effet sa propre inefficacité ».*

En définitive, il est permis de conclure sur le critère de rattachement du droit français de la manière suivante : face à la rareté et surtout la contradiction de la jurisprudence relative au critère de rattachement, il n'est guère possible de trancher définitivement le débat. Il serait, au contraire, intellectuellement malhonnête de se rattacher à une école de pensée alors que les arguments de l'une et de l'autre sont convaincants de la même façon sur le plan théorique. Aussi, il convient de traiter la question du critère de rattachement en droit français en question ouverte, de sorte que les deux positions doctrinales antagonistes devront être considérées par la suite.

182. Quoi qu'il en soit, que le droit français retienne le siège statutaire, tempéré par le mécanisme de la fraude[234], ou bien le siège réel, il n'en s'agit pas moins **d'une théorie du siège social et non d'un système de l'*incorporation***. Ce n'est que d'un certain *« rapprochement vers le système de l'*incorporation *»* qu'il est permis de parler concernant la position renouvelée de la doctrine qui retient comme facteur de rattachement le siège statutaire[235], en ce sens que la dissociation des sièges statutaire et réel est en principe permise, sauf fraude. Il importe dès lors de savoir quelle signification la notion de fraude revêt dans le contexte du droit international des sociétés : est frauduleux le fait, pour les fondateurs de la société, d'éviter la loi française par un rattachement artificiel à la loi d'un autre État. Il s'agit,

234 H. SYNVET, *L'organisation juridique du groupe international de sociétés,* t. 1, n° 96. Voir cependant notre critique à l'égard de l'option des tiers *supra.* D'une manière plus générale, B. AUDIT, n° 1114 remarque que « *ce type de contentieux* [constituer une société à l'étranger pour échapper à la loi française] *semble aujourd'hui pratiquement tari* ».

235 MAYER/HEUZE, n° 1037 (*« On ne s'éloigne guère alors du système de* l'incorporation *»*). Parler, en revanche, d'une *« convergence* (du système français) *vers le système d'incorporation* » comme le fait M. MENJUCQ, *Droit international et européen des sociétés*, n° 73 nous semble quelque peu exagéré. Aussi, l'auteur cite comme *« manifestation certainement la plus évidente de la convergence »* l'article L. 210-6 C. com. au terme duquel *«* [l]*es sociétés commerciales jouissent de la personnalité morale à dater de leur immatriculation au registre du commerce »*. Il fait valoir que l'effet constitutif de l'immatriculation du système français s'approche du système de l'*incorporation* en ce sens que la personnalité juridique résulterait, comme dans ce système, de *« l'enregistrement de la déclaration des fondateurs par une autorité publique »* et non plus du contrat de sociétés. Il est véridique que l'immatriculation fait naître la personnalité juridique de la personne morale dans les deux systèmes. Il n'est cependant pas permis de déduire de cette circonstance que les deux systèmes convergent puisqu'il n'est pas, en effet, contradictoire pour un système retenant le siège social, même réel, en tant que facteur de rattachement, de reconnaître un effet constitutif à l'immatriculation au registre des sociétés. Tel est par exemple le cas du droit allemand (cf. HUECK/WINDBICHLER, § 22, n° 8 ; § 41 al. 1er AktG).

en d'autres termes, de la *« manipulation du critère de rattachement, conduisant à l'applicabilité d'une autre loi et justifiée par la volonté d'échapper à l'application des dispositions de la loi évincée »*[236]. La sanction de la fraude consiste, on l'a dit, en l'application à la société de la loi dont on a tenté d'esquiver la compétence[237], soit la loi française. Or, comme la société n'aura pas été constituée conformément à cette dernière, certaines conditions requises lui feront défaut. La conséquence inéluctable est la nullité de la société.[238]

Il importe peu, par voie de conséquence, que l'on suive l'une ou l'autre des thèses en présence puisque les deux aboutissent au même résultat dans l'hypothèse considérée[239] : en cas de fraude, seule la loi française trouvera application. Au final, le droit français ne s'éloigne donc que très partiellement du système allemand de la théorie du siège réel. Les deux systèmes ont cependant été sérieusement bousculés par la jurisprudence communautaire en la matière.

§ 2) La détermination de la lex societatis *des sociétés originaires d'un État membre de l'UE ou de l'EEE*

183. Le droit communautaire domine le droit des États membres en vertu du principe de primauté du droit communautaire.[240] Concernant spécifiquement le droit des sociétés, deux types d'influences peuvent être distingués.

D'une part, le droit communautaire harmonise dans une large mesure les législations matérielles nationales dans ce domaine. La CEE a commencé tôt à frapper de son sceau le droit des sociétés. Que l'on pense aux nombreuses directives et leurs propositions de modifications ainsi qu'aux règlements intervenus en la matière.

D'autre part, le droit communautaire exerce une influence grandissante sur le droit international privé des États membres.[241] La simplification de la

236 Voir : BATIFFOL/LAGARDE, p. 593 ; E. PATAUT, *D.* 2004, 491 (493).

237 Selon la formule de M. VIDAL, *Essai d'une théorie générale de la fraude à la loi en droit français*, Paris, 1957, p. 372, *« la fraude a pour effet sa propre inefficacité »*.

238 Pour ne citer que l'arrêt de principe : Req., 22 décembre 1896, *JDI* 1897, 364. MAYER/HEUZE, n° 1038.

239 Expressément en ce sens : J.-B. BLAISE, 'Une cohabitation difficile...', *Mél. Kahn*, p. 585 (594).

240 CJCE, 5 février 1963 – aff. 26-62, *van Gend & Loos*, *Rec.*, p. 3.

241 GOSSELIN-GORAND, *L'influence des principes communautaires de libre circulation sur les règles nationales de conflit de lois*, thèse Caen, 2001.

reconnaissance mutuelle des sociétés notamment a très tôt fait l'objet de deux conventions multilatérales lesquelles ne sont cependant pas entrées en vigueur faute de ratifications en nombre suffisant.[242] Il existe cependant des conventions bilatérales telle que la Convention franco-allemande d'établissement et de navigation du 27 octobre 1956[243] laquelle prévoit que les sociétés légalement constituées sur le territoire de l'un des États contractants et y ayant leur siège social sont reconnues de plein droit par l'autre État contractant. Il paraît néanmoins assez paradoxal qu'il n'y ait pas de solution communautaire d'ensemble malgré le développement rapide des Communautés européennes.[244]

Il reste que, aujourd'hui, la jurisprudence communautaire relative aux articles 43 et 48 du traité CE pallie dans une large mesure le défaut de convention puisqu'elle détermine les conditions de la reconnaissance mutuelle des sociétés en matière de liberté d'établissement (A).[245] Ces changements du droit communautaires ne sont pas sans exercer des répercussions sur les droits nationaux en matière de détermination de la *lex societatis* (B). Une hypothèse spécifique du problème de la détermination de la loi applicable se rencontre lors du transfert du siège social à partir d'un État de constitution dont le droit interne s'y oppose en principe (C).

A. Le droit communautaire originaire et le trio jurisprudentiel relatifs à la liberté d'établissement

1. La liberté d'établissement dans le traité

184. La libre circulation des personnes est l'une des quatre libertés fondamentales européennes. Pour les personnes physiques autres que les travailleurs, elle prend la forme du droit d'établissement prévu à l'article 43 CE lequel est considéré comme l'une des dispositions les plus fondamen-

242 Il s'agit de la Convention de la Haye du 1er juin 1958 concernant la reconnaissance de la personnalité juridique des sociétés, associations et fondations étrangères (cf. Y. LOUSSOUARN, 'La convention de La Haye sur la reconnaissance des personnes morales étrangères', *Trav. com. français DIP*, 1958-1959, p. 67 et s.) ainsi que de la Convention de Bruxelles du 29 février 1968 sur la reconnaissance mutuelle des sociétés dans la Communauté économique européenne (cf. B. GOLDMAN, *RTDE* 1968, 405 et s.).

243 Décret du 4 sept. 1959, *JO* du 10 sept. 1959, *RTD com.* 1960, 805, obs. Y. LOUSSOUARN ; *BGBl.* 1957 II, p. 1661, en vigueur depuis le 24 juillet 1959 (*BGBl.* II, p. 929).

244 C. PRIETO, 'Liberté d'établissement et de prestation de service', *RTD eur.* 2003, n° 3, 489 et s. (491).

245 Déjà en ce sens : B. GOLDMAN/ A. LYON-CAEN/ L. VOGEL, *Droit commercial européen*, n° 100.

tales de la Communauté, indispensable à la création du Marché intérieur.[246] Mais, outre les personnes physiques définies comme étant les ressortissants des États membres de la CE, elle concerne les personnes morales par application conjointe des articles 43 et 48 (anciens art. 52 et 58 CE). En effet, l'article 48 CE assimile aux personnes physiques les sociétés, de droit civil ou commercial poursuivant un but lucratif, *« constituées en conformité de la législation d'un État membre et ayant leur siège statutaire, leur administration centrale ou leur principal établissement à l'intérieur de la Communauté »*.[247] Ce faisant, l'article 48 CE ouvre le domaine de protection de la liberté d'établissement aux sociétés.[248]

185. S'établir signifie *« s'implanter matériellement pour une durée indéterminée dans un État membre afin d'y exercer une activité économique »*.[249] Or, l'établissement peut prendre, en droit communautaire, deux formes distinctes suivant qu'il s'exerce à titre principal ou à titre secondaire. En vertu de l'article 43 § 1 phr. 1, 48 CE, la **liberté d'établissement principal** est le droit, pour le ressortissant personne physique ou morale d'un État membre, de transférer son activité principale, donc l'établissement principal, dans un autre État membre. Comme on le verra ultérieurement, la mise en œuvre de la liberté d'établissement exercée à titre principal s'avère encore assez difficile aujourd'hui, du moins pour les sociétés dont l'État de constitution ne voit pas d'un bon œil cette « fuite » vers l'étranger comme c'était le cas jusqu'à une époque très récente en Allemagne et, peut-être dans une moindre mesure, en France.[250]

186. En vertu de l'article 43 § 1 phr. 2, 48 CE, la **liberté d'établissement secondaire** comprend le droit, pour les mêmes personnes, de créer des structures juridiques stables sur le territoire d'un autre État membre tout en demeurant établies dans l'État d'origine.[251] C'est le mode habituel d'implantation d'une société souhaitant développer son activité internationale. Contrairement donc à la liberté d'établissement principal, la liberté d'établissement secondaire suppose que l'établissement principal ne change

246 CJCE, 27 septembre 1988 – aff. 81/87, *Daily Mail*, *RIW* 1989, 304 (306).

247 Souligné par nos soins.

248 R. DEININGER, *Grenzüberschreitende Verlegung des Hauptverwaltungssitzes und der Geschäftsleitung von Kapitalgesellschaften*, Dissertation Universität Augsburg, 2001, p. 9.

249 CJCE, 25 juillet 1991 – aff. C-221/89 et aff. C-242/89, *JDI* 1992, 450 et s. ; GAVALDA/PARLEANI, § 182.

250 Cf. *infra C.* (n° 211 et s.).

251 MENJUCQ, *Droit international et européen des sociétés*, n° 269, p. 332 ; HABERSACK, *Europäisches Gesellschaftsrecht*, § 3, n° 2 ; SCHÖN, *FS* Lutter, p. 685, 689 et s. ; *idem*, *EWS* 2000, 281 et s.

pas de lieu mais que des implantations stables soient installées à l'étranger lesquelles peuvent soit être indépendantes juridiquement comme la filiale, soit au contraire dépendre de l'établissement principal comme l'agence et la succursale. Toutefois, pour mettre en œuvre le droit d'établissement secondaire, la société doit d'ores et déjà disposer d'un établissement principal sur le territoire de la Communauté. Si la condition n'est pas remplie, elle n'a pas *de iure* d'existence propre au regard des exigences du droit communautaire, de sorte qu'elle ne saurait être titulaire de ce droit.[252]

2. *La liberté d'établissement dans la pratique*

187. La Cour de justice des Communautés européennes a eu l'occasion de se prononcer à plusieurs reprises sur la portée de ces dispositions et, ce faisant, de les préciser dans le sens d'un renforcement de la liberté d'établissement des sociétés. Pour ce faire, il semble que la Cour de justice n'était pas sans penser au principe de l'effet utile selon lequel les dispositions en cause doivent être interprétées de façon à leur donner plein effet[253], notamment dans le contexte de la construction d'un Marché unique viable et exempt d'obstacles juridiques ou factuels.

a) *L'affaire* Centros

188. L'affaire *Centros*[254], en premier lieu, concernait des époux danois, résidant au Danemark, qui ont constitué une société *Centros Ltd* en Angleterre

252 Il suffit cependant, pour remplir la condition, qu'elle ait été inscrite au registre des sociétés de son État d'origine. Un établissement effectif n'est pas nécessaire au regard du droit communautaire (cf. *infra* l'aff. *Centros*).

253 Ainsi M. LUBY, 'Quand la Cour de justice consacre la loi de l'État d'immatriculation en tant que lex societatis', *JCP éd. G.* 2004, 30-36 (34).

254 CJCE, 9 mars 1999 – aff. C-212/97, ***Centros***, *Rec.*, p. I-1459, concl. générales AG A. LA PERGOLA ; J.-Ph. DOM, *Bull. Joly* 1999, 705, § 157 ; M. LUBY, *JDI* 2000, 482 ; M. MENJUCQ, *D.* 1999, *Cah. dr. aff. jur.*, 550 ; *idem, Droit international et européen des sociétés,* n° 272 et s. ; G. PARLEANI, *Rev. soc.* 1999, 386 ; Y. REINHARD, *JCP éd. E* 1999, 1285 ; ALTMEPPEN, *DStR* 2000,1061 ; BEHRENS, *IPRax* 1999, 323 ; BORGES, *RIW* 2000, 167 ; *idem, NZG* 2000, 106 ; BUNGERT, *DB* 1999, 1841 ; CASCANTE, *RIW* 1999, 450 ; SEDEMUND/HAUSMANN, *BB* 1999, 810 ; EBKE, *JZ* 1999, 1841 ; FOCK, *RIW* 2000, 42 ; FORSTHOFF, *DB* 2000, 1109 ; *idem, EuR* 2000, 167 ; GEYRHALTER, *EWS* 1999, 201 ; HöFling, *DB* 1999, 1206 ; HOOR, *NZG* 1999, 984 ; KIENINGER, *ZGR* 1999, 724 ; KINDLER, *RIW* 2000, 649 ; *idem, NJW* 1999, 1993 ; KOBLENZER, *EWS* 1999, 418 ; LUTTERMANN, *ZeuP* 2000, 907 ; MEILICKE, *GmbHR* 2000, 693 ; PUSZKAJLER, *IPRax* 2000, 79 ; ROTH, *ZGR* 2000, 311 ; *idem, ZIP* 1999, 861 ; SONNENBER-

sous forme de *private limited company by shares* en vue de profiter de la souplesse du droit britannique en matière de capital social minimum, pour ensuite ouvrir une succursale au Danemark sans que la société n'ait jamais exercé d'activité au Royaume-Uni. Estimant que ce montage avait pour but d'éluder les règles danoises relatives au capital social, les autorités danoises refusent l'immatriculation de la succursale. La Cour de justice, dans sa décision du 9 mars 1999, répond à la question préjudicielle qui lui avait été posée que

> *« les dispositions du traité relatives à la liberté d'établissement (actuels art. 43, 48 CE) s'opposent à ce qu'un État membre refuse l'immatriculation d'une succursale d'une société constituée en conformité de la législation d'un autre État membre dans lequel elle a son siège* [...] *»*[255].

Si l'État membre d'implantation est autorisé à prendre à l'égard de la société elle-même ou ses associés toute mesure de nature à prévenir et à sanctionner les fraudes[256], il reste que cette notion de fraude n'est pas celle que l'on connaît classiquement en droit international privé[257]. En effet, ni le fait que

> *« la succursale* [soit] *destinée à permettre à la société en cause d'exercer l'ensemble de son activité dans l'État où cette succursale sera constituée, en évitant d'y constituer une société et en éludant ainsi l'application des règles de constitution des sociétés qui y sont plus contraignantes en matière de libération d'un capital social minimum »*[258],

ni même le fait que la société n'exerce aucune activité commerciale dans l'État de constitution[259] ne sont constitutifs de la fraude en droit communautaire, mais sont *« inhérent*[s] *à l'exercice, dans un marché unique, de la liberté*

GER/GROẞERICHTER, *RIW* 1999, 721 ; STEINDORFF, *JZ* 1999, 1140 ; TIMME/HÜLK, *JuS* 1999, 1055 ; ZIMMER, *ZHR* 164 (2000), 23 ; *idem*, *BB* 2000, 1361.

255 *Centros*, point 39.

256 *Centros*, point 25.

257 B. AUDIT, *Droit international privé*, n° 336, définit la fraude à la loi comme le fait de changer l'élément de rattachement (ici : *domicile* britannique contre siège social danois de la société) pour obtenir le résultat cherché (ici : application de la loi anglaise à la société pour bénéficier des conditions financières d'établissement plus souples) sans accepter les conséquences plus essentielles normalement attachées à ce changement (ici : refus d'immatriculation par l'État d'implantation de la succursale (Danemark) pour non-respect par la société des règles de constitution des sociétés de cet État).

258 *Centros*, point 39.

259 *Centros*, point 29.

d'établissement garantie par le traité »[260]. Les notions de fraude ne sont donc pas identiques en droit communautaire et en droit français.[261]

Si, dans une certaine mesure, on part du principe que la succursale danoise de la *Centros Ltd,* en tant que seul établissement, était en fait un établissement principal, il n'y a qu'un petit pas à franchir pour arriver à la conclusion de l'affaire *Überseering.*[262]

b) L'affaire Überseering

189. Selon la CJCE dans cette affaire, en effet, le transfert du siège effectif de direction d'une société à partir de l'État de constitution (en l'occurrence, il s'agit d'un État d'*incorporation* pour être précis) vers un autre État n'autorisait pas ce dernier à ne pas reconnaître la société en tant que société valablement constituée dans l'État d'origine.

Les faits constatés par la cour d'appel[263] sont les suivants. Une société de capitaux incorporée conformément au droit néerlandais, la *Überseering BV*[264], a assigné une *GmbH* allemande devant les tribunaux allemands pour avoir exécuté défectueusement des travaux de rénovation portant sur son immeuble situé en Allemagne. Toutes les parts sociales de la *Überseering BV* étaient détenues par deux ressortissants allemands ayant leur domicile en Allemagne. Les tribunaux allemands ont jugé le recours irrecevable pour manque de capacité juridique et, partant, de capacité d'ester en justice de la *Überseering BV* en se fondant sur la *Sitztheorie* alors en vigueur. Selon cette dernière, en effet, la capacité juridique d'une société s'apprécie conformément au droit applicable à l'endroit où est établi son siège effectif. Or, le siège effectif de la société, selon la compréhension allemande, avait été transféré en Allemagne parce que les dirigeants allemands la dirigeaient *effectivement* à partir de l'Allemagne[265] de sorte que le droit applicable était

260 *Centros*, point 27 *in fine.*

261 É. PATAUT, 'Liberté d'établissement et droit international privé des sociétés : un pas de plus', *D.* 2004, Jurisprudence, 491 et s. (493).

262 P. BEHRENS, *IPRax* 2003, 193- 207 (202).

263 OLG Düsseldorf, *JZ* 2000, 203 (= *NZG* 2000,926).

264 *Besloten Vennootschap* = société à responsabilité limitée de droit néerlandais.

265 Indices relevés par l'OLG Düsseldorf :

- Le siège social de la société correspondait *en fait* à une société d'audit néerlandaise, elle-même liée par une coopération à la société d'audit allemande conseillant les dirigeants allemands.
- L'adresse de citation en justice de la société, indiquée dans les statuts, est une adresse à Düsseldorf en Allemagne.

désormais le droit allemand lequel exigeait l'immatriculation au RCS. Celle-ci n'avait pas été effectuée. La BGH a sollicité la Cour de justice par voie de question préjudicielle. Celle-ci, dans son arrêt du 5 novembre 2002[266], indique que les articles 43 et 48 CE

> *« s'opposent à ce que, lorsqu'une société constituée conformément à la législation d'un État membre sur le territoire duquel elle a son siège statutaire est réputée, selon le droit d'un autre État membre, avoir transféré son siège effectif dans cet État, ce dernier dénie à ladite société la capacité juridique et, partant, la capacité d'ester en justice devant ses juridictions nationales pour faire valoir les droits* [...] *»*[267].

La position allemande aboutit, selon la Cour, à une *« négation de la liberté d'établissement »*[268], sans justification valable. Ce faisant, la Cour semble avoir posé le principe de la reconnaissance mutuelle implicite des sociétés valablement constituées dans les États membres de l'Union européenne.[269]

Il a été remarqué que la Cour de justice n'a pas répondu à la question de savoir si la théorie allemande du siège social réel était conforme ou non au droit communautaire.[270] Pour certains auteurs, le doute quant à la conformité de la théorie du siège réel était donc encore permis.[271]

266 CJCE, 5 mars 2002 – aff. C-208/00, *Überseering BV c/ Nordic Construction Company Baumanagement GmbH (NCC)*, ***Überseering***, *Rec.*, p. I-9919 : T. BALLARINO, *Rev. crit. DIP* 2003, 373 ; BEHRENS, *IPRax* 2003, 193 , J.-Ph. DOM, *Rev. soc.* 2003, 315 ; DUBOVIZKAJA, *GmbhR* 2003, 694 ; EBKE, *JZ* 2003, 927 ; EIDENMÜLLER, *ZIP* 2002, 2233 ; FORSTHOFF, *DB* 2002, 2471 ; GEYRHALTER/GÄNßLER, *NZG* 2003, 409 ; GROßERICHTER, *DStR* 2003, 159 ; HALBHUBER, *ZEuP* 2003, 418 ; L. IDOT, *Europe* 2003, comm. n° 19 ; KALLMEYER, *DB* 2002, 2521 ; KERSTING, *NZG* 2003, 9 ; KINDLER, *NJW* 2003, 1073 ; KNAPP, *DNotZ* 2003, 85 ; P. LAGARDE, *Rev. crit. DIP* 2003, 508 ; LEIBLE/HOFFMANN, *ZIP* 2003, 925 ; *idem*, *RIW* 2002, 925 ; M. LUBY, *Bull. Joly.* 2003,452 ; M. MENJUCQ, *JCP* éd. E 2003, n° 448 ; NEYE, *EwiR* 2002, 1003 ; NOURISSAT, *Procédures* 2003, 13 ; PAEFGEN, *WM* 2003, 561 ; *idem*, *DB* 2003, 487 ; REHBERG, 2003, 175 ; ROTH, *IPRax* 2003, 117 ; SCHANZE/JÜTTNER, *AG* 2003, 30 ; SCHULZ/SESTER, *EWS* 2002, 545 ; VON HALEN, *WM* 2003, 571 ; WERTENBRUCH, *NZG* 2003, 618.

267 *Überseering*, point 94.

268 *Überseering*, points 81 et 93.

269 J.-Ph. DOM, *Rev. soc.* 2003, II, 315 ; M. LUBY, *Bull. Joly* 2003, 464 ; V. MAGNIER, *JCP éd. E 2004*, n° 251, 277 et s. (280); M. MENJUCQ, *JCP éd. G.* 2003, II, 10032 ; déjà antérieurement : B. GOLDMAN/ A. LYON-CAEN/ L. VOGEL, *Droit commercial européen*, n° 101.

270 La raison en est que la question préjudicielle n'évoquait pas cette interrogation *expressis verbis* (en ce sens: ROTH, *IPRax* 2003, 117, 120). Plus encore, la question préjudicielle ne peut avoir pour objet que l'interprétation et la validité de normes du droit communautaire mais non du droit des États membres (cf. article 234 CE) de sorte que la Cour

c) L'affaire Inspire Art

190. Complétant le trio jurisprudentiel relatif à la liberté d'établissement et au droit international privé des sociétés, la très importante affaire *Inspire Art* qui a fait couler beaucoup d'encre[272] a le mérite de trancher clairement le débat en se prononçant sur la mise en œuvre d'une loi de police dans les États retenant le siège réel comme élément de rattachement. Jusque-là, il était en effet admis que les dispositions du droit local du siège réel s'appliquaient à titre de lois de police s'il n'existait pas de traitement discriminatoire entre les sociétés constituées dans un autre État membre et les sociétés locales.[273]

Un marchand d'art néerlandais avait créé, pour les besoins de son commerce, une *private limited company by shares* de droit britannique, l'*Inspire Art Ltd*, dont le *domicile* était à Folkestone, au Royaume-Uni, et dont il était l'unique gérant. L'activité commerciale, exclusivement limitée au territoire des Pays-Bas, se déployait à travers une succursale à Amsterdam.[274]

---

de justice ne pouvait, institutionnellement, se prononcer sur la question de la validité de la théorie allemande (ainsi, *MüKo-IntWR(IntGesR)*/KINDLER, n° 117).

271 LEIBLE/HOFFMANN, '*Überseering* und das (vermeintliche) Ende der Sitztheorie', *RIW* 2002, 925.

272 Pour la doctrine française : M. LUBY, *JCP éd.* G 2004, n° 10002, 30-36 ; V. MAGNIER, *JCP éd. E 2004*, n° 251, 277 et s. ; M. MENJUCQ, *Bull. Joly* 2003, § 272, 1310-1314 ; É. PATAUT, *D.* 2004, 491 ; M. STORCK, *Banque et Droit* 2003, 42-43.

Pour la doctrine allemande : BAYER, *BB* 2003, 2357 ; BEhrens, *IPRax* 2004, 20 ; BINGE/THÖLKE, *DNotZ* 2004, 21 ; DRYGALA, *EWiR* 2003, 1029 ; EIDENMÜLLER, *JZ* 2004, 24 ; EIDENMÜLLER/REHM, *ZGR* 2004, 159 ; GÄNßLER/GEYRHALTER, DStR 2003, 2167 ; GRAF VON BERNSTORFF, *RIW* 2004, 498 ; HIRTE, *EWS* 2003, 521-522 ; HORN, *NJW* 2004, 893 ; KERSTING/SCHINDLER, *RdW* 2003, 621 ; KieNinger, *ZEuP* 2004, 685 ; KINDLER, *NZG* 2003, 1086 ; KLEINERT/PROBST, *DB* 2003, 2217 ; *idem*, *MDR* 2003, 1265 ; LEIBLE/HOFFMANN, *EuZW* 2003, 677 ; MANKOWSKI, *RIW* 2004, 481 ; MAUL/SCHMIDT, *BB* 2003, 2297 ; MEILICKE, *GmbHR* 2003, 1271 ; MÜLLER-BONANNI, *GmbHR* 2003, 1235 ; RIEGGER, *ZGR* 2004, 510 ; RIES, *Anwaltsblatt* Juni 2004 ; SANDROCK, *BB* 2003, 2588 ; SCHANZE/JÜTTNER, *AG* 2003, 661 ; SPINDLER/BERNER, *RIW* 2003, 949 ; TRIEBEL/VON HASE, *BB* 2003, 2409 ; WACHTER, *GmbHR* 2004, 88 ; WELLER, *IPRax* 2003, 207; ZIEMONS, *ZIP* 2003, 1913 ; ZIMMER, *NJW* 2003, 3585.

273 M. MENJUCQ, 'Liberté d'établissement et droit international privé des sociétés : un pas de plus', *in Mél. Y. Guyon, Aspects actuels du droit des affaires*, Dalloz 2003, p. 831.

274 C'est donc la liberté d'établissement secondaire qui est en cause.

Les Pays-Bas avaient adopté, dès 1997, une loi sur les « sociétés étrangères de pure forme » (*WFBV*)[275]. Cette loi considérait « société étrangère de pure forme » toute société de capitaux constituée conformément à une loi autre que la loi néerlandaise et ayant son siège effectif et son activité entière ou presque aux Pays-Bas, sans faire preuve d'aucun lien effectif avec son État de constitution.[276] À grands traits, la *WFBV* soumettait ces sociétés à une panoplie d'obligations telles que la publicité particulière sous forme d'immatriculation auprès de la Chambre de commerce néerlandaise[277] en tant que « société étrangère de pure forme », l'indication de cette mention sur les papiers de la société, la constitution d'un capital social minimum et une comptabilité spéciale dont le non-respect était sanctionné par la responsabilité solidaire personnelle des dirigeants.[278] L'Inspire *Art Ltd* était bien inscrite au registre des sociétés d'Amsterdam. La mention « société étrangère de pure forme » faisait cependant défaut. C'est la raison pour laquelle le registre demanda au tribunal cantonal compétent d'ordonner l'inscription au registre de ladite mention. Celui-ci, doutant de la conformité communautaire des dispositions de la *WFBV*, en référa à la Cour de justice des Communautés européennes par le biais du mécanisme de la question préjudicielle de l'article 234 CE. La question posée[279] était double. Elle peut être résumée ainsi : 1°) les articles 43 et 48 CE interdisent-ils aux Pays-Bas d'appliquer le régime particulier de la *WFBV* aux « sociétés étrangères de pure forme » telles que définies par cette loi ; 2°) en cas de non-conformité au droit communautaire de ces dispositions, faut-il considérer qu'elles sont justifiées au titre de l'article 46 CE[280] ou par une raison impérieuse d'intérêt général ? Pendant la procédure, deux positions assez tranchées s'affrontaient.[281]

275 Wet op de formeel buitenlandse vennootschappen (Loi sur les sociétés étrangères de pure forme), *Staatsblad* (Journal officiel des Pays-Bas) du 17 décembre 1997, n° 697, ci-après *WFBV*.

276 Art. 1 *WFBV*.

277 *Kamer van Koophandel*.

278 Art. 2-6 *WFBV*.

279 Décision du tribunal cantonal du 5 mai 2001.

280 L'article 46 CE est relatif à la justification d'une législation nationale par des raisons d'ordre public, de sécurité publique et de santé publique.

281 Cf. Conclusions générales de l'Avocat général Siegbert ALBER du 30 janvier 2003, *NZG* 2003, 268, n° 78 : La première position, défendue par la *Inspire Art Ltd.*, le Gouvernement britannique ainsi que la Commission européenne, consistait à voir dans la

Dans sa décision du 30 septembre 2003[282], la Cour de justice des Communautés européennes a largement suivi les conclusions générales de l'Avocat général ALBER qui retenaient une entrave non justifiée à la liberté d'établissement de la part de la législation en cause.[283] La Cour a procédé à un raisonnement traditionnel en deux étapes : dans un premier temps, elle a examiné les dispositions de la *WFBV* qui relevaient du champ d'application de la onzième directive[284] sous l'angle de leur conformité à celle-ci[285] ; dans

---

réglementation de la *WFBV*, laquelle aboutissait à appliquer le droit des sociétés néerlandais à une société étrangère, une limitation non justifiée de la liberté d'établissement.

La Chambre de commerce d'Amsterdam ainsi que les Gouvernements allemand, autrichien, italien et néerlandais soutenaient, pour défendre la position adverse, que la *WFBV* n'entravait pas la liberté d'établissement puisque les sociétés étrangères n'entretenaient aucun lien réel et effectif avec leur État de constitution et que les exigences supplémentaires établies par la loi néerlandaise ne se référaient qu'au seul exercice de l'activité commerciale. Selon nous, cette dernière branche de l'argument avancé fait penser à la formule de la jurisprudence ***Keck*** (CJCE, 24 novembre 1993 – aff. jointes C-267/91 et C-2668/91, *Procédure pénale contre Keck et Mithouard*, *Rec.* 1993, p. I-6097, point 16) selon laquelle *« l'application* [...] *de dispositions nationales limitant ou interdisant certaines modalités de vente pourvu qu'elles s'appliquent à tous les opérateurs concernés exerçant leur activité sur le territoire national, et pourvu qu'elles affectent de la même manière, en droit comme en fait, la commercialisation des produits nationaux et de ceux en provenance d'autres États membres » « n'est pas apte à entraver directement ou indirectement, actuellement ou potentiellement le commerce entre les États membres, au sens de la jurisprudence Dassonville (arrêt du 11 juillet 1974, 8/74, Rec. p. 837) »* et, de ce fait, ne porte pas atteinte à la libre circulation des marchandises (dans le même sens : M. HABERSACK, *Europäisches Gesellschaftsrecht*, n° 7, p. 13). Les défenseurs de la *WFBV* considéraient enfin que, même si une limitation de la liberté d'établissement était constatée, celle-ci serait en tout état de cause justifiée par les raisons impérieuses d'intérêt général que sont la protection des créanciers et la prévention d'abus pouvant résulter des possibilités qu'offre la mise en œuvre de la liberté d'établissement.

282 CJCE, 30 septembre 2003 – aff. C-167/01, *Kamer van Koophandel en Fabrieken voor Amsterdam/ Inspire Art Ltd.*, ***Inspire Art***, *Rec.* 2003, p. I-10155.

283 Conclusions générales du 30 janvier 2003, aff. C-167/01, *Inspire Art*, *NZG* 2003, 262 et s.

284 Onzième directive n° 89/666/CE du Conseil, du 21 décembre 1989, concernant la publicité des succursales créées dans un État membre par certaines formes de sociétés relevant du droit d'un autre État, *JOCE* L 395/36.

285 En vue de l'examen à l'égard de la onzième directive, la Cour a distingué trois sortes de dispositions de la *WFBV*. En premier lieu, la Cour a ausculté les dispositions de la *WFBV* lesquelles étaient issues de la transposition de cette directive. De manière laconique, elle a retenu que « [c]*es dispositions, dont la conformité avec la onzième directive n'a pas été mise en cause, ne sauraient être considérées comme constitutives d'une entrave à la liberté d'établissement* » (*Inspire Art*, point 58).

un deuxième temps, elle a examiné la conformité communautaire des dispositions restantes de la *WFBV* directement à l'égard des articles 43 et 48 CE[286].

En deuxième lieu, la Cour de justice s'est penché sur la question de la conformité au droit communautaire de certaines sanctions que la *WFBV* prévoyait pour non-accomplissement par la société de certaines mentions obligatoires, issues de la onzième directive. Une de ces sanctions était la responsabilité solidaire des administrateurs de l'article 4 IV *WFBV*. La directive dans son article 12 parle de *« mesures appropriées »* pour assurer que la publicité a lieu (*Inspire Art*, point 61). La Cour n'a pas expressément répondu à la question de savoir si la *WFBV* remplissait cette condition et l'a renvoyée au tribunal auteur de la question préjudicielle tout en indiquant que si « *l'article 10 CE impose aux États membres de prendre toutes mesures propres à garantir la portée et l'efficacité du droit communautaire* », ceux-ci devaient respecter le principe du traitement analogue (*Inspire Art*, point 62 ; ZIEMONS, *ZIP* 2003, 1914).

En troisième et dernier lieu, la *WFBV* contenait des dispositions relatives à la publicité de succursales lesquelles n'étaient cependant pas prévues par la onzième directive laquelle est exhaustive (*Inspire Art*, point 69) et étaient, de par ce fait, contraires à la liberté d'établissement. Il s'agissait des dispositions relatives à la mention « société étrangère de pure forme », à l'indication obligatoire de la date d'immatriculation au registre d'origine, la déclaration obligatoire d'expert-comptable selon laquelle la société remplissait les conditions relatives au capital social minimum, etc. (*Inspire Art*, point 65).

286 L'examen de conformité aux articles 43 et 48 CE des dispositions de la *WFBV* qui n'ont pas fait l'objet de l'examen précédent concernait les exigences de capital social minimum et la responsabilité solidaire des dirigeants (Art. 4 I, II, IV, *WFBV*). La Cour a constaté une entrave à la liberté d'établissement en deux temps. En premier lieu, elle a vu une entrave à la liberté d'établissement dans le fait que la *WFBV* avait pour conséquence d'appliquer impérativement les dispositions du droit des sociétés néerlandais à des sociétés étrangères telle que la *Inspire Art Ltd.* (*Inspire Art*, point 100, 101) en rappelant avec sa jurisprudence antérieure qu'« *il est sans importance, au regard de l'application des règles relatives à la liberté d'établissement, qu'une société n'ait été constituée dans un État membre qu'en vue de s'établir dans un second État membre, où serait exercé l'essentiel voire l'ensemble de ses activités économiques* » (CJCE, 19 juillet 1986 – aff. 79/85, *Segers*, *Rec.* 1986, p. 2375, point 16 ; *Centros*, point 17 ; *Inspire Art*, point 95) et que « *n'est pas constitutive d'abus la circonstance que la société n'a été créée dans une État membre que dans le but de bénéficier d'une législation plus avantageuse* [...] » (*Segers*, point 16 ; *Centros*, point 18 ; *Inspire Art*, point 96).

En deuxième lieu, la Cour a recherché des raisons pouvant justifier l'entrave à la liberté d'établissement. Elle a d'abord constaté que le Gouvernement néerlandais s'était abstenu de fournir des arguments en vue de la justification au titre de l'article 46 CE (ordre public, sécurité et santé publiques) et en a rejeté l'applicabilité sans explication supplémentaire (*Inspire Art*, point 131). L'examen, ensuite, de la présence ou non de raisons impérieuses d'intérêt général débute par l'exposé de la jurisprudence constante sur ce point (CJCE, 31 mars 1993- aff. C-19/92, *Kraus*, *Rec.*, p. I-1663, point 32 ; CJCE, 30 novembre 1995 - aff. C-55/94, *Gebhard*, *Rec.*, p. I-4165, point 37; *Centros*, point 34) selon laquelle quatre conditions cumulatives doivent être remplies : les mesures nationales *« doivent s'appliquer de manière non discriminatoire (1), se justifier par des raisons*

La portée pratique de cette décision est la suivante : les sociétés constituées dans un État membre de l'Union européenne ont le droit d'exercer une activité commerciale dans un autre État membre sans que ce dernier puisse y apporter des limitations.[287]

191. Pour résumer l'apport de ce trio jurisprudentiel à l'état antérieur du droit, l'on pourrait dire que la dissociation entre le siège statutaire et le siège réel due à un transfert du siège réel ou à la constitution d'un établissement secondaire ne peut être sanctionnée par l'État d'accueil, que ce soit *ab initio* par le refus d'immatriculation au registre des sociétés opposé à la société ou *a posteriori* par la non-reconnaissance de sa capacité juridique ou bien encore par l'application à cette société de législations nationales plus restrictives que celles de son État de constitution.[288]

Des frictions entre la liberté d'établissement, d'une part, et les théories nationales de rattachement des sociétés, d'autre part, sont apparues en filigrane. Il conviendra, par conséquent, de s'interroger sur la signification que revêt la liberté d'établissement communautaire sur le terrain du conflit de lois en général et de déterminer l'impact de celle-ci sur les systèmes français et allemand en particulier.

B. L'impact de la liberté d'établissement sur les systèmes de rattachement français et allemand

Avant d'apporter une réponse à la question de savoir quelle influence la liberté d'établissement exerce sur les systèmes de rattachement des socié-

---

impérieuses d'intérêt général (2), être propres à garantir la réalisation de l'objectif qu'elles poursuivent (3) et ne pas aller au-delà de ce qui est nécessaire pour l'atteindre (4) ». La Cour a commencé l'examen par la quatrième condition relative à la nécessité de la mesure. Elle a considéré que cette condition n'était pas remplie en faisant valoir que la protection des créanciers ne justifiait pas l'exigence d'un capital social minimum pour la simple raison que la société *Inspire Art* agissait sous son titre d'origine et ne se présentait pas comme une société néerlandaise. De sorte que les créanciers seraient suffisamment informés que la société était soumise à des règles différentes en matière de capital minimal et de responsabilité des administrateurs (*Inspire Art*, point 135). Pour conclure, la Cour a remarqué que, dans la mesure où les dispositions relatives au capital minimal étaient incompatibles avec la liberté d'établissement, il en allait nécessairement de même en ce qui concerne les sanctions y attachées, soit la responsabilité solidaire (*Inspire Art*, point 141 ; KERSTING/SCHINDLER, *RdW* 2003, 621 (622)). En toute logique, la Cour n'a plus examiné la question.

287 F.A.Z., 1er octobre 2003, n° 228, p. 23.

288 RODRIGUEZ, *Bull. Joly* 2004, 330, 335.

tés des États membres (2, 3), il semble important de s'arrêter un instant pour rechercher pourquoi et de quelle manière le droit communautaire intervient en la matière (1).

1. La signification de la liberté d'établissement sur le terrain du conflit de lois

192. La liberté d'établissement constitue une interdiction de principe faite aux États membres de limiter la circulation des personnes.[289] Par exception, des mesures nationales visant une limitation de la liberté d'établissement peuvent être admises si, et seulement si, celles-ci s'appliquent de manière non discriminatoire, qu'elles se justifient par des raisons impérieuses d'intérêt général, qu'elles sont propres à garantir la réalisation de l'objectif qu'elles poursuivent et qu'elles ne vont pas au-delà de ce qui est nécessaire pour l'atteindre.[290] Or, nous savons que la Cour de justice n'admet aucune justification pour des mesures nationales sanctionnant la dissociation des sièges réel et statutaire, même motivée par la recherche de l'élision *« des règles de constitution des sociétés* [...] *plus contraignantes »*[291] de l'État du for. L'État du for ne peut donc interdire aux sociétés ressortissantes d'un autre État membre de l'UE ou de l'EEE de transférer leur siège sur son territoire ou d'y établir une succursale, une agence ou une filiale en exigeant que les sociétés se conforment à son propre droit des sociétés.

En termes de droit international privé, la liberté d'établissement des articles 43 et 48 CE telle qu'elle a été interprétée par la Cour de justice, signifie donc d'une part, que la loi applicable à la société est celle de son État de constitution (conflit de lois) et, d'autre part, que l'État d'accueil doit reconnaître la personne morale telle qu'elle est, lorsqu'elle arrive sur son territoire (reconnaissance de la personne morale)[292]. Deux questions devront alors être posées, le moment venu. D'abord, il s'agira de répondre à l'interrogation de savoir quel domaine doit être assigné à la loi applicable. Ensuite, dès lors que – à en juger par la lecture de la jurisprudence de la Cour de justice relative à la liberté d'établissement – ce domaine semble assez large puisqu'il comprend notamment la capacité juridique[293], une deuxième interrogation s'impose avec vigueur : celle des liens entre le conflit de

289 Cf. CJCE, décision du 31 mars 1993 - aff. C-19/92, *Kraus*, *Rec.*, p. I-1663, n° 32.

290 Il s'agit du célèbre examen à quatre critères posé par la décision *Gebhard* (CJCE, 30 novembre 1995 - aff. C-55/94, *Gebhard*, *Rec.*, I-4165, point 37).

291 *Centros*, point 39.

292 KERSTING/SCHINDLER, *RdW* 2003, 621.

293 Cf. *Überseering*.

lois et la reconnaissance des sociétés. En réalité, comme on le verra, la question n'est double qu'en apparence : elle n'est relative qu'au seul domaine de la *lex societatis*.[294]

Un constat en ce qui concerne le rôle de la liberté d'établissement communautaire en matière de conflit de loi est de rigueur. Certains auteurs ont pu parler au sujet des articles 43, 48 CE de « règles de conflit cachées »[295] qui réaliseraient le principe du pays d'origine, du mois à l'égard de l'État d'accueil[296]. Il est cependant inexact d'affirmer que la liberté d'établissement communautaire revêt le caractère d'une règle de conflit.[297] En réalité, la liberté d'établissement en tant que droit communautaire prime indistinctement l'ensemble du droit des États membres, qu'il s'agisse du droit matériel ou du droit international privé. En effet, non seulement les conséquences d'une règle de conflit mais aussi celles du droit matériel des sociétés ainsi que celles d'une réglementation matérielle autre que le droit des sociétés peuvent être contraires à la liberté d'établissement.[298] C'est en ce sens que la liberté d'établissement constitue une limite d'origine communautaire aux conséquences de la mise en œuvre des règles de conflit nationales interférant avec le domaine d'application de la liberté d'établissement.[299] Dans le domaine d'application du traité CE, il y a donc superposition du droit international privé des sociétés des États membres et des articles 43, 48 CE.[300] Une telle situation pose, bien sûr, des problèmes de délimitation[301] qu'il faut garder à l'esprit par la suite et qu'il sera possible de résoudre sur le terrain du domaine de la *lex societatis*.[302]

Toutefois, la question du domaine de la *lex societatis* étant en principe indépendante de la question de la détermination de celle-ci, nous nous attacherons dans l'immédiat à cette dernière en étudiant l'impact de la liberté d'établissement communautaire laquelle prescrit l'application de la loi de

294 Cf. *infra* n° 229 et s.

295 HORN, *NJW* 2003, 893 et s. (896) ; LEIBLE/HOFFMANN, *RIW* 2002, 925, 934 ; *idem*, *ZIP* 2003, 925 (926) parlent d'une « *théorie de l'incorporation européenne fondée sur les articles 43 et 48 CE* ».

296 M. HABERSACK, *Europäisches Gesellschaftsrecht,* n° 11.

297 *MüKo-IntWR(IntGesR)*/KINDLER, n° 116 et s.

298 EIDENMÜLLER/REHM, *ZGR* 2004, 159, 164 et s. ; EIDENMÜLLER, *NJW* 2005, 1618 et s. ; HORN, *NJW* 2004, 893, 896 ; KNAPP, *DNotZ* 2003, 85, 88 ; SPAHLINGER/WEGEN, n° 198.

299 SCHANZE/JÜTTNER, *AG* 2003, 661 et s. (665).

300 WELLER, *DStR* 2003, 1800.

301 BLAISE, 'Une cohabitation difficile...', *op. cit.*, p. 585.

302 Cf. *infra* n° 229 et s.

l'État de constitution, sur les théories française et allemande de rattachement dont nous savons qu'elles retiennent, au contraire, le siège social comme critère de rattachement de la loi applicable.

2. *Les répercussions en droit allemand*

La question qui se pose est celle de savoir si la théorie allemande du siège réel est conforme ou non à la liberté d'établissement communautaire. La réponse semble devoir être négative.

a) *La théorie du siège réel à l'état pur*

193. La théorie du siège réel à l'état pur peut en effet poser problème, notamment pour les groupes de sociétés, dès lors que la réorganisation transnationale d'entreprises passerait par un transfert du siège social réel de l'une des sociétés. En ce cas, le lieu effectif d'administration en tant que critère de rattachement étant modifié, il y a conflit mobile[303] (*Statutenwechsel*)[304] entre *« le droit de l'État de constitution et le droit de l'État de l'établissement »*[305]. De sorte qu'une société s'étant constituée conformément au droit d'un autre État membre qui transfère son siège réel en Allemagne se verra appliquer le droit allemand en tant que *lex societatis*. Cela a notamment pour conséquence qu'une société étrangère de capitaux sera soumise à la loi allemande sur les sociétés de capitaux (AktG).[306] Or, en règle générale, cette société ne satisfera pas aux conditions de constitution prévues par la législation allemande, en particulier l'inscription au registre allemand des sociétés. Aussi, elle ne sera pas reconnue en Allemagne de sorte qu'elle n'aura pas la personnalité juridique.[307]

Après *Centros*, la doctrine allemande discutait farouchement pour savoir quelles conséquences entraînait cette décision à l'égard de la théorie du siège réel.[308] La doctrine majoritaire opina alors que la décision *Centros* était sans signification aucune pour la théorie de rattachement allemande[309], mis à part le fait que les succursales de sociétés « boîte aux lettres » étrangères

303 Selon BARTIN, inventeur de ce terme, il s'agit de la modification de l'élément de rattachement de sorte que se succèdent deux lois applicables.

304 *BGHZ* 97, 269, 271.

305 BEHRENS, *IPRax* 2003, p. 195.

306 ROTH, *RabelsZ* 55 (1991), 648 ; *MüKo-IPR(1998)*/SONNENBERGER, n° 149 et s.

307 VON HALEN, *op. cit.*, p. 31 (*« Rechtsfähigkeit »*).

308 Cf. note de bas de page 254 *supra*.

309 PALANDT-*EGBGB (2002)*/HELDRICH, Anh. Art. 12, n° 2 ; KOWALSKI, *EWiR* 2000, 127.

devaient désormais être inscrites au RCS[310]. Aussi, la plupart des tribunaux allemands continuèrent à faire application de la théorie du siège réel sans modification.[311]

b) La nouvelle théorie du siège réel

194. Peu avant que la CJCE ne rende l'arrêt *Überseering*, la BGH a jugé, dans une affaire, concernant toutefois une société ressortissant d'un État tiers[312], qu'une société étrangère dotée de la capacité juridique en vertu de la loi de son État de constitution, et donc assimilable sur ce plan à une société à responsabilité limitée de droit allemand, qui transférerait le siège effectif de son administration en Allemagne doit être considérée comme étant une société de personnes dotée de la capacité juridique et, par conséquent, ayant la qualité pour agir en tant que demandeur et défendeur (*aktive und passive Parteifähigkeit*).[313] Cette solution semble séduisante de prime abord mais la vérité doit être recherchée en profondeur. Car, pour le dire autrement, l'atténuation de la théorie du siège réel ainsi opérée consistait à traiter les sociétés étrangères comme des sociétés de personnes de droit allemand, dotées donc de la capacité juridique mais non de la personnalité juridique. Cette *« reformulation de la théorie du siège »*[314] menant à une *« atténuation de ses conséquences »*[315] fut appelée nouvelle théorie du siège (***neue Sitztheorie***).[316] Elle avait pour conséquence que n'étaient reconnues dans l'État d'établissement ni la personnalité juridique acquise dans l'État de constitution, ni une éventuelle limitation de la responsabilité personnelle des associés (principe de la séparation des patrimoines).[317] Pour toutes ces raisons qui mènent au refus de la reconnaissance par l'Allemagne de sociétés étrangères établies sur son territoire, on a qualifié la théorie du siège social de *« théorie de non-reconnaissance »*.[318] En réalité, dans toutes ces hypothèses, le

310 *MüKo-IntGesR*/KINDLER, n° 268.

311 LG München I, *ZIP* 1999, 1680 ; LG Potsdam, *RIW* 2000, 145 ; OLG Brandenburg, *ZIP* 2000, 1616 ; OLG Zweibrücken, *ZIP* 2000, 2172 ; OLG Hamm, *ZIP* 2001, 791.

312 C'est la raison pour laquelle la BGH n'était pas tenue d'attendre la réponse de la CJCE à la question préjudicielle posée le 30 mars 2002 dans l'affaire *Überseering.*

313 *BGHZ* 151, 204 (BGH II. Zivilsenat, 1er juillet 2002, BGH *NJW* 2002, 3539).

314 GEYRHALTER/GÄNßLER, *NZG* 2003, 409 (410).

315 EMDE, BGH *EWiR* 2002, 971.

316 EBKE, *JZ* 2003, 927 ; *MüKo-IntGesR*/KINDLER, n° 384 ; STAUDINGER-*IntGesR*/GROßFELD, n° 85 et 427 et s. ; BEHRENS, *IPRax* 2003, 199.

317 BAYER, *BB* 2003, 2357 (2358) ; BEHRENS, *IPRax* 2003, 194.

318 KNOBBE-KEUK, *ZHR* 154 (1990), 325 (341).

conflit mobile n'en est pas réellement un : la société n'a plus d'existence juridique.[319] Elle est liquidée et sera obligée de se reconstituer. On a pu dire que le but de la théorie du siège social consistait en la *«dissuasion préventive générale, pour les sociétés allemandes, de constituer des sociétés étrangères et l'empêchement, pour les sociétés étrangères, de se constituer sous forme de sociétés allemandes »*.[320]

Qu'il s'agisse de la théorie du siège réel sous sa forme ancienne ou nouvelle, la contrariété de la technique de rattachement allemande au droit communautaire est manifeste. Aussi, la doctrine a vivement critiquée cette décision et a reproché à la BGH d'avoir tentée d'esquiver les conséquences de la décision *Überseering* de la CJCE qui allait intervenir sous peu pour sauver au moins la nouvelle théorie du siège.[321] Si telle peut avoir été l'inspiration profonde de la BGH, il ne faut cependant pas oublier qu'il s'agissait en l'espèce d'une société ressortissant d'un État tiers de sorte que, s'agissant du droit international privé autonome, la Cour était en droit de décider comme elle l'a fait.[322] Cela signifie aussi que la solution de cette espèce ne s'applique pas à des sociétés ressortissant d'un État membre de l'UE[323], ce qui a été confirmé par les arrêts *Überseering* de la CJCE et de la BGH.

c) Le maintien obligatoire de la capacité juridique

195. Depuis l'arrêt *Überseering* de la CJCE, il est certain que l'État d'accueil doit reconnaître la société ressortissant d'un État membre en tant que telle, c'est-à-dire avec sa capacité juridique propre. C'est aussi le sens dans lequel s'est orienté la BGH dans sa décision *Überseering* du 13 mars 2003[324] : une société bénéficiant de la liberté d'établissement est autorisée à faire valoir ses droits dans chaque État membre dès lors qu'elle a la capacité

319 BEHRENS, *IPRax* 2003, 195.

320 *Idem.*

321 BAYER, *BB* 2003, 2357 (2361) ; HEIDENHAIN, *NZG* 2002, 1141 (1141) parle d'une *« fausse route »* ; EBKE, *JZ* 2003, 927 ; DUBOVIZKAJA, *GmbHR* 2003, 694 ; HALBHUBER, *ZEuP* 2003, 418 (432) ; *contra* : EMDE, *EWiR* 2002, 971 ; KINDLER, *IPRax* 2003, 41.

322 SPAHLINGER/WEGEN, n° 44.

323 Fait que bon nombre d'auteurs releva avant même l'arrêt *Überseering* rendu par la CJCE : HEIDENHAIN, *NZG* 2002,1131 ; FORSTHOFF, *DB* 2002, 2371 (2475) ; GEYRHALTER/GÄßLER, *NZG* 2003, 409 (410) ; HALBHUBER, *ZEuP* 2003, 418 (430) ; KIENINGER, *ZEuP* 2004, 685 (691) ; EIDENMÜLLER, *ZIP* 2002, 2233 (2238) ; HORN, *NJW* 2004, 893, (896) ; KERSTING, *NZG* 2003, 9 ; *contra* cependant : GROßERICHTER, *DStR* 2003, 159 (166) ; KINDLER, *NJW* 2003, 1073 (1076 et s.) ; *idem*, *IPRax* 2003, 41 ; LEIBLE/HOFFMANN, *RIW* 2002, 925 (929).

324 *BGHZ* 154, 185 = *NJW* 2003, 1461.

juridique dans l'État de constitution et qu'elle y maintient son siège statutaire, nonobstant le transfert de son siège réel dans un autre État membre. La décision a été suivie par les tribunaux allemands.[325] Transposée en termes de droit international privé, cette décision signifie que l'État d'accueil doit appliquer sur ce point la théorie de l'*incorporation*.[326] Or, cette circonstance ne préjugeait pas de la réponse à apporter à la question de savoir si la théorie de l'*incorporation* devait s'appliquer à tous les aspects de la société ou uniquement à celui de la capacité juridique.[327] C'est la raison pour laquelle plusieurs tribunaux allemands, tout en se prononçant sur l'application de la théorie de l'*incorporation* concernant la seule capacité juridique dans le sens de l'affaire *Überseering*, refusaient de trancher expressément la question plus générale de la détermination de la *lex societatis*.[328]

d) Les théories intermédiaires

Plusieurs auteurs entreprirent de confectionner de nouvelles théories, d'abord pour répondre aux inconvénients de la théorie du siège réel[329], puis pour adapter le droit allemand aux exigences de la jurisprudence communautaire. Ces théories sont pour l'essentiel au nombre de cinq. Elles ont en commun de prendre pour point de départ la théorie de l'*incorporation* et de l'adapter pour la rendre conforme à l'esprit général de la théorie du siège réel voire pour corriger les imperfections et insuffisances de la théorie de l'*incorporation*. La dernière en date, celle de la théorie de l'*incorporation* limitée, est apparue à la suite des arrêts précités de la Cour de justice des Communautés européennes qui ont profondément modifié le raisonnement jusque-là purement national en la matière. Les quatre autres théories existaient déjà auparavant. Elles ont cependant été sensiblement remodelées à la suite de ces mêmes arrêts.

325 BayObLG, arrêt du 19 décembre 2002, *NZG* 2003, 290 (intervenant donc antérieurement à la décision de la BGH dans l'aff. *Überseering*); OLG Naumburg, *GmbHR* 2003, 533 ; OLG Celle, *IPRax* 2003, 245 ; OLG Zweibrücken, *NZG* 2003, 537 (538).

326 Weller, *DStR* 2003, 1800.

327 Spahlinger/Wegen, n° 174 *in fine*.

328 LG Hannover, *NZG* 2003, 1072 ; OLG Düsseldorf, *DB* 2004, 128.

329 Pour cette théorie, cf. *supra* n° 174 et s.

*i) La théorie de la superposition (*Überlagerungstheorie *de SANDROCK)*

196. On nomme « théorie de la superposition » l'approche d'O. SANDROCK[330] développée dans les année 70 du siècle dernier selon laquelle la loi applicable à la société est en principe celle de l'État de constitution/*incorporation*, écartée pour les besoins de la protection des intérêts internes des créanciers, des associés minoritaires ou d'autres personnes au profit de normes du droit des sociétés de l'État sur le territoire duquel se trouve le siège réel de cette société, lesquelles se superposent donc à la loi applicable par ailleurs. Après l'arrêt *Centros*, l'auteur a constaté une certaine *« réduction »*[331] de sa théorie et l'a par conséquent simplifié.[332] Suivant cette mise à jour, la loi de la constitution régit entièrement les sociétés ressortissant de l'UE.[333] L'application de la loi du siège réel constituerait une entrave à la liberté d'établissement qui doit être justifiée.[334] Or, pour aucune disposition du droit allemand, une telle justification ne serait envisageable abstraitement.[335] Seules des hypothèses exceptionnelles seraient de nature à fournir une telle justification.[336] Une telle superposition ne serait possible, en

330 SANDROCK, *FS Beitzke* (1979), p. 669 et s. ; *idem*, *RabelsZ* 42 (1978), 227 ; SANDROCK/AUSTMANN, *RIW* 1989, 249 ; plus récemment : SANDROCK, *ZVglRWiss* 102 (2003), 447.

331 Tel est le titre de son article publié au *ZVglRWiss* 102 (2003), 447.

332 *Ibid.* ; SANDROCK, *BB* 2003, 2588 ; *idem*, *BB* 2004, 894 ; *idem*, *AG* 2004, 57.

333 SANDROCK, *BB* 2003, 2588.

334 SANDROCK, *ZVglRWiss* 102 (2003), 447 (456) ; dans le même sens : EIDENMÜLLER/EIDENMÜLLER, *Ausländische Kapitalgesellschaften*, § 3 n° 6.

335 SANDROCK, *BB* 2003, 2588 (2589).

336 SANDROCK, *ZVglRWiss* 102 (2003), 447 (462) invoque sur ce point la position de l'Avocat général de la CJCE ALBERS, *NZG* 2003, 262. Comme exemples d'hypothèses exceptionnelles, SANDROCK cite le cas de la « Limited *Cendrillon* », le cas de « l'*Existenzvernichtungshaftung* » (cf. *infra* n° 550 et s.) et le cas de la responsabilité des directeurs de la société mère dans le groupe de sociétés (SANDROCK/WETZLER/SANDROCK, p. 33 (56 et s.). Les deux dernières hypothèses étant désormais connues, il convient de dire un mot sur le cas de la « Ltd. *Cendrillon* ». Il s'agit là d'une décision de l'*Arbeitsgericht* Hamburg du 14 mai 2003 (*NJW* 2003, 2835) : une Limited de droit anglais ayant son siège réel à Hambourg était dirigée par le directeur d'une *GmbH* allemande, sise à la même adresse. Alors que la *GmbH* faisait office de partenaire contractuel, la Limited était chargée de l'achat du matériel et de l'emploi du personnel de sorte que la quasi-totalité des richesses avaient été créées auprès de la *GmbH* et que la Limited était responsable de tous les impayés. Le tribunal, retenant l'abus, a qualifié la Limited de société de personnes allemande (nous nous souvenons que telle a été la ligne de conduite de la *BGH* à ce moment-là, cf. *neue Sitztheorie, supra* n° 194) à l'égard du droit des procédures collectives afin de fonder la responsabilité personnelle des associés,

outre, que si deux conditions sont réunies : le demandeur ne doit pas pouvoir obtenir satisfaction sous la loi de la constitution (principe de subsidiarité)[337] et il doit expressément demander que soit appliquée à la relation qu'il noue avec la société étrangère la loi de l'État du siège réel[338]. Enfin, en vue d'une simplification, l'auteur propose de soumettre des questions limitrophes du droit civil et du droit des procédures collectives à la loi de la constitution.[339]

En réalité, à y regarder de près, l'approche suggérée par SANDROCK se révèle être une théorie de l'*incorporation* poussée à l'extrême, tant non seulement le droit des sociétés mais aussi le droit civil et le droit des procédures collectives de l'État de constitution s'appliqueraient à la société.[340] Enfin, si la superposition joue, la société se verra appliquer deux lois différentes, ce qui est de nature à causer une certaine complexité.

*ii) La théorie de la différenciation (*Differenztheorie*)*

197. La théorie de la différenciation vise à maximaliser en même temps la liberté des associés concernant les relations internes de la société et la protection des tiers.[341] L'idée de départ est que la loi applicable à la société peut ne pas être unitaire ; il pourrait y avoir un dépeçage. Toutes les questions relatives aux relations internes sont régies par la loi choisie par les fondateurs ce qui équivaut à l'application, sur ce point, de la théorie de l'*incorporation*. Les relations externes, au contraire, pourraient être soumises à une autre loi pour des raisons de protection. Les tenants de cette théorie ne sont cependant pas unanimes en ce qui concerne le rattachement à choisir pour les relations externes : ils sont partagés entre le lieu de la conclusion de l'acte, le lieu où l'acte produit ses effets voire le lieu de l'activité de la société.[342] Un auteur, H. ALTPMEPPEN[343], dont les idées s'inscrivent égale-

---

Durchgriff. Pour la non-conformité de cette décision au droit communautaire : WELLER, *IPRax* 2003, 520-524.

337 SANDROCK/WETZLER/SANDROCK, p. 33 (37) ; dans le même sens : EIDENMÜLLER/EIDENMÜLLER, *Ausländische Kapitalgesellschaften,* § 3 n° 30 et s., n° 45 et s.

338 SANDROCK, *BB* 1999, 1337 (1343).

339 SANDROCK/WETZLER/SANDROCK, p. 41 et s., 52.

340 *MüKo-IntWR(IntGesR)*/KINDLER, n° 378.

341 G. GRASMANN, *System des internationalen Gesellschaftsrechts,* n° 625, 977 et s.

342 GRASMANN, n° 745 et s., 759 et s., 766 et s. ; MOSER, *Festgabe Bürgi*, 1971, p. 283 (295 et s.).

343 ALTMEPPEN, *NJW* 2004, 97 ; ALTMEPPEN/WILHELM, *DB* 2004, 1083 ; ALTMEPPEN, *NJW* 2005, 1911.

ment dans ce courant doctrinal[344], a proposé une théorie de la différenciation nouvelle après l'arrêt *Centros* : selon lui, l'application de la théorie doit se limiter aux seules questions relatives aux *essentialia* d'une société (sa naissance, constitution, liquidation, transformation). Pour le reste, la loi du siège réel de la société trouverait application.

La théorie de la différenciation sous toutes ses formes semble devoir être récusée. Elle encourt en effet le même reproche que la théorie de la superposition en ce qu'elle mène à l'application de plusieurs lois. Autrement dit, ces théories ont pour conséquence un éclatement de la loi applicable à la société. Or, la présence de deux ou plusieurs lois applicables est un facteur de complexité non négligeable. Rattacher différemment les relations internes et les relations externes de la société par exemple peut causer des problèmes difficiles voire insolubles de cohésion dans l'application du droit.[345] Il serait en effet peu logique de soumettre à une loi le principe exigeant de la libération intégrale et du maintien du capital social et à une autre la responsabilité limitée des associés, la responsabilité limitée n'ayant d'existence légitime qu'en raison de l'existence de dispositions strictes sur le maintien du capital social en vue de la protection des créanciers notamment.

Aussi, selon la théorie du statut (ou de la loi) unitaire (***Einheitslehre***), la loi déterminée régit, au contraire, de manière uniforme toutes les questions de nature sociétaire, c'est-à-dire aussi bien les relations sociétaires internes que les relations sociétaires avec les tiers.[346] Il doit en être ainsi en raison de la sécurité juridique mais aussi en raison du lien fonctionnel entre les relations internes et externes de la société.[347] Le rattachement unitaire permet ainsi d'éviter des problèmes d'adaptation.[348] Pour ces raisons, la BGH refuse d'appliquer ces théories intermédiaires.[349] C'est pourquoi cer-

344 ULMER/BEHRENS, *GmbHG*, Allg. Einl. n° B 43.

345 ZIMMER, *Internationales Gesellschaftsrecht*, n° p. 215 ; *MüKo-IntWR(IntGesR)*/KINDLER, n° 385.

346 BHG *EuZW* 2000, 412, 413 ; *RGZ* 153, 2000 ; *RGZ* 83, 367 ; OLG Düsseldorf *WM* 1995, 808, 810 ; *MüKo-IntGesR*/KINDLER, n° 412 ; STAUDINGER-*IntGesR*/GROßFELD, n° 16 ; PALANDT-*EGBGB (2007)*/HELDRICH, Anh. zu EGBGB 12, n° 2 ; *MüHb-GmbH*/JASPER, § 75, n° 6 ; BEHRENS, *IPRax* 2003, 193, 204 et s. ; GÖTHEL, *RIW* 1999, 566, 567 ; *contra*: ALTMEPPEN/WILHELM, *DB* 2004,1083.

347 *MüKo-IntGesR*/KINDLER, n° 412 ; STAUDINGER-*IntGesR*/GROßFELD, n° 250.

348 *MüKo-IntGesR*/KINDLER, n° 412 ; STAUDINGER-*IntGesR*/GROßFELD, n° 249.

349 BHG *EuZW* 2000, 412, 413 se prononce contre ces théories et en faveur de la théorie unitaire : « *Der differenzierende Lösungsansatz* [...] *führt zu Rechtsunsicherheit, weil sich die Regelungsbereiche, die verschiedenen Rechtsordnungen unterstellt werden sollen, nicht eindeutig voneinander abgrenzen lassen. Er vernachlässigt den sachlichen Zusammenhang zwischen diesen Regelungsberei-*

tains auteurs se sont attachés à définir certains cas dans lesquels la théorie de l'*incorporation* ne jouerait pas, évitant ainsi de briser l'unité de la loi applicable.

*iii) La théorie de la combinaison (*Kombinationstheorie *de* ZIMMER*)*

198. La théorie de la combinaison de D. ZIMMER[350] a pour point de départ l'autonomie de la volonté dans le choix de la loi applicable de sorte qu'il est permis de la classer parmi les théories intermédiaires prenant appui sur la théorie de l'*incorporation*.[351]

L'approche s'inscrit dans le cadre de la théorie du statut unitaire. Pour respecter cette dernière, l'auteur distingue l'hypothèse de l'existence d'un lien substantiel entre la société et son État de constitution de celle de l'absence d'un tel lien.[352] Dès lors qu'un lien substantiel lie la société à son État de constitution[353], la *lex societatis* est en principe la loi de la constitution. Si, au contraire, ce lien substantiel n'existe pas, il n'y a aucun intérêt légitime de la part des parties, c'est-à-dire des associés, d'échapper à la loi de l'État du siège : elle s'applique. Il en va de même lorsque le lien unissant la société à son État de constitution disparaît *a posteriori* auquel cas la société devient une société pseudo-étrangère. Le choix de la loi applicable est donc limité ici par analogie aux limites que sont imposées à la volonté des parties en matière de droit international des contrats.[354] En distinguant ces deux hypothèses, l'auteur semble *a priori* respecter l'unité de la loi applicable parce que, à un moment donné, une seule loi s'applique.

---

chen. Die Regeln zum 'Innen-' und zum 'Außenverhältnis' ergeben erst im Zusammenspiel ein sinnvolles Ganzes [...]. » (Notre traduction : « *Cette approche ventilant* [entre théorie du siège réel et théorie de l'incorporation] [...] *mène à une insécurité juridique puisque les domaines de réglementations qui sont soumis à plusieurs ordres juridiques ne peuvent être distingués clairement. L'approche néglige la relation entre ces domaines. Les règles relatives aux relations internes et celles relatives aux relations externes ne s'avèrent cohérentes dès lors qu'elles s'appliquent toutes les deux.* »)

350 D. ZIMMER, *Internationales Gesellschaftrecht*, 1996, p. 220 et s. ; *idem*, *DZWiR* 1997, 396.

351 G. GRASMANN, n° 512 et s. ; ULMER/BEHRENS, *GmbHG*, All. Einl. B 42.

352 D. ZIMMER, *Internationales Gesellschaftsrecht*, p. 239.

353 L'existence de ce lien entre la société et son État de constitution (*substantielle Auslandsbeziehung*) est corroborée par plusieurs éléments : la résidence habituelle d'un ou plusieurs associés dans cet État, des relations contractuelles de travail, de vente ou de services d'une certaine importance dans cet État, etc. (D. ZIMMER, *op. cit.*, p. 226-230).

354 À cet égard, D. ZIMMER prend appui sur l'article 27 al. 3 EGBGB (dispositions impératives, même rédaction que l'article 3-3 de la Convention de Rome de 1980 sur la loi applicable aux obligations contractuelles). Il y voit l'expression d'un principe général du DIP selon lequel le libre choix de la loi applicable ne joue qu'en présence d'un élément d'extranéité (D. ZIMMER, *op. cit.*, p. 223 et s.).

L'approche perd cependant un peu de sa cohérence lorsque l'auteur affirme que, dans les cas où la loi de l'État du siège s'applique, les dispositions divergentes de la loi de la constitution pourraient également trouver application à titre secondaire à côté de celles de l'État du siège, dès lors que les dispositions de l'État du siège seraient de nature dispositive. L'approche est encore plus discutable sous l'aspect de la pratique parce que le lien substantiel est difficile à déterminer et risque de varier suivant les hypothèses[355], si bien que les associés eux-mêmes risquent de se méprendre sur le droit applicable. Cette situation est encore plus grave pour les tiers qui, contrairement à ce que suppose le concept de l'information sous-entendu par la CJCE dans son arrêt *Inspire Art*, sont dans l'impossibilité presque totale de savoir à partir de quel moment le lien existant perd sa qualité substantielle.[356] Enfin, si une société étrangère perd le lien substantiel avec son État de constitution, la théorie de ZIMMER a pour conséquence de la rattacher exclusivement à l'État de son siège réel renouant ainsi avec la théorie du siège réel à l'état pur[357] ce qui, nous le savons, est prohibé par le droit communautaire[358].

*iv) La théorie de l'incorporation limitée (*eingeschränkte Gründungstheorie*)*

199. La théorie dite de l'*incorporation* limitée constitue la plus récente d'entre elles, développée concomitamment aux arrêts de la CJCE. La théoric dc l'*incorporation* limitée défendue notamment par P. BEHRENS[359] maintient le principe de l'application de la loi de l'*incorporation* mais abandonne l'unicité de la théorie pour admettre des rattachements spécifiques (*Sonder-*

355 STAUDINGER-*IntGesR*/GROßFELD, n° 71.

356 *MüKo-IntWR(IntGesR)*/KINDLER, n° 397.

357 *MüKo-IntWR(IntGesR)*/KINDLER, n° 395.

358 En ce sens : SANDROCK, *BB* 1999, 1337 (1342) ; ULMER/BEHRENS, *GmbHG*, Allg. Einl. N° B 42. *Contra* : *MüKo-IntWR(IntGesR)*/KINDLER, n° 399 : KINDLER met en avant l'esprit libéral dont ZIMMER fait preuve par ailleurs, en particulier le fait de subordonner en principe l'application de la loi du siège réel à la justification de la mesure nationale prise en raison d'une raison impérieuse d'intérêt général, nécessaire, proportionnelle et non-discriminatoire (test des quatre critères de la jurisprudence *Keck*). Nous savons cependant que la CJCE ne laisse pas un réel champ d'application à ces mesures nationales (cf. en particulier *Inspire Art*). Aussi, KINDLER concède qu'à de telles conditions, la théorie de la combinaison de ZIMMER n'a plus de domaine d'application pratique, la conformité au droit communautaire étant totale.

359 HACHENBURG/BEHRENS, *GmbHG,* Einl. n° 127 et s. ; BEHRENS, *IPRax* 2003, 193 (196) ; ULMER/BEHRENS, *GmbHG,* n° B 34 et s.

anknüpfungen) pour certaines questions seulement. Il s'agit, en d'autres termes, de lois de police selon la compréhension française. Trois sortes de rattachements spécifiques sont visées par l'auteur[360] : les dispositions impératives du droit allemand des sociétés, les dispositions impératives en dehors du droit des sociétés et les dispositions impératives internationales. Elles s'appliqueraient à des sociétés étrangères ayant leur siège sur le territoire allemand à condition, toutefois, que ces dispositions servent *« de manière justifiée »* au sens de la jurisprudence *Keck*[361] à protéger les créanciers ou associés. P. BEHRENS retient pour l'application de ces dispositions la compétence de la loi non du lieu du siège réel mais du « lieu de l'activité commerciale » pouvant prendre la forme du lieu de la conclusion de l'acte, de celui de la réalisation du fait ou du marché de valeurs.[362] Cette approche semble poser le problème de la détermination des dispositions impératives. Une autre question, plus fondamentale celle-là, doit cependant primer cette interrogation. Pour rattacher un contrat, un délit etc., il ne semble guère nécessaire en effet de se servir de la catégorie de normes spécifiques que sont les dispositions impératives. Celles-ci ont en effet pour fonction d'attribuer un critère de rattachement spécifique, menant à l'application d'une loi 'x', à certains aspects d'une question laquelle serait rattachée à une autre loi 'y'. S'agissant de situations telles qu'un rapport contractuel ou délictuel cependant, c'est l'opération de qualification elle-même qui attribue naturellement un critère de rattachement à ces rapports de droit. En réalité, l'acception du rattachement spécifique telle que l'entend P. BEHRENS est donc trop large.[363]

Un autre auteur, H. GROTHE[364], défend lui aussi dès 1989 la théorie de l'*incorporation* limitée à l'égard des seules sociétés bénéficiaires de la liberté d'établissement communautaire, toutefois.[365] Les articles 43 et 48 CE prescriraient l'application de la théorie de l'*incorporation* aux sociétés constituées conformément au droit d'un État membre mais seulement dans la mesure

360 HACHENBURG/BEHRENS, *GmbHG,* Einl. n° 128 ; ULMER/BEHRENS, *GmbHG,* n° B 44 et s.

361 Cf. *infra* note de bas de page *supra* 281.

362 ULMER/BEHRENS, *GmbHG,* n° B 55 ; à noter cependant qu'antérieurement (HACHENBURG/BEHRENS, *GmbHG,* Einl. n° 128), l'auteur s'était prononcé en faveur de l'application du siège réel comme facteur de rattachement des dispositions impératives.

363 En ce sens également : *MüKo-IntWR(IntGesR)*/KINDLER, n° 369 et s.

364 Helmut GROTHE, *Die « ausländische Kapitalgesellschaft & Co. » : Zulässigkeit grenzüberschreitender Grundtypvermischungen und Anknüpfung des Gesellschaftsstatuts unter besonderer Berücksichtigung des europäischen Gemeinschaftsrechts,* Köln, Heymanns, 1989.

365 *Idem,* § 7, p. 125 et s.

où cela serait nécessaire pour rendre efficace le droit au libre établissement.[366] Aussi, quant au champ d'application de la loi de d'*incorporation*, l'auteur remarque que celui-ci comprend, d'une part, les domaines de l'existence de la société et sa qualité de sujet de droit et le droit des sociétés harmonisé en vertu de l'article 44 al. 2 g CE, d'autre part.[367] Au-delà de cette limite, seule la théorie du siège réel s'appliquerait.[368] Il est frappant de remarquer que, concernant la capacité juridique de la société, cette approche est identique à la position de la doctrine majoritaire après l'arrêt *Überseering*.[369] En revanche, la deuxième branche du champ d'application de la loi d'*incorporation* consistant, selon l'auteur, en le seul droit des sociétés harmonisé ne convainc pas. On ne voit pas, en effet, pourquoi il faudrait procéder à une sorte de dépeçage à l'intérieur de la *lex societatis* sans rapport avec la nature et les caractéristiques essentielles d'une société. De plus, l'étendue de l'harmonisation communautaire en le domaine est purement fortuite et évolutive.[370]

Les travaux de C. C. VON HALEN[371] qui se situent après l'arrêt *Centros* de 1999, sont largement comparables à ceux de H. GROTHE. Il soutient cependant une approche plus protectrice des intérêts de l'État d'accueil ce qui se traduit par l'application du critère du siège réel et donc la mise à l'écart du lieu de l'*incorporation* à chaque fois que sont en cause l'inscription obligatoire au registre des sociétés, le capital minimum et la libération et la sauvegarde de celui-ci pour les sociétés à responsabilité limitée, la responsabilité directe en cas de confusion de patrimoines et la sous-capitalisation.[372] Il justifie l'application de la loi du siège réel par la présence de raisons impérieuses d'intérêt général dans les hypothèses visées.[373] Nous savons cependant depuis *Inspire Art* que de tels rattachements spéciaux ou de telles lois de police, à l'exception de l'inscription au registre des sociétés[374], ne peuvent être mis en œuvre. VON HALEN a toutefois le mérite de bien distin-

366 *Idem*, § 7 E VI 2, p. 193.

367 *Idem*, § 7 E VI 2, p. 193 ; ULMER, *JZ* 1999, 662.

368 GROTHE, § 6, p. 110 et s., § 7 E VI 2, p. 193 et s.

369 Cf. *infra* n° 193.

370 Pour une discussion approfondie sur ce point, cf. *infra* n° 229.

371 C. C. VON HALEN, *Das Gesellschaftsstatut nach der Centros-Entscheidung des EuGH*, Verlag Recht und Wirtschaft, 2001.

372 *Ibid.*, p. 230 et s.

373 *Ibid.*, p. 235.

374 Obligation laquelle provient de la première directive relative à la publicité du 9 mars 1968 (Directive CE/68/151, *JOCE* L 65/8).

guer les questions de nature sociétaire de celles de cas de responsabilité fondée sur des institutions telles le délit, le contrat, l'apparence et la faillite etc. dont il démontre qu'elles sont rattachées comme de coutume.[375] En effet, il s'agit là de règles nationales qui doivent être qualifiées de « modalités de vente » au sens de la jurisprudence *Keck*, puisqu'elles s'appliquent indistinctement.[376]

Aucune des théories présentées précédemment qui s'étaient fixé pour but de combler les lacunes de la théorie de l'*incorporation* ne présente un concept apte à servir en pratique. Sauf une fois au profit la théorie de l'*incorporation* limitée, aucune des approches n'a d'ailleurs reçu une consécration jurisprudentielle.[377]

*v) La théorie de l'activité économique principale (*Schwerpunkttheorie *de WIEDEMANN)*

200. L'exposé de la théorie. H. WIEDEMANN[378] distingue trois hypothèses en fonction de la localisation de l'activité économique principale de la société afin que trouve application la loi de l'État dont *« les citoyens sont les plus concernés par la vie sociale et son activité »*[379]. Selon sa conception initiale, une société constituée conformément au droit allemand et inscrite au registre des sociétés en Allemagne est soumise au droit allemand tant que le siège statutaire se trouve sur le territoire allemand.[380] Une société constituée conformément à la loi d'un État membre de l'UE est reconnue *« à condition que son siège statutaire et réel se trouve sur le territoire des Communautés européennes »*.[381] Enfin, une société constituée conformément à la loi d'un État tiers est soumise en principe à sa loi de constitution tant que son activité principale est exercée à l'étranger ; en cas de transfert de cette activité en Allemagne, c'est la loi allemande qui s'applique.[382]

375 *Idem*, p. 235 ; dans le même sens : ULMER/BEHRENS, Einl. B n° 62 ; *MüKo-IntWR(IntGesR)*/KINDLER, n° 377.
376 M. HABERSACK, *Europäisches Gesellschaftsrecht*, n° 24.
377 KG (cour d'appel de Berlin), *NJW* 1989, 3100.
378 WIEDEMANN, *FS Kegel* (1977), p. 197 (199 et s.) ; WIEDEMANN, *GesR I*, § 14 II 2, p. 791 et s.
379 WIEDEMANN, *GesR I* § 14 II 1 a bb, p. 784.
380 WIEDEMANN, *GesR I*, § 14 II 2 a, p. 794 ; dans le même sens : KOPPENSTEINER, *Internationale Unternehmen*, p. 126 et s.
381 WIEDEMANN, *GesR I*, § 14 II 2 b, p. 794.
382 WIEDEMANN, *GesR I*, § 14 II 2 c, p. 797.

À la suite de la jurisprudence communautaire, l'auteur réduit les hypothèses au nombre de deux.[383] Il distingue, d'une part, les sociétés constituées conformément à la loi d'un État membre de l'UE ou assimilées (parce que bénéficiant d'une convention bilatérale) qui sont soumises exclusivement à la loi de la constitution et, d'autre part, toutes les autres qui sont soumises à la loi de leur siège réel. Ainsi, en ce qui concerne les sociétés ressortissant d'un État membre de l'UE ou assimilées, WIEDEMANN est le premier à réclamer **l'application de la loi de la constitution dans sa totalité tout en refusant tout rôle aux lois de polices nationales** protectrices des créanciers et des tiers.[384]

201. Explication. Contrairement à ce que l'on pourrait croire, l'auteur ne retient pas l'activité économique principale comme critère de rattachement. L'activité économique principale est en effet une notion vague qui nécessiterait une précision supplémentaire pour servir de critère de rattachement. Or, l'auteur ne vise pas un rattachement selon des critères économiques. Son idée est, au contraire, de rattacher la société à la loi de l'État le plus *« concerné, impliqué et menacé »*[385] par l'existence et le fonctionnement de la société. C'est, en réalité, l'idée de base de la théorie du siège réel. L'auteur est peu explicite sur ce point et encore moins quant à son raisonnement menant à l'application de la loi de la constitution au sein de l'UE. Selon nous, une telle déduction est cependant possible. Aussi, il faut interpréter l'idée de WIEDEMANN de la manière suivante.

Concernant une société constituée conformément à la loi d'un État tiers, l'État le plus concerné est logiquement celui sur le territoire duquel la société a implanté son siège réel, c'est-à-dire son administration. Dans notre hypothèse, ce sera l'Allemagne et la loi allemande sera par conséquent appelée à s'appliquer.

Concernant une société constituée conformément à la loi d'un État membre de l'UE et siégeant en Allemagne, « l'État » le plus concerné sera... l'Union européenne en raison du marché commun et de l'imbrication des économies nationales. Autrement dit, la présence et le fonctionnement de la société résidant en Allemagne ou dans un autre État membre concerne tous les pays d'Europe. Notons que notre thèse est confortée par l'auteur lors-

383 WIEDEMANN, *GesR II*, § 1 IV 3 a, p. 56.
384 WIEDEMANN, *GesR II*, § 1 IV 3 c aa, p. 61.
385 WIEDEMANN, *GesR I* § 14 II 1 a bb, p. 784 citant RAAPE, *Internationales Privatrecht*, 5e éd., p. 198.

qu'il affirme que *« la théorie du siège réel s'applique ainsi à l'ensemble du territoire des Communautés européennes »*[386]. Autrement dit encore, la loi du siège réel visée ici est le droit national des sociétés, à quoi s'ajoute la réglementation communautaire en matière de sociétés. Le postulat de l'équivalence de principe des droits des sociétés nationaux au sein de l'Union européenne explique ensuite que la loi de l'État de la constitution peut s'appliquer au même titre que celle de l'État de siège réel. Enfin, la liberté d'établissement fait en sorte que ce soit la loi de l'État de constitution qui s'applique afin de garantir le maintien de la personnalité morale telle qu'elle est.

Ce qui distingue par conséquent l'hypothèse de la société originaire d'un État tiers de celle de la société constituée conformément à la loi d'un État tiers est le fait que le droit des sociétés a été largement harmonisé voire uniformisé à certains égards dans l'Union européenne de sorte qu'il importe peu théoriquement quel droit des sociétés s'applique. Ce n'est que la liberté d'établissement qui exige que la loi applicable soit celle de l'État de la constitution. En revanche, appliquer le droit d'un État tiers peut sembler plus délicat dès lors que les niveaux de protection entre la législation tierce et la législation communautaire seront sensiblement différents.

202. La critique infondée de la théorie. WIEDEMANN a été critiqué pour avoir commis la même erreur que BEHRENS[387] : il parle de « rattachements spécifiques »[388] (lois de police) lorsqu'il évoque l'application à côté de la *lex societatis* des *leges contractus, delictus* et *concursus* alors que celles-ci ne sont pas rattachées spécifiquement en tant que dispositions impératives dans l'hypothèse d'une société, fut-elle étrangère.[389] Cette critique semble justifiée.

KINDLER s'appuie sur les travaux de M.-Ph. WELLER pour reprocher ensuite à la théorie de WIEDEMANN d'aller trop loin. Elle méconnaîtrait que des normes de nature sociétaire de l'État du siège réel pourraient encore s'appliquer à titre de modalités de l'activité exercée (« modalités de vente » au sens de la jurisprudence *Keck*), c'est-à-dire à titre de mesures ne constituant pas une entrave à la liberté d'établissement et ne nécessitant pas, par

386 WIEDEMANN, *GesR I* § 14 II 2b cc, p. 796 ; *Idem*, *GesR II* § 1 IV 3 c aa, p. 60 parle même de la « théorie du siège réel au niveau communautaire » (« *Sitztheorie auf europarechtlicher Ebene* »).

387 Cf. *supra* n° 199.

388 WIEDEMANN, *GesR II*, § 1 IV 3 c aa, p. 61.

389 *MüKo-IntWR(IntGesR)*/KINDLER, n° 390.

conséquent, de justification.[390] Il convient de réfuter cette analyse à l'aide des développements mêmes de M.-Ph. WELLER en distinguant les deux aspects soulevés par KINDLER, à savoir l'absence d'entrave à la liberté d'établissement et la qualification comme norme de droit des sociétés.

D'abord, quant à l'absence d'entrave, WELLER part de l'exemple allemand de la *Existenzvernichtungshaftung*[391], responsabilité qui, il est vrai, est *a priori* spécifique au droit matériel allemand des sociétés. Sur la base du droit matériel, il en étudie, dans un premier temps, la conformité à la liberté d'établissement sans égard, toutefois, au traitement de l'*Existenzvernichtungshaftung* en cas de conflit de lois.[392] Contrairement à ce qu'affirme KINDLER, l'auteur retient cependant que l'*Existenzvernichtungshaftung* constitue bel et bien une entrave à la liberté d'établissement et nécessite une justification au sens de la jurisprudence *Cassis-de-Dijon* et *Gebhard*[393].[394]

Ensuite, quant à la prétendue qualification sociétaire de cette forme de responsabilité, WELLER démontre dans un deuxième temps que, selon lui, l'*Existenzvernichtungshaftung* doit être qualifiée en droit international privé comme appartenant à la catégorie des procédures collectives.[395] Notons d'ailleurs que WIEDEMANN lui-même qualifie cette forme de responsabilité de droit des procédures collectives.[396] Il est vrai que la doctrine n'est pas unanime sur ce point et d'aucuns y voient aussi une qualification socié-

390 *MüKo-IntWR(IntGesR)*/KINDLER, n° 390 citant M.-Ph. WELLER, *Rechtsformwahlfreiheit,* p. 205 et s.

391 La notion et son régime international, cf. *infra* n° 550.

392 WELLER, *Rechtsformwahlfreiheit*, p. 215 expressément *« ungeachtet ihrer kollisionsrechtlichen Behandlung »* (sans égard à son traitement en matière de conflit de lois).

393 CJCE, 20 février 1979, - aff. 120-78, *Rewe-Zentral AG c/ Bundesmonopolverwaltung für Branntwein* (*Cassis de Dijon*), *Rec.*, p. 649 ; CJCE, 30 novembre 1995 - aff. C-55/94, *Gebhard*, *Rec.*, p. I-4165.

394 WELLER constate finalement la présence de raisons justificatives de l'entrave (cf. p. 209-214).

395 M.-Ph. WELLER, *Rechtsformwahlfreiheit,* p. 235 et s. (en particulier 282), p. 283 et s., *idem*, *IPRax* 2003, 208 ; *idem*, *DStR* 2007, 116-122 : si l'auteur admet que, théoriquement, une double qualification de l'*Existenzvernichtungshaftung* comme droit des sociétés et comme droit des procédures collectives puisse se concevoir (dans le même sens : KINDLER, *FS Jayme*, 2004, 409), il se prononce cependant en faveur de la qualification de droit des procédures collectives dès lors que l'on se trouve dans la champ d'application du Règlement insolvabilité en raison même de cette unification communautaire et de l'effet utile du droit communautaire (également pour une qualification de droit des procédures collectives : KIENLE, *in* SÜß/WACHTER, *Handbuch des internationalen GmbH-Rechts*, 2006, § 3 n° 210 et s.).

396 WIEDEMANN, *GesR II*, § 1 IV 3 c aa, p. 61.

taire[397] voire même délictuelle[398]. Une telle divergence entre le droit matériel et le droit international privé à l'intérieur d'un même ordre juridique est d'ailleurs tout à fait envisageable théoriquement.[399] Or, il reste que, là encore, KINDLER a pris WELLER à témoin pour quelque chose qu'il n'a pas dit. De plus, l'argument soutenu par KINDLER selon lequel il s'agirait d'une norme de nature sociétaire sort affaibli du constat que plusieurs qualifications différentes sont envisagées par les auteurs.[400]

En conséquence, la critique de KINDLER est sans objet. De deux choses, l'une, en effet. Soit la norme nationale est de nature sociétaire et alors, selon l'approche de WIEDEMANN, elle ne saurait s'appliquer face à la *lex societatis* que la société a adoptée lors de sa constitution dans un autre État membre. Soit, à l'inverse, la norme n'est pas qualifiée à l'issue du procédé de qualification du droit international privé comme appartenant à la catégorie sociétaire, auquel cas la question de l'applicabilité du droit des sociétés en tant que modalité de vente ne se pose pas.

203. Réajustement des termes du débat. En réalité, il s'agit là d'une question relative à l'étendue de la catégorie de rattachement, d'un pur problème de qualification donc. Il est généralement admis que la qualification doit se faire *lege fori*[401] ou, en d'autres termes, souverainement par chaque

397 ULMER, *NJW* 2004, 2101 (1207) ; KINDLER, *NZG* 2003, 1086 ; ROTH, *NZG* 2003, 1081 (1085) ; ZIMMER, *NJW* 2003, 3585 (3588) ; HORN, *NJW* 2004, 893 (899).

398 RAISER, § 29, n° 21 ; DAUNER-LIEB, *DStR* 2006, 2034 (2041) ; BAYER, *BB* 2003, 2357 (2365) ; KERSTING/SCHINDLER, *RdW* 2003, 621 (625); MÜLLER, *NZG* 2003, 414 (417).

399 Qualifier *lege fori* ne signifie nullement *« être esclave des classifications retenues par le droit substantiel du for »* (MAYER/HEUZE, n° 165).

400 Lui-même retient par exemple plus tard un cumul de qualifications sociétaire, délictuelle et d'insolvabilité, cf. *MüKo-IntWR(IntGesR)*/KINDLER, n° 617. Selon la majorité des auteurs, une telle « qualification multiple » doit cependant être soigneusement évitée parce qu'il faut partir du principe que le législateur a voulu créer des règles de conflit sans interférence quant à leur domaine respectif. Il convient donc de ne retenir qu'une seule qualification en soumettant la question de droit voire la règle matérielle en cause à une analyse téléologique et de distiller la fonction prépondérante (cf. les références chez *MüKo-IPR(2006)*/SONNENBERGER, n° 531 et EIDENMÜLLER, *RabelsZ* 2006, 474 (485 et s.)). Des exceptions rares existent mais on leur cherche souvent une qualification unique (*ibid.*), notamment par le biais d'une *« adaptation téléologique des dispositions matérielles en concours, voire de la règle de conflit elle-même »* (BUREAU/MUIR WATT, n° 398 (t. 1, p. 398)).

401 Pour le droit allemand : *BGHZ* 47, 324 ; cette question est par ailleurs assez discutée en droit allemand : cf. KEGEL/SCHURIG, *IPR*, § 7 ; KROPHOLLER, §§ 15-18.

Pour le droit français : Cass. civ., 22 juin 1955, aff. *Caraslanis* ou du mariage grec, *JDI* 1955, 682, note SIALELLI (*« la question de savoir si un élément de la célébration du mariage ap-*

for selon ses propres conceptions. Il n'est pas pour autant permis d'en déduire que chaque État membre de l'UE aura désormais la possibilité de « disqualifier » certains mécanismes protecteurs des tiers, par exemple de son droit des sociétés, en les classant dans la catégorie des délits afin de pouvoir les appliquer à une société étrangère sous le voile de la *lex loci delicti*. Car il ne faut pas oublier que si une qualification nationale a pour conséquence d'aboutir à l'application d'une norme dont le résultat serait contraire au droit communautaire, c'est ce dernier qui prime de sorte que le droit national devra s'incliner, c'est-à-dire modifier sa manière de qualifier et donc les catégories de rattachement. Le droit communautaire encadre donc indirectement les catégories de rattachement du droit national.[402]

Si l'État du for n'est plus maître de ses qualifications dès lors qu'est en jeu le droit communautaire, à l'inverse, l'État de constitution n'est pas davantage libre concernant l'étendue qu'il confère à la *lex societatis*. Il serait en effet erroné de croire que, dans le but d'avantager les sociétés constituées conformément à son propre droit mais dont l'activité se déroulerait en grande partie dans un autre État membre, l'État de constitution pourrait artificiellement gonfler son droit des sociétés pour y englober certains cas de responsabilité qu'il ne sanctionnerait que légèrement. Cela aurait pour conséquence que la grande étendue de cette *lex societatis* empêcherait l'État du for d'appliquer son propre régime de responsabilité délictuelle. Or, un tel scénario n'est pas imaginable. Aussi, lorsque WIEDEMANN évoque l'ensemble du droit des sociétés de l'État de la constitution qui s'appliquerait en tant que *lex societatis*, il ne semble pas justifié de penser qu'il doive catégoriquement s'agir là du droit tel qu'il est perçu dans chaque État de constitution avec son étendue spécifique. Cela aurait sinon pour conséquence dans l'UE que vingt-sept droits des sociétés ayant chacun une étendue différente s'appliqueraient dans l'État du for. Au contraire, le domaine d'application de la *lex societatis*, tout comme la catégorie de rattachement « sociétés » dans l'opération de qualification, sont assujettis à la surveillance de la CJCE. La catégorie de rattachement « société » et le domaine d'application de la *lex societatis* ne constituent donc que les deux faces d'une

---

partient à la catégorie des règles de forme ou à celle des règles de fond devait être tranchée par les juges français suivant les conceptions du droit français, selon lesquelles le caractère religieux ou laïc du mariage est une question de forme ») ; BATIFFOL, *Rev. crit DIP* 1955, 723 ; CHAVRIER, *D.* 1956, 73 ; ANCEL/LEQUETTE, *Grands arrêts DIP*, n° 27 ; MAYER/HEUZE, n° 156 ; BATIFFOL/LAGARDE, n° 295 et s.

402 En ce sens également : EIDENMÜLLER, *RabelsZ* 2006, 474 (483).

même médaille, intimement liées, dont le point de gravité est la liberté d'établissement communautaire. Il en sera question plus amplement lors du débat relatif au domaine de la *lex societatis*.[403]

204. Appréciation. Finalement, étant données la théorie du statut unitaire de la loi applicable (*Einheitslehre*) qu'adopte la BGH, d'une part, et la jurisprudence extrêmement restrictive de la CJCE concernant la possibilité pour les États d'appliquer leurs lois de police nationales à des sociétés ressortissant d'un autre État membre de l'UE[404] qui confine ainsi à l'*Einheitslehre*[405], d'autre part, l'approche de WIEDEMANN correspond au mieux au droit positif interne et communautaire actuel. Malgré l'appellation quelque peu obscure de sa théorie[406], celle-ci a en effet le mérite d'établir une distinction très claire, ne prêtant pas à débat, entre les sociétés originaires d'un État membre de l'UE ou assimilées, d'une part, et les sociétés originaires d'un État tiers, d'autre part, pour le rattachement des sociétés. C'est pourquoi nous suivrons par la suite cette approche.

e) Le droit positif

205. Le principe. Alors même que certains affirmaient initialement que la théorie du siège réel n'avait pas perdu de terrain[407], il est désormais acquis que l'arrêt *Inspire Art*

> *« signifie finalement la* **fin de la théorie du siège réel en tant que règle de conflit dans le champ d'application du traité CE**, *en tout cas pour des cas de transfert du siège d'un autre pays vers l'Allemagne (Zuzugsfälle) »*[408].

Finalement, la *BGH* a abandonné sa jurisprudence antérieure et reconnaît les sociétés constituées conformément au droit d'un État membre de l'UE

403 Cf. *infra* n° 229 et s.

404 KIENINGER, *ZeuP* 2004, 685 (700 et s.) ; WELLER, *Rechtsformwahlfreiheit*, p. 325.

405 Cf. sur la notion équivalente de l' « unité du statut personnel », les développements de MENJUCQ, *Droit international et européen des sociétés*, n° 251, p. 314.

406 Que nous avons tenté d'expliquer, cf. *supra* n° 201.

407 ALTMEPPEN, *NJW* 2004, 97 (99).

408 HORN, *NJW* 2003, 893 (896); Kammergericht Berlin, 18 novembre 2003 – 1 W 444/02, *DB* 2003, 2695 (2696) ; HÜFFER, § 1 n° 31.

ou de l'EEE[409] en tant que telles, c'est-à-dire en application de la loi ayant présidé à leur constitution.[410]

L'exception de la fraude communautaire. En revanche, les juges fédéraux ont considéré qu'était compatible avec le droit communautaire (notamment les articles 43 et 48 CE) le refus d'inscription opposé par le registre du commerce allemand à la succursale d'une *private limited company by shares* britannique en raison de l'interdiction d'exercer dont avait été frappé préalablement son associé unique et gérant, de nationalité allemande. La *BGH* motive sa décision en retenant d'une part que le comportement de l'intéressé constituait une fraude (communautaire au sens de la jurisprudence *Inspire Art* de sorte qu'il ne pouvait valablement se prévaloir du droit communautaire et, d'autre part, que la réglementation allemande était en tout état de cause justifiée par une raison impérieuse d'intérêt général : celle de la sécurité juridique.[411]

409 Sur le transfert du siège à partir d'un État membre de l'EEE : BGH, décision du 2. Zivilsenat du 19 septembre 2005, *BB* 2005, 2373 ; *ZIP* 2005, 1869-1871 ; *NJW* 2005, 3351-3352 ; *EuZW* 2005, 733-735 ; WACHTER, *GmbHR* 2005, 1483-1484 ; *RIW* 2005, 945-949 ; *Der Konzern* 2006, 195-197 ; WELLER, *ZGR* 2006, 748-768 *et alii* : *« Une société de capitaux constituée conformément au droit* [...] *du Liechtenstein doit être reconnue dans un autre État membre de l'accord d'association de l'EEE sur le fondement de la liberté d'établissement qui y figure (art. 31 EEE) – indépendamment du lieu du siège effectif de l'administration – et ce, avec la forme juridique sous laquelle elle a été constituée. Une société anonyme de droit liechtensteinois est par conséquent admise à faire valoir les droits qu'elle tire d'un contrat et à les faire exécuter en République fédérale d'Allemagne ».*

410 *BGHZ* 154, 185 (188); BGH, *NJW* 2004, 3706 ; BGH, *ZIP* 2005, 805 = *JZ* 2005, 848, note REHBERG ; HABERSACK, *Europäisches Gesellschaftsrecht*, n° 22 ; GOETTE, *DStR* 2005,197 et s. ; *idem*, *ZIP* 2006, 541 et s.

411 BGH, arrêt du 7 mai 2007 n° II ZB 7/06, *EuZW* 2007, 546 ; *NJW-Spezial* 2007, 364 ; G. EILMANN, *LMK* 2007, 240735 ; antérieurement, en sens inverse : OLG Oldenburg, 28 mai 2001 (*RIW* 2001, 863). Il est important de noter tout d'abord que les règles en cause (§ 6 al. 2 phr. 3 et 4 GmbHG) empêchant l'autorité du registre de procéder à l'enregistrement de la succursale sont relatives à l'interdiction d'exercer du gérant, non à celle de la société elle-même. Concernant les aspects de droit international privé, la BGH semble partir du principe que le droit allemand est applicable sans pourtant en expliquer le fondement. Il est désormais acquis que la question de la représentation de la société par ses gérants est soumise à la *lex societatis*. En l'espèce, le droit britannique aurait donc dû s'appliquer. Il est cependant possible d'envisager l'application de la loi allemande à deux titres. En effet, ces règles peuvent s'appliquer soit à titre de *lex fori* ou *lex auctoritatis* de l'autorité allemande, soit à titre de loi de police pour ce qui concerne les effets de l'interdiction d'exercer sur le territoire allemand. Les pouvoirs des gérants eux-mêmes resteraient ainsi en principe soumis à la *lex societatis* (en ce sens également : H. EIDENMÜLLER/M. REHBERG, *NJW* 2008, 28 (29-30)).

Un sort analogue à celui des sociétés constituées conformément au droit d'un État membre de l'UE ou de l'EEE est réservé aux sociétés ressortissant d'un État hors UE ayant conclu une **convention bilatérale de reconnaissance mutuelle** avec la RFA. Il faut distinguer les conventions bilatérales modifiant le droit international privé allemand des sociétés de celles qui ne le modifient pas.[412] Concernant les premières, qui revêtent un effet constitutif, la reconnaissance d'une société ne signifie pas pour autant une mise en cause de la théorie du siège dans l'ensemble.[413] L'Allemagne s'est, en effet, seulement obligée au sens du droit international public à reconnaître les sociétés dès lors que celles-ci ont leur siège à l'étranger ; si une telle société transfère son siège réel en Allemagne, au contraire, elle ne sera pas reconnue.[414] Parmi le deuxième type de conventions bilatérales, celles qui ne modifient pas le droit international privé allemand, on compte la Convention franco-allemande d'établissement et de navigation du 27 octobre 1956[415]. Celle-ci, comme d'autres de la même catégorie[416], n'a qu'un effet purement déclaratoire pour l'Allemagne dès lors que la Convention n'a pour effet que d'organiser la reconnaissance des sociétés constituées dans un État et y ayant maintenu le siège réel, de sorte que, même en application de la théorie du siège réel, leur existence n'est pas remise en

412 *MüKo-IntWR(IntGesR)*/KINDLER, n° 308, 310.

413 *MüKo-IntWR(IntGesR)*/KINDLER, n° 309.

414 *MüKo-IntWR(IntGesR)*/KINDLER, n° 309 ; EBENROTH/BIPPUS, *RiW* 1988, 336 ; STAUDINGER-*IntGesR*/GROßFELD, n° 224. Une exception de taille concerne la relation avec les États-Unis : la Convention d'amitié, de commerce et de navigation entre les États-Unis d'Amérique et la République fédérale d'Allemagne du 29 octobre 1954 (Freundschafts-, Handels- und Schifffahrtsvertrag zwischen der BRD und den Vereinigten Staaten von Amerika vom 29.10.1954 (*BGBl.* 1956 II, p. 487, en vigueur depuis le 14 juillet 1956, *BGBl.* II, p. 763)/Treaty of Friendship, Commerce and Navigation between the United States of America and the Federal Republic of Germany (pour la version anglaise, cf. *http://usa.usembassy.de/etexts/friendtreaty4555.htm* (31/12/2008))) prévoit, en effet, dans son article XXV al. 5 une règle de conflit (pour ne citer que les derniers arrêts affirmant qu'il s'agit d'une règle de conflit originaire d'une convention internationale : BGH *NZG* 2005, 44 = *RiW* 2005, 147 = *BB* 2004, 2595 ; la doctrine majoritaire est également en ce sens : PALANDT-*EGBGB (2002)*/HELDRICH, Art. 12 Anh. n° 21 ; EBENROTH/BIPPUS, *NJW* 1988, 2137 ; BUNGERT, *DB* 2003, 1043 ; KROPHOLLER, § 55 I 1, DAMMANN, *RabelsZ* 68 (2004), 607 (626) ; EIDENMÜLLER/REHM, § 2 n° 13) selon laquelle l'élément de rattachement est le seul acte fondateur de la société (*MüKo-IntWR(IntGesR)*/KINDLER, n° 314 ; GOETTE, *DStR* 2003, 948).

415 Cf. *supra* note de bas de page 243.

416 Pour une liste exhaustive de ces États, voir *MüKo-IntWR(IntGesR)*/KINDLER, n° 310.

cause.[417] Enfin, il ne faut pas oublier que les conventions bilatérales ne s'appliquent que sous réserve des articles 43 et 48 CE.[418]

En revanche, les **sociétés ressortissant d'État tiers**, c'est-à-dire d'un État qui n'est pas membre de l'UE ou de l'EEE et qui ne serait pas lié à l'Allemagne par une convention bilatérale, se voient toujours appliquer la théorie du siège réel[419] avec la conséquence de la requalification de la société en société de personne[420].

On constate alors que la distinction suivant l'État d'origine de la société établie par WIEDEMANN a été consacrée par les tribunaux.

Tout ceci fait apparaître un tableau assez complexe du droit allemand. La *lex societatis* sera déterminée différemment selon l'État d'origine de la

417 STAUDINGER-*IntGesR*/GROßFELD, n° 208 ; BEITZKE, *FS Luther* 1976, p. 3 ; EBENROTH/BIPPUS, *RiW* 1988, 842 ; GROßFELD, *RabelsZ* 31 (1976), 1.

418 EIDENMÜLLER/REHM, § 2 n° 12.

419 BAYER, *BB* 2003, 2357 (2363 et s.) ; BINGE/THÖLKE, *DNotZ* 2004, 21, 28 ; BINZ/MAYER, *BB* 2005, 2361 (2366) ; EBENROTH/BOUJONG/JOOST/AUTEUR, *HGB* Anh. zu § 12 n° 13 ; EBKE, *JZ* 2003, 927 (930), HAUSMANN, *in* HAUSMANN/MARTINY, *Internationales Vertragsrecht*, n° 2284 ; HÜFFER, § 1 AktG n° 32 ; HORN, *NJW* 2004, 893 (897) ; GRAF VON BERNSTORF, *RIW* 2004, 498 (500) ; GROßERICHTER, *DStR* 2003, 159 (168) ; KINDLER, *NJW* 2003, 1073 ; *idem*, *FS Jayme*, 409 (410) ; *MüKo-IntWR(IntGesR)*/KINDLER, n° 338 ; PALANDT-*EGBGB (2002)*/HELDRICH, Art. 12 Anh. n° 9 ; MANKOWSKI, *RIW* 2004, 481 (486 et s.) ; ROTH, *FS Heldrich* 2005, p. 973 (977) ; SPAHLINGER/WEGEN, n° 73 et s. ; WELLER, *IPRax* 2003, 324 ; seule voix dissidente : SCHULZ, *NJW* 2003, 2705, 2706.

De lege ferenda, une partie grandissante de la doctrine se prononce cependant pour l'application généralisée de la théorie de l'*incorporation*, c'est-à-dire à l'égard des sociétés originaires de l'UE ou de l'EEE mais aussi à l'égard de celles d'États tiers : ULMER/BEHRENS, *GmbHG*, n° B 37 et s.(40), 121 ; BEHRENS, *IPRax* 2003, 193, 204 ; EIDENMÜLLER, *ZIP* 2002, 2233, 2244 ; *idem*, *JZ* 2003, 526 (528), Kieninger, *ZEuP* 2004, 685, 702 et s. ; LEIBLE/HOFFMANN, *RIW* 2002, 925, 935 ; *idem*, *ZIP* 2003, 925, 930 ; PAEFGEN, *WM* 2003, 561, 570 ; SANDROCK, *BB* 1999, 1337, 1342. cf. sur ce point la proposition du Conseil allemand pour le DIP, *infra* § 3.

Toutefois, pour l'instant, les tribunaux allemands ne se sont pas encore prononcés dans le sens d'un abandon de la théorie du siège social à l'égard de sociétés ressortissant d'État tiers : BGH 1er juill. 2002, II ZR 380/00, *DStR* 2002, 1678, note W. GOETTE ; BGH 29 janv. 2003, *DStR* 2003, 948 et s., note W. GOETTE = *NZG* 2002, 265 ; expressément BayObLG, *DB* 2003, 819). Au contraire, la BGH a récemment affirmé haut et fort qu'il ne lui incombait pas de précéder une éventuelle réforme du droit international privé des sociétés à venir (BGH, 27 octobre 2008, II ZR 158/06, II ZR 290/07 : hypothèse impliquant une société anonyme de droit suisse ayant son siège réel en Allemagne).

420 Cf. références dans note de bas de page précédente *in fine*.

société, ce qui peut paraître étrange[421]. L'on assiste ainsi à une scission du droit international privé des sociétés[422] : le droit commun applicable aux États tiers consistant en la théorie nouvelle du siège réel d'une part, et le droit international privé « communautarisé » qu'est le droit commun amputé du critère du siège réel, c'est-à-dire la théorie de l'*incorporation*, d'autre part. Certains auteurs prennent ce constat comme point de départ pour prôner un retour à l'unicité du droit international privé des sociétés. Ils mettent en garde contre une « surcomplexité »[423] du droit international privé se transformant en un « labyrinthe »[424]. Pour notre part, il ne nous semble pas que la distinction en fonction de l'origine de la société soit tellement difficile à mettre en œuvre. Toutefois, les remarques de ces auteurs semblent avoir été entendues par le Conseil allemand du droit international privé.[425]

3. Les répercussions en droit français

206. La réception de la jurisprudence communautaire récente relative à la liberté d'établissement par la doctrine et les tribunaux français fut relativement faible, en tout cas comparé au tollé qu'elle avait provoqué en Allemagne[426]. Il n'existe pourtant aucune raison pour ne pas s'intéresser aux conséquences de la liberté d'établissement sur le droit international privé des sociétés français. Au contraire, le droit français doit être soumis à un examen précis de conformité à celle-ci.

207. La « reconnaissance » de la personnalité juridique. Il est vrai que la Cour de cassation avait précédé la Cour de justice concernant la reconnaissance de la personnalité juridique de sociétés étrangères en matière d'actions en justice. En effet, bien avant l'arrêt *Überseering*, la Cour de cassation avait cassé l'arrêt d'une cour d'appel au motif que les juges du fond s'étaient fondés sur la loi française du 30 mai 1857 relative à la reconnaissance de sociétés anonymes étrangères[427] alors que celle-ci était contraire

421 WELLER, *DStR* 2003, 1803 appelle cette situation *skurril* (bouffon, bizarre).

422 HAUSMANN, *in* HAUSMANN/MARTINY, *Internationales Vertragsrecht*, n° 2284.

423 BEHRENS, *IPRax* 2003, 193, 205 et s.

424 LEIBLE/HOFFMANN, *RIW* 2002, 925 ; dans le même sens : SANDROCK, *BB* 1999, 1337 (1341).

425 Cf. *infra* n° 228.

426 Dans le même sens : WACHTER, *GmbHR* 2003, R 378 ; J.- B. BLAISE, 'Une cohabitation difficile : …', *in Mél. Kahn*, 2000, p. 585 (591).

427 La loi du 30 mai 1857 prévoyait que les sociétés anonymes étrangères avaient la possiblité d'exercer tous leurs droits et d'ester en justice en France à condition cependant

aux articles 6.1 et 14 de la CESDH[428] ainsi qu'aux articles 1 et 5 du premier protocole additionnel, tous deux de valeur supra-législative, en ce qu'elle ne permettait pas à une société de droit liechtensteinois de se constituer partie civile, faute de personnalité juridique.[429] La solution fut confirmée.[430] Aussi, le législateur, lors d'une mesure de simplification du droit, a abrogé la loi de 1857.[431]

208. La loi applicable. En revanche, la conformité du droit des conflits français aux conséquences de la jurisprudence *Inspire Art* reste à apprécier. L'étude du système français antérieur à la jurisprudence communautaire[432] a révélé qu'il existait deux conceptions de rattachement : le rattachement par le siège statutaire avec l'exception de la fraude d'une part, et le

---

qu'un décret ait spécialement visé l'État auquel elles appartenaient. La grande majorité des États bénéficiaient de cette reconnaissance à la suite de la publication de décrets collectifs ou de la signature de conventions internationales bilatérales.

428 Convention de sauvegarde des droits de l'homme et des libertés fondamentales du 4 novembre 1950.

429 Cass. crim., 12 nov. 1990, n° de pourvoi : 89-81851, *Extracto Anstalt*, *Rev. crit. DIP* 1991, 667, 2e espèce, note G. KHAIRALLAH. Arrêt confirmé par Cass. civ. 1ère, 25 juin 1991, n° de pourvoi 90-13849, *Voarick et a. c. Société Extracto Anstalt*, *Rev. crit. DIP* 1991, note G. KHAIRALLAH ; *D.* 1992, somm., 163, obs. B. AUDIT. MEILICKE avait tenté par la suite de faire barrage à la théorie du siège réel du droit allemand en invoquant la contrariété de cette théorie aux dispositions de la CESDH. Pour ce faire, il prenait appui sur l'arrêt précité de la Cour de cassation (MEILICKE, *RIW* 1992, 578 et s. ; *idem*, *BB* 1995 Beilage 9, 1 (8 et s.)). Son point de vue n'est cependant partagé ni par la doctrine ni par la jurisprudence allemandes (AG Heidelberg, *EuZW* 2000, 414 et s. ; GROßFELD/BOIN, *JZ* 1993, 370 et s. ; ENGEL, *ZeuP* 1993, 150 et s. ; EBKE, *RabelsZ* 62 (1998), 212 et s. ; *MüKo-IntGesR*/KINDLER, n° 375 et s. ; STAUDINGER-*IntGesR*/GROßFELD, n° 142 et s.).

430 La Chambre commerciale de la Cour de cassation a, par un arrêt du 15 novembre 1994 (*Bull. civ.* IV, n° 335), précisé qu' *« aucune distinction n'est faite par la Convention selon que la personne morale a ou non la nationalité d'un État contractant »*. La même chambre a rappelé ce principe dans une décision du 8 juillet 2003 (*D.* 2004, 692, note G. KHAIRALLAH). En l'espèce, une société de droit guinéen tentait d'agir contre une société de droit français qui s'était porté caution en sa faveur. La cour d'appel avait déclaré sa demande irrecevable sur la base de la loi de 1857, la Guinée ne figurant pas sur la liste des États élus. L'arrêt a été cassé au motif « *qu'il résulte des dispositions de la CESDH que toute personne morale, quelle que soit sa nationalité, a droit au respect de ses biens et ce jusqu'à ce que sa cause soit entendue par un tribunal indépendant et impartial* ».

431 Art. 27 II 4° de la loi n° 2007-1787 du 20 décembre 2007 relative à la simplification du droit, *JO* du 21 déc. 2007. Cf. également le commentaire de D. BUREAU, *Rev. crit. DIP* 2008, 161-166.

432 Cf. *supra* n° 178.

rattachement par le siège réel d'autre part. Il n'est nul besoin d'approfondir la réflexion après les développements consacrés au droit allemand pour comprendre que le rattachement des sociétés par le siège réel (première théorie) est contraire à la liberté d'établissement dès lors qu'elle s'applique aux sociétés constituées conformément à la loi d'un État membre. En revanche, la question de savoir si le rattachement par le siège statutaire est conforme au droit communautaire doit être examinée. Il est exact que l'application de l'article 1837 al. 1er C. civ. et de l'article L. 210-3 al. 1er C. com. aboutit indéniablement au même résultat que la théorie de l'*incorporation* en ce qu'ils ordonnent (selon les tenants de cette seconde théorie) l'application de la loi sous la compétence de laquelle la société s'est originairement constituée.

Ce qui pose cependant problème, c'est l'alinéa 2 des mêmes articles, lequel se réfère – toujours selon cette conception – en cas de fraude au siège réel de la société comme critère de rattachement. À la suite de l'arrêt *Centros*, la doctrine française s'est penchée sur la notion de « fraude » et a reproché à la CJCE de ne pas l'avoir retenue dans l'hypothèse de la société *Centros* qui avait été constituée en Angleterre dans le seul but de contourner la loi danoise, fait qui, d'ailleurs, ne fut nullement démenti par les parties.[433] Selon la conception interne de la fraude, en effet, ce comportement serait constitutif d'une fraude.[434] Or, la Cour de justice a clairement affirmé que la fraude communautaire ne s'opposait pas au

> *« fait d'aller incorporer une société dans un État membre dans lequel elle n'a aucune activité, dans le but explicitement assumé d'éviter l'application de la loi d'un autre État membre dans lequel se déroule la totalité de l'activité de la société ».*[435]

Il s'agit donc d'une notion de fraude spécifiquement communautaire.[436] Il en résulte pour le droit international français que l'alinéa 2 des articles 1837 C. civ. et L. 210-3 C. com. ne saurait plus s'appliquer à des sociétés *pseudo-*

433 J.-B. Blaise, 'Une cohabitation difficile :...', *Mél. Kahn*, 2000, p. 585 et s. (589) ; Dom, *Bull. Joly* 1999, n° 6, 705 ; Gavalda/Parleani, *JCP* 2000, éd. E, 602, n° 22 ; Huglo, *RTD eur.* 1999, n° 4, chron., 738 ; Idot, *Europe* 1999, n° 183 ; Luby, *JDI* 2000, 482 ; Menjucq, *D.* 1999, n° 37 ; Parleani, *Rev. soc.* 1999, 368 ; Reinhard, *JCP éd. E* 1999, 1285, n° 2.

434 C'est ce que remarque, à juste titre, E. Pataut, *D.* 2004, 491 (493). Voir *supra* les développements sur l'arrêt *Centros*, n° 188.

435 *Ibid.*

436 Menjucq, *Droit international et européen des sociétés*, n° 276 et s.; Pataut, *D.* 2004, 491 (493).

étrangères originaires d'un État membre de l'Union européenne, serait-ce pour combattre l'hypothèse du contournement de la loi française.[437]

Un auteur voudrait concilier les dispositions françaises avec le droit communautaire en ne permettant aux tiers de se prévaloir de l'alinéa 2 que *« dans la seule hypothèse où existerait une fraude à leurs droits réalisée par la société »*.[438] Il est dommage que cet auteur ne précise pas en quoi pourrait consister, selon lui, cette fraude et en quoi elle se distinguerait alors du contournement de la loi du for, hypothèse qui – nous l'avons vu – n'est pas comprise par la fraude communautaire. Deux séries d'objections s'opposent, en outre, à cette suggestion. Premièrement, il ne semble pas cohérent, encore une fois, de faire dépendre la sanction de la fraude à la loi ainsi que la détermination de la *lex societatis* de l'intervention des tiers, ne serait-ce que sur un point précis du litige. Deuxièmement et surtout, la notion de fraude communautaire ne saurait, en réalité, accueillir l'hypothèse décrite dans laquelle un tiers demanderait l'application de la loi du siège réel en sa faveur. Après avoir rappelé la distinction fondamentale entre *« les règles relatives à l'exercice de certaines activités professionnelles »* et celles *« régissant la constitution des sociétés »* qui seules étaient en cause dans l'arrêt *Centros*[439], la Cour affirme que

> *« les dispositions du traité relatives à la liberté d'établissement visent précisément à permettre aux sociétés constituées en conformité avec la législation d'un État membre* [...], *d'exercer* [...] *des activités dans d'autres États membres »*[440]

et que

> *« le fait, pour un ressortissant d'un État membre qui souhaite créer une société, de choisir de la constituer dans l'État membre dont les règles de droit des sociétés lui paraissent les moins contraignantes et de créer des succursales dans d'autres États membres ne saurait constituer en soi un usage abusif du droit d'établissement »*[441].

Autrement dit, la vie sociale interne ne regarde personne, ni l'État d'accueil, ni les tiers. Ce n'est que pour l'exercice d'une activité professionnelle que la

437 Dans le même sens : STORCK, *Banque et Droit* 2003, 42 (43) ; MENJUCQ, *Bull. Joly* 2003, § 272, p.1314.

438 MENJUCQ, *Bull. Joly* 2003, § 272, p.1314.

439 *Centros*, point 26.

440 *Centros*, point 26.

441 *Centros*, point 27.

société devra se soumettre à la législation de l'État d'accueil dans ses rapports avec les tiers. Elle pourra être tenue responsable sur le terrain de la responsabilité délictuelle en vertu de la *lex loci delicti*. Mais alors, il ne s'agit pas de la loi applicable au statut de la personne morale, de la *lex societatis*. En conséquence, il ne saurait être accordé aux tiers le bénéfice de l'option dans le cadre du champ d'application de la liberté d'établissement.

209. Il convient de **résumer**. Il n'y a pas de place, dans le champ d'application du droit communautaire, pour le rattachement par le siège réel.[442] Cela exclut d'abord la position traditionnelle de la doctrine française qui retient le siège réel comme seul facteur de rattachement. Cela exclut ensuite l'application, selon la position renouvelée, de l'alinéa 2 des articles 1837 C. civ. et L. 210-3 C. com. qui retient le siège réel comme facteur de rattachement en cas de fraude. En définitive, c'est exclusivement la loi du siège statutaire qui trouvera à s'appliquer à des sociétés constituées conformément à la loi d'un État membre de l'UE.[443] Il faut sans aucun doute y assimiler les sociétés ressortissant de l'EEE. En revanche, le droit français commun devra continuer à s'appliquer aux sociétés ressortissant d'un État tiers, peu importe alors que l'on suive l'approche traditionnelle ou l'approche renouvelée.

En guise de conclusion, il est possible de constater que s'impose, en droit français, une distinction en fonction du pays d'origine de la société (UE ou non) de la même manière qu'en droit allemand. Cela ne saurait cependant surprendre dès lors que la liberté d'établissement, sans revêtir une signification exclusivement de conflit de lois, tend à harmoniser à travers la jurisprudence communautaire le régime du droit international privé des sociétés des États membres.

4. Importance pour le groupe de sociétés

210. De l'application en droit français et en droit allemand de la loi de la constitution à toute société s'étant constituée conformément à la loi d'un État membre, il en résulte pour un groupe de sociétés composé par ex-

442 Également PATAUT, *D.* 2004, 491 (492).

443 *« Militantisme de la CJCE »* (MENJUCQ, *JCP* éd. G. 2007, I, 130) voire *« gouvernement des juges »* (HEUZE, 'L'honneur des Professeurs de droit', *JCP* éd. G 2007, I, 116) ou non, quoi qu'on pense de l'évolution que prend le droit communautaire sous la férule de la Cour de justice, la solution du droit positif demeure, sauf réforme en profondeur de l'ensemble du droit communautaire, celle indiquée.

emple de sociétés mère et filles françaises et allemandes que celles-ci seront soumises à la seule loi de leur constitution. C'est évident mais encore va-t-il mieux en le disant. En effet, poussé à l'extrême, cela signifierait qu'une société mère allemande et ses filiales allemandes pourront « déménager » en France pour rejoindre les sociétés françaises du groupe tout en apportant leur loi applicable, le droit allemand. La même chose vaut, bien sûr, concernant les sociétés françaises transférant leur siège en Allemagne.

Or, c'est oublier qu'un État peut parfaitement refuser dans son droit matériel des sociétés qu'une société constituée selon sa loi s'éloigne de son territoire. Jusque-là, nous avons en effet envisagé la liberté d'établissement en adoptant la perspective de l'État d'accueil afin d'examiner la loi applicable à la société venue d'ailleurs. Or, un cas de figure tout à fait différent constitue l'hypothèse dans laquelle serait examinée la perspective de l'État de constitution face à une société constituée selon sa propre loi qui voudrait transférer son siège dans un autre État membre.

C. Le transfert du siège social entre la France et l'Allemagne par la mise en œuvre de la liberté d'établissement principal

211. Dans les textes. Après le développement spectaculaire de la liberté d'établissement communautaire sus-évoquée, il est assez surprenant de constater que bon nombre de sociétés ayant leur siège dans la Communautés sont encore privées de la possibilité de se mouvoir dans un autre État membre en raison du droit national de l'État de leur constitution. En effet, *« [p]our une société de capitaux, le transfert transfrontalier du siège statutaire et le changement de législation de rattachement peuvent constituer un moyen d'accroître sa productivité et une modalité d'exercice de sa liberté d'établissement. »*[444] Cette situation est due d'abord au fait que le droit communautaire primaire ne contient aucune disposition relative au transfert de siège.[445] Seul l'article 293, 3e tiret CE prévoit la possibilité pour les États membres de conclure une convention à

444 Consultation de la Commission du 26 février 2004, cf. *infra.*

445 Les articles 43 et 48 CE n'interdisent pas à la législation d'un État membre d'empêcher une société constituée sous sa loi de quitter son territoire national. Il s'agit là justement de l'hypothèse de l'arrêt *Daily Mail*, cf. *infra*. *Contra* (seulement) : B. LE BAR, *in* BEGUIN/MENJUCQ, *Droit du commerce international*, n° 736, p. 277. Malheureusement, l'auteur laisse cette affirmation sans arguments et sans référence aucune.

ce sujet. Nous savons cependant que la convention qui fut préparée dans ce cadre, n'a jamais vu le jour faute de ratification suffisante.[446]

212. Les initiatives communautaires récentes. Ce transfert n'a fait l'objet, jusqu'ici, d'aucune harmonisation ou coordination au niveau communautaire. L'avant-projet de 14e directive relative au transfert de siège social (statutaire) de 1997[447] n'a pas abouti. Il est vrai qu'en application de son plan d'action[448], la Commission avait lancé une consultation « sur les orientations du futur projet de proposition de 14e Directive 'Droit des sociétés' sur le transfert transfrontalier du siège statutaire des sociétés de capitaux » en 2004.[449] Celle-ci prévoyait un cadre général en dix points visant à garantir aux sociétés la possibilité du transfert intracommunautaire par adoption de leur personnalité juridique à la loi de l'État d'accueil sans liquidation.[450] La Direction Générale Marché intérieur et Services a cependant

446 La Convention de Bruxelles du 29 février 1968 sur la reconnaissance mutuelle des sociétés dans la Communauté économique européenne (cf. B. GOLDMAN, *RTDE* 1968, 405 et s.).

447 Avant-projet de 14e directive sur le transfert de siège social du 20 avril 1997 : cf. G. CHASTENET, *JCP* éd. G, n° 44, actu., 1961 ; MENJUCQ, *Droit international et européen des sociétés*, n° 247 et s. = *Bull. Joly* 2000, n° 2, § 26 ; NEYE, *GmbHR* 1997, R 181.

448 Sur ce plan d'action, cf. GOFFAUX-CALLEBAUT, 'Le plan d'action de la Communauté européenne en droit des sociétés: une approche française', *Bull. Joly* 2003, § 213, 997 et s.

449 Consultation de la Commission du 26 février 2004 sur les orientations du futur projet de proposition de 14e Directive « Droit des sociétés » sur le transfert transfrontalier du siège statutaire des sociétés de capitaux (*http://ec.europa.eu/internal_market/company/seat-transfer/2004-consult_fr.htm (*31/12/2008*)*).

450 Cf. note de bas de page précédente : (1) la directive ne traiterait que du transfert du siège statutaire à l'exclusion de celui du siège réel, considéré comme étant réglé par la jurisprudence ; (2) la délibération de l'assemblée générale relative au transfert ne mène pas à la liquidation, ni à la perte de la capacité juridique de la société ; (3) modifications des statuts nécessaires pour conformer la société aux conditions essentielles de substance et de forme sociale requises pour l'immatriculation dans l'État membre d'accueil ; (4) l'État d'accueil ne peut demander une nouvelle constitution de la société ; (5) contrôle conjoint des deux États concernant les conditions de substance, de forme sociale et de procédure nationale ; (6) l'immatriculation dans l'État d'accueil fait perdre à la société sa personnalité juridique de l'État d'origine ; (7) absence de liquidation de la société, absence de conséquences pour les tiers ; (8) possibilité d'accorder une protection particulière aux droits de certaines catégories de personnes, notamment les associés minoritaires et les créanciers ; (9) neutralité fiscale de l'opération ; (10) les droits de participation des salariés seraient régis par la législation de l'État membre d'accueil. Lorsqu'ils existent déjà dans une forme plus renforcée dans l'État membre d'origine, ils seraient

cessé les travaux, le commissaire compétent Charlie MCCREEVY ayant considéré qu'une action au niveau communautaire n'était pas nécessaire.[451] Cela n'a pas empêché les États présidant l'Union européenne entre janvier 2007 et juin 2008 de présenter un *Programme sur 18 mois dans le domaine de la Justice pour les présidences allemande, portugaise et slovène* lequel visait à faire avancer les débats en vue de réactiver le projet de 14e directive.[452] En dernier lieu, est intervenue une résolution du Parlement européen du 10 mars 2009 contenant des recommandations à la Commission concernant le transfert transfrontalier du siège social d'une société[453] demandant à la Commission de présenter, au cours de l'année 2009, une proposition législative en ce sens.

À défaut de réglementation, c'est à la jurisprudence communautaire qu'il est revenu de prendre position en la matière.

1. L'évolution de la jurisprudence communautaire

a) L'affaire Daily Mail

213. Le droit de transférer le siège social d'une société dans la communauté n'a pas été reconnu par l'arrêt *Daily Mail* de la Cour de justice rendu le 27 septembre 1988[454]. Une société britannique souhaitait transférer son

---

maintenus ou négociés entre les parties intéressées. L'État membre d'origine pourrait adopter les dispositions internes qu'il estimerait nécessaires pour régir ces négociations.

451 Cf. Commission Staff Working Document du 12 déc. 2007, SEC (2007) 1707, à consulter en ligne sur *http://ec.europa.eu/internal_market/company/docs/shareholders/ia_transfer_122007_part1_en.pdf*.

452 Programme sur 18 mois dans le domaine de la Justice pour les présidences allemande, portugaise et slovène, p. 6 (*http://www.bmj.bund.de/files/-/1781/18%20Monate%20Justizprogramm_francais.pdf*) : « *Il faut une réglementation concernant le transfert du siège social d'entreprises dans d'autres États membres. Dans le marché unique, il faut que les entreprises puissent transférer leur siège social dans tout autre État membre et adopter en même temps une nouvelle forme juridique. Néanmoins, cela peut conduire à ce que des obligations imposées par le droit des sociétés de certains ordres juridiques, comme par exemple celles concernant la protection des créanciers ou des débiteurs ou bien les droits des salariés, disparaissent seulement en raison du transfert du siège social. La Directive relative au transfert transfrontalier du siège social, annoncée par la Commission européenne, doit donner un cadre juridique sûr au transfert du siège social d'entreprises. Il faut que les entreprises et les autres personnes concernées puissent prévoir à quelles règles de droit des sociétés une entreprise est soumise en cas de transfert. Nous voulons faire avancer les discussions à ce sujet pendant nos présidences* ».

453 2008/2196(INI).

454 CJCE, 27 septembre 1988 – aff. 81/87, *Rec.*, p. 5483. La décision a été très discutée en doctrine. Voir pour la doctrine française en particulier : O. LOY, 'Le marché unique et

administration centrale aux Pays-Bas à des fins fiscales. Le Trésor britannique lui apposa le refus d'autorisation nécessaire au regard des lois fiscales anglaises pour un tel déplacement. Dans un *obiter dictum*[455], la Cour a estimé que le traité *« ne conférait aucun droit à une société constituée en conformité de la législation d'un État membre et y ayant son siège statutaire, de transférer son siège de direction dans un autre État membre ».*[456] En conséquence, une société ne pouvait s'opposer en principe à ce que la loi sous laquelle elle s'est constituée l'empêche, à quelque titre que ce soit, de transférer son siège social, statutaire ou réel, dans un autre État membre.[457] Autrement dit, la liberté d'établissement ne s'oppose pas aux limitations de départ opposées à une société par l'État d'origine de celle-ci.[458]

La raison en est que l'UE ne dispose pas de compétence en ce cas. La Cour a en effet posé le principe selon lequel les règles du traité en matière de libre circulation des personnes n'ont pas vocation à résoudre les problèmes liés à l'existence de discriminations à rebours dans la mesure où celles-ci affectent des situations purement internes qui sont, par nature, exclues du champ d'application du droit communautaire.[459] Elle estimait, en outre, qu'au stade d'alors de développement du droit communautaire, l'ensemble des problèmes liés aux modalités de transfert du siège d'une société de droit national d'un État membre à l'autre n'était pas résolu par les règles sur le droit d'établissement et devait l'être par conséquent par des

---

les sociétés', *DPCI* 1989, 2, 252 ; M.-C. BOUTARD-LABARDE, *JDI* 1989, 428 ; L. CARTOU, *RTDE* 1989, 260.

455 P. BEHRENS, *IPRax* 2003, 201.

456 *Daily Mail*, point 25.

457 CJCE, 27 septembre 1988 – aff. 81/87, *Daily Mail*, *Rec.*, p. 1988, p. 5483 ; BOUTARD-LABARDE, *JDI* 1989, 429.

458 *Daily Mail*, point 19.

459 Voir, notamment, les arrêts de la CJCE du 27 octobre 1982 – aff. 35/82 et 36/82, *Morson et Jhanjan*, *Rec.*, p. 3723, points 15 à 17 ; 28 janvier 1992 – aff. C-332/90, *Steen*, *Rec.*, p. I-341, point 9 ; 7 décembre 1995 – aff. C-17/94, *Gervais e. a.*, *Rec.*, p. I-4353, point 24 ; 9 septembre 1999 – aff. C-108/98, *RI.SAN.*, *Rec.*, p. I-5219, point 23. K.-D. BORCHARDT, *L'ABC du droit communautaire*, 5e éd., Communautés européennes, 2000, p. 16 précise que *«* [s]*elon la jurisprudence de la Cour de justice, le principe de l'égalité de traitement n'interdit* [...] *que,* [...] *les ressortissants* [...] *puissent être soumis à des exigences plus sévères que les ressortissants d'autres États membres* [...]. *Le droit communautaire est impuissant contre cette discrimination à rebours, car elle est la conséquence de la limitation des compétences de la Communauté. Par principe, la règle communautaire de la libéralisation, qui découle des libertés fondamentales, ne vaut en effet, selon l'opinion défendue par la Cour de justice jusqu'à présent, que pour les activités transfrontalières ».*

travaux législatifs ou conventionnels.[460] Depuis l'arrêt *Daily Mail*, un autre arrêt[461] a pu susciter quelques espoirs de changement de la jurisprudence communautaire en doctrine, espoirs infondés au demeurant.[462]

b) L'affaire Cartesio

214. Les conclusions de l'Avocat général M. POIARES MADURO du 22 mai 2008 rendues dans l'affaire *Cartesio*[463] ont pu faire naître de forts espoirs d'un changement de paradigme, d'ailleurs expressément souhaité par certains auteurs au nom du parallélisme entre l'« arrivée » et le « départ » des sociétés[464]. Il est vrai que dans la plupart des cas, la Cour de justice a l'habitude de suivre les conclusions de ses Avocats généraux. En l'espèce, la

460 *Daily Mail*, point 23.

461 CJCE, 11 mars 2004 – aff. C-9/02, *Hughes de Lasteyrie du Saillant*, *Rec.*, p. I-2409. Cet arrêt concernait l'imposition de M. Lasteyrie du Saillant assise sur des plus-values mobilières non encore réalisées, laquelle était due en raison du transfert du domicile fiscal de ce contribuable, personne physique, hors de France (cf. ancien art. 167 bis CGI, abrogé aujourd'hui). La CJCE a jugé que *« le principe de la liberté d'établissement posé par l'article 52 du traité doit être interprété en ce sens qu'il s'oppose à ce qu'un État membre institue, à des fins de prévention d'un risque d'évasion fiscale, un mécanisme d'imposition des plus-values latentes, tel que celui prévu à l'article 167 bis du CGI, en cas de transfert du domicile fiscal d'un contribuable hors de cet État »*.

462 La formulation claire qu'employait la CJCE dans l'arrêt *Lasteyrie du Saillant* a, en effet, pu faire dire à certains (notamment WACHTER, *GmbHR* 2004, R 161 (R162)) que cet arrêt *« montre que la CJCE considère comme des entraves non justifiées de la liberté d'établissement des dispositions nationales qui empêchent le transfert du siège d'une société constituée selon la loi d'un État membre vers un autre État »*. Il est cependant frappant que la CJCE, si elle avait voulu revenir sur l'arrêt *Daily Mail*, ne le mentionne pas une seule fois. Il ne faut pas oublier, en outre, que l'arrêt en cause concernait des entraves de nature fiscale et non de nature sociétaire de sorte qu'il ne peut servir de base d'interprétation pour les entraves de natures sociétaires. Aussi, la plupart des auteurs s'accordaient à dire que l'arrêt *Lasteyrie du Saillant* n'aurait aucun impact sur le droit national des sociétés et qu'il faudrait attendre une décision claire en ce domaine : STIEB, *GmbHR* 2004, 492 (493) ; KORSTEN/BIENIEK, *EWiR* 2004, 801 (802) ; SPAHLINGER/WEGEN, n° 214).

463 Conclusion du 22 mai 2008 – aff. 210/06, *Cartesio*, à consulter sur *http://eur-lex.europa.eu/LexUriServ/LexUriServ.do?uri=CELEX:62006C0210:FR:NOT*, spéc. point 35 : *« Les articles 43 CE et 48 CE s'opposent à l'application de règles nationales rendant impossible pour une société constituée en vertu de la loi nationale de transférer son administration centrale vers un autre État membre »*.

464 GROHMANN/GRUSCHINSKE, *EuZW* 2008, 463 (464) ; BEHME/NOHLEN, *NZG* 2008, 496 ; L. RICHTER, *IStR* 2008, 719 (723).

Cour, dans son arrêt du 16 décembre 2008, a cependant préféré une autre lecture à celle suggérée par l'Avocat général.[465]

Une société de droit hongrois, la *Cartesio Oktató és Szolgáltató bt.*, souhaitait transférer son administration centrale en Italie tout en continuant à être considérée comme une société constituée en Hongrie et, partant, soumise à la loi hongroise. La demande d'inscription dans le registre des sociétés de la modification du siège de *Cartesio* présentée par celle-ci avait été rejetée par le tribunal chargé de la tenue de ce registre au motif que, en droit hongrois, une société constituée en Hongrie ne pouvait pas, à la fois, transférer son siège, tel que défini dans ladite loi, à l'étranger et continuer à être soumise à la loi hongroise en tant que loi régissant son statut.

La Cour n'a pas suivi le raisonnement de l'Avocat général qui s'était attaché à démontrer une prétendue évolution intrinsèque de la liberté d'établissement communautaire dans le sens du « départ » depuis l'arrêt *Daily Mail* à travers les arrêts *Centros*, *Überseering* et *Inspire Art*.[466] La Cour rappelle tout d'abord qu'est bien en cause le transfert du siège réel et non pas celui de siège statutaire.[467] Elle passe ensuite en revue les solutions qu'elle avait adoptées par le passé, à savoir l'égalité de principe des différents systèmes nationaux de rattachement des sociétés à l'égard du traité CE[468], le fait qu'

> *« une société créée en vertu d'un ordre juridique national n'a d'existence qu'à travers la législation nationale qui en détermine la constitution et le fonctionnement »*[469]

ainsi que le fait que, par conséquent,

> *« un État membre a la possibilité d'imposer à une société constituée en vertu de son ordre juridique des restrictions au déplacement du siège effectif de celle-ci hors de son territoire pour que cette société puisse conserver la personnalité juridique dont elle bénéficie en vertu du droit de ce même État membre. »*[470]

465 CJCE, 16 décembre 2008 - aff. 210/06, *Cartesio*, *Rec.*, p. I-9641, M. Menjucq, *JCP éd. G* 2009, 37-42 ; F. Mélin, *JCP éd. E* 2009, 42-45 ; R. Kovar, *D.* 2009, 465-470 ; Dammann/Wynaendts/Nader, *D.* 2009, 574-575.

466 Conclusions, points 27 et s.

467 *Cartesio*, point 47.

468 *Cartesio*, point 106.

469 *Cartesio*, point 104 renvoyant à *Daily Mail*, point 19.

470 *Cartesio*, point 107 renvoyant à *Überseering*, point 70.

La raison en est que la liberté d'établissement d'une société est en réalité conditionnée par l'existence même de cette société laquelle ne peut être fondée qu'en vertu du seul droit national. En effet, le droit communautaire ne comporte aucune définition des sociétés bénéficiaires du droit d'établissement. Aussi, comme le constate à très juste titre la Cour :

> « [...] *la question de savoir si l'article 43 CE s'applique à une société invoquant la liberté fondamentale consacrée par cet article* [...] *constitue une* ***question préalable qui****, dans l'état actuel du droit communautaire,* ***ne peut trouver une réponse que dans le droit national applicable****.* »[471]

Aussi, en définitive, la Cour répond – sans surprise, pensons-nous – à la (quatrième) question préjudicielle posée qu'

> « [u]*n État membre dispose* [...] *de la* ***faculté de définir tant le lien de rattachement*** *qui est exigé d'une société pour que celle-ci puisse être considérée comme constituée selon son droit national et susceptible, à ce titre, de bénéficier du droit d'établissement que celui requis pour maintenir cette qualité ultérieurement. Cette faculté englobe* ***la possibilité, pour cet État membre, de ne pas permettre à une société*** *relevant de son droit national* ***de conserver cette qualité lorsqu'elle entend se réorganiser dans un autre État membre par le déplacement de son siège sur le territoire de ce dernier, rompant ainsi le lien de rattachement que prévoit le droit national de l'État membre de constitution****.* »[472]

On le voit, la portée de la solution est strictement identique sur ce point à celle que la Cour avait retenue en 1988 dans l'arrêt *Daily Mail*.

Aussi, l'apport le plus considérable de la présente affaire consiste en ce que la Cour ajoute ensuite dans un ***obiter dictum***. Elle précise en effet que doit être distinguée de l'hypothèse du simple transfert du siège (réel) tel que l'avait réalisé la société *Cartesio* dans la présente affaire celle du

> « *déplacement d'une société relevant d'un État membre vers un autre État membre* ***avec changement du droit national applicable****, la société se transformant en une*

471 *Cartesio*, point 109. Souligné par nos soins.

472 *Cartesio*, point 110. Souligné par nos soins.

> *forme de société relevant du droit national de l'État membre dans lequel elle se déplace »*[473] *« pour autant que ce droit le permette »*[474].

Le fait que l'État de constitution empêche la société de se déplacer dans un autre État membre avec changement de loi applicable en lui imposant la dissolution et la liquidation préalables *« [...] constituerait une restriction à la liberté d'établissement de la société concernée qui, à moins qu'elle soit justifiée par une raison impérieuse d'intérêt général, est interdite en vertu de l'article 43 CE* [...] *»*[475]. En termes de droit international privé, cela signifie que la *lex societatis* de l'État de constitution est amputée du domaine de la fin de la vie sociétaire (dissolution, liquidation) du fait de la liberté d'établissement communautaire dès lors que la société constituée sous son égide souhaite changer de loi applicable.

215. Pour résumer les apports de l'arrêt *Cartesio*, l'on peut dire que l'État de constitution d'une société a autorité pour fixer le lien de rattachement en vertu duquel la société peut être considérée comme étant soumise à sa loi. En cas de modification de ce lien de rattachement par un déplacement du siège – et donc du lien de rattachement – à l'étranger, le même État peut faire perdre à cette société le bénéfice de l'application de sa loi. En revanche, l'État ne saurait empêcher la société de se transformer en une société relevant du droit national de l'État membre dans lequel elle se déplace, en lui imposant une dissolution et une liquidation préalables à l'opération de transformation.[476]

Il reste que le régime d'un tel transfert du siège n'est pas défini pour l'heure de sorte que la pratique sera sans doute hésitante à le mettre en œuvre. Une directive sur le transfert de siège sera bienvenue pour y pourvoir.

c) Enseignements pour la pratique

216. Pour l'instant, le transfert de siège intra-communautaire n'est donc pas organisé par le droit communautaire dans le sens des départs du pays d'origine. La liberté d'établissement n'interférant dans cette question que pour interdire à l'État de constitution d'imposer la dissolution et la liquidation à sa société souhaitant se transformer en une société de droit

473 *Cartesio*, point 111. Souligné par nos soins.

474 *Cartesio*, point 112.

475 *Cartesio*, point 113.

476 Sur l'ensemble, cf. également ZIMMER/NAENDRUP, *NJW* 2009, 545 ; LEIBLE/ HOFFMANN, *BB* 2009, 58-63 ; KINDLER, NZG 2009, 130-132 ; SZYDLO, *CMLR* 46 (2009), 703-722.

étranger, ce sont par conséquent les dispositions nationales qui régissent aussi bien le transfert du siège réel que celui du siège statutaire.[477] Au-delà de ces limites, le législateur national est, en d'autres termes, libre quant à la manière dont il traite ses sociétés ce qui implique qu'il a tout loisir de leur appliquer son droit international commun, notamment la théorie du siège réel avec toutes les conséquences que cela entraîne.[478] Mais, outre le conflit de lois, c'est le droit matériel qui vient à jouer un rôle important ici. Car pour qu'un transfert de siège puisse opérer pleinement, tant le droit international privé que le droit matériel des deux États impliqués – État d'origine et État d'accueil – doivent le permettre.[479]

Selon les hypothèses, il pourrait donc y avoir un conflit mobile, partiellement résolu parce que, comme nous l'avons vu, l'État d'accueil qui serait un État membre de l'UE ou de l'EEE doit « reconnaître » la société sur son territoire, c'est-à-dire lui appliquer sa loi d'origine et donc donner compétence à la première loi. Sur le plan du droit matériel, se pose toujours le problème de la validité de la décision du transfert dans l'État de départ. Le droit français et le droit allemand connaissent des réglementations différentes en la matière. Il convient de distinguer le transfert du siège statutaire de celui du siège effectif de direction. Le cas du transfert simultané des

477 NEYE, *EWiR* 2006, 459 ; *contra :* WACHTER, EWiR 2004, 375 (cet auteur déduisait du traité CE la possibilité de transférer le siège à partir de l'État de constitution vers l'étranger, vision qui vient donc d'être condamnée par la CJCE).

478 OLG Düsseldorf, *NJW* 2001, 2184 = *IPRax* 2001, 343 ; *BayObLGZ* 2004, 24 = WELLER, *DStR* 2004, 1224 ; LEIBLE/HOFFMANN, *RIW* 2002, 925 ; ULMER, *FS Raiser*, 2005, 439.

479 *MüKo-IntWR(IntGesR)*/KINDLER, n° 497 ; SOERGEL/LÜDERITZ, Art. 10 Anh. 10 n° 47 ; STAUDINGER-*IntGesR*/GROßFELD, n° 606 ; MOUSSERON/RAYNARD/FABRE/PIERRE, *Droit du commerce international*, Paris, Litec, 2003, § 49, p. 35.

deux sièges statutaire et effectif[480], en revanche, ne nécessite pas de commentaires supplémentaires.[481]

*2. Le transfert du siège statutaire (*Satzungssitzverlegung*)*

217. Le transfert du siège statutaire correspond à l'opération par laquelle les associés décident de changer la localisation du siège de la société en modifiant l'immatriculation et les statuts de celle-ci afin qu'elle ne soit plus juridiquement rattachée au même État.[482] L'opération vise avant tout les structures juridiques de la société et non nécessairement la localisation des établissements sociaux, même si en pratique, le plus souvent, le transfert simultané des deux sièges statutaire et effectif en résultera. Le **but** de l'opération est, en d'autres termes, le **changement de la loi applicable** sans rupture de la vie sociale lors du déplacement du siège d'un État membre à un autre. La continuité de la vie sociale suppose en principe le maintien de la personnalité morale.[483]

480 M. MENJUCQ/F. FAGES, *Droit & Patrimoine* 2005, 34 (36) déconseillent le transfert de l'un des sièges réel ou statutaire sans l'autre pour des raisons fiscales et juridiques. S'il convient d'approuver les auteurs en ce qu'il est vrai que la situation qui résulte d'une dissociation des sièges statutaire et réel peut revêtir une certaine complexité, en revanche, les raisons invoquées ne tiennent pas. Tout d'abord, dès lors que le siège réel est le critère de la résidence fiscale, il suffit de le déterminer pour déterminer l'assujettissement fiscal de la société. Que le siège statutaire soit en un autre lieu ne saurait emporter de conséquences sur la détermination de la résidence fiscale. Ensuite, la dissociation des sièges réel et statutaire ne peut mener à l'application à la société de deux lois différentes dans le contexte communautaire comme l'affirment les auteurs. Nous l'avons déjà démontré, cf. *supra* n° 206 et s.

481 Tout se passe, en effet, comme dans l'hypothèse du transfert du seul siège statutaire.

482 MENJUCQ, *Droit international et européen des sociétés*, n° 218.

483 Il en va différemment dans un certain sens dans les hypothèses de transfert du patrimoine par le biais des opérations de fusion et de scission transfrontalières qui ont pour effet une dissolution sans liquidation des sociétés et la transmission universelle du patrimoine social de ces dernières (cf. Directive 2005/56/CE du Parlement européen et du Conseil du 26 octobre 2005 sur les fusions transfrontalières des sociétés de capitaux, *JOUE* L 310/1 du 25 novembre 2005 (spéc. Art. 2-2) ; Sixième directive 82/891/CEE du Conseil, du 17 décembre 1982, fondée sur l'article 54 paragraphe 3 point g) du traité et concernant les scissions des sociétés anonymes, *JOCE* L 378/47 du 31.12.1982 (spéc. Art. 2-1)). Ainsi, dans le cas de la fusion, la société absorbée continuerait à poursuivre ses buts sociaux à travers la participation à la société absorbante (BEITZKE, *Rev. crit. DIP* 1967, 1 (11). Le cas des scissions doit y être assimilé puisqu'elles constituent, comme les fusions, un mode de transmission universelle du patrimoine d'une société à des sociétés nouvelles ou préexistantes.

a) En droit allemand

218. Une société constituée conformément à la loi allemande qui souhaiterait transférer son siège statutaire à l'étranger rencontrait un obstacle majeur : le droit matériel allemand des sociétés. Avant que se pose en effet la question d'un éventuel conflit mobile qui serait déclenché par la modification d'un élément de rattachement, c'est d'abord le droit matériel des sociétés à l'aune duquel la décision de transférer le siège à l'étranger et ainsi de modifier, le cas échéant, l'élément de rattachement doit être appréciée.[484] Jusque-là, la doctrine allemande majoritaire considérait en effet une décision de transfert du siège statutaire comme équivalant à une décision de dissolution.[485] La décision de transférer le siège statutaire constituerait une modification statutaire insusceptible d'être inscrite au registre allemand des sociétés.[486] Notons dès à présent que la récente loi « *MoMiG* » n'apporte pas de modification au sujet du transfert du siège statutaire.[487] Le transfert du siège statutaire n'était donc guère envisageable en droit allemand. Ce résultat ne saurait d'ailleurs réellement surprendre puisque l'exigence de mainte-

484 Une autre explication est donnée par *MüKo-IntWR(IntGesR)*/KINDLER, n° 510 : cet auteur fait valoir que la décision de transférer le seul siège statutaire à l'étranger ne saurait mener à un changement de loi applicable puisque ce siège statutaire ne constitue pas, en droit international allemand, l'élément de rattachement de la loi applicable. Il en conclut fort logiquement l'applicabilité du droit allemand des sociétés. Si le raisonnement mène au bon résultat, il reste erroné selon nous. En effet, la question du conflit de lois ne se pose pas : en réalité, il n'y a pas d'élément d'extranéité, la décision de transférer le siège, même vers l'étranger, n'est pas un élément d'extranéité.

485 OLG Hamm, *WiB* 1997, 1242 ; EBENROTH/AUER, *RIW-Beilage* 1/92, 7 ; *idem*, *JZ* 1993, 374 (375). D'aucuns y voient, au contraire, une décision nulle : OLG Düsseldorf, *NJW* 2001, 2184 = *IPRax* 2001, 343 ; HÜFFER, *AktG*, § 5 n° 12, § 45 n° 2 ; HUECK/ WINDBICHLER, § 31 n° 8 ; *MüKo-IntWR(IntGesR)*/KINDLER, n° 510.

486 *BayObLGZ* 1992, 113 (116) = *NJW-RR*, 1993, 43 ; BayObLG, 11 février 2004, *BayObLGZ* 2004, 24 = *DNotZ* 2004, 725 = WELLER, *DStR* 2004, 1218 = STIEB, *GmbHR* 2004, 490 = *BB* 2004, 570 (*« Le transfert du siège statutaire d'une GmbH constituée en Allemagne vers l'étranger* (en l'occurrence le Portugal) *ne peut être inscrit au registre allemand. La jurisprudence récente de la CJCE sur la non-conformité à la liberté d'établissement de limitations nationales opposées à des sociétés de capitaux ressortissant de l'UE* (*Überseering*, *Inspire Art*) *n'y a rien changé* (notre traduction) ») ; OLG Brandenburg *FGPrax* 2005, 78 = *ZIP* 2005, 489.

Même un transfert simultané des sièges statutaire et réel d'une société se heurterait alors à cette impossibilité (*MüKo-IntWR(IntGesR)*/KINDLER, n° 511). Il n'en irait autrement que lorsque la loi allemande prévoit des dispositions protectrices des créanciers et des tiers (WELLER, *DStR* 2004, 1218 (1220)).

487 Cf. cependant les modifications notables de cette loi en matière de transfert de siège réel, *infra* n° 223 et s.

nir le siège statutaire dans l'État de constitution est commune à tous les États, y compris ceux qui suivant la théorie de l'*incorporation*.[488]

Cette interprétation ne semble pourtant pas compatible avec la jurisprudence *Cartesio*. Conformément à cette dernière, le droit allemand devra permettre à une société allemande de se transformer en une société étrangère par changement de loi applicable.[489] En conséquence, au lieu de tenir la société pour dissoute ou de refuser l'enregistrement de la décision de changement de loi, le registre allemand des sociétés devra à l'avenir tout simplement faire état de ce que la société en question est devenue étrangère.

b) En droit français

219. Traditionnellement, le problème du transfert du siège statutaire dans le sens d'un départ d'une société française à l'étranger renvoie de suite au débat ancien portant sur la question de savoir si la personne morale est une **fiction ou une réalité**.[490] Le transfert de siège statutaire est alors analysé en un conflit de compétences entre l'État de départ et l'État d'accueil. Selon les tenants de la théorie de la fiction, la société ne dispose de la personnalité juridique que par la loi de sa constitution. Comme la compétence législative de l'État de départ s'arrête à la frontière, la société devra se reconstituer dans l'État d'accueil. Selon les adeptes de la théorie de la réalité, au contraire, le révélateur de la personne morale est l'existence d'une volonté des associés qui ne nécessite aucune reconnaissance étatique, ni au moment de la constitution, ni *a fortiori* au moment de passer la frontière.[491] Ce débat purement théorique a cependant quelque peu perdu de son actualité. D'abord, il n'y a quasiment pas de jurisprudence relative au transfert du siège statutaire d'une société française à l'étranger qui corroborerait l'une ou

488 CHESHIRE/NORTH/FAWCETT, p. 174 : « [...] *the domicile of a corporation has this peculiarity, that it cannot be changed* ». M. MENJUCQ, *Droit international et européen des sociétés*, n° 220.

489 En ce sens également : ZIMMER/NAENDRUP, *NJW* 2009, 545 (549).

490 Voir (références supplémentaires chez les auteurs) HAMEL/LAGARDE/JAUFFRET, *Traité de droit commercial*, t. 1, vol. 2, Paris, Dalloz, 1981, n° 429 ; MENJUCQ, *Droit international et européen des sociétés*, n° 220 et s. ; LE BAR, *in* BEGUIN/MENJUCQ, *Droit du commerce international*, n° 772 et s. ; LOUSSOUARN/BREDIN, n° 273 et s. Pour la présentation générale des théories de la fiction et de la réalité, cf. *infra* n° 230.

491 Pour les raisons indiquées par la suite, il n'est guère utile de peser le pour et le contre des arguments invoqués classiquement de part et d'autre. Nous nous passerons donc d'étude détaillée des termes du débat.

l'autre de ces théories.[492] Ensuite, il ne semble pas utile de raisonner abstraitement sur l'opération de transfert du siège en intégrant dans le raisonnement toutes les solutions envisageables théoriquement selon que l'État de départ réserve ou non la possibilité du transfert et que l'État d'accueil organise ou non le maintien de la personnalité morale et sans distinguer concrètement, en outre, entre le « départ » et l'« arrivée » d'une société. Il est recommandé, au contraire, de s'en tenir à la seule hypothèse qui nous intéresse ici, celle du transfert du siège statutaire d'une société constituée conformément au droit français à l'étranger, et de voir si le droit français permet concrètement une telle opération. Aussi, mieux vaut-il se reporter directement aux textes en vigueur.

220. Le transfert du siège social, de manière étonnamment libérale au premier abord, est régi expressément en droit français par plusieurs dispositions issues de la loi sur les sociétés commerciales de 1966 : l'article L. 222-9 C. com. pour les sociétés en commandite, l'article L. 223-30 C. com. pour les SARL ainsi que l'article L. 225-97 C. com. pour les SA. Toutes ces dispositions ne parlent cependant pas expressément de transférer le siège de la société mais d'en *« changer la nationalité »*, à l'exception de l'article L. 225-97 C. com. qui mentionne également le transfert du siège. Tout porte cependant à croire que le législateur assimile simplement la nationalité et la loi applicable sur ce point.[493] Le transfert international du siège d'une SA décidé par l'assemblée générale de celle-ci requiert selon l'article L. 225-97 C. com. que *« le pays d'accueil ait conclu avec la France une convention spéciale permettant d'acquérir sa nationalité et de transférer le siège social sur son territoire, et conservant à la société sa person-*

492 Cette appréciation est partagée par LE BAR, *in* BEGUIN/MENJUCQ, *Droit du commerce international*, n° 775. En effet, la jurisprudence est extrêmement rare et plutôt ancienne. La Chambre des requêtes (Req., 29 mars 1898, *Charbonnages de Poirier*, *D.* 1899, 1, 595) rejeta le transfert du siège d'une société française vers la Belgique. Les faits d'espèce sont cependant particuliers (transfert d'une société minière civile en Belgique accompagné d'une transformation de celle-ci en société anonyme impliquant une limitation des responsabilités). Déjà un commentateur de l'époque fit valoir qu'indépendamment du changement de forme de la société, le transfert du siège social n'aurait pas entraîné la dissolution de la société (THALLER, *JDI* 1895, 117). Les arrêts ultérieurs annulant les transferts internationaux le firent la plupart du temps en retenant leur caractère frauduleux (Req., 17 juillet 1935, *Rev. crit. DIP* 1936, 767 ; Trib. civ. Seine, 22 déc. 1938, *Rev. crit. DIP* 1939, 269). A l'inverse, la validité d'un transfert fut admise en présence d'un vote unanime des actionnaires (Trib. civ. Seine, 20 janv. 1923, *JDI* 1926, 121).

493 Sur ce débat, cf. *supra* n° 177 ; BATIFFOL/LAGARDE, n° 192 ; SYNVET, *Encycl. jur. Dalloz, Rép. Droit international, Société*, n° 59.

nalité juridique ». Une convention de ce type n'existe pas entre la France et l'Allemagne, ni avec aucun autre pays.[494] Il reste que par analogie avec les dispositions relatives aux sociétés en commandite simple et aux sociétés à responsabilité limitée pour lesquelles une modification statutaire portant sur le « changement de nationalité » est prévue aux articles L. 222-9 et L. 223-30 C. com[495], il est possible de considérer que les actionnaires d'une SA peuvent modifier la nationalité de leur société par un vote à l'unanimité pour pallier l'inexistence d'une telle convention spéciale.[496] Concernant la SAS, en revanche, le transfert de son siège ne fait pas partie des décisions qui doivent être prises collectivement en vertu de l'article L. 227-9 C. com.. Le président peut donc en principe décider seul du transfert. Il reste que la SAS étant une forme de société que d'autres États ne connaissent pas, l'adaptation des statuts dans l'État d'accueil nécessitera en règle générale l'accord unanime des associés.[497] La condition d'unanimité qui s'impose donc pour tous les types de sociétés est assez difficile à remplir en pra-

494 RODRIGUEZ, 'L'attractivité, nouvelle perspective du droit national des sociétés', *Bull. Joly* 1er février 2004, n° 2, 330 et s. ; COZIAN/VIANDIER/DEBOISSY, n° 216. A l'exception, toutefois, d'une convention spécifique ne concernant qu'une seule société : le traité franco-éthiopien du 12 novembre 1959 relatif au régime de la compagnie de chemin de fer de Djibouti à Addis-Abeba (*JO* du 15 mai 1960, rectificatif *JO* du 31 mai 1960).

495 Telle est l'interprétation qui résulte d'une lecture attentive des articles L. 222-9 et L. 223-30 C. com. dont le 1er alinéa mentionne le changement de la nationalité à l'unanimité des associés et dont le 2e alinéa énonce la majorité nécessaire pour « [t]*outes autres modifications* ». MENJUCQ, *Droit international et européen des sociétés*, n° 223 aboutit aussi au maintien de la personnalité morale mais en tirant argument de l'article L. 210-6 al. 1er C. com. (*« La transformation régulière d'une société n'entraîne pas la création d'une personne morale nouvelle »*) de ce qu'une modification statutaire, même majeure telle que la transformation, n'entraîne pas la mise en cause de la personnalité morale.

496 MAYER/HEUZE, n° 1067 ; MENJUCQ, *Droit international et européen des sociétés*, n° 223. Selon H. SYNVET, *L'organisation juridique du groupe international de sociétés,* t. 1, p. 107, en revanche, l'unanimité des associés doit être la règle dans toutes les hypothèses, donc même en présence d'une convention prévoyant le transfert de siège, et ce, par respect de l'engagement des associés. H. SYNVET fonde son opinion comme suit : *« [...] il s'agit d'éviter que les éléments essentiels du pacte social en considération desquels tout associé a contracté ne puissent être remis en cause sans son consentement.* [...] *de même la permanence de la* lex societatis *se présente encore aujourd'hui comme une garantie indispensable de chaque associé ».* Du même avis : COZIAN/VIANDIER/DEBOISSY, n° 210.

497 La modification des clauses d'inaliénabilité, d'agrément, d'exclusion et de suspension de droits de vote prévues respectivement par les articles L. 227-13, L. 227-13, L. 227-16 et L. 227-17 C. com. ne peut en effet être effectuée que par un vote unanime.

tique.[498] Force est alors de constater que le transfert du siège statutaire d'une société française vers l'étranger est pour le moins difficile à réaliser.

Lorsque la société constituée sous la loi française réussit à transférer son siège statutaire à l'étranger par une modification statutaire concernant le siège, elle sera radiée du registre du commerce et des sociétés en France[499] et devra *nécessairement* se transformer en une forme sociétaire locale selon les exigences spécifiques de la loi de l'État d'accueil.[500] S'il y a augmentation des engagements des associés du fait de l'adaptation et de la transformation, la décision nécessite également de ce point de vue l'unanimité en vertu de l'article 1836, al. 2 C. civ.[501] Du point de vue de la doctrine française majoritaire, la société maintient dès lors sa personnalité juridique.[502] Or, rien ne peut être affirmé à ce stade sur le maintien ultérieur de la personnalité morale, lequel est entièrement entre les mains de la nouvelle loi applicable. Il faut donc que cette loi permette l'attribution à une société préexistante de la personnalité morale telle qu'elle la conçoit, sans exiger une nouvelle constitution.[503] Après l'opération, elle ne sera cependant plus régie par le droit français. En d'autres termes, la *lex societatis* changera au profit de la loi de l'État du nouveau siège. Le droit français semble donc en parfaite adéquation avec la jurisprudence communautaire la plus récente.

221. Sur le plan du droit fiscal, le transfert a longtemps posé un sérieux problème en ce qu'il était assimilé à une cessation d'entreprise ou une

498 MAYER/HEUZE, n° 1067.

499 La radiation d'un transfert sans dissolution a lieu en deux étapes. En premier lieu, la société devra effectuer une inscription modificative lorsqu'elle engage la procédure de transfert de siège, afin que les tiers soient informés qu'un tel transfert est en cours. En deuxième lieu, elle doit effectuer une déclaration aux fins de radiation, sur justification de l'immatriculation sur le registre public prévu par la loi applicable dans le pays du nouveau siège social. Faute d'avoir accompli cette seconde formalité, le greffier est habilité à saisir le juge commis à la surveillance du registre du commerce et des sociétés, afin de faire procéder à sa radiation d'office. Cf. Comité de coordination du registre du commerce et des sociétés, avis 96-89, à consulter sur *http://www.agora.asso.fr/sitercs/documents/9689.htm* (31/12/2008).

500 SYNVET, *Encycl. jur. Dalloz, Rép. Droit international, Société*, n° 64.

501 MENJUCQ, *Droit international et européen des sociétés*, n° 234 ; SYNVET, *Encycl. jur. Dalloz, Rép. Droit international, Société*, n° 65.

502 Dans le même sens : MENJUCQ, *Droit international et européen des sociétés*, n° 223.

503 Raisonnement de l'arrêt *Lamot*, Cass. belge, 12 nov. 1965, *Rev. crit. DIP* 1967, 506, note LOUSSOUARN.

dissolution.[504] Depuis 2005, cet obstacle fiscal est levé : l'article 221 § 2 CGI[505] retient que *« toutefois, le transfert du siège dans un autre État membre de la Communauté européenne, qu'il s'accompagne ou non de la perte de la personnalité juridique en France, n'emporte pas les conséquences de la cessation d'entreprise »*. Une condition supplémentaire consiste cependant en le maintien de l'exploitation que la société avait en France sous forme d'établissement stable.[506] *A contrario*, la taxation demeure lorsque toute implantation en France est interrompue.[507]

Il en résulte qu'une société de droit français peut en principe valablement transférer son siège statutaire à l'étranger mais avec des difficultés et obstacles confinant à l'impossible. Le droit français est sur ce point *« à la fois restrictif et incertain »*[508].

*3. Le transfert du siège effectif (*Verwaltungssitzverlegung*)*

222. Par transfert du siège effectif, il faut entendre la faculté, pour une personne morale, de déplacer son siège effectif sur le territoire d'un autre État sans que soit mise en cause l'existence et l'étendue de sa personnalité juridique par la menace de la dissolution-reconstitution, par celle de l'adaptation obligatoire des statuts (lorsque par exemple une société anonyme étrangère s'établit dans un autre État mais veut conserver la forme de société anonyme) ou encore par la transformation de la société en une forme sociale locale (lorsque la forme sociale choisie dans l'État d'accueil diffère profondément de celle dont était dotée la société selon la loi de l'État de départ). Car ce que veulent les associés, lorsqu'ils décident de déplacer le siège réel, c'est modifier non pas les structures juridiques de la société mais uniquement la localisation des établissements sociaux. **Autrement dit, il y a transfert du siège effectif *stricto sensu* lorsque la *lex societatis* d'origine continue à régir la société sans changement, lorsque la person-**

504 Cf. article 221-3 ancien CGI. En ce cas, tous les bénéfices et plus-values non imposés résultant de la différence entre l'actif net réel et l'actif comptable sont immédiatement imposables. Pour plus de précisions : cf. MENJUCQ, *Droit international et européen des sociétés*, n° 240.

505 Modification par l'article 34 de la loi de finances pour 2005, n° 2004-1484, 30 décembre 2004, *JO* 31 décembre 2004, p. 22459. Cette modification anticipait sur l'entrée en vigueur de la directive 2005/19/CE du 17 février 2005 qui prévoit la neutralité fiscale du transfert de siège de la société européenne et de la société coopérative européenne (*JOUE*, 4 mars 2005, n° L 58, p. 19 et s.).

506 M. MENJUCQ/F. FAGES, 'Le transfert communautaire du siège social enfin à la portée des sociétés françaises', *Droit et Patrimoine*, n° 139, Juillet/Août 2005, 34-36 (35).

507 B. LE BARS, *in* BEGUIN/MENJUCQ, *Droit du commerce international*, n° 736.

508 SYNVET, *Encycl. jur. Dalloz, Rép. Droit international, Société*, n° 68.

nalité morale ancienne survit et que la personne morale ne subit aucune modification dans son fonctionnement interne. Le contraire serait aussi inacceptable que d'exiger d'une personne physique souhaitant transférer son domicile à l'étranger de se défaire de sa capacité juridique nationale, de liquider l'ensemble de son patrimoine, de payer tous impôts échus à cette date et d'abandonner son nom à la frontière pour adopter les formes requises par l'État d'accueil.[509]

Les raisons pour lesquelles les associés souhaitent implanter le siège effectif de la société dans un autre État que celui sur le territoire duquel se situe le siège statutaire peuvent être multiples. Néanmoins, particulièrement en ce qui concerne les groupes de sociétés, une raison est prépondérante. Le transfert de siège effectif est un moyen de réaliser la délocalisation. Celle-ci s'inscrit dans la recherche de coûts de production et de fonctionnement moins élevés à l'étranger que dans le pays d'origine. Les coûts salariaux, fiscaux, administratifs et juridiques (ceux-ci en raison de la complexité et de la rigidité du droit) sont déterminants dans le choix d'une entreprise de transférer une partie voire la totalité de son activité à l'étranger.[510]

a) En droit allemand

223. Comme le droit *allemand* s'applique dans l'hypothèse du transfert du siège effectif d'une société *allemande* à l'étranger sans que la liberté d'établissement n'intervienne[511], le législateur *allemand* est en principe libre de réglementer ce transfert comme bon lui semble : il peut appliquer son droit national et international commun des sociétés. Cela entraîne certaines conséquences sur le plan du conflit de lois d'abord, sur celui du droit matériel ensuite.

509 Concernant spécifiquement la personnalité juridique, il est admis depuis longtemps en droit des gens que les personnes physiques ne la perdent pas. Ce principe a fait l'objet d'une consécration par l'article 7 de la déclaration universelle des droits de l'Homme du 10 décembre 1948 (*« Chacun a le droit à la reconnaissance en tous lieux de sa personnalité juridique. »*).

510 Sur la notion multiforme de délocalisation et ses implications pratiques, cf. le Rapport d'information n° 3467 sur les délocalisations présenté à l'Assemblée nationale le 26 novembre 2006 par Ch. BRUNEL (« rapport BRUNEL »), à consulter sur *http://www.assemblee-nat.com/12/pdf/rap-info/i3467.pdf* (31/12/2008) .

511 CJCE, *Daily Mail*, *Überseering* (spéc. points 70, 81), *Cartesio* (point 110) ; BayObLG, *ZIP* 2004, 806, 807 et s. ; OLG Brandenburg, *ZIP* 2005, 489 ; *MüKo-IntWR(IntGesR)*/KINDLER, n° 498 ; HABERSACK, *Europäisches Gesellschaftsrecht*, n° 9 et s. ; HÜFFER, § 5, n° 12.

224. Sur le plan du conflit de lois, dès lors qu'une société allemande transfère son siège réel et effectif dans un État qui adopte le siège réel comme critère de rattachement, le droit de cet État et le droit allemand – puisque le droit international commun allemand retient comme facteur de rattachement le siège réel – s'accordent pour faire régir la société par la loi de cet État. Soit, en effet, l'État retient directement la compétence de sa loi en raison de la localisation du siège effectif sur son territoire, soit il acceptera la compétence qui lui est donnée par la loi allemande[512]. La conséquence en est inévitablement l'obligation de la société de se conformer à la loi de cet État, à peine de nullité pour non-respect des conditions requises. Un transfert *stricto sensu* tel que nous l'entendons ici n'a donc pas lieu.

Dès lors que l'État d'accueil suit, au contraire, la théorie de l'*incorporation,* ce qui doit être le cas des États membres de l'UE et de l'EEE en ce qui concerne les sociétés constituées conformément à la loi d'un État membre après la jurisprudence constructive de la CJCE à ce sujet, le conflit de lois opère différemment. Le transfert du siège d'une société d'un État 'A' appliquant la théorie du siège réel vers un État 'B' appliquant la théorie de l'*incorporation* serait possible en raison du renvoi. En effet, la loi de l'État de constitution 'A' donnerait compétence à la loi du nouveau siège réel, à savoir la loi de l'État d'accueil 'B', laquelle déclinerait sa compétence pour renvoyer à l'État de la constitution 'A' puisque le siège statutaire de la société y demeure (mécanisme du renvoi au 1er degré). Concrètement, la loi allemande donnerait compétence à la loi de l'État où se trouve le nouveau siège effectif et celle-ci lui rendrait la compétence.[513] D'un point de vue du conflit de lois, le transfert vers un État d'*incorporation* ne semble donc se heurter à aucun obstacle : le nouvel État du siège applique la *lex societatis* que la société a toujours eu, il n'y a pas de conflit mobile et par voie de conséquence maintien incontesté de la personnalité morale.

225. Sur le plan du droit matériel. Cette solution, certes élégante en droit international, tend cependant à oublier que le droit matériel de l'État 'A' ne permet pas en règle générale une telle opération et frappera de liquidation forcée la société transférant son siège à l'étranger[514], d'autant qu'en appliquant la théorie du siège réel, il a choisi de ne pas permettre à une

512 *BayObLGZ* 1992, 113 (116) = *NJW-RR,* 1993, 43 ; OLG Hamm, *WiB* 1997, 1242 ; STAUDINGER-*IntGesR*/GROßFELD, n° 608, 617 et s., 665.

513 *MüKo-IntWR(IntGesR)*/Kindler, n° 500, 501 ; SPAHLINGER/WEGEN, n° 209.

514 Dans le même sens: P. LAGARDE, *Rev. crit. DIP* 2003, 508 (530).

société d'avoir une loi différente de celle qui s'applique à l'endroit du siège réel, de combattre donc toute divergence entre le siège réel et le siège statutaire. Notons que cette solution est d'ailleurs tout à fait conforme à la jurisprudence *Cartesio*.[515]

Tel était le cas du droit allemand jusqu'à une date très récente. Le droit allemand distinguait en effet le transfert du siège proprement dit et la décision des associés concernant ce transfert.[516] Le transfert *de facto* du siège effectif, en premier lieu, entraînait la dissolution et la liquidation de la société pour des raisons de protection des associés et des tiers, nonobstant la volonté contraire des associés de continuer l'activité.[517] La décision des associés portant sur le transfert[518], en deuxième lieu, était interprétée par la doctrine majoritaire et la jurisprudence comme une décision de dissolution et de liquidation en raison de l'abandon volontaire de la forme sociétaire allemande en faveur d'une forme sociétaire étrangère.[519] Les auteurs s'ac-

515 *Cartesio*, points 110 et 124.

516 STAUDINGER-*IntGesR*/GROßFELD, n° 608 et s, 630 et s.

517 *BGHZ* 25, 134 (144) = *NJW* 1957, 1433 ; *BayObLGZ* 1992, 113 (116) = *NJW-RR* 1993, 43 ; OLG Hamm, *WiB* 1997, 1242 ; OLG Düsseldorf, *NJW* 2001, 2184 = *IPRax* 2001, 343 ; OLG Hamm, *NJW* 2001, 2183 = *IPRax* 2001, 343 ; STAUDINGER-*IntGesR*/GROßFELD, n° 634 ; KEGEL/SCHURIG, *IPR*, § 17 II 2 ; HÜFFER, § 262 n° 37 ; EIDENMÜLLER, *ZIP* 2002, 2233 (2242) ; FORSTHOFF, *DB* 2002, 2471 (2474) ; KALLMEYER, *DB* 2002, 2521 (2522) ; MICHALSKI/LEIBLE, *GmbHG* 2002, Syst. Darst. II n° 131 ; BORGES, *EWiR* 2003, 927 (928).

contra : Certains auteurs font cependant valoir que le transfert du siège effectif serait possible à la condition que la décision du transfert soit prise à l'unanimité (ULMER/BEHRENS, *GmbHG*, Allg. Einl. n° B 118) ou, du moins, à la majorité qualifiée (WIEDEMANN, *GesR I* § 15 III 1 b, p. 870) en vue de la protection des associés. Les créanciers sociaux pourraient obtenir des sécurités analogues à celles de la procédure de liquidation (ULMER/BEHRENS, *GmbHG*, Allg. Einl. n° B 118). D'autres se placent sur le terrain du renvoi et considèrent que lorsque, d'une part, l'État d'accueil suit la théorie de l'*incorporation* et que, d'autre part, le siège statutaire en Allemagne est corroboré par un lien effectif avec l'Allemagne sous la forme de la présence en Allemagne d'au moins un établissement de la société (§§ 5 al. 2 AktG, 4a al. 2 GmbHG), le transfert du siège ne se heurte pas à la dissolution forcée (KINDLER, *Wegzug*, p. 7 ; EBENROTH/EYLES, *DB-Beilage* 2/88, p. 7 et s.).

518 Cette question est aussi discutée et dans les mêmes termes que celle concernant le traitement de la décision du transfert du siège statutaire, cf. pour les arguments invoqués : *supra* n° 218.

519 *BGHZ* 25, 134 (144) = *NJW* 1957, 1433 ; OLG Hamm, *NJW* 2001, 2183 = *IPRax* 2001, 343 ; STAUDINGER-*IntGesR*, GROßFELD, n° 632 ; SCHOLZ/WESTERMANN, *GmbHG*, Einl. n° 126. Toutefois, il était sans doute préférable de suivre la doctrine minoritaire qui considérait, au contraire, que la décision était nulle en ce qu'elle visait une

cordaient pour dire que la décision était insusceptible d'être inscrite au registre des sociétés.[520] Le conflit de lois n'avait donc jamais lieu puisque le droit matériel allemand étouffait le transfert complet du siège réel dans l'œuf : selon les conceptions des auteurs, il prévoyait la liquidation de la société, la nullité de la décision du transfert. Dans tous les cas de figure, le transfert était mis à mal avant même que la question du conflit de lois put se poser en raison de l'absence de tout élément d'extranéité. Le transfert du siège effectif ne pouvait aboutir. L'argument clef des auteurs pour interdire ce transfert du siège effectif leur était fourni par les les §§ 5 al. 2 AktG et 4a al. 2 GmbHG qui exigeaient que le siège statutaire soit fixé à l'endroit où se trouvent un établissement, la direction ou l'administration de la société et ce, en Allemagne.[521]

Or, ce sont ces dispositions qui ont été supprimées par la loi du 23 octobre 2008 relative à la modernisation du droit des sociétés à responsabilité limitée et à la lutte contre les abus (« **MoMiG** »)[522], entrée en vigueur le 1er novembre 2008. Cette loi dont il faut signaler l'importance entreprend la première réforme d'envergure de la loi sur les GmbH datant de 1892 ! Le législateur allemand avait compris que l'état du droit était désavantageux économiquement pour les sociétés allemandes qui ne pouvaient se mouvoir dans un autre État membre contrairement aux sociétés originaires de certains États membres, ce qui mène à une certaine distorsion de concurrence. C'est pourquoi la MoMiG prévoit en particulier une faculté de mobilité accrue par l'admission du transfert à l'étranger du siège réel d'une société

conséquence juridique impossible : les §§ 5 al. 2 AktG, 4a al. 2 GmbHG s'opposaient à ce que la direction et l'administration de la société en tant que siège effectif soient transférées à l'étranger et ainsi dissociées du siège statutaire (en faveur de la nullité de la décision sur le fondement du § 241 Nr. 3 AktG en combinaison avec les §§ 5 al. 2 AktG, 4a al. 2 GmbHG : KINDLER, *Wegzug*, p. 8 ; HÜFFER, § 5 AktG n° 12).

520 *BayObLGZ* 1992, 113 (116) = *NJW-RR* 1993, 43 ; *BayObLGZ* 2004, 24 = *DNotZ* 2004, 725 (726) ; *MüKo-AktG*/Hüffer, § 262 n° 37 ; HÜFFER, § 5 n° 12, § 262 n° 10.

521 *BGHZ* 19, 102 = *NJW* 1956, 183 ; *BGHZ* 29, 320 (328) = *NJW* 1959, 1126 ; *RGZ* 107, 94 (97) ; STAUDINGER-*IntGesR*/GROßFELD, n° 94, 243 ; PRIESTER, *DNotZ* 1998, 691 (708 et s.).

522 Loi du 23 octobre 2008, *BGBl.* du 28 octobre 2008, I, n° 48, p. 2026 et s. ; (à consulter sur : *http://www.bmj.de/files/-/3339/Gesetz%20MoMiG.pdf*) cf. aussi le projet de loi du Gouvernement fédéral du 23 mai 2007 relatif à la modernisation du droit de la GmbH et la lutte contre les fraude (Gesetzentwurf der Bundesregierung eines Gesetzes zur Modernisierung des GmbH-Rechts und zur Bekämpfung von Missbräuchen (MoMiG)) qui est plus explicite, à consulter sur *http://www.bmj.bund.de/files/-/2109/MoMiG-RegE%2023%2005%2007.pdf* . Voir le commentaire de FINGERHUTH/RUMPF, *IPRax* 2008, 90-96.

allemande[523] dont le siège statutaire doit toutefois demeurer en Allemagne. Plusieurs buts sont expressément poursuivis[524] : 1) les sociétés de capitaux allemandes doivent pouvoir profiter pleinement de la liberté d'établissement et exercer la totalité de leur activité à l'étranger ; 2) les entreprises étrangères doivent pouvoir choisir une forme sociétaire allemande alors même que l'activité serait exercée exclusivement ou en majeure partie hors d'Allemagne ; enfin, 3) concernant particulièrement les groupes de sociétés, une société mère allemande doit pouvoir constituer ses filiales étrangères selon la forme de la GmbH ou AG. La société « boîte aux lettres » sera institutionnalisée, selon les dires d'un auteur.[525] Cela est d'autant plus vrai que la loi prévoit expressément que la seule condition du transfert est le maintien en Allemagne de l'adresse postale inscrite au registre des sociétés.[526, 527]

b) En droit français

226. Le seul transfert du siège effectif n'est pas spécialement traité par les auteurs français.[528] Une des raisons de ce désintérêt réside sans nul doute dans la rareté de ce type de transfert. Une autre raison pourrait consister en la permissivité apparente du droit français à l'égard de l'opération.

En effet**, sur le plan du droit matériel,** d'abord, rien en droit positif français n'indique *a priori* qu'une société sera menacée dans son existence

523 Nommément les GmbH et les AG.

524 Entwurf zur Modernisierung des GmbH-Rechts und zur Bekämpfung von Missbräuchen (MoMiG), *précit.*, p. 65.

525 KINDLER, *Wegzug*, p. 12.

526 Cf. le nouveau § 15a AktG.

527 Il a été remarqué, à juste titre, que le transfert, s'il sera désormais autorisé par le droit matériel allemand, nécessite encore que le droit international privé de l'État d'accueil donne compétence à la loi allemande (KINDLER, *Wegzug*, p. 12 ; FLESNER, *NZG* 2006, 641). Il est vrai que, dans les États membres de l'UE, ce n'est que la loi de la constitution qui peut être appliquée à des sociétés étrangères de sorte que le rattachement de principe doit être le siège statutaire voire le *domicile* ou encore le lieu où se trouve la « boîte aux lettres ». Le droit international privé étranger devra en principe donner compétence à la loi allemande. Cela n'empêche que pour dissiper tout doute à ce sujet, il eut été préférable, au lieu de supprimer simplement les §§ 5 al. 2 AktG et 4a al. 2 GmbHG, de déterminer positivement que (1) une société doit avoir un siège statutaire (l'adresse postale) en Allemagne sans égard à la localisation effective de ses établissements, direction et administration et que (2) le transfert du siège effectif est admis (ainsi KINDLER, *Wegzug*, p. 14 ; FLESNER, *NZG* 2006, 641 (642)).

528 Seule exception notable : MENJUCQ, *Droit international et européen des sociétés*, n° 242 et s.

ou empêchée d'agir dès lors qu'elle souhaite transférer son siège effectif à l'étranger tout en maintenant le siège statutaire en France.[529]

Sur le plan du conflit de lois, ensuite, il est généralement admis que le renvoi au premier et au deuxième degré puisse jouer en matière sociétaire.[530] Il convient de distinguer ici selon les acceptions du critère de rattachement en droit français : comme nous le savons, pour certains, le droit français retiendrait le siège réel, pour d'autres, au contraire, il s'agirait du siège statutaire.[531] En fonction du facteur de rattachement considéré, le mécanisme du renvoi opère différemment.

Dans l'hypothèse dans laquelle le siège réel serait le critère de rattachement, en premier lieu, le conflit de lois est résolu exactement comme en droit allemand[532] : le renvoi peut en principe opérer en cas de transfert du siège vers un État d'*incorporation*[533] mais non en cas transfert du siège vers un État considérant le siège réel.

529 En effet, aucune disposition n'interdit expressément le transfert du siège réel. Toutefois, il faut rester vigilant et douter de ce que le transfert du siège effectif ne pose aucun problème en pratique. Nous savons que le siège social indiqué dans les statuts est fictif lorsqu'il ne correspond pas au lieu où la société a son centre d'activité juridique. Le centre d'activité juridique est le lieu où se trouvent les organes de direction et les services administratifs de la société. Or, transférer le siège effectif d'une société signifie en transférer le siège de direction et par conséquent le centre d'activité juridique. Il s'ensuit qu'en principe le siège statutaire est fictif voire frauduleux dès lors que le siège effectif est transféré en un autre endroit, *a fortiori* dès lors que cet endroit est à l'étranger. En ce cas, que l'on retienne le siège statutaire ou le siège réel comme facteur de rattachement de principe, les tiers pourront se prévaloir à leur choix du siège statutaire et du siège réel. Cette réaction de l'ordre juridique français démontre qu'au fond, peu importe les conséquences concrètes de cette option ouverte aux tiers, il n'accueille pas les bras ouverts le déplacement à l'étranger du siège effectif d'une de ses sociétés. Il convient donc de se méfier de cette permissivité apparente en droit matériel.

530 Arrêts admettant le renvoi au deuxième degré en matière sociétaire : Cass. civ., 7 mars 1938, *Rev. crit. DIP* 1938, 472 ; Cass. civ. 1ère, 15 mai 1963, *JDI* 1963, 1016, note MALAURIE = *JCP* 1963 II 13365, note MOTULSKY = *Rev. crit. DIP* 1964, 532, note LAGARDE ; CA Paris, 19 mars 1965 (l'aff. *Banque ottomane*), *JDI* 1966, 118, note GOLDMAN = *Rev. crit. DIP* 1967, 101 (103), note LAGARDE (l'auteur est cependant réservé à l'égard du renvoi au deuxième degré) ; MAYER/HEUZE, n° 1038 et s. ; SYNVET, *L'organisation juridique du groupe international de sociétés,* t. 1, n° 84 et s. (p. 194 et s.). À notre connaissance, il n'existe aucun exemple jurisprudentiel de recours au renvoi au premier degré. LOUSSOUARN/BREDIN, n° 323 déduisent cependant de l'admission du renvoi au deuxième degré l'admission du renvoi au premier degré (p. 366, note 1).

531 Cf. *supra* n° 178 et s.

532 Cf. *supra* n° 223 et s.

533 Également : MENJUCQ, *Droit international et européen des sociétés*, n° 242.

Dans l'hypothèse dans laquelle le siège statutaire serait le critère de rattachement de principe, en deuxième lieu, un transfert du siège effectif vers un État d'*incorporation* aboutit non à un renvoi mais à l'application continue de la loi française puisque les deux lois accorderaient *ab initio* compétence à la loi française en tant que loi ayant présidé à la constitution de la société.[534] En revanche, dès lors que le transfert a lieu vers un État considérant le siège réel, la loi française perd en principe sa compétence.

Toutefois, compte tenu du fait que depuis l'arrêt *Überseering*, les États membres de l'UE sont obligés d'appliquer la loi de constitution des sociétés constituées conformément à la loi d'un État membre de l'UE ou de l'EEE, il importe peu que l'on suive la position traditionnelle ou la position renouvelée en matière de critère de rattachement. D'un point de vue français, en effet, le renvoi jouerait dans la première hypothèse tandis que la loi ne cesserait de gouverner la société sans qu'il soit nécessairement question de solliciter le renvoi dans la seconde, de sorte qu'il y a maintien de la personne morale.

Il en résulte qu'une société française peut en principe valablement transférer son siège réel sur le territoire d'un autre État membre de l'UE ou de l'EEE.

227. En guise de conclusion, quelques chiffres éclairciront utilement les termes du débat.

Tableau : Présence des sociétés françaises et allemandes dans l'État voisin

	Etablissements principaux	**Etablissements secondaires**
Sociétés de droit français en Allemagne[535]	0	2.225 (filiales de droit local, succursales, bureaux de représentation)
Sociétés de droit allemand en France[536]	0	1.101 (filiales seulement)

Il convient donc de remarquer que si la liberté d'établissement secondaire représente une réalité incontestable du marché unique, le droit d'établissement principal, au contraire, ne se concrétise que très insuffisamment[537] et

534 *Ibid.*

535 Source : Mission Economique de Düsseldorf, septembre 2007.

536 Source : Chambre franco-allemande de Commerce et d'Industrie, Paris, Importance : 2005.

537 En ce sens également : Y. LOUSSOUARN, 'Le droit d'établissement des sociétés', *RTDE* 1990, 229 ; GAVALDA/PARLEANI, § 185.

ce, 50 ans après la signature des traités de Rome. La jurisprudence *Cartesio* confirme cet état du droit communautaire puisque, selon la Cour, l'État de constitution peut parfaitement interdire aux sociétés constituées conformément à sa loi de transférer leur siège réel dans un autre État membre si elles veulent continuer à se voir appliquer la loi de leur État d'origine.

C'est seulement parce que de plus en plus de législations nationales s'ouvrent sous la pression de la concurrence législative internationale que les sociétés commenceront à circuler plus librement dans l'espace européen. Cela est particulièrement vrai pour le droit allemand qui permet à ses sociétés d'établir leur siège réel à l'étranger depuis le 1er novembre 2008 seulement. Depuis plus longtemps déjà, l'ordre juridique français permet, à des conditions restrictives, le transfert du siège statutaire et, semble-t-il assez libéralement, le transfert du siège réel de ses sociétés. Il reste qu'en droit français, la liberté d'établissement ne peut pas non plus être mise en œuvre sans aléa[538] en raison de la complexité des opérations envisagées. Aussi, à l'heure actuelle encore, la pratique passe, pour la société mère, par la politique de la « coquille vide »[539] consistant à créer une filiale et à lui apporter toute l'activité de la société mère.

Tout cela est regrettable et, plus généralement, le seul fait de devoir distinguer entre les hypothèses de transfert du siège de l'étranger vers le propre territoire (arrivée) et celles de transfert du siège vers l'étranger (départ) dévoile le caractère artificiel de la construction juridique communautaire actuelle. Les différentes initiatives allemandes et européennes récentes démontrent toutefois que l'avenir proche apportera sans doute des évolutions importantes. Plus encore, une récente proposition allemande sur le droit applicable aux personnes morales est susceptible de modifier entièrement les termes du débat.

538 J. BEGUIN, 'Les sociétés commerciales sont-elles condamnées à l'immobilité internationale', *in Mél. J. Paillusseau, Aspects organisationnels du droit des affaires*, Dalloz 2003, p. 43 ; GAVALDA/PARLEANI, § 211 ; M. MENJUCQ, *Droit international et européen des sociétés*, n° 269 ; B. LE BAR, *in* BEGUIN/MENJUCQ, *Droit du commerce international*, § 740.

539 Expression empruntée à GAVALDA/PARLEANI, § 211.

§ 3) La proposition allemande d'une règlementation du droit international privé des sociétés au niveau communautaire/national

228. La proposition d'une règlementation sur la loi applicable aux personnes morales provient d'un collège composé de juristes allemands les plus illustres en la matière, le *Deutscher Rat für Internationales Privatrecht* (Conseil allemand du droit international privé). En accord avec le ministère fédéral de la Justice, ce conseil a élaboré, sur la base de la jurisprudence communautaire *Centros*, *Überseering* et *Inspire Art*, une proposition de règlement communautaire relatif à la loi applicable aux sociétés ainsi qu'une proposition de réglementation allemande autonome à intégrer dans l'EGBGB au cas où le règlement se révélerait impossible à réaliser ou tarderait à se concrétiser.[540]

Les deux propositions sont analogues et opèrent un changement radical du droit positif allemand ainsi qu'une clarification bienvenue du droit communautaire. Sans vouloir entrer dans le détail de ces propositions exhaustives, il faut noter qu'elles portent principalement sur la détermination de la *lex societatis*, son domaine d'application ainsi que le changement volontaire de celle-ci.

Le critère uniforme de rattachement de principe est l'État dans lequel une société est inscrite formellement pour la première fois en tant qu'établissement principal sur un registre public.[541] Il s'agit là, indéniablement, d'un rapprochement vers le système de l'*incorporation.* Nous avons vu que le droit allemand et le droit français en ce qu'il retiendrait le siège statutaire comme élément de rattachement de principe, avaient déjà timidement évolués dans ce sens concernant les sociétés originaires d'un État membre de l'UE ou de l'EEE. Mais les propositions du conseil vont plus loin. En effet, sans le dire expressément, compte tenu de l'uniformisation du droit

540 Deutscher Rat für Internationales Privatrecht, 'Vorschlag des Deutschen Rates für Internationales Privatrecht für eine Regelung des Internationalen Gesellschaftsrechts auf europäischer/nationaler Ebene' (Redaktion : H. J. SONNENBERGER, F. BAUER), *RIW* Beilage zu Heft 4/2006 ; version française : 'Proposition du Conseil allemand pour le droit international privé en vue de l'adoption d'une réglementation du droit international des sociétés au niveau européen/national', (rapporteurs : H. J. SONNENBERGER, F. BAUER), *Rev. crit. DIP* 2006, 712 et s. ; cf. également BAUER, *IPRax* 2004, 275.

541 Art. 2 § 1 proposition de Règlement CE et art. 10 § 2 proposition d'EGBGB sont libellés ainsi : « Les sociétés relèvent de l'État dans lequel elles sont inscrites dans un registre public ». Pour les personnes morales qui ne sont pas inscrites sur un registre public, les propositions prévoient des critères de rattachement subsidiaires, art. 2 § 2 Règlement CE, art. 10 § 3 EGBGB.

international privé des sociétés des États membres, le critère de rattachement de principe du lieu de l'inscription deviendrait le critère de rattachement unique pour toutes les sociétés sans égard à l'origine communautaire ou non de celle-ci. La présence d'un critère de rattachement unique en Europe explique que le renvoi soit en principe exclu.[542]

Quant au **domaine d'application** de la *lex societatis* ainsi déterminée, les propositions prévoient des listes de questions relevant du droit des sociétés afin d'écarter des doutes quant à la qualification et d'éviter des divergences d'interprétation. Ces listes ne sont cependant pas limitatives parce qu'il ne peut être exclu que le droit matériel d'un État membre soulève des questions non appréhendées à l'avance.[543]

Le changement de loi applicable résulte du transfert du siège statutaire. En vertu des articles 7 Règlement CE et 10d EGBGB, une société peut transférer son lieu d'immatriculation dans un autre État membre et changer ainsi de registre public ce qui entraînerait la substitution de la *lex societatis* du nouveau registre public à celle de l'ancien registre public sans qu'il soit besoin de transférer le siège réel. Afin de protéger les tiers et les créanciers, les mesures protectrices de la loi ancienne s'appliquent et, dans tous les cas, les créanciers doivent être informés du changement de loi applicable et sommés de produire leurs créances.

542 Art. 8 proposition de Règlement CE ; SONNENBERGER/BAUER, *RIW* Beilage zu Heft 4/2006, 23.

543 Cf. art. 3 proposition de Règlement CE, art. 10 a proposition d'EGBGB ; *Rev. Crit. DIP* 2006, 720. La loi applicable à la société régit en principe *notamment* (1) sa nature juridique, sa capacité juridique, (2) sa constitution, dissolution et liquidation, (3) ses nom et raison sociale, (4) la structure organisationnelle et financière, (5) le pouvoir de représentation des organes sociaux, (6) les droits et obligations des associés, (7) la responsabilité de la société, des organes et des associés pour les dettes de la société, (8) la responsabilité pour violation d'obligations légales et, enfin, (9) l'obligation de présenter les comptes commerciaux.

Notons que concernant la capacité juridique de la société et le pouvoir de représentation de ses organes, la *lex societatis* est écartée au profit de la *lex loci actus* lorsque le membre d'un organe accomplit un acte au nom et pour le compte de la société dans un État autre que celui dont la loi régit la société, à moins que le cocontractant connaissait les restrictions prévues par la *lex societatis* (art. 3 § 2 proposition de Règlement CE, art. 10a § 2 proposition d'EGBGB), ceci dans un but de protection du commerce et du public. Ce faisant, le Conseil allemand renonce clairement au modèle de l'information suggéré par la CJCE dans l'arrêt *Inspire Art* selon lequel il incombe aux créanciers de s'informer sur le contenu de la loi étrangère régissant la société avec laquelle ils traitent.

Notons enfin que concernant le transfert de siège effectif dans un autre État membre, la proposition de règlement communautaire sur le droit applicable aux personnes morales va plus loin que la MoMiG qui se contente – nous l'avons vu – de supprimer les dispositions du droit matériel posant problème. Le rattachement par le lieu de l'immatriculation fait ainsi clairement passer le droit international allemand des sociétés dans le camp des États considérant le siège statutaire.

En dernier lieu, cette proposition du *Deutscher Rat für Internationales Privatrecht* a fait l'objet, sous une forme légèrement modifiée, d'un avant-projet de loi du ministère de la justice relatif au droit international privé des sociétés, des associations et personnes morales du 7 janvier 2008.[544]

Section 2 Le domaine de la *lex societatis* et le problème de la reconnaissance des sociétés

Jusque-là, nous avons employé les termes « reconnaissance » et « loi applicable » sans les distinguer nettement dès lors qu'il était question de la liberté d'établissement communautaire des sociétés. Il convient maintenant de remédier à cette omission – délibéré – car les deux notions sont *a priori* distinctes. Seulement, la liberté d'établissement communautaire, de par son domaine d'application large, englobe en quelque sorte ces deux notions.

Ce constat incite à se poser la question de savoir si la reconnaissance de la société étrangère dans l'État du for ne fait pas déjà partie intégrante du domaine d'application de la *lex societatis* étrangère de sorte que celle-ci engloberait la notion de reconnaissance. C'est ce qu'il s'agit de vérifier, une fois le domaine d'application de la loi applicable déterminé.

§ 1) Le domaine de la lex societatis

229. Même après *Inspire Art,* une question importante est restée sans réponse. Il s'agit de celle de savoir quelles normes du droit national peuvent encore s'appliquer à des sociétés étrangères par exception à la *lex societatis* de

544 Cf. le commentaire de R. WAGNER et B. TIMM, *IPRax* 2008, 81-90.

celles-ci. Lorsqu'on y regarde de près, l'on constate que toute la discussion sur l'application de la théorie du siège réel ou de celle de la théorie de l'*incorporation* menée jusque-là cache quelque peu cette question et n'apporte aucune réponse à celle-ci. Savoir quelles normes du droit national peuvent s'appliquer par exception à la *lex societatis*, suppose que soit déterminé le domaine d'application de la *lex societatis*. C'est, en d'autres termes, la question de savoir quels éléments la société « apporte dans ses cartons de déménagement » et quelles réglementation l'État d'accueil s'appliquent par ailleurs en vertu de l'article 43 al. 2 CE.[545] Que ce soit l'une ou l'autre des théories de rattachement qui s'applique n'est pas un élément de réponse pertinent.[546] Au contraire, la question doit être celle de savoir ce qui fait qu'une société est une société. En d'autres termes, il faut déterminer quels sont les **éléments constitutifs d'une société** qui doivent par conséquent continuer à la régir en tant que *lex societatis* indépendamment du fait qu'elle se trouve dans l'État de sa constitution ou ailleurs.

A. Les éléments constitutifs de la lex societatis

Il convient de rechercher les contours de la personne morale dans la doctrine commercialiste (1) et dans la jurisprudence communautaire relative aux conflits de lois (2).

1. La personne morale dans la doctrine commercialiste

230. Pour répondre à la question de l'étendue des éléments constitutifs de la personne morale, il ne nous semble pas inutile de consulter la doctrine commercialiste. La doctrine allemande fut particulièrement riche – et divisée – en la matière. Ainsi, en suivant le concept philosophique de la personne de I. KANT, F. C. VON SAVIGNY[547] n'acceptait pas l'idée de la réalité de la personne morale et la considérait par conséquent comme une pure fiction du droit positif (théorie de la fiction). La position contraire, développée notamment par O. VON GIERKE[548] en Allemagne et F. GENY en France, partait, au contraire, du postulat de la réalité de la personne morale

545 *« La liberté d'établissement ... dans les conditions définies par la législation du pays d'établissement pour ses propres ressortissants ».*

546 MAYER/HEUZE, n° 1041.

547 F. C. VON SAVIGNY, *System des heutigen römischen Rechts*, t. 2, 1840, p. 236 et s.

548 VON GIERKE, *Deutsches Privtrecht I*, 1895, p. 471 et s.

(théorie de la réalité) et a le mérite d'avoir éliminé du débat l'idée selon laquelle la personne morale n'existerait qu'à travers les personnes physiques.

Aujourd'hui, la discussion jadis menée a perdu de son intérêt sur un plan pratique – si jamais elle en avait – car la seule question qui importait était celle de savoir si la personne morale devait avoir ou non la capacité juridique.[549] Il est désormais acquis que la personne morale est une organisation à laquelle a été assigné un but et à laquelle, pour réaliser ce dernier, l'ordre juridique a accordé la capacité juridique.[550] Ainsi, la personne morale se présente comme la réunion de personnes et de choses au sein d'une organisation juridiquement réglementée à laquelle l'ordre juridique a accordé la capacité juridique et qui est, par conséquent, sujet de droit ayant des droits et des obligations.[551] Le but de la personne morale consiste justement en cette autonomie juridique par rapport à ses fondateurs personnes physiques puisqu'elle pourra désormais agir en son propre nom et que la responsabilité des fondateurs peut être limitée en fonction du type de société choisi. Le parallèle entre la capacité des personnes physiques et celle des personnes morales n'est cependant pas parfait,[552] étant donné qu'en principe, la personne morale ne saurait disposer de droits pour lesquels la nature humaine du sujet de droit est requise.[553]

U. JOHN[554] tenta de déterminer le contenu de la notion de « personne morale ». A partir du postulat de l'équivalence de principe des personnes physiques et morales, il trouva trois éléments structurels que tout ordre juridique doit mettre à la disposition à un sujet de droit.[555] La personne morale doit, en premier lieu, être capable de prendre des décisions ce qui est assuré par l'action de ses organes (**capacité d'agir**). En deuxième lieu, elle doit répondre des conséquences de ses décisions ce qui, dans un système basé sur les responsabilités, passe par la mise en cause de son patrimoine. Le deuxième élément de la personne morale est donc la capacité

549 STAUDINGER-*BGB*/WEICK, Einl zu §§ 21 ff, n° 4.

550 *BGHZ* 25, 131, 144, SOERGEL/HADDING, n° 6 ; *MüKo-BGB (AT)*/REUTER, vor § 21 n° 2 ; STAUDINGER-*BGB*/WEICK, Einl zu §§ 21 ff, n° 4 et s.

551 PALANDT- *BGB*/HEINRICHS, Einf v § 21, n° 1 ; Th. Raiser, *AcP* 199, 104.

552 SOERGEL/HADDING, vor § 21, n° 22 ; P. LAGARDE, *in* HAMEL/ LAGARDE/ JAUFFRET, *Traité de droit commercial*, t. 1, vol. 2, Dalloz, 1981,n° 429, p. 86 : « *La personnalité juridique n'est pas une réalité naturelle, mais un bienfait de la loi accordé et mesuré par celle-ci* [...] ».

553 BGHZ 81, 75 ; 98, 94 ; PALANDT-*BGB*/HEINRICHS, Einf v § 21, n° 8; SOERGEL/HADDING, n° 22.

554 U. JOHN, *Die organisierte Rechtsperson*, 1977.

555 *Ibid.*, p. 72 et s.

d'être titulaire d'un patrimoine (**personnalité juridique**).[556] En troisième lieu, la personne morale doit pouvoir être distinguée en tant que personne. Pour ce faire, il est de coutume de se servir du nom, que ce soit pour une personne physique ou morale. Doit, par conséquent, faire partie de la capacité juridique de la personne morale, la capacité d'être titulaire de tous les droits qui sont nécessaires à la vie en société (**nom, domicile voire siège**). D'aucuns y ajoutent la **capacité de succéder**[557] et **celle d'ester en justice**[558]. Il dépend ensuite de chaque ordre juridique d'établir la façon dont ces droits sont *in fine* conçus.[559] Ces éléments doivent être considérés comme les éléments constitutifs irréductibles d'une personne morale. Il est vrai que la théorie *ultra-vires* dans la famille juridique anglo-saxonne limite la capacité juridique de la personne morale à l'objet social. Il reste cependant que cet objet social est, en règle générale, formulé de manière très large ce qui permet de penser que cette théorie ne mène guère à un autre résultat.[560]

Tous ces éléments forment la personne morale et font en sorte qu'elle existe. Les réflexions que l'on vient de faire sont d'ordre général et sont valables indépendamment de l'ordre juridique considéré. Sous des formes légèrement divergentes, il est possible de trouver dans tous les pays des

556 Dans le même sens : SOERGEL/HADDING, vor § 21, n° 27 et s.

557 SOERGEL/HADDING, vor § 21, n° 27 et s.

558 PALANDT/HEINRICHS, Einf v § 21, n° 9. Quant au pouvoir de représentation des organes sociaux, il convient d'ajouter que si celui-ci est en principe régi par la *lex societatis*, d'éventuelles limitations apportées par celle-ci ne peuvent avoir pour effet de rendre impossible l'exercice de la capacité d'ester en justice de la société devant les tribunaux du for étranger dès lors que la Convention européenne de sauvegarde des Droits de l'Homme s'applique (Cass. crim., 23 mai 2006, n° de pourvoi 04-86541 et 04-86541 (deux arrêts), *Bulletin criminel* 2006, n° 140, 507 : l'impossibilité de se constituer partie civile pour une société de droit luxembourgeois devant les tribunaux français résultait de ce que en droit luxembourgeois une personne morale ne peut être représentée que par son conseil d'administration à l'exclusion de ses membres alors que la procédure française exige que « *la citation délivrée à la requête de la partie civile doit mentionner les nom, prénoms, profession et domicile réel ou élu de celle-ci ; que si la partie civile est une personne morale, cette exigence s'applique, selon une jurisprudence constante, à la désignation de la personne physique qui agit en justice au nom de la personne morale* ». La Cour de cassation se fonde sur les stipulations des articles 6-1 et 14 de la Convention européenne des droits de l'homme et des articles 1 et 5 de son premier protocole additionnel desquelles ressort que « *toute personne morale, quelle que soit sa nationalité, a droit au respect de ses biens, et à ce que sa cause soit entendue par un tribunal indépendant et impartial* », pour modifier sur ce point sa jurisprudence antérieure (cf. Cass. crim., 28 septembre 2004, *Bulletin criminel* 2004, n° 223, 796).

559 *MüKo-BGB (AT)*/REUTER, Vor § 21 n° 2.

560 SOERGEL/HADDING, vor § 21, n° 23.

éléments et conditions similaires. Il est donc admis de parler d'une ébauche de théorie générale, sinon universelle, de la personne morale.

2. *La personne morale dans la jurisprudence de la CJCE*

231. Il sera intéressant de vérifier la véracité de ces réflexions théoriques relatives aux éléments essentiels et structurels – aux caractéristiques subjectives[561] – de la personne morale à l'aide de la jurisprudence de la Cour de justice des Communautés européennes en matière de liberté d'établissement. En effet, en affirmant que tel ou tel élément provenant de la loi de l'État de constitution doit continuer à régir la société dans l'État d'accueil, la Cour définit indirectement cet élément comme étant un élément essentiel de la société.

La **capacité juridique** et la de **capacité d'ester en justice** furent reconnues en tant qu'élément essentiels dès l'arrêt *Überseering*.[562] Le **capital social** fut déterminé comme un élément immanent de la société, d'abord sous-entendu par l'arrêt *Centros,* puis directement par l'arrêt *Inspire Art.* C'est également dans l'arrêt *Inspire Art* que la CJCE mentionna la responsabilité à l'égard des tiers de la société ainsi que celle des dirigeants. Cela confirme l'existence du **régime spécifique de responsabilité de la société** mais aussi celle des **organes sociaux**[563] comme éléments indispensables de la société. Enfin, il résulte du constat selon lequel les organes sont des éléments essentiels de la société que les dispositions régissant les organes et donc **l'organisation interne** de la société doivent également être considérées comme étant des *essentialia.*

Tous ces éléments ont reçu une consécration par la CJCE. Ils participent indiscutablement du droit des sociétés français et allemand. Il est permis d'affirmer que ces éléments sont tellement essentiels à l'être juridique qu'est la société qu'ils doivent *nécessairement* faire partie du droit des sociétés. Il ne faut pas oublier, en outre, que du fait de la primauté du droit communautaire[564], la question des caractéristiques et éléments essentiels de la société relève du seul droit communautaire dès lors que son domaine d'application est concerné. De cette manière, le droit communautaire façonne le domaine des *leges societatis* nationales.

561 « *Subjekteigenschaften* » : SCHANZE/JÜTTNER, *AG* 2003, 661 (666).

562 Cf. *supra* n° 189 et s.

563 Dans le même sens d'ailleurs : Cass. com., 21 décembre 1987, *Société Viuda de José Tolra*, *JCP* 1988, 21113, concl. MONTANIER = *Rev. soc.* 1988, 398, note SYNVET.

564 CJCE, 15 juillet 1964, aff. 6/64, *Costa c/ ENEL*, *Rec.*, p. 1141.

3. Résumé des résultats et leur signification pour les liens d'affiliation

232. L'analyse de la théorie générale de la personne morale et celle de la jurisprudence communautaire ont montré que certains éléments essentiels doivent faire partie de la *lex societatis*.

Pour la définir sous cet angle de vue, on peut dire que la *lex societatis* comprend la somme des normes de droit matériel qui régissent l'existence de la société (la constitution mais aussi la dissolution et la liquidation comme étant les moments extrêmes de la vie sociale) son organisation interne (les organes internes et leurs relations entre eux : les droits et obligations des associés, les compétences et pouvoirs des organes sur le plan interne) ainsi que l'organisation des relations externes (la capacité juridique, la légitimation active et passive, le pouvoir des organes sur le plan externe, les relations de la société, de ses dirigeants et associés à l'égard de tiers, le pouvoir des représentants sociaux).[565] Si l'émission des titres et leur régime sont en principe soumis à la loi de la société[566], cette compétence de principe subit deux sortes de restrictions : d'une part, les lois de police de l'État où se trouve le marché en cause peuvent réclamer leur compétence à côté de la *lex societatis* et, d'autre part, les obligations et titres équivalents sont soumis exclusivement à la *lex contractus*. Le souci de respecter au maximum l'unité de compétence législative conduit à lui attribuer le plus large domaine d'application possible.[567]

La conséquence de cette définition est de taille : les éléments reconnus essentiels par la théorie générale de la personne morale (et que la CJCE devrait donc reconnaître formellement dès lors que l'occasion se présente) ne peuvent pas être écartés, ni modifiés par des réglementations nationales de l'État d'accueil. Ils participent « tels quels » de la société et par conséquent de la *lex societatis*. Autrement dit, par principe, le for ne peut appliquer sa propre loi (la *lex fori* de l'article 43 al. 2 CE) à une société qui ne serait pas constituée conformément à celle-ci. Dès lors que les éléments essentiels sont en cause, seule la *lex societatis* s'applique.

565 *MüKo-IntWR(IntGesR)*/KINDLER, n° 520 et s. et 605 et s. ; *Palandt-EGBGB(2002)*/HELDRICH, Anh zu EGBGB 12, n° 6 et s ; RAISER/VEIL, § 58, n° 8 ; VON HALEN, *Das Gesellschaftsstatut nach der Centros-Entscheidung des EuGH*, p. 27 ; MAYER/HEUZE, n° 1041 ; MENJUCQ, *Mobilité*, n° 21 ; *idem*, *Droit international et européen des sociétés*, n° 76 et s. ; LOUSSOUARN/BOUREL/DE VAREILLES-SOMMIERES, n° 708 ; CHESHIRE/NORTH/FAWCETT, p. 174 ; COLLIER, p. 57.

566 Ainsi déjà : Paris, 22 février 1912, *J. Trib. com.* 1913, 303.

567 LOUSSOUARN/BOUREL/DE VAREILLES-SOMMIERES, n° 708.

233. Le problème du rattachement des liens d'affiliation. Il a été soutenu que le rattachement du lien d'affiliation pouvait se faire par application de la *lex societatis*.[568] Les relations entre la société dominante et la société dépendante seraient de même nature que les relations entre les actionnaires et leur société. Il convient maintenant d'évaluer ce propos sur la base des résultats de l'analyse du domaine d'application de la *lex societatis*. Il est exact que la société dominante est un associé, certes majoritaire mais toujours un associé, de la société dépendante. Ainsi, d'éventuels litiges entre cet associé, société mère, et la société dépendante devront logiquement être soumis à la loi qui a présidé à son entrée dans la société : la loi régissant cette société. En termes de conflit de lois, cela signifie que la *lex societatis* de la société dépendante doit régir la question du lien d'affiliation. Il en va de même en ce qui concerne les relations entre cet associé majoritaire et d'éventuels associés minoritaires de la société dépendante. Au final, les relations inter-entreprises se révèlent être des relations internes à la filiale.

Cette solution semble justifiée à deux titres. Premièrement, en effet, le droit des groupes de sociétés entretient des liens étroits avec le droit général des sociétés de sorte que les deux domaines forment un système global de protection des actionnaires et des créanciers à l'intérieur d'un même ordre juridique. Il n'y a pas lieu de scinder ce système en matière de conflit de lois.[569] Deuxièmement, toutes les questions évoquées (lien entre société mère et société dépendante, relation entre société mère et associés minoritaires de la société dépendante) relèvent indiscutablement du fonctionnement interne de la société (dépendante) qui, en tant qu'élément constitutif de la société, est régi par la *lex societatis* – on vient de le voir.

A priori donc, rien ne s'oppose théoriquement à cette approche. Il conviendra de vérifier tout au long de ce travail si elle est apte à expliquer l'ensemble des hypothèses complexes auxquelles est confronté un groupe international telles que, par exemple, la protection des actionnaires minoritaires de la société mère ou celle des créanciers de la filiale.

568 Cf. *supra* n° 169.
569 F. A. MANN, *Colloque international*, p. 39 et s.

B. Les limites de la lex societatis

234. Limites. Il convient de rappeler que la personne morale est une création du législateur, à laquelle celui-ci a assigné un but précis[570] et pour la réalisation duquel il l'a assortie de toute une panoplie d'éléments. Au-delà du domaine strictement sociétaire cependant, il existe des réglementations non essentielles relatives à l'exercice de l'activité de la société. Ceci explique que le législateur de l'État d'accueil peut faire dépendre la « reconnaissance » d'une personne morale du respect par celle-ci de certaines règles qui s'avèrent nécessaires pour protéger les créanciers, les actionnaires minoritaires ou le public en général telles que les obligations de s'immatriculer, de demander une permission d'exercice de l'activité ou de publier certaines informations.[571] Un exemple est l'activité bancaire, domaine dans lequel la *lex societatis* sera écartée par des lois de police nationales[572] ou encore les règles impératives relatives au fonctionnement des bourses de valeur. Toutefois, il est évident que la société ne nécessite pas ces obligations pour exister. Elles ne sont donc pas des éléments constitutifs de sorte que l'État d'accueil est autorisé à les régir librement à condition de ne pas empiéter sur des éléments constitutifs.[573]

Fort de ces constats, il convient de se poser la question de la nature et de la portée de la « reconnaissance » des personnes morales étrangères.

§ 2) Le problème illusoire de la reconnaissance des sociétés en matière de conflit de lois

235. Classiquement, on enseigne en droit français que ce n'est qu'après avoir répondu à la question de la reconnaissance que la question de la loi applicable peut être résolue. Si le terme de reconnaissance de la société étrangère existe également en droit allemand, son domaine d'application est cependant circonscrit à une hypothèse particulière. D'une manière générale, la reconnaissance des sociétés, pour citer un auteur,

570 PALANDT/HEINRICH, Einf v § 21, n° 1.

571 Th. RAISER, *AcP* 199, 135 ; SYNVET, *Rev. crit. DIP* 1984, 117.

572 MAYER/HEUZE, n° 1060.

573 Ex : Dans l'aff. *Inspire Art*, la loi néerlandaise imposait aux sociétés étrangères de s'immatriculer (élément non constitutif). En revanche, exiger la mention « société étrangère de pure forme » ainsi que la constitution d'un capital social minimum dont le non-respect était sanctionné par la responsabilité solidaire personnelle des dirigeants dépassait la compétence de cette loi (éléments constitutifs). Seule la *lex societatis* était compétente ici.

« ce n'est pas, pour être franc, une question que les praticiens se posent souvent. Ils l'ignorent gaiement. Et, à supposer qu'ils ne l'ignorent pas tout à fait, ils l'enjambent désinvoltement. Ils n'ont pas tort ».[574]

Il s'agit ici de rechercher les raisons de cette importance apparemment secondaire de la « reconnaissance » par rapport au conflit de lois et, plus encore, de vérifier la pertinence de ce concept. On démontrera que non seulement l'ordre chronologique classique (d'abord la reconnaissance, ensuite le conflit de lois) est erroné mais surtout la reconnaissance n'a pas réellement de raison d'être sur le terrain du conflit de lois.

L'ambiguïté de la notion de « reconnaissance ». La notion de « reconnaissance » est fréquemment utilisée en droit international privé mais avec une signification et un contenu différents selon les cas : on l'utilise dans le sens d'un **conflit d'autorité** lorsqu'il est question des effets de l'acte public étranger ayant donné naissance à la personnalité morale ; on l'utilise dans le sens du droit matériel lorsqu'on parle du traitement ou de la réglementation nationale des sociétés étrangères – la **condition des étrangers** – alors que l'on l'utilise dans le sens du **conflit de lois** lorsque l'on parle du rattachement à une loi des sociétés étrangères situées sur notre territoire. Les rapports entre ces interprétations de la notion sont loin d'être limpides.

A. La reconnaissance – conflit d'autorité

236. Interprétée comme étant un conflit d'autorité, la reconnaissance des sociétés a pour objet les effets des actes publics d'une autorité étrangère nécessaires à la constitution de la société (l'enregistrement sur un registre public) sur le territoire de l'État du for, c'est-à-dire les effets de la loi étrangère relatifs aux *« attributs correspondant à ce que le droit (interne) qualifie de personnalité juridique »*[575], l'existence de la personnalité[576] donc. La procédure de reconnaissance peut alors porter sur des sociétés prises individuellement ou sur certains types de sociétés de certains pays[577], elle peut distinguer entre

574 J. BEGUIN, 'Un texte à abroger: La loi sur la reconnaissance internationale des sociétés anonymes étrangères', *Mél. Champaud*, Dalloz, 1991, p. 1 et s.

575 SYNVET, *Encycl. jur. Dalloz, Rép. Droit international, Société*, n° 16.

576 ULMER/BEHRENS, *GmbHG*, n° B 108.

577 Un exemple nous est fourni par la loi française du 30 mai 1857 en vertu de laquelle toutes les sociétés de capitaux constituées conformément à la loi belge sont reconnues de plein droit en France alors que la reconnaissance des sociétés provenant d'autres pays

les sociétés commerciales et les autres[578]. Or, le remplacement du système de concession par celui de l'enregistrement et la libéralisation de la pratique commerciale internationale conduit à l'abandon progressif de l'exigence de reconnaissance, d'autant que l'on a pris conscience de ce que la fonction de la reconnaissance consistant en la protection du for pouvait être mieux assurée par d'autres règles telle que les règles de conflits ou les règles de droit public relatives aux investissements et à la concurrence qui déterminent des conséquences juridiques concrètes.[579]

Aussi, les auteurs et la jurisprudence allemands considèrent depuis longtemps que la reconnaissance de la personnalité est automatique et découle de l'application de la loi étrangère compétente sur le plan du conflit de lois.[580]

En France, la non-conformité à la Convention européenne de sauvegarde des droits de l'homme et des libertés fondamentales, concernant spécifiquement l'accès à un tribunal, de la loi de 1857 sur la reconnaissance des sociétés de capitaux étrangères a conduit la jurisprudence à écarter cette loi sur ce point.[581] Il a donc été opportun d'abroger la loi de 1857.[582] En effet, elle ne s'appliquait plus déjà qu'à un nombre infiniment petit d'États non visés par le décret collectif et, même là, ne pouvait régir la capacité d'ester en justice qui est garantie par la CESDH sous la forme de l'accès à un tribunal. Il est d'autres moyens de se protéger contre les sociétés étrangères dangereuses sur le plan du conflit de lois, et l'on pense aux lois de police notamment. D'une manière plus générale, c'est la jurisprudence communautaire qui a mis fin à tout débat sur la reconnaissance de la personnalité

---

doit en principe passer par l'adoption en France d'un décret visant l'ensemble des sociétés constituées dans un pays déterminé. Pour l'état actuel du droit français, cf. *supra.*

578 Exemple : L'ancien article 10 EGBGB selon lequel une association étrangère dotée de la capacité juridique ne pouvait obtenir la capacité juridique en Allemagne que par décision expresse du *Bundesrat* (ultérieurement: du *ministre de l'intérieur*).

579 WIEDEMANN, *GesR I* § 14 I 2 a, p. 779 ; SYNVET, *Encycl. jur. Dalloz, Rép. Droit international, Société*, n° 28 *in fine.*

580 *RGZ* 83, 367 (368 et s.) – *Wisconsin Corporation* ; *RGZ* 159, 33 (46) ; *BGHZ* 25, 134 (144) ; KOPPENSTEINER, *Internationale Unternehmen*, p. 107 et s. ; ULMER/BEHRENS, *GmbHG*, n° B 109.

581 Cf. *supra* n° 207.

582 Art. 27 II 4° de la loi n° 2007-1787 du 20 décembre 2007 relative à la simplification du droit, *JO* du 21 déc. 2007. Cf. le commentaire de D. BUREAU, *Rev. crit. DIP* 2008, 161-166. Antérieurement : J. BEGUIN, 'Un texte à abroger: La loi sur la reconnaissance internationale des sociétés anonymes étrangères', *Mél. Champaud*, Dalloz, 1991, p. 1 et s. ; BREDIN/LOUSSOUARN, n° 287.

dans l'arrêt *Überseering*.[583] L'on pensait depuis longtemps que la liberté d'établissement comporte nécessairement la « reconnaissance » de la société en tant que sujet de droit.[584] Dans l'arrêt *Überseering*, la Cour a expressément posé le principe de la reconnaissance mutuelle implicite des sociétés valablement constituées dans les États membres de l'Union européenne.[585] L'objection que l'on pouvait faire dans les années 80 selon laquelle les articles 43, 48 CE ne comportent qu'un « programme » à réaliser dans le futur, d'une part, et que l'article 220 CE réserve expressément la possibilité aux États membres de conclure une convention sur la reconnaissance, d'autre part,[586] n'est plus valable après le développement spectaculaire de la liberté d'établissement et l'échec de l'entreprise de 1968[587]. Alors, *« si un contrôle des sociétés étrangères sous l'angle des intérêts juridiques du for demeure souhaitable, celui-ci trouverait avantage à se déployer sur le terrain des conflits de lois »*[588], du moins en ce qui concerne les sociétés étrangères à l'UE.

B. La reconnaissance – condition des étrangers

237. Interprétée comme étant la condition des étrangers, au contraire, la reconnaissance de la personne morale ne concerne pas

583 B. LE BAR, *in* BEGUIN/MENJUCQ, *Droit du commerce international*, n° 745 : « *La reconnaissance des personnes morales dans la Communauté consiste à conférer aux sociétés valablement inscrites dans l'un des pays de l'Union une capacité juridique dans tous les autres pays, quel que soit le lieu du siège statutaire ou du siège réel* ».

584 BEITZKE, *ZHR* 127 (1965), 1 ; DROBNIG, *AG* 1973, 90 ; GROßFELD, *RabelsZ* 31 (1967), 1 ; KOPPENSTEINER, *Internationale Unternehmen*, p. 115.

585 AUDIT, n° 1124 (p. 880 *in fine* : « *La liberté d'établissement se traduit en fait par une « obligation de reconnaissance mutuelle », sans guère de possibilité de soumettre les groupements « pseudo-étrangers » à une réglementation particulière* [...]. ») ; J.-Ph. DOM, *Rev. soc.* 2003, II, 315 ; M. LUBY, *Bull. Joly* 2003, 464 ; J.-M. JONET, *Journal des tribunaux* 2003, 33 ; V. MAGNIER, *JCP éd. E 2004*, n° 251, 277 et s. (280); M. MENJUCQ, *JCP éd. G.* 2003, II, 10032 ; déjà antérieurement : B. GOLDMAN/ A. LYON-CAEN/ L. VOGEL, *Droit commercial européen*, n° 101.

586 WIEDEMANN, *GesR I* § 14 II 2 b, p. 793 et s.

587 WIEDEMANN, *GesR II* § 1 IV 3 a, p. 56 et s.

588 SYNVET, *Encycl. jur. Dalloz, Rép. Droit international, Société*, n° 28.

> *« l'existence de la personnalité mais l'exercice ou la jouissance des droits.* [...] *La reconnaissance de la personnalité morale n'est donc, en fait, qu'une autorisation d'exercer une activité (même aussi élémentaire que celle d'ester en justice)* [...]. *»*[589]

Ces réglementations concernant l'activité des étrangers, y compris les personnes morales étrangères, existent indéniablement. L'autorisation d'exercer une activité suppose cependant l'existence même de la société demanderesse de l'autorisation.[590] Selon la même conception, *« l'existence de la personne morale dépend quant à elle exclusivement de la compétence que le for reconnaît, ou dénie, aux normes étrangères selon lesquelles la création a eu lieu »*[591], soit du conflit de lois. Aussi, l'ordre chronologique présenté classiquement[592] doit être inversé : ce n'est que lorsque l'existence de la personnalité est hors de cause après la résolution du conflit de lois que la question de l'autorisation d'exercer une activité peut se poser[593]. Enfin, on remarque que sur le point de l'existence de la personnalité de la société, les auteurs se rejoignent pour le soumettre au conflit de lois.

C. La reconnaissance – conflit de lois

238. La reconnaissance prise, cette fois, sous l'angle du conflit de lois, la question se pose de savoir quel contenu la reconnaissance en matière de conflit de lois doit recevoir. En effet, soit la reconnaissance se limite aux

589 MAYER/HEUZE, n°1028 ; Selon J. BEGUIN, 'Un texte à abroger : ...', *in Mél. Champaud*, Dalloz,1997, p. 1 : « *La « reconnaissance » des sociétés anonymes étrangères est l'autorisation que le droit international français leur accorde en vue d'exercer dans la sphère de souveraineté française les prérogatives liées à leur personnalité morale. La loi du 30 mars 1857 parle, plus simplement, du « pouvoir » d' « exercer tous les droits » et d' « ester en justice en France, en se conformant aux lois de l'Empire* » ». Le même auteur conclura en citant la Commission de réforme du Code civil (*Travaux*, t. V, 1949-1950) : *« La personnalité morale des sociétés étrangères est reconnue de plein droit, sans préjudice des règles particulières auxquelles le droit français soumet leur activité »*.

590 C'est en ce sens qu'il faut comprendre L. LEVY, *La nationalité des sociétés*, Paris, L.G.D.J., 1984, p. 51 « *La reconnaissance peut se définir comme l'admission sur le territoire national de l'existence et des effets d'une personne juridique étrangère* ».

591 MAYER/HEUZE, n°1028.

592 B. GOLDMAN, *RabelsZ* 1967, 201 (205) : « *Rationnellement, avant de désigner la loi applicable à un organisme étranger qui se prévaut d'une existence juridique propre, il faut décider si cette existence est ou non admise, autrement dit, si on la reconnaît ou non en termes concrets* ».

593 MAYER, *Rev. crit. DIP* 1982, 81 (87) qui affirme à juste titre que la reconnaissance constitue « *un problème de condition des étrangers, qui ne se pose logiquement* [...] *qu'une fois constatée (ou supposée, si elle n'est pas contestée) la régularité de la société au regard du conflit de lois* ».

normes relatives à la capacité juridique de la société, soit elle se réfère globalement à l'ensemble des normes du droit des sociétés.

Dans le premier cas, la reconnaissance de la seule capacité juridique consiste à vérifier à l'aide de la loi compétente si les conditions d'existence de la société étrangère sont remplies. Or, il s'agit alors d'un aspect partiel du conflit de lois[594] car, déterminer la loi compétente, c'est trancher le conflit de lois mais seulement en ce qui concerne la capacité.[595] Cela est inopportun pour deux raisons. D'abord, l'économie de la justice recommande de ne pas diviser le conflit de lois en une « avant-partie » relative à la seule capacité et une « partie générale » relative à toutes les autres normes et mécanismes de la *lex societatis*, d'autant que cette division ne s'impose pas logiquement. Puis, il n'est tout simplement pas admis en vertu du principe de l'unité de la loi applicable (*Einheitstheorie*) d'exclure la capacité de la *lex societatis* parce qu'elle constitue un élément constitutif de celle-ci.[596]

Dans le deuxième cas, reconnaître globalement les normes du droit des sociétés étranger suppose résolu le conflit de lois au profit de la loi étrangère. Là encore, reconnaissance et conflit de lois s'emmêlent nécessairement.[597] Ainsi, pour WIEDEMANN, la « reconnaissance » de sociétés originaires d'un État membre de l'UE est relative non seulement à la personnalité et la capacité juridique (*Rechts- und Parteifähigkeit*) mais aussi à l'ensemble du droit des sociétés de l'État d'origine, indépendamment du fait que l'entreprise entretient (en Allemagne) une agence, une succursale ou son siège principal. Les dispositions protectrices des créanciers nationales ne trouvent pas application à ces sociétés, fussent-elles *pseudo-foreign*, parce qu'une telle application constituerait une entrave à la liberté d'établissement.[598]

En réalité, dans les deux hypothèses, la reconnaissance n'est rien d'autre que le conflit de lois, inutilement disséqué dans le premier cas. La reconnaissance, en d'autres termes, est assimilée purement et simplement à

594 GROẞFELD, *RabelsZ* 31 (1967), 1 (3).

595 En effet, la loi compétente est la loi sous la compétence de laquelle la société s'est constituée voire la loi de l'État sur le territoire duquel se trouve le siège réel de la société, en fonction de la théorie de rattachement suivie.

596 Dans le même sens : ULMER/BEHRENS, *GmbHG*, n B 58 et s., n° B 109.

597 LOUSSOUARN/BREDIN, n° 422 précisent que *« l'existence d'une situation régulièrement acquise à l'étranger implique que la société ait été constituée par référence à la loi compétente en vertu de la règle de conflit de l'État de reconnaissance. C'est dans cette mesure que la reconnaissance pose nécessairement un problème de conflit de lois »*. MENJUCQ, *Mobilité*, n° 23, parle même d'une *« règle de conflit qui lie indiscutablement reconnaissance et loi applicable »*.

598 Cf. WIEDEMANN, *GesR II* § 1 IV 3 c aa, p. 61.

la règle de conflit déterminant la *lex societatis*.[599] Le constat de la parfaite inutilité de la notion de reconnaissance sur le terrain du conflit de lois s'impose.[600] En conséquence, il convient d'en éradiquer le terme de reconnaissance. Il en va différemment, comme nous l'avons vu, en ce qui concerne la condition des sociétés étrangères.

599 MENJUCQ, *Mobilité*, n° 23.

600 SYNVET, *L'organisation juridique du groupe international de sociétés,* t. 1, n° 46 à 58 (spéc. p. 125 et s.), en arrive à la même conclusion.

CONCLUSION DU TITRE 2

239. Une loi unique du groupe international de sociétés – une *lex concilii societatium* – n'est ni souhaitable en termes d'opportunité, ni réalisable techniquement en droit international privé à l'heure actuelle. A l'unité économique ne correspond pas par conséquent une unité juridique, ni en droit matériel, ni en droit des conflits.

Chaque société du groupe est, au contraire, soumise à sa propre loi, laquelle doit désormais être déterminée, en ce qui concerne les sociétés originaires de l'UE et de l'EEE, par la localisation de son siège social statutaire. Cela vaut tant pour le droit français que pour le droit allemand. Les termes de nationalité et de reconnaissance sont absolument à bannir en matière de conflit de lois en droit français puisque, dépourvus de toute fonction, ils induisent en erreur.

On assiste actuellement à une croissance de la mobilité des sociétés, notamment en droit allemand, qui ouvre de nouvelles perspectives au groupe international de sociétés grâce à la loi allemande MoMiG de novembre 2008.

La *lex societatis* a un champ d'application vaste dont l'étendue est protégée par la liberté d'établissement des articles 43 et 48 CE. Elle régit l'ensemble des mécanismes de fonctionnement de la société. Parmi ces derniers devraient en principe figurer les liens d'affiliation entre les membres d'un groupe de sociétés.

CONCLUSION DE LA PREMIERE PARTIE

240. L'étude de la notion de groupe de sociétés en droit matériel a fait apparaître des différences conceptuelles importantes entre le droit français et le droit allemand. De telles différences ne se retrouvent pas en ce qui concerne la notion, autrement dit le statut, du groupe de sociétés en droit international privé. En effet, le droit français et le droit allemand saisissent le groupe en tant qu'entité pluraliste dans ses différents éléments et non pas dans son ensemble. Le système de rattachement des sociétés membres d'un groupe, sous l'impulsion du droit communautaire primaire et jurisprudentiel, est identique. Son critère est le seul siège statutaire de la société, qu'elle soit membre d'un groupe ou non.

Après ce tour d'horizon des bases du droit matériel et du droit international privé des groupes de sociétés dont nous avons cru utile de repositionner, voire de rectifier, certains des raisonnements jusque-là soutenus en doctrine – tour d'horizon que nous savons indispensable à une bonne compréhension ultérieure des problèmes soulevés par les groupes internationaux de sociétés, il nous est maintenant permis de diriger le cours de notre étude vers le conflit de lois à proprement parler.

Comme les règles de conflit s'inspirent en règle générale des réglementations de droit substantiel, il faut s'attendre à ce que les différences conceptuelles du droit matériel émergent – d'une manière ou d'une autre – dans les détails des conflits de lois. C'est ce qu'il convient d'étudier dans une seconde partie.

PARTIE II
L'ELABORATION D'UN REGIME DU GROUPE INTERNATIONAL DE SOCIETES

241. Chronologiquement, les conflits de lois en matière de groupe international de sociétés se subdivisent en trois temps qui rythment ainsi tout naturellement notre propos :

Titre 1 – Les conflits de lois dans la formation du groupe international de sociétés

Titre 2 – Les conflits de lois dans le fonctionnement du groupe international de sociétés

Titre 3 – L'insolvabilité du groupe international de sociétés et le Règlement 1346/2000 du 29 mai 2000 relatif aux procédures d'insolvabilité

Titre 1
Les conflits de lois dans la formation du groupe international de sociétés

242. Seul le droit allemand des groupes de droit, que sont – rappelons-le – le groupe contractuel et le groupe intégré, donne une réponse spécifique d'ensemble à la question du traitement juridique de la constitution du groupe en en organisant les modalités. Il en va de même, dans une certaine mesure, des autres procédés contractuels menant à la formation d'un groupe (de droit ou de fait) que met à la disposition des entreprises le législateur allemand[1]. Il s'agit là de procédés spécifiques de formation du groupe.

À l'inverse, la réglementation allemande des groupes de fait n'intervient par principe qu'une fois le groupe constitué. Le droit français des groupes, quant à lui, de par son approche plus globale que celle du *Konzernrecht,* comprend des mécanismes organisant la constitution du groupe tels que la prise de contrôle et la filialisation qui ne font pas partie du *Konzernrecht* au sens du droit allemand. Ceux-ci sont régis, en droit allemand, par d'autres branches du droit. Cela n'empêche pas bien sûr que des mécanismes similaires soient appelés à intervenir en droit allemand. Aussi, il sera utile d'étudier conjointement le droit français des groupes et le régime allemand correspondant.

En conséquence, il convient de distinguer pour les besoins de cette étude la formation internationale des groupes par des mécanismes similaires en droit français et en droit allemand, d'une part (Chapitre 1), et la formation internationale par des procédés spécifiques de groupe, d'autre part (Chapitre 2).

1 Les contrats du § 292 AktG.

Chapitre 1 La formation internationale du groupe par des mécanismes similaires du droit français et du droit allemand

Les modes de formation des groupes en droit français et en droit allemand des groupes de fait sont au nombre de deux : la création *ex nihilo* d'une filiale à l'étranger (Section 1) et la prise de contrôle internationale (Section 2).

243. La **fusion**, quant à elle, ne fera pas l'objet d'une étude spécifique. Il est vrai que les fusions peuvent intervenir et interviennent souvent en pratique au sein d'un groupe de sociétés (fusion « intra-groupe »). Parfois, elles sont même à l'origine de la création d'un groupe international : c'est l'hypothèse de la société mère de droit interne absorbée par une société allogène ce qui transforme le groupe national en groupe international. Seulement, les fusions qui interviennent dans le cadre du groupe ne présentent pas de particularité par rapport à celles ayant lieu entre sociétés indépendantes. Il n'y a pas, notamment, d'incidence sur le traitement en matière de conflit de lois du seul fait de l'appartenance de l'une des sociétés à un groupe.[2] D'une manière générale, une fusion transfrontalière ne saurait créer un groupe de sociétés mais tend, au contraire, à faire disparaître l'une des deux sociétés impliquées (fusion-absorption) voire les deux (fusion-création ayant pour conséquence la création d'une nouvelle société à laquelle est transmis le patrimoine des deux sociétés qui fusionnent). C'est pour cette même raison que les scissions entendues comme l'opération par laquelle une société disparaît pour donner naissance à des sociétés nouvelles ne seront pas étudiées spécifiquement. Toutefois, la création d'une filiale peut faire appel à des mécanismes, lesquels seront eux soumis au régime des scissions[3], de sorte que, sans traiter les fusions et scissions, leur régime devra être étudié.

244. La formation du groupe international par la constitution d'une société ***holding*** ne constitue pas une spécificité sur le plan du conflit de lois.

2 Dans le même sens : H. SYNVET, *L'organisation juridique du groupe international de sociétés,* t. 1, p. 326.

3 L'apport partiel d'actif et l'*Ausgliederung*, cf. *infra* n° 249 et s.

En effet, comme nous l'avons vu[4], les mécanismes de création d'un *holding* sont des mécanismes classiques du droit des sociétés. Leur traitement international sera par conséquent étudié de manière incidente seulement.

Section 1 La formation du groupe au moyen de la création d'une filiale à l'étranger

Un groupe international de sociétés est celui dont les sociétés sont soumises à plusieurs droits. Si l'on prend le point de vue de la (future) société mère, le groupe se forme donc par la localisation matérielle ou juridique d'une filiale à l'étranger. Pour ce faire, deux hypothèses sont envisageables : ou bien constituer une filiale conformément au droit local étranger, ou bien réaliser un apport partiel d'actif à la filiale étrangère préexistant ou spécialement créée à cet effet.[5] Enfin, la réglementation de la société européenne ouvre la voie à des techniques particulières de formation du groupe international.

§ 1) La constitution d'une filiale à l'étranger

245. La constitution originelle d'une filiale de droit local. Le groupe de sociétés peut se former, voire s'élargir, par la constitution d'une filiale à l'étranger. La filiale est un établissement doté de la personnalité morale : juridiquement, cette société est par conséquent autonome par rapport à sa société mère quand bien même cette dernière la contrôle. Dans l'Union européenne, la constitution d'une filiale dans un autre État membre est un droit protégé au titre de l'une des quatre libertés fondamentales, dénommé liberté d'établissement (secondaire) pour les personnes morales qui est prévue aux articles 43 § 1 phr. 2, 48 CE.[6] Ces dispositions prévoient également la possibilité de créer d'autres implantations stables à l'étranger qui, à la différence de la filiale qui est juridiquement autonome, dépendront

4 Cf. *supra* n° 75.
5 Cf. *supra* n° 74.
6 Cf. les développements spécifiques à ce sujet, *supra* n° 184 et s.

de l'établissement principal : l'agence et la succursale. Seulement, ces implantations ne sauraient créer un groupe de sociétés, celui-ci étant par définition composé de plusieurs personnes juridiquement autonomes.

En principe, aucune spécificité de ce mode de formation du groupe n'existe par rapport à une constitution ordinaire de société.[7] S'applique donc la *lex societatis* de la société créée. Ainsi, la société mère devra, le cas échéant, faire appel à une ou plusieurs personnes physiques ou morales, afin d'atteindre le nombre minimal d'associés/actionnaires exigé par la loi locale.

246. Filiale commune. Notons que la constitution d'une filiale commune par deux sociétés appartenant en pratique le plus souvent à deux groupes concurrents suit les mêmes principes : la *lex societatis* de la filiale commune régit l'opération.

247. Implantation de la filiale à l'étranger par le mécanisme du transfert du siège. Un autre moyen de parvenir à l'établissement d'une filiale à l'étranger est celui du transfert de sociétés, plus précisément de leur siège social, d'un État à un autre. Nous savons en effet que, dans certaines hypothèses, une société pourra « déménager » dans un autre État membre en usant de sa liberté d'établissement principal.

Tel est d'abord le cas, en matière de *transfert de siège statutaire*, des sociétés françaises sous certaines conditions cependant assez restrictives[8]. Seulement, le changement de loi applicable qui en résulte, équivaut pour cette société à une nouvelle constitution conformément à la loi de l'État d'accueil parce qu'elle devra respecter toutes les prescriptions de cette loi. Rien ne distingue donc cette hypothèse de celle vue antérieurement.

La société constituée conformément à la loi d'un État membre peut également *transférer son siège effectif* dans un autre État membre. Pour les sociétés françaises, un tel transfert du siège effectif est tout à fait envisageable et réalisable.[9] Depuis l'entrée en vigueur de la MoMiG, il en va de même pour les sociétés allemandes.[10] Afin d'illustrer notre propos, prenons l'exemple du mécanisme visant à créer un groupe international à l'aide de la mise en œuvre de la liberté d'établissement principal. Imaginons une société française qui créera une deuxième société française, sa filiale, et lui enjoindra de transférer son siège effectif en Allemagne afin d'y exercer une activi-

7 B. GOLDMAN, 'La protection des actionnaires minoritaires', *in* LALIVE/VISCHER, p. 12-13.

8 Cf. *supra* n° 219-221.

9 Cf. *supra* n° 226.

10 Cf. *supra* n° 223 et s. (spéc. n° 225).

té. Cette opération permettrait à la mère de connaître parfaitement la structure juridique et le fonctionnement interne de sa filiale – française – sans engendrer de coûts relatifs à la connaissance du droit allemand des sociétés. Techniquement, cette opération aboutira. Mais sur le plan du droit international privé qui nous intéresse, la seule localisation matérielle de la filiale française en Allemagne n'entraîne aucune conséquence spécifique. En effet, la filiale française sise en Allemagne restera soumise au droit français[11] de sorte que les relations entre la société mère et sa filiale seront gouvernées par le seul droit français. Aucun conflit de lois ne survient alors et il serait d'ailleurs erroné de parler de groupe international de sociétés du seul fait de l'emplacement sur des territoires différents des sociétés soumises à la même loi.

248. Enfin, une nouvelle forme de société communautaire est prévue pour juillet 2010 : la ***societas privata europaea*** (SPE). Selon l'état actuel des travaux, celle-ci pourrait en principe procéder librement au transfert de ses sièges réel et surtout statutaire en conservant sa personnalité juridique et sans être dissoute.[12] Outre l'avantage de la mobilité intra-communautaire accrue, il faut noter que cette forme de société sera sans doute particulièrement sollicitée en matière de groupe international de sociétés puisque son statut est en principe identique dans l'ensemble des États membres de sorte qu'une société mère n'aura plus besoin de se renseigner sur autant de différentes législations nationales qu'elle a de filiales pour animer le groupe.

§ 2) Le démembrement international : l'apport partiel d'actif et l'Ausgliederung

249. La filialisation peut également passer par l'apport partiel d'actif à une société préexistante ou spécialement créée à cet effet conformément au droit étranger. Ce mécanisme, appelé *Ausgliederung* en droit allemand, connaît un régime juridique quelque peu différent en France et en Allemagne. Le recours à la technique de l'apport partiel d'actif, voire à celle de l'*Ausgliederung*, trouve un intérêt particulier dans le cadre de la création de filiales. Une société souhaitant filialiser une partie de son activité tout en poursuivant son existence propre apporte à une autre société, créée à cet effet, les

11 Cf. *supra* n° 226.

12 Articles 35 et s. de la Proposition de règlement du Conseil relatif au statut de la société privée européenne du 25 juin 2008, COM/2008/0396 final, à consulter sur *http://eur-lex.europa.eu/LexUriServ/LexUriServ.do?uri=COM:2008:0396:FIN:FR:PDF* (31/12/2008). Cf. sur ce point l'analyse de PETERS/WÜLLRICH, *NZG* 2008, 807 (811, 812).

éléments d'actifs qu'elle souhaite isoler. Mais au-delà de la simple filialisation, l'apport partiel d'actif est également une technique privilégiée de réorganisation interne d'un groupe de sociétés, qu'il s'agisse de développer certaines activités ou, au contraire, de les concentrer. Elle permet une certaine souplesse dans la gestion du patrimoine et de l'activité des différentes entités du groupe en facilitant le transfert d'actifs, à moindre frais, entre filiales ou entre la société mère et une ou plusieurs de ses filiales.

Si, techniquement, le conflit de lois a lieu préalablement à l'application du droit matériel, l'étude devra être inversée ici en raison des difficultés d'interprétation de la loi allemande en matière d'opérations transfrontalières sur lesquelles il faudra prendre position dans un premier temps.

A. L'apport partiel d'actif du droit français

250. Définition. L'apport partiel d'actif est l'opération qui consiste pour une société à faire apport d'une partie de ses actifs à une société bénéficiaire et à recevoir en contrepartie des parts ou actions de cette dernière.[13] La société bénéficiaire peut préexister ou être spécialement créée à cet effet. C'est cette dernière hypothèse de la société étrangère spécialement créée qui nous intéresse ici. Le droit français offre la possibilité de placer ce type d'opérations sous le régime de la scission des articles L. 236-16 à L. 236-21, si *« la société qui apporte une partie de son actif* [...] *et la société qui bénéficie de cet apport »* le décident *« d'un commun accord »* (art. L. 236-22 C. com. (SA) ; art. L. 236-24 (SARL)).[14] L'apport partiel d'actif soumis au régime des scissions

13 Dans un domaine voisin, celui du droit fiscal, la directive 90/34/CEE du Conseil du 23 juillet 1990 pour un régime fiscal commun applicable aux fusions, scissions, apports d'actifs et échanges d'actions intéressant des sociétés d'États membres différents (JO L 225 du 20.08.1990, dite « directive mère fille ») définit en son article 2 c) l'apport d'actifs comme *« l'opération par laquelle une société apporte, sans être dissoute, l'ensemble ou une ou plusieurs branches de son activité à une autre société, moyennant la remise de titres représentatifs du capital social de la société bénéficiaire de l'apport ».* La branche d'activité, quant à elle, est définie par l'article 2 i) comme *« l'ensemble des éléments d'actif et de passif d'une division d'une société qui constituent, du point de vue de l'organisation, une exploitation autonome, c'est-à-dire un ensemble capable de fonctionner par ses propres moyens ».*

14 Sur l'ancrage en droit communautaire, voir l'art. 31 de la troisième Directive n° 78/855/CEE concernant les fusions de sociétés anonymes (JO n° L 295 du 20/10/1978, p. 36-43) ainsi que l'art. 25 de la sixième Directive n° 82/891/CEE Sixième directive 82/891/CEE concernant les scissions des sociétés anonymes (JO n° L 378 du 31/12/1982, p. 47- 54). Sur la conformité du droit français au droit communautaire, cf. *JCl. Commercial,* Fasc. 1604 – Apport partiel d'actif et régime des scissions, n° 12.

permet, en pratique, de transférer un ensemble de biens, sans avoir à les énumérer précisément, avec le passif correspondant comme ce serait le cas si l'apport d'actif était traité comme un simple apport en nature. Il faut noter, en outre, que l'apport peut porter sur une branche d'activité auquel cas la jurisprudence française a retenu le principe de la transmission universelle du patrimoine de cette branche.[15]

251. La pratique internationale. La confirmation par la jurisprudence de la validité d'un apport partiel d'actif international soumis au régime des scissions est récente. L'apport avait été effectué par une société étrangère au profit d'une société française en 1997. En l'espèce, une société de droit néerlandais avait réalisé l'apport de ses activités en France à une société de droit français. Parmi les différents éléments d'actif mentionné dans l'acte d'apport, figurait un bail commercial qui avait été consenti auparavant à la société apporteuse. Le bailleur, pour s'opposer au renouvellement du bail, invoque la perte par le preneur du bénéfice du droit au renouvellement du bail, en soutenant que l'apport partiel d'actif n'était pas placé sous le régime des scissions et que les formalités de la signification de la cession de bail n'avaient pas été respectées. Le jugement de première instance[16] qui avait donné satisfaction au bailleur a été infirmé par la Cour de Versailles[17] considérant

> *« [q]u'en l'espèce* [...], *la transmission affectait une branche d'activité avec ses éléments actifs et passifs* [...] *; que chronologiquement* [...] [suit l'énumération des conditions de droit substantiel français] *; que* ***dans ces conditions, la société Esders ne peut soutenir que l'apport partiel d'actif n'était pas placé sous le régime des fusions prévu et organisé par les articles 382 à 387 de la loi du 24 juillet 1955 qui pouvait parfaitement régir les opérations réalisées par une société étrangère ayant des actifs en France*** [...]. *»*[18]

15 Cass. com., 16 févr. 1988 : *Bull. Joly* 1988, 271 ; *RTD com.* 1988, 639 obs. Y. REINHARD ; *JCP éd. E* 1988, II, 15177, obs. A. VIANDIER et J.-J. CAUSSAIN ; *Petites affiches* 22 févr. 1988, n° 23, note MORETTI ; Cass. com., 5 mars 1991 : *D.* 1991, *jurispr.* 441, note J. HONORAT ; *Rev. droit bancaire* 1991, 102, obs. M. JEANTIN et M. COZIAN ; Cass. com., 15 mars 1994 : *Bull. Joly* 1994, 637, note M. LUBY ; *D.* 1994, *IR* 97.

16 TGI Versailles, jugement du 21 juin 1993.

17 CA Versailles, 12e ch., 1ère sect., 3 oct. 1996, *Sté Pier One Import of Huston et SA Pier Import c/Sté Esders* : *JCP éd. E* 1996, 1238; *Bull. Joly* 1997, 116, § 40, note T. TILQUIN.

18 Souligné par nos soins.

La décision de la Cour d'appel de Versailles est intéressante dans la mesure où elle confirme que les opérations visées par la loi peuvent être réalisées entre des sociétés soumises à des lois différentes, alors même que la forme de la société étrangère ne serait pas connue du droit français.[19, 20]

La pratique a montré qu'un apport partiel d'actif effectué en sens inverse, c'est-à-dire par une société française à une société bénéficiaire étrangère, était également possible.[21]

252. Le cadre juridique de l'apport partiel d'actif international. La transposition de la Directive (CE) 56/2005 du Parlement européen et du Conseil sur les fusions transfrontalières des sociétés de capitaux[22] en droit français par la « loi n°2008-649 du 3 juillet 2008 portant diverses dispositions d'adaptation du droit des sociétés au droit communautaire »[23] n'apporte aucun changement au régime international de l'apport partiel d'actif, le régime international des scissions restant inchangé[24]. Cela n'est pas surprenant

19 J.-J. CAUSSAIN/A. VIANDIER, *JCP éd. G* 1997, I, 4058 (= *JCP éd. E* 1997, 676).

20 L'examen en termes de conflit de lois se fera ultérieurement, cf. *infra* n° 264 et s.

21 *JurisClasseur Commercial,* Fasc. 1604 – Apport partiel d'actif et régime des scissions : *« Ainsi la société anonyme française Air Liquide a-t-elle le 14 mai 1998 apporté par un apport partiel d'actif soumis au régime des scissions sa division belge à sa filiale Air Liquide Industries Belgium, société anonyme belge. Aucun des documents publics disponibles au greffe (projet de traité d'apport, rapports du commissaire à la scission, rapport du commissaire-réviseur, procès-verbaux de réunion des deux assemblées) ne fait état de difficultés particulières ni même de spécificités provenant du fait que l'apport est transfrontalier ».*

22 *JO* n° 310 du 25 nov. 2005, p. 1. Cette directive aurait due être transposée en droit interne avant le 15 décembre 2007 (cf. art. 19 de la Directive).

23 *JO* du 4 juillet 2008. Voir également les travaux préparatoires : Le « Projet de loi portant diverses dispositions d'adaptation du droit des sociétés au droit communautaire » de Madame Rachida DATI, Garde des Sceaux, approuvé en Conseil des ministres le 14 novembre 2007 (Projet n° 411, à consulter sur *www.assemblee-nationale.fr/13/projets/pl0411.asp* (31/12/2008)) vise, notamment, à transposer la directive n° 2005/56/CE du 26 octobre 2005 du Parlement européen et du Conseil sur les fusions transfrontalières des sociétés de capitaux. Le projet a fait l'objet d'un rapport n° 817 de Madame la députée A. GROSSKOST (à consulter sur *http://www.palais-bourbon.fr/13/rapports/r0817.asp* (31/12/2008)) le 16 avril 2008 et a été étudié en 2e, 3e et dernière séance à l'Assemblée nationale le mardi 6 mai 2008 (texte adopté n° 137). Après la navette parlementaire, un nouveau rapport n° 962 a été rendu le 17 juin 2008 par Mme GROSSKOST au nom de la commission des lois (à consulter sur *http://www.assemblee-nationale.fr/13/rapports/r0962.asp* (31/12/2008)).

24 Pour les mesures de simplification en droit substantiel des fusions et scissions, cf. cependant les nouveaux articles L. 236-10, -11 et -23 C. com.

puisque la directive elle-même, comme son intitulé l'indique, n'a pas souhaité apporter des éléments à la question des scissions transfrontalières.[25]

Le régime français de l'apport partiel d'actif international apparaît comme étant assez libéral. Ainsi il ne semble guère y avoir de problème majeur à résoudre. Il n'en va pas de même en ce qui concerne le droit allemand en la matière. Loin s'en faut !

*B. L'*Ausgliederung *du droit allemand*

253. Définitions. En Allemagne, cette même opération reçoit le nom d'*Ausgliederung*[26] et constitue explicitement l'un des cas de figure du régime légal des scissions.[27] Il s'agit, selon la compréhension allemande, d'une scission partielle portant sur une partie du patrimoine d'une société (par exemple une ou plusieurs branches d'activité) qui est transféré à une ou plusieurs autres sociétés contre attribution à la société apporteuse de titres émis par la (ou les) société(s) bénéficiaire(s), § 123 al. 3 *Umwandlungsgesetz*[28]. Techniquement, on est en présence d'une transmission universelle partielle.[29] Il s'agit d'une mesure de constitution du groupe car il en résulte une relation de type groupe de sociétés dans laquelle la société apporteuse devient société mère.[30] L'*Ausgliederung* sert donc d'outil pour une séparation verticale. Souvent, une structure impliquant un *holding* est prévue.

25 Une analyse approfondie des théories de conflit de lois en matière de scissions transfrontalières est réservée à un stade ultérieur, cf. *infra* C.

26 Signifiant « démembrement partiel ».

27 Pour le comparatiste, il sera intéressant d'apprendre que le législateur allemand, pour confectionner le régime des scissions pour la première fois dans la loi du 1er janvier 1995 (*BGBl.* I 1994, 310 et s.), s'est expressément référé à la législation française en la matière, soit les articles 371 et s. de la loi de 1966. Il a cependant élargi les hypothèses légales en ajoutant au régime de la scission du droit français l'*Ausgliederung* et l'*Abspaltung* (pour le détail, cf. *infra*).

Selon certains, en revanche, le législateur aurait été plus avisé de faire du mécanisme de l'*Ausgliederung* une opération de troisième type à côté de la fusion et de la scission puisque l'*Ausgliederung*, contrairement aux autres mécanismes (*Aufspaltung* (= scission) et *Abspaltung*), mène non pas à une réduction du patrimoine de la société apporteuse mais à une réorganisation de celui-ci (titres de la société bénéficiaire aux lieu et place des éléments d'actif), cf. LUTTER/TEICHMANN, *UmwG*, § 123, n° 23.

28 Loi sur la transformation des sociétés du 28 octobre 1994 (*BGBl.* I, 3210 (1995, 428)) ; Abréviation officielle : *UmwG*.

29 *« partielle Gesamtrechtsnachfolge »*, cf. LUTTER/TEICHMANN, *UmwG*, § 123, n° 8.

30 SELMER/SELMER, *UmwG*, § 1 n° 63.

Un deuxième mécanisme voisin existe en droit allemand. Il s'agit de **l'*Abspaltung*.** Cette opération correspond à l'*Ausgliederung* à la différence près que ce n'est pas la société apporteuse elle-même mais ses associés qui reçoivent les titres émis par la société bénéficiaires des apports, § 123 al. 2 UmwG.[31] En conséquence, il n'en résulte pas une relation mère-fille mais une séparation horizontale entre sociétés sœurs. L'*Abspaltung* est soumise au même régime légal que l'*Ausgliederung*, soit celui des scissions. Le droit français ne connaît pas ce cas de figure de scission.

La pratique des opérations transfrontalières. Par le passé, très peu de restructurations transfrontalières achevées avec succès ont pu être recensées en droit allemand.[32] La pratique d'enregistrement des fusions et scissions internationales diverge en fonction des *Registergerichte* (RCS) saisis ce qui est à l'origine d'une insécurité juridique difficilement acceptable aujourd'hui. Comme nous le verrons, cette situation est due au fait que le droit allemand est parti d'une interdiction *de fait* des opérations transfrontalières alors que, aujourd'hui, des raisons juridiques toujours plus nombreuses militent en faveur d'une admission de celles-ci sans réserve.

1. *Une réglementation matérielle lacunaire*

254. Le cadre juridique. La transposition de la Directive (CE) 56/2005 du Parlement européen et du Conseil sur les fusions transfronta-

31 LUTTER/TECHMANN, *UmwG*, § 123, n° 23.
Dans le domaine voisin du droit fiscal, la directive 2005/19/CE du Conseil (JO L 58 du 4 mars 2005) a pris acte de ce que l'*Umwandlungsgesetz* prévoyait une scission partielle sous cette forme et a modifié la directive 90/343/CEE sur le régime fiscal de ces opérations (dite « directive mère fille ») en y introduisant un article 2 b - bis) intitulé « scission partielle » définie comme étant *« l'opération par laquelle une société transfère, sans être dissoute, une ou plusieurs branches d'activité à une ou plusieurs sociétés préexistantes ou nouvelles, en laissant au moins une branche d'activité dans la société apporteuse, en échange de l'attribution à ses associés, au prorata, de titres représentatifs du capital social des sociétés qui bénéficient des éléments d'actif et de passif et, éventuellement, d'une soulte en espèces ne dépassant pas 10 % de la valeur nominale ou, à défaut de valeur nominale, du pair comptable de ces titres ».* Dans la version allemande, il s'agit d'un article 2 ba) intitulé *Abspaltung* (ABl.EU vom 4.3.2005, Nr. L. 58/19 (21)).

32 AG Düsseldorf, décisions des 5 et 25 mars 2003, citées par DORR/STUKENBORG, *DB* 2003, 647 : Ont eu lieu, parallèlement, une fusion entre la petite-fille italienne (S.r.l) et la filiale allemande (GmbH) (*up-stream merger*) et une fusion entre deux sociétés sœurs (*side-stream merger*), l'une étant une SA française, l'autre la GmbH allemande précitée. Pour des refus d'enregistrement cf. au contraire : OLG Zweibrücken, *DB* 1990, 1660 (= *NJW* 1990, 3092) ; BayObLG, *DB* 1998, 2318 (= *NJW-RR* 1999, 401).

lières des sociétés de capitaux[33] a donné lieu à une modification de l'*Umwandlungsgesetz*.[34] Toutefois, contrairement au régime des fusions, lequel comporte désormais un volet international (les §§ 122a et s. UmwG lesquels sont des règles matérielles de droit international privé), le régime des scissions des §§ 123 et s. UmwG qui seul nous intéresse n'en a pas comporté et n'en comportera pas. En effet, le § 125 UmwG, relatif à l'application analogue aux scissions des dispositions régissant les fusions, exclut expressément du renvoi général au régime des fusions les §§ 122a et s. UmwG. Il s'ensuit que le régime international des scissions n'est (toujours) pas réglementé *expressis verbis* en droit allemand.

Une réglementation délibérément lacunaire. La définition du champ d'application donnée par le § 1 UmwG relatif aux *« types de transformations et restrictions légales »* n'est *a priori* d'aucun secours pour connaître le régime international des scissions. Il dispose dans son alinéa 1er que peuvent faire l'objet d'une transformation *« les sociétés ayant leur siège en Allemagne »*[35] et limite dans son alinéa 2e les transformations à celles prévues par cette loi (*numerus clausus*)[36]. L'explication donnée par le Gouvernement fédéral dans les motifs n'apporte guère de précision sur la portée de cette disposition :

> *« La limitation des possibilités de transformation à des sociétés ayant leur siège sur le territoire allemand correspond dans la plupart des cas au droit positif. Compte tenu des efforts des Communautés européennes pour élaborer une réglementation des opérations transfrontalières, notamment des fusions internationales, la réglementation en ce domaine doit être ajournée. De surcroît, l'extension de l'application de la loi à des cas internationaux susciterait des difficultés politiques et de technique juridique majeures. »*[37]

La disposition soulève par conséquent un certain nombre de difficultés lesquelles font l'objet de controverses doctrinales. En premier lieu, la notion de « siège » pose problème. Comme de coutume en droit international privé des sociétés, il faut distinguer entre l'acception du siège statutaire et

33 JOCE n° 310 du 25 nov. 2005, p. 1.

34 Loi de transposition du 19 avril 2007 (*BGBl.* I, 542).

35 *« Rechtsträger mit Sitz im Inland »*. Notons que le droit français ne comporte aucune restriction de ce type (cf. l'article L. 236-1 C. com.).

36 Et par d'autres lois fédérales ou des lois des *Länder*.

37 *BR-Drucks.* 75/94, p. 71 (80), notre traduction.

celle du siège réel.[38] Le législateur suivait indéniablement, à l'époque de l'élaboration de la loi, la théorie du siège réel.[39] Celle-ci, comme nous le savons, empêche une dissociation des sièges réel et statutaire. Aussi, la seule chose certaine est que le législateur a voulu régler la seule hypothèse de l'identité des sièges situés sur le territoire allemand.[40] La question revêt une certaine importance pour savoir si une société constituée conformément à une loi non-allemande mais dont le siège réel se trouverait en Allemagne sera soumise aux prescriptions de l'*Umwandlungsgesetz*. Si l'on retenait le siège réel, ce serait le cas. Or, cette solution n'est pas compatible avec la volonté du législateur qui souhaitait limiter l'application de la loi aux hypothèses nationales. De plus, l'application du siège réel comme critère de rattachement à l'égard des sociétés constituées conformément à la loi d'un État membre paraît pour le moins difficile en raison de la jurisprudence communautaire *Centros*, *Überseering*, *Inspire Art*.[41] C'est pourquoi il semble recommandé de retenir le siège statutaire.[42]

En deuxième lieu, la nature de la règle n'est pas déterminée. Ainsi, la question s'est posée de savoir si le § 1 UmwG constituait une règle substantielle ou, au contraire, une règle de conflit. Dans ce dernier cas, le législateur se serait cependant contenté de renvoyer simplement à la théorie de rattachement des sociétés alors en vigueur qu'était celle du siège réel et la disposition ne serait qu'une clarification quelque peu redondante. De plus, de manière expresse, le législateur a cherché à éviter *« l'extension de l'application de la loi à des cas internationaux »*[43]. Il parait alors difficile d'interpréter la disposition comme une règle de conflit, même unilatérale, face à cette volonté contraire expresse du législateur.

Aussi, de l'avis général[44], cette disposition constitue **une règle substantielle auto-limitée**[45], c'est-à-dire une règle limitant son propre champ

38 Une partie de la doctrine retient aujourd'hui le siège statutaire en matière de transformations : LUTTER/DRYGALA, *UmwG* § 1, n° 7 ; SEMLER/STENGEL, § 1 *UmwG* n° 49 ; DÖTSCH, *BB* 1998, 1029 (1030).

39 PAEFGEN, *GmbHR* 2004, 463 (464) ; NEYE, *ZIP* 1994, 917 (919, 920).

40 GROßFELD, *AG* 2006, 302 ; PAEFGEN, *GmbHR* 2004, 463 (464).

41 Cf. *supra* n° 187-191.

42 Même solution chez Th. PRÜM, *Die grenzüberschreitende Spaltung*, p. 30 et s.

43 Cf. les motifs, *supra*.

44 *MüKo-IntWR(IntGesR)*/KINDLER, n° 840 ; DORR/STUKENBORG, *DB* 2003, 647 ; KRONKE, *ZGR* 1994, 26 (35) ; SPAHLINGER/WEGEN, n° 504 ; MICHALSKI/LEIBLE, *GmbHG*, Syst. Darst. 2 n° 150.

d'application, en l'occurrence, aux seules sociétés de droit allemand. L'application du droit allemand n'est donc pas déterminée par l'*Umwandlungsgesetz*. Au contraire, l'application de l'*Umwandlungsgesetz* suppose justement la compétence de la loi allemande au préalable. Certains pensent que l'*Umwandlungsgesetz* est susceptible de trouver application à la seule société allemande impliquée dans une opération transfrontalière car il n'existerait aucune nécessité, pour le législateur, d'exclure l'application de cette loi aux opérations transfrontalières.[46] Cette interprétation semble cependant contredire la volonté expresse du législateur qui a établi une liste limitative de sociétés pouvant participer à une opération transfrontalière, laquelle ne comprend que des sociétés de droit allemand.[47] Il s'ensuit que, selon une interprétation conforme à la volonté du législateur, toutes les sociétés participant à une opération de transformation doivent avoir leur siège en Allemagne pour que l'*Umwandlungsgesetz* puisse s'appliquer à l'opération.

2. La contrariété de la réglementation allemande au droit communautaire

255. C'est à cette interprétation limitative de la loi allemande sur les transformations qu'une affaire récente, dont avait à connaître la CJCE par le biais d'une question préjudicielle posée par le *Landgericht* Koblenz, est venue porter un coup de semonce. La demande de décision préjudicielle a été présentée dans le cadre d'un recours introduit par *SEVIC Systems AG*[48], société établie en Allemagne, contre la décision d'un *Amtsgericht*[49] rejetant sa demande tendant à obtenir l'inscription au registre national du commerce de la fusion entre elle-même et une SA de droit luxembourgeois, au motif que le droit allemand relatif aux transformations de sociétés ne prévoit la

45 G. KEGEL (KEGEL/SCHURIG, *IPR*, p. 308 et s.) définit une règle substantielle autolimitée comme celle qui ne se remet pas aux règles de conflit de lois pour connaître son champ d'application mais qui prend soin de le définir elle-même. Elle s'applique donc sans intervention préalable d'un conflit de lois et fait penser, sous cet aspect, aux « lois d'application immédiate » de FRANCESCAKIS, écrit l'auteur. Sur le mécanisme, cf. également KROPHOLLER, *IPR*, § 12 IV ; P. KINSCH, 'L'autolimitation implicite des normes de droit privé matériel', *Rev. crit. DIP* 2003, 403-435 ; SIEHR, *RabelsZ* 46 (1982), 357 et s.

46 TRIEBEL/VON HASE, *BB* 2003, 2409 (2416) ; KRONKE, *ZGR* 1994, 26 (35) ; KALLMEYER, *ZIP* 1996, 535.

47 Cf. § 3 UmwG. Dans le même sens : LUTTER, *UmwG*, § 3, n° 2 ; Th. PRÜM, *Die grenzüberschreitende Spaltung*, p. 35 ; PAEFGEN, *GmbHR* 2004, 463 (465).

48 Ci-après « SEVIC ».

49 Compétent pour statuer sur les litiges en matière de RCS.

fusion qu'entre des sociétés ayant leur siège en Allemagne.[50] Il est possible de dire *brevitatis causa* que le *Landgericht* souhaitait savoir si le § 1 al. 1er UmwG était ou non contraire à la liberté d'établissement découlant des articles 43, 48 CE.[51]

La Cour de justice, dans sa décision *SEVIC Systems*[52] du 13 décembre 2005, après avoir constaté que

> « [l]***es opérations de fusions transfrontalières, à l'instar des autres opérations de transformation de sociétés****, répondent aux nécessités de coopération et de regroupement entre sociétés établies dans des États membres différents. Elles constituent des* **modalités particulières d'exercice de la liberté d'établissement***, importantes pour le bon fonctionnement du marché intérieur, et relèvent donc des activités économiques pour lesquelles les États membres sont tenus au respect de la liberté d'établissement prévue à l'article 43 CE* »[53]

et que le droit allemand instaure une différence de traitement entre sociétés selon la nature interne ou transfrontalière de l'opération[54] – discrimination qui, si elle peut en principe être justifiée pour des raisons impérieuses d'intérêt général telles que la protection des intérêts des créanciers, des associés minoritaires et des salariés[55], n'en va pas moins au-delà de ce qui est nécessaire pour atteindre ces objectifs[56] – retient que

> « [l]*es articles 43 CE et 48 CE s'opposent à ce que, dans un État membre, l'inscription au registre national du commerce de la fusion par dissolution sans liquidation d'une société et par transmission universelle du patrimoine de cette dernière à une autre société soit refusée de manière générale lorsque l'une des deux sociétés a son siège dans un autre État membre, alors qu'une telle inscription est possible, dès lors que certaines conditions sont respectées, lorsque les sociétés participant à la fusion ont toutes deux leur siège sur le territoire du premier État membre.* »[57]

50 Voir la demande de décision préjudicielle : LG Koblenz, *DB* 2003, 2428.
51 Cf. point 10 de la décision.
52 CJCE, 13 décembre 2005 – aff. C-411/03, *SEVIC Systems AG*, *Rec.* 2005, p. I-10805.
53 Point 19 de la décision. Souligné par nos soins.
54 Points 20-24.
55 Points 25-28.
56 Points 29-30.
57 Point 31.

256. La portée de l'arrêt *SEVIC* est cependant **discutée** en doctrine. Ne fait pas l'objet de discussion l'application de la jurisprudence *SEVIC* à tout type de transformation de sociétés (fusion, scission, etc.) puisque la Cour le dit elle-même.

Les faits de l'espèce concernaient une fusion sous la forme de la dissolution sans liquidation de la société étrangère et la transmission universelle de son patrimoine à la société allemande. Pour ainsi dire, la société étrangère « déménageait » en Allemagne par le biais de la fusion (*Hineinverschmelzung*). De la même manière, la scission transfrontalière vers l'Allemagne (*Hineinspaltung*) est, pour les sociétés constituées conformément à la législation d'un État membre autre que l'Allemagne, une manière de réalisation de la liberté d'établissement analogue à celle de la fusion et du transfert de siège social.[58] Dans le cas de la fusion comme dans celui de la scission, l'ordre juridique allemand a l'obligation de rendre possible un tel procédé dès lors que le même procédé est disponible en droit interne, quand bien même des règles expresses feraient défaut en la matière.[59] Ces hypothèses tombent indéniablement sous le coup de la jurisprudence *SEVIC*.[60]

En revanche, dans l'hypothèse inverse d'une société allemande « déménageant » à l'étranger par le biais d'une opération de transformation (*Hinausverschmelzung ou Hinausspaltung*), la question n'est pas définitivement tranchée. Certes, la CJCE ne différencie pas expressément entre ces hypothèses. Mais ne faut-il pas transposer la solution adoptée en matière de transfert de siège, à savoir la liberté d'établissement des sociétés dans le sens de « l'arrivée » mais non en principe dans celui du « départ du pays d'origine »[61], au problème des transformations internationales ? Autrement dit : la loi allemande peut-elle interdire aux sociétés de droit allemand non pas de recevoir mais de transmettre une partie de leur patrimoine à une société étrangère par le biais d'une opération de transformation ? La conséquence serait une discrimination à rebours des sociétés allemandes analogue

58 Cf. *supra* n° 291 et s. Dans le même sens : LUTTER/DRYGALA, *UmwG* § 1, n° 14.

59 En ce sens : S. SIMON/D. RUBNER, 'Die Umsetzung der Richtlinie über grenzüberschreitende Verschmelzungen ins deutsche Recht', Institute for Law and Finance, Univ. Frankfurt/Main, *Working Paper Series n° 53*, p. 19, *http://publikationen.ub.uni-frankfurt.de/volltexte/2007/3792* ; LEIBLE/HOFFMANN, *RIW* 2006, 161 (167) ; BUNGERT, *BB* 2006, 53 (55) ; GEYRHALTER/WEBER, *DStR* 2006, 146 (150) ; KALLMEYER/KAPPES, *AG* 2006, 224 (234) ; *contre* : *MüKo-IntWR(IntGesR)*/KINDLER, n° 878.

60 KAPPES, *NZG* 2006 S. 101 (102); KIENINGER, *EWS* 2006, 49 (50), DRYGALA, *EWiR* 2006, 25 (26).

61 Sur l'ensemble de la question, cf. *supra* n° 211 et s.

à celle qui existe en matière de transfert de siège. La réponse à l'interrogation paraît néanmoins devoir être négative pour plusieurs raisons.

En premier lieu, la société allemande ne transfère pas son siège (réel ou statutaire) en participant en tant que société apporteuse à une scission partielle de son patrimoine.[62] Son siège reste en Allemagne et sa forme sociétaire n'est nullement modifiée. La théorie du siège réel que voudrait appliquer le droit allemand à ses propres sociétés ne peut s'opposer à la seule réduction du patrimoine social.[63]

En deuxième lieu et surtout, contrairement au départ d'une société par le transfert de son siège dans un État autre que celui conformément à la loi duquel elle s'est constituée, les hypothèses de scissions que connaît le droit allemand entrent dans le champ d'application de la liberté d'établissement.[64] Le raisonnement qui mène à ce constat est toutefois assez particulier. Le point de départ en est que le transfert de siège effectif ou réel n'intéresse que la société souhaitant transférer son siège alors que la scission implique toujours deux sociétés : la société (partiellement) scindée et la société bénéficiaire. De cette manière, la scission transfrontalière sous les formes, en particulier, de l'*Ausgliederung* et de *l'Abspaltung* réalise la liberté d'établissement secondaire de la société étrangère (non-allemande) bénéficiaire, nonobstant le bénéfice ou non de cette même liberté par la société allemande. Il en résulte, par un *effet miroir*, l'obligation pour l'État allemand de permettre aux sociétés allemandes de participer à une opération transfrontalière et ainsi de l'admettre.[65]

Il convient d'expliciter cette idée tant il n'est pas facile de saisir en quoi consiste la liberté d'établissement de la société bénéficiaire étrangère qui se contente, dans notre hypothèse, de recevoir une partie du patrimoine de la société allemande sans forcément s'établir au sens strict du terme dans un État autre que celui de son origine.[66] Pour comprendre, il est utile de se référer aux conclusions de l'Avocat général Antonio TIZZANO du 7 juillet 2005 dans l'affaire *SEVIC*. Les Gouvernements allemand et néerlandais soutenaient justement qu'un établissement au sens du traité n'avait pas eu

62 Hypothèse de l'*Ausgliederung* et de l'*Abspaltung*.

63 LUTTER/DRYGALA, *UmwG* § 1, n° 20-21.

64 VON HALEN, *Das Gesellschaftsstatut nach der Centros-Entscheidung des EuGH*, p. 192 et s. ; Th. PRÜM, *Die grenzüberschreitende Sitzverlegung*, p. 156.

65 PAEFGEN, *GmbHR* 2004, 463 (469) ; Th. PRÜM, *Die grenzüberschreitende Spaltung*, p. 146.

66 Aucun auteur, à notre connaissance, n'a pris la peine d'expliquer cette idée.

lieu.[67] L'Avocat général réfuta cette position de la manière suivante. Il rappelle d'abord que la pleine jouissance du droit d'établissement est la possibilité de *« participer, de façon stable et continue, à la vie économique d'un* [autre] *État membre »*[68] de sorte que

> « [l]*e champ d'application du droit d'établissement couvre donc toutes les mesures qui permettent, ou même facilitent seulement, l'accès à un autre État membre et/ou l'exercice d'activités économiques dans cet État, en permettant aux sujets intéressés de pouvoir participer effectivement, et aux mêmes conditions que les opérateurs nationaux, à la vie économique du pays »*[69],

ce qui comprend, en particulier, *« la faculté de « passer des contrats » et « d'acquérir, d'exploiter ou d'aliéner des biens meubles ou immeubles » »*[70]. M. TIZZANO en conclut que

> « [p]*our résumer, en somme, le droit d'établissement ne tient pas seulement au droit de se transférer dans un autre État membre aux fins d'exercer son activité, mais concerne tous les aspects qui sont attachés de quelque sorte que ce soit, à titre complémentaire et fonctionnel, à l'exercice de cette activité et donc au plein exercice de la liberté consacrée dans le traité. »*[71]

Il s'agit là d'une conception de la liberté d'établissement que l'on pourrait qualifier de « virtuelle ».

Cependant, M. TIZZANO s'attache ensuite à démontrer l'existence en matière de transformation transfrontalière d'une liberté d'établissement dont on voudrait qualifier la conception de « matérielle au sens large ». Il explique ainsi que subsistent matériellement dans le même État, après l'opération, *« des biens, du personnel et des moyens de production »*[72]. Dans l'affaire *SEVIC*, c'est la société allemande SEVIC systems AG qui, après la fusion, aurait alors disposé de ces éléments au Luxembourg et par conséquent d'un « établissement secondaire » au sens large (agence, succursale, « bureau »).[73] Dans l'hypothèse qui est la nôtre de la scission d'une société allemande, la

67 Point 18-23 des Conclusions.

68 Formule de l'arrêt du 30 novembre 1995, *Gebhard* (C-55/94, *Rec.*, p. I-4165, point 25), point 29 des développements de l'Avocat général.

69 Point 30 des Conclusions.

70 Point 31 des Conclusions.

71 Point 32 des Conclusions.

72 Point 36 des Conclusions.

73 Points 37-39 des Conclusions.

société bénéficiaire étrangère maintiendrait un tel établissement secondaire en Allemagne où se trouvent matériellement les éléments qui, juridiquement, ont été transférés par le biais de la scission partielle.

N'oublions pas, en outre, l'hypothèse d'une société de droit étranger qui se serait établie en Allemagne et qui voudrait participer à une opération d'*Ausgliederung*. Encore une fois, l'interdiction adressée à la société allemande de procéder à une scission avec cette société étrangère en tant que société bénéficiaire ne ferait que discriminer cette dernière compte tenu du fait que d'autres sociétés allemandes peuvent agir en tant que société bénéficiaire. Cette discrimination n'a plus lieu d'être depuis l'arrêt *Überseering* qui souligne le principe de traitement identique des sociétés étrangères et nationales.[74]

257. Solution. Il en résulte un changement radical de direction. La CJCE, en vertu de l'article 10 CE et du principe de l'effet utile, oblige les tribunaux allemands à une interprétation conforme de l'*Umwandlungsgesetz* à la liberté d'établissement communautaire, dès lors que le champ d'application de celle-ci est ouvert, afin de permettre les opérations de transformation transfrontalières, qu'il s'agisse de fusion, de scission ou d'autres modes de réorganisation des entreprises.[75] Pratiquement, les mots *« ayant leur siège en Allemagne »* ne sont plus applicables dans ces hypothèses et doivent être ignorés par les juges, sauf à discriminer les sociétés non allemandes de manière non justifiée au titre des articles 43, 48 CE. *De lege ferenda*, il est souhaitable, voire même obligatoire[76], que le législateur allemand modifie la loi dans le sens indiqué, du moins en ce qui concerne les sociétés titulaires de la liberté d'établissement.[77] Pratiquement, cela exclut les sociétés d'État tiers n'étant liés à la Communauté par aucun accord.

258. En définitive, il est acquis que le droit substantiel national permet une scission transfrontalière dans le sens où l'*Umwandlungsgesetz* pourra désormais s'appliquer à des opérations de scissions transfrontalières entre

74 LUTTER/DRYGALA, *UmwG* § 1 n° 22.

75 H. GESELL/M. KRÖMKER, *DB* 2006, 2558 (2558) ; SPAHLINGER/WEGEN, *NZG* 2006, 721 (725).

76 L'État membre doit supprimer ou modifier la disposition nationale contraire au droit communautaire (CJCE, 13 mars 1997 – aff. C-197/96, *Commission c/France*, *Rec.*, p. I-1489, n° 14 ; CJCE, 9 mars 2000 – aff. 358/98, *Commission c/Italie*, *Rec.*, p. I-1255, n° 17).

77 Une formulation possible serait : « Les sociétés constituées conformément à la loi d'un État membre de l'UE sont assimilées aux sociétés ayant un siège en Allemagne au sens du § 1 al. 1 UmwG dans la mesure où, selon la loi qui leur est applicable, elles peuvent participer à une opération de transformation au sens de cette loi ».

une société allemande et une société d'un autre État membre dès lors que la forme de cette dernière correspond à celle des sociétés ayant la capacité de se transformer selon le droit allemand.[78] Il va sans le dire qu'en droit français substantiel, les mêmes exigences s'imposent désormais à l'égard de sociétés non françaises impliquées dans une opération internationale de fusion ou de scission (y compris l'apport partiel d'actif).[79]

Bien entendu, le droit matériel français ou allemand ne vient à s'appliquer que si une règle de conflit lui en donne compétence. Aussi, voyons ce qu'il en est en droit international privé.

C. Le conflit de lois en matière de scission internationale

La quasi-totalité des auteurs retient la compétence de la *lex societatis* pour régir la scission internationale.[80] Toute la difficulté consiste cependant à effectuer un choix parmi les deux lois qui sont théoriquement appelées à gouverner ce mécanisme de scission : celle de société apporteuse et celle de la société bénéficiaire. La doctrine a développé plusieurs théories pour trancher. Celles-ci portent cependant le plus souvent sur la fusion et renvoient expressément à une application analogue pour les scissions transfrontalières.[81]

1. Les théories exclusivistes

259. Les théories exclusivistes (*Einzelanknüpfungen*) anciennes. Elles ne donnent compétence qu'à l'une des lois en présence et excluent l'autre. La théorie de la réception (*Aufnahmetheorie*)[82] donne compétence à la loi de la société qui « reçoit » (la société absorbante pour la fusion, la société bénéficiaire pour la scission). La théorie méconnaît que cette loi ne saurait

78 Cf. §§ 3 al. 1er , 124 al. 1er UmwG. Même avis : SPAHLINGER/WEGEN, *NZG* 2006, 721 (727).

79 Cf. en langue française : HEYMANN, *Rev. crit. DIP* 2006, 662 ; LUBY, *Rec. Dalloz* 2006, 451 ; DAMMANN, *JCP* (2006), II, 10077.

80 H. SYNVET, *in Encycl. jur. Dalloz, Rép. Droit international, Société,* n° 136 ; *MüKo-IntWR(IntGesR)*/KINDLER, n° 843 ; KOPPENSTEINER, *Internationale Unternehmen*, p. 156 ; WESTERMANN, *ZGR* 1975, 68 (83) ; ULMER/BEHRENS, *GmbHG* All. Einl. n° B 125 ; STAUDINGER-*IntGesR*/GROßFELD, n° 683.

81 Pour des raisons de commodité, nous suivrons la terminologie générale sans distinguer expressément entre les différentes hypothèses de fusion, scission etc. quand cela n'est pas nécessaire.

82 *MüKo-IntWR(IntGesR)*/KINDLER, n° 569.

être compétente pour régir la disparition de la société qui est absorbée.[83] La théorie de la transmission (*Übertragungstheorie*) prend le contre-pied de cette théorie et retient la compétence de la société qui « transmet ». Un reproche identique est cependant encouru : la théorie de la transmission néglige les intérêts de la société bénéficiaire. Face à ce constat, on ne s'étonne pas d'apprendre que la jurisprudence et la doctrine ont pendant longtemps refusé la possibilité d'une opération transfrontalière de transformation.

2. *La théorie unificatrice différenciée*

260. La théorie unificatrice différenciée (*differenzierte Vereinigungstheorie*) moderne. La théorie unificatrice (*Vereinigungstheorie*) résulte principalement des travaux de VON SPINDLER[84] et G. BEITZKE[85] et prévoit que les deux lois concernées ne s'appliquent pas *« d'une manière cumulative »*[86], sauf *« relations d'interdépendance entre les lois à appliquer »*[87] pour lesquelles la loi la plus restrictive s'applique ou, comme le dit l'auteur, *« la conséquence la plus grave l'emportera »*[88].

En principe donc l'application des lois est distributive ce qui signifie que chaque loi s'applique séparément à la seule société soumise à elle tandis que l'exceptionnelle application cumulative des lois aboutit, au contraire, à ce que les deux lois en présence s'appliquent concomitamment à un même aspect.[89]

Notons que c'est cette solution qui a été reprise *telle quelle* en droit français. Ainsi, en l'absence de disposition expresse visant la scission internationale, les auteurs français[90] se bornent en général à réaffirmer la solution que

83 Cela serait en effet contraire au domaine arrêté de la *lex societatis*. Cf. *supra* n° 229 et s. (spéc. n° 232).

84 *Wanderungen gewerblicher Körperschaften von Staat zu Staat als Problem des internationalen Privatrechts*, 1932, p. 78 et s.

85 G. BEITZKE, *FS Hallstein*, 1966, p. 14 (21) (= *Rev. crit. DIP* 1967, 1).

86 G. BEITZKE, *Rev. crit. DIP* 1967, 1 (7).

87 *Ibid.*, p. 8 : L'auteur donne les exemples du contrat de fusion et de l'exigence d'augmentation de capital préalable à la fusion.

88 *Ibid.*, p. 9.

89 VON BAR/MANKOWSKI, *IPR*, § 7 n° 101 et s. ; KEGEL/SCHURIG, *IPR*, § 6 IV, p. 272.

90 J.-J. CAUSSAIN/A. VIANDIER, *JCP éd. G* 1997, I, 4058 citent MAYER/HEUZE, n° 1041 lesquels, tout comme Y. LOUSSOUARN/M. TROCHU, *JCl. Société Traité* (1997), Conflits de lois en matière de sociétés, n° 326 et s., s'appuient le plus souvent expressément sur G. BEITZKE, 'Les conflits de lois en matière de fusion de sociétés (droit communautaire et droit international privé)', *Rev. crit. DIP* 1967, 1 (7) (=*FS Hallstein*, 1966, p. 14 et s. (en langue allemande)).

Günther BEITZKE avait prônée dans les années 1960 en matière de fusion, à savoir que

> *« l'opération est possible, dès lors que (le droit applicable à la société étrangère reconnaît la validité d'une telle opération et que) sont respectées distributivement les exigences posées par les deux lois applicables* [...] *; le principe de l'application distributive aboutit en fait à l'application cumulative pour les conditions "bilatérales"* [...] *».*

Autrement dit, l'application sera dite cumulative *« lorsque tel aspect de l'opération relève, simultanément, des lois gouvernant les diverses sociétés participantes : l'exemple type est celui du projet de traité de fusion prévu dans les différents systèmes juridiques* [...] *»* ; elle est, au contraire, *« distributive lorsqu'une loi s'applique à la partie de l'opération qui concerne la société qu'elle régit sans interférer avec l'autre* lex societatis *(ex : la procédure d'approbation de la fusion, l'éventuel droit d'opposition des créanciers, l'intervention d'un commissaire aux comptes ou à la fusion) »*[91]. Ainsi, le régime des apports partiels internationaux renvoie en grande partie à la logique du conflit de lois en matière de fusions internationales.[92]

Cette théorie constitue également le fondement du système qu'établit la Directive (CE) 56/2005 sur les fusions transfrontalières.[93] La particularité et la force de la Directive résident cependant dans le fait d'avoir su remplacer les hypothèses dans lesquelles s'appliquent les deux lois de manière cumulative par des règles matérielles. Aussi, elle retient tantôt l'application de la loi des sociétés en cause[94], tantôt des règles matérielles[95]. Or, comme nous le savons, ni la Directive, ni la loi allemande, ni la loi française de transposition n'ont réglé les scissions internationales. Aussi, il convient de s'appuyer sur les réflexions relatives à l'état du droit antérieur à la Directive pour mieux en saisir le régime.

En effet, la doctrine allemande s'est attachée à améliorer la théorie de G. BEITZKE en la systématisant, en la rendant plus *différenciée*, d'où son nom. Il a été remarqué en particulier qu'il sera difficile en pratique de dé-

91 H. SYNVET, *in Encycl. jur. Dalloz, Rép. Droit international, Société,* n° 136.

92 A. COURET, *in* BEGUIN/MENJUCQ, *Droit du commerce international,* n° 695 ; M. MENJUCQ, *Droit international et européen des sociétés*, n° 175.

93 En ce sens : *MüKo-IntWR(IntGesR)*/KINDLER, n° 848.

94 Par exemple, l'article 4 de la Directive relatif aux conditions que doivent remplir les sociétés souhaitant fusionner renvoie pour chacune d'entre elles à sa loi nationale. Il en va de même concernant les mesures de publicité (art. 13).

95 L'article 5 de la Directive, par exemple, établit le contenu du « projet commun de fusion transfrontalière ».

terminer la loi applicable au cas par cas pour chaque question qui se pose ou encore de savoir quelle question est par nature unilatérale ou bilatérale. De surcroît, dans cette dernière hypothèse, aucun critère ne semble pouvoir indiquer de manière fiable laquelle des deux lois sera la plus contraignante.[96] Aussi, des distinctions supplémentaires ont été proposées. La différenciation se fait en fonction des étapes à parcourir dans la réalisation de l'opération transfrontalière : les conditions préalables de l'opération, la procédure et les effets.[97]

Notons dès à présent que cette théorie appliquée aux scissions transfrontalières n'a subi aucune modification du fait de la Directive (CE) 56/2005 sur les fusions transfrontalières ou du fait de la jurisprudence communautaire.[98]

a) Les conditions préalables

261. Les conditions préalables de l'opération sont au nombre de deux. Il y a l'admission de l'opération projetée par les ordres juridiques concernés, d'une part, et la capacité des sociétés de faire partie d'une telle opération, d'autre part. L'admission, ou encore la validité, d'abord, signifie que les deux lois doivent connaître et prévoir l'opération envisagée. La capacité des sociétés à participer à l'opération, ensuite, se détermine en fonction des formes sociétaires que la loi nationale autorise à faire l'objet d'une fusion ou d'une scission. Ces éléments sont régis individuellement pour chaque société participante par sa *lex societatis* ; il y a, autrement dit, application distributive des lois en présence.[99]

b) La procédure

262. La procédure. Dans la phase de la procédure, c'est encore en principe chaque *lex societatis* qui s'applique individuellement à la société

96 *MüKo-IntWR(IntGesR)*/Kindler, n° 849.

97 *MüKo-IntWR(IntGesR)*/Kindler, n° 853 ; KOPPENSTEINER, *Internationale Unternehmen*, p. 269 ; ULMER/BEHRENS, *GmbHG* All. Einl. n° B 125 ; STAUDINGER-*IntGesR*/GROẞFELD, n° 683 ; BAYER/SCHMIDT, *ZIP* 2006, 210 (212) ; LEIBLE/HOFFMANN, *RIW* 2006, 161 ; SIEMS, *EuZW* 2006, 135 (137) ; KALLMEYER, *ZIP* 1996, 535.

98 Même constat fait par A. SPAHLINGER/G. WEGEN, *NZG* 2006, 721 (727) et PAEFGEN, *GmbHR* 2004, 463 et s.

99 *MüKo-IntWR(IntGesR)*/Kindler, n° 853 ; KOPPENSTEINER, *Internationale Unternehmen*, p. 269 ; ULMER/BEHRENS, *GmbHG* All. Einl. n° B 125 ; STAUDINGER-*IntGesR*/GROẞFELD, n° 683 ; PICOT/LAND, *DB* 1998, 1601 (1606).

constituée conformément à elle. Cela s'explique par le fait que les sociétés ne sont encore liées d'aucune façon avant la réalisation de l'opération. Ainsi, pour tout ce qui concerne l'établissement et la vérification des divers rapports, la nomination par le tribunal d'un commissaire aux apports[100], la convocation, la tenue et la prise de décisions des organes relatives à l'opération, les règles de publicité et les régimes de protection des actionnaires, des créanciers et des salariés[101] ou encore la procédure à suivre au sein des registres des sociétés, chaque société participant à la fusion transfrontalière se conforme aux dispositions et aux formalités de la législation de l'État membre dont elle relève et qui serait applicable à une fusion nationale.[102] Cette situation est normale puisque tous ces aspects relèvent du fonctionnement interne de la société. À titre d'illustration, les consultations des actionnaires minoritaires trouveront à s'appliquer à la procédure de fusion transfrontalière comme pour toute fusion nationale.

L'exception des aspects bilatéraux. L'application distributive ne cesse au profit de l'application cumulative des lois que lorsqu'une action commune est requise ou qu'un aspect concerne les deux sociétés de la même manière. On parlera alors d'un aspect bilatéral. L'application cumulative mène à ce que la loi la plus restrictive s'impose. L'exemple type d'aspect bilatéral est le projet de fusion[103], y compris sa forme[104] : si l'une des lois en cause prévoit l'exigence d'un écrit et la deuxième loi un acte authentique, c'est cette dernière loi qui prime en raison de son caractère plus restrictif. La doctrine n'est pas unanime sur le plan international pour ce qui est de la qualification de ce projet de fusion ou de scission.[105]

100 A. COURET, *in* BEGUIN/MENJUCQ, *Droit du commerce international*, n° 639.

101 Est par conséquent imprécis le constat de A. COURET, *in* BEGUIN/MENJUCQ, *Droit du commerce international*, n° 635 selon lequel il s'agirait de *« règles d'ordre public de protection des actionnaires, des salariés et des créanciers »*. L'intervention de l'idée d'ordre public est superfétatoire dans la mesure où ces règles s'appliquent déjà en tant que *lex societatis*.

102 H. SYNVET, *in Encycl. jur. Dalloz, Rép. Droit international, Société,* n° 136 ; *MüKo-IntWR(IntGesR)*/Kindler, n° 856-859 ; ULMER/BEHRENS, *GmbHG* All. Einl. n° B 125.

103 H. SYNVET, *in Encycl. jur. Dalloz, Rép. Droit international, Société,* n° 136.

104 En ce sens également : A. COURET, *in* BEGUIN/MENJUCQ, *Droit du commerce international,* n° 640.

105 Les auteurs allemands retiennent une qualification sociétaire du projet de fusion en raison du caractère « organisationnel » du contrat : *MüKo-IntWR(IntGesR)*/KINDLER, n° 858 ; STAUDINGER-*IntGesR*/GROßFELD, n° 629 ; EBENROTH/WILKEN, *ZVglRWiss* 90 (1991), 235 (252) ; Th. PRÜM, *Die grenzüberschreitende Spaltung,* p. 80 et s. ; G. BEITZKE, *FS Hallstein*, 1966, p. 20 (= *Rev. crit. DIP* 1967, 1 (8)) qui qualifie le contrat de

263. Un exemple de difficulté tiré de la pratique. En matière de publicité, une difficulté particulière peut survenir dès lors que l'une des lois exige l'immatriculation de la fusion au RCS et la dote d'un effet constitutif alors que la loi de la société partenaire à l'opération ignore un tel enregistrement obligatoire. Ainsi, en droit français, l'opération de fusion-absorption prenait en principe effet à partir du moment où la dernière des sociétés participantes a valablement exprimé son consentement à l'opération[106] alors qu'en droit allemand, l'opération ne prend systématiquement

---

fusion expressément de « contrat organisationnel » et le soumet à la *lex societatis*. Sur la notion de « contrat organisationnel », cf. les développements substantiels dans le Chapitre 2. La doctrine française ne semble pas avoir discuté le problème jusque-là.

En droit suisse, la loi fédérale sur le droit international privé (« LDIP ») prévoit expressément dans ses articles 160 et s. le régime international des fusions, scissions et transfert de patrimoine. Le caractère libéral de cette réglementation ne peut que frapper le juriste français ou allemand : toutes les hypothèses de transformation internationale sont permises. Dans la même lignée, les articles 163 c et 163 d LDIP admettent l'*electio juris* pour le contrat de fusion/scission/transfert de patrimoine. A défaut de choix de loi, il sera régi par le droit de l'État avec lequel il présente les liens les plus étroits qui est présumé être celui de la société qui se scinde en matière de scission et celui de la société absorbante en matière de fusion. C'est sans doute la raison pour laquelle ZÜLLIG, *Die internationale Fusion im schweizerischen Recht unter Berücksichtigung des deutschen und italienischen Rechts*, 1975 comme d'autres Confédérés avant lui, privilégie une qualification contractuelle du contrat. Il n'en reste pas moins que *« [l]e contrat de fusion doit respecter les dispositions impératives des droits des sociétés applicables aux sociétés qui fusionnent, y compris les règles de forme »*, art. 163 c al. 1er LDIP.

106 Ce fut l'hypothèse de l'affaire ici étudiée, cf. art. L. 236-4, 2° C. com.. Dans l'hypothèse de la fusion avec création d'une société nouvelle, le problème ne se pose pas puisque la fusion ne peut logiquement produire ses effets qu'à partir de l'immatriculation de cette nouvelle société, art. L. 236-3, 1° C. com.

Aujourd'hui, en matière de fusions transfrontalières, la situation est différente. Lors de la transposition de la Directive, la Commission des lois de l'Assemblée nationale (cf. rapport n° 813, *précité*, p. 53) s'est efforcée de remédier au problème qui nous occupe. Elle a pris conscience de son existence incidemment dans le cadre de la transposition des articles 12 et 17 de la Directive relatifs, respectivement, à la prise d'effet et de la validité de la fusion. Pour contourner la difficulté consistant en la prise d'effet en principe immédiate de la fusion absorption dès la tenue de la dernière assemblée générale d'une part et le nécessaire contrôle de la légalité antérieur à cette prise d'effet, d'autre part, la prise d'effet a été retardée à un moment laissé à l'appréciation des parties sans qu'il puisse toutefois être antérieur au contrôle de légalité. Elle avait proposé en effet le nouvel article L. 236-31, al. 1er C. com. rédigé de la manière suivante :*« La fusion transfrontalière prend effet* [...] *: 2° – En cas de transmission à une société existante, selon les prévisions du contrat, sans toutefois pouvoir être antérieure au contrôle de légalité, ni postérieure à la date de clôture de l'exercice en cours de la société bénéficiaire ».*

effet qu'à partir de l'immatriculation de celle-ci au registre des sociétés du siège de la société absorbante, immatriculation qui ne peut toutefois se faire qu'à partir de la mention préalable de l'opération au registre des sociétés du siège de la société absorbée[107]. Or, cette mention préalable est inconnue en droit français et ne peut par conséquent avoir lieu. En effet, en vertu de l'article L. 236-6 al. 2 C. com., la fusion n'est portée au registre des sociétés du siège des sociétés participantes qu'une fois l'opération terminée. La dissociation entre les moments de prise d'effet en droit français et allemand, partant l'impossibilité de la fusion, en aurait été la conséquence.

Il faut voir dans cette hypothèse une exception à la règle selon laquelle les aspects unilatéraux sont soumis, individuellement et exclusivement, à la loi de la société concernée. Ici, en effet, l'immatriculation est unilatérale puisque les sociétés n'ont pas *a priori* besoin de coopérer pour l'effectuer. Or, le juge du tribunal allemand ne peut immatriculer la fusion tant que le RCS français n'aura pas immatriculé la mention préalable ce que, justement, il n'a pas le droit de faire puisque l'immatriculation de la fusion en droit français ne se fait qu'à la fin de l'opération. L'aspect unilatéral a ici en réalité des effets bilatéraux.[108]

Dans la pratique[109], on a réussi à surmonter cette difficulté par une technique astucieuse. D'abord, une condition suspensive a été insérée dans le projet/contrat de fusion, portant la prise d'effet pour les deux sociétés à la date de l'immatriculation de la fusion au registre des sociétés de la société absorbante (allemande). Ensuite, le registre français, plus souple semble-t-il que son homologue allemand, a délivré une attestation remplissant les conditions de la mention préalable portant notamment sur la production par les parties de tous les documents requis et l'enregistrement de ceux-ci au RCS français. Surtout, dans

107 Le § 16 UmwG exige que la fusion soit enregistrée au registre des sociétés du siège de chaque société participante. L'enregistrement a un effet constitutif, § 20 UmwG, et déclenche la transmission du patrimoine, la dissolution etc. Le § 19 al. 1er UmwG détermine la date de la prise d'effet : *« La fusion ne peut être enregistrée dans le registre du siège de la société bénéficiaire que lorsque elle aura été enregistrée préalablement par le registre de la société apporteuse. L'enregistrement au registre du siège de chaque société doit mentionner que la fusion ne prend effet qu'à partir de l'enregistrement (de la fusion) au registre du siège de la société bénéficiaire, à moins que les enregistrements aient lieu le même jour »* (notre traduction).

108 En ce sens : DORR/STUKENBORG, *DB* 2003, 647 (652).

109 Sur l'ensemble, cf. DORR/STUKENBORG, *DB* 2003, 647 (653) qui sont praticiens et relatent les difficultés rencontrées lors d'une fusion franco-allemande.

la même attestation, le registre français s'est engagé à immatriculer la fusion une fois l'immatriculation au RCS allemand accomplie.[110]

De lege ferenda, il serait sans doute préférable de suivre l'idée sous-jacente dans l'article 9 de la Directive sur les fusions transfrontalières ainsi que dans les articles 163a al .2 et 163 b al. 4 de la loi suisse sur le droit international privé (LDIP) qui est celle de faire régir le moment de la prise d'effet de l'opération par la loi de la société bénéficiaire, une fois que la vérification de la légalité des opérations à l'aune des deux lois aura eu lieu.

c) Les effets

Les effets de l'opération, enfin, doivent être distingués en fonction de leur objet. Ils seront régis, distributivement, par chaque loi.

264. Les effets relatifs à la société transmettant. L'étendue et la technique de la transmission universelle du patrimoine sont en principe rattachées à la loi de la société absorbée (voire apporteuse)[111] puisque c'est de son patrimoine qu'il s'agit. C'est également la loi de la société absorbée qui régira la dissolution éventuellement subséquente de celle-ci.[112]

265. Les effets relatifs à la société bénéficiaire. C'est la *lex societatis* de la société bénéficiaire qui détermine en revanche de quelle manière elle recevra le patrimoine qui lui est apporté.[113] La position des actionnaires de la société absorbée ou apporteuse au sein de la société absorbante (voire bénéficiaire dans l'hypothèse de l'*Abspaltung*) est régie par la loi de cette dernière, ce qui s'explique par le fait que les actionnaires en deviennent membres.[114] D'aucuns souhaitent cependant que s'appliquent cumulativement les deux lois en présence afin de garantir la meilleure protection possible des actionnaires.[115]

110 Ajoutons que, traduit en termes de droit international privé, il s'agit là, techniquement, d'une adaptation par voie de substitution de la « mention préalable » de la loi allemande par l'attestation délivrée par le RCS français.

111 *MüKo-IntWR(IntGesR)*/KINDLER, n° 860 ; KOPPENSTEINER, *Internationale Unternehmen*, p. 219.

112 A. COURET, *in* BEGUIN/MENJUCQ, *Droit du commerce international*, n° 639 *in fine*.

113 G. DAMY, *Les aspects juridiques des fusions et acquisitions bancaires nationales et européennes*, thèse Nice 2004, p. 173 et s. (174).

114 A. SPAHLINGER/G. WEGEN, *NZG* 2006, 721 (721-722) ; G. BEITZKE, *FS Hallstein*, p. 14 (26).

115 *MüKo-IntWR(IntGesR)*/KINDLER, n° 863 ; H. GESELL/M. KRÖMKER, *DB* 2006, 2558-2563 (2558).

A notre sens, une distinction plus fine s'impose selon l'appartenance des actionnaires à l'une ou l'autre des sociétés. Les conséquences directes de l'opération de fusion ou de scission sur les droits des *actionnaires de la société absorbée (ou apporteuse) en tant que tels* relèvent exclusivement de la loi de cette société qui, seule, prévoira des mécanismes de protection tels que le droit des actionnaires de demander en justice la réévaluation du taux d'échange voire de la valeur de leurs titres dans la société bénéficiaire ou encore des dommages-intérêts (§ 15 UmwG). En revanche, leurs droits et les modalités de leur appartenance à la société *en tant qu'actionnaires de la société bénéficiaire* ne sauraient être régis que par la loi de cette société. Seule une telle lecture est conforme au champ d'application de la *lex societatis.*

266. Le statut de la transmission du patrimoine : *lex societatis* ou *lex rei sitae* ? Une difficulté théorique d'envergure concerne les biens à transmettre qui seraient situés sur un autre territoire que celui de la *lex societatis* appelée à régir l'opération envisagée.[116] La question qui se pose et qui n'a pas été définitivement résolue est celle de savoir si la *lex societatis* comprend dans son champ d'application la transmission universelle du patrimoine de la société ou si, au contraire, il faut soumettre la transmission à une « loi de transmission » spéciale[117], par exemple la *lex rei sitae.* Il s'agit là d'un problème de qualification du procédé de la transmission universelle.

Un exemple illustrera notre propos : soit une société allemande procédant à une *Ausgliederung* portant sur un ensemble de moyens de production situés en France au profit d'une société française. La transmission, a-t-on dit, sera régie par le droit allemand puisque c'est du patrimoine de la société allemande qu'il s'agit. Mais qu'en est-il de la loi française en pareille hypothèse : ne revendiquera-t-elle pas compétence pour régir le transfert de propriété « sur son sol », ne serait-ce que pour les éléments immobiliers ?

Il serait en effet pensable, par analogie avec les solutions en matière de successions internationales des personnes physiques[118], de vouloir sou-

116 Notons que ce problème n'est pas spécifique aux opérations transfrontalières, c'est-à-dire aux opérations impliquant deux sociétés soumises à des lois différentes. La même difficulté se rencontre en matière de fusions internes dès lors que, par exemple, la société absorbée détient des biens à l'étranger.

117 *Übertragungsstatut.*

118 En droit français, le régime international des successions est scindé et le rattachement dualiste en ce sens que, systématiquement, les immeubles de la masse héréditaire sont rattachés à la loi de leur situation (Cass. civ., 14 mars 1837, *Stewart*, *S.* 1837, 1, 95) alors

mettre la transmission à la *lex rei sitae* soit systématiquement pour les biens immobiliers[119], soit du moins, dès lors que l'État de la situation des biens ne connaîtrait pas la technique de la transmission universelle[120], soit encore à titre de loi de police. Il semble cependant plus convaincant *de lege ferenda* d'inclure la question de la transmission du patrimoine dans le champ d'application de la *lex societatis* sans admettre la compétence de la loi de la situation des biens.[121] Plusieurs arguments militent en effet en faveur de cette solution.

En premier lieu, l'analogie entre les transformations de sociétés et les successions de personnes physiques en ce qui concerne la transmission universelle ne semble pas pouvoir être admise. Deux arguments la réfutent. Premièrement, d'un point de vue systématique, la transmission universelle en matière de succession et celle en matière de transformation ne sont pas comparables : en effet, alors que le *de cujus* en tant que titulaire de droits et d'obligations disparaît entièrement, la dissolution d'une société scindée ou absorbée est toujours au moins encadrée par des mesures de protection au profit des créanciers et des actionnaires. Plus encore, une société ayant procédé à une *Ausgliederung* subsiste tout simplement. Deuxièmement, la transmission universelle en tant que technique des successions a pour but

---

que les biens meubles sont soumis à la loi du domicile du défunt (Cass. civ., 19 juin 1939, *Labedan*, *S.* 1940, 1, 49, note NIBOYET).

En droit allemand, la situation de départ est différente. En vertu de l'article 25 § 1 EGBGB, la succession est en principe soumise à la loi nationale du *de cujus*. Une exception est faite en vertu de l'article 3 § 3 EGBGB au profit des biens situés en dehors du territoire national qui, au lieu de leur situation, feraient l'objet d'une réglementation particulière, cette dernière devant alors être respectée. Cette disposition tend à respecter, notamment, la revendication de compétence de la part de la loi de la fiducie ou encore, selon la jurisprudence et la doctrine allemandes majoritaires, celle de la part de la loi française en matière d'immeubles sis en France.

119 Si l'on transposait, en droit français, le régime des successions des personnes physiques à la « succession » des personnes morales, telle serait la solution.

120 *MüKo-IntWR(IntGesR)*/KINDLER, n° 861 : Cet auteur semble raisonner, en droit allemand, par analogie avec les personnes physiques dans le cadre de l'article 3 § 3 EGBGB précité.

121 En ce sens : MAYER/HEUZE, n° 669 ; KOPPENSTEINER, *FS Hefermehl,* p. 305 et s. (324) ; M. MENJUCQ, *Droit international et européen des sociétés*, n° 172 et s. citant Y. LOUSSOUARN et M. TROCHU, *JurisClasseur International*, Fasc. 564-30, n° 76 : Cet auteur distingue selon que l'apport partiel d'actif opère ou non transmission universelle du patrimoine. S'il n'y a pas transmission universelle du patrimoine, c'est-à-dire *« [s]'il s'agit d'un simple apport en nature, il est soumis à la* lex societatis *des sociétés en cause pour les conditions de la décision d'apport et à la* lex rei sitae *pour les modalités et les effets du transfert ».* Au contraire, *« [s]'il s'agit d'un apport universel, il est soumis exclusivement à la* lex societatis *des sociétés participant à l'opération »* (souligné par nos soins).

d'assurer la continuité du lien réel absolu existant entre un (ou plusieurs) bien(s) et une personne, celle du *de cujus* puis celle de l'héritier. C'est pourquoi la transmission universelle du patrimoine est le seul moyen légalement prévu pour le transfert de propriété pour cause de décès. Le mode de transmission n'a ici aucun caractère volontaire. La situation dans laquelle intervient la transmission dans la vie de sociétés y est diamétralement opposée : loin de toute contrainte légale, les sociétés participant à une fusion ou une scission optent activement pour la transmission universelle en tant que moyen de restructuration. Rien, mis à part le caractère prohibitif des coûts fiscaux le cas échéant, ne leur interdirait en effet de procéder par voie de transferts successifs de propriété suivis de la liquidation de la société. C'est donc le caractère volontaire ou non de la transmission universelle qui différencie les successions et les transformations. Or, puisque ce choix au profit de la transmission universelle est expressément permis par les ordres juridiques prévoyant l'opération de fusion et de scission, il ne semble pas recommandé d'ériger des obstacles à celle-ci en matière de conflit de lois sous forme de scission du patrimoine en autant de masses différentes qu'il y a de lois applicables.

En deuxième lieu, même à admettre qu'une analogie puisse être admise, il n'est pas sûr qu'elle serait souhaitable. En droit français, en particulier, la distinction entre les meubles et les immeubles en matière de loi applicable à la succession fait l'objet de débats quant à son utilité de nos jours.[122]

En troisième lieu, l'insertion des règles sur les fusions et scissions dans les lois portant sur le droit des sociétés indique la volonté des législateurs de voir la *lex societatis* régir l'aspect translatif de propriété de l'opération de transformation.[123]

Surtout, en quatrième et dernier lieu, une opération de fusion ou de scission a pour objet primaire, en droit substantiel, de régler le sort de la société participante, sa restructuration, et non celui de ses biens. La transmission de droits et d'obligations fait toujours partie intégrante d'une telle opération sans en être la caractéristique première. L'unité substantielle que vise la technique de la transmission universelle ne doit pas être mise en cause par le conflit de lois. Aussi, une règle de conflit se doit de respecter l'intérêt de la société « transmettant » de voir son patrimoine (ou une partie de celui-ci) se transmettre sous forme d'universalité ce qui n'est possible que dès lors que cette transmission est régie par une seule loi. Dans le cas contraire, la

122 Sur la question, cf. les indications chez BUREAU/MUIR WATT, n° 853.

123 En ce sens : Th. PRÜM, *Die grenzüberschreitende Spaltung*, p. 44.

nature même de la transmission *universelle* serait niée puisque il y aurait autant de transmissions autonomes qu'il y a de lois applicables différentes.

En définitive, il est préférable que la *lex societatis* comprend dans son champ d'application la transmission universelle du patrimoine de la société même si, en l'état du droit positif, rien n'empêche un législateur national de faire intervenir sa loi à titre de loi de police.

267. Les effets à l'égard des créanciers. La protection des créanciers se fait distributivement. En effet, chaque loi régit la protection des créanciers de la société constituée conformément à elle.[124]

3. Détermination des solutions

268. L'apport partiel d'actif transfrontalier soumis au régime des scissions ainsi que l'*Ausgliederung* et l'*Abspaltung* internationaux en tant que formes légales de scissions doivent être admis en droit substantiel. L'apport partiel d'actif l'est depuis longtemps en droit français ; les mécanismes de l'*Ausgliederung* et de l'*Abspaltung* le sont en droit allemand depuis la jurisprudence SEVIC de la Cour de justice des Communautés européennes.

En matière de conflits de lois, il n'existe pas, dans le cas de la France et de l'Allemagne, de texte légal sur le régime des scissions internationales. La directive (CE) 56/2005 du Parlement européen et du Conseil sur les fusions transfrontalières des sociétés de capitaux[125] n'a rien apporté en cette matière. Le recours aux techniques préconisées antérieurement par la doctrine s'est donc imposé.

L'étude a montré que chaque société participante à l'opération de scission doit en principe être soumise à sa propre loi, sa *lex societatis*.[126] Cela est vrai pour les conditions préalables (admission de l'opération et la capacité de la société à faire partie de l'opération, activement ou passivement), pour les effets de l'opération (le mécanisme de transmission universelle et la protection des actionnaires minoritaires et des créanciers) ainsi que, dans une large mesure, pour la procédure. L'exception importante concerne le projet de scission dont le contenu est déterminé par les deux lois de manière cumulative. L'application cumulative des lois ne posera cependant que

124 En ce sens : Th. PRÜM, *Die grenzüberschreitende Spaltung*, p. 86.

125 *JOCE* n° 310, 25 nov. 2005, p. 1.

126 Telle est également la solution préconisée par l'avant-projet de loi du ministère allemand de la justice relatif au droit international privé des sociétés, des associations et personnes morales du 7 janvier 2008, cf. art. 10 a.

peu de problèmes en pratique puisque le contenu du projet de scission a fait l'objet d'une harmonisation communautaire.[127] Le moment de la prise d'effet, enfin, devrait être déterminé par la seule loi de la société bénéficiaire.

269. Constat. Plus généralement, il est intéressant de noter que le champ d'application de la *lex societatis* est suffisamment vaste pour comprendre en son sein les opérations de restructuration de la société de sorte qu'il n'est pas besoin de recourir à une autre loi spécifique, à un autre *statut*. Ajoutons enfin que, puisque chaque *lex societatis* ne vaut que pour la société qu'elle gouverne, les actionnaires de la société mère ne seront logiquement pas protégés contre une *Ausgliederung* de la société petite-fille.[128]

270. Résultat pratique. Il convient d'en venir à conclusion que si les évolutions récentes en droit communautaire (jurisprudence *SEVIC Systems*) garantissent la faisabilité pratique d'une opération internationale d'apport partiel d'actif voire d'*Ausgliederung*, l'opération n'en reste pas moins délicate à mettre en œuvre tant plusieurs lois devront être consultées et respectées soit successivement, soit cumulativement. Cela amène des lourdeurs, ce que la pratique des affaires ne semble guère apprécier. Une réglementation européenne des scissions transfrontalières serait sans doute la bienvenue. À l'heure actuelle, le recours au mécanisme de la prise (de participation) de contrôle, de mise en œuvre plus simple, se rencontre plus fréquemment en pratique. La simplicité de la mise en œuvre de cette dernière technique provient du fait que les structures internes de la société dominante ne sont guère modifiées par la prise de contrôle d'une autre société. Ainsi, la loi de la société mère (la *lex societatis*) se désintéressera en principe de l'opération.

Mais avant de voir cette technique, des procédés novateurs ont récemment été ajoutés au droit positif et ils méritent d'être mentionnés : ce sont les mécanismes de constitution d'une filiale propres à la SE.

127 Cf. art. 3 al. 1er de la 6e Directive communautaire en droit des sociétés du Conseil du 17 décembre 1982 concernant la scission de sociétés par actions (82/891/CEE).

128 *MüKo-IntWR(IntGesR)*/KINDLER, n° 805.

§ 3) Les mécanismes propres à la societas europaea *(SE)*[129]

271. La réglementation de la SE et les groupes. Il est important de noter, tout d'abord, que la Directive (CE) n° 2157/2001 du Conseil du 8 octobre 2001 sur le statut de la société européenne[130] ne contient aucune disposition expresse relative aux groupes, alors que la SE sera le plus souvent soit société dominante, soit société dépendante au sein d'un groupe. Cela est dû au fait que très peu de pays seulement connaissent une matière de droit des groupes à proprement parler. Pour les hypothèses sus-évoquées, les considérants n° 15 et 16 de la directive sont fort instructifs. Ils prennent cependant le soin de renvoyer sur ce point aux *« principes généraux du droit international privé »* des États membres et en déduisent que les droits et obligations de l'entreprise dominante sont régis en matière de *« protection des actionnaires minoritaires et des tiers »* par la loi de l'entreprise *« contrôlée »*.

On peut en tirer deux enseignements. Premièrement, le considérant n° 15 prend pour acquis que le conflit de lois intragroupe au sujet de la protection des actionnaires et des tiers est toujours résolu au profit de la loi de la filiale. Le second enseignement, et non des moindres, est que la directive admet implicitement que les réglementations relatives au groupe qui existent en Allemagne et au Portugal peuvent s'appliquer à la SE dès lors que celle-ci se trouve être la société dépendante.[131] Il s'ensuit la non-contrariété de principe du *Konzernrecht* à la directive sur la SE.

272. Modalités de constitution de la SE. La constitution de la SE peut se faire de plusieurs manières : par fusion transfrontalière, par échange d'actions menant à la constitution d'une SE *holding*, par la constitution d'une filiale commune sous forme de SE ou encore par la transformation d'une société anonyme nationale en une SE.[132] Enfin, la SE pourra elle-même constituer une filiale sous forme de SE.[133]

129 Pour ce qui est de la gestation de la réglementation, du régime juridique ainsi que du conflit de lois de la SE, il peut être renvoyé aux développements antérieurs, cf. *supra* n° 154.

130 *JOCE* n° L 294 du 10 novembre 2001.

131 Th. RAISER, *Recht der Kapitalgesellschaften*, 2006, § 59 n°22 ; JAECKS/SCHÖNBORN, *RIW* 2003, 254 (256 et s.) ; HABERSACK, *ZGR* 2003, 724 (727 et s.) ; HOMMELHOFF, *AG* 2003, 179.

132 Art. 17 et s. ; art. 32 et s. ; art. 35 et s. en combinaison avec art. 2 § 3. ; art. 37 et s. du Règlement SE.

133 Art. 3 § 2 du Règlement SE.

La formation d'un groupe par la constitution d'une SE. On ne traitera pas du régime spécifique de fusion de la SE pour les raisons sus-évoquées.[134]

Concernant la scission d'une SE, force est de constater qu'elle n'est pas réglée par le Règlement lui-même. Il est possible d'en conclure qu'en l'absence de « réserve des dispositions du présent règlement »[135], cette opération sera soumise aux *« dispositions de la loi des États membres qui s'appliqueraient à une société anonyme constituée selon le droit de l'État membre dans lequel la SE a son siège statutaire »*, Article 9 al. 1 c) ii).[136] Il peut par conséquent être renvoyé aux développements du paragraphe précédent sur le régime des scissions en droit français et en droit allemand.

La transformation d'une société nationale en SE ne constitue pas une mesure de formation d'un groupe international à proprement parler puisque soit il préexiste et continuera à exister après l'opération, soit il ne préexiste pas mais ne viendra pas à naître en raison même de l'opération.

273. En revanche, la société européenne connaît trois mécanismes spécifiques pouvant servir à la formation et à l'extension des groupes internationaux. Ces mécanismes ont en commun d'avoir trait à la constitution d'une société sous une loi autre que celle qui régit la ou les sociétés la créant. Ils sont cependant moins intéressants du point de vue du conflit de lois, lequel présente ici des traits tout à fait classiques[137], qui ne le sont pas d'un point de vue pratique puisque la SE constitue un outil réellement privilégié pour les groupements d'entreprises.

En premier lieu, la **constitution d'une SE *holding*** permet à deux ou plusieurs sociétés relevant de droits d'États membres différents ayant une filiale ou une succursale étrangère[138] de créer une structure qui fera office de société tête de file/mère du groupe. C'est la *lex societatis* du *holding* qui régit cette constitution. Du côté de deux sociétés à l'origine du *holding*, elles procèdent chacune conformément à leur propre loi sauf en ce qui concerne le projet de constitution, lequel devra obligatoirement être rédigé dans les

134 Cf. *supra* n° 243.

135 Art. 15 § 1 de la Directive.

136 La question de savoir si le législateur communautaire a établi un *numerus clausus* en énonçant les cinq modes de constitution d'une SE est toutefois débattue en doctrine. Compte tenu des dispositions claires de la Directive, tel ne semble pas être le cas.

137 C'est pourquoi on se contentera d'une brève présentation.

138 Art. 32 § 1 et art. 2 § 2 de la Directive.

mêmes termes[139]. Concernant la protection des actionnaires minoritaires, des créanciers et des travailleurs des sociétés participantes, elle est laissée à la libre appréciation des États membres (art. 34 de la Directive). En d'autres termes, il incombe à la *lex societatis* de chaque société participant à l'opération de prendre les mesures de protection nécessaires au profit de ces groupes à risque.

En deuxième lieu, le mécanisme spécifique de la **filiale commune (*joint venture*)** est sans doute l'instrument privilégié de la coopération intergroupe. Deux ou plusieurs sociétés relevant de droits d'États membres différents ou ayant une filiale ou une succursale étrangère[140] ont la possibilité de créer une filiale commune prenant la forme d'une société européenne. Cette SE filiale sera régie, outre les règles matérielles qui forment le tronc commun du statut des SE, par la loi de l'État membre dans lequel elle sera constituée.

La filialisation à partir d'une SE préexistante, en troisième lieu, est le moyen par lequel « [u]*ne SE peut elle-même constituer une ou plusieurs filiales sous forme de SE* »[141]. Ainsi, seule une SE peut constituer une autre SE sans avoir besoin de passer par l'un des mécanismes sus-évoqués (fusion, *holding*, filiale commune, transformation). De plus, les dispositions nationales exigeant plus d'un actionnaire pour la SA ne s'appliquent pas.[142] La conséquence en est que la SE peut être l'origine d'autres SE filiales unipersonnelles soumises à la même ou à une autre loi qu'elle-même et constituer ainsi un groupe international de sociétés.

Ce sont surtout ces deux derniers mécanismes de SE filiale commune et SE filiale de SE qui constituent des outils tout à fait particuliers pour les groupes internationaux tant le premier permet la constitution facile d'une SE et le deuxième une filialisation à partir de celle-ci prenant la forme privilégiée d'une société unipersonnelle.

139 Art. 32 § 2 de la Directive.

140 Art. 35 et art. 2 § 3 a) de la Directive.

141 Art. 3 § 2 de la Directive.

142 Art. 3 § 2 phr. 2 de la Directive.

Section 2 La formation du groupe au moyen de la prise de contrôle internationale

274. La prise de contrôle est l'opération par laquelle une société souscrit une part du capital d'une autre société dans une proportion qui lui en confère le contrôle.[143] La notion de prise de contrôle revêt une acception large et une acception étroite. L'existence de l'acceptation large provient du fait que la prise de contrôle d'une société implique automatiquement une prise de participation telle que l'entend le droit français dans cette société. C'est dire que les modalités de prise de contrôle sont *a priori* celles de la prise de participation.

275. La « prise de contrôle » au sens large – exclusion. Ainsi, dans une acception large, il est possible de voir une prise de contrôle dans le fait pour la société mère de **constituer une nouvelle société à l'étranger** dont elle détiendra alors les droits sociaux. Cette hypothèse, comme nous l'avons vu[144], ne se distingue pas de celle de la constitution ordinaire d'une société. Il ne saurait en aller différemment en ce qui concerne la **souscription à une augmentation de capital réservée**[145] auprès de la future filiale : seule la *lex societatis* de cette société a vocation à régir l'opération. La société mère sera dans la situation d'un souscripteur ordinaire dont les droits et obligations sont déterminés par la loi de la société dans laquelle il entre. Il est encore possible de voir une prise de contrôle dans le mécanisme de **l'apport partiel d'actif et d'*Ausgliederung*** lequel, dès lors qu'il implique une société étrangère préexistante, a pour conséquence de conférer le contrôle de celle-ci à la société apporteuse et de former ainsi un groupe international. Cette dernière technique s'inscrit cependant dans une logique de réorganisation des activités de la société apporteuse et s'accompagne le plus souvent en pratique de la constitution d'une société nouvelle ce qui rejoint alors la première hypothèse. Toutes ces modalités s'inscrivant dans une acception large ont en commun de passer par un mécanisme d'attribution originelle des titres, c'est-à-dire une attribution réalisée par la société filiale elle-même et donc soumise à sa loi.

143 *JurisClasseur Commercial*, Fasc. 1574 – Groupe de sociétés, n° 58 et s. Pour le droit matériel, cf. *supra* n° 76 et s.

144 Cf. *supra* n° 245.

145 Cf. *supra* n° 77.

276. La « prise de contrôle » au sens étroit – objet de l'étude. A l'opposé, dans une acception étroite, la prise de contrôle est celle qui met en œuvre non pas l'attribution de titres à l'apporteur par la société filiale comme précédemment mais la cession des titres par des actionnaires de celle-ci. La prise de contrôle telle que nous l'entendons ici concerne par conséquent l'hypothèse dans laquelle les titres conférant le contrôle d'une société sont acquis par la société souhaitant exercer le contrôle. Il s'agit, autrement dit, d'une **cession majoritaire** de parts sociales ou d'actions. Elle constitue le mécanisme le plus courant emportant le transfert du contrôle d'une société.

277. La distinction entre s*hare deal* et *asset deal*. Dans la pratique, cette acquisition d'une entreprise par voie d'acquisition des parts sociales ou des actions est désignée par le terme anglo-saxon de *share deal*. Elle doit être distinguée de l'*asset deal* qui est l'opération par laquelle sont cédés les biens de l'entreprise, ses actif et passif.[146] Seul le *share deal* porte sur un titulaire de droits, à savoir la personne morale qu'est la société cible. Par conséquent, seul ce mode mène à l'établissement d'un groupe voire à l'adjonction d'une société supplémentaire à celui-ci.

278. L'inapplicabilité du *Konzernrecht*. Notons qu'au moment même de la prise de contrôle internationale d'une société devenant alors dépendante, le régime allemand des groupes de fait ne s'applique pas car il n'intervient au plus tôt qu'à la fin du premier exercice pour constater s'il y a ou non un inconvénient à compenser.[147] Plus généralement, une prise de contrôle intervient indistinctement au sein d'un groupe de fait ou de droit.

Le régime de cette prise ou cession de contrôle internationale est différent selon que la société dont les titres sont cédés est cotée en bourse ou non.

§ 1) La cession de contrôle portant sur une société cible non cotée

279. Définition. L'acquisition d'une société non cotée s'effectue par un contrat ayant pour objet le transfert du contrôle par cession des titres : le contrat de cession de contrôle. Lorsque la cession de contrôle est le fait d'une société d'un droit déterminé acquérant les titres d'une société soumis

146 Sur la distinction, voir K. SCHMIDT, *GesR*, p. 145 et s.

147 Cf. *supra* n° 57.

à un autre droit, deux questions se posent. La première est relative au caractère international ou non de l'opération. La seconde question aura trait au conflit de lois provoqué par la cession de contrôle.

A. L'internationalité de l'opération

280. Un contrat international. L'on peut poser la question de l'internationalité de l'opération[148] puisque, *a priori*, seul le fonctionnement de la société cible est en cause : ce sont ses titres qui font l'objet de la cession. Or, ce serait oublier que, dans l'hypothèse qu'est la nôtre, l'acquéreur qu'est la (future) société mère est étrangère par rapport à la société cible ou a son siège social dans un autre État de sorte que, objectivement, l'élément d'extranéité requis est caractérisé.[149]

B. Le conflit de lois : la concurrence des qualifications

Une difficulté a déjà pu transparaître : ce contrat international de cession porte sur des titres, autrement dit des droits sociaux, lesquels sont déterminés non pas librement par le cédant ou le cessionnaire mais bien évidemment par la réglementation et le statut de la société dont les titres sont en cause. De sorte que la *lex societatis* de la société cible doit avoir une compétence minimum à côté de celle de la *lex contractus*. Toute la difficulté consiste alors à délimiter le domaine d'application respectif de l'une et de l'autre. Il semble utile de distinguer l'acte juridique sur lequel se fonde

148 Certains auteurs ont soulevé cette question (MENJUCQ, *Droit international et européen des sociétés*, n° 179 et, dans les mêmes termes, A. COURET, *in* BEGUIN/MENJUCQ, *Droit du commerce international*, n° 653-655 ; X. BOUCOBZA, *Acquisition internationale de société*, p. 165 et s.). Il ne nous semble pas utile de revenir sur cette discussion assez théorique relative au caractère international d'un contrat (éléments subjectifs, éléments objectifs, doctrine MATTER des *« flux et reflux par delà une frontière »*). Sur ce point, il est permis de renvoyer aux ouvrages généraux de droit international privé tels MAYER/HEUZE, n° 692 et s. ; BUREAU/MUIR WATT, n° 893 et s. Cela est d'autant plus vrai que la question est résolue aujourd'hui par la Convention de Rome de 1980, cf. note suivante.

149 En effet, une interprétation *a contrario* de l'article 3 § 3 de la Convention de Rome montre que n'importe quel élément objectif d'extranéité suffit pour admettre une liberté de choix entière des parties. Plus encore, les parties peuvent choisir une loi étrangère même en l'absence d'un tel élément, sauf à devoir respecter les dispositions impératives du pays dans lequel se trouvent tous les éléments (même disposition). La solution est la même avec le Règlement Rome I (art. 3 § 4). Pour les autres critères attestant de l'internationalité de l'opération de cession de contrôle, cf. X. BOUCOBZA, *L'acquisition internationale de société*, L.G.D.J. 1998, p. 166 et s.

l'opération, d'une part, et le transfert de la position de membre (*Mitgliedschaft*), d'autre part.[150] Enfin, le titre lui-même devra faire l'objet d'un transfert.

1. L'acte juridique

a) Détermination de la lex contractus

281. Concernant, en premier lieu, l'acte juridique, il convient, à titre liminaire, de retracer les principes gouvernant la détermination de la loi applicable. Ce contrat international de cession sera soumis à la loi déterminée par le droit commun des contrats internationaux[151], c'est-à-dire en fonction des dispositions de la Convention de Rome voire, à partir du 18 décembre 2009, du Règlement Rome I[152]) qui s'appliquent en France et en Allemagne[153].[154] Voyons, brièvement, les possibilités des parties.

Tout d'abord, les parties peuvent, en vertu de la loi d'autonomie (art. 3), effectuer un choix de loi (*electio juris*) au profit de la loi étatique de l'une ou de l'autre des parties ou d'une loi tierce pour régir le contrat.[155, 156]

150 *MüKo-IntWR(IntGesR)*/KINDLER, n° 585 et 588.

151 H. MERKT, *Internationaler Unternehmenskauf*, n° 32 et s. ; H. SYNVET, *Rép. International Dalloz*, V° Société, n° 104 ; X. BOUCOBZA, *op. cit.*, p. 217 et s. ; *MüKo-IntWR(IntKapMarktR)*/SCHNYDER, n° 242.

152 Règlement (CE) n° 593/2008 du Parlement européen et du Conseil sur la loi applicable aux obligations contractuelles (Rome I), *JOCE* L. 177/6 du 4 juillet 2008.

153 En Allemagne, cependant, la Convention de Rome a été codifiée au sein de l'EGBGB, cf. art. 27 et s.

154 La Convention des Nations Unis sur la vente internationale de marchandises de 1980, dite Convention de Vienne, ne peut en effet s'appliquer en raison de l'exclusion des valeurs mobilières de son champ d'application *ratione materiae* (cf. art. 2 d). Il en va de même en ce qui concerne la Convention de La Haye du 15 juin 1955 sur la loi applicable aux ventes à caractère international d'objets mobiliers corporels (cf. art. 1er).

155 Ou encore au profit des principes UNIDROIT ou des *Principles of European Contract Law* en vertu de l'art. 3 § 1 de la Convention de Rome. Cette possibilité de soumettre un contrat international à la *lex mercatoria* était toutefois déjà discutée en doctrine en ce qui concerne la Convention de Rome (cf. pour une admission M. MENJUCQ, *Droit international et européen des sociétés*, n° 184 ; pour un refus MAYER/HEUZE, n° 703), elle est expressément exclue par l'exposé des motifs (sous article 3 de l'exposé des motifs COM(2005) 650 final) du Règlement Rome I dès lors que celui-ci s'applique.

156 De la même manière, les parties peuvent choisir de soumettre tout litige à venir à un tribunal arbitral (en ce sens : X. BOUCOBZA, *L'acquisition internationale de société,* p. 460 et s., n° 773 et s.).

A défaut de choix de loi, l'article 4 de la Convention de Rome fait régir le contrat par la loi du pays avec lequel le contrat présente les liens les plus étroits (§ 1), étant présumé qu'il s'agit du pays dans lequel la partie qui fournit la prestation caractéristique a, au moment de la conclusion du contrat, sa résidence habituelle (son administration centrale, § 2). Il est acquis que, dans l'hypothèse d'une cession de contrôle, la prestation caractéristique est fournie par le cédant.[157] Telle semble également devoir être la solution lorsque l'on examine la question à l'aune du Règlement Rome I dont l'article 4 § 1 a précise que la loi applicable au contrat de vente est celle du pays dans lequel le vendeur a sa résidence habituelle.[158]

Cette solution est cependant singulière en ce qui concerne la cession de contrôle, tant la résidence du cédant apparaît d'importance passablement secondaire comparée à la localisation objective du rapport de droit que l'on pourrait soupçonner plus aisément au siège de la société cible.[159] L'application préférable de la loi de la société cible est envisageable en vertu de l'article 4.5 de la Convention de Rome, voire de l'article 4.3 du Règlement Rome I, lesquels prévoient une exception à la compétence de la loi du pays du débiteur de la prestation caractéristique *« lorsqu'il résulte de l'ensemble des circonstances que le contrat présente des liens plus étroits avec un autre pays »*.[160]

b) Le domaine d'application

282. Le domaine d'application de la *lex contractus* comprend les conditions de formation du contrat.[161] A notre sens, il peut encore comprendre les effets secondaires détachables de l'effet principal et de l'objet même du contrat qu'est le transfert de la « position de membre de la société », c'est-à-dire les conditions de la détermination du montant du prix[162], la date et les modalités de paiement ainsi que les garanties conventionnelles[163].

157 H. MERKT, *Internationaler Unternehmenskauf*, n° 108 ; X. BOUCOBZA, *op. cit.*, p. 229, n° 439.

158 Toutefois, en faveur d'une qualification du contrat d'acquisition de société de contrat spécial *sui generis* : X. BOUCOBZA, *op. cit.*, p. 145-162, n° 312-342.

159 En ce sens : H. MUIR WATT, note sous Cass. civ. 1ère, 12 janvier 1994, *Rev. crit. DIP* 1994, 92 et s.

160 HAHN, *RIW* 2002, 741 (744) ; DÜRIG, *RIW* 1999, 746 (748) ; X. BOUCOBZA, *ibid.*

161 En ce sens : M. MENJUCQ, *Droit international et européen des sociétés*, n° 184.

162 On pense notamment à la clause d'intéressement ou d'évaluation.

163 Les garanties de passif et de valeur, cf. X. BOUCOBZA, *op. cit.*, p. 471 et s., n° 785 et s.

2. Le transfert de la position sociétaire

283. En revanche, concernant, en deuxième lieu, le transfert du pouvoir sociétaire, la *lex societatis* de la société cible est compétente.[164] Cela ne saurait surprendre puisque la distribution des compétences entre les lois suit ici un schéma classique. En effet, il faut se rendre compte que la *lex contractus* est bien évidemment compétente pour régir la relation *inter partes*. Concernant cependant l'effet de ce contrat à l'égard des tiers, seule la loi de la cause (par exemple : la loi de la situation en cas de vente d'une chose) a vocation à s'appliquer. En l'occurrence, c'est la société cible qui est le tiers au contrat et à laquelle les parties opposent la cession. De sorte que seule la loi de cette dernière a compétence à titre de *lex causae* pour régir la question du transfert du pouvoir sociétaire.

Mais surtout, la loi de la société cible est encore compétente d'un deuxième point de vue. Le départ d'un ou plusieurs associés suivi de l'entrée dans la société d'un nouvel associé qui de plus sera majoritaire, concerne directement le fonctionnement interne de la société. Le fonctionnement interne est l'aspect névralgique majeur de toute société et doit par conséquent, comme nous le savons déjà[165], relever de la *lex societatis*. En effet, la loi de la société *« seule détermine, quel que soit le pays où les titres sont détenus, les conditions dans lesquelles s'acquiert, se conserve et se perd la qualité d'actionnaires »*[166].

C'est alors elle qui détermine aussi bien les conditions de l'acquisition de la qualité de membre de la société que les formalités requises à titre d'opposabilité à la société et aux tiers de cette qualité dans le cadre de l'acquisition du contrôle.[167] Parmi les conditions de l'acquisition de la qualité d'associé, il faut compter le mécanisme d'agrément ou de préemption.[168] Les formalités telles que l'inscription des titres nominatifs au registre de transferts ou le procédé de l'ordre de mouvement ont pour but de faire connaître à la société l'identité de son actionnariat.

164 Déjà B. GOLDMAN, *Colloque international*, p. 16.

165 Cf. *supra* n° 229 et s. (spéc. n° 232).

166 Second arrêt *Royal Dutch* : Cass. civ. 1ère, 17 oct. 1972, *Rev. crit. DIP* 1973, 520, note H. BATIFFOL.

167 STAUDINGER-*IntGesR*/GROßFELD, n° 341 ; *MüKo-IntWR(IntGesR)*/KINDLER, n° 586 ; KIENINGER, *IPRax* 1997, 499 ; SYNVET, *Rép. International Dalloz*, V° Société, n° 104 ; X. BOUCOBZA, *op. cit.*, p. 234 et s., n° 447 et s. ; M. MENJUCQ, *Droit international et européen des sociétés*, n° 187 et s.

168 SYNVET, *Rép. International Dalloz*, V° Société, n° 104 ; M. MENJUCQ, *Droit international et européen des sociétés*, n° 187 et s.

3. Le transfert du titre

284. Importance de la question. Ni les réglementations nationales, ni la Directive relative aux offres publiques n'édictent de solution quant à la question de savoir selon quelle loi le transfert du titre doit avoir lieu. Pourtant, le transfert du titre peut exercer une certaine influence sur le transfert du pouvoir sociétaire puisque, dans certaines hypothèses, les droits représentés par les titres ne sont cédés que lorsque la propriété des titres les mentionnant a valablement été transférée au cessionnaire. La réflexion menée ici est de nature générale et vaut également pour les titres des sociétés cotées.

285. Les formes des titres et leur transmission. Il existe deux formes de titres sociaux : le titre nominatif (*Namenspapier* ou *Rektapapier*) et le titre au porteur (*Inhaberpapier*). Le transfert du titre nominatif exige l'intervention de la société laquelle doit procéder à un jeu d'écritures sur ses registres spéciaux de la société (*Aktienbuch*). Le titre au porteur, au contraire, a incorporé le droit de créance ce qui permet le transfert de propriété par la simple tradition, la remise matérielle du titre *de manu a manu.*

Il en résulte les modes de transfert de propriété. Le titre nominatif, voire plus précisément le droit représenté par celui-lui, est cédé par voie de transfert du nom du cédant au nom du cessionnaire sur le registre de la société en droit français (forme de cession de créance simplifiée). En droit allemand, c'est le régime normal de la cession de créance qui s'applique (*Abtretung*, §§ 398 et s. BGB). Les titres au porteur sont transférés par le transfert de propriété du titre lui-même en vertu de l'article 1583 C. com. (*Einigung und Übergabe*, § 929 al. 1er BGB).[169]

Il convient de s'intéresser aux solutions que les doctrines française et allemande ont proposées pour résoudre le conflit de lois en matière de valeurs mobilières.

a) Le conflit de lois en matière de valeurs mobilières en droit allemand

286. D'une manière générale, une valeur mobilière est un titre négociable qui matérialise un droit pour l'exercice duquel la détention du titre est requise. Pour ce qui est de la détention du titre, la doctrine et la jurisprudence allemande sont unanimes pour dire que le droit des biens s'applique,

169 Droit français : Cass. com., 22 nov. 1988, *Bull.* IV n° 322 ; Cass. com., 23 nov. 1993, *RJDA* 1994, n° 170 ; Cass. com., 22. févr. 1994, *RJDA* 1994, n° 812. Droit allemand : *MüKo-IPR (2006)*/WENDEHORST, Art. 43, n° 194 et s. avec d'autres références.

et ainsi le droit international des biens. C'est la raison pour laquelle, en matière de valeurs mobilières, le droit allemand connaît en principe un conflit de lois bipartite en ce sens que le droit attaché au titre est soumis à une autre loi (*Wertpapierrechtsstatut*) que le titre lui-même (*lex cartae sitae* ou *Wertpapiersachstatut*.[170]

Wertpapierrechtsstatut. Le droit représenté, en premier lieu, est soumis à une loi dite « principale » en fonction de son origine : les droits issus d'un chèque, d'une lettre de change sont soumis à la loi du contrat, les droits relatifs à un bien (certificat d'hypothèque et de *Grundschuld*) à la *lex rei sitae* et les droits relatifs à une position sociétaire à la *lex societatis*.[171] Cette loi décide si un document a la qualité de titre ou non et détermine le type de titre (titre nominatif, au porteur).[172] Ce faisant, elle préjuge du rôle que joue le titre dans le transfert du droit.[173] De plus, elle peut ériger des obstacles à la libre cessibilité du titre sous la forme par exemple des clauses d'agrément s'agissant de titres nominatifs.[174]

Wertpapiersachstatut. La *lex rei sitae* du titre, encore appelée la *lex cartae sitae*[175] régit, au contraire, la situation du titre en tant que bien à l'égard du droit des biens[176], en particulier les modalités du transfert du titre.[177]

Il convient de noter que la distinction à laquelle procède le droit allemand en matière de valeurs mobilières ne saurait surprendre quand on connaît un tant soit peu le droit allemand. En effet, un principe fondamental du droit civil allemand est le principe d'abstraction (*Abstraktionsprinzip*) que les juristes allemands ont tellement intériorisé qu'ils n'en parlent plus. Il signifie que l'acte causal et l'acte abstrait doivent recevoir chacun un traite-

170 *MüKo-IPR (2006)*/WENDEHORST, Art. 43, n° 194 ; *BGHZ* 108, 353 (356) ; SCHEFOLD, *IPRax* 2000, 468 (469).

171 *MüKo-IPR (2006)*/WENDEHORST, Art. 43, n° 194.

172 Déjà jugé par le *Reichsgericht* : *RGZ* 119, 215 (216).

173 *Ibid.* ; S. LORENZ, *NJW* 1995, 176 (177) ; *MüKo-IntWR(IntKapMarktR)*/SCHNYDER, n° 260 ; H. MERKT, *Internationaler Unternehmenskauf*, n° 272.

174 L'équivalent en droit allemand est la *Vinkulierung von Aktien*.

175 BGH, 19 janv. 1994 – IV ZR 207/92, *NJW* 1994, 939.

176 H. MERKT, *Internationaler Unternehmenskauf*, n° 273 ; *MüKo-IPR (2006)*/WENDEHORST, Art. 43, n 194.

177 HAHN, *RIW* 2002, 741 (744) ; SCHNYDER, 'Takeovers and Conflit of Law', *in* FERRARINI/HOPT/WYMEERSCH (éd.), *Capital Markets in the Age of the Euro*, 2002, p. 427 et s. (439) ; REITHMANN/MARTINY/MERKT, *Internationales Vertragsrecht*, n° 871 ; KEGEL/SCHURIG, § 19 II.

ment spécifique.[178] En matière de conflit de lois portant sur un contrat de transfert de propriété par exemple, il est donc naturel en droit allemand de distinguer en toute hypothèse l'obligation et le transfert de propriété, par conséquent la *lex contractus* et la *lex rei.* Cette distinction est moins admise en droit français. Ainsi, MM. MAYER et HEUZE la qualifient de *« scission délicate »* et donnent priorité, *in fine*, à la *lex contractus.*[179]

Les titres au porteur sont indiscutablement soumis à ce double conflit de lois. La *lex cartae sitae* à titre de loi secondaire y régit par exemple la prescription acquisitive.[180]

Pour les titres nominatifs, la *lex societatis* en tant que loi principale régit la cession de créance. La question est cependant discutée de savoir si la distinction entre les deux lois applicables est pertinente ici. En effet, l'intervention de la *lex cartae sitae* peut ne pas paraître nécessaire puisque ce qui importe avec les titres nominatifs c'est la cession de créance, non la détention du titre.[181]

De surcroît, il existe une tendance générale à la dématérialisation des titres. De sorte qu'il faut se demander si, à l'avenir, la *lex cartae sitae* aura encore un rôle à jouer. Il est envisageable qu'elle soit abandonnée en raison de la dématérialisation des titres à la suite de laquelle il apparaît difficile de vouloir trouver un lieu de situation du titre. La question n'est pas définitivement résolue à l'heure actuelle.[182]

178 Prenons un exemple. Un contrat de vente est composé en droit allemand d'au moins deux actes (d'autres distinctions sont envisagées en cas de besoin mais restons simple). Il y a, d'une part, l'acte causal qui est l'acte obligationnel régi par le droit des obligations par lequel le vendeur s'engage à remettre la chose et à en transférer la propriété (le contrat de vente au sens strict) et l'acheteur à s'acquitter du paiement du prix et à recevoir la chose. Il y a, d'autre part, l'acte abstrait qu'est l'acte translatif de propriété qui est régi par le droit des biens. Ces actes sont non seulement séparés mais surtout absolument indépendants l'un de l'autre. Ainsi, si le « contrat de vente » est nul pour vice de consentement, l'acte translatif de propriété n'en reste pas moins valable et l'acheteur propriétaire de la chose. Il incombe alors au vendeur de demander la restitution de son bien en vertu de l'enrichissement sans cause. Le principe d'abstraction, originaire du droit romain et systématisé par VON SAVIGNY, est censé assurer la sécurité juridique des échanges. De plus, il permet une gestion souple des démarches juridiques.

179 N° 654.

180 LG Stuttgart *WM* 1955, 1232.

181 En ce sens : KRONKE/BERGER, *IPRax* 1991, 316 (317). *Contra* : *MüKo-IPR (2006)/* WENDEHORST, Art. 43, n 199-200.

182 SCHIMANSKY/BUNTE/LWOWSKI, *Bankrechts-Handbuch*, 3e éd., 2007, n° 117 et s. ; *MüKo-IPR (2006)*/WENDEHORST, Art. 43, n° 201-202.

b) Le conflit de lois en matière de valeurs mobilières en droit français

> *« Les problèmes que pose l'existence des titres de sociétés étrangères, sur le plan des conflits de lois, sont dominés par la nature complexe des titres sociaux qui les rattache, à la fois, au droit des biens et au droit des obligations. »*

287. C'est ainsi que Y. LOUSSOUARN et M. TROCHU débutent leurs développements relatifs au régime international des titres.[183] C'est dire que la double nature d'une valeur mobilière a bien été comprise. Toutefois, de ce constat les auteurs français tirent une conséquence différente de celle de leurs homologues allemands. En effet, tandis que le droit allemand soumet chaque titre successivement à deux conflits de lois distincts (*lex societatis* et *lex cartae sitae*), les auteurs français procèdent ou bien à une répartition des titres eux-mêmes en deux catégories qu'ils soumettent à des lois distinctes, ou bien retiennent une loi unique pour l'ensemble des titres, ou bien encore différencient en fonction des rapports personnels en cause.

En premier lieu, selon Y. LOUSSOUARN et M. TROCHU, une distinction doit ainsi être opérée entre les titres nominatifs dont le transfert serait soit une cession de créance soit une opération *sui generis* mais dans les deux cas la loi applicable serait en principe la *lex societatis*[184], et les titres au porteur relevant de la catégorie des meubles corporels et donc soumis à la loi du lieu de leur situation (*lex rei sitae*).[185]

X. BOUCOBZA, en deuxième lieu, doute de la justesse de la distinction établie en fonction de la nature prépondérante des titres, soit de créance, soit d'*instrumentum*, et souhaite soumettre la cession de l'ensemble des titres et des droits représentés à une loi unique : la *lex societatis* de la société cible qui régirait donc également le transfert du titre.[186] Il tire, en outre, argument du fait que la dématérialisation a pour conséquence de faire régir la cession des titres par la loi du teneur du registre, donc de la *lex societatis*, puisque l'exécution s'opère par l'inscription en compte dans les livres de la société.[187]

En troisième lieu, H. BATIFFOL et P. LAGARDE distinguent les rapports entre le cessionnaire et la société émettrice, d'une part, ceux entre

183 Y. LOUSSOUARN/M. TROCHU, *JCl. Sociétés Traité*, Fasc. 194-2, n° 115.
184 *Ibid.*, n° 124-136.
185 *Ibid.*, n° 138.
186 X. BOUCOBZA, *op. cit.*, n° 456, p. 238 et s.
187 *Ibid.*

le cédant et le cessionnaire, d'autre part. Les premiers sont régis, à leur avis, par la *lex societatis* qui précise, en particulier, les conditions et les effets du transfert. Quant aux seconds, rien n'interdirait aux parties à la cession de choisir une autre loi pour préciser leurs obligations réciproques, soit la *lex contractus.*[188] Concernant la transmission des titres au porteur, les Professeurs BATIFFOL et LAGARDE se prononcent en faveur de la compétence de la *lex societatis*, considérant que les titres au porteur sont essentiellement un bien incorporel qui ne serait *« considéré comme corporel qu'à un point de vue subordonné »*. Ils reconnaissent, en outre, à la loi du titre le pouvoir de désincorporer le droit du titre pour empêcher la loi de la situation du titre de juger différemment de la transmission que la *lex societatis.* Pour eux, les États tiers qui considèrent également que le caractère corporel du titre est subordonné se rallieront à cette solution.[189]

Le Professeur Bernard AUDIT ajoute qu'avec la dématérialisation, le rattachement à la *lex rei sitae* ne présente plus aucune pertinence.[190]

c) Appréciation des solutions

288. Compétence de la *lex societatis* de la société cible. Comme nous l'avons constaté préalablement[191], c'est la *lex societatis* de la société cible qui devra indiquer si, d'une manière générale, les droits sociaux voire les titres les représentant sont cessibles et fongibles.[192] En cas de réponse positive, elle détermine les conditions du transfert[193] : elle nomme les titres pouvant faire l'objet d'une cession et leurs modes de transfert. En réalité, la *lex societatis* remplit ici le rôle de loi de valeurs mobilières[194], de *lex debitoris.* Elle détermine ainsi si le transfert de propriété des titres est une condition préalable du transfert du pouvoir sociétaire ou non. De ce point de vue, la distinction faite en droit allemand entre les deux lois applicables et l'application de la *lex societatis* en premier lieu semble en réalité assez pertinente.

188 Pour les sociétés cotées, certaines règles applicables à la bourse s'imposeraient cependant en tant que lois de police.

189 BATIFFOL/LAGARDE, *Traité de droit international privé*, t. 2 (1983), n° 546 et s., p. 222 et s.

190 B. AUDIT, *Droit international privé*, n° 765.

191 Cf. *supra* 2.

192 En ce sens également : H. MERKT, *Internationaler Unternehmenskauf*, n° 272 ; Y. LOUSSOUARN/M. TROCHU, *JCl. Sociétés Traité*, Fasc. 194-2, n° 123.

193 Dans le même sens : H. BATIFFOL et P. LAGARDE, cf. *supra.*

194 En ce sens : S. LORENZ, *NJW* 1995, 176 (177).

En ce qui concerne les titres nominatifs, le droit français, selon l'avis unanime des auteurs[195], fait application de la *lex societatis*. Une partie de la doctrine allemande voudrait d'ailleurs, pour les titres nominatifs, se contenter de la seule *lex societatis* ce qui rejoindrait alors la position française.

En revanche, le double conflit de lois s'impose, selon les auteurs allemands, pour les titres au porteur. Les auteurs français ne sont pas d'accord sur le rattachement (unique) de l'opération du transfert des titres au porteur : ils hésitent entre la *lex societatis* (X. BOUCOBZA, H. BATIFFOL et P. LAGARDE) et la *lex rei sitae* (M. TROCHU et Y. LOUSSOUARN).

289. Compétence de la *lex rei sitae*. Pour les titres au porteur, le transfert en droit matériel se fait classiquement[196] par la tradition, autrement dit, le transfert de propriété du titre lui-même.

Dès lors, si l'on soumet la question du transfert du titre à la seule *lex societatis* comme le suggèrent certains auteurs, il est facile d'imaginer qu'une personne puisse se prévaloir d'une prescription acquisitive par exemple dans le pays de la situation du titre. En ce cas, la *lex societatis* française ne saurait que donner compétence à cette loi en ce qui concerne le transfert du titre parce que, en droit interne, il s'agit également d'une opération matérielle soumise au droit des biens. La proposition faite par MM. BATIFFOL et LAGARDE selon laquelle la loi du titre aurait le pouvoir de méconnaître la mesure du droit étranger en désincorporant le droit du titre ne convainc pas en ce qu'elle aboutira très souvent à une situation internationale boiteuse.

À l'inverse, la soumission de l'opération à la seule *lex rei sitae* satisfait cet aspect mais tend à perdre de vue que c'est la loi de la société qui, dans un premier temps, doit déterminer la cessibilité du titre avant que puisse avoir lieu la transmission, même par des mécanismes du droit des biens. La construction bipartite du conflit de lois du droit allemand est par conséquent préférable, du moins pour les titres au porteur, parce qu'elle mène à des solutions adaptées. Une question subsiste cependant : celle de savoir où se situe un titre dématérialisé.

d) Solution préconisée

290. La compétence de la *lex societatis* sort renforcée de cet examen. C'est elle, en effet, qui détermine la fongibilité et la cessibilité de tous les

195 Telle est la solution retenue par MM. BOUCOBZA, LOUSSOUARN et TROCHU, BATIFFOL et LAGARDE, cf. *supra*.

196 Nous entendons par là, la situation avant la dématérialisation des titres.

titres que la société émet. C'est encore elle qui peut régir, seule semble-t-il, le transfert des titres nominatifs.

Sa compétence n'est mise en cause que par la *lex rei sitae* qui doit régir, à l'heure actuelle, le transfert des titres au porteur. C'est la solution de droit positif allemand, c'est la solution à préconiser en droit français. En revanche, cette compétence concurrente de la *lex rei sitae* semble devoir disparaître en raison de la dématérialisation des titres puisque, alors, le transfert s'opère par l'inscription en compte dans les livres de la société ce qui ne saurait être régi que par la *lex societatis*. En ce cas, seule la *lex societatis* s'applique au régime international des titres sociaux.

§ 2) La cession de contrôle portant sur une société cible cotée

Une société cotée peut faire l'objet d'une acquisition de deux manières selon que l'opération se fait successivement ou instantanément.

A. Le ramassage en bourse

291. En premier lieu, l'acquisition du contrôle peut être progressive et l'on parle alors de la technique du « ramassage en bourse . Elle consiste à acquérir progressivement les titres d'une société cotée dans la perspective d'en obtenir le contrôle un jour dans le but d'éviter que monte le prix.

Dans cette hypothèse, il existe à la charge des sociétés acquéreuses des obligations de déclarations de franchissement de seuil (et d'objectifs) à l'égard de la société cible en droit français (art. L. 233-7 C. com.) et allemand (§§ 21 et s. *Wertpapierhandelsgesetz*[197]).[198] Il faut rattacher ces dispositions à la *lex societatis*.[199] La raison en est qu'elles s'appliquent à titre de *lex societatis* de la société cible aux sociétés acquéreuses en leur qualité d'actionnaires de la première.[200] On perçoit d'ailleurs à la lecture de ces dispositions que les législateurs entendent limiter le champ d'application, et par là même la protection à travers l'information, aux seules sociétés cibles soumises à leurs législations : l'article L. 233-7 C. com. désigne une *« société ayant son siège sur le territoire de la République »* et, plus explicitement encore, le § 21 al. 1er

197 Loi sur le commerce des valeurs mobilières.

198 Cf. *supra* n° 80 et 98.

199 Ainsi H. SYNVET, *Encycl. jur. Dalloz, Rép. Droit international, Société,* n° 166 à propos de l'article L. 233-7 C. com.

200 *MüKo-IntWR(IntGesR)*/KINDLER, n° 779-780.

WpHG évoque l'*« émetteur dont la République fédérale d'Allemagne est l'État d'origine »*.[201]

Le fait que les destinataires de l'information soient, en plus de la société cible, l'Autorité des marchés financiers (art. L. 233-7, al. 2e C. com.) et la *Bundesanstalt für Finanzdienstleistungsaufsicht* (*BaFin*, § 21 al. 1er WpHG) ne doit pas avoir d'influence sur leur qualification contractuelle à ce stade. Les informations qui sont données à ces autorités joueront cependant un rôle majeur dans le cadre de leur tâche de surveillance des marchés. À l'aide des informations ainsi obtenues, elles pourront en effet constater la présence d'une cession instantanée de contrôle auquel cas il leur incombe de déclencher un régime juridique contraignant.

B. La cession instantanée de contrôle

En deuxième lieu et plus délicat à analyser en termes de droit international privé, il y a l'opération de la cession instantanée de contrôle internationale.

1. Le rôle (secondaire) de la lex contractus

292. En principe, la *lex contractus* trouve encore à s'appliquer ici. Elle se détermine en principe comme en matière de société non cotée.[202] Concernant le rattachement à la loi d'un pays avec lequel le contrat présenterait des liens plus étroits (art. 4 § 5 Convention de Rome), on a également proposé la loi du marché sur lequel la société est cotée principalement[203], celle de la société cible si elle est cotée dans l'État de son siège et, à défaut, celle du marché principal[204], celle du lieu où a lieu l'offre publique[205], celle du mar-

201 À notre sens, il serait erroné de vouloir en conclure que le § 21 WpHG retienne le siège social réel. Telle est cependant la position de l'ensemble de la doctrine allemande (cf. *MüKo-IntWR(IntGesR)*/KINDLER, n° 778 et s. avec d'autres références). Logiquement, cette solution ne s'impose pas. En outre, retenir le siège réel signifierait que le bénéficiaire de l'information serait également la société allogène ayant son siège réel en Allemagne. Or, il ne peut incomber à la loi allemande le soin d'assurer à une société étrangère l'information quant à sa composition.

202 Cf. *supra* § 1. Dans le même sens : H. MERKT, *Internationaler Unternehmenskauf*, n° 116, X. BOUCOBZA, *op. cit.*, n° 492, p. 259.

203 EBENROTH/WILKEN, *ZVglRWiss* 90 (1991), 235 (242) ; *MüKo-IntWR(IntKapMarktR)*/SCHNYDER, n° 247.

204 *Großkommentar AktG*/ASSMANN, Einl., n° 723.

205 SCHNYDER, 'Takeovers and Conflit of Law', *in* FERRARINI/HOPT/WYMEERSCH (éd.), *Capital Markets in the Age of the Euro*, 2002, p. 427 et s. (437).

ché sur lequel a lieu l'offre publique[206], ou encore celle du siège de la société prenant le contrôle[207]. La multitude de critères de rattachement proposés en la matière montre que le conflit de lois doit prendre en considération le marché sur lequel a lieu l'offre publique.[208] Afin de garantir l'harmonie entre le régime contractuel et le régime de la prise de contrôle, il semble préférable de rattacher le contrat à la loi du marché sur lequel a lieu l'offre publique.[209]

Si la *lex contractus* s'applique en principe, son domaine d'application est cependant réduit considérablement en ce que la *lex contractus* subira l'assaut non seulement de la *lex societatis* de la société cible mais surtout celui des réglementations spécifiques relatives aux OPA.

2. *Le régime des offres publiques d'acquisition (OPA)*

293. La cession instantanée de contrôle internationale provoque en effet l'application du régime des **offres publiques d'acquisition** tel qu'il ressort de la Directive 2004/25 du 21 avril 2004 (« Directive OPA ») et des lois nationales de transposition.[210] Nous nous contenterons ici d'analyser le régime commun actuel sous l'aspect de la compétence des autorités et du droit applicable sans revenir sur les régimes français et allemand antérieurs.[211] De même, les régimes français et allemand de droit commun qui continuent à s'appliquer aux sociétés originaires d'États tiers à l'EEE[212] ne feront pas l'objet de développements dans le cadre de cette étude consacrée aux relations franco-allemandes.

a) *Présentation*

294. La Directive prend soin de fixer avec précision les « règles de conflit » relatives, à la fois, aux autorités nationales compétentes pour le contrôle de l'offre et au droit applicable.

206 *Ibid.*

207 KIEL, *Internationales Kapitalanlegerschutzrecht*, 1994, p. 292.

208 SCHNYDER, *ibid.*

209 En ce sens également : *MüKo-IntWR(IntKapMarktR)*/SCHNYDER, n° 248.

210 Pour une vue d'ensemble de la réglementation de droit substantiel français et allemand, cf. *supra* n° 98 et s., n° 106.

211 Pour le régime français antérieur, l'on consultera les développements de H. SYNVET, *L'organisation juridique du groupe international de sociétés*, t. 2, p. 386 et s. et *Encycl. jur. Dalloz, Rép. Droit international, Société*, n° 159 et s.

212 Cf. art. 1 § 1 de la Directive.

Le principe du parallélisme entre compétence de l'autorité et droit applicable. Le cœur du système est l'article 4. Il faut distinguer plusieurs hypothèses.[213]

La première, la plus simple, est celle dans laquelle le siège social de la société cible se trouve dans l'État membre sur le marché réglementé duquel les titres vont être admis à la négociation. En ce cas, l'autorité compétente et le droit applicable sont ceux de cet État (art. 4 § 2a). Cette autorité, comme toutes les autres ultérieurement d'ailleurs, applique son propre droit matériel des offres publiques, sa *lex fori*. Même si l'article 4 n'est pas explicite sur ce point, le parallélisme entre le for et le droit applicable (*forum* et *ius*) résulte du titre de cet article (« Autorité de contrôle et droit applicable »).[214]

La deuxième hypothèse est relative à la multi-cotation. Dès lors que les titres d'une société ont été admis à être négociés sur plusieurs marchés nationaux successivement, la compétence pour le contrôle de l'offre revient à l'autorité et à la loi de l'État sur le marché duquel les titres ont été admis en premier lieu (art. 4 § 2b phr. 2). On a donc préféré le rattachement sûr selon le principe de priorité à celui effectué par le marché principal.[215] Si l'admission sur plusieurs marchés a été simultanée, la société cible aura le loisir de choisir l'autorité compétente et ainsi la loi applicable (art. 4 § 2 c phr. 1).

La troisième hypothèse concerne la dissociation entre l'État membre du siège de la société cible et l'État membre sur le marché réglementé duquel les titres de cette dernière sont négociés. En ce cas, la compétence est accordée à l'État du marché (art. 4 § 2b phr. 1). En cas de multi-cotation, enfin, les règles exposées ci-dessus relatives à la deuxième hypothèse s'appliquent.

Puisque, le cas échéant, plusieurs marchés seront concernés mais qu'une seule autorité de surveillance sera compétente, toutes les autorités sont tenues de coopérer étroitement (art. 4 § 4).

Exceptions au principe de parallélisme pour certaines questions. Certaines questions relèvent dans toutes les hypothèses des règles applicables et de l'autorité compétente de l'État membre dans lequel la société a son siège social (art. 4 § 2e). Il s'agit des questions relatives à l'information du personnel, aux seuils de contrôle, aux dérogations à l'obligation de lan-

213 Pour une présentation en langue française : M. LUBY/M. MENJUCQ, *JCl. Europe Traité*, Fasc. 862 – Offres publiques d'acquisition, n° 24 et A. COURET, *in* BEGUIN/MENJUCQ, *Droit du commerce international*, n° 661 et s., p. 246 et s.

214 v. HEIN, *AG* 2001, 213 (214) ; KINDLER/HORSTMANN, *DStR* 2004, 866 (867) ; MAUL/MUFFAT-JEANDET, *AG* 2004, 221 (226).

215 v. HEIN, *ibid.*, 215.

cer une offre, aux conditions dans lesquelles l'organe d'administration ou de direction de la société visée peut entreprendre une mesure anti-OPA.

Il faut y ajouter la question de la protection des actionnaires minoritaires de la société cible qui a été soulevée spécialement par l'article 5 de la Directive lequel renvoie sur ce point aux législations nationales de la société cible. Ces renvois aux droits nationaux explique que le seuil de contrôle soit de *plus des deux tiers des titres du capital ou plus du tiers des droits de vote* en droit français[216] alors que le droit allemand retient un seuil de 30 %[217].[218] De la même manière, est renvoyé à la loi de la société visée pour la détermination de la durée de la période d'observation des prix payés en vue de la détermination du prix équitable.[219]

L'article 4 de la Directive a été transposé dans la *WpÜG* allemande, dans le Règlement général de l'Autorité des marchés financiers (art. 231-1, al. 1er [220]) ainsi que dans le Code monétaire et financier (art. L. 433-1 I et II C. mon. et fin.[221]). D'apparence, le système est simple. Se pose cependant la

216 Art. L. 433-3 C. mon. fin.

217 § 29 al. 2 WpÜG.

218 Article 5 § 3 relatif à la protection des actionnaires minoritaires.

219 Art. 5 § 4 de la Directive.

220 « *Le présent titre* [OPA] *s'applique à toute offre faite publiquement aux détenteurs d'instruments financiers* **négociés sur un marché réglementé d'un État membre de la Communauté** *européenne ou partie à l'accord sur l'Espace économique européen, y compris la France,* **pour laquelle l'AMF est l'autorité compétente dans les cas prévus aux I et II de l'article L. 433-1 du code monétaire et financier,** *par une personne, agissant seule ou de concert au sens des articles L. 233-10 ou L. 233-10-1 du Code de commerce, en vue d'acquérir tout ou partie desdits instruments financiers.* » (souligné par nos soins.)

221 « *Art. L. 433-1. I. – Afin d'assurer l'égalité des actionnaires et la transparence des marchés, le Règlement général de l'Autorité des marchés financiers fixe les règles relatives aux offres publiques portant sur des instruments financiers émis par une* **société dont le siège social est établi en France** *et qui sont admis aux négociations* **sur un marché réglementé français.**

II. – Ces règles s'appliquent également aux offres publiques visant des instruments financiers émis par **une société dont le siège statutaire est établi sur le territoire d'un État membre de la Communauté européenne ou d'un autre État partie à l'accord sur l'Espace économique européen** *autre que la France* **lorsque les titres** *de capital de cette société auxquels sont attachés des droits de vote : 1. Ne sont* **pas admis** *aux négociations* **sur un marché réglementé de l'État** *sur le territoire duquel la société a son* **siège statutaire** *et 2. Ont été* **admis** *aux négociations sur un marché réglementé d'un État membre de la Communauté européenne ou d'un autre État partie à l'Espace économique européen* **pour la première fois en France.** [...] *Lorsque la* **première admission** *mentionnée au 2° intervient* **simultanément dans plusieurs États membres de la Communauté européenne** *ou d'autres États parties à l'accord sur l'Espace économique européen après le 20 mai 2006, l'Autorité des marchés fi-*

question de savoir comment il convient d'analyser ces réglementations en termes de droit international privé.

b) Analyse du régime en termes de droit international privé

295. L'autorité compétente et le droit applicable à une opération d'offre publique sont désormais déterminés selon des règles identiques dans tous les États membres de l'UE et de l'EEE. La réglementation communautaire est devenue droit national par le biais de la transposition de la directive. C'est la raison pour laquelle se pose la question de l'analyse internationaliste de ces réglementations, même harmonisées.

Afin d'attribuer la réglementation des OPA à une catégorie de normes du droit international privé (règles de conflit unilatérales ou bilatérale), lois de police), une analyse préalable de la nature et des objectifs de la réglementation s'impose.

i) Nature et objectifs de la réglementation

296. La particularité des lois relatives aux marchés de capitaux (Code monétaire et financier et le Règlement général de l'AMF, *Wertpapier- und Übernahmegesetz*) dans lesquelles le régime des OPA a été transposé en droit national est qu'elles revêtent un caractère public puisqu'elles poursuivent des buts de politique économique. Elles tendent en effet à promouvoir l'efficacité du marché dans ses aspects institutionnels, opérationnels et allocatifs, à assurer la protection des investisseurs ainsi qu'à garantir une concurrence loyale des acteurs.[222] Puisque l'État intervient ici pour garantir l'ordre et pour assurer la direction des marchés de capitaux, le droit international des marchés de capitaux appartient au droit international économique.[223] De plus, comme on l'a vu, la compétence procédurale détermine dans une large mesure le droit applicable (ce qui fait penser au parallélisme en droit processuel entre autorité compétente et droit applicable en droit public) de sorte qu'une autorité des marchés n'appliquera que rarement un autre droit que le sien. Si, exceptionnellement, cela arrive, notamment dans le cadre du système de la Directive OPA en cas de multi-cotation, une coopération internationale s'avère nécessaire.

---

nanciers fixe les règles lorsqu'elle a été déclarée compétente pour le contrôle de l'offre par la société qui fait l'objet de l'offre. [...]. » (Souligné par nos soins).

222 *MüKo-IntWR(IntKaptMarktR)*/SCHNYDER, n° 13-24.

223 *Ibid.*, n° 31 et s.

Il reste que la réglementation poursuit aussi clairement des buts de droit privé. Parmi ceux-ci, on relèvera surtout celui de la protection des actionnaires de la société cible.[224]

En conséquence, il est deux possibilités de comprendre cette réglementation. L'on pourrait affirmer qu'elle doit recevoir une qualification de *lex societatis*. Une autre qualification, celle de loi des marchés de capitaux, doit également être envisagée. En revanche, la qualification du régime des OPA de « loi de procédure » semble devoir être écartée d'emblée tant il va bien au-delà de la simple organisation du service public.[225]

ii) Le rattachement à la lex societatis

297. Plusieurs raisons semblent militer en faveur de l'admission de la *lex societatis*.

D'abord, lorsque la société cible est cotée dans l'État de son siège, la loi applicable est celle de cet État. Autrement dit, dans cette hypothèse qui est la première envisagée par la Directive (art. 4 § 2a), la loi du marché sera identique à la loi du siège social de sorte que la réglementation pourra être rattachée à la *lex societatis*.

Ensuite, il existe un certain nombre de dispositions dans la réglementation sur les offres publiques qui affichent clairement un contenu de type sociétaire. Ainsi, les informations obligatoires, les délais de réflexion, la garantie des cours et le droit de retrait, entre autres dispositions des réglementations nationales, ont pour but la protection des actionnaires minoritaires. De plus, comme cela a été vu, l'article 4 § 2e et l'article 5 de la Directive renvoient expressément à plusieurs reprises à la loi de la société cible, donc à sa *lex societatis*, pour différentes questions[226].

Enfin, rattacher l'opération à la *lex societatis* assurerait l'unité de la loi applicable à l'opération contrairement à la loi du marché dont il peut en exister plusieurs en cas de multi-cotation.

En revanche, d'autres arguments bien plus convaincants recommandent de ne pas retenir la *lex societatis* pour rattacher l'offre publique mais la loi du marché.

224 CLAUSSEN, *Bank- und Börsenrecht für Studium und Praxis*, 2003, § 9 n° 1 b.

225 Cf. X. BOUCOBZA, *op. cit.*, n° 512-513, p. 271 et s.

226 Cf. *supra* a).

iii) Le rattachement préférable à la loi des marchés de capitaux

298. Les arguments en faveur d'une approche boursière. En premier lieu, il n'est pas sûr que la distinction entre les règles de type sociétaire et celles de type boursier à l'intérieur des réglementations soit pertinente. Car la protection alléguée des actionnaires n'est en réalité que celle des investisseurs. Bien sûr, ce sont les mêmes personnes : les actionnaires de la société cible sont pris ici dans leur rôle d'investisseurs sur les marchés de capitaux que la Directive veut protéger.[227] Seulement, l'approche est différente. Ce que la réglementation vise est le bon fonctionnement des marchés de capitaux, et non celui de la société cible. Il en va ainsi par exemple des informations devant être publiées obligatoirement : elles visent à conférer une bonne connaissance aux investisseurs afin d'assurer une transparence du marché et ainsi une allocation optimale des ressources. Que, par là même, les actionnaires de la cible s'en trouvent protégés est secondaire et a lieu par réflexe. Ce fait atteste toutefois de l'interférence entre le droit boursier et le droit des sociétés.[228]

Un deuxième argument peut être invoqué. Si l'on retenait le rattachement par la *lex societatis*, une société qui ne serait cotée que dans un État autre que celui de son siège ne se verrait pas appliquer la réglementation boursière du lieu de sa cotation en cas d'offre publique portant sur elle. Or, cela ne peut être voulu. Il est évident que l'État du marché réglementé, dont se sert la société en cause pour se financer, a tout intérêt à imposer les règles qu'il a établi au vu du fonctionnement du marché aux sociétés, étrangères ou non, qui y sont cotées. On ne voit pas pourquoi cet État laisserait le soin de réglementer son propre marché à l'État d'origine de la société qui, de surcroît, s'en désintéresse. C'est en ce sens qu'il est juste de parler au sujet du droit des marchés de capitaux d'un élément de la *« constitution économique »*[229] d'un pays. La loi du marché a ainsi *« le pouvoir de refuser l'usage du marché qu'elle gouverne à ceux qui n'accepteraient pas de respecter ses prescriptions »*.[230] Bien avant la Directive OPA déjà, la Cour d'appel de Paris avait affirmé l'application impérative des règles boursières françaises en tant que *« dispositions d'ordre public économique »* à tout opérateur français et étranger interve-

227 Cf. Considérant n° 2 de la Directive.

228 KOPPENSTEINER, *Colloque international*, p. 70 avait déjà fait remarquer que le problème de la protection des actionnaires minoritaires devait relever à la fois du droit boursier et du droit des sociétés.

229 Ainsi *MüKo-IntWR(IntKapMarktR)*/SCHNYDER, n° 35.

230 H. SYNVET, *L'organisation juridique du groupe international de sociétés*, t. 2, p. 394.

nant sur le marché français.[231] La Directive OPA, enfin, fait nettement primer la loi du marché sur celle de la société en pareille hypothèse.[232]

299. Signification de cette qualification. La réglementation des offres publiques est ainsi principalement rattachée au marché boursier et non au droit des sociétés. La loi du marché fait prévaloir les intérêts du marché sur ceux des sociétés. Qualifier cependant la réglementation de loi du marché conduit nécessairement à exclure la méthode du conflit de lois. Car ce rattachement au marché ne peut se concevoir que comme **loi de police.**[233] Si tel est le cas, plusieurs lois de police seront appelées à s'appliquer à une offre publique transnationale portant sur une même société qui serait cotée parallèlement sur plusieurs marchés. Il en résulterait un conflit de lois de police. Il existe trois moyens de le résoudre.

Le premier consiste à appliquer distributivement les lois boursières à la fraction des actions présentes sur le marché.[234] La conséquence en est que l'offre devra se conformer aux prescriptions de toutes les lois cumulativement qui, de surcroît, peuvent se révéler contradictoires. Ce morcellement législatif ne peut que décourager l'initiateur potentiel d'une offre.

Le deuxième moyen a été conçu par un auteur français sous l'appellation de l'*« effet atténué des lois de police »*.[235]

> *« [...] M. Boucobza décèle une certaine tendance des diverses lois de police à ne pas s'imposer systématiquement (sous peine de paralyser toute opération d'acquisition internationale), mais à concevoir leur propre domaine avec une certaine souplesse, admettant*

231 CA Paris, 1ère ch., 13 janv. 1998, *Rev. soc.* 1998, 572 ; Y. Reinhard, *JCP* éd. E 1999, 1292 ; J.-J. Daigre, *JCP éd. E* 1999, 1431 ; M. Germain/M.-A. Frison-Roche, *RD bancaire et bourse* 1998, 64 ; P. Le Cannu, *Rev. soc.* 1998, 572.

232 Cf. art. 4 § 2 b, c, d de la Directive.

233 B. Goldman, *Colloque international*, p. 15 ; H. Synvet, *L'organisation juridique du groupe international de sociétés*, t. 2, p. 394 ; Batiffol/Lagarde, *Droit international privé*, n° 203 ; Mayer/Heuze, n° 1041 ; Bureau/Muir Watt, n° 1045 et 1066 ; X. Boucobza, *op., cit.*, n° 562, p. 311 ; J. Stoufflet, *JCl. Banque – Crédit– Bourse*, Fasc. 1740 Bourse et opération de bourse, n° 6 ; (en guise de tous les auteurs allemands :) *MüKo-IntWR(IntKapMarktR)*/Schnyder, n° 34.

234 Sur cette possibilité, cf. H. Synvet, *L'organisation juridique du groupe international de sociétés*, t. 2, p. 394 et s.

235 X. Boucobza, *op. cit.*, p. 303 et s., n° 548 et s.

> *qu'une loi étrangère intervienne à leur place si la finalité poursuivie (par ex. la protection d'actionnaires minoritaire) est suffisamment réalisée.* »[236]

Le troisième moyen envisageable, le plus ambitieux, consisterait à harmoniser dans une large mesure les différentes réglementations des marchés de capitaux, de fixer un cadre commun en quelque sorte, et de choisir ensuite une seule loi prioritairement aux autres pour régir l'opération en cas de multi-cotation, de même qu'une autorité nationale chargée de chapeauter l'ensemble de l'opération en coopérant avec les autorités nationales des autres marchés concernés. Nous voilà arrivés à la solution poursuivie par la Directive. Aussi, pour le dire clairement, ce à quoi s'attelle la Directive, en réalité, est la répartition du domaine des lois de police des divers marchés européens affectés par l'opération au gré des opérations.[237] Elle le fait par le critère de priorité de cotation.

c) L'application supplétive de la lex societatis

300. Alors même que l'offre publique elle-même sera soumise à la loi du marché qui régira les questions centrales telles que le prix, la procédure, le contenu du prospectus d'offre et celui des informations obligatoires, des titres de compétence au profit de la *lex societatis* subsistent cependant.

Concernant spécifiquement la société cible, la Directive, dans son art. 4 § 2e, soumet expressément à la *lex societatis* les questions relatives à l'information du personnel, aux seuils de contrôle, aux dérogations à l'obligation de lancer une offre, aux conditions dans lesquelles l'organe d'administration ou de direction de la société visée peut entreprendre une mesure anti-OPA. Ces questions ont été identifiées comme étant relatives au fonctionnement interne de la société cible.[238] Il en va de même concernant la détermination du pourcentage de contrôle et la détermination de la durée de la période d'observation des prix (art. 5 de le Directive). Ces dernières questions relèvent clairement d'une approche du droit des sociétés.

D'une manière plus générale, il faut considérer que toutes les fois où une question n'est pas réglée par les réglementations sur les offres publiques, les *leges societatis* de la société initiatrice et de la société cible s'appliquent de

236 D. Bureau, *in* Bureau/Muir Watt, n° 920, p. 325. Cette méthode devrait s'appliquer en dehors du champ d'application de la Directive OPA.

237 Bureau/Muir Watt, n° 1066.

238 M. Luby/M. Menjucq, *JCl. Europe Traité*, Fasc. 862 – Offres publiques d'acquisition, n° 24.

manière supplétive, chacune à sa société. Il doit en aller ainsi en raison du fait que le fonctionnement interne des sociétés est en jeu lorsqu'est décidée la prise de contrôle au sein de la société offrante ou encore lorsque la société cible décide de mettre en œuvre des mesures à même de faire échec à l'offre. Dans cette dernière hypothèse, le régime des responsabilités du droit des sociétés de la société cible s'applique pour les faits qui seraient imputables à la société cible ou ses dirigeants. Ainsi, en cas de non-respect par l'organe d'administration ou de direction de l'article 9 de la Directive (relatif à l'autorisation préalable voire l'approbation postérieure par l'assemblée générale des défenses anti-OPA), la société et ses dirigeants seront tenus responsables des dommages causés aux investisseurs/actionnaires.[239]

301. Résumé des solutions. L'étude des modes de formation du groupe international existant de manière similaire en droit français et allemand a montré que la *lex societatis* de la société objet d'une opération internationale régit cette opération[240] avec le concours, le cas échéant, de la *lex societatis* de la deuxième société impliquée. Ce dernier concours est cependant circonscrit aux aspects qui, soit concernent cette deuxième société de manière solitaire et alors le champ d'application des lois n'est pas le même[241], soit concernent les deux sociétés de manière identique et alors ces lois s'appliquent cumulativement[242] – ceci reste cependant exceptionnel.

La loi régissant par excellence les opérations d'un groupe international de sociétés est par conséquent la *lex societatis* et le rattachement est celui du siège social selon les conditions déterminées auparavant.[243] Ainsi, ce n'est que de manière subsidiaire que la *lex societatis* est écartée au profit de la *lex contractus* dans les opérations internationales.[244]

En revanche, la *lex societatis* est sérieusement concurrencée par la loi du marché en ce qui concerne la prise de contrôle internationale d'une société cotée. Toutefois, cela n'est pas surprenant et il ne saurait en aller différemment parce que, ce qui est en cause, n'est pas le fonctionnement de la société mais celui des marchés nationaux de capitaux. En demandant à être cotée

239 *MüKo-IntWR(IntKapMarktR)*/SCHNYDER, n° 43 *in fine*, 251 et s.

240 Hypothèse de la constitution d'une filiale à l'étranger.

241 Exemple : les conditions préalables de la scission internationale.

242 Cela s'est vérifié pour le projet de scission dans le cadre de l'apport partiel d'actif et l'*Ausgliederung*.

243 Cf. *supra* Partie I - Titre 2 - Chapitre 2 - Section 1 (n° 171-228).

244 Hypothèse de la prise de contrôle d'une société non cotée.

sur un marché, la société émettrice abandonne ainsi en quelque sorte sa compétence naturelle relative à la composition de son actionnariat.

Il convient maintenant de s'intéresser aux procédés spécifiques issus du droit allemand et de vérifier si, sur ce terrain, la *lex societatis* a pu maintenir sa compétence. Tel est l'objet du deuxième chapitre.

Chapitre 2 La formation internationale du groupe par des procédés spécifiques

Le droit allemand prévoit plusieurs techniques contractuelles pouvant mener à l'édification d'un groupe. Il faut distinguer les *Konzernverträge* des §§ 291 et 292 AktG (Section 1) lesquels sont à l'origine du groupe de droit (contrat de domination) ou du groupe de fait (les autres contrats) d'une part, et la technique de l'intégration d'autre part (Section 2).

Section 1 La formation par le biais des *Konzernverträge*

La possibilité de conclure l'un des contrats prévus aux §§ 291 et 292 AktG par une société allemande et une société étrangère est généralement admise de nos jours (§ 1). En revanche, la qualification de certains de ces contrats continue à poser problème. Parfois, une divergence internationale des solutions risque d'en être la conséquence. Nous tenterons d'y remédier (§ 2). Enfin, pour être valables, les contrats doivent respecter un certain nombre de conditions (§ 3).

§ 1) La licéité de principe des Konzernverträge conclus avec une entreprise étrangère

302. Une partie de la doctrine considérait comme étant illicites et nuls les contrats de formation de groupe conclus entre une société de droit interne et une société soumise à une loi étrangère.[245] Les auteurs craignaient un « contrôle étranger » de la société de droit interne, un contrôle voire une

245 EBENROTH, *Vermögenszuwendungen*, p. 559 ; *MüKo-IPR* (2e éd., 1990)/EBENROTH, nach Art 10, n° 417 et s. ; W. FLUME, *Grundfragen der Aktienrechtsreform*, Düsseldorf, 1960, p. 53 et s. ; H. MEILICKE, 'Korporative Versklavung deutscher Aktiengesellschaften durch Beherrschungs-und Gewinnabführungsverträge gegenüber in- und ausländischen Unternehmen', *FS Hirsch*, Berlin 1968, p. 99 et s.

direction étrangers à leur tour « incontrôlables » juridiquement en raison notamment du problème de l'exécution des jugements. De tels arguments ont certainement perdu de la valeur alors que l'exécution des jugements en Europe se fait de manière semi-automatique (art. 38 du Règlement 44/2001), et ne semble pas poser de problèmes particuliers en matière de groupe[246]. De plus, il ne faut pas oublier que le contrat de domination, en particulier, apporte des garanties plus fortes aux actionnaires minoritaires et aux créanciers que celles dont ils jouissent dans le cadre du groupe de fait. Enfin, la sanction de la nullité du contrat pénaliserait ceux que la loi veut protéger : les créanciers et actionnaires externes. Aussi, aujourd'hui, les contrats interentreprises conclus entre une société allemande et une société soumise à une loi étrangère sont largement admis.[247]

§ 2) Le problème de la qualification des Konzernverträge

303. Le problème de la qualification des contrats de groupe de sociétés connus en droit allemand sous le vocable de *Konzernverträge* ainsi que, dans une moindre mesure, en droit français où ces accords empruntent des mécanismes juridiques différents, est sans doute des plus cruciaux en la matière. Il en va ainsi parce qu'une qualification divergente en droits français et allemand pourra avoir des conséquences néfastes sur la validité internationale de tels accords et causer l'interférence de l'ordre public, laquelle doit cependant rester exceptionnelle.

Nous savons qu'en droit matériel, les contrats interentreprises se distinguent par leur nature juridique. Les uns qui ont un impact substantiel évident sur la société filiale et que l'on a qualifié de *contrats organisationnels* sont le contrat de domination et le contrat de transfert des bénéfices du § 291 AktG. Ils déclenchent les garanties des §§ 300 à 310 AktG au profit de la société dépendante, de ses actionnaires minoritaires ainsi que de ses créanciers.[248] Les autres contrats, régis par le § 292, ont été conçus par le

246 Cf. E. BRUHNS, *Das Verfahrensrecht der internationalen Konzernhaftung*, 2005, p. 370-378.

247 *MüKo-IntWR(IntGesR)*/KINDLER, n° 759 ; *MüKo-AktG*/ALTMEPPEN, Einl. §§ 291 et s., n° 46 et s. ; EMMERICH/HABERSACK, *commentaire*, § 291 n° 37 ; *KöKo*/KOPPENSTEINER, Vorbem. § 291, n° 194 ; STAUDINGER-*IntGesR*/GROßFELD, n° 571 ; BRAUER, p. 104 et s ; BAYER, *Der grenzüberschreitende Beherrschungsvertrag*, p. 96 et s. ; EMMERICH/HABERSACK, § 8 IV 4 ; HAHN, *IPRax* 2002, 107 ; VISCHER, *FS Mann*, 1977, p. 639 (650) ; WIEDEMANN, *FS Kegel*, 1977, p. 187 (206 et s.) ; JAECKS/SCHÖNBORN, *RIW* 2003, 254 (264).

248 Cf. *supra* n° 39 (spéc. n° 43).

législateur allemand comme de simples *contrats synallagmatiques* : on y trouve le contrat de communauté de bénéfices, le contrat de transfert partiel de bénéfices, le contrat de bail d'entreprise, le contrat de mise à disposition de l'entreprise ainsi que le contrat de *management.*[249] La question qui se pose alors est celle de savoir si la qualification en droit matériel aura ou non une influence sur le résultat de l'opération de qualification en droit international privé. Nous l'étudierons en distinguant les deux types de contrats de *Konzern.*

A. Les contrats interentreprises du § 291 AktG

304. Le contrat de domination et le contrat de transfert de bénéfices sont qualifiés en droit allemand de *Organisationsverträge.* La doctrine allemande est unanime pour dire qu'ils ne peuvent être saisis juridiquement avec les instruments du droit général des obligations. Il s'agit au contraire de contrats organisationnels qui, comme leur nom l'indique, organisent les rapports entre la société dominante et la société dépendante et peuvent aboutir à modifier voire à suspendre les statuts de la société dépendante pendant leur durée. Or, ces modifications statutaires sont régies par les règles gouvernant la société dépendante. Pour autant, il s'agit indéniablement de contrats qui créent des obligations synallagmatiques à la charge des parties. A partir de ce constat, une alternative à deux branches semble envisageable. Soit, en effet, on qualifie ces *Organisationsverträge* de contrats, soit on les attribue à la catégorie du droit des sociétés. D'aucuns, enfin, y ajoutent la possibilité de voir en la réglementation des contrats du § 291 des lois d'application immédiate. Pour trancher, il faut tenir compte des conséquences qu'entraîne une classification dans l'une ou l'autre des catégories.

Il est évident que peu importe la qualification retenue, le résultat doit être **l'application du droit matériel de la filiale** dès lors que la protection de la société fille, de ses actionnaires externes et de ses créanciers est en jeu. La doctrine est unanime sur ce point. Mais l'unanimité s'arrête là. En effet, une multitude de théories différentes a été proposée pour asseoir la compétence ou du moins le respect du droit matériel de la filiale dont nous présenterons brièvement les plus importantes.

249 Cf. *supra* n° 45 et s.

1. *Les approches doctrinales*

a) *Application de la* lex societatis *de la filiale en raison du lien sociétaire entre société mère et société dépendante*

305. MANN[250] propose une qualification hybride. Tout en admettant le principe d'autonomie, il subordonne la validité du contrat au respect des règles de la *lex societatis* de la filiale dont il déduit la compétence du fait qu'en réalité, serait en jeu la relation entre la société (dépendante) et son actionnaire (majoritaire), la société mère, en somme donc une relation sociétaire ordinaire.

b) *Application de la* lex societatis *de la filiale en raison de la modification des statuts de cette dernière*

306. EBENROTH qualifie le contrat de domination de *« contrat organisationnel à effet de superposition des statuts »*[251] et déduit la compétence de la loi de la filiale de la volonté de l'*Aktiengesetz* de protéger cette dernière contre cette dénaturation tant organisationnelle que structurelle qu'elle subit du fait du contrat de groupe.[252]

W. BACHE[253], quant à lui, met également en avant l'effet modificateur sur les statuts de la filiale de la conclusion du contrat de groupe. Il s'agirait d'un contrat *sui generis* n'ayant d'effets qu'à l'intérieur de la société (dépendante). En vertu dudit contrat, explique-t-il, la direction de la société dépendante perd sa compétence de direction au fur et à mesure qu'est exercé le pouvoir de direction par la société dominante. BACHE le qualifie, par conséquent, de contrat organisationnel propre au droit des sociétés ayant des effets équivalents à une modification statutaire sur la structure interne de la société dépendante. Et la *lex societatis* étant compétente pour les relations internes d'une société, il en déduit que le contrat de domination doit être régi par elle.

KOPPENSTEINER[254] entreprend un examen double de droit matériel et de conflit de lois au terme duquel il constate que les relations juridiques entre la société dominante et la société dépendante doivent être qualifiées

250 *FS Barz*, 1974, p. 219-237 (227).

251 EBENROTH, *Vermögenszuwendungen*, p. 377 et s. : *« Organisationsvertrag mit satzungsüberlagernder Wirkung »*.

252 *Ibid.*, p. 383.

253 BACHE, *Der internationale Unternehmensvertrag nach deutschem Kollisionsrecht,* 1969, p. 25 et s.

254 H.-G. KOPPENSTEINER, *Internationale Unternehmen im deutschen Gesellschaftsrecht*, 1971.

de sociétaires. Cependant, chaque *lex societatis* se bornerait – ou le devrait tout au moins, selon lui – à régir les seules questions qui concernent la société appartenant à son ordre juridique.[255] Concernant les contrats du § 291, il retient que ceux-ci doivent être qualifiés soit de *« modifications statutaires »*, soit de *« contrats lesquels, comme les statuts, ont pour effet la création ou modification immédiate de la structure organisationnelle »* mais en tout cas de sociétaires et en déduit le principe de la compétence de la loi de la filiale[256] sans toutefois exclure une possible application de la loi de la société mère, par exemple pour les formalités de vote du contrat de groupe par les organes de la société mère[257].[258]

c) Application du droit matériel de la filiale en raison de l'objectif de protection poursuivi par le droit des groupes

307. WIEDEMANN déduit de l'objectif de protection des actionnaires, créanciers et employés poursuivi par le droit allemand des groupes, la volonté de ce dernier de s'appliquer à une société dominante étrangère ayant une filiale allemande. Il en va ainsi pour que l'objectif de protection ne puisse être contourné par le biais d'une domiciliation de la société mère à l'étranger. Cela passe, selon lui, par un mécanisme de « rayonnement » du droit des sociétés allemand (étant sous-entendu que le droit des groupes en fait partie) sur la société étrangère, de sorte que la société dominante étrangère devra respecter, dans le cadre de sa relation avec sa filiale, la loi matérielle de cette dernière.[259] La volonté de la loi matérielle de s'appliquer se bornerait toutefois à garantir la protection des intérêts internes ; les intérêts de la société étrangère ne sont pas protégés par elle.[260] Techniquement, selon WIEDEMANN, le contenu de la loi matérielle est projeté par le mécanisme du rayonnement sur la règle de conflit de lois qui ne pourrait avoir d'autre portée que celle de la loi matérielle. *A priori* donc, la règle de conflit de lois sera unilatérale mais l'auteur n'exclut pas la possibilité de bilatéraliser cette même règle.[261]

255 *Ibid.*, p. 104 ; KOPPENSTEINER, *Colloque international*, p. 88 et s.

256 KOPPENSTEINER, *Colloque international*, p. 96.

257 KOPPENSTEINER, *Internationale Unternehmen*, p. 171 et s.

258 Dans le même sens : IMMENGA/KLOCKE, *ZSchwR* 92 (1973), 27 et s.

259 Voire autant de lois matérielles différentes que ses filiales comptent de *leges societatis* différentes.

260 WIEDEMANN, *FS Kegel* (1977), 187-211 (204).

261 *Ibid.*, 205-206.

d) Application du droit matériel de la filiale à titre de loi de police économique

308. LUCHTERHANDT[262] part de la nécessaire protection de la société filiale face au danger de la fraude à la loi consistant à implanter une société mère à l'étranger pour contourner les règles de l'*Aktiengesetz* [263] et retient, pour poser la compétence de principe de la filiale dans les domaines impliquant un rapport de groupe de sociétés, une qualification de droit économique. De cette sorte, il voit dans les règles du *Konzernrecht* des règles de conflit unilatérales « cachées », c'est-à-dire des lois de police économique. Ainsi, même à vouloir qualifier les *Konzernverträge* de contrats internationaux classiques, ces lois de police dérogeraient au principe de l'autonomie de la volonté selon la règle de *lex specialis derogat legi generali*.[264] En matière de contrats interentreprises, il conclut à l'application du droit matériel de la société filiale en raison du but protecteur du *Konzernrecht* perçu comme étant une loi de police (« *wirtschaftsrechtliche Sonderanknüpfung* »).[265]

e) Application du droit matériel de la filiale en raison du lieu de la « prestation caractéristique »

309. Quand bien même J. BRAUER ne nie pas le caractère organisationnel du contrat de domination, il retient une qualification contractuelle de celui-ci. Il considère en effet que le rapport juridique qui existe entre les sociétés d'un même groupe grâce au contrat de domination ne peut être de nature sociétaire parce que ce lien ne serait pas doté de la personnalité juridique mais serait de nature contractuelle.[266]

Tout en qualifiant contractuellement, l'auteur n'admet pas pour autant un *electio juris*.[267] Selon lui, il ne peut y avoir choix de loi par les parties que lorsque celles-ci sont égales économiquement, ce que la conclusion d'un contrat du § 291 exclut tant elle suppose l'existence d'un état de subordination.[268] Pour déterminer la *lex contractus* de manière objective, BRAUER fait

262 *Deutsches Konzernrecht bei grenzüberschreitenden Konzernverbindungen*, Stuttgart, 1971.
263 *Ibid.*, p. 102, 127.
264 *Ibid.*, p. 131.
265 *Ibid.*, p. 127.
266 J. BRAUER, *Kollisionsrechtliche Probleme der Konzerne und Unternehmensverträge*, Diss. Göttingen, 1969, p. 82.
267 *Ibid.*, p. 96.
268 *Ibid.*, p. 94, 95.

sienne la théorie d'origine suisse de la prestation caractéristique.[269] Il s'agit là d'une règle de conflit qui retient comme critère de rattachement le lieu où la prestation caractéristique du type de contrat considéré a (ou devrait avoir) lieu[270] de sorte que *« s'applique le droit matériel du pays dans l'ordre social duquel a lieu la prestation caractéristique d'un point de vue sociologique ou économique »*. BRAUER voit la prestation caractéristique du contrat de domination en la *« soumission de la société dépendante »* et en conclut par conséquent à l'application de la loi de celle-ci.[271]

f) Application de la loi d'autonomie

310. C'est l'approche de Karl Heinz NEUMAYER[272] qui est d'apparence la plus permissive de toutes. Il retient une qualification contractuelle stricte et conteste que les contrats du § 291 aient un quelconque effet modificateur sur les statuts ou la structure de la société dépendante lesquels, dit-il, restent formellement intouchés. Tout au plus, selon l'auteur, le contrat de domination mène à la légitimation contractuelle de la relation de subordination préexistante sans pour autant constituer un acte organisationnel particulier.[273] Enfin, il fait valoir que la mise en danger des intérêts des actionnaires externes et des créanciers de la filiale du fait de la conclusion de ces contrats interentreprises doit être distinguée de la question antérieure des effets sur la société elle-même.[274]

269 Il s'agit d'une théorie défendue initialement par Adolf F. SCHNITZER, *Handbuch des internationalen Privatrechts*, 4e et dernière éd., Basel, tome 2, 1958, p. 645 (en langue française : 'La loi applicable au contrat', *Rev. crit. DIP* 1955, 459) ainsi que plus tard par Frank VISCHER, *in* VISCHER/HUBER/OSER, *Internationales Vertragsrecht*, Bern, 1962, p. 108 et s. C'est cette théorie qui forme également le noyau dur de la Convention de Rome.

270 Cela n'est pas sans rappeler l'énoncé de l'article 4 § 2 de la Convention de Rome de 1980. Remarquons que telle est également la portée de l'article 117 LDIP suisse actuellement en vigueur dont l'aliéna 3 énumère différents contrats et indique pour chacun l'obligation devant être considérée comme étant la prestation caractéristique, qui semble avoir servi de modèle aux rédacteurs de l'article 4 du Règlement Rome I.

271 *Ibid.*, 125 et s.

272 K. H. NEUMAYER, 'Betrachtungen zum internationalen Konzernrecht', *ZVglRWiss* 83 (1984), 129 et s.

273 Il tire argument de ce que tout engagement limite par nature la marge de manœuvre d'une société et que le contrat de domination n'y fait pas exception car aucune règle ne saurait empêcher la filiale de ne pas suivre les directives adressées par la société dominante sauf à engager sa responsabilité contractuelle. Rien ne distinguerait alors le contrat de domination d'un autre engagement contractuel.

274 *Ibid.*, 156 et s.

NEUMAYER admet le principe d'autonomie[275] de sorte que les parties ont la liberté de soumettre leur contrat interentreprises à une loi matérielle de leur choix. A défaut de choix de loi, le rattachement se ferait en fonction du lieu de la prestation caractéristique en tant que siège du rapport de droit au sens savignien. Cette prestation caractéristique est celle de la filiale.[276] Il est intéressant de noter que, selon l'auteur, l'admission du principe d'autonomie ne met pas en cause la protection des groupes à risque. Soit le contenu de la loi choisie ne correspond pas aux caractéristiques du contrat de domination du § 291 contenant les mécanismes de protection au profit des actionnaires minoritaires et créanciers des §§ 300 et s. de sorte qu'il n'y a pas de contrat de domination et alors les dispositions relatives au groupe de fait deviennent applicables[277]. Soit, *« à considérer que la simple conclusion d'un contrat quelconque entre les deux sociétés suffise à écarter le jeu des §§ 311 et s. relatifs au groupe de fait »*[278], les dispositions protectrices des §§ 300 et s. au profit des actionnaires et créanciers s'appliqueraient en tant que *« dispositions internationalement impératives »*[279]. NEUMAYER exprime sa nette préférence pour la première solution.[280]

Force est de constater que l'approche initialement libérale de NEUMAYER consistant à admettre le principe d'autonomie est relativisée par le fait que, peu importe la loi choisie par les parties, les dispositions protectrices de l'*Aktiengesetz* relatives au contrat de domination devront être respectées, à défaut de quoi, le régime du groupe de fait s'appliquerait au

275 *Ibid.*, 161, 171.

276 *Ibid.*, 154.

277 § 311 AktG : « À défaut de contrat de domination, ... ».

278 K. H. NEUMAYER, *ZVglRWiss* 83 (1984), 129 (164).

279 Souvenons-nous que K. H. NEUMAYER avait jadis distingué les dispositions simplement impératives et les dispositions internationalement impératives selon qu'elles protègent des intérêts privés ou publics ('Autonomie de la volonté et dispositions impératives en droit international privé', *Rev. crit. DIP* 1958, 62 et s. ; 'Zur positiven Funktion der kollisionsrechtlichen Vorbehaltsklausel : ein Beitrag zur Geltung zwingender Rechtssätze und positiver Grundnormen im internationalen Privatrecht', *FS Doelle*, t. 2, Tübingen, 1963, p 179 et s. (192)), les règles internationalement impératives étant des lois de police selon la terminologie française actuelle (dans le même sens : MAYER/HEUZE, n° 699). Les dispositions de l'Aktiengesetz en question seraient « *indépendamment de la lex contractus... directement au service de la justice distributive pour protéger les personnes se trouvant en dehors de la relation contractuelle* ». La raison en est que ces dispositions auraient été prévues « *dans l'intérêt de tous et non pas seulement dans l'intérêt de chacun* ».

280 NEUMAYER, *ZVglRWiss* 83 (1984), 162, 164.

moins subsidiairement. Dans les résultats, la portée de la théorie de MANN et de celle de NEUMAYER est donc identique.

g) Les voix françaises

311. Rares sont les auteurs français qui s'intéressent de près aux *Konzernverträge* et à leur qualification. Il existe trois exceptions notables.

Au terme d'une fine analyse, SINAY, dès 1967, retient à propos des contrats de domination du droit allemand que

> « [e]*n tant que ceux-ci sont des pactes sur lesquels la loi fonde tout le système de contrôle, ils s'analysent non comme contrat ordinaires, mais comme « contrat d'organisation ». Le système de conflits de lois doit les soumettre, non à la loi du contrat, mais à celle de la société dont ils « organisent » le contrôle.* »[281]

Le Professeur Berthold GOLDMAN quant à lui proposa dans un premier temps de faire régir le contrat de domination par les *« règles générales de désignation de la loi applicable à un contrat »*[282], l'efficacité du principe d'autonomie pouvant par ailleurs être limitée par l'ordre public international. Ainsi, GOLDMAN fait valoir que le contrat de domination, *« dans la mesure où il porte atteinte à la souveraineté des actionnaires et à l'autonomie des organes sociaux »*, pourrait être considéré comme contraire à l'ordre public international français. Sans trancher définitivement le débat, il admet cependant dans un deuxième temps que la protection des actionnaires minoritaires pourrait également relever du domaine des *lois de police contractuelle* que le législateur a édictées afin de protéger *« les actionnaires minoritaires des sociétés qui relèvent de lui »*, soit de la loi de la société dominée.[283] Enfin, plus tard, il laisse entendre, sans davantage d'explications substantielles toutefois, qu'il serait encore possible de *« qualifier ces règles de protection comme lois relatives à la société »*[284], donc de *lex societatis* de la société dominée.

Le Professeur Hervé SYNVET, après avoir réfuté les approches de LUCHTERHANDT et de GOLDMAN en ce qu'elles se fondent sur le droit des groupes comme lois de police dont il considère inutile l'intervention en matière de groupe de sociétés, ou en ce qu'elles prennent en compte le

281 R. SINAY, *Gaz. Pal.* 1967, 70-86 (83).
282 GOLDMAN, *Colloque international*, p. 17.
283 B. GOLDMAN, *Colloque international*, p. 17, 28.
284 *Ibid.*, p. 28.

contenu des lois, ce qu'il juge inapproprié[285], retient pour les contrats de domination et de transfert de bénéfices du § 291 la compétence de la *lex societatis* de la filiale[286]. Pour ce faire, il s'appuie sur les travaux de KOPPENSTEINER notamment. Mais M. SYNVET va plus loin. Il apporte une précision juste et utile selon laquelle la *lex societatis* gouverne ici non seulement les aspects relevant du droit des sociétés au sens classique mais également les conditions de validité du contrat de domination.[287] Il en trouve la raison dans le rapprochement opéré entre les contrats interentreprises du § 291 et les statuts, tous deux qualifiés en droit allemand de contrats organisationnels.[288] Car il est indiscutable que la *lex societatis* régit des aspects du contrat social – et, par rapprochement, ceux du contrat de domination – lesquels relèvent de la théorie générale des obligations. Nous sommes tentés de préciser : cela démontre qu'en matière de contrats de domination et de transfert de bénéfices, la *lex societatis* qui les gouverne englobe par la force des choses la *lex contractus* du même ordre juridique, du moins en ce qui concerne les aspects qui s'appliquent auxdits contrats.

2. Appréciation critique

Le nombre de positions doctrinales différentes et l'écart méthodologique entre elles quant à la classification des contrats de domination et de transfert de bénéfices démontre la complexité particulière de la matière : qualification sociétaire, qualification contractuelle avec ou sans admission de la loi d'autonomie, règles d'ordre public, lois de police contractuelle ou économique... S'impose alors à notre sens une systématisation au regard des méthodes du droit international privé.

a) Appréciation méthodologique

312. Méthode conflictuelle ou méthode statutaire ? La méthode statutaire consiste à rechercher la visée normative des lois en conflits en partant d'une règle matérielle dont on examine si elle veut, ou peut, s'appliquer aux faits.[289] La volonté de s'appliquer doit être recherchée par le

285 H. SYNVET, *L'organisation juridique du groupe international de sociétés,* t. 1, p. 549 et s.
286 *Ibid.*, p. 354 et 577.
287 *Ibid.*, p. 579, note de bas de page n° 488.
288 Cf. pour une présentation plus détaillée : *supra* n° 43.
289 BUREAU/MUIR WATT, n° 309 ; E. LORENZ, *ZRP* 1982, 150.

biais d'une interprétation du contenu et du but de la règle matérielle.[290] La méthode conflictuelle part, au contraire, des faits et consiste à rechercher la loi applicable d'une manière abstraite et générale en localisant le siège du rapport de droit dans l'espace.[291] La règle matérielle n'a, autrement dit, aucun rôle à jouer dans la détermination de la loi applicable. Ses contenu et but seront cependant pris en compte au stade du développement de la règle de conflit elle-même.[292]

Il est communément admis en Europe continentale depuis la « révolution copernicienne » dont l'instigateur était VON SAVIGNY que le statutisme a reçu le *« coup de grâce »*[293] au profit de la méthode conflictuelle.[294] Le néo-statutisme fonctionnaliste américain, quant à lui, a fait couler beaucoup d'encre, en Europe également[295], mais ne semble pas avoir d'influence directe sur la méthode du droit positif. Le souci majeur des théories statutistes est que, mises en œuvre en dehors du contexte d'une communauté juridique circonscrite, elles empruntent une forme unilatéraliste, se bornant à délimiter le champ spatial de la seule norme du for.[296] Cela ne favorise point l'harmonie internationale des solutions laquelle est pourtant l'un des objectifs du droit international privé contemporain.

Aussi, si l'approche de WIEDEMANN est séduisante en tant qu'elle aboutit à un résultat tout à fait acceptable d'un point de vue allemand, elle encourt cependant, méthodologiquement, le reproche d'être statutiste. En effet, WIEDEMANN va jusqu'à utiliser les termes propres des statutistes (*« volonté de s'appliquer »* de la règle considérée...) et ne prend pas *a priori* en compte l'intérêt que pourrait avoir la loi d'un autre État à régir un aspect du groupe ; pis encore, la loi allemande ne donnerait même pas compétence à cette loi à défaut de règle de conflit la désignant. L'approche de WIEDEMANN doit par conséquent être rejetée.

290 NEUHAUS, *Die Grundbegriffe des Internationalen Privatrechts,* p. 29 et s.

291 F. C. VON SAVIGNY, *System des heutigen Römischen Rechts*, t. VIII, Berlin, 1849, p. 108.

292 KOPPENSTEINER, *Internationale Unternehmen*, p. 94 ; NEUHAUS, *Die Grundbegriffe des Internationalen Privatrechts*, p. 44 et s. ; NEUHAUS, *RabelsZ* 18 (1953), 553.

293 Expression empruntée à BUREAU/MUIR WATT, p. 343.

294 Rares sont les auteurs qui le disent expressément mais tous présentent la méthode conflictuelle comme étant celle de droit positif.

295 Pour n'en citer que certains : B. AUDIT, 'Le caractère fonctionnel de la règle de conflit (sur la crise des conflits de lois)', *RCADI* 1984, t. 186, 219 et s. ; G. KEGEL, 'The crisis of the conflict of laws', *RCADI* 1964, t. 112, 91 et s. ; S. SYMEONIDES, 'The American Choice of Law Revolution in the courts : Today and Tomorrow', *RCADI* 2003, t. 298, 13 et s.

296 BUREAU/MUIR WATT, n° 330.

313. Règles impératives. Qualifier les dispositions du § 291 et s. de lois de police comme le font LUCHTERHANDT, GOLDMAN et, partiellement, NEUMAYER semble contre-indiqué à plusieurs titres. D'abord, les dispositions en question ne visent pas un quelconque but d'ordre économique lequel pourrait justifier l'intervention d'une loi de police ; elles sont au contraire tout à fait inaptes à garantir la subsistance d'une économie de marché et le bon fonctionnement du jeu de la concurrence.[297] Ensuite, et dès lors que les « lois de police » visent un but de droit privé tel que la protection des actionnaires minoritaires comme l'entend GOLDMAN, leur existence n'a de sens que lorsque la loi applicable est tributaire du choix des parties. Si tel n'est pas le cas parce que les contrats du § 291 sont par exemple soumis à la *lex societatis*, la catégorie des lois de police de droit privé n'a pas lieu d'être.[298] Enfin, si la loi de police prescrit la compétence de la loi de la filiale pour les mécanismes de protection prévus spécifiquement au profit des actionnaires et créanciers, il pourrait y avoir des hésitations quant à la question de savoir par quelle loi les aspects purement contractuels (forme, vices du consentement, etc.) seraient régis : faut-il alors considérer qu'une autre *lex contractus* déterminée pour le besoin s'en chargera de sorte qu'il y aura application cumulative d'une loi de police et de la *lex contractus* ? Ou bien la loi de police sera-t-elle également sollicitée pour régir le droit des obligations en ce cas ? On le voit, l'intervention d'une loi de police ne saurait convaincre en la matière.

314. Qualification contractuelle ou qualification sociétaire ? C'est en raison des caractéristiques sociétaires qu'il semble déraisonnable de vouloir qualifier ces contrats en droit international privé de contrats ordinaires. Il paraît difficile, en particulier, d'admettre le libre jeu du principe de l'autonomie des parties dans ce contexte puisqu'un contrat de domination n'est conclu que si la société dominante détient déjà une participation majoritaire au sein de la société dépendante de sorte que l'autonomie de la volonté de la société dépendante ne sera plus qu'une pétition de principe à ce moment précis.[299] Plus encore, la loi d'autonomie est en principe exclue dès lors que des intérêts de personnes tierces sont lésés par l'*electio juris* même.[300]

297 *MüKo-IntWR(IntGesR)*/KINDLER, n° 745 ; IMMENGA/KLOCKE, *ZSchwR* 92 (1973), 27, 50 et s. ; BAYER, *Der grenzüberschreitende Beherrschungsvertrag*, p. 48-55.

298 Sur le raisonnement, cf. BUREAU/MUIR WATT, *Droit international privé*, n° 562.

299 Pour l'exclusion de la loi d'autonomie en cas de déséquilibre significatif du pouvoir économique entre les parties : WEBER, *RabelsZ* 44 (1980). Tel est d'ailleurs également l'objectif des règles de la Convention de Rome de 1980 voire de celles du Règlement

BRAUER, tout en qualifiant contractuellement, contourne l'écueil en excluant justement le rattachement subjectif par la volonté des parties. La démarche de NEUMAYER est plus subtile : tout en admettant en principe la loi d'autonomie, il enjoint aux parties de se conformer en plus aux prescriptions de l'*Aktiengesetz*, faute de quoi le régime des groupes de fait, suspendu au dessus des parties comme l'épée de Damoclès, viendrait s'abattre sur eux. Faut-il y voir une sorte de loi de police contractuelle comme le suggérait GOLDMAN ? Dire aux parties qu'elles ont le libre choix de la loi applicable à leur contrat interentreprises mais en subordonner la validité au respect de règles matérielles largement exhaustives concernant leur rapport contractuel à établir, est-ce compatible avec le principe d'autonomie ? Nous ne le pensons pas. Ce serait dénaturer l'institution de loi d'autonomie que d'admettre une telle qualification.

Aussi, la construction admettant une qualification contractuelle mais excluant la loi d'autonomie (BRAUER) tout comme la construction admettant une qualification contractuelle ainsi qu'un *« principe d'autonomie conditionnelle »*[301] (NEUMAYER) doivent être rejetées. Il doit en être ainsi parce que, s'il est méthodologiquement pensable de passer par une qualification contractuelle assortie de limites sous forme d'exclusion de la loi d'autonomie ou de rattachements obligatoires, un tel mécanisme ne convainc pas. Le fait d'apporter des exceptions (trop) nombreuses par le jeu de règles internationalement impératives à la catégorie de rattachement déterminée n'est pas compatible avec le but et la tâche du droit international privé consistant en la création de rattachements appropriés admis par le plus grand nombre de législations. Enfin, il faut aussi se demander si la qualification contractuelle « objectivisée » telle que proposée par les auteurs est utile dans un cas où une qualification sociétaire objective est envisageable par ailleurs.

315. Qualification sociétaire pour quelle raison ? Il existe deux raisons pouvant mener à une qualification sociétaire des contrats de domina-

---

Rome I relatives aux contrats conclus par un consommateur, aux contrats de travail, etc. Techniquement, cela passe, selon les cas, par l'application de la loi la plus protectrice, la suppression de l'autonomie de la volonté, l'exception de l'ordre public ou encore l'intervention d'une loi de police (cf. P. MAYER, 'La protection de la partie faible en droit international privé', *in La protection de la partie faible dans les rapports contractuels*, L.G.D.J., 1996, p. 513 et s.).

300 GROßFELD, *RabelsZ* 31 (1967), 29 ; REINHART, *ZVglRWiss* 80 (1981), 165 ; WEBER, *RabelsZ* 44 (1980), 520.

301 Le terme entre guillemets est le nôtre.

tion et de transfert de bénéfices. La première est relative au caractère sociétaire de la relation entre la société mère et la société dominée, la deuxième est relative aux effets que cette relation exercera sur la structure et le fonctionnement de la société dominée.

Concernant la première raison, c'est MANN qui s'en est fait défenseur. Sa thèse qui tire argument de la relation sociétaire entre la société dominée et son actionnaire, la société mère, pour subordonner la validité du contrat interentreprises à la *lex societatis* de la société dominée en tant que loi commune[302], doit cependant être réfutée, du moins en ce qui concerne les contrats du § 291. D'abord, l'auteur encourt le même reproche que NEUMAYER : il faut se demander en quoi pourrait consister l'autonomie que MANN veut accorder aux parties dès lors que n'est donné effet qu'aux contrats qui se conforment en tous points au régime des *Konzernverträge*. Ensuite, MANN néglige le fait que le contrat de groupe établit une relation extraordinaire entre la société et l'actionnaire dans laquelle celui-ci domine non pas les autres actionnaires minoritaires mais la société dépendante elle-même par des moyens juridiques que sont les directives. Une telle situation n'est pas *a priori* prévue par le droit des sociétés. Enfin, il peut y avoir des groupes de droit dans lesquels la société mère n'est nullement associée de la société dépendante.

En réalité, c'est en raison des répercussions d'envergure sur les statuts de la société dépendante, équivalant dans leur étendue à des modifications statutaires, lesquelles sont indéniablement régies par les règles gouvernant la société dépendante, qu'il paraît légitime de rattacher ces contrats, qualifiés de contrats organisationnels, à la *lex societatis* de celle-ci sans se heurter aux principes classiques du droit international privé. En particulier, la localisation du « siège du rapport de droit », propre à la méthode conflictuelle savignienne, se fait de manière objective. L'objet de la relation fondée par les contrats interentreprises entre la société mère et la société dominée est l'intégration économique de celle-ci au sein de celle-là : la société dominée subit des modifications, lesquelles confèrent le caractère « typique » au rapport de droit considéré. Il doit par conséquent être localisé auprès d'elle.

D'une manière plus générale, le *Konzernrecht* allemand est conçu comme un moyen de protection de la société dépendante, de ses actionnaires minoritaires et de ses créanciers. Mais d'autres ordres juridiques, comme l'ordre juridique français, qui ne connaissent pas un droit des groupes spécifique

302 Cf. MANN, *FS Barz* 1974, 227.

n'en ont pas moins développé des solutions protectrices de la société dépendante. Il s'ensuit que le droit des groupes, faisant l'objet d'une réglementation particulière comme en Allemagne ou non comme en France, est la matière juridique protectrice des intérêts de la société dépendante, des ses actionnaires et créanciers. Or, comme nous l'avons déjà mentionné, le contenu et le but des réglementations matérielles sont pris en compte par le législateur ou le juge pour le développement de la règle de conflit afin de garantir de la cohérence de l'ordre juridique interne. Retenir la compétence de la loi de la société dominée signifie par conséquent respecter le choix juridico-politique du législateur des réglementations matérielles.

316. Solution préconisée. En raison des inconvénients manifestes des autres théories et des avantages de clarté de la solution classique en droit international privé, il semble recommandé de suivre cette voie : les contrats interentreprises du § 291 sont qualifiés de sociétaire et de ce fait attribués à la catégorie de rattachement sociétaire (*lex societatis*) ; le conflit de lois mène à l'application de la *loi de la filiale* en raison des effets modificateurs des contrats de domination ou de transfert de bénéfices sur la structure interne de celle-ci.[303]

b) Appréciation pratique

317. L'exemple de la réception en France. Enfin, qu'en est-il dans la pratique ? Nous constatons que ces contrats (de domination ou de transfert de bénéfices) ne semblent pas, en règle générale, être valables dans d'autres ordres juridiques qu'en Allemagne.[304] Ainsi, en droit français, les contrats

303 Dans le même sens : *KöKo-AktG*/KOPPENSTEINER, § 291 n 188 ; *MüKo-IntWR(IntGesR)*/KINDLER, n° 749 ; ULMER/BEHRENS, *GmbHG,* Allg. Einl. N° B 97 ; BACHE, *Der internationale Unternehmensvertrag nach deutschem Kollisionsrecht,* p. 25 et s. ; BAYER, *Der grenzüberschreitende Beherrschungsvertrag,* p. 66 ; EMMERICH, *in* EMMERICH/HABERSACK, § 11 V (se méprend en revanche sur les conséquences du rattachement au siège social statutaire) ; KOPPENSTEINER, *Internationale Unternehmen,* p. 171 et s. ; ROHR, *Der Konzern im IPR unter besonderer Berücksichtigung des Schutzes der Minderheitsaktionäre und der Gläubiger,* th. Zurich 1983, p. 306 ; H. SYNVET, *L'organisation juridique du groupe international de sociétés,* t. 1, p. 354 et 577 ; (l'admettant de manière très nuancée :) B. GOLDMAN, *Colloque international,* 28 ; GROTHE, *RabelsZ* 58 (1994), 388 (397) ; LANGE, *IPRax* 1998, 438 (443) ; RUNDSHAGEN/STRUNK, *RIW* 1995, 664 (665) ; ULRICH, *GmbHR* 2004, 1000 (1003).

304 Aussi, les rares exemples pratiques de conclusion d'un *Beherrschungsvertrag* international concernent tous des sociétés allemandes pour la partie dominée. Cf. *BBC Mannheim et BBC/Baden (Suisse)* : LG Mannheim *ZIP* 1990, 379 ; *ASEA/BBC* (OLG Karlsruhe *ZIP* 1997, 507) ; *Triumph-Adler AG et Olivetti* (Italie), *Handelsblatt* 14 sept. 1987 ; *FAZ* 14 sept. 1987 ; *BHGZ* 119, 1 (= *NJW* 1992, 2760) ; *BGHZ* 138, 126 (= *NJW* 1998, 1866).

interentreprises ne peuvent en aucun cas modifier les compétences et structures au sein de la société parce que le droit matériel français tend à protéger à l'inverse l'indépendance de la personne morale. Partant, le transfert (total) des bénéfices du droit allemand semble contraire au principe selon lequel les bénéfices incombent aux seuls actionnaires en raison de leurs droits statutaires et seule l'assemblée générale a le droit de déterminer l'utilisation des bénéfices. De même, la domination légale contredit l'autonomie de la société en ce que le contrat de domination oblige la direction de la filiale à suivre les directives provenant de la société dominante sans égard à l'intérêt social. Ainsi, le contrat de *Konzern* qui modifierait la compétence des organes de la société ou la souveraineté des actionnaires semble contraire à l'ordre public international français.[305] Cela aurait donc pour conséquence la nullité de contrats de ce type conclus entre une société dominante allemande et une société dépendante française. Cela explique qu'en pratique, la conclusion de telles conventions est exceptionnelle sur le plan international.

318. Pétition *de lege ferenda.* Cela étant, rien ne s'oppose pourtant à l'admission d'une plus grande souplesse en droit matériel français. Car, et il suffira pour se convaincre de s'en remettre aux propos du Professeur BEJOT,

> « [p]*ar cette ignorance délibérée* [de la domination légale], *le droit français manque de protéger de manière sérieuse les actionnaires externes. Pour autant, l'évolution nécessaire n'implique pas la négation de ces principes, notamment celui de l'autonomie de la personne morale, mais leur assouplissement. La reconnaissance du contrat de domination n'est pas incompatible avec les principes traditionnels. Ainsi, il ne semble pas que le principe d'égalité entre actionnaires soit violé par l'existence même d'une telle convention, mais seulement, le cas échéant, par l'absence d'une juste compensation des préjudices causés aux actionnaires externes par la suprématie donnée à l'intérêt du groupe. De la sorte, le principe de l'autonomie juridique de la société n'est pas renié, mais assoupli.* »[306]

305 En ce sens : B. GOLDMAN, *Colloque international*, 18, 75.

306 M. BEJOT, *La protection des actionnaires externes dans les groupes de sociétés en France et en Allemagne*, Bruxelles, Bruylant, 1976, p. 83. L'auteur critique la jurisprudence de la cour de Paris (CA Paris, 22 octobre 1927, *Journal des sociétés*, 1928, p. 342) pour avoir poussé trop loin l'analogie entre la personne morale et la personne physique lorsque celle-ci déclare que *« quelles que soient les conventions intervenues entre deux sociétés dans leurs rapports respectifs, il ne saurait être dérogé au principe de leur indépendance juridique, chacune d'elles formant un être moral distinct, ayant sa personnalité juridique, son capital social et ses statuts ».*

En espérant que la réitération de cette proposition ne reste pas lettre morte, cette fois-ci, intéressons-nous aux contrats interentreprises du § 292 lesquels ont des effets structurels moindres sur la société dominée que les contrats du § 291 et, de ce fait, pourraient jouir d'une admission plus large en droit comparé.

B. Les contrats interentreprises du § 292 AktG

Le contrat de transfert partiel de bénéfices (*Teilgewinnabführungsvertrag*), le contrat de bail d'entreprise (*Betriebspachtvertrag*) ainsi que le contrat de mise à disposition de l'entreprise (*Betriebsüberlassungsvertrag*) sont énumérés par le § 292 AktG.[307] Ils peuvent intervenir tant dans un groupe de droit que dans un groupe de fait.

1. La qualification retenue par le droit allemand

319. Il est tout d'abord frappant de constater que la question de la qualification des contrats du § 292 est relativement peu discutée en doctrine et, si elle l'est, généralement de manière incidente. Les auteurs contemporains de l'*Aktiengesetz* de 1965 s'en tiennent généralement à l'analyse des contrats proposée par le législateur. En revanche, aujourd'hui, un nombre croissant d'auteurs met en cause la vision du législateur de 1965. La question semble entièrement ouverte de nos jours.

a) L'interprétation historique pure

320. Rappelons qu'à l'origine, ces contrats ont été conçus par le législateur allemand comme des contrats synallagmatiques classiques : deux sociétés indépendantes et se trouvant par conséquent sur un pied d'égalité s'engagent et les obligations de l'une d'entre elles, telles que la mise à disposition de l'entreprise, trouvent un pendant dans les prestations équivalentes (redevance) de l'autre.[308] Il s'ensuit que dans le système de la loi, les conséquences juridiques ne sont pas les mêmes que celles attachées au contrat de domination et de transfert de bénéfices : mise à part la constitution d'une réserve légale au profit des créanciers[309], les contrats du § 292 ne déclenchent pas en effet les garanties spécifiques propres aux groupes de fait que

307 Pour la présentation générale de ces contrats, cf. *supra* n° 45 et s.

308 Exposé des motifs : KROPFF, *Aktiengesetz*, Textausgabe, Düsseldorf 1965, p. 378 et s.

309 Cf. notamment *supra* n° 120.

sont l'allocation compensatrice et l'indemnité de retrait au profit des créanciers de la filiale.[310]

Les auteurs se sont fondés sur cette analyse de droit matériel pour l'opération de qualification en matière de conflit de lois.

i) Application de la loi de la filiale en raison de la prestation caractéristique

321. C'est ainsi que J. BRAUER[311], comme pour les contrats du § 291, se prononce en faveur du rattachement à la prestation caractéristique[312] et en arrive à la compétence de la loi du siège social de la société dépendante. Seulement et à supposer qu'on ne veuille pas exclure d'office l'*electio juris* comme le fait BRAUER, dès lors que l'on admet que ces contrats puissent suivre le régime des contrats internationaux, comment empêcher les parties de contourner les dispositions protectrices des ordres juridiques en présence qui se veulent applicables ?

ii) Application de la loi de la filiale à titre de loi de police contractuelle

322. D'aucuns ont proposé l'intervention d'une *Sonderanknüpfung*, d'une loi de police. C'est la solution de W. BACHE et H.-G. KOPPENSTEINER qui qualifient d'abord de *lex contractus* les contrats du § 292 mais cherchent ensuite à exclure la loi d'autonomie par l'intervention d'une loi de police contractuelle rattachant obligatoirement le contrat à la loi de la filiale. BACHE part de la distinction de K. H. NEUMAYER entre les règles simplement impératives et les règles internationalement impératives[313] et parvient ainsi à la conclusion que le régime des §§ 293 et s. constitue une loi de police.[314] Le Professeur KOPPENSTEINER fait sienne la théorie de R. BAER relative aux lois de police[315] et déduit de la non-équivalence du droit allemand des

310 Sur ces garanties, cf. *supra* n° 94 et s.

311 J. BRAUER, th. précitée, p. 151-172.

312 *Brevitatis causa* pour « rattachement au lieu de la résidence de la partie qui fournit la prestation caractéristique ».

313 Cf. *supra* au n° 310.

314 BACHE, *op. cit.*, p. 78.

315 R. BAER, *Kartellrecht und internationales Privatrecht*, Bern, 1965, p. 223 et s. : Cet auteur fait valoir que l'autonomie des parties doit cesser en cas d'absence d'équivalence du degré de protection procurée par les différents ordres juridiques en matière contractuelle. En d'autres termes, une loi de police doit s'appliquer lorsque la question de protection considérée reçoit un traitement sensiblement différent dans l'un des deux (voire plusieurs) ordres juridiques en cause. Cela ouvre un champ vaste à l'application des lois de

groupes aux réglementations étrangères la nécessité d'appliquer une loi de police[316].[317]

Il n'est pas nécessaire à ce stade d'apprécier individuellement ces approches. Il suffit de dire que les mêmes critiques qui ont été soutenues préalablement dans le cadre de la discussion des approches relatives à la qualification des contrats du § 291 sont valables ici. De plus, nous ajouterons ultérieurement quelques réflexions au sujet des approches retenant une loi de police.[318]

b) L'interprétation mixte actuelle

La première interprétation purement historique fut rapidement remplacée par une interprétation mixte, autant téléologique[319] que historique[320] et systématique[321].

i) En droit matériel

323. Tout d'abord, l'interprétation historique a été rectifiée. Ainsi, le Professeur V. EMMERICH[322], expert reconnu en droit (matériel) des groupes, explique que la différence de traitement entre les contrats du § 291 et ceux du § 292 consistant en l'absence d'application aux contrats du § 292

---

police que l'auteur cherche à restreindre par le biais de quatre conditions : 1) impossibilité ou difficulté à mettre en œuvre la loi de police ; 2) impossibilité de l'application par le for d'une loi étrangère en raison de son contenu « atypique » ; 3) amputation ou refus de la volonté des normes de s'appliquer ; 4) prise en compte de l'harmonie internationale des solutions par rapport aux personnes concernées.

316 Notons simplement que dans l'examen qu'entreprend KOPPENSTEINER, seule l'équivalence purement formelle semble avoir été prise en compte de sorte qu'à chaque fois qu'un ordre juridique étranger n'aura pas un *Konzernrecht* de type allemand, une loi de police allemande donnerait compétence aux § 293 et s. Autrement dit : toujours.

317 KOPPENSTEINER, *Internationale Unternehmen*, p. 165.

318 Cf. *infra* 2 b.

319 L'interprétation téléologique consiste à rechercher le sens et le but (*telos* (gr.) ou *ratio legis* (lat.)) de la règle considérée.

320 L'interprétation historique a trait à l'analyse de la volonté de l'autorité à l'origine de la règle. Ainsi, l'exposé des motifs est analysé pour rechercher la volonté du législateur.

321 L'interprétation systématique de la règle considérée consiste à en rechercher la portée en analysant le système général dont elle fait partie, la relation qu'elle entretient avec d'autres règles et sa place dans le système des règles qui l'entourent dans le texte juridique.

322 EMMERICH/HABERSACK, § 13 I 1 ; EMMERICH/HABERSACK, *commentaire*, § 292 n° 5 ; dans le même sens FÜHRLING, *Sonstige Unternehmensverträge mit einer abhängigen GmbH*, 1993, p. 92 et s.

du régime protecteur spécifique[323] provient du fait que le législateur avait pour point de départ l'idée erronée selon laquelle les entreprises parties au contrat seraient indépendantes l'une de l'autre. Ce faisant, il méconnaîtrait le fait que les parties ne partent pas du même pied d'égalité. Contrairement à la conception du législateur, en effet, les contrats de bail d'entreprise et de mise à disposition de l'entreprise seraient même majoritairement conclus entre sociétés dépendantes. Un autre auteur ajoutera que la conclusion d'un tel contrat suppose même une relation de soumission de fait.[324]

Il ne faut pas oublier, cependant, que le législateur avait bien compris que tous les contrats interentreprises avaient un effet direct ou indirect sur la structure de la société : le régime commun des contrats interentreprises des §§ 293-300 auquel sont soumis les contrats du § 292 poursuit clairement un but de protection des actionnaires.[325]

Ensuite, en vue d'une interprétation d'ordre systématique et téléologique, plusieurs auteurs font valoir que la conclusion de ces contrats entraîne le plus souvent des effets graves considérables sur la constitution de la société, ces mêmes effets que le législateur encadre pourtant par le régime spécifique applicable aux contrats de domination et de transfert de bénéfices.[326] Ainsi, par exemple lorsque l'entreprise est donnée à bail, les actionnaires deviennent *de facto* des obligataires.[327] Les contrats interentreprises du § 292 ne seraient pas moins aptes à servir de moyen pour construire un groupe que ne le sont les contrats de domination et de transfert de bénéfices.[328] De surcroît, un rapport de la Conférence nationale des Juristes cons-

323 § 304 – indemnité de retrait, § 305 – allocation compensatrice, § 303 – constitution de sûretés au profit des créanciers de la filiale.

324 *MüKo-AktG*/ALTMEPPEN, Einl. §§ 291 ff. n° 52. En effet, pourquoi une société indépendante consentirait-elle à la conclusion d'un contrat par lequel elle conférerait l'exploitation de son entreprise à une autre société alors que l'exploitation par elle-même est dans tous les cas plus bénéfique pour elle? Pourquoi accepterait-elle de transférer une partie de ses bénéfices contre une redevance moins élevée que ces derniers ? La réponse est qu'une société le fait uniquement parce qu'une autre société l'y contraint à l'aide de la situation de dépendance entre elles.

325 BRAUER, *op. cit.*, p. 152 et s.

326 EMMERICH/HABERSACK, § 13 I 1 ; GESSLER, *DB* 1965, 1691 ; WUERDINGER, *Aktien- und Konzernrecht*, 1966, p. 287 ; MOEHRING, *NJW* 1967, 1 (6) ; MESTMÄCKER, 'Zur Systematik des Rechts der verbundenen Unternehmen im neuen Aktiengesetz', *in FS Kronstein*, 1967, 129 et s. (148 et s).

327 BRAUER, *op. cit.*, p. 153.

328 Cf. notes de bas de page 326.

tate qu'il est maintes hypothèses dans lesquelles les contrats du § 292 s'analysent purement et simplement en des contrats de domination cachés.[329]

Tous ces arguments démontrent que les contrats contiennent des éléments *organisationnels* au même titre que ceux prévus par le § 291.[330]

ii) En droit international privé

324. Pour la qualification des contrats de transfert partiel de bénéfices, de bail d'entreprise et de mise à disposition de l'entreprise dans le cadre du conflit de lois, certains internationalistes ont pressenti qu'un changement de vue s'imposait. C'est ainsi que les Professeurs U. IMMENGA et D. KLOCKE écrivirent dès 1973 que

> *« [l]es difficultés de la qualification des contrats interentreprises du § 292 proviennent probablement d'une surévaluation de l'importance de la phrase de l'exposé des motifs* [de l'Aktiengesetz] *selon laquelle il s'agit de contrats d'échange relevant du droit des obligations* [*« schuldrechtliche Austauschverträge »*]. *Ainsi, les auteurs* [BACHE et KOPPENSTEINER] *s'attachent à limiter les conséquences de la qualification de lex contractus qui découle de cette interprétation étant donné que le libre choix de la loi applicable est ressenti comme insatisfaisant. Si l'on considère, en revanche, que* [...] ***ces contrats,*** *d'abord décrits comme contrats obligationnels,* ***reposent généralement sur une situation de domination comparable*** *à celle existant au sein d'un groupe ou ont directement pour effet de la créer et que* ***le législateur lui-même prend comme point de départ une modification structurelle des entreprises impliquées*** *dans un contrat de bail ou de mise à disposition de l'entreprise, l'appréciation de conflit de lois apparaît sous un autre jour .»*[331]

Solution. Aussi, il nous semble recommandé de retenir une qualification sociétaire pour les contrats du § 292 et de rejeter la qualification contractuelle. Le rattachement en ce sens est obligatoire comme pour les con-

329 *Bericht der Studienkommission de deutschen Juristentages*, Konzernrecht 1967, Tz. 160, p. 26 : Tel est notamment le cas lorsque le contrat de bail d'entreprise ou le contrat de mise à disposition de l'entreprise contiennent une clause selon laquelle la société « bailleur » s'engage à continuer l'exploitation de l'entreprise donnée à bail « pour le compte » de l'autre société. Dans une telle hypothèse le pouvoir de direction de la société « preneur » est parfait alors qu'il n'est pas même nécessaire de prévoir une stipulation contractuelle en ce sens.

330 Même conclusion : EMMERICH/HABERSACK, § 13 I 1.

331 *ZSR* 1973 I, 27 et s. (52, 53). Souligné par nos soins.

trats de domination et de transfert de bénéfices et conforme au but de la réglementation du droit des groupes de protéger les créanciers et actionnaires minoritaires. Le caractère quelque peu plus obligationnel des contrats du § 292 ne fait pas obstacle à un effet structurel important sur la société. C'est pourquoi ils doivent recevoir un traitement identique.[332]

2. *La qualification retenue par le droit français*

325. Plus qu'ailleurs se posera ici la question de savoir dans quelle mesure le juge national prendra en considération les dispositions légales étrangères régissant les groupes. Car, disons-le sans ambages, ces différents contrats interentreprises sont strictement inconnus en droit français. Que fera le juge français lorsqu'il sera confronté à une hypothèse de ce type ? Seul un auteur de formation française s'est penché sur la question à notre connaissance. Il convient de présenter son approche fort intéressante dans un premier temps, puis d'en apprécier la faisabilité pratique et la rigueur à l'aune des principes du droit international privé dans un second temps.

a) *Présentation*

326. Le Professeur H. SYNVET[333] débute son raisonnement en excluant d'office la qualification de loi de police contractuelle, la règle de conflit classique assurant selon lui de manière suffisante la tâche de protéger les différents intérêts en cause définis par le législateur de l'*Aktiengesetz*[334].

Concernant la loi applicable aux contrats du § 292, l'auteur retient une classification bipartite. Il distingue la compétence de la *lex societatis* pour

> *« indiquer l'organe habilité à contracter, modifier ou rompre un engagement, préciser quels renseignements elle* [la société contractante] *est tenue de fournir aux fins d'inscription au registre du commerce, fixer les modalités de l'affectation du bénéfice social et notamment de prescrire la constitution de réserves » de même que pour « l'exigence de rédaction d'un écrit posée par l'article 293 (3) AktG »*

332 Dans le même sens également : ROHR, *op. cit.*, p. 319, STAUDINGER-*IntGes*R/GROẞFELD, n° 579 ; EISELE, *ZGR* 1996, 40 (50).

333 H. SYNVET, *L'organisation juridique du groupe international de sociétés*, t. 1, p. 359-371 (n° 166-167).

334 Ce qui exclut notamment la prise en compte des intérêts des salariés au stade du conflit de lois.

d'une part et, la compétence de la *lex contractus* pour régir *« la force obligatoire et les effets du contrat d'entreprise »*, d'autre part. Autrement dit, il recommande de retenir une qualification contractuelle pour les dispositions réglant la force obligatoire et les effets des contrats interentreprises, une qualification sociétaire pour les autres.

La particularité de l'approche tient à ce que l'auteur, dans un premier temps, classe dans la catégorie des contrats[335] les dispositions des §§ 294, 296 et 297 relatives respectivement à *« l'inefficacité de l'accord à défaut d'inscription au registre du commerce ; la prohibition de toute rétroactivité lors d'une résiliation amiable ; la faculté de dénoncer la convention pour motif grave »* qu'il reclasse, dans un deuxième temps, afin de tenir compte de la qualification sociétaire allemande dans la catégorie du droit des sociétés[336] et auxquelles, dans un troisième temps, il attribue une *« influence indirecte sur le contenu de la convention »*[337] par le biais de clauses obligatoires que les sociétés allemandes seraient obligées, de par leur droit des sociétés, d'insérer dans la convention. Le contenu des clauses doit être identique, selon lui, au contenu des dispositions citées ci-dessus.[338]

Pour se départager des arguments avancés par les auteurs allemands au soutien de la thèse selon laquelle les contrats du § 292 sont comparables à ceux du § 291 et peuvent être qualifiés de sociétaires[339], l'auteur, en s'appuyant sur une interprétation systématique de la loi, met en avant la différence de conséquences juridiques attachées aux différents types de contrats de *Konzern* : alors que le contrat de domination menant au groupe de droit connaîtrait un système spécifique de protection des actionnaires et créanciers[340], les contrats du § 292 en seraient dépourvus. Il en déduit l'absence de volonté du législateur allemand de corriger les effets que peuvent avoir les contrats du § 292 sur la filiale, ses actionnaires et ses créanciers.[341] Le régime commun à tous les contrats interentreprises prévu par les §§ 293 et s. relatives à leur conclusion, modification et résiliation[342] ne justifierait pas à lui seul un traitement identique en matière de conflit de lois.

335 *Ibid.*, p. 365 et 366 en bas de la page.

336 *Ibid.*, à partir de la p. 368 au milieu. Il ne le dira pas expressément toutefois.

337 *Ibid.*, p. 369.

338 *Ibid.*, p. 370.

339 IMMENGA/KLOCKE, *ZSR* 1973, 52 et s.

340 § 304 – indemnité de retrait, § 305 – allocation compensatrice, § 303 – constitution de sûretés au profit des créanciers de la filiale.

341 *Ibid.*, p. 368.

342 Cf. *supra* n° 49.

b) Discussion

327. Cette approche marquée d'une grande maîtrise des méthodes du droit international privé est à la fois très séduisante intellectuellement et astucieuse pratiquement. Ainsi, il n'y a rien à ajouter en principe sur la distinction juste qu'établit l'auteur entre le domaine de la *lex societatis* et celui de la *lex contractus* qui est tout à fait pertinente dans d'autres domaines.

Seulement, dans le domaine qui nous concerne, il n'y a pas lieu de distinguer. En réalité, les effets et la force obligatoire du contrat interentreprises doivent être soumis non à la *lex contractus* mais à la *lex societatis* et ce, sans exception aucune. Il peut paraître difficile à l'internationaliste français de qualifier un « contrat », de surcroît un contrat « synallagmatique », comme appartenant à la catégorie sociétaire.[343] Mais telle semble pourtant devoir être la solution à préconiser. Plusieurs raisons mènent au rejet de l'approche.

L'auteur met en évidence le caractère synallagmatique du contrat ce qui l'amène à dire qu'*« [i]l serait paradoxal que les parties perdissent toute liberté de choix de la loi applicable à un contrat synallagmatique qui les affecte au premier chef »*[344]. C'est sur une interprétation historique de la volonté du législateur que M. SYNVET fonde son argument. Or, nous avons vu qu'il était bien admis dans la doctrine allemande aujourd'hui que, pour le besoin de la qualification, le caractère synallagmatique des contrats (c'est-à-dire l'existence d'obligations réciproques) tend à perdre de l'importance devant le fait que la conclusion de ces contrats interentreprises suppose une soumission de fait et peut avoir des effets considérables sur la constitution de la société.[345] Autrement dit, les contrats du § 292 sont aussi (peu) synallagmatiques que ceux régis par le § 291, lesquels il convient cependant, selon l'avis de tous les auteurs, y compris M. SYNVET, de qualifier de sociétaires.

Ensuite, contrairement à ce qui est soutenu, le législateur avait la volonté d'encadrer les contrats du § 292. Il ne peut être tiré argument de la circonstance que le régime protecteur n'est pas identique pour les contrats du § 291 et ceux du § 292. En effet, le fait que le système de protection du groupe de droit n'a pas été étendu aux contrats du § 292 s'explique par trois

343 Rappelons cependant qu'il n'en va pas autrement en ce qui concerne les pactes d'actionnaires connus en droit français. Ces pactes sont bien des « contrats». Pourtant, il ne serait pas envisageable de les soumettre à la loi d'autonomie en ce qui concerne leurs effets car ils touchent directement au fonctionnement interne de la société et leur validité doit donc être vérifiée à l'aune de la loi de la société concernée.

344 *Ibid.*, p. 366.

345 Cf. *supra* n° 323.

ordres de considérations. Premièrement, ces contrats peuvent aussi intervenir dans un groupe de droit de sorte qu'une extension du régime protecteur aurait fait double emploi. Deuxièmement, la différence de traitement provient du fait que les contrats de domination ou de transfert de bénéfices font courir des dangers beaucoup plus grands pour les actionnaires et créanciers que ne le font les contrats du § 292. Il est donc logique qu'en contrepartie, les moyens de protéger les groupes à risque soient plus élevés dans le groupe de droit. Troisièmement, il ne faut pas oublier que le législateur historique de 1965 avait comme *leitmotiv* et idéal le groupe de droit. Il partait en effet du principe que les groupes de fait se mueraient de toutes façons en groupe de droit par l'incitation faite à la société mère de pouvoir acquérir un pouvoir légal de domination sur la filiale en concluant un contrat de domination. Ainsi, le législateur n'a pas considéré nécessaire de prévoir une protection aussi importante s'agissant d'une simple période transitoire.

Partant, la volonté de conférer un statut spécifique même aux contrats du § 292 découle du fait que le législateur a prévu un régime spécifique (§§ 293 à 299) pour l'ensemble des contrats interentreprises qui constitue un régime tout à fait différent de celui connu en droit commun des contrats.[346] Ainsi, il est erroné sur le plan systématique de penser que les règles qu'énumère l'auteur relatives à l'inscription du contrat au RCS (§ 294), à l'interdiction de résiliation à effet rétroactif (*Aufhebung* – § 296) et à la résiliation pour motif grave (§ 297) n'ont pas de fonction de protection pour les créanciers et les actionnaires et pourraient être qualifiées contractuellement. Au contraire, selon l'avis unanime de l'ensemble de la doctrine allemande, toutes les dispositions de la législation allemande sur les groupes se veulent protectrices de ces groupes à risque. Ainsi, l'inscription du contrat au RCS a un effet constitutif et vise, par la publication du contrat, à prévenir les tiers, les créanciers. De la même manière, l'interdiction de résilier le contrat « pour le passé » a pour but de garantir aux actionnaires que ne soient pas déjouées leurs prévisions légitimes. Enfin, le § 296 AktG précise que la résiliation ne peut avoir lieu que pour motif grave. Ce faisant, il exclut la résiliation de droit commun par exemple pour défaut mineur et apporte *in fine* plus de sécurité aux prévisions des groupes à risque.

346 Ce à quoi il faut ajouter la constitution obligatoire de réserves en cas de conclusion d'un contrat de transfert partiel de bénéfices, § 300 n° 2, et l'obligation de la société de compenser les pertes de la filiale dans l'hypothèse d'un contrat de bail ou de mise à disposition de l'entreprise, § 302 al. 2.

En conséquence, il serait malaisé de vouloir qualifier ces dispositions comme appartenant à la *lex contractus*. C'est pourtant le point de départ de l'approche qui voudrait les faire régir *a priori* par la *lex contractus* mais les déclasse – faute de mieux en quelque sorte – dans la *lex societatis*. Ces dispositions ne se prêtent guère à une vision contractualiste de sorte que le point de départ de la réflexion menée doit être invalidé. Il semble que l'auteur le ressent lui-même lorsqu'il fait intervenir *« l'influence indirecte »* de la loi de la société *« sur le contenu de la convention en fixant les conditions auxquelles la personne morale reçoit l'autorisation de s'obliger »*[347]. Attribuer une « influence indirecte » à la loi de la société est en réalité un moyen astucieux permettant de maintenir la qualification contractuelle voulue alors qu'une qualification sociétaire s'imposerait.

Enfin et surtout, le résultat technique préconisé par cette approche est l'application aux contrats du § 292 de la loi d'autonomie assortie de « clauses déterminées » conformes à l'*Aktiengesetz* que celle-ci enjoindrait à toutes les sociétés qui se sont constituées conformément à elle d'inclure dans les contrats interentreprises. Cependant, si l'on suit une logique de distinction classique entre la *lex societatis* et la *lex contractus* comme le fait l'auteur, ces « clauses » ne peuvent pas être qualifiées de sociétaires selon la conception française parce qu'elles ne rentrent pas dans la catégorie du droit des sociétés. Au contraire, elles devraient faire partie de la *lex contractus*. Plus encore, même si l'on admettait que l'opération de qualification en France a pour résultat de les attribuer à la catégorie du droit des sociétés comme le suggère l'auteur, cela n'explique pas la nécessité d'une stipulation obligatoire de leur contenu dans le contrat car elles s'appliqueraient déjà dans le cadre de la *lex societatis*. En réalité, l'approche fait intervenir ces « clauses », qui ne sont autres que les dispositions de l'*Aktiengesetz* intégrées dans le contrat, à titre de lois de police.[348] En effet, dire qu'une société « doit stipuler » quelque chose ne peut s'expliquer autrement que par le mécanisme d'une loi de police contractuelle.

Sur ce point, M. SYNVET encourt le même reproche que précédemment MM. BRAUER et NEUMAYER pour les contrats du § 291 et

347 H. SYNVET, *L'organisation juridique du groupe international de sociétés*, t. 1, p. 369.

348 Il est significatif à cet égard d'observer la concession implicite que fait l'auteur lorsqu'il résume au sujet des contrats du § 292 qu'il avait déjà auparavant désignés par l'expression *«* [c]*omposent une seconde famille les conventions qui prévoient le transfert de la gestion ou des bénéfices* [...] *»* (*op. cit.*, p. 351) que *«* [l]*a deuxième* [...] *; il revient à la loi contractuelle ou à des lois de police spéciales de les tolérer ou d'améliorer le sort de la partie la plus faible »* (*ibid.*, p. 371).

MM. KOPPENSTEINER et BACHE pour ceux du § 292 : par quel moyen, en effet, faut-il supprimer le choix de loi par les parties sur certains points obligatoires tout en admettant l'autonomie par ailleurs ? Il ne peut s'agir que d'une loi de police qui ne doit cependant intervenir qu'à titre exceptionnel dans la résolution du conflit de lois pour ne point mettre en cause l'harmonie internationale des solutions. Il est vrai, bien sûr, qu'en Allemagne, ces dispositions sont considérées comme étant impératives en droit interne. En revanche, l'impérativité internationale découle tout simplement de leur qualification sociétaire et non d'une loi de police.

De surcroît, des **soucis pratiques** surviennent. Nous sommes confrontés à deux ordres de difficultés. En premier lieu, selon la conception soutenue, le juge français, en présence d'une société dominée allemande, rattacherait les contrats du § 292 par la *lex contractus* tout en passant par une loi de police contractuelle allemande pour exclure dans certaines hypothèses la loi d'autonomie afin que s'appliquent certaines dispositions de la loi allemande. Mais le juge français pourra-t-il réellement procéder de la sorte ? Cela soulève d'abord le difficile débat sur la possibilité d'appliquer des lois de police étrangères *en tant que telles*.[349] Ensuite et surtout, d'un point de vue allemand, les dispositions de l'*Aktiengesetz* en cause ne revêtent pas les caractères d'une loi de police mais se veulent applicables aux faits impliquant une société dominée allemande tout simplement en vertu de leur qualification de *lex societatis*. Il en résulte que la méthode préconisée paraît, pour le moins, problématique et peu sûre de ce point de vue.

En deuxième lieu, que se passerait-il dans une hypothèse – peu probable voire irréaliste en pratique – où les parties auraient choisi de conclure un des contrats du § 292 par choix exprès de la loi allemande alors que la société dominée n'est pas allemande comme précédemment mais française ? Selon la conception de M. SYNVET, en effet, la loi d'autonomie doit être admise ce dont il résulte que la loi allemande pourra être choisie, même dans l'hypothèse d'une société dominée française. Le juge français, qualifiant contractuellement, admettra le choix de loi et appliquera les règles

349 Sur la question, Cf. BUREAU/MUIR WATT, n° 914 et s. : Ces auteurs semblent douter de cette possibilité et considèrent, avec la doctrine allemande, qu'il s'agit davantage de prendre en considération l'effet prohibitif de la loi étrangère que de l'appliquer à proprement parler. MAYER/HEUZE, n° 127 et s. pensent au contraire, qu'en théorie, le juge français devrait pouvoir appliquer la loi étrangère directement. Le débat ne pourra être tranché définitivement à défaut d'application jurisprudentielle.

matérielles de la loi allemande.[350] Mais alors de nouvelles difficultés surgiront. Il est matériellement impossible d'appliquer le régime des contrats interentreprises à une société non allemande : comment, en effet, pour remplir la condition de validité du contrat, immatriculer celui-ci au RCS en France comme l'exige le § 294 alors que les règles du RCS français ne le permettent pas ? Comment obliger la filiale française à constituer une réserve au profit de ses créanciers ? De quelle manière imposerait-on à la société filiale française une condition de majorité des trois quarts pour le vote d'autorisation de la conclusion du contrat au sein de l'assemblée générale alors que cette question relève clairement, non pas du domaine contractuel, mais du domaine du droit des sociétés ? Ce n'est pas parce que l'on choisit pour son contrat une loi étrangère que les questions de capacité et de pouvoir sont soumises à cette dernière. L'on pourrait répliquer que ces dernières questions peuvent tout aussi bien être soumises à la loi de la filiale française de sorte que l'obligation d'enregistrement du contrat au RCS, celle de la constitution de réserves légales et celle du vote majoritaire n'auraient plus besoin d'être observées parce que de telles obligations sont inconnues en droit français des sociétés. Seulement, un contrat du § 292 n'est plus un contrat du § 292 lorsque ces conditions font défaut. Il ressemblera davantage à un contrat de location-gérance du droit français. On le voit, admettre la loi d'autonomie et, plus généralement, une qualification contractuelle est une impasse. En définitive, il est évident qu'il n'est pas techniquement possible de choisir la loi allemande alors qu'elle ne se considère pas compétente en raison de la subordination d'une société allemande.

Une remarque d'ordre dogmatique importante, enfin. Ce n'est point un raisonnement unilatéral que de dire qu'une question concernant le droit des sociétés qui se pose au sujet d'une société constituée conformément à la loi de l'État A doit être résolue conformément à cette loi et ne peut être résolue en puisant dans la législation du droit des sociétés de l'État B. En effet, les contrats interentreprises modifient le statut de la société filiale, au moins d'une manière analogue. Quoi de plus normal que d'avoir égard à la loi de cette filiale pour savoir si, et à quelles conditions, de telles modifications sont permises ?

328. Appréciation et concession à la pratique. Finalement, il ne semble pas si judicieux que cela de qualifier les contrats interentreprises

350 Le renvoi étant exclu par l'article 20 du Règlement Rome I (art. 15 de la Convention de Rome).

contractuellement. Il serait souhaitable que le législateur français ou, au besoin le juge, s'inspire du système allemand et adapte une interprétation similaire par voie de *legal transplant*[351] pour les contrats interentreprises du droit allemand et pour certains contrats du droit français dont il sera question tout de suite[352] qui, en réalité, ont la même influence néfaste sur la société dominée que les contrats allemands.

Seulement, nous concédons volontiers que la qualification sociétaire n'est pas celle qui viendra en premier à l'esprit d'un juriste ou d'un juge français, tant ces contrats semblent appartenir à la catégorie de rattachement « contrat ». Aussi, il nous semble devoir accepter que les contrats du § 292 reçoivent une qualification contractuelle en France. En revanche, la méthode consistant à faire intervenir une sorte de loi de police contractuelle est, on l'a vu, malheureuse à plusieurs égards et doit être bannie du raisonnement. C'est pourquoi nous nous attelons à présent à l'esquisse d'une solution plus classique quant à la manière de qualifier ces contrats en France.

3. Proposition de qualification conciliante pour les contrats interentreprises du § 292 AktG en droit français

329. Les contrats du § 292 sont qualifiés, nous venons de le voir, de *lex contractus* en France, de *lex societatis* en Allemagne. Il s'agit, en d'autres termes, du problème classique du conflit de qualifications.[353] Il est acquis que la qualification doit se faire *lege fori*[354] et il n'est donc point nécessaire de revenir sur ce débat.

351 Cf. *supra* n° 25 et s.

352 Cf. *infra* n° 330 et s.

353 Le problème du conflit de qualifications est celui de savoir selon quelle loi le juge doit qualifier l'objet du litige pour déterminer la loi qui lui est applicable lorsque la loi désignée en fonction de l'interprétation de la catégorie du for ne partage pas avec cette dernière la même qualification.

354 La doctrine et la jurisprudence majoritaires française et allemande qualifient unanimement selon la *lex fori.* Elles le font en raison de deux ordres de considérations. En premier lieu, le problème posé consiste à interpréter une règle de conflit de lois. Le juge français doit ainsi déterminer le sens de la règle française de conflit de lois. Il semble aller de soi que le sens d'une règle française ne peut être demandé qu'à la loi française selon l'adage « *ejus est interpretari cujus est condere* » qui signifie « l'interprétation de la loi appartient à celui qui l'a établie ». C'est donc, pour tout juge, la loi de son for qui détermine l'extension des catégories dont elle use et qui donne la qualification. En deuxième lieu, l'argument est tiré de ce que la qualification *lege fori* serait seule susceptible d'éviter un cercle vicieux. Étant donné que la qualification est nécessaire pour détermi-

En revanche, nous tenterons de démontrer que les contrats interentreprises du § 292 AktG peuvent continuer à recevoir une qualification contractuelle en France sans mettre en cause l'harmonie internationale des solutions et sans qu'il soit nécessaire d'avoir recours aux lois de police dans la seule hypothèse envisageable en pratique : celle d'un contrat du § 292 conclu entre une société dominante française et une société dépendante allemande.[355] Ce contrat qui, à l'occasion d'un litige entre les parties contractuelles, serait soumis à un juge allemand ne pose pas de problème particulier de qualification. Le juge allemand qualifiera *lege fori*, concluera à l'application de la loi allemande et ainsi des dispositions des §§ 293 et s.[356] En

---

ner la loi applicable, comment la demander à une loi étrangère, alors qu'on ignore encore si cette loi étrangère est applicable ou non ? La seule loi en vertu de laquelle le juge puisse décider est celle de son for car la question est préalable au choix de la loi et la loi étrangère n'a aucun titre à s'appliquer au moment où l'on qualifie ; tant qu'elle n'est pas résolue, le juge saisi ne peut raisonner que selon sa propre loi, donc il doit la résoudre selon cette loi. *« La résoudre selon une autre loi »*, écrivent MM. BATIFFOL et LAGARDE, *« et la supposer résolue pour la résoudre, c'est un cercle vicieux »*.

Cf. également KAHN, *DogmJ* 30 (1891), 197-143 et 40 (1899), 76-79 (reproduit *in Abhandlungen zum IPR*, 1928, I 92-123, 317-319) ; E. BARTIN, *JDI* 1897, 225-255, 466-495, 720-738 et *Principes de droit international privé I*, 1930, p. 221-239 ; B. ANCEL, 'L'objet de la qualification', *JDI* 1980, 227-268 ; H. BATIFFOL et P. LAGARDE, n° 422 et s. ; MAYER/HEUZE, n° 156 ; BUREAU/MUIR WATT, n° 388 et s. ; Cass. civ. 1ère, 22 juin 1955, *Caraslanis* (aff. du mariage grec), *Rev. crit. DIP* 1955, 723, note BATIFFOL ; KEGEL/SCHURIG, *IPR*, § 7 ; Reichsgericht, *RGZ* 145, 121 ; Kammergericht, *DR* 1940, 1375 ; BGH, *NJW* 67, 1177 ; BGH 119, 132 = *FamRZ* 93, 289.

355 Pour l'impossibilité pratique de la situation inverse : cf. *supra* 2.

356 Dans l'hypothèse – assez construite et parfaitement impensable en pratique – dans laquelle l'un des contrats du § 292 aurait été conclu par choix exprès de la loi allemande entre une société mère allemande et une société dominée française, le juge allemand qualifiera la question de sociétaire, considérera alors que le choix de loi n'est pas permis en matière sociétaire (ni la Convention de Rome (art. 1er § 2 f), ni le Règlement Rome I (art. 1er § 2 e) ne s'appliquent en raison de l'exclusion de leur champ d'application des questions relevant du droit des sociétés) et annulera purement et simplement le contrat parce qu'il serait contraire à la règle de conflit allemande attribuant compétence à la loi française (aux règles matérielles du droit des sociétés).

À supposer même qu'il accepte le choix de loi, le résultat n'est guère plus satisfaisant : il constatera que les dispositions relatives au régime des contrats interentreprises (§ 293 relatif à la majorité à l'assemblée générale, § 294 relatif à l'enregistrement du contrat au RCS incombant à la partie , § 300 relatif à la mise en réserve obligatoire) ne peuvent matériellement s'appliquer à une société française en ce qu'elles relèvent du droit des sociétés. Ainsi, en ce qui concerne la société française, il devra rechercher, par application de sa règle de conflit (« Les questions de majorité qualifiée, d'en-

revanche, dans l'hypothèse dans laquelle ce même contrat serait présenté au juge français, la réponse est moins aisée.

a) La qualification contractuelle

330. La situation devant le juge français. Mettons-nous à la place du juge français chargé de trancher un litige opposant une société dominée allemande et une société dominante française à propos de la conclusion ou de l'exécution d'un contrat interentreprises du type § 292 conclu entre elles. Le magistrat sera amené à le qualifier, le fera *lege fori* et constatera, ce faisant, que l'objet de la qualification est un « contrat » selon la compréhension française qui est la sienne. Il cherchera ensuite par quel critère de la catégorie des contrats il convient de rattacher à une loi le « contrat » en cause. Pour cela, il aura égard à la Convention de Rome de 1980 voire au futur Règlement Rome I qui établissent une hiérarchie parmi les critères de rattachement. Plusieurs hypothèses sont alors envisageables.

Soit les parties ont choisi expressément une loi applicable. On pourrait alors être tenté de dire qu'elles peuvent avoir choisi la loi française, la loi allemande ou une loi tierce. Mais tel n'est pas le cas car en choisissant la loi française ou une loi tierce, les parties peuvent choisir un régime qui leur convient parfaitement, mais en tout cas elles ne n'auront pas choisi un contrat parmi ceux régis par le § 292 AktG qui n'est applicable que lorsque la loi allemande est choisie. Si la loi allemande est choisie, le juge français appliquera les règles matérielles[357] des §§ 292 et s. AktG.

Soit le contrat est muet sur l'*electio juris*. En l'absence de choix de loi, la *lex contractus* sera déterminée par application du Règlement Rome I. Tout semble indiquer que le juge français retiendra l'applicabilité de la loi allemande. En effet, de prime abord, il semble également envisageable de voir la prestation caractéristique en la domination exercée par la société dominante sur la filiale ce qui mènerait à l'application de la loi française. Seulement, pour se convaincre du bien-fondé de la solution inverse, il suffit

registrement au RCS et de mise en réserve doivent être qualifiées de sociétaires et sont donc rattachées à la loi du siège social »), les dispositions du droit des sociétés français qui s'appliquent à elle. Pour ces questions partielles (*Teilfrage*, une sorte de question préalable selon la doctrine allemande) précises, la loi française acceptera sa compétence. Seulement, ne serait-ce que parce que le contrat ne pourra être immatriculé au RCS du siège de la société française en France comme l'exige le § 294, il ne sera pas considéré comme valable par le juge allemand (§ 294 al. 2).

357 Cf. *supra* note de bas de page n° 350.

d'analyser la structure des contrats de transfert partiel de bénéfices (*Teilgewinnabführungsvertrag*), celle des contrats de bail d'entreprise (*Betriebspachtvertrag*) ainsi que celle des contrats de mise à disposition de l'entreprise (*Betriebsüberlassungsvertrag*) et de la comparer, en termes de structure et de traitement en droit international privé, au contrat de bail.

Dans le cadre de la Convention de Rome, le rattachement se fait par la résidence habituelle (voire le pays de l'établissement principal d'une personne morale dans l'exercice de son activité professionnelle, art. 4 § 2) de la partie qui fournit la prestation caractéristique du contrat. Il faut entendre par « prestation caractéristique » la *« prestation pour laquelle le paiement est dû »*[358], autrement dit, celle qui ne consiste pas en la contrepartie pécuniaire. Ainsi, pour le contrat de vente, la prestation caractéristique est l'obligation du vendeur de livrer la marchandise ; pour le contrat de bail, il s'agira de l'obligation du bailleur de procurer la jouissance paisible de la chose. Notons que dans la cadre du Règlement Rome I, l'article 4 § 1 précise le rattachement spécifiquement pour chaque type de contrat (vente – résidence habituelle du vendeur, bail immobilier – situation de l'immeuble). Pour les contrats non nommés par l'article 4 § 1, le § 2 du même article prévoit le système du rattachement par la prestation caractéristique déjà connu sous la Convention de Rome.

331. Le contrat de bail d'entreprise et le contrat de mise à disposition de l'entreprise ont en commun de prévoir l'engagement d'une société envers une autre de lui donner en usufruit son entreprise en entier pour une durée déterminée contre paiement du loyer. La parenté entre ces types de contrat et le contrat de bail ordinaire est plus qu'évidente. En vertu de la Convention de Rome, c'est à la loi du lieu de la résidence/l'établissement principal de la partie qui fournit la prestation caractéristique, ici l'obligation du bailleur de procurer la jouissance paisible de la chose, que sera donné compétence : en principe la loi allemande. Dans le cadre du Règlement Rome I, on peut se poser la question de savoir si l'entreprise, objet du bail, est une chose immobilière ou mobilière avec la conséquence que soit la loi applicable sera la loi du pays de la situation de l'immeuble (art. 4 § 1 d), soit celle du pays de la résidence habituelle ou de l'établissement principal de la partie qui fournit la prestation caractéristique (contrat innommé, art. 4 § 2). Il est probable que la notion d'« entreprise » dans

358 P. LAGARDE, 'Le nouveau droit international privé des contrats après l'entrée en vigueur de la Convention de Rome du 19 juin 1980', *Rev. crit. DIP* 1991, 287 (307).

ce contexte sera comprise par le juge français comme un équivalent du fonds de commerce qui est considéré, quant à lui, comme un bien incorporel meuble[359] mais qu'il est possible de traiter comme un bien corporel en matière de conflit de lois en raison des éléments qui le composent[360], de sorte que s'appliquerait la *lex rei sitae*. Cependant, peu importe en réalité l'attribution à l'une ou l'autre des catégories meuble ou immeuble car, dans les deux cas, la situation de l'entreprise devrait correspondre à l'établissement principal du bailleur et mener par conséquent à l'application de la loi allemande.

332. Le contrat de transfert partiel de bénéfices, quant à lui, a été conçu par le législateur allemand comme un contrat synallagmatique en ce sens qu'il suppose, à peine de nullité, qu'existe une contrepartie financière raisonnable pour l'entreprise réalisant le transfert. Il semble possible d'y voir soit une sorte de bail, soit un contrat de service avec, dans le rôle du prestataire de services, la société allemande. La deuxième solution paraît plus adaptée. Le conflit de lois mènerait à l'application de la loi allemande dans la première hypothèse (bail : même raisonnement qu'antérieurement) mais également dans la deuxième hypothèse (contrat de service : application de la loi du pays de la résidence du prestataire, art. 4 § 2 de la Convention et art. 4 § 1 b du Règlement).

Force est donc de constater jusque-là que, dans tous les cas de figure, c'est à la loi allemande que sera donnée compétence par le juge français pour régir les contrats du § 292.

b) L'admission par le for français

333. L'unique question qui subsiste est celle de savoir si l'ordre juridique français acceptera l'application de la loi allemande en tous points ou si, au contraire, il s'y oppose : en effet, il serait possible théoriquement qu'une loi de police française empêche le bon déroulement de l'exécution du contrat interentreprises considéré voire même le déclare incompatible avec l'ordre public international français. D'abord, concernant l'intervention d'une loi de police française, rien n'indique que le contrat qui ne fait que bénéficier à la société mère française perturberait *« l'organisation*

359 *JurisClasseur Commercial*, Fasc. 201, n° 14.
360 En ce sens : MAYER/HEUZE, n° 643.

politique, sociale ou économique du pays ».[361] Concernant, ensuite, l'opposition du droit français à titre de l'ordre public international, elle serait exclue si le droit français connaissait une institution dont les effets seraient comparables à ceux qui découlent des contrats du § 292.

334. Recherche d'une institution équivalente en droit français. Il existe en France une alternative aux contrats d'organisation purs à l'image du droit allemand. Il s'agit de la **location-gérance des fonds de commerce** qui est un type de contrat très répandu aujourd'hui en France. Il est régi par l'article L. 144-1 C. com. Par ce contrat, le propriétaire d'un fonds de commerce, appelé « loueur », confie, en vertu d'un contrat de location, l'exploitation de son fonds de commerce à une personne appelée « locataire-gérant » qui exploite ce fonds en son nom, pour son compte et à ses risques et périls, et qui paie au propriétaire un loyer ou une redevance.[362] Le contrat est conclu pour une période déterminée. Le bailleur n'a pas le droit d'exercer une influence quelconque sur le fonds loué durant la durée du contrat.[363]

Par le passé, la question s'est posée de savoir si la location-gérance modifiait directement ou indirectement les statuts, en particulier l'objet social. Tandis que la doctrine était partagée et l'est toujours[364], la jurisprudence a très tôt considéré que la mise en location-gérance n'était qu'*« une simple modalité particulière d'exploitation, (une exploitation indirecte) lorsque sont réunies deux conditions : maintien de la destination des lieux loués et durée limitée de la location-gérance »*[365]. Il est donc possible de considérer avec la jurisprudence

361 Selon la formule consacrée Ph. FRANCESCAKIS, *Encycl. jur. Dalloz, Rép. Droit international, v°* Conflit de lois, n° 137.

362 *Lexique des termes juridiques*, « location-gérance ».

363 *JurisClasseur Commercial*, Fasc. 201, n° 58 (2005).

364 La location-gérance fut considérée par certains comme une modification de l'objet social nécessitant par conséquent l'intervention d'un vote de l'assemblée générale d'actionnaires (note WAHL : *Journ. sociétés* 1904, 392 ; S. 1905, I, 89. – Note D. BASTIAN : *JCP éd. G* 1946, II, 3187), sauf si elle ne porte que sur l'un ou quelques-uns des "départements" du fonds ou si la société est propriétaire de plusieurs fonds. Pour d'autres, la location-gérance du fonds de commerce de la société est possible, même si le fonds est unique, dès lors que l'exploitation de ce fonds n'est pas la seule activité prévue par l'objet social (en conséquence, l'opération relève du pouvoir des représentants légaux : *Mémento F. Lefebvre, Sociétés commerciales*, 2006, n° 1906).

365 Cass. Ch. req., 8 mars 1882 : *Journ. sociétés* 1882, p. 226. – Cass. Ch. req., 29 oct. 1902 : *S.* 1905, 1, 89, note WAHL. – CA Aix-en-Provence, 18 nov. 1907 : *Journ. sociétés* 1909, p. 109, note BOSVIEUX. – T. civ. Tunis, 31 mars 1922 : *DP* 1923, 2, 191. – T. civ. Tunis, 4 mars 1958 : *Gaz. Pal.* 1958, 2, jurispr. 23 ; spécifiquement en matière de SARL, CA Paris, 24 juin 1944 : *JCP éd. G* 1946, II, 3187, note BASTIAN ; en matière de société

constante que la location-gérance est valable car elle ne modifie pas l'objet social de la société bailleresse. Les organes de la société bailleresse continuent à fonctionner normalement et les droits et devoirs des différents membres de la société ne supportent aucune modification. L'absence de modification statutaire est la raison pour laquelle ce sont les organes de gestion de la société[366] qui sont en principe compétents pour conclure un contrat de location-gérance portant sur le fonds de commerce de leur société[367].

335. Observations. À dire vrai, nous ne sommes pas convaincu que le contrat de location-gérance ne modifie nullement les statuts, et l'objet social en particulier, de la société bailleresse comme l'affirme haut et fort la jurisprudence française depuis plus d'un siècle. En effet, l'abandon de l'activité spéculative et la restriction à des revenus fixes sont par définition inconciliables avec la notion d'exploitation. Dans les faits, l'objet social est réduit à tirer profit de la location.[368] Pour prévenir d'éventuels abus de la part du gérant, le droit français prévoit deux conditions formelles. Selon la première, la destination des lieux loués doit être maintenue pendant l'exploitation du fonds par le gérant. Cette condition a pour but de garantir au

---

anonyme, Cass. Ch. req., 12 juill. 1892 : *S.* 1894, 1, 333. – T. com. Seine, 26 févr. 1923 : *RJ soc.* 1923, 217. Plus récemment et de surcroît en matière de groupe de sociétés, la Cour d'appel de Paris (CA Paris, 26 mai 1987 (n° JurisData 1987-022824) a jugé que n'était pas constitutive d'un abus de majorité la décision prise par une société de donner son fonds de commerce en location-gérance à une autre société du groupe, *« mode d'exploitation indirecte couramment utilisé dans les groupes de sociétés de distribution »*, en ce que la décision n'était pas contraire à l'intérêt social. En outre, la Cour, pour refuser au demandeur, actionnaire minoritaire, la dissolution de la société au motif de la disparition de *l'affectio societatis* et mésintelligence entre les actionnaires entraînant la paralysie de la société, constate le fonctionnement normal des organes de gestion malgré la location-gérance.

366 En droit français, le pouvoir d'engager la société revient en principe au président du directoire (art. L. 225-66 c. com.) dans les SA à structure dualiste, et au conseil d'administration (art. L. 225-35, al. 3 c. com.) voire, en pratique, au directeur général (art. L. 225-56 c. com.) dans les SA à structure moniste.

367 Dans le même sens : *JurisClasseur Sociétés,* Fasc. 9-20, n° 11. Il en va autrement cependant lorsque le contrat est conclu pour une durée illimitée auquel cas le conseil d'administration sera seul compétent.

Notons que la compétence de l'assemblée générale d'actionnaires devrait cependant renaître dès lors que la réglementation des conventions réglementées (article L.225-38 C. com) vient à s'appliquer. En ce cas, en effet, l'assemblée générale devra approuver la conclusion du contrat de location-gérance.

368 Dans le même sens déjà WAHL, note sous Cass. Ch. Req., 29 oct. 1902, *J. soc.*, 1904, 392 et *S.*, 1905, 1.

bailleur qu'il puisse retrouver son fonds dans les mêmes conditions économiques que celles qui existaient lors du début de la gérance. Selon la deuxième condition, la durée de la location-gérance doit être limitée. Le doute quant à la pertinence de ces conditions est permis. Car rien n'empêche la société dominante de fixer un terme fort éloigné et de renouveler l'opération quand le besoin pour elle se fait sentir. De plus, elle peut donner une nouvelle orientation au fonds ce qui, au bout de quelques exercices déjà, crée souvent des réalités irréversibles.[369]

Il apparaît donc que le droit français s'attache davantage à des considérations d'ordre formel pour admettre la location-gérance tandis que le législateur allemand, plus réaliste, a pris acte de la perte d'indépendance de la société dans les faits et a compris la nécessité de légiférer en vue d'une meilleure protection des personnes mises en danger.[370] Il s'agit là d'un jugement – le nôtre – qui trouve son fondement dans le regard d'un comparatiste. Seulement, la location-gérance a connu le développement que nous lui savons et le droit positif ne changera pas de sitôt. Aussi, devons-nous nous contenter de blâmer tout en acceptant l'état de droit tel qu'il est. En revanche, il nous est permis de tirer des enseignements de notre constat.

336. Une *Konzernierung* en douce. Il est ainsi frappant de constater que le droit français, tout en refusant les conséquences de la subordination d'une société en théorie, l'admet parfaitement en pratique. Car si l'on transpose le mécanisme de la location-gérance au niveau du groupe de sociétés, l'on voit que le contrat de location-gérance permet la formation contractuelle d'un groupe de sociétés en ce qu'une société dominante forcera la main à une société en position de faiblesse pour que celle-ci lui confie

369 *Ibid.*

370 Mais il convient de nuancer notre propos. En réalité, si le droit français ne se soucie guère des contrats pouvant intervenir dans les groupes de sociétés ou être à l'origine de ceux-ci, c'est parce qu'ils ne sont pas perçus en général comme étant un mode d'organisation d'un groupe de sociétés. La raison en est que la pratique française des affaires a plutôt tendance à choisir soit une formule « radicale » de groupement comme l'acquisition d'actions, la scission de sociétés, l'apport partiel d'actifs, soit une formule « souple » de groupement, plus sollicitée en pratique, comme les accords de rationalisation et spécialisation, etc. (cf. VASSEUR, *Le droit de la réforme des structures industrielles et des économies régionales*, Paris 1959, p. 112 et s., 125 et s.). Aussi, par exemple, la loi du 20 mars 1956 concernant la location-gérance des fonds de commerce n'a pris en considération que les fonds des petits commerçants et n'a point pensé à un moyen de groupements d'entreprises (RIPERT, *Traité élémentaire de droit commercial*, 4e éd., 1959, n° 480 et s.).

l'exploitation de son fonds de commerce. Cette *Konzernierung* latente est bien admis en droit français alors même que certains risques ne peuvent être niés.

337. La conformité des contrats du § 292 à l'ordre public international français. L'ordre public français n'interviendra que si les effets découlant du contrat interentreprises étaient *« manifestement incompatibles »*[371] avec les valeurs sur lesquelles se fondent les règles du droit général des sociétés. Or, il ne serait pas cohérent d'admettre la location-gérance en droit français et considérer par conséquent qu'elle ne heurte pas les principes du droit général des sociétés d'une part tout en voulant interdire une structure contractuelle, même de provenance étrangère, ayant des effets similaires, d'autre part. Car les effets que produit la location-gérance et ceux produits par les contrats régis par le § 292 sont, sinon identiques, tout au moins similaires. En effet, le fonds de commerce, soit « l'entreprise » en droit allemand, est donné à une autre personne pour que cette dernière l'exploite et en tire des bénéfices contre une rémunération ou une redevance, sans que le « bailleur » ne puisse intervenir dans la marche quotidienne du fonds (voire de l'entreprise) durant la durée du contrat. Aussi, il est intéressant de noter que, dans la pratique des affaires, la location-gérance est souvent utilisée dans le cadre de restructurations, acquisitions et cessions à l'intérieur d'un groupe de sociétés car elle permet d'aménager des périodes transitoires, tout comme les contrats du § 292, lesquels sont souvent les précurseurs d'une *Konzernierung* plus solide de domination légale par un contrat de domination.

Une différence subsiste, bien sûr. Elle consiste en le degré de protection des actionnaires et créanciers de la filiale qui est supérieur en droit allemand concernant les actionnaires de la société bailleresse ou dépendante. Mais cela est la conséquence d'un choix juridico-politique de chaque législateur et ne doit pas interférer sur le plan du conflit des lois dès lors que les institutions juridiques (ici : les contrats interentreprises du § 292 et le contrat de location-gérance du droit français) sont équivalentes par ailleurs et peuvent donc faire l'objet de la même qualification dans la règle de conflit française attribuant compétence à la *lex contractus* du contrat considéré (si l'on suit la qualification française en la matière).[372]

371 Art. 16 de la Convention de Rome, art. 21 du Règlement Rome I.

372 Ainsi, dans l'hypothèse inverse du contrat de location-gérance par lequel une société française donnerait son fonds de commerce à une société allemande (sous la forme d'un établissement secondaire en France immatriculé au RCS en vertu de l'art. 144-2 C. com.), il semble bel et bien que devra être respecté le choix du législateur français de ne pas adopter des règles matérielles protégeant davantage les actionnaires minoritaires

§ 3) La rédaction et la conclusion des Konzernverträge *en droit substantiel*

Pour être valables en droit matériel allemand, les contrats de *Konzern* étudiés doivent se conformer à certaines exigences formelles qui découlent de la loi ou qui sont exigées par la doctrine (A). La condition relative à la validité du consentement exprimé par la société mère, par hypothèse étrangère, soulève une discussion particulière et nécessite un examen technique plus détaillé (B).

A. Les conditions de forme

338. Ce sont principalement les conditions légales des §§ 293 et s. AktG qui doivent être remplies. Les contrats doivent être écrits[373], § 293 al. 3. S'y ajoute, pour les contrats de domination et de transfert de bénéfices, la stipulation contractuelle obligatoire du montant de la compensation annuelle (§ 304 al. 3). Le résultat du vote de l'assemblée des actionnaires de la société dominée doit être consigné par écrit par un notaire ou certifié devant lui. Il incombe à la direction de la société dominée de demander l'inscription du contrat au RCS, inscription qui a un effet constitutif.

La doctrine, quant à elle, a posé des conditions de forme supplémentaires quant à la rédaction des contrats et vise l'insertion de certaines clauses.

---

et créanciers de la société française alors que, inversement, ce serait le cas des actionnaires et créanciers allemands dans l'hypothèse de la conclusion d'un contrat du type § 292 entre une société mère française et une société dépendante allemande. Cela peut paraître choquant de prime abord mais il n'en est rien. En réalité, il incombe à chaque législateur de légiférer au profit mais également au détriment des sociétés qui dépendent de lui. Si le législateur français n'est pas intervenu, c'est – dirons certains – parce qu'il souffre d'une inertie chronique et il n'est pas équitable d'en faire subir les conséquences aux actionnaires minoritaires et créanciers. Or, il ne faut pas oublier que le choix du législateur peut avoir été délibéré : en effet, protéger moins les créanciers locaux et les actionnaires minoritaires des sociétés de droit français ne signifie rien d'autre que d'ouvrir plus large la porte aux investisseurs internationaux (moins de protection des groupes à risque = moins de coûts pour les investisseurs). Ce choix doit être respecté. Il n'est pas de la compétence de la doctrine ni de suppléer à l'inertie du législateur, ni de mettre en doute ses choix par une interprétation constructive des textes. Tout au plus, la doctrine doit-elle critiquer les choix du législateur dès lors que ceux-ci ne semblent pas adaptés à la réalité du droit dans la pratique.

373 La forme écrite signifie conformément au § 126 BGB que l'acte doit avoir été signé de manière manuscrite par les deux parties ou certifié devant notaire.

339. *Loyalitätsklausel.* En premier lieu, à titre de validité du contrat, un courant minoritaire voudrait exiger de la part de la société allemande (dominée) l'insertion d'une clause dite de « loyauté » dans le contrat interentreprises stipulant que le seul droit matériel allemand s'applique à la relation.[374] Par ce « choix de loi dicté », on espère assurer l'applicabilité en toutes hypothèses des règles du droit allemand des groupes, peu importe la manière de qualifier à l'étranger, peu importe le tribunal saisi.

Cette exigence n'est cependant pas à retenir.[375] D'abord, nous avons eu l'occasion de démontrer qu'une telle stipulation n'était pas nécessaire. De deux choses l'une, en effet. Soit le contrat en cause est qualifié de sociétaire et alors le problème ne se pose pas si la société dominée est allemande. Si la société dominée est étrangère, le droit matériel allemand ne pourra pas s'appliquer pour des raisons matérielles déjà énoncées[376] et le contrat ne produira aucun effet. Soit le contrat est qualifié contractuellement comme en droit français mais alors le droit allemand s'applique également. Premièrement, il en est ainsi en raison du rattachement objectif par la prestation caractéristique. Deuxièmement, si la construction contractuelle ne suit pas les mécanismes prévus par l'*Aktiengesetz*, il ne s'agira pas d'un contrat interentreprises au sens de cette réglementation.[377] La question de savoir si ces contrats d'une autre nature peuvent être conclus valablement avec une société allemande ne relève plus, à ce moment-là, des dispositions du *Konzernrecht* mais du droit international des contrats, le cas échéant corrigé par le droit des sociétés.

Ensuite, la sanction de la non-insertion n'est pas adaptée. L'annulation d'un contrat pour défaut d'inclusion d'une clause de choix de loi paraît en effet discutable dès lors que le contrat serait déjà soumis par lui-même au droit allemand ce qui devrait correspondre à la grande majorité des contrats conclus en pratique.

430. *Clausula electionis fori germanici.* En deuxième lieu, et dans le même souci d'assurer la pleine efficacité des règles allemandes, certains

374 STAUDINGER-*IntGesR*/GROßFELD, n° 575 ; WIEDEMANN, *GesR I*, p. 805 et s. Nous voilà à la source d'inspiration du Professeur SYNVET lorsqu'il estime que la *lex societatis* allemande devrait obliger ses sociétés, par *« une influence indirecte »* sur la *lex societatis,* à insérer certaines clauses dans le contrat (cf. *supra* n° 326).

375 Se prononcent également contre cette exigence : EMMERICH, *in* EMMERICH/HABERSACK, *commentaire*, § 291 n° 35 ; HÜFFER, § 291 n° 13 ; *KöKo*/KOPPENSTEINER, Vorb. § 291 n° 195.

376 Cf. *supra* n° 327.

377 Sous-entendu, bien sûr, que le dépeçage n'est pas admis.

auteurs exigent une clause d'élection du for allemand.[378] Deux raisons mènent au rejet de cette exigence. D'abord, une compétence du for allemand sera toujours acquise en pratique[379]. Ensuite, il n'a pas été démontré de manière convaincante pourquoi les tribunaux étrangers n'appliqueraient pas le droit allemand des groupes.[380]

À retenir pour la pratique. Juridiquement, les clauses que certaines voix de la doctrine exigent ne semblent pas s'imposer. Tant que la question n'est pas tranchée définitivement par les tribunaux, il semble toutefois plus prudent de conseiller aux praticiens d'insérer ces clauses dans les contrats.

B. *Le consentement de la société mère ou la question incidente de la protection des intérêts des actionnaires externes de celle-ci*

341. Il est normal, ne serait-ce que du point de vue du droit des obligations, que le consentement des deux sociétés impliquées soit requis pour conclure un contrat interentreprises, § 293 al. 1er et 2e. Le consentement doit être qualifié en ce sens que le § 293 al. 1er AktG prévoit l'intervention d'un vote de l'assemblée générale à la majorité des trois quarts du capital représenté pour que la société puisse valablement conclure le contrat. Cette exigence s'applique non seulement à la société dépendante (§ 293 al. 1er) mais également en principe à la société dominante (§ 293 al. 2[381]). Seulement, il a été soutenu que le § 293 al. 2 ne s'applique pas à une société dominante étrangère parce que *« l'exigence du consentement qualifié ne vise que la protection des actionnaires de sociétés dominantes allemandes »*[382]. Si le résultat est juste, en revanche, le raisonnement semble tout à fait hasardeux.

378 STAUDINGER-*IntGesR*/GROßFELD, n° 575.

379 Sur l'ensemble de la question, cf. Annie BOTTIAU, *Faillite internationale et groupes de sociétés*, th. Lille, 1989 ; Eva BRUHNS, *Das Verfahrensrecht der internationalen Konzernhaftung*, 2006. Le tribunal allemand du siège social de la société allemande est compétent pour tout litige relatif aux droits sociétaires (*Gerichtsstand der Mitgliedschaft* – § 22 ZPO). Sa compétence découle également, en règle générale, de l'article 5 § 1 ou de l'art. 5 § 3 du Règlement 44/2001 (E. BRUHNS, conclusion).

380 Du même avis : *KöKo*/KOPPENSTEINER, Vorb. § 291, n° 194.

381 Par renvoi à l'alinéa 1er du même paragraphe.

382 WÜRDINGER, *Aktien- und Konzernrecht*, 2e éd., 1966, p. 21 ; BACHE, *Der internationale Unternehmensvertrag nach deutschem Kollisionsrecht*, p. 38 et s. ; KOPPENSTEINER, *op. cit.*, p. 164.

1. Positionnement du problème

342. Imaginons que la loi allemande reçoive compétence pour régir un contrat interentreprises par une règle de conflit bilatérale, allemande ou étrangère, attribuant compétence à la loi de la filiale. Il va de soi qu'elle exigera le consentement qualifié de la part de *sa* société allemande en vertu du § 293 al. 1er AktG. La question qui se pose est cependant celle de savoir dans quelle mesure cette loi de la filiale (peu importe qu'elle soit appelée à intervenir en tant que *lex societatis* ou en tant que *lex contractus*) devra avoir égard à la validité du consentement exprimé par la société dominante étrangère au sujet de la conclusion du contrat liant les deux entreprises. Nous sommes ici confrontés à un problème assez général qui se pose à chaque fois que l'action des deux sociétés impliquées est considérée.

Enjeu. Ce qui est en cause ici est la protection des actionnaires minoritaires de la société mère qui est assurée, en fonction de l'ordre juridique et de la convention considérés, par certaines exigences quant aux modalités de consentement de la société. Nous avons vu en effet que qu'ils sont protégés en droit allemand par le biais de leur participation aux votes de l'assemblée générale depuis que la jurisprudence a étendu la compétence de l'assemblée générale aux mesures structurelles concernant une « partie essentielle » du patrimoine social.[383] En droit français, cette fonction de protection est en fonction en principe remplie par la limitation de l'action des organes de gestion à l'objet social que seule l'assemblée générale extraordinaire peut modifier à la majorité des deux tiers des voix.[384] En outre, le consentement de l'assemblée générale sera requis sous forme d'approbation, art. L. 225-41 C. com., pour la conclusion d'une convention réglementée (art. L. 225-38 C. com.).[385] Plus généralement, il est possible de considérer, par comparaison au régime de la location-gérance, que le conseil d'administration sera compétent pour décider de la conclusion de l'un des contrats interentreprises du § 292 dès lors que ce contrat est conclu pour une durée illimi-

383 Cf. *supra* n° 114.

384 Cf. *supra* n 117.

385 La désapprobation pouvant mener à l'engagement de la responsabilité des administrateurs intéressés, art. L. 225-41, al. 2 C. com.

tée.[386] Cette décision pourra faire l'objet d'une action des actionnaires minoritaires pour abus de majorité[387].

Difficulté. En somme, la question est la suivante : la loi allemande doit-elle exiger de la société mère étrangère un vote d'assemblée à la majorité des trois quarts, doit-elle au contraire se désintéresser entièrement de la manière dont la société étrangère s'engage ou doit-elle prendre en considération les prescriptions de la loi de la société mère à ce sujet ? Autrement dit, l'interrogation est relative au degré d'intervention de la loi étrangère que lui accorderait la loi de la filiale.

2. *Analyse technique de l'opération*

L'intervention de la loi de la société mère a lieu dans le cadre même de la règle substantielle du § 293 puisque le « consentement de la société mère » est un élément allogène dans le présupposé de la règle dont l'existence, voire la validité, doit être recherchée selon la loi compétente. Pour « faire intervenir » une loi étrangère dans le cadre d'une règle de droit interne, le droit international privé connaît deux méthodes : la substitution d'une part, et la question préalable, d'autre part.

a) *Présentation des méthodes*

i) *La substitution*

343. La substitution[388]. On entend par là la subsomption, dans une règle de droit substantiel, de faits ou d'institutions juridiques régis par une loi autre que celle applicable à la règle considérée. Plus précisément, la substitution est le remplacement d'un élément du présupposé d'une règle de droit substantiel par un élément allogène, généralement un rapport juridique, concrétisé sous l'empire d'une loi différente de celle qui régit la règle considérée. Cet élément allogène doit être interprété et analysé pour s'assurer de l'équivalence entre celui-ci et l'élément de la règle destiné à être

386 Cf. *supra* n° 334.

387 A ainsi été qualifiée d'abus de majorité la concession à une autre société d'un contrat de location-gérance portant sur toute l'activité commerciale de la société (Cass. com., 8 janv. 1973 : RTD com. 1973, p. 586, obs. R. HOUIN).

388 BUREAU/MUIR WATT, n° 478 et s. ; MAYER/HEUZE, n° 258 et s. ; VON BAR/ MANKOWSKI, I § 7 VII ; KEGEL/SCHURIG, *IPR*, § 8; KROPHOLLER § 34 ; WENGLER, 'Die Vorfrage im Kollisionsrecht', *RabelsZ* 8 (1934), 148-251 ; VISCHER, *Die rechtsvergleichenden Tatbestände im Internationalen Privatrecht*, 1953, § 5 ; HUG, *Die Substitution im IPR*, 1983.

substitué, aussi dénommé concept préjudiciel, en termes de configuration de l'institution étrangère et des effets qu'elle déploie[389]. Concrètement, la question serait alors celle de savoir si le consentement de la société mère qui serait d'une autre nature que celui du § 293 (par exemple : décision prise non pas par l'assemblée générale mais par le seul directeur de la société) pourra être substitué à celui prévu par le § 293 AktG.

ii) La question préalable

344. La théorie des questions préalables (*Vorfrage*). La deuxième technique est une conséquence de la théorie que les auteurs allemands qui l'avaient découverte (MELCHIOR et WENGLER dans les années 1930) ont appelée *« Vorfrage »* et qui a été traduite en français par l'expression « question préalable ». Elle vise le cas où, à l'occasion d'une question de droit, dite « principale », posée au juge, est soulevée une autre question qui est, elle, appelée « préalable » en raison de l'incidence directe qu'elle a sur le règlement de la première.

Le problème est celui de savoir si les deux questions doivent être soumises à la même loi ou peuvent – voire doivent – être soumises à des lois différentes. Autrement dit : quand la question principale est de la compétence d'une loi donnée, faut-il ou non suivre les règles de conflit de cette loi pour résoudre les questions préalables ?[390] Deux conceptions s'affrontent, l'une favorable à la dépendance (*lex causae*), l'autre à l'autonomie de la question préalable (*lex fori*) par rapport à la loi compétente à titre principal.[391] La

389 Sur l'objet de l'appréciation d'équivalence, cf. BUREAU/MUIR WATT, n° 481.

390 L'exemple classique a été fourni par Martin WOLFF : le juge allemand est saisi de la validité d'une adoption soumise à la loi anglaise, laquelle la subordonne à l'absence d'enfants légitimes. Faut-il alors, dans cette hypothèse, demander à la loi compétente selon le système anglais de conflit si l'enfant qu'avait l'adoptant au moment de l'adoption était légitime ?

391 Au soutien de la thèse de la dépendance de la question préalable par rapport à la question principale est avancée l'idée selon laquelle la question préalable n'existe que par et pour la question principale. En termes procéduraux, cela signifierait que la question préalable n'a vu le jour que grâce à la question principale, d'où la subordination de celle-là à celle-ci. Cette subordination devrait par conséquent se traduire par la soumission de la question préalable au système étranger qui a été appelé au départ à résoudre la question principale. Il a été en outre observé dans le même sens qu'à partir du moment où l'ordre juridique du for confie au droit étranger le soin de résoudre le conflit, ce droit doit être appliqué dans toutes ses composantes, y compris ses propres règles

doctrine allemande majoritaire[392] considère aujourd'hui que la question préalable doit être tranchée selon le droit international privé du for (autonomie de la question préalable).[393] L'étude de la jurisprudence allemande

de conflit, de telle sorte qu'il lui appartient également de déterminer la loi applicable à la question préalable qu'il a fait surgir.

Au soutien de la thèse de l'autonomie de traitement de la question préalable, soit le rattachement selon la *lex fori*, on a pu faire valoir, au contraire, que la question préalable est apparue la première dans l'évolution globale des évènements qui se sont succédés. Ainsi, par exemple, le mariage (question préalable) a été célébré avant que la demande en divorce ne soit formulée (question principale). L'ordre d'apparition des faits conduit donc à penser que si la question préalable n'est sans doute pas totalement distincte de la question principale, elle n'a pas cependant un lien de subordination nécessaire avec elle.

En réalité, tous ces arguments qui sont d'ordre purement procédural ne sont pas convaincants car la solution d'un conflit de lois ne peut dépendre de la manière dont la question est posée au juge, à titre principal ou à titre incident, ni de la chronologie de l'intervention des questions dans le raisonnement du juge du for.

Pour MELCHIOR et WENGLER, la question préalable devait être soumise à la règle de conflit du pays dont la loi est déclarée applicable à la question principale par la règle de conflit du for (dépendance de la question préalable de la question principale). L'argument principal en faveur de ce raisonnement est que l'on risquerait de dénaturer le droit étranger applicable à la question principale si l'on soumettait à la règle de conflit du for la question préalable. Les tenants de cette thèse mettent en avant l'harmonie internationale des décisions en faisant valoir que fréquemment l'application de la règle de conflit étrangère aura pour objet de valider une situation qui ne le serait pas si le raisonnement était mené selon la règle de conflit du for.

Or, cette cohérence alléguée entre les règles appliquées à la question principale et à la question préalable est loin d'être acquise étant donné que ces règles n'appartiennent pas nécessairement à la même loi. Car par hypothèse, la question préalable soulève elle-même un conflit de lois (sans quoi ne se poserait pas le problème du choix d'une règle de conflit).

392 VON BAR/MANKOWSKI I § 7 III; VON HOFFMANN/THORN, § 6 C; JUNKER, § 10 ; KEGEL/SCHURIG, *IPR*, § 9; KROPHOLLER § 32; RAUSCHER 105-120; SIEHR § 52 II.

393 Plusieurs arguments ont été avancés en faveur de cette solution. Pour prendre un exemple, la validité d'un mariage conditionne bon nombre de conséquences juridiques : les effets personnels entre époux, les effets patrimoniaux, le divorce, la filiation etc. Plusieurs ordres juridiques peuvent être appelés à régir ces conséquences lorsqu'elles apparaissent comme question principale. Si la question préalable relative à la validité du mariage était systématiquement résolue par le droit international privé régissant la question principale, le mariage serait tantôt considéré comme valide tantôt comme invalide.

Cette situation risquerait d'aboutir à une contradiction normative pouvant consister en un conflit négatif de normes (ex : le mariage sera considéré comme valide par la loi désignée par les règles de conflit en ce qui concerne la question préalable alors que la loi désignée pour résoudre la question principale ne reconnaît pas les effets personnels du mariage) ou en un conflit positif de normes (ex : le mariage est considéré comme invalide et pour autant on lui attachera des effets personnels). Un tel résultat qualifié de « schizo-

montre que la théorie des questions préalables dans le sens de la dépendance de la question préalable de la loi applicable à la question principale n'a jamais été accueillie par les tribunaux dès lors que son application aurait entraîné l'invalidation d'un rapport incident, régulier au regard de la règle du for. De la même manière, la théorie des questions préalables n'a jamais eu la faveur ni de la doctrine française[394], ni des tribunaux français[395]. En définitive, force est donc de constater que les positions en droit positif sont les mêmes en droit français et en droit allemand : la question préalable doit être résolue selon la règle de conflit du for ce qui signifie qu'un nouveau conflit de lois à l'intérieur de la règle de conflit considérée devra être résolu. De manière expresse, G. KEGEL consacre ainsi le « rattachement autonome » de la question préalable[396]. Notons qu'il semble utile de sauvegarder le terme de « question préalable » tant il désigne le caractère double du conflit de lois soulevé à l'occasion de l'application d'une règle.

La doctrine allemande se sert du vocable *Vorfrage* pour désigner plusieurs situations. La *Vorfrage* peut survenir soit dans le cadre d'une règle de conflit (*kollisionsrechtliche Vorfrage* ou *Vorfrage* au sens large), soit dans le cadre de la règle de droit matériel désignée à la fin du conflit de lois (*materiell-rechtliche Vorfrage* ou *Vorfrage* au sens étroit, question préalable de droit matériel). La question partielle ou *Teilfrage,* quant à elle, se pose au sujet d'une partie des faits de l'espèce lesquels doivent être rattachés de manière

---

phrénie juridique » par GOLDSCHMIDT contredirait la fonction régulatrice du droit. La cohérence interne des décisions, l'harmonie dite matérielle, interdit une telle solution.

Seules certaines situations particulières font exception à cette règle. Ainsi, en matière de nationalité des personnes, seul le droit international privé de l'État concerné sera consulté afin d'éviter l'octroi à l'État contre son gré d'une personne.

394 BUREAU/MUIR WATT, n° 504 et s. ; MAYER/HEUZE, n° 263.

395 La théorie des questions préalables a été en effet d'abord implicitement rejetée par la Cour de cassation dans les arrêts *Ponnoucanamale* (Cass. Ch. req., 21 avril 1931, *S.* 1931, 1, 1377) et *Bendeddouche* (Cass. civ 3e, 3 janvier 1980). Le doute qui pouvait subsister sur la position de la Cour de cassation à l'égard des questions préalables a été levé par l'arrêt *Djenangi* du 22 avril 1986 (*JDI* 1986, 1025, note A. SINAY-CYTERMAN ; *JCP* 1988, III, 20878, note E. AGOSTINI ; *Rev. crit. DIP* 1988, 302, note J.-M. BISCHOFF). Dans cet arrêt relatif à la détermination de la qualité de conjoint en matière de dévolution successorale, la Cour de cassation ne s'est pas en effet bornée à déclarer applicable à cette question préalable la loi nationale. Elle a pris soin de préciser « *qu'il n'appartient pas au droit étranger désigné pour résoudre la question principale de la succession, de dire si une personne a la qualité de conjoint, ni de définir selon quelle loi doit être appréciée cette qualité* ». La théorie des questions préalables se trouve ainsi ouvertement condamnée par le droit positif français.

396 KEGEL/SCHURIG, *IPR*, § 9.

séparée et indépendamment de la loi applicable à la question principale. En droit allemand, il en va ainsi de la capacité[397], de la forme des actes[398] ainsi que du pouvoir de représentation (contrat de mandat ; pouvoir des organes de sociétés) qui sont des questions que l'on rattache indépendamment de la *lex contractus*.[399] Notons que sur le plan technique, il n'y a aucune différence entre une question préalable et la question partielle puisque, dans les deux hypothèses, une partie de la question posée fera l'objet d'un conflit de lois séparé de la question principale. Il n'est donc pas utile de trancher entre l'une ou l'autre.

En l'occurrence, la question du consentement de la société mère pourrait bien être une question préalable de droit matériel ou encore une question partielle[400] relative au pouvoir de s'engager de la société qui se pose dans le cadre de la règle substantielle du § 293 al. 2 AktG. Techniquement, la question posée (consentement de la société mère) serait d'abord séparée de la question principale (validité du contrat interentreprises), ensuite soumise à l'opération de qualification dont le résultat sera l'attribution à la catégorie sociétaire. S'appliquerait alors la *lex societatis* de la société mère en ce qui concerne le pouvoir de celle-ci de s'engager.

b) Analyse et agencement des méthodes

345. Différenciation. Face à deux méthodes en apparence équivalentes en ce qu'elles aboutissent à la prise en compte et la validation d'un rapport juridique établi sous l'empire d'une loi étrangère, il convient de nuancer et de trancher. Car, même si *« des liens très étroits »*[401] existent entre elles, les méthodes sont en réalité différentes[402] : la question préalable pose la question de la validité tandis que la substitution fait référence à l'équivalence[403] ; la question préalable est résolue par la loi applicable désignée par la règle de conflit du for tandis que la substitution est une pure question

397 Art. 7 EGBGB.

398 Art. 11 EGBGB.

399 VON BAR/MANKOWSKI I § 7 III ; VON HOFFMANN/THORN, § 6 C ; JUNKER, § 10 ; KEGEL/SCHURIG, *IPR*, § 9 ; KROPHOLLER § 32 ; RAUSCHER 105-120 ; SIEHR § 52 II. Notons qu'il en va de même en droit français où la question n'a cependant pas fait l'objet de débats doctrinaux.

400 En ce sens : W. BAYER, *op. cit.*, p. 69.

401 BUREAU/MUIR WATT, n° 504.

402 SCHRÖDER, *Die Anpassung von Kollisions- und Sachnormen*, Köln, 1961, p. 80 et s.

403 KOPPENSTEINER, *Internationale Unternehmen*, p. 191 et s.

de droit substantiel du for. Plus encore, dès lors que la validité d'un rapport juridique soumis à une loi étrangère n'a pas été retenue au stade de la question préalable (ou partielle), la substitution ne saurait jouer. Un exemple le montrera : pour savoir si un contrat du § 292 est équivalent à la location-gérance du droit français, il est nécessaire de se demander d'abord par le biais de la question préalable si un tel contrat a été valablement conclu. Si tel n'est pas le cas, l'élément de substitution fait déjà défaut.

L'on peut dire *brevitatis causa* que la question préalable concerne la validité d'un rapport juridique soumis à une loi étrangère tandis que la substitution concerne l'équivalence de ce rapport juridique avec celui contenu dans la règle substantielle interne.

3. Détermination des solutions

346. Transfert de la solution théorique au problème posé. Le problème du consentement de la société mère se situe sur ce même terrain. En effet, il ne peut être question de substituer l'engagement de la société, donné selon les prescriptions du droit français, à l'élément de *« consentement de la société dominante »* du § 293 si l'on ne s'est pas auparavant assuré de la validité de cet engagement selon la loi française par le biais de la question préalable (ou partielle). Il en résulte une application successive des deux méthodes. Le consentement qui serait donné par une société mère française en vue de la conclusion d'un contrat interentreprises fera d'abord l'objet d'une question préalable à l'intérieur de la règle allemande du § 293, puis, si sa validité au regard du droit français est acquise, il sera substitué au « consentement de la société dominante » et ainsi intégré dans le § 293, à condition que le juge considère équivalentes les deux institutions.

347. Solution. La réponse à apporter à l'interrogation du degré d'intervention de la loi de la société mère en ce qui concerne le consentement exprimé par celle-ci est la suivante. La loi allemande ne peut exiger de la part de la société (mère) étrangère le respect de sa règle relative aux conditions du consentement car elle n'est pas compétente pour régler cette question. Seule la loi de la société mère a compétence pour déterminer les conditions auxquelles la société a le pouvoir de s'engager.[404] Partant, la formulation de la question initiale doit être rectifiée : en effet, la loi allemande ne peut pas ni se désintéresser, ni simplement prendre en considération les prescriptions de la loi étrangère. Elle commande au contraire l'application

404 Pour la question de l'étendue de la *lex societatis*, cf. *supra* n° 229 et s.

de la loi étrangère au juge saisi[405] par le biais de la question préalable ou partielle et la substitution.

Cela signifie pour la question nous concernant que la protection des actionnaires minoritaires de la société mère est résolue par la seule *lex societatis* de cette même société à l'exclusion de la loi allemande ; résultat qui ne saurait surprendre tant il est conforme à l'étendue de la *lex societatis* que nous avons analysée.[406] Cette solution réfute la thèse de H.-G. KOPPENSTEINER selon laquelle les lois des deux sociétés impliquées s'appliqueraient en principe concomitamment, chacune en fonction de la volonté de s'appliquer sous-entendue par son droit matériel.[407]

348. Résumé des solutions de la section 1. Il n'est nul besoin de recourir à des méthodes particulières telles l'intervention de lois de police en ce qui concerne le conflit de lois relatif aux contrats interentreprises. La méthode classique de conflit de lois produit des résultats convaincants et satisfaisants.

Les contrats interentreprises dans leur ensemble doivent, de préférence, être qualifiés de sociétaires. L'application de la loi de la filiale résulte naturellement de sa compétence en raison des effets modificateurs desdits contrats sur la société dépendante. Ce raisonnement est acquis pour le contrat de domination et le contrat de transfert de bénéfices (contrats du § 291 AktG). Il l'est moins pour le contrat de transfert partiel de bénéfices, le contrat de bail d'entreprise ainsi que le contrat de mise à disposition de l'entreprise (§ 292 AktG) : ces derniers reçoivent une qualification sociétaire en Allemagne, probablement contractuelle en France. En pratique, cette divergence pourra cependant être surmontée par une qualification contractuelle, en droit français, inspirée du modèle du contrat de location-gérance de fonds de commerce. Il est ainsi démontré que le recours aux lois de police n'était ni nécessaire, ni même utile en la matière. Enfin, il est très important de noter que la loi de la société mère joue un certain rôle par le biais de la question préalable ou partielle et de la substitution et assure de cette manière la protection des actionnaires minoritaires de la société mère qu'elle juge nécessaire.

Un autre moyen spécifique de formation d'un groupe de droit est l'intégration.

405 Sur la question du statut de la loi étrangère, cf. les développements *in* BUREAU/MUIR WATT, n° 447.

406 *Ibid.*

407 Ainsi, KOPPENSTEINER, *Internationale Unternehmen*, p. 188.

Section 2 La formation du groupe par l'intégration

349. Tout en gardant sa personnalité juridique, une société est intégrée dans une autre soit parce que la première est une fille à 100 % de la deuxième, soit en raison d'un vote majoritaire. Il s'agit d'un procédé très spécifique du droit allemand des groupes qui mène à une situation de domination plus forte encore que celle qui existe dès lors qu'un contrat de domination a été conclu. L'ensemble de la doctrine allemande semble considérer que l'intégration ne peut en principe jouer dès lors qu'une entreprise étrangère (non-allemande) est impliquée.[408] Il convient cependant de nuancer l'analyse en prenant en compte des arguments de droit communautaire notamment.

§ 1) Les exigences légales et leur raison d'être

A. Présentation des exigences légales

1. La forme des sociétés

350. En matière d'intégration des §§ 319 et s., le législateur allemand exige en effet – nous le rappelons – que les deux sociétés concernées revêtent la forme d'une *AG* pour des raisons tenant à la protection des créanciers. S'agissant de la société principale, la disqualification des sociétés allemandes ayant une autre forme juridique semblait nécessaire parce qu'une telle société n'offre pas *« pour les créanciers de la société intégrée les mêmes garanties que l'AG »*[409]. La question de savoir si la société intégrée pouvait être une société de capitaux d'un autre type, une *GmbH* par exemple, ne semble pas s'être posée, sans doute en raison de l'incompatibilité d'une cessibilité facile des parts sociales (intégration d'une filiale à 100 %) voire d'un droit général d'exclusion des associés (intégration par vote majoritaire avec *squeeze out*), qui sont nécessaires au bon déroulement de l'intégration, avec l'*intuitus personae* relativement important dans la *GmbH*.[410]

408 Cf. *supra* n° 51 *in fine*.
409 KROPFF, *AktG*, p. 422 ; Reg. Begr. du § 319.
410 Cf. sur ce point: HUECK/WINDBICHLER, § 36 n° 18.

2. La localisation du siège social des sociétés

351. En outre, les deux sociétés doivent avoir leur siège social réel en Allemagne.[411] Pour la société intégrée, l'exigence s'explique par le fait que le transfert du siège social d'une *AG* de droit allemand à l'étranger était sanctionné, jusqu'à une époque très récente[412], par sa dissolution en droit allemand et que celle-ci a en toute logique pour conséquence la fin de l'intégration elle-même.[413]

Concernant la société principale, le § 319, al. 1er, phr. 1 exige expressément que le siège social réel soit en Allemagne. Cette exigence serait également due à *« l'intérêt de la protection des créanciers »*[414]. Il ne faut pas oublier qu'au moment de la rédaction de l'*Aktiengesetz* de 1965 seule la théorie du siège réel trouvait application en droit allemand[415] de sorte que l'exigence de la localisation du siège réel de la société principale en Allemagne menait au résultat suivant : soit la société était inscrite en Allemagne en tant qu'*AG* allemande et pouvait dès lors être société principale au sens des §§ 319 et s., soit la société inscrite ou incorporée à l'étranger ayant son siège réel en Allemagne était soumise au droit allemand et les tribunaux allemands ne la reconnaissaient pas pour cause d'absence d'une formalité essentielle, souvent l'immatriculation au RCS allemand, ce qui l'empêchait de remplir la condition de forme d'une *AG*. Autrement dit, une société d'origine étrangère, fut-elle une société anonyme, ne pouvait jamais servir de société principale au sens du § 319 parce que soit elle n'avait pas son siège en Allemagne, soit au contraire son siège réel se trouvait en Allemagne mais par là même elle n'obtenait pas la reconnaissance.

B. La prétendue raison d'être de ces exigences légales

352. Il ne ressort pas de la déclaration accompagnant la loi si le législateur allemand agissait ainsi par crainte de l'application aux créanciers sociaux d'une *lex societatis* moins protectrice que ne l'est le droit allemand ou

411 HÜFFER, § 1 n° 30 et s., § 5 n° 12.

412 Jusqu'au 1er novembre 2008. Pour le débat, cf. *supra* n° 223 et . (spéc. n° 225).

413 EMMERICH/HABERSACK, *commentaire*, § 319 n° 7.

414 Reg. Begr. du § 319.

415 Représentatifs pour maintes autres décisions : BGHZ 53,181, 183 = *NJW* 1970, 998 ; BGH *NJW* 1995, 1032.

par crainte que la responsabilité solidaire de la société principale ne puisse jouer à l'étranger.[416]

Nous savons que ces craintes sont désormais largement infondées tant il est communément admis aujourd'hui qu'en principe la loi de la société débitrice des créanciers, en l'occurrence celle de la société intégrée allemande, s'applique[417] mais à l'époque on a pu légitimement douter de la position qu'occupaient les droits étrangers sur ce point. S'y ajoute le fait aujourd'hui que la protection des créanciers conférée par les droits des États membres de l'UE est *en principe* équivalente depuis l'uniformisation de la matière par la deuxième directive communautaire en matière de sociétés[418].

Il est probable que, craignant que les droits étrangers n'admettent pas la compétence de la loi allemande pour le cas considéré, le législateur allemand de l'époque ait pu s'inquiéter également de l'exécution d'éventuelles décisions de justice allemandes à ce sujet à l'étranger. Sans vouloir examiner de près ici les cas possibles de compétence internationale, il faut se souvenir que ni la Convention de Bruxelles de 1968[419], ni le Règlement Bruxelles I[420] n'existaient à l'époque. Depuis lors, la reconnaissance et l'exécution des décisions étrangères sont cependant devenues quasi-automatiques sauf contrariété manifeste à l'ordre public.[421] Aussi, dans le cas considéré, le droit allemand avec la responsabilité solidaire de la société principale du § 322 al. 1er est applicable et appliqué en tant que *lex societatis* de la société intégrée et l'exécution des jugements ne pose pas problème au sein de l'UE.

416 KOPPENSTEINER, *Internationale Unternehmen*, p. 218.

417 WIEDEMANN, *GesR I*, § 15 III 3 a, p. 877 ; STAUDINGER-*IntGesR*/GROßFELD, n° 705 *et multi alii* ; cf. également *infra* n° 372 et s.

418 Deuxième Directive 77/91/CEE du Conseil, du 13 décembre 1976, tendant à coordonner pour les rendre équivalentes les garanties qui sont exigées dans les États membres des sociétés au sens de l'article 58 deuxième alinéa du traité, en vue de la protection des intérêts tant des associés que des tiers, en ce qui concerne la constitution de la société anonyme ainsi que le maintien et les modifications de son capital *Journal officiel n° L 026 du 31/01/197,7 p. 0001-001.*

419 Convention de Bruxelles du 27 septembre 1968 sur la compétence judiciaire et l'exécution des décisions en matière civile et commerciale, version consolidée au *JOCE* n° C 27, 26 janvier 1998, p. 3, dite « Convention de Bruxelles ».

420 Règlement (CE) n° 44/2001 du Conseil du 22 décembre 2000 concernant la compétence judiciaire et l'exécution des décisions en matière civile et commerciale, *JOCE* n° L 12 du 16 janvier 2001, p. 1, dite « Règlement Bruxelles I ».

421 Cf. articles 33 et s. du Règlement Bruxelles I ; articles 31 et s. de la Convention de Bruxelles du 27 septembre 1968. Pour obtenir l'exécution d'une telle décision, il suffit en effet d'en faire la demande, art. 38 § 1 Bruxelles I.

§ 2) Examen de la conformité au droit communautaire

353. Dans ce contexte, se pose inévitablement la question de savoir si les exigences du § 319 AktG quant à la localisation du siège social réel en Allemagne et quant à la forme de l'*AG* de droit allemand relativement à la société principale ne sont pas contraires à la liberté d'établissement des articles 43 et 48 CE ainsi qu'au principe de non-discrimination de l'article 12 CE.[422] Selon l'article 43, al. 2 CE

> « *la liberté d'établissement comporte l'accès aux activités non salariées et leur exercice, ainsi que la constitution et la gestion d'entreprises, et notamment de sociétés au sens de l'article 48, deuxième alinéa, dans les conditions définies par la législation du pays d'établissement pour ses propres ressortissants* [...]. »

Si l'on considère que l'intégration est une forme de gestion d'entreprise et que le droit allemand défend cette activité aux sociétés étrangères en raison de leur nationalité alors qu'il le permet aux sociétés allemandes, il y a en effet lieu de considérer que la réglementation du § 319 aboutit à une violation de la liberté d'établissement des articles 43 et 48 CE ainsi qu'à une discrimination au sens de l'article 12 CE.

Pour justifier la position allemande, on a pu faire valoir par le passé qu'il ne fallait pas oublier la spécificité du droit allemand consistant à dire que, une fois l'intégration réalisée, le patrimoine de la société intégrée est à la libre disposition de la société principale puisque les dispositions protectrices du capital social de la société intégrée deviennent inapplicables. Ainsi, de prime abord, il semble y avoir violation de la deuxième directive communautaire, et notamment de son article 15.[423] Seulement, le droit allemand tend ensuite à amoindrir les risques encourus par les créanciers de cette société intégrée en leur accordant d'une part des garanties de paiement spécifiques et, d'autre part, le bénéfice de la responsabilité solidaire de la société principale. C'est par ce biais que l'intégration du droit allemand est bien conforme à la deuxième directive. Il reste que ce relâchement du principe du maintien du capital social distingue le droit allemand et les autres ordres juridiques qui l'ignorent. Cette différence, lorsqu'elle se combine avec l'idée qu'il n'est pas sûr que « *le droit étranger des sociétés par actions comporte*

422 EMMERICH/HABERSACK, *commentaire*, § 319, n° 7.
423 HABERSACK, *Europäisches Gesellschaftsrecht*, 2e éd., 2003, n° 170.

des dispositions protectrices des créanciers analogues au droit allemand »[424], a fait dire à certains auteurs que l'intégration d'une société allemande dans une société (principale) étrangère n'était pas permise.[425]

Or, c'est justement l'équivalence de principe des garanties dont bénéficient les créanciers dans tous les États membres de l'UE assurée par la deuxième directive qui rend caduque cette position. Plus encore, dans l'hypothèse de l'intégration d'une société allemande dans une société étrangère, c'est de toute façon le droit matériel allemand qui trouvera application puisque c'est le fonctionnement de la société allemande qui est en cause. De sorte que la question de l'équivalence ou non des garanties des créanciers ne se pose pas.

Constat. Force est par conséquent de constater que la réglementation des §§ 319 et s. est contraire à la liberté d'établissement et au principe de non-discrimination. Il ne semble pas y avoir de justification. Ainsi, elle doit en principe trouver application dans le cas d'une société principale étrangère originaire de l'un des États membres de l'UE. Concrètement, une SA française pourra dès lors intégrer une *AG* allemande à condition de respecter la loi allemande qui régirait cette intégration (y compris les garanties spécifiques au profit des créanciers et la responsabilité solidaire de la société principale) et ce, qu'elle ait ou non son siège social réel en Allemagne.

Si l'intégration par une société principale française ayant son siège réel en France semble ainsi faisable, il semble en aller de même de la société anonyme française ayant valablement transféré son siège social réel en Allemagne[426]. Retenons donc qu'une interprétation conforme au droit communautaire des dispositions relatives à l'intégration du droit allemand permettra à une société française d'accroître son activité internationale.

424 KOPPENSTEINER, p. 220.

425 Plus nuancé mais *in fine* également *contra*: LUCHTERHANDT, p. 183. L'auteur veut résoudre les problèmes posés, notamment de la responsabilité solidaire de la société principale étrangère, par le biais de la conclusion de traités internationaux.

426 Cf. *supra* n° 226.

CONCLUSION DU TITRE 1

354. Le rôle que joue la *lex societatis* en matière de formation du groupe international de sociétés est entier. Elle est ainsi compétente de manière prééminente non seulement en ce qui concerne les méthodes générales de formation du groupe telles que la constitution d'une filiale à l'étranger, l'apport partiel d'actif/*Ausgliederung*, les mécanismes propres à la SE et la prise de contrôle internationale (Chapitre 1) mais encore pour les méthodes spécifiques issues du droit allemand telles que l'intégration[427] et les contrats interentreprises (Chapitre 2) quand bien même ces derniers s'apparentent davantage, de prime abord, à des mécanismes contractuels. Il reste que cette circonstance est de nature à expliquer l'interprétation internationaliste quelque peu différente retenue par le droit français, concernant les contrats interentreprises du § 292 AktG – différence d'interprétation qui trouve son origine dans la différence des conceptions du droit matériel – . Cela ne doit pas l'empêcher d'aboutir à la même solution que le droit allemand en pratique comme cela a été démontré.

355. Aussi, le domaine de la *lex societatis* est suffisamment vaste pour comprendre la plupart des questions soulevées par le conflit de lois relatif à la formation du groupe international. D'autres lois, telle la *lex contractus,* n'interviennent que pour régir des aspects pratiques en dehors de la sphère sociétaire. La seule exception au principe de compétence générale de la *lex societatis* constitue le domaine des marchés de capitaux. Toutefois, pour les raisons indiquées, l'exception confirme ici la règle et n'est nullement de nature à la remettre en cause.

356. Il est intéressant de noter que la question des compétences concurrentes ou non des *leges societatis* en matière de groupe international de sociétés est facile à résoudre lorsqu'est respecté le champ d'application de chacune d'entre elles. Ainsi, si la loi de la filiale jouit d'une compétence générale en raison des particularités et des intérêts de protection propres à la matière des groupes, la loi de la société mère peut trouver application lorsque son champ d'application naturel est concerné : il en est ainsi en

427 Technique désormais à la portée des sociétés non allemandes également comme nous l'avons indiqué précédemment.

matière de scissions internationales et pour ce qui est du consentement de la société mère à un contrat interentreprises puisque sont en cause des aspects relatifs à son fonctionnement et à son organisation internes.

Au demeurant, le groupe international est formé et il convient de diriger le cours de notre étude vers un deuxième grand chantier : le conflit de lois dans le fonctionnement du groupe international.

Titre 2
Les conflits de lois dans le fonctionnement du groupe international de sociétés

357. « Le fonctionnement du groupe ». Une précision terminologique s'impose tout d'abord. Juridiquement, le groupe international de sociétés n'a pas de fonctionnement à proprement parler. Il s'agit là d'un abus de langage. Ce sont les entités le composant qui fonctionnent et chacune suivant ses propres règles, celles de sa *lex societatis*. En réalité, le groupe n'existe et ne « fonctionne » au sens le plus général du terme qu'à travers ses membres. Ainsi, compte tenu de leur autonomie juridique, les sociétés doivent être considérées individuellement. Ce n'est que par exception que la présence de tel ou tel lien interentreprises aura un effet sur le fonctionnement des sociétés membres du groupe. Ce sont cependant ces moments d'exception qui se révèlent être les plus importants dans la pratique internationale des groupes.

358. Le « lien d'affiliation ». Théoriquement, nous le savons, ce « lien d'affiliation » – la relation entre la filiale et la société mère – est en principe identique à la relation qui existe entre une société et l'un de ses associés.[1] De sorte que la *lex societatis* de la filiale doit régir ce rapport.[2] Il en va de même en ce qui concerne la relation entre la société mère et les actionnaires minoritaires de la filiale puisqu'ils sont tous co-associés de la même société, la filiale. Il convient maintenant d'étudier de quelle manière ce principe est mis en œuvre dans la pratique.

Cela étant, rien n'a été dit pour l'instant sur les relations entre les personnes se trouvant aux extrémités de ce lien d'affiliation : la relation entre la société mère et les créanciers de la filiale, la relation éventuelle entre les associés ou dirigeants de la société mère et la filiale. C'est l'un des enjeux de ce titre que d'apporter une réponse cohérente à la question de savoir de quelle manière il convient de rattacher ces relations qui naissent du fait de l'existence du groupe international de sociétés. Pour ce faire et en vue d'une plus grande systématisation, il convient d'adopter la distinction classique entre les

1 C'est la déduction théorique faite *supra* n° 233.

2 La raison du rattachement à la *lex societatis* de la filiale étant cependant légèrement différente dès lors que l'on est en présence d'un contrat interentreprises, cf. *supra* n° 316.

relations internes (Chapitre 1) et les relations externes du groupe (Chapitre 2).[3] L'ensemble de ces relations est caractérisé par une domination plus ou moins largement acceptée par les législateurs ainsi que par des mesures de sauvegarde des intérêts de la filiale, des actionnaires externes et des créanciers de la filiale destinées à contenir cette domination dans des limites raisonnables.

359. Deux précisions s'imposent au préalable. La première est relative au champ d'investigation. Nous nous limitons à l'étude du groupe comportant deux niveaux (société mère – filiale). Nous attirons cependant l'attention sur le fait que la réglementation allemande du droit des groupes comporte également des règles relatives aux groupes multi-niveaux (société mère – filiale – petite fille – etc.). Nous renonçons cependant à l'étude de ces groupes multi-niveaux pour deux raisons. Premièrement, il s'agit de problèmes de conflit de lois qui intéressent exclusivement le droit allemand. Deuxièmement et surtout, l'étude n'apporterait guère plus d'enseignements sur la méthode du conflit de lois en matière de groupe international de sociétés que ceux qui sont obtenus par l'étude du groupe à deux niveaux.[4]

La deuxième précision est relative à la particularité du groupe de droit. En principe, la manière dont s'est formé le groupe international de sociétés n'a pas de répercussion sur son fonctionnement ultérieur. Ainsi, le fait que le groupe a été formé par la constitution d'une filiale à l'étranger, par le démembrement d'une société existante, par l'implication d'une SE ou encore par une cession de contrôle internationale n'emporte aucune conséquence pour les règles relatives aux liens d'affiliation entre la société dominante et la société dépendante. Il en va différemment dans une seule hypothèse : celle de la constitution d'un groupe de droit. Dans le cas de la formation du groupe par le biais de la conclusion d'un contrat de domination ou par le biais de l'intégration[5], en effet, le régime juridique est déterminé de manière exhaustive par la loi allemande qui s'applique, on le sait[6], à chaque fois qu'une société allemande prend la place de la société dépendante (voire intégrée) et ce, à titre de *lex societatis*. C'est la raison pour laquelle les développements relatifs au fonctionnement du groupe de droit peuvent être et seront succincts dans ce titre.[7]

3 Sur cette distinction, cf. *supra* n° 3 et s.

4 Sur le groupe à niveaux multiples : H.-F. LUCHTERHANDT, *Deutsches Konzernrecht bei grenzüberschreitenden Konzernverbindungen,* p. 115 et s. ; H. SYNVET, *L'organisation juridique du groupe international de sociétés*, t. 1, p. 615 et s.

5 Sur le droit matériel, cf. *supra* n° 38 et s.

6 Cf. *supra* n° 356.

7 L'on se reportera au titre 1er.

Chapitre 1 Le conflit de lois relatif aux relations internes du groupe international de sociétés

360. Définition. Les relations dites internes du groupe concernent toutes les personnes qui font partie du groupe, qu'elles le veuillent ou non, par opposition aux tiers. Ces personnes sont la société mère, la société filiale ainsi que les associés de l'une et de l'autre. Il est possible de regrouper ces relations de la manière suivante.

Dans l'hypothèse – qui est la nôtre – du groupe de subordination, la relation entre la société dominante et la filiale est marquée par la domination exercée par la première sur la seconde, d'une part, et la nécessaire protection de la seconde, protection qui passe par la sauvegarde de son capital social, d'autre part (Section 1).

S'agissant des actionnaires externes au phénomène du groupe (les actionnaires minoritaires de la société filiale mais également les actionnaires de la société mère), en sus de leur protection indirecte par la sauvegarde du capital social de la société à laquelle ils ont adhéré, l'étude du droit matérial français et allemand a montré qu'ils sont protégés spécifiquement contre les dangers inhérents à la situation du groupe (Section 2).

Il est une hypothèse particulière dans laquelle le capital de la société mère nécessite à son tour d'être protégé : ce sont les participations (participations réciproques, autocontrôle) qui sont réglementées spécifiquement en droit français et allemand. Comme les réglementations s'appliquent concomitamment à deux sociétés, leur qualification en droit international privé soulève un problème particulier (Section 3).

Section 1 Domination par la société mère et mécanismes spécifiques de sauvegarde du capital social de la filiale

361. Enjeu. À l'intérieur de chaque ordre juridique, il appartient au législateur national d'indiquer l'admission ou l'interdiction, l'étendue et l'intensité de l'influence que peut exercer une société dominante sur une société dépendante. Or, dès lors que le groupe est international, l'interrogation implique un conflit de lois. Celui-ci a pour tâche de trancher la question de savoir laquelle des deux lois en présence, celle de la société mère ou celle de la filiale, a vocation à régir l'exercice de l'influence.

En guise de réponse à cette interrogation, il a déjà été vu[8] que le lien d'affiliation était en principe régi par la loi de la filiale puisque la société mère est associée de celle-ci et que, de ce fait, la relation entre elle et la filiale est de nature sociétaire et relève du fonctionnement interne de la filiale.[9] Cette règle de conflit n'est pas contestée de nos jours. Outre l'argument technique de la relation sociétaire évoqué, une autre raison milite en faveur de la justesse de cette règle. En effet, tout droit des groupes vise par essence la protection des personnes à risque (filiale, actionnaires externes, créanciers). Cela étant, il serait contre-productif de vouloir donner compétence à la loi de la société dominante pour régir le lien d'affiliation car elle n'acceptera pas sa compétence. Il en est ainsi puisque toute règle de conflit s'inspire de la règle de droit substantiel sur laquelle elle se fonde[10] et donnerait par conséquent compétence à la loi qui protège les personnes à risque : celle de la filiale.

Il convient maintenir d'étudier de quelle manière cette règle de conflit s'applique dans la pratique. En droit allemand, il existe un certain nombre de mécanismes qui, tout en admettant explicitement (groupe de droit) ou implicitement (groupe de fait) l'exercice de la domination par la société mère sur sa filiale, cherchent à en limiter les effets nocifs pour cette dernière. Comme nous le savons grâce à l'étude préalable du droit matériel, la protection de la

8 Cf. *supra* n° 233.

9 Dans le même sens : BGH, *NZG* 2005, 214 ; *MüKo-IntWR(IntGesR)*/Kindler, n° 731 ; Koppensteiner, *Internationale Unternehmen*, p. 175 ; Wiedemann, *FS Kegel* (1977), p. 187 (204) ; Ebenroth/Wilken, *JZ* 1991, 1116 ; Staudinger-*IntGesR*/Großfeld, n° 577 ; Zimmer, *IPRax* 1988, 187 (188).

10 Sur ce point, cf. *supra* n° 30.

filiale passe principalement par la sauvegarde de son capital social. Des règles spécifiques relatives à la compensation obligatoire propres au *Konzernrecht* y veillent, que ce soit en matière de groupe de fait ou de groupe de droit. Ces systèmes sont assortis d'un garde-fou : la responsabilité des acteurs.

En droit français, le système est moins complexe. Cela s'explique par le fait que la domination d'une société sur une autre y est un concept inconnu. De sorte qu'il existe des mécanismes protecteurs de la substance de la filiale qui sont fondés non sur l'idée de compensation individuelle comme en droit allemand mais sur celle de l'interdiction des conséquences de la domination et sur celle de responsabilité sanctionnant le non-respect de cette interdiction.

La différence d'esprit et surtout de méthode qu'affichent le droit français et le droit allemand conduit à étudier le conflit de lois en matière de sauvegarde du capital social de la filiale en distinguant selon que la filiale a été constituée conformément à loi allemande ou, au contraire, à la loi française.

§ 1) La limitation de l'influence de la société mère par l'obligation de compensation imposée par la loi (de la filiale) allemande

L'influence de la société mère étrangère est limitée en ce sens qu'elle a l'obligation de compenser les conséquences négatives que la filiale subit du fait de ses agissements. Le non-respect de cette obligation entraîne la mise en œuvre de la responsabilité civile de la société mère et de ses organes de direction.

A. La compensation obligatoire des conséquences négatives de la domination pour la filiale allemande

Il existe deux systèmes de compensation obligatoire en droit allemand. L'un joue dans les groupes de fait ; l'autre est propre aux groupes de droit.

1. La compensation des pertes de la filiale dans le groupe de droit

362. Le § 302 AktG oblige la société dominante à compenser toutes les pertes de la filiale pendant la durée du contrat de domination et/ou de transfert de bénéfices et ce, sans considération aucune pour le comportement de la société dominante.[11] L'origine de la perte n'importe pas.[12]

11 Pour le droit matériel, cf. *supra* n° 39 et s.

12 EMMERICH/HABERSACK, § 302, n° 30.

Comme nous l'avons vu, cette disposition s'applique directement dans l'hypothèse d'une société anonyme dépendante[13] et par analogie dans celle d'une *GmbH* dépendante[14].

Cette obligation fait partie du dispositif législatif allemand du groupe contractuel que nous avons déjà eu l'occasion de qualifier *in toto* de *lex societatis*. Elle s'applique dès lors que la société dépendante est allemande puisque le contrat de domination modifie la structure et le fonctionnement interne de la société.[15]

En outre, pour qualifier ce type de responsabilité, que seule la société dépendante peut faire valoir et non ses créanciers, il est également possible d'en rechercher l'objectif. Il ne peut y avoir de doute qu'elle vise directement à assurer le maintien du capital social de la société dépendante. Elle s'ajoute ainsi aux règles classiques en matière de maintien du capital social. En effet, cette *Konzerninnenhaftung* (responsabilité interne du groupe) a pour mission de compenser le fait que la société dominante, par l'organisation du groupe et les directives adressées à la filiale, a causé la non-efficacité de ces règles classiques.[16]

Comme on le verra, le fait qu'en pratique cette responsabilité soit le plus souvent recherchée en cas d'insolvabilité de la filiale n'est pas pertinent pour la qualifier de procédure d'insolvabilité.[17] En particulier, si l'action a pour but de réajuster le capital de la société après les pertes subies, c'est justement pour prévenir qu'elle ne devienne insolvable.[18] Plus encore, l'obligation pesant sur la société dépendante de compenser toutes les pertes subies par la filiale devrait même empêcher cette dernière de se trouver en état de cessation des paiements.[19]

2. La compensation des inconvénients subis par la filiale dans le groupe de fait

363. Dans le groupe de fait, plus qu'ailleurs, se pose la question de la nature, de l'étendue et de l'intensité de l'influence que pourra exercer l'entreprise dominante sur la société dépendante puisqu'ici, aucun contrat de domination ne fonde juridiquement un pouvoir de direction, ne le limite

13 Cf. *supra* n° 49.
14 Cf. *supra* n° 67.
15 Cf. *supra* n° 312 et s. (spéc. n° 316).
16 Emmerich/Habersack, § 302, n° 17 ; Kindler, *FS Peter Ulmer*, p. 305 et s.
17 Cf. *infra* n° 520 et s.
18 Emmerich/Habersack, § 302 n° 30.
19 *Ibid.*

par une obligation de compensation à l'image de celle du § 302 AktG. En vertu du § 311 AktG relatif au groupe de fait, si l'entreprise dominante a le loisir d'exercer une influence nocive sur la société dépendante par le biais d'incitations, c'est à condition de réparer, individuellement pour chaque acte d'incitation et dans le délai d'un an, les inconvénients subis par la société dépendante.[20]

Les §§ 311 et s. AktG doivent être observés par la société mère étrangère en tant qu'actionnaire d'une société dépendante allemande à titre de *lex societatis* de cette dernière. Il en va du fonctionnement interne de la filiale lorsque la société mère – actionnaire majoritaire de cette dernière – lui adresse des « incitations » : les compétences naturelles des organes de direction de la filiale s'en trouvent modifiées voire suspendues et l'équipe dirigeante se transforme en fidèle exécutant des ordres émanant de la société mère.

Dès lors que l'influence de la société mère sur la filiale qui serait une AG allemande est telle qu'elle ne peut plus être compensée individuellement acte par acte, les principes du groupe de fait qualifié s'appliquent, c'est-à-dire les §§ 302, 303 AktG appliqués de manière analogue[21], à titre de *lex societatis* de la filiale. S'agissant d'une *GmbH* unipersonnelle, dès lors que son associé unique – la société mère étrangère – lui fait subir une atteinte qualifiée (non susceptible de compensation individuelle), celui-ci devra réparer le préjudice sur le fondement de l'*Existenzvernichtungshaftung*, également à notre avis à titre de *lex societatis* de la filiale.[22]

La justification de la compétence de la loi de la filiale est assez aisée ici. Le tableau est cependant moins clair lorsque l'on s'intéresse à la question des responsabilités des acteurs en cas de non-respect de l'obligation établie par le § 311 AktG en matière de groupe de fait.

B. *La sanction en cas de non-exécution de l'obligation de compensation : la responsabilité de la société mère et de ses organes de direction*

La situation est différente selon qu'il s'agit d'un groupe de droit ou d'un groupe de fait.

20 Pour le système légal et la terminologie employée, cf. *supra* n° 55 et s.

21 Cf. *supra* n° 61 et s.

22 Cf. *supra* n 61 et s. et *infra* n° 550 et s.

1. Dans le groupe de droit

364. Dans le groupe de droit, des mécanismes sanctionnant spécifiquement la violation de l'obligation de compensation n'existent pas. Toutefois, dans un groupe de droit, la société mère étrangère engagera sa responsabilité à l'égard de sa filiale allemande pour violation des termes du « contrat » de domination si elle ne respecte pas l'obligation de compensation issue du § 302 AktG. De même, les directeurs de la société dominante doivent agir au sujet de la filiale avec *« le soin d'un dirigeant ordonné et consciencieux »*, § 309 al. 1er AktG. En cas de violation de cette obligation, ils sont personnellement et solidairement responsables à l'égard de la société dépendante, § 309 al. 2 AktG. Cette responsablité des directeurs de la société dominante s'explique par le fait qu'ils prennent la place, en quelque sorte, des directeurs de la filiale et que naît entre eux et la filiale une relation juridique spécifique.[23] Il ne sera cependant guère utile de revenir sur ces mécanismes du groupe de droit. Car, comme nous le savons, c'est la *lex societatis* de la filiale allemande qui s'applique dans toutes ces hypothèses puisque le mécanisme du § 302 AktG ainsi que celui du § 309 AktG font partie intégrante de la *lex societatis* et que celle-ci régit le rapport interentreprises.[24]

2. Dans le groupe de fait

365. Dans le groupe de fait, au contraire, il existe une règle spécifique sanctionnant le non-respect du devoir de compensation. En effet, le § 317 (al. 1er et al. 3) AktG responsabilise l'entreprise dominante et les membres de son directoire en ordonnant qu'ils sont tenus personnellement et solidairement de réparer le dommage de la société dépendante qui résulte pour elle du fait de l'absence de compensation de l'inconvénient au titre du § 311.[25] La recherche d'une qualification de cette responsabilité n'est pas exempte de difficultés.

Une qualification délictuelle ? De prime abord, il semble possible d'analyser le § 317 AktG comme instituant une responsabilité de nature délictuelle. En effet, l'acte préjudiciable serait celui de ne pas avoir compensé l'inconvénient de la filiale en cours de l'exercice. Transposé en droit des conflits, il serait alors possible de retenir la *lex loci delicti* – par exemple sous l'aspect de la survenance du dommage – auquel cas on aboutirait à l'application de la loi

23 Emmerich/Habersack, § 23 VI 1.

24 Cf. Titre 1 *supra.*

25 Pour plus d'informations sur le fonctionnement en droit matériel, cf. *supra* n° 60.

de la filiale. Un juge français, s'il compare la situation à l'hypothèse de l'abus de majorité[26], pourrait être enclin à emprunter cette voie.

Une qualification sociétaire. Ce serait cependant oublier que la responsabilité qu'institue le § 317 AktG est spéciale et non générale : elle a pour but précis la sanction du non-respect du § 311 AktG relatif à l'obligation de compensation.[27] Aussi, il ne serait pas conséquent sur un plan méthodologique de soumettre l'obligation à la *lex societatis* de la filiale en raison du lien sociétaire qui unit société mère et filiale[28], d'une part, et de faire régir par la *lex loci delicti* la sanction du non-respect de cette même obligation, d'autre part, quand bien même on aboutirait à la même loi en pratique.

En outre, la plupart des auteurs allemands qualifient cette responsabilité du § 317 AktG *d'organique.*[29] Il faut sans doute expliciter cette idée. Selon la compréhension allemande, en effet, la société mère allemande et son organe de direction remplissent *de facto* les fonctions des organes de direction de la filiale. Cette relation entre la société mère (et son directoire) et la filiale n'est pas purement factuelle mais s'analyse en un rapport juridique spécial créateur de droits et de devoirs. En particulier, lorsque la société mère, voire son directoire, s'immiscent dans les affaires de la filiale par le biais de l'exercice de son influence, ils doivent gérer les intérêts de la filiale comme un organe de celle-ci. Lorsqu'ils violent les obligations leur incombant à ce titre, la responsabilité du § 317 AktG s'applique à eux en tant qu'organe de fait de la filiale.[30] Traduit en termes de droit international privé, cela signifie que si cette responsabilité à l'égard de la société est celle

26 Étudié *infra* n° 369.

27 *MüKo-AktG*/KROPFF, § 317 n° 5.

28 Cette solution est acquise, cf. *supra* n° 363.

29 « *Organhaftung* ». *MüKo-AktG*/KROPFF, § 317 n° 8 ; Studienkommission des Deutschen Juristentags, 'Untersuchungen zur Reform des Konzernrechts', 1967, n° 416 ; *KöKo*/KOPPENSTEINER, § 317 n°5; MESTMÄCKER, *FS Kronstein*, p. 129 (141) ; SONNENSCHEIN, *in* MESTMÄCKER/BEHRENS, *Das Gesellschaftsrecht der Konzerne im internationalen Vergleich,* p. 80.

Retiennent, au contraire, une responsabilité délictuelle : EMMERICH *in* EMMERICH/HABERSACK, *commentaire*, § 317 n° 7 ; G. REINER, *Unternehmerisches Gesellschaftsinteresse und Fremdsteuerung: Eine rechtsvergleichende Studie zum Schutz der Kapitalgesellschaft vor dem Mißbrauch organschaftlicher Leitungsmacht*, 1995, p. 170 et s. Ce dernier analyse en parallèle l'*Organhaftung* du droit allemand et la responsabilité des « dirigeants de fait » dans le cadre de l'action en comblement du passif du droit français et en arrive à la conclusion que les deux types de responsabilité devraient être qualifiés de délictuels.

30 Cette idée s'exprime également dans le § 309 AktG qui invite la société dominante à agir en « dirigeant ordonné et consciencieux » à l'égard de la filiale. De plus, la responsabilité du § 317 AktG a été forgée à l'image de la responsabilité du directoire du § 93 AktG.

d'un organe social (ou, du moins, assimilé à un tel), elle doit être soumise à la *lex societatis*.[31] Il en va d'ailleurs de même en ce qui concerne deux cas de figure bien connus en droit français lesquels sont très proches de cette *Organhaftung*. On constate en effet une grande similitude entre celle-ci et la situation du dirigeant de fait ou encore du représentant permanent d'une personne morale[32] en droit français. La responsabilité de ces personnes est naturellement déterminée par la loi de la société dans laquelle ils interviennent, soit sa *lex societatis*.

Enfin, il est possible de remarquer la parenté technique étroite entre la responsabilité fondée sur le § 317 AktG et l'action sociale en responsabilité des dirigeants telle qu'elle existe dans tout droit des sociétés.[33]

C. Détermination de la solution du conflit de lois et conséquence pratique

366. Solution. La *lex societatis* de la filiale régit l'obligation de compensation et, le cas échéant, la sanction qui frappe la société dominante et les membres de son directoire en cas de non-exécution de celle-ci. Plus généralement, l'on peut dire que l'exercice de l'influence de la société dominante sur sa filiale est conditionnée par la loi de la filiale. Cette loi édicte aussi bien les normes de comportement que les sanctions éventuelles qui s'appliquent à la société mère.

367. Absence d'interférence de la *lex societatis* de la société mère. La conséquence pratique de ce qui vient d'être dit est cependant la suivante : les dirigeants de la société mère doivent se conformer à deux lois différentes à la fois. En effet, outre la loi de la filiale qui dicte leur comportement à l'égard de la filiale, la loi de la société mère régit naturellement leurs actions. L'on pourrait dès lors craindre que les lois entrent en conflit. Ce souci peut cependant être dissipé assez facilement en prenant en compte deux séries de considérations.

Tout d'abord, le risque d'un conflit entre les lois, c'est-à-dire d'une superposition partielle du champ d'application des lois, semble mineur. En

31 Attribue également l'*Organhaftung* au champ d'application de la *lex societatis* : *MüKo-IntWR(IntGesR)*/KINDLER, n° 624.

32 Art. L. 225-20 C. com. : *« Une personne morale peut être nommée administrateur. Lors de sa nomination, elle est tenue de désigner un représentant permanent qui est soumis aux mêmes conditions et obligations et qui encourt les mêmes responsabilités civile et pénale que s'il était administrateur en son nom propre, sans préjudice de la responsabilité solidaire de lapersonne morale qu'il représente »*.

33 Même conclusion : H. SYNVET, *L'organisation juridique du groupe international de sociétés*, t. 1, p. 577 (n° 262).

réalité, la loi de la filiale se bornera à indiquer aux dirigeants de la société mère les normes de comportement que ceux-ci doivent respecter, mais seulement en ce qui concerne leur comportement à l'égard de la filiale. Du reste, les dirigeants sont libres d'agir comme ils l'entendent ; dans le cadre, bien sûr, de la loi de leur propre société (mère). De sorte que la question de leur responsabilité à l'égard de la filiale ne se pose que lorsqu'ils violent les normes de comportement qu'édicte la loi de la filiale.

Ensuite, à supposer même qu'un tel conflit entre les deux lois puisse survenir ce dont il est permis de douter, la solution nous semble aller de soi. En effet, la loi de la filiale doit primer dans une telle hypothèse et ce, pour plusieurs raisons. Premièrement, la société mère n'est nullement obligée de dominer la filiale. Si elle le fait et que la loi de la filiale permet une telle domination, il paraît légitime en contrepartie de soumettre la société étrangère et sa direction aux normes de comportement de la filiale. Deuxièmement, si on laissait à la société dominante la liberté d'invoquer sa propre loi pour se défaire de la responsabilité, il eût été absolument vain de soumettre l'obligation de compensation à la loi de la filiale dans un premier temps.[34]

Notons d'ailleurs que si l'on voulait qualifier la responsabilité du § 317 AktG de délictuelle – ce que nous ne cautionnons pas pour les raisons indiquées –, la loi de la filiale appliquée en tant que *lex loci delicti commissi* déterminerait de la même manière la responsabilité de la société mère et de son organe directeur.[35]

368. Remarque sur le conflit de juridictions. Prenons acte, enfin, de ce que la jurisprudence allemande considère dans un domaine voisin, celui du conflit de juridictions : la responsabilité de la société mère pour absence de compensation fondée sur les §§ 311, 317 AktG doit recevoir, selon elle, une qualification délictuelle dans le cadre du Règlement Bruxelles I de sorte que s'applique l'art. 5.3.[36] Cette qualification en droit communautaire processuel s'explique cependant par le fait que le Règlement Bruxelles I entre-

34 KOPPENSTEINER, *Internationale Unternehmen*, p. 177.

35 En effet, la *lex loci delicti* détermine la responsabilité de l'auteur du délit et répond à la question de savoir si la société (étrangère) pour laquelle l'auteur aurait agi en tant qu'organe est également tenue responsable. La *lex societatis* de cette société n'est prise en compte qu'à titre indicatif pour savoir si l'auteur est un organe social de la société ou non. Cf. OLG Köln, *NJW-RR* 1998, 756 ; *MüKo-IntWR(IntGesR)*/KINDLER, n° 667 et s. ; STAUDINGER-*IntGesR*/GROßFELD, n° 316 ; SOERGEL/LÜDERITZ, Art. 10 Anh. n° 26 ; BEITZKE, *FS Mann*, p. 107 (113) ; KOPPENSTEINER, *Internationale Unternehmen*, p. 177.

36 Décision du LG Kiel, 30 janv. 2008, 14 O 195/03, *NZG* 2008, 346 et s.

prend dans sa section 2 relative aux compétences spéciales une *summa divisio* entre la matière contractuelle et la matière délictuelle. Il n'y a pas de compétence sociétaire spécifique, mise à part celle de l'article 22.2 qui ne joue cependant qu'*« en matière de validité, de nullité ou de dissolution des sociétés* [...] *ou de validité des décisions des organes »*, à l'exclusion donc des actions en responsabilité de type sociétaire. Pour celles-ci, il faut par conséquent choisir entre la matière contractuelle et la matière délictuelle au sens de l'art. 5 R. Brux. I. En l'absence de contrat interentreprises au sein du groupe de fait, la qualification procédurale délictuelle semble en effet s'imposer.

§ 2) Interdiction des conséquences de la domination et responsabilité de la société mère à l'égard de la filiale française

La subordination d'une société à une autre n'est pas prévue en droit interne français. Une telle situation serait contraire aux principes formels du droit des sociétés pour ce qui concerne la filiale, dit-on.[37] Par voie de conséquence, une société tête d'un groupe international dont la filiale serait française ne saurait pas davantage la « dominer » et agir contre l'intérêt de celle-ci. Toute « directive » de la société mère est analysée quant à sa compatibilité d'avec le droit français des sociétés. Naturellement, la société mère étrangère n'est pas appréhendée par le droit français en sa qualité de société mère mais est perçue en tant qu'actionnaire majoritaire (abus de majorité) voire en tant que dirigeant de la filiale (art. L. 225-251 C. com.).

A. Le régime international de l'abus de majorité

369. En droit français, c'est la théorie de l'abus de majorité qui tend à remplir un rôle similaire à celui de la réglementation allemande relative à la compensation de l'exercice de l'influence. La philosophie de cette théorie est pourtant différente : en effet, tout acte contraire aux intérêts – non pas aux intérêts de la filiale mais à ceux de ses actionnaires minoritaires – est par principe interdit et entraîne pour l'associé majoritaire (la société mère) la condamnation au paiement de dommages-intérêts aux associés minoritaires lésés. Mais l'abus de majorité tend à dépasser ce cadre étroit pour devenir une notion plus globale qui est susceptible de jouer au niveau du groupe.

37 Ce qui est hypocrite, nous le savons déjà : cf. *supra* n° 317-318.

De sorte que les intérêts de la société filiale sont indirectement défendus par le truchement de ses actionnaires minoritaires.[38]

Toute personne intéressée peut demander en justice l'annulation de la décision litigieuse, action qui relève indubitablement de la *lex societatis* de la filiale.

Il semble en aller différemment dès lors qu'est recherchée non pas l'annulation d'une décision prise au sein de la filiale mais la responsabilité de la société mère fondée sur l'abus de majorité. En ce cas, en effet, la jurisprudence française retient une qualification délictuelle de l'action en responsabilité fondée sur l'art. 1382 C. civ.[39] en droit matériel de sorte que devrait s'appliquer la loi du pays du lieu de la survenance en vertu de l'art. 4.1 du Règlement Rome II[40], soit encore la loi française. Nous pensons cependant que d'un point de vue dogmatique et méthodologique, une action en responsabilité fondée sur une rupture d'égalité entre associés qui oppose associés minoritaires et associé majoritaire au sujet d'une décision prise par un organe de la société devrait plutôt relever de la *lex societatis* et non de la *lex loci delicti.* C'est en effet le fonctionnement interne de la société – le cœur même de toute *lex societatis* – qui est concerné. Il n'est nul doute d'ailleurs que dans d'autres ordres juridiques, une telle responsabilité sera régie directement par le droit des sociétés sans recours au droit commun.[41] De sorte

38 Cf. *supra* n° 107.

39 Cass. com., 6 juin 1990, *Rev. soc.* 1990, p. 606 et s., note CHARTIER.

40 Règlement (CE) n° 865/2007 du Parlement européen et du Conseil du 11 juillet 2007 sur la loi applicable aux obligations non contractuelles (Rome II), *JOCE* L. 199/40 du 31 juillet 2007.

41 Tel est d'abord le cas en droit allemand. La théorie de l'abus de droit (*Rechtsmissbrauch*) constitue le soubassement d'un certain nombre de principes et de règles en droit des sociétés. En droit général des sociétés, le devoir de fidélité, en premier lieu, certes initialement une émanation du principe de bonne foi du droit civil (§ 242 BGB), n'en est pas moins perçu comme un instrument spécifique au droit des sociétés (*BGHZ* 103, 184 (194 et s.), *NJW* 1988, 1579, note TIMM ; BGH *NJW* 1992, 3167 (3171) ; *BGHZ* 127, 107 (111), *NJW* 1994, 3094 ; *BGHZ* 129, 136 (142 et s.), *NJW* 1995, 1739 ; BAUMBACH/HUECK/FASTRICH, *GmbHG*, § 13 n° 21 et s. ; K. SCHMIDT, *GesR*, § 20, IV 2 c ; HACHENBURG/RAISER, *GmbHG*, § 14 n° 52 et s. ; SCHOLZ/WINTER, *GmbHG*, § 14 n° 50 et s. ; HUECK/WINDBICHLER, *GesR*, § 26 n° 25 et s. et § 36 n° 23 ; FECHNER, *Die Treuebindungen des Aktionärs*, 1942 ; LUTTER, *ZHR* 153 (1989), 446 ; *idem*, *AcP* 180 (1980), 84 (102 et s.) ; HÜFFER, *FS Steindorff* 1990, p. 59). En deuxième lieu, l'idée d'abus de majorité est également présente sous la forme de la responsabilité en dommages-intérêts pour avoir incité un membre du directoire ou du conseil de surveillance [...] d'agir au détriment de la société, § 117 al. 1er AktG. Elle l'est encore sous la forme de cause d'annulation des décisions de l'assemblée générale ayant profité à un actionnaire mais porté atteinte aux intérêts de la société ou des autres actionnaires, sauf

qu'il semble préférable de considérer pour les besoins du conflit de lois que l'abus de majorité du droit français est un mécanisme original du droit des sociétés se servant simplement de la responsabilité délictuelle pour combler l'absence de réglementation à cet égard dans le droit (écrit) des sociétés.

B. La responsabilité de la société mère étrangère en tant que dirigeant de la filiale française fondée sur les art. L. 225-251 et -252 C. com.

370. Rappel du droit matériel. La société mère étrangère peut être dirigeante, même de droit, de sa filiale française à travers une personne physique la représentant. À ce titre, elle peut être tenue responsable à l'égard de la société (filiale) sur le fondement de l'art. L. 225-251 C. com. du non-respect des dispositions législatives ou réglementaires applicables aux SA, de la violation des statuts et des fautes de gestion commises. En pratique, le plus souvent, sa responsabilité est recherchée par le biais de l'action *ut singuli* (intentée donc par un actionnaire ou un groupe d'actionnaires en vertu de l'art. L. 225-252 C. com.).[42]

Conflit de lois. La responsabilité des dirigeants à l'égard de la société doit relever – naturellement semble-t-il – de la loi de la société qu'ils dirigent.[43] Dans notre hypothèse, la loi de la filiale française s'applique par conséquent au lien de filiation entre elle et la société mère étrangère. Cela implique que cette dernière doit respecter les *« dispositions législatives ou régle-*

---

compensation appropriée des autres actionnaires par la même décision, § 243 al. 2. En droit des groupes, les mécanismes désormais bien connus des §§ 302 et 311 AktG relatifs à l'obligation de compensation des pertes (groupe de droit) voire des inconvénients (groupe de fait) font évidemment partie du droit des sociétés.

En droit anglais, ensuite. En effet, la théorie de l'*unfair prejudice* remplit une fonction analogue à celle de l'abus de majorité en droit français. En vertu de *Sec. 994, Subsec. 1 Companies Act 2006* (première disposition de la *Part 30* consacrée à la *Protection of Members against Unfair Prejudice*), elle permet à un associé (*member of a company*) de saisir les tribunaux en faisant valoir *« (a) that the company's affairs are being or have been conducted in a manner that is unfairly prejudicial to the interests of members generally or of some part of its members (including at least himself), or (b) that an actual or proposed act or omission of the company (including an act or omission on its behalf) is or would be so prejudicial. »* Aussi, l'*unfair prejudice* a été conçu comme un mécanisme spécifique du droit des sociétés (cf. PALMER'S Company Law, Sweet & Maxwell, London, 2008, n° 8.3801 et s.).

42 Sur le droit matériel, cf. *supra* n° 86.

43 Cass. civ. 1ère, 1er juillet 1997, *Rev. crit. DIP* 1998, 92 note H. MUIR WATT, *D. aff.* 1997, 1123, note D. COHEN ; *Bull. Joly* 1997, 1062, note M. MENJUCQ ; H. SYNVET, *Encycl. jur. Dalloz, Rép. Droit international, Société,* n° 111 ; BUREAU/MUIR WATT, n° 1042 ; MENJUCQ, *Droit international et européen des sociétés,* n° 78.

mentaires applicables aux sociétés anonymes », le *« statut »* de la société filiale française et même l'idée que se font la pratique et les tribunaux français d'une bonne *« gestion »* pour ne pas voir sa responsabilité engagée au titre de l'article L. 225-251 C. com. qui énumère dans son alinéa premier ces différentes hypothèses.

Cela confirme nos réflexions théoriques du début de cette section. En effet, l'influence de la société mère étrangère est toujours limitée par les préceptes de la loi de la filiale. Alors que le droit français ne connaît pas *en droit* la domination telle qu'elle existe en droit allemand, une telle domination est possible *en fait*, que ce soit sur le plan national ou international, à condition que la société dominante (française ou étrangère donc) observe les principes fondamentaux du droit français des sociétés.

§ 3) Détermination des solutions et enseignements sur la portée de la règle de conflit

371. L'étude a montré qu'il importait peu que l'on soit en présence ou non d'une législation spécifique des groupes de sociétés telle que le *Konzernrecht* allemand, que l'on soit en présence ou non d'une distinction comme en droit allemand entre groupe de fait et groupe de droit, que l'on soit en présence de systèmes mettant en œuvre des approches distinctes (interdiction des conséquences de la domination pour le droit français et admission contrôlée pour le droit allemand) : le « lien d'affiliation » se rattache toujours à la *lex societatis* de la filiale. Autrement dit, les règles limitant la conduite de la société mère à l'égard de sa filiale doivent systématiquement être puisées dans la loi de cette dernière.

Des enseignements sur la **portée de la règle de conflit** soumettant le lien d'affiliation à la loi de la filiale peuvent être tirés de cette étude. Tout d'abord, dire que la loi de la filiale régit cette relation signifie qu'elle a en principe la compétence exclusive pour édicter les normes prescrivant aux acteurs un certain comportement à adopter. Mais outre l'édiction des normes, c'est la sanction du non-respect des normes qui doit incomber à cette loi. L'on ne peut en effet s'attendre à ce que la loi de la société dominante intervienne pour sanctionner un comportement régi par la loi de la filiale.[44]

Ensuite, si la loi de la filiale indique les normes de comportement et les sanctions éventuelles à l'égard de la société dominante, cela signifie que

44 R. Sinay, *Gaz. Pal.* 1967, 70 (83).

l'exercice du pouvoir de direction de la société mère est limité – en plus des limitations naturellement imposées par la loi de la société mère elle-même, par exemple à travers son objet social – par les règles de la loi de la filiale, autrement dit par la *lex societatis* de la filiale. Il n'y a pas pour autant de réel conflit de lois relativement aux limites du pouvoir de direction puisque seule la loi de la filiale en décide.[45]

Enfin, l'affirmation signifie que la loi de la société mère, fut-elle plus protectrice des intérêts de la filiale étrangère[46], ne saurait s'appliquer à cette question.[47]

Section 2 Domination par la société mère et protection spécifique des actionnaires

Il existe un certain nombre de mécanismes de protection spécifiques pour les actionnaires minoritaires de la filiale mais aussi pour les actionnaires de la société mère.[48] Ces mécanismes interviennent cependant pour la plupart d'entre eux à un stade de l'établissement du lien de dépendance, autrement dit durant la phase de formation du groupe international. Il est donc possible de renvoyer dans une large mesure aux développements du Titre 1.

Il reste que certains mécanismes interviennent lorsque le groupe international est constitué et y ont toute leur importance. C'est de ceux-là que nous étudierons le régime international maintenant.

§ 1) La protection des actionnaires externes de la filiale

372. Ici, à nouveau, le conflit de lois devra en principe se résoudre au profit de la loi de la filiale et ce pour deux raisons. La première raison est qu'il relève de la compétence de la *lex societatis* de la filiale de régir le rapport entre

45 KOPPENSTEINER, *Internationale Unternehmen*, p. 175.

46 Ce qui, en droit positif, ne se rencontre guère.

47 En ce sens cependant jadis : B. GOLDMAN, *Revue du Marché commun* 1968, 297 (315) ; *idem*, *Colloque international*, p. 23 et s.

48 Cf. *supra* n° 89.

l'associé majoritaire qu'est la société mère et les associés minoritaires. On est là en effet au cœur même du fonctionnement interne de toute société.

Par ailleurs, en ce qui concerne le droit allemand, la deuxième raison tient au fait que les règles du droit des groupes relatives à la limitation et le contrôle du pouvoir de direction de la société dominante servent indubitablement à protéger – indirectement – les actionnaires minoritaires en plus de la filiale elle-même. De sorte que la règle de conflit qui vaut pour la protection de la filiale doit valoir pour la protection des actionnaires de celle-ci. Ce premier constat est important tant il est de nature à exclure l'application de la *lex delicti* dans le domaine de la protection des actionnaires externes.[49]

A. Le sort des associés externes dans la filiale française

373. Les actionnaires externes de la filiale reçoivent une protection spécifique en droit français allant au-delà de la protection du capital social de leur société dans trois hypothèses principalement.[50] La première concerne la formation du groupe dans le cadre de laquelle la protection est assurée par la réglementation des offres publiques.[51] La deuxième et la troisième hypothèses concernent le fonctionnement de la société à laquelle ils appartiennent à proprement parler.

La deuxième hypothèse est relative à leur droit de demander en justice une expertise et une administration provisoire.[52] Comme cette question relève du fonctionnement interne de leur société, leurs droits doivent être régis par la *lex societatis* de celle-ci.

La troisième hypothèse est celle de l'abus de majorité qui est susceptible de jouer un rôle double en ce qui concerne son objectif de protection. Ainsi, nous avons vu que l'abus de majorité tendait à protéger la filiale elle-même.[53] Ce n'est possible toutefois que lorsque les actionnaires minoritaires exercent l'action en nullité de la décision prise et/ou l'action en responsabilité à l'encontre de l'actionnaire majoritaire qui aurait abusé de sa position. Ces actions doivent être soumises, croyons-nous, à la *lex societatis*.[54]

49 En ce sens : KOPPENSTEINER, *Internationale Unternehmen*, p. 169.

50 C'est ce qui résulte de l'étude de droit matériel, *supra* n° 105 et s.

51 Pour le droit matériel, cf. *supra* n° 274 et s.

52 Pour le droit matériel, cf. *supra* n° 109.

53 Cf. *supra* n° 369.

54 *Ibid.*

B. Le sort des associés externes dans la filiale allemande

1. Dans un groupe de fait

374. Tout d'abord, il convient de remarquer qu'en ce qui concerne les groupes de fait, il n'existe pas de mécanisme spécifique de protection des actionnaires minoritaires de la société dominée, la réglementation des groupes de fait des §§ 311 et s. AktG ne visant leur protection qu'à travers celle du capital social de la société dépendante.[55]

Examen spécial des rapports d'affaires avec l'entreprise dominante. A cette même fin de protection du capital social de la société existe également la possibilité, pour un seul actionnaire, de demander en justice la nomination d'un commissaire aux comptes spécial chargé de procéder à une vérification spéciale du compte rendu de dépendance (*Sonderprüfung*, § 315) dès lors que le commissaire aux comptes refuse de déclarer les comptes conformes, que le conseil de surveillance déclare son désaccord sur le compte rendu établi par le directoire ou que le directoire a déclaré lui-même qu'existe un inconvénient au détriment de la société.[56]

Enfin, subsistent les actions (du droit général des sociétés) en responsabilité pour violation du devoir de fidélité à l'encontre de l'associé majoritaire – la société mère étrangère. Elles s'exercent selon les modalités de la *lex societatis* de la filiale en tant que loi commune des associés.

2. Dans un groupe de droit

375. Quant au groupe de droit, ce sont les §§ 304 et 305 AktG relatifs à la stipulation dans le contrat interentreprises d'une allocation compensatrice et d'une indemnité de retrait au profit des actionnaires externes de la filiale qui s'attachent expressément à leur protection.[57] Ces mécanismes jouent une fois le contrat interentreprises conclu et le lien d'affiliation établi. Le régime international des groupes de droit est désormais bien connu : en effet, comme nous l'avons vu, les dispositions des §§ 291 à 310 AktG s'appliquent à titre de *lex societatis* à tout contrat de domination et/ou de transfert de bénéfices dès lors que la société filiale est allemande.[58] L'allo-

55 Cf. l'examen de droit matériel, *supra* n° 97.

56 Cf. *supra* n° 60.

57 Pour le droit matériel, cf. *supra* n° 94 et s.

58 Cf. *supra* Partie II – Titre 1 – Chapitre 2 – Section 1 (n° 302 et s.) ; spécifiquement sur les §§ 304 à 307 AktG voir aussi EMMERICH/HABERSACK, § 21 I 4.

cation compensatrice du § 304 AktG étant rare en pratique, puisque les actionnaires externes lui préfèrent l'indemnité de retrait du § 305 AktG, et ne soulevant pas de difficulté majeure en droit des conflits de lois, il est permis de l'exclure de l'étude.

376. L'échange des actions. En revanche, la réalisation de la protection des actionnaires externes de la filiale au titre du § 305 AktG semble poser problème. Un auteur a notamment pu déceler des difficultés techniques relatives à la mise en œuvre de l'indemnité de retrait dès lors qu'elle est demandée, par les actionnaires externes de la filiale, sous forme d'échange de leurs actions contre celles émises par la société mère étrangère au titre du § 305 al. 2 phr. 1 AktG.[59] Comparant cette situation à celle d'une fusion internationale, il a formulé deux séries d'objections qui méritent d'être vérifiées.

En premier lieu, le Professeur H. SYNVET retient *« l'impossibilité de réaliser l'opération contre la volonté des actionnaires de la filiale »* en raison du *« principe généralement admis en législation comparée que ne peut être imposée aux associés un changement de loi applicable à leurs droits »*.[60] Or, cela ne correspond que partiellement à la réalité du droit allemand. En effet, il ne s'agit nullement de contraindre les actionnaires à l'échange des actions contre leur gré. Au contraire, ce sont les actionnaires qui choisissent ce mode de protection alternativement à celui de l'allocation compensatrice du § 304 AktG.

En deuxième lieu, selon l'auteur, *« l'échange des titres impliquant* [...] *une augmentation du capital de la société-mère, force est de tenir compte des prescriptions de la loi gouvernant son statut interne »*. Et de poursuivre que *« *[l]*e droit des groupes de l'État de la société dépendante* [...] *ne saurait l'imposer* [la remise de titres de la société dominante aux actionnaires externes] *sans excéder les limites de son autorité »*.[61] Il est vrai que, de prime abord, il semble y avoir un réel conflit de *lex societatis* puisque, bien sûr, l'augmentation du capital de la société mère relève du champ d'application de sa *lex societatis* alors que l'échange de titres en tant que mesure de protection des actionnaires minoritaires de la filiale relève aussi naturellement de la loi de la filiale. Ainsi, une même opération matérielle semble relever de deux lois distinctes. Il convient cependant d'affiner le raisonnement.

59 H. SYNVET, *L'organisation juridique du groupe international de sociétés*, t. 1, p. 601 à 607 et p. 612 à 613.

60 *Ibid.*, p. 602.

61 *Ibid.*, p. 604.

Car raisonner de la sorte serait oublié qu'il y a bien aussi deux aspects différents à l'intérieur de l'opération visée. En effet, la loi de la filiale allemande se contente d'exiger de la part d'une société mère dont le siège se trouve dans un État membre de l'UE ou de l'EEE que celle-ci propose aux actionnaires de la filiale allemande ses propres titres. Contrairement à ce que soutient l'auteur, la loi de la filiale est autorisée à procéder ainsi en raison de la nécessaire protection de ses actionnaires pour laquelle elle est seule compétente. En revanche, elle ne prescrit pas à la société mère de procéder à une augmentation de capital. En réalité, la loi de la filiale se désintéresse entièrement de la manière dont la société mère accomplit son obligation d'échanger les titres. Il revient à la seule loi de la société mère d'indiquer aux dirigeants de la mère, qui seraient désireux de respecter la lettre du contrat interentreprises, de quelle manière des titres peuvent être « trouvés ». Qu'il s'agisse ensuite d'une augmentation de capital, d'un rachat provisoire de titres relève du seul champ d'application de la loi de la société mère. De sorte qu'en réalité, les deux aspects que sont la protection des actionnaires de la filiale d'une part, et la manière dont la société mère met en œuvre son obligation d'échange de titres d'autre part, relèvent chacun d'une seule loi sans qu'il y ait interférence entre les deux.

Cette solution est en outre justifiée par le fait que la société dominante avait la volonté de dominer la filiale allemande par le biais d'un contrat interentreprises qu'elle a conclu. Dans ce contrat, se trouve, entre autres, son obligation d'échanger les titres sous forme de stipulation pour les actionnaires externes de la filiale. La société mère a donc formellement accepté cette condition. Il doit par conséquent lui incomber d'y donner suite.

377. Loi applicable au contrat portant sur l'indemnité de retrait. Enfin, toujours en ce qui concerne l'indemnité de retrait du § 305 AktG, qu'il s'agisse de l'échange d'actions ou de l'indemnité en espèces, la société dominante et l'actionnaire externe de la filiale concluent, selon les hypothèses, un contrat d'échange ou de vente. La conclusion se fait par la seule acceptation par l'actionnaire des termes de la stipulation pour autrui relative à l'indemnité de retrait incluse dans le contrat interentreprises.[62] Tout porte par conséquent à croire que la *lex contractus* est automatiquement la même que la *lex societatis* qui régit le contrat interentreprises, soit la loi allemande.

62 Cf. *supra* n° 96.

§ 2) La protection des actionnaires de la société mère

378. Le danger de la médiatisation des droits sociaux. Les actionnaires de l'entreprise dominante doivent être protégés contre le danger de leur exclusion de la gestion de leur société. Il en va ainsi parce que dès lors que leur société prend la position de société mère d'un groupe, ses dirigeants peuvent gérer librement les participations que celle-ci détient dans ses filiales. Or, ces participations peuvent constituer la partie la plus importante du patrimoine social de la société mère. Le danger existe lors de la formation, de l'extension mais aussi et surtout durant la phase de fonctionnement du groupe.[63]

Il semble exister deux moyens de protection en droit positif : l'expertise de gestion concernant la filiale et l'association des actionnaires à la prise de décision concernant la mesure structurelle.

A. Expertise de gestion au sein de la filiale

379. En droit français, il existe une expertise de gestion assez originale. Il s'agit de celle de l'art. L. 225-231 C. com. qui prévoit la possibilité pour les actionnaires de la société dominante de demander en référé une expertise de gestion des opérations effectuées non seulement dans leur société mais aussi dans une filiale contrôlée.[64] Cette expertise de minorité ne soulève évidemment aucun conflit de lois lorsqu'elle est demandée pour la gestion au sein de la société mère même. Seule la loi française régira cette mesure.

En revanche, la désignation par le tribunal français d'un expert chargé d'établir un rapport sur une opération de gestion qui aurait été effectuée au sein d'une filiale étrangère (se situant à l'étranger) est plus délicate à mettre en œuvre. Concernant cependant l'UE, il convient de se référer au Règlement (CE) n° 1206/2001 du Conseil du 28 mai 2001 relatif à la coopération entre les juridictions des États membres dans le domaine de l'obtention des preuves en matière civile ou commerciale[65]. Si l'on considère en effet que les actionnaires agissent devant un tribunal français sur le fondement de l'art. L. 225-231 al. 2 C. com. pour s'assurer des preuves contre leurs dirigeants en vue d'une action engagée ou envisagée à leur encontre[66] en raison

63 Pour le détail du droit matériel, cf. *supra* n° 111 et s.

64 Cf. *supra* n° 118.

65 *JOCE* L 174/1 du 27 juin 2001.

66 Art. 1 al. 2 dudit Règlement.

d'un acte de gestion effectué au sein de la filiale, ce Règlement ouvre au tribunal français une option à trois branches. La première consiste à demander à la juridiction étrangère de procéder à la mesure d'instruction en son nom.[67] La deuxième branche de l'option consiste pour ce tribunal à envoyer l'un de ses membres en tant que représentant et/ou un expert sur place afin d'être présent voire même de participer à l'exécution de l'acte d'instruction.[68] Enfin, troisième branche, si le droit de l'État membre requis le permet et que l'acte d'instruction peut se faire sur une base volontaire, le tribunal pourra faire procéder directement à l'acte d'instruction par l'un de ses magistrats ou un expert nommé par lui.[69] La deuxième branche de l'alternative qui permet l'envoi d'un expert français sur place semble la plus réaliste et prometteuse en l'occurrence.

Si l'on considère, au contraire, que le mécanisme de l'article L. 225-231 al. 2 C. com. ne peut s'appliquer dans le cadre du Règlement susmentionné parce que la demande tendant à la désignation d'un expert ne viserait pas au sens strict « *à obtenir des moyens de preuve qui* [...] *sont* [...] *destinés à être utilisés dans une procédure judiciaire qui est engagée ou envisagée* »[70] mais d'abord à obtenir des renseignements sur une ou plusieurs opérations de gestions[71] avant même tout litige, il semble encore possible de chercher à prouver un « *motif légitime de conserver ou d'établir avant tout procès la preuve de faits dont pourrait dépendre la solution d'un litige* » au sens de l'article 145 du Code de procédure civile. En ce cas, le tribunal français disposera des mécanismes prévus par le Règlement n° 1206/2001.

B. La compétence de décision des associés de la société dominante

380. Le meilleur moyen de protéger les associés minoritaires de la société dominante consiste sans doute à leur donner la possibilité de décider eux-mêmes de la réorganisation de la gestion de leur société dès lors que la mesure prévue par les dirigeants modifierait de manière importante la structure de leur entreprise et par là même leurs droits sociaux. En droit allemand, les gérants d'une *GmbH* doivent ainsi convoquer tous les associés en pareille hypothèse.[72] Concernant les AG, la jurisprudence[73] cherche à assu-

67 Art. 10 dudit Règlement.
68 Art. 12 dudit Règlement.
69 Art. 17 dudit Règlement.
70 Art. 1 al. 2 dudit Règlement.
71 Article L. 225-231 al. 2 C. com.
72 Cf. § 49 al. 2 GmbHG.

rer la protection des actionnaires externes contre la médiatisation de leurs droits sociaux provenant de la constitution d'un groupe par la prise de participation dans d'autres sociétés ou par le démembrement de branches d'activité de leur société en attribuant une compétence supplémentaire à l'assemblée générale des actionnaires : celle de statuer sur la mesure structurelle grave prévue par les dirigeants de la société à une majorité qualifiée des trois quarts. En droit français, les notions d'objet social et d'intérêt social permettent sans doute d'aboutir à un résultat analogue.[74]

Défaut de conflit de lois. S'agissant du conflit de lois au sein d'un groupe international, il est vrai que la société à laquelle les actifs sont transférés ou dans laquelle a été pris une participation est souvent étrangère par rapport à la société dominante dont font partie les associés. Or, la prise de décision relative à cette mesure elle-même ne comporte aucun élément d'extranéité puisqu'elle se fait à l'intérieur d'une même société. De sorte qu'il n'y a pas de conflit de lois. En conséquence, le mécanisme relève des règles de la société mère en cause.[75]

Enfin, le bon fonctionnement de l'assemblée générale est également l'un des buts recherchés par la réglementation des participations réciproques.

Section 3 La portée internationale des réglementations relatives aux participations réciproques

381. La détention réciproque d'actions met en danger la libération, le maintien et l'évaluation corrects du capital social (risque dit de « dilution du capital social ») puisque, à travers la participation qu'elle détient dans l'autre société, chaque société est propriétaire de ses propres actions. La participation réciproque peut également aboutir à une domination de fait pernicieuse des assemblées générales de l'une des sociétés par l'organe de direction de l'autre (risque dit de « verrouillage »).[76]

---

73 Cf. *supra* n° 114.

74 Cf. *supra* n° 117.

75 Même résultat mais au terme d'un raisonnement conflictualiste : S. EBENROTH, *Konzernbildungs- und Konzernleitungskontrolle*, 1987, p. 68 et s.

76 *MüKo-AktG*/BAYER, § 19 n° 1.

A priori, deux ordres juridiques sont impliqués dès lors que deux sociétés d'États différents tiennent chacune une participation dans l'autre. Schématiquement, la question qui se pose est celle de savoir si l'une ou l'autre des lois, les deux lois en même temps ou alors aucune des lois s'applique. L'étude du droit français et du droit allemand en la matière sera suivie d'un essai de systématisation de la question.

§ 1) La portée internationale de la réglementation française

382. Les participations réciproques. Pour combattre les dangers décrits, la loi institue une obligation de cession des actions réciproques et, à défaut, prive ces actions du droit de vote.[77]

Dans les écrits contemporains, les auteurs ayant pris position sur la question de la portée internationale de la réglementation française relatives aux participations réciproques, soutiennent qu'elle ne peut trouver application que dès lors que les deux sociétés concernées ont pour *lex societatis* la loi française, répétant ainsi des positions doctrinales plus anciennes[78].[79] Le débat est marqué par une certaine hétérogénéité voire confusion terminologique. Ainsi, les auteurs expliquent que *« le texte ne s'applique pas si l'une des sociétés est étrangère »*[80], que *« [...] la notion de participation réciproque n'existe qu'entre sociétés françaises dont le siège se trouve* [...] [en France] *»*[81] ou encore que

> *« [...] la réglementation n'est applicable que si les sociétés intéressées ont leur siège social en France ». « Elle ne l'est pas lorsque l'une des sociétés a son siège hors de France. Il est, en effet, impossible de soumettre les sociétés étrangères aux impératifs de la loi française (application du principe de la territorialité des lois) »*[82]

Au lieu d'une critique détaillée, remarquons simplement qu'aucun auteur n'a pris la peine d'expliciter davantage sa position.

77 Sur le droit matériel, cf. *supra* n° 81.

78 J. PERCEROU, *D. C.* 1943, L., 61 et s.

79 Pourtant, dès 1979, le Professeur H. SYNVET, *L'organisation juridique du groupe international de sociétés*, t. 1, n° 195 (p. 429 et s.) attire déjà l'attention sur l'inexactitude de ces positions.

80 COZIAN/VIANDIER/DEBOISSY, n° 1316.

81 *Encycl. jur. Dalloz, Rép. soc., Groupe de sociétés,* n° 69 citant MERCADAL/JANIN, *Sociétés commerciales*, 1997, éd. F. Levebvre, n° 3356.

82 *Mémento F. Lefebvre, Groupes de sociétés,* n° 119.

L'affirmation mérite cependant d'être soumise à un examen attentif de droit international privé. À y réfléchir, tout d'abord, on ne voit pas pour quelle raison la réglementation française ne pourrait s'appliquer à une société étrangère. Pour concrétiser notre propos, prenons l'exemple d'une SA française détenant une participation supérieure à 10 % dans une *AG* allemande. Si la société allemande vient à acquérir à son tour une participation supérieure à 10 % dans la société française, rien ne s'oppose à ce que la loi française (en tant que *lex societatis* de la société française) fasse obligation à la société allemande de ne pas exercer les droits de vote attachés aux actions qu'elle détient dans la société française et même d'aliéner la partie des actions excédant les 10 % autorisés. Il en va ainsi parce que la loi française en tant que *lex societatis* s'applique à la société allemande prise en sa qualité d'actionnaire de la société française. La *lex societatis* de la mère régit, nous le savons, le rapport entre l'actionnaire et la société, en l'occurrence celui entre la filiale et la société mère. Il ne s'agit là que d'un problème de substitution : la question est uniquement de savoir si une *AG* allemande est une société par actions au sens de l'art. L. 233-29 C. com. Faute de précision par le législateur, tel semble bel et bien être le cas de sorte que, en définitive, cette disposition s'applique dès lors que la société mère en cause est française.

A l'inverse, la loi française peut parfaitement interdire à la filiale française d'une société allemande de posséder des actions de cette dernière et lui enjoindre d'aliéner les actions excédentaires[83] afin de prévenir un gonflement artificiel du capital social. À nouveau, nous rencontrons une question de substitution (« La société allemande est-elle l'« autre société » au sens de l'art. L. 233-29 al. 1er C. com. ? »). La réponse est positive comme précédemment.

383. L'autocontrôle. La même conclusion doit, selon nous, valoir en ce qui concerne le domaine voisin de la réglementation relative à l'autocontrôle de l'art. L. 233-31 C. com.[84] Il s'agit ici de prévenir le verrouillage de la direction de la mère consistant en l'usage par la mère à son assemblée générale des voix attachées aux droits détenus par la filiale, notamment en vue de faciliter sa réélection. Si la société qui souhaite s'autocontrôler a été constituée conformément à la loi française, la loi française a vocation à s'appliquer à cette société en tant que *lex societatis*. Si cette société vient à détenir le contrôle direct ou indirect d'une société allemande par exemple qui dé-

83 Au sens de l'art. L. 233-29 al. 2 C. com.

84 Sur le droit matériel, cf. *supra* n° 82.

tiendrait à son tour des actions dans la société française, l'article L. 233-31 C. com. supprime efficacement le droit de vote attaché à ces actions d'autocontrôle parce qu'il s'agit du fonctionnement interne de la société française, peu importe que l'actionnaire prenne la forme d'une société allemande.

De manière assez surprenante, les auteurs sont beaucoup plus nuancés ici qu'en ce qui concernait les participations réciproques sus-évoquées. En effet, s'ils ne sont pas unanimes sur la portée internationale de l'article L. 233-31 C. com., ils sont toutefois majoritaires pour retenir une applicabilité internationale de cette disposition. Alors que certains persistent à affirmer que *« [l]a réglementation* [...] *n'est, à notre avis, applicable que si les sociétés intéressées ont leur siège social en France »*[85], la plupart d'entre eux, au contraire, prennent une position différente et affirment qu'*«* [...] *aucune exclusive n'est prévue pour les sociétés qui détiennent les participations ». « Ni leur forme, ni leur nationalité n'empêcheront l'application de la loi. »*[86] De sorte que *« [l]'existence d'une société étrangère dans le bouclage d'autocontrôle ne saurait interrompre la chaîne des contrôles successifs* [...] *»*[87].

Retenons donc à ce stade que dans le groupe international de sociétés au sein duquel une société française détient une participation dans une société étrangère, la réglementation française des participations réciproques s'applique à la question de savoir si et dans quelle mesure cette société étrangère pourra participer à la société française puisque cette question ressort de la compétence de la *lex societatis* de la société française.[88] Parallèlement, la loi française a le loisir d'interdire à une société française de détenir une participation dans une société étrangère dès lors que cette dernière serait déjà actionnaire de la société française.

§ 2) La portée internationale de la réglementation allemande

La réglementation allemande est, comme souvent, assez complexe. Sommairement, elle distingue entre les participations réciproques simples (*einfache wechselseitige Beziehungen*) et les participations réciproques qualifiées (*qualifizierte wechselseitige Beziehungen*). Les premières sont celles qui interviennent en l'absence de toute domination alors que les secondes supposent

85 *Mémento F. Lefebvre, Groupes de sociétés,* n° 1215.

86 M. GERMAIN et M. PARIENTE (*Encycl. jur. Dalloz, Rép. soc., Groupe de sociétés,* n° 73).

87 *Mémento F. Lefebvre, Sociétés commerciales*, 2006, n° 25614.

88 *Contra* KOPPENSTEINER, *Internationale Unternehmen*, p. 180.

qu'existe, outre la participation réciproque, une relation de dépendance.[89] La portée internationale de ces réglementations est fortement discutée en Allemagne.[90]

A. Participations réciproques qualifiées – Unterordnungskonzern

384. En vue de protéger le capital social, le législateur cherche à empêcher la mise en place de participations réciproques entre deux sociétés entretenant un rapport de dépendance au sens des §§ 16, 17 AktG entre elles. Ainsi, le § 56 al. 2 AktG et le § 71d phrase 2 AktG défendent à toute société dépendante de souscrire ou d'acquérir des actions de sa société dominante. Au cas où, lors d'une augmentation du capital de la société mère, des actions auraient été acquises en violation des dispositions susmentionnées, l'alinéa 4 du § 56 AktG prévoit que chaque membre du *Vorstand* de la société dominante est tenu solidairement responsable avec la société filiale de la libération des actions souscrites de sorte que les membres du *Vorstand* ont tout intérêt à éviter une telle manoeuvre en enjoignant à la filiale de ne jamais acquérir les actions de la société mère. Les actions qui auraient tout de même été acquises doivent être cédées à autrui dans un délai d'un an pour régulariser la situation, §§ 72d phr. 2, 71c AktG.

Pour déterminer la portée de ces dispositions, il convient de distinguer les deux cas de figure pouvant se présenter en pratique : soit une société dépendante allemande fait acquisition d'actions d'une société mère étrangère, soit une filiale étrangère acquiert les actions d'une société dominante allemande. Tout d'abord, nous savons que les dispositions citées ont pour but de garantir la réalisation et le maintien du capital social ainsi que de prévenir le risque de dilution du capital social du fait de l'acquisition par une société de ses propres titres par le biais d'un tiers qu'elle contrôle.[91] Une *lex societatis* ne prévoit évidemment ces mesures de protection que pour les sociétés qui sont soumises à elle par leur constitution sous son égide. En conséquence, les dispositions de la loi allemande ne sauraient régir que les sociétés allemandes.

Se pose cependant ensuite la question de savoir si la loi allemande souhaite régir les deux situations (filiale allemande – société mère étrangère, société mère allemande – filiale étrangère). Le but de l'interdiction du § 56 al. 2 et du § 71d phr. 2 AktG faite à toute société dépendante d'acquérir les actions de sa société

89 Sur l'ensemble, cf. EMMERICH/HABERSACK, § 5.

90 Cf. *MüKo-AktG*/BAYER, § 19 n° 27 ; HÜFFER, § 19.

91 Begr. RegE zu § 71 AktG chez KROPFF, *AktG*, 1965, p. 90 et s.

dominante vise avant tout la protection de la société dominante. Cela résulte de ce que, historiquement, ces dispositions avaient pour but d'empêcher la société anonyme de contourner les règles relatives à l'interdiction d'acquérir ses propres actions.[92] Elles étaient par conséquent relatives à la seule société dominante. Cela résulte encore du fait que si la protection de la société dépendante avait réellement été l'objectif recherché en interdisant par exemple à la société mère d'influencer de manière nocive sa filiale en lui faisant acheter ses actions, les dispositions feraient double emploi avec les §§ 311 et s. AktG.[93] La réglementation doit par conséquent être interprétée comme un instrument de protection du capital social de la société dominante.[94]

D'une manière plus générale, la question de savoir dans quelle mesure une société dépendante peut acquérir des actions de sa société mère doit être tranchée par la loi de la société concernée par le changement de sa structure et de son fonctionnement interne lequel résulte du fait de cette transaction : la loi de la société mère.[95] Certes, la société filiale est protégée à son tour, en quelque sorte par réflexe, contre l'acquisition de titres sans valeur pour elle. Mais le but premier de la réglementation est bel et bien de protéger la société mère contre une réduction de fait de son capital social.[96]

Il s'ensuit que les dispositions sus-évoquées ne s'appliquent qu'à l'hypothèse de la société mère allemande mais non à l'hypothèse d'une société mère étrangère dont la filiale allemande acquerrait une participation. La loi allemande se désintéresse de cette dernière hypothèse. Il incombera au contraire à la loi étrangère de préciser dans quelle mesure la filiale allemande sera autorisée à porter atteinte à l'intégrité du capital social de cette société mère étrangère.[97]

92 Références chez KOPPENSTEINER, *Internationale Unternehmen*, p. 287.

93 En ce sens : KOPPENSTEINER, *Internationale Unternehmen,* p. 287.

94 *MüKo-IntWR(IntGesR)*/KINDLER, n° 782 ; KOPPENSTEINER, *Internationale Unternehmen,* p. 288-289 ; *KöKo-AktG*/LUTTER, § 71 d AktG n° 81.

95 Dans le même sens : W. BAYER, *Der grenzüberschreitende Beherrschungsvertrag*, p. 70 ; KOPPENSTEINER, *Colloque international*, p. 89-91 et p. 101. Sur la sanction de la nullité de l'acte obligationnel du § 71 al. 4 AktG, cf. *MüKo-IntWR(IntGesR)*/KINDLER, n° 784 et KOPPENSTEINER, *Internationale Unternehmen*, p. 139 et s.

96 Ainsi, A. ROHR, *Der Konzern im IPR...*, p. 295 et s.

97 *MüKo-AktG*/BUNGEROTH, § 56, n° 93 et 94 ; *MüKo-AktG*/OECHSLER, § 71 n° 65 ; KOPPENSTEINER, *Internationale Unternehmen*, p. 159 et s. ; GRASMANN, *System des internationalen Gesellschaftsrechts...*, n° 891 ; KINDL, *ZeuP* 1994, 77 (95 et s.).

B. *Participations réciproques simples* – Gleichordnungskonzern

385. Si des participations réciproques ont été acquises par deux sociétés qui ne sont liées par aucun rapport de domination[98], en cas d'acquisition ou de souscription par une société d'actions d'une autre société de capitaux malgré l'interdiction des §§ 56 al. 1er et 71 d phr. 2 AktG, le § 328 AktG relatif aux « entreprises réciproquement participantes » (*wechselseitig beteiligte Unternehmen*) limite l'exercice des droits que chacune des sociétés détient, du fait de sa participation dans l'autre société, à un quart du capital de cette autre société, nonobstant une détention de parts excédant ce plafond de 25 %. Il faut cependant noter que les entreprises réciproquement participantes sont définies par le § 19 al. 1er phr. 1 AktG comme étant des entreprises dont le siège se trouve en Allemagne (*Sitz im Inland*). Cette limitation aux seules sociétés allemandes s'expliquerait par l'idée que le droit allemand ne saurait déterminer les conséquences juridiques de la participation réciproque à l'égard de la société étrangère.[99] En particulier, le § 19 exclurait l'application des dispositions qui s'appliquent cumulativement aux deux sociétés comme le fait le § 328 AktG.[100] Ainsi, de l'avis général, le § 328 AktG ne s'applique pas à un cas de participations réciproques internationales.

À dire vrai, cette distinction d'avec le groupe de subordination[101] ne convainc pas. Pourquoi en effet la loi allemande s'appliquerait-elle dans un groupe de subordination dès lors que la société mère est allemande mais non dans un groupe d'ordonnancement égalitaire dès lors que l'une des sociétés est allemande ? L'autolimitation de la loi allemande aux seules participations entre sociétés allemandes et les arguments avancés au soutien de cette thèse doivent être vérifiés à l'aune des principes du droit international privé des sociétés.

En réalité, les §§ 19 et 328 AktG ne prévoient justement pas l'hypothèse d'une participation réciproque internationale et n'excluent pas, de ce fait, des solutions internationales plus différenciées.[102] Partant, il est vrai que la loi allemande ne saurait prescrire quel pourcentage d'actions détenues par une société allemande dans une société française cette dernière se

98 En effet, le § 328 AktG ne s'appliquent qu'aux rapports entre des sociétés d'ordonnancement égalitaire, § 19 al. 4 AktG. Sur la notion de groupe d'ordonnancement égalitaire, cf. *supra* n° 36.

99 *MüKo-AktG*/BAYER, § 19 n° 26-28.

100 *Ibid.*

101 Cf. *supra* n° 384.

102 En ce sens : KOPPENSTEINER, *Internationale Unternehmen*, p. 275 ; plus nuancé HÜFFER, § 19 n° 2.

doit d'accepter sans pouvoir priver ces actions du droit de vote. Il en va ainsi puisque le fonctionnement interne de la société française est en jeu. Or, rien n'empêche la loi allemande d'interdire à une société allemande de détenir plus qu'un pourcentage défini d'actions d'une autre société, peu importe qu'elle soit étrangère ou allemande.[103] À l'inverse, dès lors qu'est en cause le fonctionnement interne de la société allemande, rien ne semble empêcher la loi allemande de limiter, à l'image du § 328 AktG, les droits de vote dont est titulaire la société française à un quart de l'ensemble des droits de vote existants dans cette société allemande. Si le droit allemand prévoit une telle limitation des droits de vote entre sociétés allemandes, pourquoi cesserait-il de la prévoir dès lors qu'une des sociétés est étrangère ? Ce ne serait pas conséquent et constituerait par ailleurs une discrimination à rebours dont seraient victimes les sociétés allemandes. Une telle discrimination à rebours n'est certes pas interdite par le droit communautaire. Mais elle ne s'impose pas en droit international privé, comme on vient de le voir.

Autrement dit, au-delà de la limitation du § 328 AktG par le § 19 AktG aux seules sociétés allemandes, il est possible et souhaitable de formuler une règle du même contenu que celui du § 328 pour les participations internationales. Limitant le droit de vote dans des sociétés réciproquement participantes, elle s'appliquerait directement à la société allemande et indirectement à la société détenant une participation dans cette dernière en tant que *lex societatis* de la société allemande.

§ 3) Systématisation de la question

386. Force est de constater tout d'abord *« la compétence conjointe des lois de la filiale et de la société mère pour réglementer la participation réciproque »*.[104] Il serait plus juste de parler de la compétence conjointe de deux leges societatis puisque les sociétés en cause peuvent parfaitement ne pas être liées par un rapport de subordination.

387. Résumé des solutions. Il est vrai que, dans les groupes contenant une subordination, la loi allemande ne s'applique à la question de savoir si et dans quelle mesure une société dépendante a la possibilité

103 En ce sens : KOPPENSTEINER, *précit.*, p. 284.

104 H. SYNVET, *L'organisation juridique du groupe international de sociétés*, t. 1, n° 195 (p. 430). Souligné par nos soins.

d'acquérir des actions de la société mère que dès lors que cette société mère est allemande. De par le but de la législation, la loi allemande se désintéresse en effet de l'hypothèse où une filiale allemande acquerrait une participation (alors réciproque) dans une société mère étrangère. Seule la loi de la société mère étrangère s'appliquera alors. Cela n'empêche que la loi allemande est théoriquement compétente s'agissant de sa filiale. Seulement, elle décline volontairement sa compétence. Concernant la première hypothèse, il ne faut pas oublier en outre que la loi de la filiale étrangère peut intervenir pour réglementer le pourcentage d'actions de la société mère que sa société a le droit de posséder (tel le droit français par exemple).

Pour le groupe d'ordonnancement égalitaire, une analyse des mécanismes a montré qu'il est préférable pour le droit allemand de régir ces « participations réciproques simples » par une extension internationaliste de la portée du § 328 AktG.

La loi française quant à elle devrait s'appliquer systématiquement lorsque l'une de ses sociétés (françaises) possède une participation dans une entreprise étrangère. Ceci étant, il convient maintenant de dépasser le droit positif et de tenter d'expliciter davantage l'idée de compétence conjointe.

388. Dépassement de l'exemple français et allemand. Si l'on essaie de systématiser ces enseignements, on remarque qu'en réalité, en matière de participations réciproques internationales, on a affaire à une application distributive des lois en présence. Chaque loi peut s'appliquer aux sociétés constituées conformément à ses règles (et seulement à celles-ci) pour régir les deux aspects de la composition du capital social de ces sociétés : 1) la détermination de la fraction du capital social que sa société a le droit de posséder dans une société étrangère qui tiendrait des actions de sa société (composition active du capital social) ; 2) la détermination de la fraction du capital social que la société étrangère, à laquelle participerait sa société, a le droit de posséder dans sa société (composition passive du capital social). Ces deux aspects de la composition active et de la composition passive du capital social rentrent naturellement dans le champ d'application de la *lex societatis*.

Toutefois, l'application distributive des lois change de nature lorsque les deux lois en présence réglementent chacune les deux aspects sus-énoncés. Car en ce cas il y a application cumulative des lois à une même société de sorte que la loi la plus restrictive s'imposera. En revanche, la loi peut aussi ne pas vouloir régir l'une de ces deux branches. Un exemple est le désintérêt que manifeste le droit allemand à déterminer le taux de la fraction du capital social qu'une filiale allemande posséderait dans une société étrangère.

389. Important constat. Le résultat ainsi obtenu est primordial et il convient d'en souligner l'importance. Car la difficulté méthodologique consistant à savoir quelle loi s'applique à une hypothèse de participation réciproque internationale n'en est pas réellement une. Il ne s'agit pas par exemple de savoir laquelle des sociétés est plus « concernée » par la situation que l'autre. En réalité, il suffit de se reporter à la loi de chaque société pour savoir comment elle détermine la composition active et passive du capital social de ses sociétés. Autrement dit, c'est à nouveau la *lex societatis* et son contenu qui fournissent la clef de lecture en la matière.

390. Résumé. Pour les relations internes du groupe international – celles qui se tissent entre la société mère, la filiale et leurs organes et associés respectifs – l'hégémonie de la *lex societatis* est patente. Cela ne saurait surprendre puisque les liens entre toutes ces personnes physiques et morales sont de nature purement sociétaire.

En revanche, pour les relations externes – celles entre les personnes susvisées et les tiers – le doute est permis. Le créancier de la filiale par exemple n'est lié d'aucune façon à la société mère. Il n'est pas davantage co-associé de la société mère au sein de la filiale ce qui a pu établir, comme nous l'avons vu dans ce premier chapitre, un certain lien de type sociétaire. Il faut donc s'attendre à ce que, dans le domaine des relations externes du groupe international de sociétés, la *lex societatis* soit concurrencée par d'autres lois. C'est ce qu'il convient de vérifier dans un chapitre second.

Chapitre 2 Le conflit de lois relatif aux relations externes du groupe et la protection des créanciers

391. Définition. Les relations externes sont celles qui existent entre les sociétés membres d'un groupe international de sociétés d'une part et les créanciers de celles-ci d'autre part. En pratique, la relation la plus importante est celle entre la société mère et les créanciers de la filiale. En effet, ces derniers cherchent souvent à engager la responsabilité de la société mère pour se faire payer leur créance.

Il existe un grand nombre de mécanismes de protection au profit des créanciers d'une société membre d'un groupe. Ceux-ci diffèrent cependant en fonction des risques auxquels les créanciers sont exposés. Il est, de ce point de vue, plusieurs catégories de créanciers qu'il convient d'identifier dans un premier temps (Section 1). Il apparaîtra alors que seule une catégorie de créanciers nous intéresse particulièrement tant les problèmes qu'elle rencontre sont spécifiques. La question de la responsabilité de la société mère à l'égard de ces créanciers mérite que l'on s'y attarde (Section 2).

392. Enjeu particulièrement important de la question. Comme on le verra, cette question *a priori* spécifique aux groupes rejoint une question plus générale qui est difficile et extrêmement controversée de nos jours en droit international privé des sociétés : celle de la responsabilité des membres de la société à l'égard des tiers. Nos réflexions relatives aux différentes hypothèses d'engagement de la responsabilité de la société mère par les créanciers de la filiale en droit français et allemand nous indiqueront une réponse satisfaisante à cette question. Tel est du moins l'espoir que nous nourrissons. Le résumé des résultats éventuels fera l'objet d'une dernière section (3).

393. Une remarque préliminaire. Quand bien même les mécanismes de protection des créanciers relèveraient, en droit français, dans une large mesure du droit des procédures collectives, leur examen est réservé à un stade ultérieur de cette étude[105]. La raison en est que, dans l'hypothèse d'un groupe international de sociétés, ces actions du droit français des procé-

105 Cf. *infra* Titre 3 (n° 439 et s.).

dures collectives qui seraient exercées contre la société mère étrangère sont susceptibles d'être régies, en tout ou en partie en ce qui concerne le conflit de lois et de juridictions, par le Règlement communautaire relatif aux procédures d'insolvabilité (transfrontalières).[106]

Section 1 Identification des différentes catégories de créanciers en fonction de leurs risques

394. La distinction à établir parmi les créanciers d'une société membre d'un groupe se fait en fonction de la nature des risques que le créancier doit affronter. Ces risques résultent de la dichotomie entre l'unité économique du groupe et le démembrement juridique de celui-ci en sociétés autonomes, chacune dotée d'une limitation de responsabilité.[107] Il y a deux types de risques : l'un plane indistinctement sur l'ensemble des créanciers de la filiale, l'autre est personnel et individuel à certains créanciers d'une société membre du groupe. En conséquence, il est possible de distinguer entre l'ensemble des créanciers de la filiale d'une part et les créanciers individuels d'autre part.[108]

§ 1) L'ensemble des créanciers de la filiale

395. Le danger encouru par **l'ensemble des créanciers** est celui de la défaillance de la société débitrice. Ce danger existe également dans une société indépendante puisque sa responsabilité est limitée au montant du capital social. Mais il est potentiellement accru dans l'hypothèse du groupe puisque le postulat que la société indépendante poursuit son propre intérêt consistant en le maintien et l'augmentation de ses richesses est alors biaisé. Des risques de négligence de l'intérêt de la filiale au profit de l'intérêt de la

106 Il y en a notamment trois : l'action en responsabilité pour insuffisance d'actif (et l'éphémère obligation aux dettes sociales) ainsi que l'action en extension de la procédure collective fondée sur la confusion de patrimoines et la fictivité. Pour le droit matériel, cf. *supra* n° 131 et s. et leur étude dans le cadre du Règlement insolvabilité *infra* n° 525 et s.

107 KOPPENSTEINER, *Colloque international*, p. 79 et s.

108 Même distinction chez : KOPPENSTEINER, *ibid.* ; H. SYNVET, *L'organisation juridique du groupe international de sociétés*, t. 1, p. 421 et s. ; ROHR, *Der Konzern im IPR…*, p. 409 et s.

société mère ou de celui du groupe, de l'instrumentalisation de la filiale par les dirigeants de la société mère, de perte de capital, etc. résulte le risque pour les créanciers de voir la santé financière de leur débiteur se dégrader progressivement. Autrement dit, les créanciers de la filiale doivent craindre à juste titre que la société dépendante ne soit pas administrée dans son intérêt propre et se trouve parfois « sacrifiée » au profit de l'unité économique qu'est le groupe.

C'est pourquoi, en plus de la protection indirecte des créanciers de la filiale par le biais de mesures de sauvegarde du capital social de la société débitrice[109] qui se sont révélées en partie inefficaces, les ordres juridiques mettent à la disposition des créanciers un certain nombre d'outils spécifiques du droit des sociétés afin de leur permettre d'obtenir le remboursement de leur créance par la société mère.[110]

§ 2) Les créanciers individuels

396. Sont **créanciers individuels**, au contraire, ceux dont l'altération de la situation juridique résulte d'un problème qui se trouve en dehors du domaine du droit des sociétés (ou du droit des groupes) à proprement parler. Il s'agit de soucis qui frappent souvent un créancier ayant conclu un contrat avec l'une des sociétés du groupe. REHBINDER a tenté de les systématiser : difficulté d'identifier le cocontractant parmi les nombreuses sociétés du groupe, intervention d'un membre du groupe pour gêner l'exécution des contrats conclus avec d'autres membres du groupe, difficultés de réalisation des droits lorsque l'entreprise dominante promet une prestation relevant de l'activité d'une ou de plusieurs sociétés affiliées, enfin, la question de la responsabilité de la société mère qui se serait portée fort en cas d'exécution défectueuse des engagements contractés par la filiale.[111] Cette liste n'est sans doute pas limitative.

397. Analyse du problème. Si le démembrement du groupe en sous-entités juridiquement autonomes est bien un phénomène du droit des sociétés au sens large, en revanche, le problème lui-même n'en reste cependant pas moins d'ordre extra-sociétaire. En effet, tantôt l'une des sociétés

109 Cf. sur ce point *supra* n° 361-367, n° 381-390.

110 Cf. *infra* Section 2 (n° 400 et s.).

111 REHBINDER, *Konzernaußenrecht und allgemeines Privatrecht*, p. 133 et s., 161 et s., 194 et s., 293 et s. (résumé cité d'après KOPPENSTEINER, *Colloque international*, p. 80).

du groupe tentera d'esquiver sa responsabilité contractuelle en faisant intervenir une personne tierce au contrat, une autre société du même groupe, pour ensuite invoquer l'impossibilité de l'exécution. Tel est encore le cas lorsque une société membre du groupe soumise à une clause de non-concurrence cherche à tourner celle-ci en faisant intervenir une autre société membre du groupe qui exercera alors les actes de concurrence qui lui sont interdits.[112] Tantôt, la société mère sous-traitera à l'une de ses filiales qui exécutera mal le contrat. Tantôt, la société mère essaiera de se défaire de son engagement de porte-fort. Tantôt encore, la société mère ordonnera à sa filiale de ne pas exécuter un contrat que celle-ci a conclu. On le voit, le danger qui plane sur le créancier individuel d'une société membre d'un groupe est la mauvaise foi dans l'exécution de l'obligation contractuelle. Tant les créanciers de la filiale que ceux de la société mère courent d'ailleurs ce type de risque.

Aussi, il s'agit de **problèmes principalement contractuels.** Car c'est au contrat qu'il faut se référer pour connaître l'étendue des obligations des parties, pour savoir si une possibilité de sous-traiter est prévue ou non, si l'engagement de la mère pour la bonne exécution par la filiale s'analyse en un cautionnement, une garantie ou une lettre d'intention comportant des obligations de moyens ou de résultat... Il est alors logique que la protection des créanciers individuels passe par l'application du droit des contrats. Il faut penser à des mécanismes de responsabilité contractuelle tels que la *Haftung für den Erfüllungsgehilfen* du § 278 BGB[113], la stipulation pour autrui ou encore le cautionnement, la garantie et le lettres de confort ou d'intention (*Patronatserklärungen*)[114].

Subsidiairement**, la responsabilité délictuelle** pourra le cas échéant être recherchée dans l'hypothèse où l'une des société membres interfère dans l'exécution du contrat conclu par une autre société du même groupe, causant ainsi un dommage au créancier.[115]

112 Exemple tiré de *BGHZ* 59, 67 ; *BGHZ* 89, 162.

113 La responsabilité contractuelle d'une partie à l'égard de l'autre partie pour les fautes commises par un tiers dont se sert la première partie pour remplir ses obligations découlant du contrat.

114 Sur ces trois derniers mécanismes en droit français et allemand, cf. *supra* n° 124 (droit allemand) et n° 126 (droit français).

115 Pensons alors, en droit français, à la responsabilité fondée sur l'article 1382 C. civ. pour les actions à l'encontre des autres sociétés du groupe qui viennent troubler le rapport contractuel.

398. Pour le conflit de lois, cela signifie que la protection des créanciers individuels passe non pas par la *lex societatis* mais par une application de la *lex contractus* dans la plupart des cas, parfois de la *lex delicti*.[116]

399. Hypothèse particulière – la *lex societatis* est « prise en compte ». Il est enfin imaginable que la société mère s'engage à l'égard d'un tiers à user de son pouvoir de direction à l'égard de la filiale pour inciter celle-ci à faire quelque chose, par exemple à vendre un bien lui appartenant.[117] De manière évidente, la responsabilité de la société mère à l'égard du tiers est de nature contractuelle. Il ne peut y avoir de doute. En revanche, il conviendra d'interroger la *lex societatis* de la filiale pour savoir si la société mère peut enjoindre à celle-ci d'agir de la sorte.[118] Il reste que la loi de la filiale n'intervient ici qu'à un niveau inférieur dans le raisonnement juridique. Elle intervient à titre subsidiaire, à titre de condition d'application de la règle de droit matériel considérée, certains diront à titre de *datum*[119] :

116 REHBINDER, *Konzernaußenrecht und allgemeines Privatrecht*, p. 123 et s. ; KOPPENSTEINER, *Colloque international*, p. 86 et 106 et s.

117 N'est pas en revanche imaginable que la société mère engage elle-même la filiale. Même le contrat de domination ne permet pas une telle représentation, cf. *supra* n° 41 *in fine*.

118 KOPPENSTEINER, *Colloque international*, p. 108 et s.

119 Selon cette théorie de *datum*, dans certains cas, la loi étrangère apparaîtrait comme un simple fait pour le juge du for, qui l'applique sans passer par un conflit de lois (JAYME, *Gedächtnisschrift Ehrenzweig*, 1976, p. 35 et s. ; MÜLBERT, *IPRax* 1986, 141 ; (sur les origines de la théorie chez CURRIE et EHRENZWEIG :) G. DANNEMANN, *FS Stoll*, 2001, p. 417 et s. ; BUREAU/MUIR WATT, n° 450 ; E. FOHRER, *La prise en considération des normes étrangères*, L.G.D.J., 2008).

Une secondre théorie, proche de celle de *datum*, est celle de « l'effet de condition d'application du droit étranger non applicable » de STOLL (« Lehre von der Tatbestandswirkung nicht anwendbaren Rechts »). Selon cette théorie, tandis que la loi applicable en vertu des règles de conflit impose ses conséquences juridiques, la loi simplement prise en compte ne produirait effet qu'à l'intérieur des conditions d'application de la règle de droit matériel du for. Le droit étranger serait pris en compte en raison de l'objectif sous-jacent de la règle de droit matériel du for qui exigerait de déterminer de manière autonome la signifation des notions juridiques employées par elle en présence de faits étrangers (STOLL, *FS Lipstein*, p. 260).

Ces théories sont discutées. Il a été démontré qu'en réalité, prendre en compte les préceptes d'une loi étrangère dans l'application d'une règle de droit matériel par le juge du for qui serait confronté à des faits dont un élément se serait déroulé ou aurait dû se dérouler sous l'empire de cette loi étrangère, relève de l'application normale, d'une « interprétation téléologique normale » de la règle du for (*MüKo-IPR (2006)*/SONNENBERGER, Einl. n° 621). Sur l'ensemble, cf. G. DANNEMANN, *Die ungewollte Diskriminierung in der internationalen Rechtsanwendung*, 2004, p. 83-121.

elle n'est que prise en compte pour analyser l'impossibilité ou non d'exécuter l'obligation contractuelle par la société mère.

Force est alors de constater qu'en matière de protection des créanciers individuels, ni les mécanismes du droit matériel, ni *a fortiori* le conflit de lois y afférant ne présentent aucune particularité par rapport au droit commun. Il ne sera donc pas utile d'approfondir davantage cette question par la suite.

Section 2 La responsabilité de la société mère à l'égard de l'ensemble des créanciers de la filiale

400. La question centrale soulevée par les relations externes du groupe est celle de savoir quelle loi doit régir la relation entre la société mère et les créanciers de la filiale, plus précisément les actions qu'engagent les créanciers à l'encontre de la société mère en vue d'obtenir paiement de leur créance lorsque leur débiteur – la filiale – n'est pas en mesure de faire face à ses engagements du fait de l'agissement nocif de la société mère. Pour mieux saisir la portée de la question, il est permis de débuter le raisonnement par quelques observations d'ordre général sur la loi applicable.[120]

401. Exclusion de la responsabilité de structure automatique. La catastrophe chimique de Bophal de 1984 en Inde, causée par la filiale d'un groupe de sociétés nord-américain, a fait un nombre de victimes allant, selon certaines estimations, jusqu'à un demi million de personnes. Le « dédommagement » payé au gouvernement de l'État indien fit l'objet de négociations entre le groupe et l'État indien et fut par conséquent totalement disproportionné face à l'ampleur des dégâts. Cette situation a suscité de vives réactions du monde juridique. On a notamment essayé de rechercher la responsabilité de la société mère par le biais d'une nouvelle figure de responsabilité internationale, la « *multinational enterprise liability* ». Elle jouerait, selon l'article II 2 b de la Résolution du 1er septembre 1995 de l'Institut de Droit International relative aux « obligations des entreprises multinationales et leurs sociétés membres »[121],

120 Cf. § 1.

121 À télécharger sur *http://www.idi-iil.org/idiF/resolutionsF/1995_lis_04_fr.PDF* (10/10/08).

> *« dans les circonstances, telles que des catastrophes, dans lesquelles les ressources de la société membre ou des sociétés membres directement impliquées apparaissent comme insuffisantes pour satisfaire complètement aux réclamations présentées ».*

Cette approche est certes séduisante pour combattre ce genre d'abus sur la scène internationale. Mais elle comporte un certain nombre d'inconvénients juridiques.

En effet, une telle responsabilité purement structurelle sans faute saperait les assises du privilège de responsabilité, autrement dit du principe de la séparation des patrimoines, de la personne morale et ouvrirait grand la porte à toutes sortes d'abus, sonnant sans doute à terme le glas de la limitation de responsabilité des sociétés. Celle-ci est pourtant nécessaire afin de garantir l'afflux de ressources sur le marché des capitaux.[122] Cela explique qu'une responsabilité directe à l'image du *Durchgriff*[123] doit rester exceptionnelle et strictement encadrée.[124] De plus, dans le cas contraire, les créanciers de la société mère se trouveraient désavantagés injustement puisque la mise en œuvre de la responsabilité amoindrirait le capital social de leur société qui est pourtant leur « gage ».[125] Tous ces inconvénients et le fait qu'aucun pays

122 HUECK/WINDBICHLER, § 4 n° 8.

123 Cf. *infra* n° 416 et s.

124 Une telle exception existe précisément en droit de l'environnement. La responsabilité directe de la société mère en cette matière n'est cependant pas engagée en raison de la seule structure du groupe mais en raison de la prise en considération du comportement de la société mère elle-même (sur ce point OEHLER, *ZIP* 1990, 1445 (1450 et s.) ; H. P. WESTERMANN, *ZHR* 155 (1991), 223 ; I. OSSENBÜHL, *Umweltgefährdungshaftung im Konzern*, 1999 ; S. WIMMER-LEONHARDT, *Konzernhaftungsrecht*, 2004, p. 12). Par ailleurs, il n'est qu'une seule législation à ce jour (à notre connsaissance) qui nomme expressément la responsabilité de la société mère en cette matière : Australie (Queensland), *Environmental Protection Act 1994* (Sec. 492, Subsec. 4 (a) (ii)), (à télécharger sur *http://www.legislation.qld.gov.au/LEGISLTN/CURRENT/E/EnvProtA94.pdf* (25/01/09)). Mais là aussi, cette responsabilité de la société mère reste strictement cantonnée à l'hypothèse environnementale et ne saurait être généralisée. Il faut en déduire que le fondement de cette responsabilité n'est pas de nature sociétaire. Elle suit, au contraire, une logique propre à la matière du droit de l'environnement. En droit français interne de l'environnement, la Cour de cassation vient de réaffirmer d'ailleurs qu'une société mère n'est pas tenue de financer sa filiale pour lui permettre de remplir ses obligations de remise en état d'un site pollué (Cass. com., 26 mars 2008, n° 07-11619).

125 *MüKo-IntWR(IntGesR)*/KINDLER, n° 815.

ne semble prévoir une responsabilité générale fondée sur la seule qualité de société mère d'un groupe international[126] conduisent à rejeter cette approche.

§ 1) Réflexion générale sur la loi applicable

Techniquement, il s'agit de savoir si, au sein d'un groupe international de sociétés, la protection des créanciers relève de la *lex societatis* de la filiale, de la *lex societatis* de la société mère, de la *lex contractus* ou encore de la *lex delicti*.

A. Lex contractus *et* lex delicti *?*

402. Nous avons déjà vu que la *lex conctractus* et la *lex delicti* s'appliquent en principe aux actions des créanciers individuels tels que nous les avons définis, c'est-à-dire ceux dont le souci ne provient pas du droit des sociétés mais d'un problème contractuel notamment.[127]

Pour l'ensemble des créanciers dont la protection constitue l'objet des présents développements, le danger est, au contaire, relatif à la limitation de responsabilité de la société débitrice.[128] Il s'agit là alors d'une question qui – instinctivement – semble plutôt devoir relever du droit des sociétés, soit de la *lex societatis*. Il est vrai qu'il existe des hypothèses particulières dans lesquelles l'application de la responsabilité délictuelle est pensable en ce domaine. Nous verrons cependant que ce ne sera pas la règle, ni même souhaitable.[129]

B. Lex societatis *: celle de la mère ou celle de la fille ?*

Plusieurs raisons permettent de penser que seule la *lex societatis* de la filiale doit recevoir compétence pour régir l'action engagée par (l'ensemble) des créanciers de la filiale à l'encontre de la société mère.

403. Cohérence du système de conflit. Si l'on raisonne d'abord sur la réglementation des groupes du droit allemand, force est de constater qu'elle vise expressément la protection des créanciers de la filiale. En effet, la protection des créanciers est l'un des enjeux, historiquement même la

126 Cela ressort d'un rapport publié par l'OCDE : OECD Responsability of Parent Companies for their Subsidiaries, 1980. Confirmation par LUTTER, *ZGR* 1987, 324 (325).

127 Cf. *supra* n° 396.

128 Cf. *supra* n° 395.

129 Cf. *infra* n° 416 et s.

raison d'être même du *Konzernrecht*.[130] Cette protection met en œuvre soit des moyens directs (tels la mise à disposition de sûretés du § 303 AktG[131]), soit des moyens indirects (tels l'obligation de la société mère de compenser, selon les cas, les pertes ou inconvénients subis par la filiale[132]). Du moins ces moyens indirects, dès lors qu'ils visent à protéger la société filiale ou ses associés, sont régis par la loi de la filiale, par sa *lex societatis*.[133] Il serait par conséquent méthodologiquement douteux de faire régir ces mêmes moyens par une autre loi (*lex societatis* de la mère ou *lex delicti*, *lex contractus*) lorsqu'ils visent la protection des créanciers.

404. Respect du domaine arrêté de la *lex societatis*. En outre, l'application de la loi de la filiale est conforme à nos résultats quant au domaine de la *lex societatis*. Entrent dans ce domaine, avons-nous dit, les relations de la société, de ses dirigeants et associés à l'égard de tiers.[134] Comme la société mère est en règle générale un associé de la filiale, il est alors logique que sa responsabilité à l'égard des créanciers de la filiale soit régie par la *lex societatis* de celle-ci.[135]

405. Danger identique – loi identique. D'autres raisons viennent conforter cette solution. Pour les créanciers, le danger accru de la défaillance de leur débiteur – la filiale – est en effet strictement identique, que le groupe de sociétés soit international ou non.[136] De sorte qu'il serait artificiel de faire dépendre la situation des créanciers de la présence ou non d'un caractère international du groupe et de soumettre la protection des créanciers tantôt à la loi de la filiale, tantôt à celle de la société mère.[137] En outre, l'objectif de la règle matérielle de la loi de la filiale est le même dans les deux cas : celui de la protection des créanciers de la société soumise à ses prescriptions. L'appliquer signifie par conséquent respecter la volonté du législateur.[138]

130 EMMERICH/HABERSACK, § 1 III 3 a et § 20 I 1.
131 Cf. *infra* n° 409.
132 Cf. *supra* n° 362 et s.
133 *Ibid.*
134 Cf. *supra* n° 232.
135 La responsabilité des actionnaires à l'égard des tiers est en principe régie par la *lex societatis* (*MüKo-IntWR(IntGesR)*/KINDLER, n° 605 et s. Sur cette question, cf. également les développements relatifs au *Durchgriff supra* n° 416 et s.
136 LUCHTERHANDT, *Deutsches Konzernrecht bei grenzüberschreitenden Konzernverbindungen*, p. 102.
137 KOPPENSTEINER, *Colloque international*, p. 88.
138 LUCHTERHANDT, *ibid.*, p. 103.

406. Protection de la confiance légitime des créanciers. La plupart des créanciers de la filiale auront librement choisi de contracter avec cette filiale. Ils y ont peut-être été incités par sa bonne réputation ou son chiffre d'affaires. Ce qui ne fait cependant aucun doute, c'est qu'ils ont agi en connaissance des règles relatives au maintien du capital social de cette société. Ce point est crucial pour eux car, en dehors des aléas commerciaux, c'est avant tout la constitution financière de leur débiteur et son maintien qui déterminent s'ils peuvent se faire payer leur créances ou non. Plus particulièrement, dans le cas d'un débiteur société allemande, il ne semble pas erroné de penser que les créanciers ont pu croire que le *Konzernrecht* allemand s'appliquerait à leur débiteur, aussi bien avant qu'après la perte de l'indépendance de celui-ci, et ainsi à eux-mêmes. Soumettre leur protection à une autre loi serait par conséquent déjouer leur « attente légitime »[139]. C'est sous cet angle qu'il est permis de dire que le « statut interne de la société intéresse autant les tiers que ses membres »[140].

407. Absence de préjudice pour la société mère du fait de l'application de la loi de la filiale. La protection de la confiance des créanciers par l'application de la loi de la filiale est d'autant plus justifiée que la société mère ne subit aucun préjudice de ce fait. Elle a en effet choisi de s'immiscer dans les affaires de la société alors devenue sa filiale et s'attend par conséquent à ce que les règles locales s'appliquent.[141]

408. Sources de l'obligation de la société mère. Enfin, il convient de rechercher les raisons pratiques pour lesquelles la société mère serait tenue de payer les créances de sa filiale. Il y en a deux sortes. Tantôt la société mère est tenue responsable en raison des conséquences de sa domination nocive sur la filiale et ainsi, indirectement, sur les créanciers de celle-ci. Le droit allemand des groupes prévoit de telles hypothèses.[142] Tantôt elle sera responsable sur le fondement du droit commun des sociétés pour avoir violé des principes fondamentaux de celui-ci au détriment de la filiale.[143] Que ce soit une loi spéciale (la partie spéciale de l'AktG relative au droit des groupes) ou une loi générale (le droit français et allemand des sociétés) qui a

139 Sur cette notion, cf. F. DUPUY, *La protection de l'attente légitime des parties au contrat*, thèse Paris II – HU Berlin, 2007.

140 H. SYNVET, *L'organisation juridique du groupe international de sociétés*, t. 1., p. 420.

141 En ce sens : BÄR, *Colloque international*, p. 112.

142 Cf. *infra* n° 409 et s.

143 Cf. *infra* n° 411.

été violée par la société mère ne doit pas conduire à un résultat différent. Il est en effet de principe qu'une loi qui a été violée doit également régir les sanctions de cette violation. Puisque dans tous les cas, c'est la loi de la filiale qui a été violée, c'est elle qui doit en principe régir les actions en responsabilité des créanciers de la filiale à l'encontre de la société mère.

Il convient maintenant de vérifier la pertinence de ces réflexions en les confrontant à la pratique juridique française et allemande. Le droit français et le droit allemand connaissent une responsabilité de la société mère à l'égard des créanciers de la filiale fondée sur une violation des principes fondamentaux du droit des sociétés. Le droit allemand des groupes y ajoute une responsabilité spécifique.

§ 2) La responsabilité spécifique de la société mère et de ses dirigeants en droit allemand des groupes

En droit allemand, à la fin d'un contrat interentreprises, les créanciers de la filiale sont protégés spécifiquement contre le risque d'insolvabilité de leur débiteur par le biais de sûretés. Si cette mesure est infructueuse dans le groupe de droit[144] et d'une manière générale dans le groupe de fait, les créanciers ont la possibilité d'actionner directement la société mère et ses dirigeants.

A. La mise à disposition obligatoire de sûretés au profit des créanciers de la filiale

409. Au titre du § 303 AktG, au moment de la cessation du contrat de domination ou de transfert de bénéfices, la société dominante doit constituer des sûretés au profit des créanciers de la filiale.[145] Cette disposition s'applique à la AG et à la *GmbH*[146] dépendantes. Le mécanisme fait partie du dispositif allemand obligatoire des contrats de domination.

Le § 303 AktG ajoute un volet protecteur des créanciers à la disposition du § 302 AktG relatif à l'obligation de la société mère de compenser les pertes subies par la filiale[147]. Le but recherché par le § 302, soit la protection du capital social de la filiale au bénéfice des créanciers, est ainsi prolongé

144 Tel peut être le cas si un créancier s'est manifesté hors délai de déclaration des créances.

145 Pour le droit matériel, Cf. *supra* n° 49.

146 De manière analogue concernant la GmbH.

147 Pour le régime international du § 302 AktG, cf. *supra* n° 362.

au-delà du terme du contrat interentreprises.[148] Dans le cadre de la qualification du mécanisme du § 303, cet aspect doit être pris en compte. De sorte qu'il apparaît que les mêmes particularités sociétaires que celles de l'obligation de compensation des pertes sont présentes ici. Dès lors, une qualification sociétaire s'impose.[149]

B. La demande directe de remboursement des créances

410. En vertu du § 309 al. 4 phr. 3 AktG, dès lors que la société mère d'un groupe contractuel n'exécute pas ses obligations découlant du contrat interentreprises et que les créanciers ne peuvent obtenir satisfaction de leur débiteur société filiale, ceux-ci peuvent mettre en œuvre l'action en responsabilité à l'encontre de la société mère et ses dirigeants, action qui appartient en principe à la société dépendante, tout en demandant que les dommages-intérêts leur soient versés directement.[150] Il en va de même dans un groupe de fait dès lors que la société mère ne compense pas les inconvénients de la filiale, le § 317 al. 4 renvoyant au § 309 al. 4 phr. 3 AktG.[151]

Ces droits sont régis par la *lex societatis* de la filiale allemande et ce, pour plusieurs raisons. Concernant tout d'abord le groupe de droit, nous savons que le régime des contrats interentreprises doit être puisé dans la loi allemande dès lors que la société dominée est allemande.[152] Ensuite, que ce soit en matière de groupe de fait ou de droit, les créanciers ne font que réaliser les droits de la société filiale, autrement dit l'action de la filiale des §§ 309 et 317 AktG. Ils disposent simplement du choix de demander que les dommages-intérêts soient versés à leur débiteur, la société filiale, ou bien que les dommages-intérêts leur soient versés directement.[153] Comme les actions sociales des §§ 309 et 317 AktG sont soumises à la loi de la filiale[154], il ne saurait en aller différemment en ce qui concerne l'hypothèse dans laquelle ces mêmes actions sont intentées par les créanciers.

148 EMMERICH/HABERSACK, § 302 n° 4.

149 Dans le même sens : KOPPENSTEINER, *Internationale Unternehmen im deutschen Gesellschaftsrecht*, p. 310 ; WILLEMER, *Vis attractiva concursus und die Europäische Insolvenzordnung*, p. 245 et s.

150 Pour plus de détails en droit matériel, cf. *supra* n° 120.

151 Cf. *supra* n° 121.

152 Cf. *supra* n° 312 et s.

153 HÜFFER, § 309 n° 23. La première branche de l'alternative constituant sans doute une issue fort théorique.

154 Cf. *supra* n° 364 et s.

§ 3) La responsabilité de la société mère à l'égard des créanciers fondée sur la violation de principes fondamentaux du droit des sociétés

411. Outre les mécanismes spécifiques de protection des créanciers du droit allemand que l'on vient de voir, il existe en droit commun des sociétés français et allemand des figures juridiques sanctionnant la violation par la société mère de principes fondamentaux du droit des sociétés de la filiale dont l'objectif est de la même manière la protection des créanciers. Il s'agit des hypothèses, en réalité assez proches, de confusion de patrimoines et de fictivité de la société *in bonis* du droit français (C) ainsi que du *Haftungsdurchgriff* du droit allemand (B). Leur appréciation et leur qualification en droit des conflits est particulièrement difficile puisque ces mécanismes se trouvent souvent, dans les droits internes, à mi-chemin entre le droit de la responsabilité délictuelle et le droit des sociétés.

En revanche, une hypothèse de mise en cause de la responsabilité de la société mère par les créanciers de la filiale ne pose ce problème de qualification qu'en apparence (A), d'où le besoin de la démasquer.

A. La responsabilité de la société mère à l'égard des créanciers en droit français (art. L. 225-251 C. com.)

412. La responsabilité de la société mère peut être recherchée par les tiers – les créanciers de la filiale – dès lors que la société mère est dirigeant de droit de celle-ci en vertu de l'article L. 225-251 C. com., a-t-on dit.[155]

L'on pourrait d'emblée exclure cette hypothèse de notre étude pour une première raison. Elle est relative à l'importance de l'action en pratique. Nous savons que pour qu'un créancier puisse mettre en œuvre une action en responsabilité à l'encontre du dirigeant (c'est-à-dire la société mère) sur le fondement de l'article L. 225-251 C. com., une faute séparable des fonctions doit être prouvée. Le constat que cette faute n'est quasiment jamais retenue par les tribunaux en pratique[156] incite *a priori* à ne pas examiner de manière détaillée cette hypothèse en droit des conflits. Toutefois, le sujet de la responsabilité des dirigeants à l'égard des tiers suscitant un intérêt grandissant de nos jours[157], il nous semble nécessaire de prendre brièvement

155 Cf. *supra* n° 130.

156 *Ibid.*

157 Sur ce débat, cf. D. Cohen, *Rev. crit. DIP* 2003, 585 et s.

position d'autant que cela nous amènera à une deuxième raison d'exclusion. De plus, ce débat ne sera pas inutile pour les développements ultérieurs.

1. Quelques idées sur la loi applicable à la responsabilité des organes sociaux à l'égard des tiers

413. L'on hésite généralement à soumettre la responsabilité des dirigeants à l'égard des tiers soit à la *lex societatis*, soit à la *lex loci delicti*.[158] De deux choses, l'une. S'agissant de la responsabilité des dirigeants de l'art. L. 225-251 C. com. à l'égard de la société qu'ils dirigent, il est acquis qu'elle doit être soumise à la *lex societatis*.[159] S'agissant de la même personne du responsable, des mêmes devoirs qui lui incombent et d'une même action, il serait logique ensuite de conférer la même qualification sociétaire à cette action dès lors qu'un créancier de la société l'intente qui aurait personnellement subi un préjudice. La qualification sociétaire est en effet préférable à plusieurs égards. En premier lieu, s'il s'agit d'un devoir de nature sociétaire que le dirigeant viole lorsqu'il cause le préjudice au tiers, une sanction de nature sociétaire s'impose. En deuxième lieu, les tiers ne sont pas entièrement étrangers à la société car ils peuvent être contractants ou obligataires.[160] En troisième lieu, le dirigeant est un organe de la société et se rend responsable en tant que tel. Seul le statut de l'entité pour laquelle il œuvre, soit le droit des sociétés, doit alors définir les sanctions qu'il encourt en tant qu'organe social. Tout cela est vrai en général.

2. Cas de l'action fondée sur l'art. L. 225-251 C. com.

Seulement, cela n'est justement pas vrai en ce qui concerne l'action des tiers fondées sur l'art. L. 225-251 C. com. Le développement à suivre vaudront, bien sûr, également pour la SARL, art. L. 223-22 C. com.

414. Analyse de droit matériel. Il en va différemment en effet puisque la jurisprudence exige pour la mise en œuvre de cette action que les dirigeants aient commis une faute détachable de leurs fonctions et incompatible avec l'exercice normal de celles-ci en raison du caractère intentionnel et particulièrement grave de la faute.[161]

158 *Ibid.*, p. 601 et s.

159 *Ibid.*, p. 602. cf. également *supra* n° 370 ainsi que les références citées à cet endroit.

160 COHEN, *Rev. crit. DIP* 2003, 602.

161 Cf. *supra* n° 130.

En réalité, cette condition supplémentaire change la nature de l'action et la déplace dans un autre domaine. En effet, la personne n'est plus responsable « en tant que dirigeant » puisqu'elle n'était pas dans ses « fonctions » en commettant la faute. Autrement dit, elle n'agissait pas en tant qu'organe social. De plus, le fait dommageable était « détachable des fonctions » et n'entretenait donc, en d'autres termes, aucun rapport avec les devoirs sociétaires. On assiste là à une disqualification complète de cette action. Ce qui reste, c'est une action en responsabilité de nature délictuelle fondée sur l'art. 1382 C. civ.[162]

À dire vrai, cela ne saurait surprendre. Serait-il normal en effet que, comme voudrait le faire croire l'énoncé de l'article L. 225-251 C. com., un simple tiers puisse invoquer la violation des statuts ou une faute de gestion commises par le dirigeant, n'intéressant par hypothèse que la sphère interne de la société laquelle est régie par le seul droit des sociétés et, subsidiairement, par les statuts ? Si le tiers veut engager la responsabilité du dirigeant pour un fait en dehors des devoirs sociétaires, ce n'est pas sur un fondement sociétaire mais sur un fondement délictuel qu'il peut le faire, en prouvant donc non pas une violation du droit des sociétés ou des statuts mais une faute délictuelle.

415. La conséquence pour le **conflit de lois** est évidente. Ne s'agissant ni d'un devoir sociétaire, ni d'un principe du droit des sociétés, ni même d'un organe de la société au sens propre, le domaine d'application de la *lex societatis* n'est pas ouvert. Le fonctionnement interne n'est pas concerné. En un mot : l'action ne saurait être qualifiée de sociétaire mais de... délictuelle.[163] Par voie de conséquence, la *lex loci delicti* trouve application ici selon les principes connus. Nous voilà arrivés à la deuxième raison d'exclusion.

B. Le Haftungsdurchgriff *pour confusion de patrimoines du droit allemand*

416. Avertissement. Cette responsabilité des associés pour les obligations de la société à l'égard des tiers n'est pas spécifique aux groupes. Elle n'est pas davantage une responsabilité d'ordre général mais constitue, au contraire, une exception strictement encadrée au principe de la séparation des patrimoines de l'associé et de la société nécessitant une motivation spéciale.[164] Historiquement, cette forme de responsabilité directe des associés

162 *JurisClasseur Commercial*, Fasc. 1377, n° 74.
163 *Contra* : COHEN, *Rev. crit. DIP* 2003, 603.
164 Cf. *supra* n° 123.

provient de la réception de la théorie US-américaine du *disregard of legal entity* qui prévoit la sanction de la percée ou levée du voile de la société (*piercing/lifting the corporate veil*).[165] La doctrine allemande énumère plusieurs hypothèses de *Durchgriff*.[166, 167] Dans l'immédiat, seule la *Vermögens- oder Sphärenvermischung*, soit la confusion des patrimoines, nous intéresse.[168]

1. *Aperçu du droit matériel*

417. Lorsque la société et son associé (ici : la filiale et son associé – la société mère) ne distinguent pas proprement leurs livres, comptes, factures etc., l'on aboutit à un mélange des positions dans les comptes et finalement à des bilans « intransparents ».[169] La distinction stricte des patrimoines est pourtant d'importance parce qu'elle s'inscrit dans l'objectif de protection et de maintien du capital social. Elle constitue ainsi la *conditio sine qua non* de la reconnaissance de la responsabilité limitée à la société.[170] Aussi, dès lors qu'il est impossible de savoir si un élément d'actifs appartient au patrimoine de la société ou à celui de l'associé, le contrôle des comptes devient impos-

165 BEHRENS, *RabelsZ* 1982, 308 (312 et s.).

166 Les auteurs (en lieu et place de tous : HUECK/WINDBICHLER, § 36 n° 34 et s.) distinguent trois hypothèses dans lesquelles joue la responsabilité directe des associés à l'égard des tiers : la confusion de patrimoines (*Vermögens- oder Sphärenvermischung*), la sous-capitalisation matérielle (fait de ne pas doter la société de suffisamment de moyens pour remplir l'objet social), la *Existenzvernichtungshaftung* (responsabilité pour mise en cause de l'existence de la société).

167 Ajoutons pour information que ces différentes hypothèses de *Durchgriff* forment, en droit allemand, une catégorie de *Durchgriff* parmi d'autres. La figure classique est celle qui est étudiée ici : le *direkter Durchgriff*, soit la responsabilité directe de l'associé à l'égard des tiers pour les obligations ou dette de la société. Il existe en revanche une seconde catégorie appelée *umgekehrter Durchgriff* (responsabilité directe inversée) au profit des associés à qui on reconnaît le droit de faire valoir, à l'égard des tiers, un préjudice subi par la société en leur nom propre (*BGHZ* 61, 380 = *NJW* 1974, 134).

168 Cela est d'autant plus vrai que la sous-capitalisation matérielle n'a jamais été entièrement reconnue comme hypothèse de *Durchgriff* en jurisprudence. La doctrine majoritaire n'y voit plus un cas de *Durchgriff* aujourd'hui (HUECK/WINDBICHLER, § 36 n° 35 ; K. SCHMIDT, *GesR*, § 9 IV 4, § 37 III 7). L'*Existenzvernichtungshaftung* quant à elle ne peut plus être considérée comme une hypothèse de *Durchgriff* depuis un revirement de jurisprudence puisqu'elle ne profite plus aux tiers depuis 2007. Elle fera d'ailleurs l'objet de développements distincts, cf. *infra* n° 550 et s. Aujourd'hui, l'on peut donc dire que la confusion de patrimoines est le seul cas de *Druchgriff* (dans le même sens : BAIERLIPP, *Die Haftung der Muttergesellschaft eines multinationalen Konzerns*, p. 102).

169 HUECK/WINDBICHLER, § 34 n° 35.

170 BGH *BB* 1985, 77.

sible et *ipso facto* sans objet de sorte qu'il y a confusion de patrimoines.[171] Pratiquement, il est envisageable qu'un associé use de son influence au sein de la société pour faire pression sur la direction afin que celle-ci lui accorde des avantages prélevés sur le capital social[172], hypothèse qui rejoint l'hypothèse du groupe. La conséquence juridique d'une telle confusion est la responsabilité directe et personnelle de l'associé, solidairement avec la société, à l'égard des créanciers de la société pour les engagements contractés.[173]

En matière de groupes[174], il s'agit concrètement de rechercher la responsabilité de la société mère – supposée plus solvable que la filiale – à l'égard des créanciers de celle-ci pour un comportement ayant violé le principe de la séparations des patrimoines en la personne de la société filiale. Il s'agit, en d'autres termes, de la responsabilité de la société mère en tant qu'associé de la filiale.

2. Le conflit de lois

418. La confusion de patrimoines est souvent constatée à l'occasion de soucis plus importants : couramment, c'est lorsque la société rencontre des difficultés financières que ses créanciers recherchent des responsables qui « ont abusé de la société » « la rendant insolvable ». On le voit, l'hypothèse est à distance égale entre le droit des sociétés et le droit de la responsabilité délictuelle, voire même le droit de l'insolvabilité. Cela explique sans doute le grand nombre de propositions de catégorisation et de qualification du *Durchgriff* par les auteurs qu'il est cependant inutile de retracer *in toto.* Il en existe en effet une bonne vingtaine.[175] Il faut cependant savoir que la plupart des auteurs s'intéressent au phénomène du *Durchgriff* d'une manière générale. Ils intègrent ainsi dans leur réflexion des hypothèses que nous avons eu de

171 *MüKo-AktG*/HEIDER, § 1 n° 70 et s. ; WIEDEMANN, *GesR*, t. 1, § 4 III 1 a (p. 224).

172 *MüKo-AktG*/HEIDER, § 1 n° 72. *BGHZ* 125, 366 = *NJW* 1994, 1801 : La Cour ne retient cependant pas la responsabilité de l'associé faute de connaissance des agissements et d'exercice d'influence de sa part. BGH *NJW* 1985, 740 évoque la possibilité du *Durchgriff* mais le rejette au final, toutes les conditions n'ayant pas été remplies.

173 *MüKo-AktG*/HEIDER, § 1 n° 62.

174 Notons que la doctrine s'interroge pour savoir s'il reste un champ d'application pour le *Durchgriff* à côté de la réglementation des groupes de l'*Aktiengesetz* (*contra* HÜFFER, § 1 n° 21 ; sans réponse définitive *MüKo-AktG*/HEIDER, § 1 n° 62 et s.).

175 Cf. BAIERLIPP, *Die Haftung der Muttergesellschaft eines multinationalen Konzerns,* p. 138-175.

bonnes raisons d'exclure[176] de ces développements qui sont consacrés à la seule confusion de patrimoines.

a) Le principe

419. Analyse du mécanisme. Pour qualifier la responsabilité spéciale du *Durchgriff* pour confusion de patrimoines, il faut d'abord se demander en quoi consiste cette méthode. Elle s'applique au profit de l'ensemble des créanciers[177] – ceux qui souffrent particulièrement de la limitation de responsabilité au capital social de leur société débitrice en situation de dépendance. L'appliquer signifie justement ignorer le principe de la séparation des patrimoines, la personnalité juridique de la société ainsi que le principe de la responsabilité limitée des associés à la hauteur de leurs engagements puisque le créancier pourra obtenir satisfaction de la dette dont était débitrice la société (filiale) auprès de l'un de ses associés (la société mère). Or, la question de la personnalité juridique et celle de la portée du principe de la séparation des patrimoines d'une société relèvent indubitablement de l'ordre juridique qui les a prévus et qui y attache certaines conditions, soit de la *lex societatis*. *A fortiori,* lorsqu'est en cause la sanction du non-respect de ce principe consistant en la suppression du privilège de responsabilité des associés, il ne saurait en aller autrement. La sanction – le *Durchgriff* – doit être régie par la seule *lex societatis*.[178]

420. Complémentarité du *Durchgriff* par rapport aux règles de maintien du capital social. Une autre raison permet de se convaincre du bien-fondé de cette appréciation. En effet, une règle de conflit de lois (ici :

176 Telles que la sous-capitalisation, l'*Existenzvernichtungshaftung* mais aussi la responsabilité directe à l'égard des créanciers que nous avons qualifiés d'individuels parce qu'ils ne rencontrent pas le problème relatif à la séparation des patrimoines de la personne morale. Selon nous, les deux premières hypothèses ne sont pas des *Durchgriff*. Quant à la dernière, elle se résoud à l'aide de la *lex societatis* et de la *lex loci delicti* comme nous l'avons indiqué (cf. *supra* n° 396 et s.).

177 Sur cette notion fondamentale, l'on se reportera aux développements antérieurs (*supra* n° 394 et s.).

178 Du même avis : STAUDINGER-*IntGes*R/VON HOFFMANN, Art. 38 EGBGB, n° 226 ; MICHALSKI/LEIBLE, *GmbHG*, Syst. Darstellung 2, n° 112 ; KOPPENSTEINER, *Colloque international*, p. 98 et s. ; *MüKo-IntWR(IntGesR)*/KINDLER, n° 610. Il faut cependant ajouter que, pour ce dernier auteur, le rattachement de principe est toujours le siège réel de sorte que toute société (même étrangère) ayant son siège réel se verrait appliquer, y compris en ce qui concerne le *Durchgriff*, la loi allemande. C'est cependant une appréciation erronée du droit positif (cf. *supra* n° 205).

celle soumettant l'ensemble des questions de droit relatives à une société à une loi unique, la *lex societatis*) a pour but de garantir l'application cohérente, à une situation de fait, des règles matérielles qui, fonctionnellement, forment un ensemble, c'est-à-dire celles qui entretiennent des « rapports de connexité ou de complémentarité rendant inopportune leur soumission à des lois multiples »[179]. Les liens qui sont en cause présentement sont ceux tissés entre la règle du *Durchgriff* pour confusion de patrimoines, d'une part, et les règles relatives au maintien du capital social, d'autre part. Car dès lors que les patrimoines sont confondus, il n'est plus possible de contrôler que tels éléments d'actifs appartiennent à telle personne de sorte que les règles relatives au maintien du capital social sont *de facto* privées d'effet. Autrement dit encore, les règles relatives au maintien du capital social ne peuvent atteindre leur but que si le *Durchgriff* pour confusion de patrimoines remplit son rôle de garde-fou. Ce but de la protection de la société et des créanciers est ainsi assuré par le *Durchgriff* dès lors qu'une situation se présente dans laquelle les patrimoines seraient confondus. De sorte que le *Durchgriff* pour confusion de patrimoines complète utilement les dispositions relatives au maintien du capital social. Plus encore, toutes ces règles expriment des intérêts qui forment un ensemble lequel doit être soumis au même ordre juridique : la *lex societatis*.[180]

421. Qualité de la personne dont la responsabilité est visée. Un argument supplémentaire milite en faveur d'une qualification de *lex societatis*. En droit de la responsabilité civile, tout un chacun peut en principe voir sa responsabilité engagée. Or, il en va différemment ici : la responsabilité du *Durchgriff* est intimement liée à la position sociétaire qu'occupe l'associé, à sa fonction.[181] C'est parce qu'il est associé que le devoir lui incombe de veiller à la bonne séparation des patrimoines.

422. Généralisation. Une conséquence importante en découlant doit être signalée. Il importe peu, en réalité, par quel mécanisme une réglementation aboutit, le cas échéant, à mettre en jeu la responsabilité directe des associés. Ce mécanisme peut être le *Durchgriff* du droit allemand mais aussi

179 Formule empruntée à BUREAU/MUIR WATT, n° 382.

180 En ce sens également : STAUDINGER-*IntGes*R/VON HOFFMANN, Art. 38 EGBGB, n° 226 ; W. REDER, *Eigenhaftung vertragsfremder Dritter im internationalen Privatrecht*, Konstanz 1978, p. 250 ; K. GRABINSKI, *Die kollisionsrechtliche Behandlung des Durchgriffs*, Frankfurt a.M. 1991, p. 228.

181 EIDENMÜLLER, *RabelsZ* 2006, 474 (488).

toute autre figure de responsabilité directe. Dès lors que ce mécanisme vise la suppression de la séparation des patrimoines en raison d'un acte qui aurait violé ce principe ou, plus généralement, la sanction d'une violation d'une règle de fonctionnement de la société, il doit être qualifié fonctionnellement comme appartenant à la catégorie du droit des sociétés.[182] Pour cette hypothèse, seule la loi de la société doit s'appliquer. Ce résultat s'impose avec d'autant plus de force qu'il n'y pas d'alternative.

423. Caractère inapproprié d'une qualification autre que sociétaire. L'on pourrait songer à soumettre la question de la responsabilité des associés pour confusion de patrimoines à l'égard des tiers à la *lex loci delicti*[183], la *lex causae*[184] ou même la loi la plus favorable au créancier[185]. En plus des indicateurs que nous venons de relever désignant plutôt une qualification sociétaire, d'autres raisons s'opposent cependant à une qualification différente. Il faut en effet remarquer que les qualifications proposées ici mèneraient à des résultats fort indésirables. En effet, de tels rattachements mettraient en cause l'intérêt des créanciers de la société de bénéficier d'un traitement égal et de même niveau. Il ne peut ainsi dépendre du pays de l'engagement de l'action en responsabilité que les créanciers obtiennent gain de cause ou non. Seule une qualification sociétaire unique et indépendante du juge saisi garantit un tel traitement égalitaire. En outre, le rattachement de la *lex societatis* confère une certaine sécurité juridique à la vie des affaires de la société elle-même. Il ne serait pas en effet acceptable que les associés et organes d'une société qui agit internationalement sur le territoire de plusieurs États soient tantôt soumis à une responsabilité personnelle, tantôt non. Cet aléa nuirait de manière importante à l'activité économique.[186]

182 Du même avis : BAIERLIPP, *Die Haftung der Muttergesellschaft eines multinationalen Konzerns*, p. 184 et s.

183 SCHOLZ/WESTERMANN, *GmbHG* Einl., n° 108 conçoit une telle qualification dans d'autres ordres juridiques que l'Allemagne.

184 H. BERNSTEIN, *FS Zweigert*, 1981, p. 37 (57) : La *lex causae* (*Wirkungsstatut*) étant selon les hypothèses la *lex contractus*, la *lex loci delicti*, la *lex societatis*.

185 Solution de G. GRASMANN, *System des internationalen Gesellschaftsrechts*, Berlin 1970, p. 472 : « *La protection de la confiance du public et les intérêts généraux exigent que soit toujours appliquée la loi la plus favorable aux tiers, à moins que la société puisse prouver que le tiers en cause n'a pas pu se fier à l'applicabilité de l'une des lois.* » (notre traduction).

186 *MüKo-IntWR(IntGesR)*/KINDLER, n° 612 ; SPAHLINGER/WEGEN, n° 324.

Enfin, une application systématique des dispositions du for à titre de de *lex fori*[187] ou de lois de police serait de surcroît non seulement difficile à concilier avec le principe de l'harmonie internationale des solutions[188] mais surtout contraire au droit communautaire en l'état actuel du droit positif.[189]

424. Exemple d'une bonne opération de qualification. M. BEHRENS[190] constate en 1982 qu'il n'y a pas à proprement parler en droit matériel de responsabilité fondée sur l'idée de *Durchgriff*. Il s'agirait, au contraire, en ce qui concerne les créanciers individuels, de l'application de la responsabilité délictuelle fondée sur le § 826 BGB (atteinte contraire aux bonnes mœurs). Seulement, l'objet protégé par le § 826 BGB ne peut pas être le patrimoine des créanciers, le patrimoine en général n'étant pas protégé en droit allemand. Ce que le § 823 BGB est seul apte à protéger, c'est le capital de la société. C'est alors que l'auteur constate à juste titre que cette protection rejoint la protection de la société assurée par le droit des sociétés.[191]

Concernant le droit international privé maintenant, il est possible d'en déduire, sur la base de la méthode de qualification fonctionnelle, que la réglementation du § 826 BGB, dès lors qu'il s'applique à la question de droit relative à la responsabilité directe de l'associé à l'égard des créanciers de la société, doit être qualifié comme appartenant à la catégorie de rattachement sociétaire. C'est d'ailleurs la solution à laquelle parvient cet auteur : dès lors que l'ensemble des créanciers est concerné – ce qui est forcément le cas dans l'hypothèse d'une confusion de patrimoines[192] – , la responsabilité fondée sur des considérations de *Durchgriff* doit être attribuée à la catégorie sociétaire.[193]

187 Favorisent cette solution : A. A. EHRENZWEIG, *Private International Law*, t. 1, 2e éd., Leyen, 1972, p. 77 et s. ; K. TEIPEL, *Die Bedeutung der lex fori für die Anknüpfung des Haftungsdurchgriffs*, 1995, p. 97 et s. Ces auteurs ont été critiqués à juste titre par *MüKo-IntWR(IntGesR)*/KINDLER, n° 612 parce qu'ils partent du principe (erroné) que le *Durchgriff* du droit allemand fait partie intégrante de l'ordre public de l'art. 6 EGBGB.

188 W. KUCKERTZ, *Der Haftungsdurchgriff auf ausländische Unternehmen und Geschäftsleiter nach französischem Recht*, p. 107.

189 Cf. *supra* n° 205 ; EIDENMÜLLER/EIDENMÜLLER, *Ausländische Kapitalgesellschaften*, § 4 n° 23 et s. (même appréciation).

190 BEHRENS, *RabelsZ* 46 (1982), 308-356.

191 *Ibid.*, p. 343.

192 *Ibid.*, p. 345 *in fine*.

193 *Ibid.*, p. 345.

425. *Lex societatis* de la filiale. Enfin, puisque cette responsabilité frappe la société mère en tant qu'associé de la filiale, il est normal que ce soit la *lex societatis* de cette société, la filiale, qui reçoive compétence – et non celle de la société mère.[194]

Notons que la solution préconisée ici est d'ailleurs conforme aux vues exprimées par le Conseil allemand pour le droit international privé[195] et au projet de loi relatif au droit international privé des sociétés du gouvernement allemand.[196]

b) L'exception et son remède

426. Certains auteurs évoquent la possibilité qu'une **responsabilité délictuelle** puisse éventuellement être retenue par le juge du for saisi pour fonder le *Haftungsdurchgriff*. Il est en effet imaginable, d'un point de vue allemand, qu'un juge retienne la responsabilité de l'associé – la société mère – pour confusion de patrimoines sur un fondement délictuel.[197] Encore que, comme nous venons de le voir, une qualification fonctionnelle exacte aurait sans doute permis de constater que la responsabilité relève du domaine sociétaire.[198] Aussi, il faut voir dans les développements qui vont suivre la recherche d'un remède curatif à une qualification initiale inexacte.

194 *Contra* seulement : C. SCHMIDT, *Der Haftungsdurchgriff und seine Umkehrung im internationalen Privatrecht*, Tübingen, 1993, p. 175 et s. qui voudrait soumettre la question à la *lex societatis* de la société dominante. Elle part de l'analyse erronée que dans le cas du *Durchgriff* serait en cause la responsabilité de la société mère sans égard à son rôle dans la filiale. La filiale ne serait pas concernée, selon elle. L'approche est fausse et, de surcroît, incohérente parce que l'auteur retient naturellement la compétence de la *lex societatis* de la société dont le patrimoine serait confondu lorsque la société ne fait pas partie d'un groupe. Or, elle n'explique pas ce qui distingue l'hypothèse d'une société seule de celle d'une société membre d'un groupe. Au final, elle souhaite une application simultanée des règles de la filiale relatives au maintien du capital social et des règles de la société mère relatives à la responsabilité directe (*Durchgriff*). Aussi, son approche a été vivement critiquée par l'ensemble de la doctrine allemande (en guise de tous, voir SOERGEL/LÜDERITZ, *EGBGB* (1996), Art. 10 Anh. n° 61, note de bas de page n° 26).

195 *Rev. crit. DIP* 2006, 712 (726 et s.).

196 Cf. *http://www.bmj.bund.de/enid/Gesellschaftsrecht/Internationales_Gesellschaftsrecht_1fi.html* (17/10/2008), p. 12.

197 Par exemple : § 826 BGB (atteinte contraire aux bonnes moeurs) ou § 823 al. 2 BGB (violation d'une loi de protection). En ce sens : BEHRENS, *RabelsZ* 1982, 308 (343).

198 Cf. *supra* a).

427. En pareille hypothèse de qualification délictuelle par le juge saisi, pour éviter tout conflit entre les catégories de rattachement « délit » et « société », la doctrine allemande favorise un ***rattachement accessoire* à la *lex societatis*.**[199] Un rattachement accessoire est la soumission d'une question de droit à la loi qui régit une relation juridique spécifique entre les mêmes parties. Le but en est une meilleure harmonie des règles matérielles finalement applicables et le respect d'une situation juridique préexistente. Pour comprendre cette idée, il faut savoir que l'art. 41 § 2 n° 1 EGBGB prévoit une telle *akzessorische Anknüpfung*[200] accordant à la victime d'un délit la possibilité d'invoquer au choix soit loi de la commission ou de la survenance du délit (art. 40 § 1 EGBGB), soit celle présentant les « liens plus étroits » avec la question de droit posée en raison d'une relation de fait ou de droit entre les parties.

Concernant la responsabilité à l'égard des tiers, le rattachement accessoire à la *lex societatis* proposé par certains auteurs doit avoir lieu si – et seulement si (!) – le fait litigieux repose sur une violation des devoirs sociétaires.[201] De sorte que la responsabilité des associés, même en cas de qualification délictuelle de cette question de droit par le for, doit ensuite être obligatoirement soumise à la *lex societatis* parce que « la responsabilité pour violation de devoirs sociétaires fait partie de la *lex societatis* »[202].

428. Les mérites de cette approche. Au demeurant, aux yeux d'un juriste français, cette solution paraît empreinte de quelque artifice. N'est-il pas préférable voire obligatoire en effet de se référer à la *lex loci delicti* dès lors que le for retient une qualification délictuelle des faits litigieux ? Ce serait cependant oublier que la solution allemande a ses mérites.

199 Initiateur de l'idée : SONNENBERGER, 'Außervertragliche Haftung von Gesellschaften', *in* VON CAEMMERER, *Vorschläge und Gutachten*, p. 464 et s. W. REDER, *Eigenhaftung vertragsfremder Dritter im internationalen Privatrecht*, Konstanz 1978, p. 248 (2e hypothèse évoquée par cet auteur) fait valoir que *« lorsque la responsabilité personnelle* [des associés] *en vertu de dispositions de droit civil se fonde sur un comportement significatif pour le droit des sociétés* [gesellschaftsrechtlich relevant], *la lex societatis doit s'appliquer in fine en raison du rattachement accessoire des actions directes entre créanciers et associés »* [traduction et annotations par nos soins]. Du même avis : EIDENMÜLLER, *RabelsZ* 2006, 474 (489) ; ULMER/BEHRENS, *GmbHG*, Einl. B 91. Enfin, le Conseil allemand pour le droit international privé, *Rev. crit. DIP* 2006, 712 (727) propose également ce type de rattachement pour une éventuelle future réglementation communautaire du droit international des sociétés.

200 Sur la notion, cf. la thèse de S. MICHEL, *Akzessorische Anknüpfung*, Göttingen 2004.

201 *Ibid.*, p. 474.

202 Ainsi : EIDENMÜLLER, *RabelsZ* 2006, 474 (489).

En premier lieu, en soumettant la question de la responsabilité des membres de la société à une seule loi, est respecté le lien fonctionnel profond entre le droit des sociétés et la responsabilité délictuelle qui existe dans chaque législation. Ce rapport entre les responsabilités sociétaire et délictuelle est cependant différent selon les ordres juridiques considérés. Appliquer cumulativement la *lex societatis* et la *lex loci delicti* à cette même question aboutiraient par conséquent dans bien des cas à une schizophrénie juridique de laquelle l'on peut tout au plus tenter de se défaire – sans garantie de succès toutefois – en ayant recours à la technique d'adaptation.[203]

En deuxième lieu, un tel rattachement accessoire a l'avantage de contourner l'écueil de la liberté d'établissement communautaire. En effet, en appliquant la loi de l'État de constitution de la société, il ne peut être reproché à l'État du for d'ériger des restrictions à la liberté d'établissement de la société au sens de l'art. 43 CE.

429. Un mécanisme doté d'un avenir certain. Si nous mentionnons ce mécanisme avec tant d'enthousiasme, c'est parce qu'il faut se rendre compte que le Règlement Rome II[204] prévoit une « clause échappatoire » du même type à l'article 4.3 :

> *« S'il résulte de l'ensemble des circonstances que le fait dommageable présente des liens manifestement plus étroits avec un pays autre que celui visé* [...], *la loi de cet autre pays s'applique. Un lien manifestement plus étroit avec un autre pays pourrait se fonder, notamment, sur une relation préexistante entre les parties, telle qu'un contrat, présentant un lien étroit avec le fait dommageable en question ».*[205]

Aussi si le juge saisi constate, selon une qualification *lege fori*, qu'il s'agit d'une responsabilité délictuelle alors que la loi de la société elle-même retiendrait au contraire une responsabilité sociétaire (en raison de la violation d'un devoir sociétaire imposé par ses soins), il sera appelé à faire jouer cette clause d'exception. Il en va ainsi puisque le fait dommageable présentera des *« liens manifestement plus étroits »* avec la loi[206] de l'État de constitution de

203 SONNENBERGER, 'Außervertragliche Haftung von Gesellschaften', *in* VON CAEMMERER, *Vorschläge und Gutachten*, p. 466 ; G. BEITZKE, *FS Mann* (1977), p. 113 ; S. MICHEL, *Akzessorische Anknüpfung*, Göttingen, 2004, p. 108 et s. (109).

204 Entré en vigueur le 11 janvier 2009 en vertu de son art. 32.

205 Sur ce point : WAGNER, *IPRax* 2008, 1 (6) ; C. BRIERE, *JDI* 2008, 31 (52).

206 Dans le cadre de l'art. 4.3 R. Rome II, les liens plus étroits doivent exister non pas, comme l'énonce cette disposition, avec un autre pays lui-même mais avec la loi de ce-

la société, société qui constitue une *« relation préexistante entre les parties »* en vertu de cette disposition. De sorte que s'appliquera la loi (matérielle) de la société mère, c'est-à-dire aussi bien les règles du droit des sociétés que les règles de la responsabilité délictuelle.

Résumé. Le *Durchgriff* pour confusion de patrimoines du droit allemand doit en principe être soumis à la *lex societatis* de la filiale. Si la qualification *lege fori* mène à un autre résultat, un rattachement accessoire à la *lex societatis* est recommandé. Voyons maintenant de quelle manière procède le droit français dans des hypothèses similaires.

C. La confusion de patrimoines et la fictivité concernant une société in bonis *en droit français*

Il faut distinguer entre la fictivité et la confusion de patrimoines.

1. La fictivité du débiteur

430. En cas de fictivité du débiteur (c'est-à-dire la filiale), le créancier pourra demander paiement de sa créance auprès de la société mère, initiatrice de la fictivité de la filiale.[207] Le mécanisme est alors identique à celui de la confusion de patrimoines du droit allemand. Dans les deux cas, une responsabilité directe des associés est fondée à l'égard des créanciers pour un agissement contraire à un devoir d'origine sociétaire : le respect des sphères distinctes de l'associé et de la société.

2. La confusion de patrimoines

431. La confusion de patrimoines du droit français, en revanche, n'a en commun avec la confusion de patrimoines du droit allemand que son appellation.

---

lui-ci. La rédaction est légèrement imprécise à cet égard. Cela résulte en effet d'une lecture attentionnée de la deuxième phrase notamment. Le facteur de rattachement qui y est proposé à titre d'exemple est un contrat en guise de « relation préexistante entre les parties ». Or, un contrat ne peut être pas être lié autrement à un pays que parce que la loi applicable est celle dudit pays.

Un autre argument, téléologique cette fois-ci, permet de s'en convaincre. En effet, ce que vise cette disposition, c'est le parallèlisme entre la loi applicable à la « relation préexistante » et la relation délictuelle en cause, autrement dit la soumission de l'ensemble de ces questions à une même loi afin d'éviter des difficultés.

207 Cf. *supra* n° 129.

Différence avec le droit allemand. Car, en cas de confusion de patrimoines, le droit français ne connaît que la possibilité, pour le créancier, de « compenser » une dette et une créance qu'il a à l'égard de deux sociétés distinctes d'un même groupe dès lors que le patrimoine son débiteur a été confondu avec celui de son propre créancier.[208] A la différence du *Durchgriff* allemand, il est donc nécessaire que le créancier soit également débiteur. Par conséquent, une responsabilité directe pour confusion de patrimoines à l'image du *Durchgriff* n'existe pas en droit français. Une condition supplémentaire de réciprocité des demandes s'y ajoute. De plus, contrairement à la confusion de patrimoines du droit allemand où les conditions sont d'application stricte et le terme de « confusion » signifie réellement « confusion », la confusion de patrimoines du droit français peut se contenter, comme on l'a vu, de flux financiers anormaux voire de relations financières anormales.

Parallèle avec le droit allemand. Il reste cependant que cette possibilité de compensation est exorbitante du droit commun puisqu'elle opère non pas entre deux mais entre trois personnes juridiquement distinctes. Il s'agit là bel et bien d'une sanction de nature sociétaire infligée à un associé qui a, à un certain degré, abusé du principe de séparation des patrimoines.

3. Le conflit de lois

432. Contrairement à l'étude approfondie faite en littérature allemande, la doctrine française est assez pauvre en commentaires au sujet du conflit de lois en matière de fictivité et de confusion de patrimoines d'une société *in bonis*.[209]

Il nous semble que l'ensemble des réflexions entreprises au sujet du *Haftungsdurchgriff* pour confusion de patrimoines du droit allemand est transposable tel quel en droit français.[210] Aussi, un auteur[211] constate, à juste titre pensons-nous, que

208 Cf. *supra* n° 128.

209 La raison se cache cependant dans ce dernier mot : nous savons que le droit français, à l'inverse de la protection préventive que cherche à procurer le droit allemand, *réagit* une fois l'insolvabilité de la société constatée (cf. *supra* Conclusion du Titre 1 de la Partie I).

210 Partagent cet avis : W. KUCKERTZ, *Der Haftungsdurchgriff auf ausländische Unternehmen und Geschäftsleiter nach französischem Recht,* p. 109 ; E. BRUHNS, *Das Verfahrensrecht der internationalen Konzernhaftung,* p. 275 et s.

211 D. COHEN, *Rev. crit. DIP* 2003, 603.

> « [l]*a société* [...] *est* [...] *une personne morale* [...] *et cette personnalité morale fait écran entre les dirigeants et la société : seule cette dernière est donc au premier chef responsable contractuellement ou délictuellement du dommage causé envers les tiers. Il revient donc naturellement a priori à la lex societatis de donner des éléments de solution permettant de rechercher la responsabilité personnelle des dirigeants, au-delà de la personnalité morale de la société* [...]. »

Parmi les théories françaises citées par l'auteur figurent la confusion de patrimoines et *« l'interposition frauduleuse de personne »*, autrement dit la fictivité. Un autre auteur ajoute au sujet de la fictivité prise comme émanation de la théorie de l'apparence que lorsque l'apparence a été provoquée par les représentants de la société (il faut entendre : la société mère), il apparaîtrait logique de rattacher les conséquences de cette apparence à la loi de la société (filiale).[212] La jurisprudence, quant à elle, s'est prononcée dans le même sens.[213]

Section 3 Enseignement pour la théorie générale – précision sur la loi applicable à la responsabilité externe des membres d'une société

Les réflexions menées relatives à la responsabilité de la société mère à l'égard des créanciers de la filiale nous ont permis de faire le point sur la question de la loi applicable à la responsabilité des membres d'une société à l'égard des tiers. Il est temps maintenant d'apporter une précision importante au débat doctrinal.

212 M.-N. JOBARD-BACHELLIER, *L'apparence en droit international privé*, 1984, p. 351.

213 Il s'agit de la jadis célèbre affaire *Demoiselle Peugeot c/ Consorts Peugeot-Friedel* (Cass. civ. 1ère, 17 juin 1958, *Rev. crit. DIP* 1958, 704, note FRANCESCAKIS). Afin de mieux administrer des possessions sises en Suisse, on créa une *société de droit suisse* « Poseidon ». Les héritiers de Robert Peugeot tentèrent de faire annuler la société devant un tribunal français pour fictivité. La Cour retient que « [m]*ais attendu que l'arrêt attaqué admet, par une interprétation souveraine de la législation suisse régissant la Société Poseidon que, bien que celle-ci n'ait sans doute été contituée en réalité dans l'intérêt du seul* de cujus, *dont les trois actionnaires* [...] *n'étaient en définitive que des 'mandataires', la société n'en conservait pas moins au regard de la législation suisse une existence véritable et effective, exclusive de fictivité ou de simulation juridiquement caractérisées, sans que l'unicité réelle d'actionnaire, acceptée par le droit suisse, la viciât de nullité* [...] ».

§ 1) L'opération de qualification du « fait dommageable »

A. La qualification en sous-ordres

433. Concernant, en premier lieu, la difficile question de la qualification en cette matière qui n'est généralement pas traitée par les auteurs, LOUSSOUARN et TROCHU ont pu s'interroger pour savoir s'il s'agissait là d'une *« véritable qualification de droit international privé ou si, au contraire, on est en présence d'une qualification secondaire en sous-ordre »* n'affectant *« que les modalités auxquelles l'action va être soumise en droit interne »*.[214] Ces auteurs retiennent la deuxième branche de l'alternative tout en accordant à la loi de la société le soin de la qualification.[215] Ils qualifient donc selon la *lex causae.*

Si le résultat est conforme à ce que nous avons pu constater, en revanche, le raisonnement qui y mène semble douteux à plus d'un égard.[216] En particulier, il ne s'agit pas seulement de rechercher l'applicabilité d'un corps de règles à l'intérieur de la loi désignée[217] – laquelle serait alors systématiquement celle de la société – mais de rechercher la loi applicable au regard de la règle de conflit du for.

B. La qualification lege fori

434. Aussi, il paraît préférable de maintenir le principe bien admis en droit positif de la qualification *lege fori.* Deux situations peuvent alors se présenter.

Première situation : si, en vertu de la qualification *lege fori*, la responsabilité est qualifiée de sociétaire, la loi du for désignera la loi de la société. Le domaine sociétaire, y compris les devoirs sociétaires qui incombent aux membres de la société, étant largement harmonisés, il est alors fort probable que cette loi de la société partage les mêmes vues, accepte sa compétence et s'applique au litige. Si jamais la loi de la société renvoie à la loi du for parce que, selon ses vues, le fait litigieux ne présente aucun lien avec un devoir de nature sociétaire, alors cette loi du for pourra s'appliquer. Cette

214 LOUSSOUARN/TROCHU, *JurisClasseur Société Traité, Fasc. 194-20 – Conflits de lois en matière de sociétés*, 1997, n° 235, 236.

215 *Ibid.*, n° 236.

216 Pour une critique de l'ensemble de cette approche démontrant son incohérence, cf. J. POHLMANN, *Das französische internationale Gesellschaftsrecht*, 1988, p. 143 et BAIERLIPP, *Die Haftung der Muttergesellschaft eines multinationalen Konzerns*, p. 330, 331 (note de bas de page 957).

217 Définition de la qualification en sous-ordres donnée par BUREAU/MUIR WATT, n° 397 (p. 395).

première hypothèse n'est pas vraiment problématique puisque soit le domaine de la *lex societatis* est respecté par le for (absence de renvoi), soit ce domaine n'est pas concerné aux yeux de la loi de la société (renvoi).

Deuxième situation : il arrive parfois qu'au contraire, la qualification *lege fori* conduise à retenir une responsabilité délictuelle de sorte que la *lex loci delicti* doit en principe trouver application. Il faudra toutefois vérifier que ce faisant la loi du for ne méconnaisse pas le domaine de la *lex societatis* qui est protégé, on le sait, par la liberté d'établissement des art. 43 et 48 CE.[218] Ainsi, si le domaine de la *lex societatis* est concerné – ce qui sera le cas lorsqu'est en cause un devoir sociétaire et la sanction de sa violation éventuelle, c'est en raison de la primauté du droit communautaire que la *lex societatis* doit l'emporter sur l'appréciation de la loi du for (ayant initialement retenu la *lex loci delicti*). La loi du for devra donc au moins *in fine* désigner la même loi que désignerait la *lex societatis* pour aboutir à une solution matérielle conforme au droit communautaire. Pour s'assurer de ce résultat, un nouvel outil, qui a fait ses preuves en droit allemand de la responsabilité délictuelle internationale, se trouve à partir de 2009 à notre disposition : la clause d'exception, encore appelée « clause échappatoire », de l'art. 4.3 du Règlement Rome II dont nous venons de voir le fonctionnement.[219]

En revanche, et ce sera l'hypothèse la plus courante, si le domaine de la *lex societatis* n'est pas concerné parce que ne sera pas en cause la violation d'un devoir sociétaire, la qualification de responsabilité délictuelle par la loi du for déploie tous ses effets de sorte que la loi du for donnera compétence à la loi de l'État de la survenance du dommage en vertu de l'art. 4.1 R. Rome II.

§ 2) Détermination des solutions

435. En principe, la responsabilité des membres de la société (associés et organes) à l'égard des tiers pour la violation de devoirs sociétaires imposés par la loi de la société est déterminée par la *lex societatis*.[220]

Si le for qualifie différemment ce fait, la loi de la société (comprenant alors également le droit civil, notamment la responsabilité délictuelle) doit

218 Cf. nos développements *supra* n° 229 et s. Ce risque est cependant relativement minime du fait que le domaine de la *lex societatis* devrait peu à peu avoir la même étendue dans tous les Etats membres.

219 Cf. *supra* n° 416 et s.

220 Même solution chez D. COHEN, *Rev. crit. DIP* 2003, 585 et s. (spécialement 601 et s.).

néanmoins trouver application par le biais de la technique du rattachement accessoire à la *lex societatis* (art. 4.3 R. Rome II) afin de garantir l'harmonie internationale des solutions, mais aussi afin de se conformer le cas échéant au droit communautaire et, enfin, de respecter le lien fonctionnel entre le droit des sociétés et la responsabilité délictuelle du pays de constitution de la société.

Il en va différemment lorsque ne sont pas en cause des devoirs de nature sociétaire de sorte que le domaine de la *lex societatis* n'est pas concerné.[221] En réalité, cette dernière hypothèse est celle des créanciers individuels tels que nous les avons définis au début.[222] Une nouvelle qualification de la question de droit s'impose alors de sorte que s'appliquera, selon les hypothèses, la *lex contractus* ou la *lex loci delicti*.[223]

Confirmation de la solution. Remarquons que la justesse du résultat de notre démarche qui part de la notion et du champ d'application de *lex societatis* est corroborée par le fait qu'elle aboutit à une solution conforme à des idées anciennes. L'*International Law Association,* lors du Congrès de Hambourg en 1961, avait en effet retenu l'idée suivante: il convient de distinguer entre, d'une part, l'application de la *lex societatis* pour les actions contre les dirigeants entrant dans le cadre du droit des sociétés, et, d'autre part, l'application de la *lex loci delicti* pour les actions fondées sur des faits délictuels commis par les dirigeants.[224]

436. Constat. Si le résultat de notre analye n'est pas nouveau, en revanche, le raisonnement qui y mène l'est. Le point de départ de notre raisonnement est le domaine de la *lex societatis*. D'une analyse attentive et précise de cette notion découle aussi bien la solution du conflit de lois en matière de responsabilité des dirigeants à l'égard des tiers que le système de qualification à adopter en cette matière.

221 Par un raisonnement *a contrario,* en ce sens également le Conseil allemand pour le droit international privé, *Rev. crit. DIP* 2006, 712 (727).

222 Cf. *supra* n° 3960.

223 *Ibid.* Au final, même avis : *MüKo-IntWR(IntGesR)*/KINDLER, n° 628 et s.

224 Art. 7 du projet de convention sur les conflits de lois en matière de sociétés (reproduit *in Rev. crit. DIP* 1961, 440 et s. ; version anglaise : Draft Convention on Conflicts of Law Relating to Companies, *International Law Association*, *Report* 1961, p. 93 et s.) : Art. 7.1 « *S'agissant des actes des organes de la société qui ont transgressé les dispositions du droit des sociétés, la loi (personnelle) de la société décide si l'acte est illicite, s'il constitue un acte de la société et si la société ou l'organe social est individuellement responsable ou s'ils le sont conjointement* ». Art. 7.2 « *S'agissant des autres actes illicites des organes de la société, la loi du lieu où les faits ont été commis régit les trois questions mentionnées à l'alinéa 1* ».

CONCLUSION DU TITRE 2

437. Les relations tant internes qu'externes du groupe international de sociétés sont en principe soumises à la *lex societatis* de la filiale, sauf l'exception relative aux participations réciproques où chaque loi doit trouver application comme nous l'avons démontré.

C'est, en effet, la *lex societatis* de la filiale qui détermine de quelle manière la société dominante peut influencer la marche des affaires de la société filiale. C'est elle aussi qui détermine l'étendue de la responsabilité subséquente de la société mère (voire de ses dirigeants) pour les actes de domination intervenus. La responsabilité joue à l'égard de la société filiale, de ses associés et de ceux des créanciers de la filiale dont les intérêts sont mis en cause du fait du danger lié à la limitation de responsabilité de leur débiteur qui est accru par la dépendance de celui-ci (« ensemble des créanciers »).

438. Aussi, l'étude des relations externes du groupe a permis d'apporter une précision importante à la controverse du droit international des sociétés relative à la qualification de la responsabilité des membres d'une société à l'égard des créanciers. Il a pu être démontré que le principe devrait être celui de la qualification sociétaire. Ainsi, lorsqu'est en cause un comportement en rapport avec un devoir sociétaire, le résultat du conflit de lois doit toujours être l'application de la loi de l'État d'origine de la société, peu importe la qualification initialement retenue par le for. Le mécanisme du rattachement accessoire est apte à y pourvoir.

Titre 3
L'insolvabilité du groupe international de sociétés et le Règlement 1346/2000 du 29 mai 2000 relatif aux procédures d'insolvabilité

439. Depuis l'entrée en vigueur du Règlement (CE) n° 1346/2000 du Conseil du 29 mai 2000 relatif aux procédures d'insolvabilité[1] (dit « Règlement insolvabilité ») en 2002, la Communauté européenne dispose d'un outil pour le règlement des procédures d'insolvabilité transfrontalières. Il vise à les améliorer et les accélérer.[2] Il n'instaure pas à proprement parler un droit communautaire de la faillite distinct des règles en vigueur dans chaque État membre mais a pour finalité d'unifier les règles de droit international privé des États membres.[3] Dans son champ d'application *ratione materiae*, le Règlement insolvabilité remplace les règles de droit international commun des États membres en matière de procédures d'insolvabilité transfrontalières en raison du principe de primauté du droit communautaire.[4] Concernant son champ d'application spatial, si le règlement ne contient aucune indication à ce sujet, il est en effet acquis qu'il s'applique à des procédures d'insolvabilité intra-communautaires : ce sont les hypothèses dans lesquelles le centre des intérêts principaux d'une société se situe sur le territoire d'un État membre (sauf le Danemark) et qu'un rapport d'extranéité existe.[5]

440. Précision quant à la méthode employée – le lien entre *forum concursus* et *lex concursus*. En matière d'insolvabilité communautaire, les questions de procédure et de loi applicable sont étroitement liées, le Règlement lui-même prévoyant un certain parallélisme entre le *forum concursus* et la *lex concursus*. En effet, l'article 4 prévoit que la loi applicable est en principe celle du tribunal du for[6], autrement dit la *lex fori concursus*. C'est la

1 *JO* 30 juin 2000, L. 160/01.

2 Considérant 8 du règlement 1346/2000.

3 R. DAMMANN, 'Droit européen des procédures d'insolvabilité : problématique des conflits de juridictions et de forum shopping', *Rec. Dalloz* 2005, chron., 1779.

4 *MüKo-IntWR(IntInsR)*/KINDLER, n° 22 ; DEIPENBROCK, *EWS* 2001, 113 (114).

5 *MüKo-IntInsR*/KINDLER, n° 77-82.

6 Art. 4 § 1.

raison pour laquelle l'on ne peut examiner le conflit de lois sans avoir égard préalablement au conflit de compétences. En réalité, comme on le verra, en matière de groupes internationaux, la question de la compétence tend à surplomber celle de la loi applicable. Il en résulte pour nous l'obligation de résoudre à titre principal les problèmes liés aux conflits de compétences et à titre secondaire seulement ceux liés aux conflits de lois.

Le terme « insolvabilité du groupe international » peut désigner deux situations distinctes. La première – évidente – est celle dans laquelle l'insolvabilité touche le groupe dans son ensemble, c'est-à-dire que toutes les sociétés membres du groupe (ou presque) seront atteintes une par une, comme par un effet de domino, par l'insolvabilité des autres.[7] Il peut alors paraître tentant d'appliquer, d'une manière ou d'une autre, le « Règlement insolvabilité » à titre d'instrument de règlement global de la procédure à ces cas d'« insolvabilité de groupe intra-communautaire »[8] alors que le Règlement n'envisage pas *a priori* les groupes des sociétés[9] et même « n'a pas entendu régler l'insolvabilité des groupes de sociétés »[10]. Il convient d'apprécier la faisabilité et l'opportunité de cette approche (Chapitre 1).

La deuxième situation est plus complexe : c'est celle dans laquelle une société particulière du groupe se trouverait soumise à une procédure collective. Alors, il s'agira de mettre en œuvre non pas une procédure d'insolvabilité visant le groupe dans son ensemble mais une procédure visant la seule société en question. Seulement, comme nous le savons, il existe des régimes de responsabilité des dirigeants de sociétés dans les différents droits nationaux qui, dans l'hypothèse de la faillite d'une société dépendante, sont particulièrement propices pour rechercher la responsabilité de la société mère en sa qualité de dirigeant de la filiale afin de protéger le capital social et ainsi les créanciers de la filiale. La difficulté importante en la matière provient du fait que ces actions, pourtant similaires, reçoivent des qualifications distinctes selon les États. Cela est de nature à influencer directement le jeu du conflit de juridictions et, par là même, celui du conflit de

7 Ce n'est guère une hypothèse d'école comme l'a notamment démontré l'affaire *Maxwell* : 800 sociétés différentes furent atteintes, l'une après l'autre, par l'insolvabilité. Sur cette affaire, cf. *infra* n° 493.

8 En ce sens : R. DAMMANN, 'Droit européen des procédures d'insolvabilité : problématique des conflits de juridictions et de forum shopping', *Rec. Dalloz* 2005, chron., 1784 (*« sans interdire la prise en compte de cette réalité économique »*).

9 M.-N. LEGRAND, 'La défaillance de l'entreprise : le règlement 1346/2000 relatif aux procédures d'insolvabilité', *Rev. soc.* 2001, 292.

10 J.-L. VALLENS, *D.* 2003, jurispr., 2352.

lois. L'harmonie internationale des solutions et la sécurité juridique pour les usagers du droit sont en cause. Il apparaît que la question du rapport entre l'insolvabilité de la filiale d'une part et la mise en cause de la responsabilité de la société mère d'autre part passe par la résolution du problème de la qualification procédurale de ces procédures dites *annexes* (Chapitre 2).

Chapitre 1 L'insolvabilité du groupe dans son ensemble

Le traitement global de l'insolvabilité du groupe international de sociétés dans le cadre du Règlement (CE) 1346/2000 soulève deux séries d'interrogations fondamentales : Ce traitement global est-il techniquement possible et souhaitable en l'état actuel du droit ? Quelles sont les perspectives d'avenir ? L'on tentera de répondre à ces questions en étudiant successivement le traitement global de l'insolvabilité du groupe tel qu'il ressort (ou non) du Règlement insolvabilité et de la jurisprudence des juridictions des États membres et de la Cour de justice, puis les voies possibles d'une amélioration du *status quo*.

Section 1 Le traitement global de l'insolvabilité du groupe en droit communautaire *de lege lata*

441. Le grand absent du Règlement insolvabilité – le groupe de sociétés. Parler du traitement global du groupe de sociétés en matière d'insolvabilité semble *a priori* relever d'un défi : le groupe de sociétés est introuvable en cette matière comme ailleurs. La raison en est que le débiteur d'une procédure d'insolvabilité est nécessairement une personne, qualité qui fait cependant défaut au groupe de sociétés. Il n'a pas la personnalité morale. Aussi, il n'est pas surprenant de constater que le Règlement insolvabilité ne fasse pas exception à la règle : les « insolvabilités de groupe » ne sont pas régies par le Règlement insolvabilité. Celui-ci ne régit que les procédures d'insolvabilité portant sur le patrimoine d'un seul sujet de droit. Cette volonté des rédacteurs du Règlement d'omettre le groupe de sociétés ressort expressément du rapport VIRGOS/SCHMIT.[11]

11 VIRGOS/SCHMIT, *Erläuternder Bericht,* n° 76.1 ; P. HUBER, *ZZP* 2001, 133 (143) ; DKDC-DUURSMA-KEPPLINGER, *EuInsVO*, Art. 3 n° 120.

Il en résulte qu'en principe, pour l'ouverture d'une procédure d'insolvabilité à l'encontre d'un membre d'un groupe de sociétés, les mêmes règles valent que pour l'ouverture d'une telle procédure à l'encontre d'une société autonome : une procédure principale doit être ouverte pour chaque société débitrice individuellement et la compétence internationale doit en être vérifiée en vertu de l'art. 3 du Règlement qui donne compétence à la juridiction de la situation du centre des intérêts principaux du débiteur lequel est présumé se trouver au lieu du siège statutaire de la société.[12, 13] La question de l'insolvabilité du groupe ne devrait pas pouvoir se poser.

442. Décalage par rapport à la réalité. Cette omission volontaire des groupes constitue cependant un décalage important par rapport à la réalité. En effet, l'insolvabilité impliquant plusieurs membres d'un groupe est en pratique le prototype même des insolvabilités transfrontalières.[14] Ce décalage est tel que d'aucuns qualifient l'omission de *« réel péché »*.[15] Il s'expliquerait cependant par le fait que la réglementation que prévoit le Règlement est « d'un autre temps ». En effet, le Règlement est essentiellement le fruit de la communautarisation de la convention relative aux procédures d'insolvabilité signée à Bruxelles le 23 novembre 1995 laquelle n'a pu entrer en vigueur faute de ratification, pour des raisons politiques étrangères à la matière des faillites d'ailleurs, par le Royaume Uni.[16]

12 Selon DKDC/DUURSMA-KEPPLINGER, *EuInsVO*, Art. 27 n° 25 et s. et CARSTENS, *Die internationale Zuständigkeit im europäischen Insolvenzrecht*, p. 116, il en va ainsi même dans l'hypothèse d'une filiale contrôlée à 100 %.

13 Il convient néanmoins de nuancer le constat puisque la définition du débiteur objet de la procédure d'insolvabilité appartient aux droits nationaux. De sorte qu'il est imaginable qu'un droit national admette une procédure d'insolvabilité à l'égard de plusieurs personnes *a priori* distincte par le biais d'une extension de procédure et la consolidation des actifs et passifs (PANNEN/RIEDEMANN, *EuInsVO* Art. 1, n° 134 ; EIDENMÜLLER, *ZHR* 2005, 528 (561)). Un tel mécanisme est prévu en droit français comme nous le savons (pour le droit matériel, cf. *supra* n° 136 ; pour le droit des conflits, cf. *infra* n° 543 et s.). Mais dans cette hypothèse, il ne s'agit pas de l'ensembe des sociétés d'un groupe : seules deux sociétés peuvent faire l'objet de cette mesure.

14 En ce sens : PANNEN/RIEDEMANN, *EuInsVO* Art. 1, n° 132 et s. ; PAULUS, *RabelsZ* 2006, 458 (459).

15 En guise de tous : PAULUS, *NZI* 2001, 505 (508).

16 Sur la gestation difficile du Règlement insolvabilité : Ph. ROUSSEL GALLE, *JurisCl. Europe*, Fasc. 871, Règlement (CE) n° 1346/2000, avril 2004, n° 3 et 4 ; D. BUREAU, *Rev. crit. DIP* 2002, 613 et s. (spéc. n°3 et s.) ; V. J. DEHARVENG, *Rev. pr. coll.* 2003, 46 ; M. WILDERSPIN, 'La genèse du règlement 1346/2000 relatif aux procédures d'insolvabilité', *Petites Affiches*, n° spécial, 20 nov. 2001, n° 231.

Pendant très longtemps, et encore à cette date, la maxime « une personne morale, une insolvabilité, une procédure »[17] était incontestée. De plus, la seule procédure de liquidation était alors prévue par les droits de faillite nationaux et il importe peut-être moins que l'on procède à une liquidation des différentes sociétés d'un groupe de manière individuelle ou de manière regroupée. Mais il en va certainement différemment lorsqu'il s'agit de réorganiser, de « sauver » le groupe à l'aide des procédures nouvelles telles que la procédure de sauvegarde du droit français. Seulement, le Règlement datant en réalité non pas de 2000 mais de 1994/1995, de telles réflexions n'ont pas pu y être intégrées. Face à des « foyers de résistance »[18] multiples provenant des États membres et la gestation déjà très lente jusque-là, il n'était évidemment pas question de rouvrir les débats quant au contenu du futur Règlement à la fin des années 1990. Cela est d'autant plus vrai qu'une pomme de discorde tenace entre les États membres était précisément la question du traitement de l'insolvabilité des groupes de sociétés. Un éminent auteur[19] remarque à ce sujet que

> « [t]*he Member States of the EU have* ***widely divergent views on the legal consequences of parent-subsidiary relationships****, especially on the liability of the parent for debts incurred by the subsidiary and the possibility of piercing the corporate veil.* ***Most countries tend to protect a subsidiary against a spill-over of the insolvency of the parent*** *and many rate the interest of the subsidiary to survive above the parent's interest. Therefore,* ***joint insolvency proceedings****, administered by a single court and/or liquidator, let alone consolidated parent-subsidiary proceedings,* ***are not possible in most jurisdictions****. Separate insolvency proceedings of two legal but related entities incorporated in different jurisdictions would, as such, in the thinking of most European jurisdictions, not raise issues of international bankruptcy law.* »[20]

Ces constats expliquent que l'on a préféré procéder par « reformatage »[21] communautaire de la convention de Bruxelles de 1995 à la suite du Traité d'Amsterdam sans se soucier spécialement des groupes de sociétés.

17 UHLENBRUCK/HIRTE, *InsO*, § 11 n° 394 ; JAEGER/EHRICKE, *InsO*, § 11 n° 32.

18 D. BUREAU, *Rev. crit. DIP* 2002, 613 et s. (n° 2).

19 Manfred BALZ, *The American Bankruptcy Law Journal* 70 (1996), 485 (503 et s.). L'auteur a participé aux travaux préparatoires des réglementations allemande, internationales et communautaire en matière de faillite.

20 Souligné par nos soins.

21 D. BUREAU, *Rev. crit. DIP* 2002, 613 et s. (n° 3).

C'est sans doute ce décalage par rapport à la réalité qui a incité un nombre important de tribunaux de différents États membres à prendre en compte la réalité économique du groupe en lui appliquant globalement le Règlement. Cette tendance a fait l'objet d'un certain encadrement par la Cour de justice.

§ 1) Les tentatives de traitement global centralisé

Il est incontestable qu'un certain nombre de raisons militent en faveur d'un traitement global des sociétés du groupe lorsqu'elles sont touchées par l'insolvabilité. Techniquement, un tel traitement global a pu passer par l'unicité du *forum concursus* dans le système du Règlement.

A. Les arguments en faveur d'un traitement global centralisé

443. Les avantages théoriques. Le traitement global de l'insolvabilité de toutes les sociétés d'un groupe par une seule autorité judiciaire présente des avantages significatifs. Le tribunal aura en effet une vision d'ensemble de la situation du groupe. Il pourra nommer un même syndic pour l'ensemble des procédures. Le résultat en sera une coordination plus efficace des procédures ouvertes à l'égard de plusieurs sociétés d'un même groupe en raison d'un flux d'informations plus rapide entre moins de personnes impliquées. De cette manière, l'élaboration d'une solution de redressement commune aux sociétés du groupe[22] ou encore la cession des actifs des différentes sociétés du groupe, dans des conditions optimales, à un seul repreneur[23] devient possible. Il ne faut pas oublier, enfin, que les frais de justice et les honoraires d'avocats seront sans doute moins élevés en cas de concentration des compétences.[24]

Lorsque le traitement global va jusqu'à la consolidation des patrimoines des sociétés membres, le nombre d'actifs à partir desquels les créanciers peuvent obtenir paiement de leurs créances augmente. Enfin, en pratique, les sociétés d'un groupe transfèrent les bénéfices et les pertes d'une société à une autre pour des raisons stratégiques sans que les créanciers puissent l'empêcher, ni même en avoir connaissance. Dans ces condi-

22 Cf. l'aff. *Eurotunnel* : TC Paris, 2 août 2006, *D.* 2007, 2329, note DAMMANN/PODEUR.

23 Cf. l'aff. *EMTEC* : TC Nanterre, 15 févr. 2006, *D.* 2006, 793, note VALLENS.

24 En ce sens déjà : EHRICKE, *DZWIR* 1999, 353 (354).

tions, il est préférable pour eux de pouvoir se faire payer sur les actifs de l'ensemble des sociétés.

444. En droit interne – *status quo* et perspectives. L'utilité d'un traitement global semble avoir convaincu **l'Espagne** qui a expressément introduit dans sa législation en 2004, lors de la réforme de son droit interne des procédures d'insolvabilité, la possibilité de demander au juge compétent pour ouvrir une procédure d'insolvabilité à l'égard de la société dominante d'un groupe d'en faire de même à l'égard des filiales de celle-ci, nonobstant une compétence territoriale originaire différente.[25]

En **France**, un dispositif comparable existe mais il est d'application relativement compliquée et ne mentionne pas expressément les groupes. Il s'agit de l'art. R. 662-7 C. com. selon lequel le juge saisi peut décider d'office de renvoyer l'affaire et transfère alors le dossier *« au premier président de la cour d'appel ou, s'il estime que l'affaire relève d'une juridiction du ressort d'une autre cour d'appel, au premier président de la Cour de cassation »*. Le ministère public peut également solliciter ce renvoi. Ne peuvent pas cependant en faire la demande le(s) débiteur(s) et les créanciers.

En **Allemagne**, le ministère de la Justice et la doctrine réfléchissent également à l'heure actuelle à une réforme pour mettre en place des règles de compétence dérogatoires pour l'insolvabilité des groupes de sociétés. Le cœur d'une telle réforme pourrait être l'admission expresse du choix du tribunal compétent pour l'ensemble des procédures.[26]

Notons d'ores et déjà que cette concentration au niveau national est peut-être d'une nature différente de la concentration internationale dans le Règlement insolvabilité laquelle peut susciter des réserves tenant précisément aux conséquences découlant du caractère international des procédures.[27]

25 Art. 10 § 4 1ère phrase de la Ley Concursal 22/2003 du 9 juillet 2003, *BOE* núm. 164 du 10 juillet 2003, n° 13813 ainsi rédigé : *« En los casos de solicitud de declaración conjunta de concurso de varios deudores, será juez competente para declararlo el del lugar donde tenga el centro de sus intereses principales el deudor con mayor pasivo, y si se trata de un grupo de sociedades, el de la sociedad dominante. »* (En cas de demande d'ouverture conjointe (de la procédure d'insolvabilité) à l'égard de plusieurs débiteurs, est compétent le juge du lieu du centre des intérêts principaux du débiteur ayant le passif le plus important et, s'agissant d'un groupe de sociétés, celui du lieu du centre des intérêts principaux de la société dominante (notre traduction)).

26 H. Hirte, 'Vorschläge für die Kodifikation eines Konzerninsolvenzrechts', *ZIP* 2008, 444-449.

27 Cf. *infra* n° 448.

Dans le cadre du Règlement insolvabilité, la pratique judiciaire a pu rechercher le traitement global en retenant systématiquement un *forum concursus* unique pour l'ensemble des sociétés du groupe.

B. La technique du forum concursus *unique*

En effet, une certaine interprétation de l'art. 3 § 1 phrase 2 du Règlement relatif au critère de compétence en matière de personnes morales peut conduire – et a conduit – à ce qu'un seul for retienne sa compétence pour l'ensemble des procédures visant les différentes sociétés composant un groupe international de sociétés. Cette approche n'est cependant pas exempte de sérieuses difficultés. L'on a tenté d'imaginer des remèdes à celles-ci.

1. Le « centre des intérêts principaux du groupe »

445. Les fondements textuels. L'article 3 du règlement distingue trois types de procédures : une procédure principale dotée d'un effet universel et deux procédures à effet territorial limité, la procédure secondaire et la procédure territoriale. La procédure principale (art. 3 § 1) peut être ouverte sur le territoire de l'État où se situe le *« centre des intérêts principaux du débiteur »* lequel est présumé être le lieu du siège statutaire pour les personnes morales (art. 3 § 1 phrase 2). Il est par ailleurs défini comme *« le lieu où le débiteur gère habituellement ses intérêts et qui est donc vérifiable par les tiers »*[28].

Le renversement de la présomption. Comme nous l'avons vu, c'est dans un souci de règlement global de l'insolvabilité que l'on a songé à renverser la présomption de l'article 3 § 1 phr. 2 selon laquelle le centre des intérêts principaux se trouve au lieu du siège statutaire pour constater que, du fait de l'exercice du pouvoir d'injonction de la société mère sur la filiale, le centre des intérêts principaux d'une ou plusieurs filiales se trouvait au centre des intérêts principaux du groupe, soit souvent – mais non toujours – le siège de la société mère. De cette façon, une procédure principale pouvait être ouverte par le tribunal du siège de la société mère à l'encontre d'une filiale ayant pourtant son siège statutaire dans un autre État membre. On assiste ainsi à un phénomène de prise en considération du groupe de sociétés dans sa pluralité juridique par l'extension de la compétence juridictionnelle internationale.[29]

28 Considérant 13 du Règlement.

29 M. MENJUCQ, 'Les groupes de sociétés', *in* F. JAULT-SESEKE/D. ROBINE, *L'effet international de la faillite : une réalité ?*, *D.* 2004, 166.

Les conséquences. L'intérêt de cette opération consiste d'abord en la concentration des compétences des juges et des syndics, ensuite en la conséquence importante sur la loi applicable à la procédure d'insolvabilité de la filiale : en effet, puisque l'art. 4 prévoit que *« la loi applicable à la procédure d'insolvabilité* [...] *est celle de l'État membre sur le territoire duquel la procédure est ouverte* [...] *»*, ce sera celle de la société mère.

446. Ce sont en effet ces réflexions que les juristes, d'origine anglaise notamment, ont pris pour point de départ pour initialiser un mouvement judiciaire paneuropéen tendant progressivement à prendre en compte le groupe dans son ensemble en matière d'insolvabilité intra-communautaire pour augmenter l'efficience de la procédure. En témoigne le passage d'un manuel consacré à 'l'insolvabilité en droit international privé' du Professeur Ian F. FLETCHER[30] qui reflète bien la motivation des premiers jugements anglais en la matière :

> *« [...] it would be* ***advantageous if the affairs of an insolvent group could be administered under a single insolvency regime, through some species of procedural (if not substantive) consolidation of proceedings.*** [...] *the English court took the* ***innovative step of making coordinated orders in relation to several companies belonging to a single group,*** *in the expectation that each of the proceedings would enjoy the benefits of automatic recognition and effect throughout the EC* [...]. *It was appreciated that this could only come about by virtue of the* ***fortuity that the COMI*** [31] ***of each company in question happened to be located in the same Member State,*** *namely the* UK [...]. ***The practical benefit would accrue simply from the fact that jurisdiction over all the cases was vested in a single court, which could deploy its discretionary powers to bring about the most efficient administration of the group during the course of the proceedings.*** *»*

447. Le critère retenu. Le critère mis en œuvre par cette interprétation prétorienne de l'art. 3 du Règlement est celui des ***head-office-functions*** ou encore du ***mind of management***. Selon ces critères, le centre des intérêts principaux est déterminé par des aspects internes aux

30 *Insolvency in Private International Law – National and International Approaches –*, Oxford Univ. Press, 2005, p. 387-388 (Souligné par nos soins).

31 COMI = centre of main interests = centre des intérêts principaux.

entreprises, notamment le lieu où sont prises les décisions stratégiques relatives à l'administration, à la planification financière et au *marketing*.[32]

Ainsi, et pour ne citer que certains des nombreux exemples, dans l'affaire *Crisscross Telecommunications Group*[33], le tribunal anglais a retenu que le centre des intérêts principaux de huit sociétés ressortissantes de plusieurs États membres et de la Suisse se trouvait en Angleterre en raison de l'activité de *headquarters* à Londres et des transactions bancaires à partir de comptes anglais. Dans la célèbre affaire *Daisytek*[34], la *High Court of Justice* de Leeds a ouvert quatorze procédures principales d'insolvabilité visant la société mère incorporée en Angleterre et chacune de ses treize filiales constituées selon les lois de différents États membres, dont la France et l'Allemagne, considérant que le « centre des intérêts principaux » des filiales se trouvait en Angleterre parce que les fonctions financières et contractuelles ont été *de facto* exercées par le management international situé en Angleterre. Dans une autre affaire qui n'allait pas moins défrayer les chroniques, *MG Rover*, le tribunal de Birmingham a ouvert des procédures principales à l'égard des sociétés filiales allemande, française, beneluxiens, espagnole, italienne, portugaise et irlandaise.[35] Pour ce faire, il a jugé que les *head office functions* étaient situées en Angleterre puisque, selon *Judge* NORRIS,

> « [...] *I have not the slightest doubt that all effective management decisions, other than those which can be described as routinely operative, are taken at Longbridge*[36] *or by personal appointed by and supervised from Longbridge* [...] »[37].

On a pu parler au sujet de cette tendance d'*« un exemple peu glorieux de l'usurpation britannique de compétence juridictionnelle »*.[38] Mais les tribunaux conti-

32 PANNEN/PANNEN, *EuInsVO*, Art. 3, n° 35 et s.

33 The London High Court, Chancery Division, 20 mai 2003 ; VON GALEN, *The European Insolvency Regulation and Groups of Companies*, INSOL Europe Annual Congress Paper, 2003, p. 3 ; FLETCHER, *Insolvency in Private International Law*, p. 393.

34 High Court of Justice Leeds, 16 mai 2003, 861-876/03, cf. *ZIP* 2003, 1362 et *ZIP* 2004, 963 et FLETCHER, *Insolvency in Private International Law*, p. 388 et s.

35 High Court of Justice Birmingham, 18 avril 2005, 2375 -2382/05, *ZIP* 2005, 1610. MENJUCQ, 'Compétence de la High Court of Justice pour ouvrir une procédure d'insolvabilité à l'égard de la filiale française d'une société britannique', *JCP éd. G* 2005, 1579 et s.

36 Ville anglaise où se situe le siège de la société mère.

37 *Ibid.*

38 Chr. G. PAULUS, *NZI* 2005, 62-63 ; *idem* et M. UDINK, 'The European Law and Trust', *Eurofenix* Spring 2004, 8.

nentaux n'étaient pas en reste pendant longtemps. Le tribunal des faillites de Munich a ouvert une procédure principale à l'égard d'une société autrichienne, *Hettlage*, considérant que le centre des intérêts principaux se trouvait en Allemagne en raison *« des services essentiels accomplis par la société mère allemande »* et *« de la situation du lieu de l'administration des intérêts économiques »* en Allemagne.[39] Le tribunal des faillites de Offenburg suivit une argumentation proche dans l'affaire *Hulka Werke* qui concernait également la filiale autrichienne d'une société allemande.[40]

Les tribunaux français ont, eux aussi, ouvert des procédures principales à l'égard de sociétés étrangères en supputant le centre des intérêts principaux de celles-ci en France. Outre l'affaire *Eurotunnel* qu'il convient d'évoquer plus loin[41], le Tribunal de commerce de Nanterre a ainsi retenu sa compétence pour ouvrir des procédures principales à l'égard de plusieurs filiales du groupe EMTEC, en considérant au vu des éléments suivants que leur centre des intérêts principaux se trouvait en France :

> *« l'administration* [...] *est localisée en France » ; « l'approvisionnement en marchandises est assuré depuis la France » ; « la politique commerciale est déterminée à partir de la France » ; « le développement des produits vendus dans la filiale est effectué au niveau de la France » ; « le financement de la filiale est principalement assuré par des dettes fournisseurs vis-à-vis d'EMTEC France » ; « absence totale de son autonomie financière vis-à-vis du groupe » ; « prévisibilité du risque d'insolvabilité pour les créanciers »*.[42]

Enfin, dans l'affaire *Eurofood/Parmalat*, le *Tribunale di Parma* a ouvert une procédure principale à l'égard de la filiale du groupe alimentaire italien Parmalat, la société de financement de droit irlandais *Eurofood IFSC Limited*, au motif que le centre des intérêts principaux de cette dernière se trouverait au siège de la société mère en Italie puisque l'activité de la filiale s'inscrirait

39 AG München, 4 mai 2004, 1501 IE 1276/04, *ZInsO* 2004, 691. Commentaires par MANKOWSKI, *NZI* 2004, 450 ; PAULUS, *EWiR* 2004, 493 ; WELLER, *IPRax* 2004, 412.

40 AG Offenburg, 2 août 2004, *NZI* 2004, 673 ; PANNEN/RIEDEMANN, *EWiR* 2005, 73.

41 Cf. *infra* n° 470.

42 TC Nanterre, 14 et 15 févr. 2006, *D.* 2006, 651, obs. A. LIENHARD ; *D.* 2006, 793, note J.-L. VALLENS (à propos de la société (holding) de droit néerlandais *EMTEC* Magnetics Benelux N.V.) ; JAULT-SESEKE/ROBINE, *Bull. Joly* 2006, 575 (à propos de la société de droit belge SAS Emtec RPS professional products) ; sur l'ensemble : PENZLIN, *EWiR* 2006, 207.

dans le seul intérêt de la mère qui la contrôlerait entièrement et lui adresserait des directives relatives aux décisions essentielles à prendre.[43]

2. Les difficultés soulevées par cette approche

448. Le traitement global des difficultés financières d'un groupe de sociétés par la concentration des compétences auprès d'un tribunal unique semble avoir pour avantages la nomination d'un syndic pour l'ensemble des sociétés du groupe et l'application d'une seule et unique loi. Cette situation assure, de prime abord, la cohérence des procédures, une plus grande efficacité et rapidité de celles-ci ainsi que le traitement égalitaire des créanciers. Or, la concentration des compétences et l'unicité de loi applicable entraînent cependant aussi un certain nombre d'importantes difficultés pratiques dont il convient de faire état.

En premier lieu, comme nous le savons, la procédure ouverte contre les filiales dans un État qui n'est pas celui de leur siège statutaire – par exemple celui du siège statutaire de la société mère – aboutit à l'application de la loi de cet État d'ouverture en vertu de l'art. 4 du Règlement. Cette circonstance a cependant pour conséquence qu'une société de droit français par exemple peut se voir appliquer une autre loi de la faillite que la loi française plus protectrice à l'égard des salariés et ce, le cas échéant, alors même que cette société peut être *in bonis* au regard du droit français.[44]

En deuxième lieu, l'effet d'universalité, recherché par le tribunal de l'État du centre des intérêts principaux du groupe en ouvrant une procédure principale contre la filiale étrangère, est battu en brèche par le maintien d'aspects territoriaux. En effet, en vertu des art. 5 à 15 du Règlement les droits réels des tiers, les droits à compensation, les réserves de propriété, les contrats immobiliers et de travail, etc. sont soumis à une autre loi que la *lex fori concursus* : la *lex rei sitae* pour les aspects immobiliers, la *lex contractus* en présence d'un contrat, etc.[45]

Partant, en troisième lieu, il n'est pas sûr que la gestion par un seul syndic de plusieurs patrimoines sociaux soumis à des lois différentes en application soit de la *lex societatis*, soit de la *lex rei sitae* soit très commode en ce qu'elle induit une complexité non négligeable. Dans cette hypothèse, en

43 Tribunal di Parma, 19 févr. 204-53/04 *ZIP* 2004, 1220, note RIERA/WAGNER, *EWiR* 2004, 597. Pour la suite de cette affaire, cf. *infra* § 2 A.

44 En ce sens : M. MENJUCQ, 'Les groupes de sociétés', *in* F. JAULT-SESEKE/D. ROBINE, *L'effet international de la faillite : une réalité ?*, Paris, Dalloz 2004, p. 165 et s. (173).

45 Sur ces aspects, cf. D. BUREAU, *Rev. crit. DIP* 2002, 613 (657 et s.).

effet, il serait nécessaire que le syndic unique ouvre un bureau de correspondance dans l'État de chaque filiale pour rechercher d'éventuels actes préjudiciables à l'ensemble des créanciers pouvant faire l'objet d'une nullité, annulation ou inopposabilité[46] ainsi que pour apprécier – selon la loi de cet État bien entendu – les domaines échappant à la *lex fori concursus* susmentionnés tels que les droits réels (art. 5), les droits à compensation (art. 6), les réserves de propriétés (art. 7) et les contrats de travail pour ne nommer que les hypothèses les plus importantes.

En quatrième lieu, il apparaît encore moins opportun de soumettre les différentes procédures à un seul syndic – celui de la procédure principale ouverte contre la société mère –, dès lors que les décisions de celui-ci, pour leur exécution, devront obtenir l'*exequatur*[47] dans l'État de l'établissement de la filiale en raison du caractère purement extraterritoriale de cette procédure. Au contraire, la coopération des différents syndics[48] qui s'occupent chacun de leur procédure locale ouverte contre une seule société (mère ou filiale) et qui appliquent le droit qui est le leur apparaît dans le cadre du Règlement insolvabilité comme un gage de la bonne qualité du déroulement de la procédure de faillite.

En cinquième lieu, puisque les conflits de juridictions sont réglés en faveur de la juridiction saisie en premier en application du principe de confiance mutuelle du considérant n° 22[49], le Règlement risque de susciter des stratégies de fixation du centre des intérêts principaux à travers la saisine d'un juge de préférence à un autre.[50] Censé réduire le *forum shopping*[51], le

46 Cf. art. 4 § 2 m) Règlement.

47 En effet, l'article 25 du Règlement 1346/2000 précise que la reconnaissance de plein droit vaut pour la décision d'ouverture de la procédure ainsi que pour les décisions relatives au déroulement, à la clôture et à toutes les suites de la procédure d'insolvabilité à l'exclusion de leur exécution pour laquelle le Règlement Bruxelles I reste un passage obligé (cf. *infra* n° 504).

48 Article 31 du règlement 1346/2000.

49 Le considérant n° 22 du Règlement 1346/2000 : « [...] *La décision de la juridiction qui ouvre la première la procédure devrait être reconnue dans tous les autres États membres, sans que ceux-ci aient la faculté de soumettre la décision de cette juridiction à un contrôle* ».

50 Ainsi, dans l'affaire *Daisytek*, c'était apparemment le dirigeant de la filiale française qui a lui-même demandé l'ouverture de la procédure en Grande-Bretagne, alors que la société n'avait aucun élément d'actif dans ce pays (en ce sens également : Menjucq, *in* Jault-Seseke/Robine, *L'effet international...*, p. 165 (172)).

51 Cf. considérant n° 4 du Règlement : « *Il est nécessaire, pour assurer le bon fonctionnement du marché intérieur, d'éviter que les parties ne soient incitées à déplacer des avoirs ou des procédures judiciaires d'un État à un autre en vue d'améliorer leur situation juridique* (forum shopping) ».

Règlement communautaire pourrait conduire, au contraire, à le favoriser, les dirigeants de la société pouvant choisir soit le juge du siège social de la filiale, soit le juge du siège social de la société mère. En cas de saisine multiples, cela va de pair avec une course des tribunaux pour ouvrir en premier la procédure qui est difficilement conciliable avec le principe de confiance mutuelle sus-évoqué.[52] Au-delà du *forum shopping*, c'est aussi le risque d'assister à un *law shopping* qui est présent puisque l'article 4 du règlement détermine la loi applicable à la procédure d'insolvabilité comme étant celle de l'« État d'ouverture » de celle-ci.

En sixième et dernier lieu, la légitime prévision des créanciers (chirographaires) est déjouée dès lors que la loi applicable à l'insolvabilité n'est pas celle qu'ils croyaient.[53] Il en résulte que la loi doit en principe être celle à laquelle ils s'attendaient. C'est ce que la Cour de justice a eu l'occasion de souligner explicitement dans l'arrêt *Staubitz-Schreiber*.[54] C'est ce qui ressort également du considérant n° 13 du Règlement selon lequel « le centre des intérêts principaux devrait correspondre au lieu où le débiteur gère habituellement ses intérêts et qui est donc vérifiable par les tiers »[55]. Dès lors, un créancier qui a contracté avec une filiale ne doit pas être surpris par le fait qu'en cas d'insolvabilité de celle-ci, la procédure et la loi applicable sont celles du siège de la société mère.

Une systématisation de la question vers un principe d'acceptation des ouvertures de procédures principales contre les filiales par le tribunal du siège statutaire de la société mère n'est donc guère tolérable.

3. Les remèdes (inefficaces)

Face à ces difficultés, des propositions en faveur d'une mise en œuvre plus *pratique* du Règlement insolvabilité ont été faites par la doctrine et les tribunaux. Celles-ci se résument essentiellement à deux : l'une relative aux

52 En ce sens : PANNEN/RIEDEMANN, *NZI* 2004, 646 (651).

53 *MüKo-IntWR(IntInsR)*/KINDLER, n° 152 et s.

54 Le considérant n° 27 de l'arrêt CJCE (gr. ch.), 17 janvier 2006, aff. C 1/04, *Rec.* 2006, I-000701, *Susanne Staubitz-Schreiber* (*D.* 2006, 367, obs. A. LIENHARD ; *Bull. Joly* 2006, 753, § 158, note D. FASQUELLE ; *RJ com.* 2006, 243, note J.-P. SORTAIS ; *Rev. crit. DIP* 2006, 678, note J.-M. JUDE ; *JDI* 2006, 652, note B. VOLDERS/V. RETORNAZ ; *Rev. soc.* 2006, 346, note J.-L. VALLENS), fait référence à cette idée : *« [...] créanciers qui ont évalué les risques à assumer en cas d'insolvabilité du débiteur au regard de la localisation du centre des intérêts principaux de celui-ci au moment où ils nouaient des relations juridiques avec lui ».*

55 Considérant 13 du Règlement 1346/2000.

modalités d'ouverture des procédures secondaires, l'autre relative au contrôle de la notion de centre des intérêts principaux. Nous verrons qu'elles sont toutes deux inefficaces.

a) Le contrôle de l'interprétation de la notion de centre des intérêts principaux

449. L'ouverture d'une procédure principale ailleurs que dans l'État du siège statutaire a provoqué une réaction de défense de la part des tribunaux de l'État du siège statutaire : ils tentèrent d'ouvrir eux-mêmes une procédure principale en refusant de reconnaître la première procédure principale. Tel était tout particulièrement le cas dans l'affaire *Daisytek*. Le Tribunal de commerce de Pontoise ouvrit ainsi une deuxième procédure principale à l'égard de la filiale française du groupe en estimant que le tribunal anglais n'avait pas ouvert la procédure dans les conditions prévues par le Règlement.[56] Le tribunal, relayé sur ce point par la doctrine, avait en effet pensé pouvoir exercer un contrôle sur la bonne appréciation par le premier tribunal de la notion de centre des intérêts principaux, critère de compétence internationale de celui-ci.

Des auteurs autorisés estiment en effet que la reconnaissance par le juge du siège statutaire d'une décision d'ouverture d'une procédure principale ne pourrait intervenir qu'une fois contrôlée la compétence du juge ayant rendu cette décision.[57] Il en irait ainsi puisque

> *« lorsque le siège statutaire coïncide, d'après les critères établis par la loi du pays de ce siège, avec le centre des intérêts principaux du débiteur, seule la décision que le tribunal de*

56 La décision fut cependant censurée par la Cour d'appel de Versailles au motif que l'on doit déduire des articles 16 et 17 du Règlement que l'ouverture de la procédure d'insolvabilité principale par la Haute Cour de Justice de Leeds interdit à toute juridiction d'un autre État membre d'ouvrir ultérieurement une deuxième procédure d'insolvabilité principale ; l'arrêt a été confirmé par la Cour de cassation : CA Versailles, 4 sept. 2003, *Klempka ès qual. et autres c/SAS ISA Daisytek*, *Rev. soc.* 2003, 891, note J.-P. REMERY ; MENJUCQ, *JCP éd. G* 2004, 88 ; J.-L. VALLENS, *D.* 2003, 2352 ; Cass. com., 27 juin 2006, *Bull. Joly Sociétés* 2006, 1379, note D. FASQUELLE ; L. IDOT, *Europe* 2006, comm. 264 ; A. JAQUEMONT, *JDI* 2004, 142 ; F. MELIN, *Gaz. Pal.* 2006, 7 ; Ph. ROUSSEL GALLE, *Rev. soc.* 2007, 166 ; E. SCHOLASTIQUE, *Dr. et proc.* 2006, 312.

57 G. KHAIRALLAH, *Rev. crit. DIP* 2003, 655 et M. MENJUCQ, *JCP éd. G* 2004, 88. Le premier de ces auteurs maintient d'ailleurs sa position au-delà de l'arrêt *Eurofood*, cf. G. KHAIRALLAH, *JDI* 2007, 151 (162).

> *ce siège rend s'impose et la règle de prééminence de la décision rendue antérieurement par la juridiction d'un autre pays n'a aucune raison de s'appliquer ».*[58]

Car

> *« si les règles de compétence de l'article 3 du règlement ont un caractère exclusif, on pourra difficilement admettre que le pays dont le tribunal a une pareille compétence accueille une décision d'ouverture rendue par un autre tribunal sur le fondement d'un critère autre que celui qui est fixé par le règlement ».*[59]

Il conviendrait de prendre en compte les articles 16 et 17 du Règlement qui énonce la reconnaissance de plein droit dans les autres États membres de *« toute décision ouvrant une procédure d'insolvabilité par une juridiction d'un État membre* ***compétente en vertu de l'article 3*** *».*[60] Comme l'article 3 § 1 pose la compétence de principe du tribunal du lieu du centre des intérêts principaux qui, lui, est présumé se trouver au lieu du siège statutaire, il incomberait au tribunal qui voudrait réfuter cette présomption et par là même retenir sa propre compétence de faire état de tous les éléments permettant de caractériser que le lieu où le débiteur *« gère habituellement ses intérêts »*[61] est distinct du siège statutaire, autrement dit : que celui-ci est fictif[62]. C'est sur ces éléments de qualification du centre des intérêts principaux que pourrait s'exercer le contrôle.[63] En revanche, le principe de la confiance mutuelle dispenserait de tout contrôle de compétence les décisions émanant de juridictions compétentes à raison du siège statutaire, conformément en quelque sorte à la présomption posée.

58 G. KHAIRALLAH, *Rev. crit. DIP* 2003, 655 (666).

59 G. KHAIRALLAH, *Rev. crit. DIP* 2003, 655 (667).

60 G. KHAIRALLAH, *Rev. crit. DIP* 2003, 655 (667) et M. MENJUCQ, *JCP éd. G* 2004, 88 (91) (souligné par nos soins).

61 Considérant n° 13 du Règlement 1346/2000.

62 G. KHAIRALLAH, *Rev. crit. DIP* 2003, 655 (666, 667) précise, en effet, que le critère du centre des intérêts principaux ne saurait jouer que lorsque le siège statutaire est fictif, la fictivité devant être appréciée à l'aune du droit international privé des sociétés de l'État du siège statutaire. Il est cependant erroné de penser que l'appréciation des critères de l'art. 3 R. ins. soit laissée à la discrétion des États membres puisque cela empêcherait la CJCE de définir des critères autonomes pour l'interprétation du Règlement qui s'efforce justement d'unifier les règles de juridictions, comme le remarque à juste titre R. DAMMANN, *Rec. Dalloz* 2005, 1779 (1780). La CJCE s'est prononcé en ce sens : arrêt *Eurofood*, n° 31.

63 M. MENJUCQ, *JCP éd. G* 2004, 88 (91).

Si ces critiques adressées à la Cour d'appel de Versailles dans l'affaire *Daisytek* sont plausibles et semblent fondées, en revanche, la construction doctrinale proposée ne convainc pas lorsqu'on prend en compte le système instauré par le Règlement. Tout d'abord, contrairement à d'autres textes communautaires, le Règlement ne prévoit justement pas les conditions de la reconnaissance et par là même du contrôle.[64] Cela constitue un premier indice que les rédacteurs du Règlement n'ont pas voulu instaurer un tel contrôle. Ensuite, il est vrai que le considérant n° 22 prévoit que *« les motifs de non-reconnaissance devraient être réduits au minimum nécessaire »* ce qui, aux yeux de ces auteurs, paraît admettre *« par le fait même l'existence de conditions de la reconnaissance »*[65] voire manifester *« l'admission d'un certain contrôle »*[66]. Le même considérant énonce cependant également une *« reconnaissance automatique »* et interdit *expressis verbis* aux États membres de *« soumettre la décision de cette juridiction à un contrôle »*[67].

Il faut en conclure que la décision d'ouverture de la procédure principale est insusceptible de contrôle par la juridiction du lieu du siège statutaire (de la filiale).[68] Telle est la solution qu'indiquent déjà la circulaire du 17 mars 2003 (art. 2), puis celle du 15 décembre 2006 (art. 2), en France ainsi que l'art. 102 al. 3 EGInsO en Allemagne[69]. Telle est également la solution retenue par la Cour de justice des Communautés européennes qui met en avant le principe de confiance mutuelle pour exclure tout contrôle.[70] Enfin, la

64 Art. 27, 28 et 34 de la Convention de Bruxelles ; art. 34, 35 et 45 du Règlement Brux. I.

65 G. KHAIRALLAH, *Rev. crit. DIP* 2003, 655 (667).

66 G. KHAIRALLAH, *Rev. crit. DIP* 2003, 655 et s.

67 Considérant 22 *in fine*. Relève également cette information : F. MELIN, 'Conflits de juridictions et procédures européennes d'insolvabilité, approche critique', *Bull. Joly Sociétés*, 2005, 929.

68 En ce sens également : VIRGOS/SCHMIT, *Erläuternder Bericht*, n° 202, 215, 220 ; LEIPOLD, *in* STOLL, *Vorschläge und Gutachten*, p. 185 (191 et s.) ; DKDC/DUURSMA-KEPPLINGER, *EuInsVO*, Art. 16 n° 14, Art. 25 n° 28 ; HERCHEN, *ZInsO* 2004, 61 (63) ; DAMMANN, *D.* 2005, 1789 (1791) ; LORENZ, *Annexverfahren...*, p. 91-98 ; MELIN, *Bull. Joly Sociétés* 2005, 927 ; RAIMON, *JDI* 2005, 739 (756-758) ; WIMMER, *ZInsO* 2005, 119 ; *contra* G. KHAIRALLAH et M. MENJUCQ, *précit.* ; MANKOWSKI, *EWiR* Art. 3 EuInsVO 3/03 767 (768) ; *idem*, *RIW* 2004, 587 (598).

69 Sur cette disposition, cf. PANNEN/RIEDEMANN, *NZI* 2004, 301.

70 CJCE, 2 mai 2006, aff. C-341/04, *Eurofood*, n° 39 et s. (cf. *infra* § 2). Solution réitérée dans CJCE, 17 janvier 2006, aff. C-1/04, *Susanne Staubitz-Schreiber*, *D.* 2006, *AJ* 2006, 367, obs. A. LIENHARD, *ZIP* 2006, 188 ; *ZInsO* 2/2006, 88.

Cour de cassation française répond dans les mêmes termes dans l'affaire *Daisytek*.[71]

Le contrôle de la compétence du premier juge est donc contraire à la reconnaissance *de plano* des décisions ouvrant une procédure d'insolvabilité. Mais à défaut de pouvoir contrôler la compétence du premier tribunal, la pratique a rapidement trouvé un autre moyen pour limiter les effets de la procédure principale ouverte à l'étranger à l'égard d'une filiale de droit interne.

b) L'ouverture de procédures secondaires

450. Le mécanisme. En quelque sorte en guise de défense à « l'usurpation britannique de compétence juridictionnelle », les tribunaux continentaux commencèrent tôt à procéder à l'ouverture de procédures secondaires en vertu des art. 3 § 2 et 27 du Règlement à l'égard des filiales situées sur leur territoire, contre lesquelles avait été ouverte au préalable une procédure principale à l'étranger. Techniquement, l'ouverture d'une procédure secondaire au siège de la filiale a pour effet de dessaisir le syndic principal en vertu de l'article 18 § 1 du Règlement d'une part, et surtout de transformer la procédure extraterritoriale ouverte contre cette filiale en procédure locale en vertu des articles 3 § 2 *in fine* et 28, d'autre part. Autrement dit, par le biais de l'ouverture d'une procédure secondaire, l'universalité de la procédure principale sera amputée des *« biens du débiteur se trouvant sur ce territoire »*. Les créanciers locaux se verront donc à nouveau appliquer le droit local ce qui devrait correspondre à leurs prévisions.

451. Applications jurisprudentielles. Ainsi, dans l'affaire *Daisytek*, le tribunal allemand saisi à propos de la filiale allemande a considéré que le Règlement n'excluait pas, dans le cadre d'un groupe de sociétés, d'ouvrir une procédure secondaire au siège de la filiale quand bien même le tribunal d'un autre État membre aurait ouvert pour la même société une procédure principale.[72] Dans l'affaire *Automold*[73], le tribunal des faillites de Cologne accepta de même d'ouvrir une procédure secondaire à l'encontre du débiteur immatriculé en Allemagne, en considération de l'ouverture préalable d'une procédure d'insolvabilité en Grande-Bretagne au motif que la pré-

71 Cass. com., 27 juin 2006, *Bull. Joly Sociétés* 2006, 1379, arrêt précité (aff. *Daisytek*).

72 (1ère instance) AG Düsseldorf, 12 mars 2004, *ZIP* 2004, 623 ; HERWEG/TAUSCHNER, *EWiR* 2004, 495 ; WELLER, *IPRax* 2004, 412 ; (appel) OLG Düsseldorf, 9 juillet 2004, *RIW* 2005, 150 et s.

73 Tribunal de Cologne, 23 janvier 2004, *NZI* 2004, 152 et s.

sence du siège et des locaux de la *Automold GmbH* en Allemagne suffisait à démontrer la présence d'un établissement au sens de l'article 2 h du Règlement. Des tribunaux autrichiens, le *Landesgericht Innsbruck* et le *Landesgericht Klagenfurt,* ouvrirent également une procédure secondaire contre la filiale autrichienne dans les affaires *Hettlage* et *Zenith* après qu'une procédure principale fut ouverte contre celles-ci en Allemagne.[74]

En France, la Cour d'appel de Versailles, dans un arrêt rendu dans l'affaire *Rover* le 15 décembre 2005, laisse entendre que l'ouverture d'une procédure secondaire à l'égard de la filiale française est possible en énonçant que *« l'ouverture d'une procédure d'insolvabilité secondaire n'est souhaitable que si elle présente une utilité* [...] *»*. Elle décide *in fine* de ne pas l'ouvrir faute d'*« utilité »*.[75]

i) L'obstacle technique

452. La question qui se pose est celle de savoir s'il est possible d'ouvrir une procédure secondaire au siège de la filiale quand bien même le tribunal d'un autre État membre aurait déjà ouvert, pour la même société, une procédure principale. La compétence des juridictions pour ouvrir une procédure secondaire suppose, en vertu de l'article 3 § 2, que *« le débiteur possède un établissement sur le territoire »* de cet État membre. L'« établissement » fait l'objet d'une définition posée à l'article 2 h du Règlement selon laquelle est un établissement *« tout lieu d'opérations où le débiteur exerce de façon non transitoire une activité économique avec des moyens humains et des biens »*. Cette définition fait correspondre l'établissement à la qualification juridique d'une succursale ou d'une agence mais non d'une filiale qui est une société dotée de la personnalité juridique. Nous savons en outre qu'il est erroné de penser qu'une société dépendante puisse perdre sa personnalité juridique du fait de sa soumission à un pouvoir d'injonction exercé par la société mère de sorte qu'elle ne représenterait plus qu'un « établissement » de celle-ci. Elle reste,

74 Affaire *Hettlage* : AG München, 4 mai 2004, *ZIP* 2004, 962 ; Landesgericht Innsbruck, 11 mai 2004, *ZIP* 2004, 1721 ; *KTS* 2005, 223 ; Bähr/Riedemann, *EWiR* 2004, 1085. Affaire *Zenith* : AG Siegen, 1er juillet 2004, *NZI* 2004, 673 ; Landesgericht Klagenfurt, 2 juill. 2004 - 41 S 75/04h, *NZI* 2004, 677 ; *EWiR* 2005, 217, note Beutler/Debus.

75 CA Versailles, 15 déc. 2005, obs. R. Dammann, *Rec. Dalloz* 2006, 379.

au contraire, une société à part entière. De sorte que le terme « établissement » est incompatible avec la personnalité morale.[76]

453. Filiale = établissement ? Toutefois, selon certains auteurs soucieux d'expliquer la jurisprudence rapportée, même si une telle interprétation paraîtrait de prime abord quelque peu « dénaturante »[77], la définition de l'article 2 h ne s'opposerait pas formellement à la caractérisation d'un établissement au lieu du siège statutaire dès lors que cette disposition ne se réfère pas à la notion de personnalité morale.[78] Serait, par conséquent, seule pertinente la question de savoir si la filiale comporte la mise en œuvre, en vue de l'exercice d'une activité économique, de *« moyens humains et de biens »* au sens de l'article 2 h,[79] ce qui devrait être le cas de toutes les filiales sauf fictivité. Un auteur[80] le formule ainsi :

> « [...] *les concepts d'« établissement » et de « personne morale » ne se recoupent pas. Une société personne morale exploite nécessairement au moins un « établissement ». En revanche, une société peut exercer une activité économique dans le cadre d'un établissement secondaire, immatriculé en tant que tel, qui n'a pas une personnalité morale distincte ».*

On fait valoir en outre que les relations entre la mère et la fille peuvent être tellement intimes que la filiale pourrait entrer dans la notion d'établissement.[81] Du fait de la participation de la mère dans la filiale, l'on pourrait

76 VIRGOS/SCHMIT, *Erläuternder Bericht*, n° 76 ; PANNEN/HERCHEN, *EuInsVO*, Art. 27, n° 28 ; DKDC/DUURSMA-KEPPLINGER, *EuInsVO*, Art. 1, n° 50 et Art. 27, n° 25 ; Ph. ROUSSEL GALLE, *J. Cl.* Procédures collectives, fasc. 3125, n° 37 ; *idem*, *JDI* 2008, 135 ; BUREAU/MUIR WATT, n° 1116 ; EHRICKE, *EWS* 2002, 101 (104 et s.) ; EIDENMÜLLER, *ZHR* 169 (2005), 528 (562) ; *idem*, *NJW* 2004, 3455 (3458) ; *idem*, *IPRax* 2001, 2 (4) ; HUBER, *ZZP* 114 (2001), 143 ; SMID, *DZWiR* 2004, 397 (400) ; URBAIN-PARLEANI, *Rev. soc.* janv./févr. 2005, n° 9 et 22 ; VALLENDER, *KTS* 2005, 283 (303) ; VORMSTEIN, *Zuständigkeiten bei Konzerninsolvenzen*, p. 166 ; *contra* : *MüKo-InsO*/REINHART, Art. 2 EuInsVO, n° 25 et s. (spéc. 32) ; DAMMANN, *Rec. Dalloz* 2005, 1779 (1785) ; *idem*, *Rec. Dalloz* 2006, 379 et s. (383) ; DAMMANN/SENECHAL, *RLDA* 2006, 81 (82) ; PAULUS, *NZI* 2001, 505 (509) ; *idem*, *EWS* 2002, 497 (501) ; O. SABEL, *NZI* 2004, 126 (127) ; WELLER, *ZHR* (169) 2005, 570 (585 et s.).

77 M. MENJUCQ, 'Les groupes de sociétés', *in* F. JAULT-SESEKE/D. ROBINE, *L'effet international de la faillite : une réalité ?*, Paris, Dalloz 2004, p. 165 et s. (174).

78 M. MENJUCQ, *JCP* éd. G 2005, 1579 (1583).

79 Ch. G. PAULUS, 'Zuständigkeitsfragen nach der Europäischen Insolvenzverordnung', *ZIP* 2003, 1728.

80 R. DAMMANN, *Rec. Dalloz* 2005, 1779 (1785).

81 PAULUS, *ZIP* 2002, 729 (730).

considérer que le personnel de la filiale (« *les moyens humains* ») serait indirectement celui de la société mère.[82] En conséquence, l'ouverture d'une procédure secondaire dans l'État du siège de la filiale serait possible quand bien même le tribunal d'un autre État membre aurait ouvert pour la même société une procédure principale. Cela rejoint d'ailleurs la proposition d'un auteur de considérer que la procédure principale concurrente ouverte en violation de la règle de priorité doit être automatiquement convertie en procédure secondaire.[83] L'ouverture d'une procédure secondaire contre la filiale dans l'État du siège de la filiale en plus de celle de la procédure principale ouverte dans l'État du siège de la société mère assurerait une application cohérente du Règlement aux groupes de sociétés en raison du devoir de coopération et d'information de l'art. 31 du Règlement entre les syndics des différentes procédures[84] tout en supprimant tous les inconvénients d'une jurisprudence libérale. Ainsi, elle *« neutraliserait le jeu des articles 5 et 7 du Règlement »*, *« éviterait la multiplication des demandes d'exequatur »* et *« permettrait l'application du droit local des procédures collectives mises en œuvre par un syndic local »*.[85] Un auteur a pu écrire que *« ce* modus operandi *prolonge en quelque sorte la situation mère-filiale existant avant l'ouverture de la procédure d'insolvabilité »*[86], ce serait le *« couteau suisse des procédures d'insolvabilité »*[87].

454. Eléments sans pertinence. Il est vrai que la CJCE avait jadis admis qu'une personne morale puisse être traitée comme un établissement.[88] Cet arrêt a cependant essuyé des critiques acerbes de la part de la

82 *Ibid.*

83 D. Fasquelle, 'Les faillites des groupes de sociétés dans l'Union européenne : la difficile conciliation entre approches économique et juridique', *Bull. Joly* 2006, 151 et s., *in fine.*

84 En ce sens : Huber, *ZZP* 114 (2001), 133 (143) ; Dammann, *Rec. Dalloz* 2006, 1752 (1757 et s.).

85 M. Menjucq, *JCP* éd. G 2005, 1579 (1583) = *Rev. proc. coll.* 2005, 241 (242). L'auteur a fait ces propositions sous l'impression de la jurisprudence *Rover*. Elles sont censées en endiguer les effets si et *« dans la mesure où la jurisprudence persisterait à retenir une conception intellectuelle du centre des intérêts principaux »* (*ibid.*, p. 1582). L'auteur exprime cependant sa nette préférence pour un retour à une acceptation matérielle du centre des intérêts principaux pour empêcher que soit renversée trop facilement la présomption de l'art. 3 § 1.

86 R. Dammann, *Rec. Dalloz* 2005, chron., 1779 (1785).

87 *Idem*, *Rec. Dalloz* 2006, jpr., 1752 (1760).

88 CJCE, 9 déc. 1987, aff. 218/86 *Schotte*, *Rec.* 1987, p. 4905 : *« L'article 5, point 5, de la Convention doit être interprété en ce sens qu'il s'applique à un cas où une personne morale établie dans un État contractant tout en n'exploitant pas une succursale, agence ou établissement dépourvu d'autonomie dans un autre État contractant, y exerce néanmoins ses activités au moyen d'une société*

doctrine.[89] Sa portée n'a pas fait l'objet d'une confirmation depuis. De plus, il est intervenu dans le cadre de la Convention de Bruxelles et les rédacteurs du Règlement insolvabilité n'ont expressément pas voulu reprendre la notion d'établissement telle qu'elle ressortait de cette convention.[90] Invoquer cette jurisprudence à titre d'argument est par conséquent hors de propos.[91]

En France, une circulaire du Garde des Sceaux du 17 mars 2003[92] excluait expressément l'ouverture d'une procédure secondaire en constatant qu'*« [i]l importe ici de souligner que l'établissement n'est pas une société filiale, dotée de la personnalité morale,* [...]. *»* Une circulaire du 15 décembre 2006[93] qui annule et remplace celle de 2003, après avoir énoncé ce principe dans les mêmes termes, poursuit cependant de manière surprenante que

> *« [l]orsqu'une procédure principale a été ouverte hors du territoire français à l'égard d'une société dont le siège statutaire est en France, une procédure secondaire peut être ouverte en France pour le ou les établissements de cette société, dans les conditions prévues pour l'ouverture d'une procédure territoriale* [...]. *Dans ce cas, même si les deux entités semblent identiques, c'est à l'égard du ou des établissements que la procédure doit être ouverte. Le siège réel de la société a en effet été considéré comme situé à l'étranger ».*

Pour résumer, on peut dire que selon cette circulaire, une société dotée de la personnalité morale ne peut être un simple établissement, sauf en cas d'ouverture à son égard d'une procédure principale à l'étranger puisque le tribunal ouvrant la procédure principale aurait alors constaté que le siège réel de la société se situe à l'étranger. Or, ce n'est pas parce qu'il y a dissociation des sièges réel et statutaire que la société perd sa personnalité morale

---

indépendante portant le même nom et ayant la même direction, qui fait et conclut des affaires en son nom et dont elle se sert comme d'un prolongement » (sommaire).

89 H. GAUDEMET-TALLON, *Compétence et exécution des jugements en Europe*, 2e éd. 2002, n° 228 et s. ; G. A. L. DROZ, *Rev. crit. DIP* 1988, 737 ; J.-M. BISCHOFF, *JDI* 1988, 544.

90 En ce sens : VIRGOS/SCHMIT, *Erläuternder Bericht*, n° 70 ; LEIBLE/STAUDINGER, *KTS* 2000, 533 (546) ; FRITZ/BÄHR, *DZWIR* 2001, 221 (231).

91 Comme le fait cependant DAMMANN, *Rec. Dalloz* 2005, 1779 (1785) alors que, de surcroît, il s'était prononcé en sens exactement inverse juste avant (*ibid.*, p. 1784, note de bas de page n° 55).

92 Circ. NOR JUSC0320134C, 17 mars 2003, publiée au *Bulletin officiel du ministère de la Justice*, n° 89, au *JO* du 30 juillet 2003, p. 12939.

93 Circulaire de la Direction des affaires civiles et du Sceau du 15 décembre 2006 relativement au Règlement n° 1346/2000 du 29 mai 2000 relatif aux procédures d'insolvabilité, n 2006-19, NOR : JUSC0620990C, 15 déc. 2006 : *BO* min. justice n° 2007-01, 28 févr. 2007 ; également *JCP éd. E* 2007, 1498.

et devient simple établissement. Les termes employés dans cette circulaire sont équivoques voire contradictoires et empreints d'un défaut de rigueur patent. Ils laissent transparaître le désir de leur auteur d'une solution qui peut peut-être apparaître opportune en pratique mais qui est juridiquement infondée. Aussi, cette circulaire dont la valeur juridique est en toute hypothèse incertaine, ne peut être prise à témoin.[94]

ii) Les soucis juridiques

Mais des soucis juridiques fondamentaux existent en plus de l'obstacle technique relatif à la notion d'établissement que l'on vient de voir.

455. Méconnaissance de la personnalité morale de la filiale. Un inconvénient majeur de l'admission de l'ouverture de procédures secondaire au siège de la filiale consiste en le fait que, dans cette procédure secondaire, l'insolvabilité du débiteur n'a plus besoin d'être examinée (art. 27),

> *« de sorte que la procédure principale ouverte contre la société mère* ***permettrait alors d'ouvrir des procédures secondaires contre les filiales in bonis,*** [ce qui est] ***en contradiction radicale avec le principe d'indépendance juridique des sociétés d'un même groupe****... »*[95].

Cela est d'autant plus grave que, s'agissant d'une procédure secondaire, la filiale devra en principe faire l'objet d'une liquidation.[96] Un tel mécanisme n'est pas compatible avec les ordres juridiques de l'UE dans lesquels l'existence de personnes morales dotées d'un patrimoine propre constitue un principe fondamental.[97]

456. Méconnaissance du patrimoine propre de la société filiale. Partant, la qualification d'établissement a pour conséquence technique que les éléments d'actifs de la filiale et ceux de la société mère, s'ils sont gérés

94 *Contra* cependant PANNEN/DAMMANN, *EuInsVO*, Teil 3 Länderberichte (Frankreich) n° 22 *in fine*.

95 BUREAU/MUIR WATT, n° 1116 (souligné par nos soins).

96 En vertu de l'art. 3 § 3, en effet, toute procédure secondaire *« doit être une procédure de liquidation »*. L'exception à ce principe est indiquée par l'art. 34 § 1 selon lequel le syndic de la procédure principale peut proposer un plan de redressement, un concordat ou « une mesure comparable » dès lors que la loi applicable à la procédure secondaire le permet.

97 Sur ce point, cf. *supra* n° 401 *in fine ;* dans le même sens : K. SCHMIDT, *Beiträge zum Insolvenzrecht* (Band 7) – Wege zum Insolvenzrecht der Unternehmen, 1990.

séparément pour des raisons pratiques, seront réunis juridiquement puisque la procédure principale et la procédure secondaire ne peuvent avoir pour objet qu'un seul débiteur dans le système du Règlement.[98] Cela s'exprime dans l'article 32 du Règlement qui autorise que *« [t]out créancier peut produire sa créance à la procédure principale et à toute procédure secondaire »*. L'article 35 du Règlement exprime aussi cette idée en ce qu'il impose au syndic de la procédure secondaire de *« transférer sans délai le surplus d'actif au syndic de la procédure principale »* après l'opération de liquidation. Or, une telle réunion d'actifs n'est pas permise lorsque sont en cause des entités dotées chacune de la personnalité morale. Cette technique du droit américain appelé *substantive consolidation* qui consiste, dans des hypothèses exceptionnelles[99], à réunir les masses des différentes sociétés d'un groupe en une masse unique commune[100], ne semble pas admissible en Europe (du moins continentale).

La raison principale en est la protection des créanciers. Dès lors que les masses sont réunies, les créanciers d'une société donnée se voient en effet indûment concurrencés dans leurs droits par les créanciers des autres sociétés lesquelles peuvent être atteintes à des degrés très différents par l'insolvabilité.[101] De sorte que les créanciers d'une société fortement atteinte bénéficieraient davantage de la consolidation matérielle que ceux d'une société peu atteinte par l'insolvabilité. Aussi, une telle consolidation substantielle saperait les assises de la prévision légitime des risques faite par les créanciers et heurterait de front le principe pourtant fondamental du traitement égalitaire des créanciers (*par conditio creditorum*)[102] qui, relativement à un seul sujet de droit, a pour but de garantir aux créanciers, occupant un même rang, le bénéfice de droits égaux sur le patrimoine de celui-ci.

Une deuxième raison de ne pas admettre cette technique américaine tient à ce que les créances que les membres du groupe auraient à faire valoir les uns contre les autres disparaissent du fait de la réunion des masses.[103] De sorte qu'une filiale qui aurait pu éviter l'insolvabilité en faisant valoir des

98 PANNEN/RIEDEMANN, *EuInsVO*, Art. 2, n° 63 et s.

99 En ce sens : MERTENS, *ZGR* 1984, 542 (555).

100 Ph. I. BLUMBERG, *The Law of Corporate Groups*, p. 401 et s.

101 En ce sens : EIDENMÜLLER, *ZHR* 169 (2005), 528 (532) ; Bundesjustizministerium (dir.), *Erster Bericht der Kommission für Insolvenzrecht*, 1985, p. 292 ; K. SCHMIDT, *Wege zum Insolvenzrecht der Unternehmen*, 1990, p. 221 et s. ; EHRICKE, *DZWIR* 1999, 353 (357 et s.).

102 FLESSNER, *Sanierung und Reorganisation*, 1982, p. 294 ; EHRICKE, *DZWIR* 1999, 353 (358) ; ADAM/POERTZGEN, *ZInsO* 2008, 347 (351).

103 Ph. I. BLUMBERG, *The Law of Corporate Groups*, p. 401 et s.

créances importantes à l'égard de sa société mère se verrait privée de celles-ci sans fondement aucun et deviendrait insolvable.

457. Méconnaissance des règles de compétence internationale. Le refus d'une telle approche ressort également du système qu'établit le Règlement comme le précise à juste titre la Cour de justice[104] :

> « [...] *dans le système de détermination de la compétence des juridictions des États membres mis en place par le règlement, il existe une compétence juridictionnelle propre pour chaque débiteur constituant une entité juridiquement distincte* ».

Autrement dit, même en présence d'un groupe de sociétés, le centre des intérêts principaux est le seul critère valable pour chaque société individuellement.[105]

458. Méconnaissance de la volonté des rédacteurs. Enfin, le fait de qualifier une filiale de simple établissement pour organiser de cette manière l'insolvabilité du groupe dans son ensemble est tout simplement contraire à la volonté des rédacteurs du Règlement qui n'ont pas justement pas voulu régler cette question.[106] Pour la même raison, les conditions d'une analogie ne sont pas remplies de sorte que une application analogue de l'art. 3 § 2 R. ins. est également exclue.[107]

459. Résumé et conclusion. Le traitement global centralisé obtenu par la technique de *forum concursus* unique menant à l'application d'une seule loi – celle de ce for – à l'ensemble des sociétés du groupe international de sociétés en faillite, s'il présente certains avantages, n'emporte pas la conviction. De trop nombreuses difficultés subsistent que des remèdes imaginés par la pratique et la doctrine n'ont pas su surmonter.

En conséquence, il faut en venir à la conclusion que plusieurs procédures ouvertes à l'égard de sociétés membres d'un même groupe ne peu-

104 CJCE, 2 mai 2006 - aff. C-341/04, *Eurofood IFSC Ltd*, *Rec.* 2006, p. I-3831.

105 En ce sens déjà : VIRGOS/SCHMIT, *Erläuternder Bericht*, n° 76.

106 PANNEN/RIEDEMANN, *EuInsVO*, Art. 2, n° 65 ; *MüKo-IntWR(IntInsR)*/KINDLER, n° 111 ; VIRGOS/SCHMIT, *Erläuternder Bericht*, n° 76 : « ***The Convention offers no rule for groups of affiliated companies*** *(parent-subsidiary schemes). The general rule to open or to consolidate insolvency proceedings against any of the related companies as a principal or jointly liable debtor is that jurisdiction must exist according to the Convention for each of the concerned debtors with a separate legal entity.* [...] » (Souligné par nos soins).

107 *MüKo-IntWR(IntInsR)*/KINDLER, n° 112.

vent être que des procédures principales. Notamment, une procédure secondaire ne peut pas être ouverte à l'égard d'une filiale. Il s'ensuite que le syndic de la procédure principale relative à la société mère a en face de lui non pas des syndics subalternes mais les organes de la société fille et, en cas d'insolvabilité de celle-ci, un syndic du même niveau que le sien. De sorte que dans le cas extrême où un grand nombre de sociétés du groupe tombent en faillite, il y aura autant de syndics de procédures principales qu'il y a des sociétés insolvables. Le syndic de la procédure principale ouverte à l'égard de la société mère n'occupe donc pas une position privilégiée mais n'est qu'un pair parmi l'ensemble des syndics. De sorte que les obligations de coopération et d'information des art. 31 et s. du Règlement ne peuvent jouer puisqu'elles supposent l'existence d'une procédure principale et d'une ou plusieurs procédures secondaires. Le syndic de la procédure principale de la société mère peut dès lors bien sûr élaborer un plan de redressement de l'ensemble des sociétés du groupe et le présenter aux autres syndics du groupe. Ceux-ci ne seront cependant pas obligés de suivre ce plan. Tout porte cependant à croire qu'ils le feront dès lors que ce plan leur paraîtra bénéfique pour la société (filiale) et ses créanciers dont ils ont la charge.

§ 2) L'état actuel du droit prétorien

Afin de lutter contre les inconvénients manifestes des décisions nationales se fondant sur le critère des *head office functions* pour déterminer un « centre des intérêts principaux du groupe »[108], la CJCE est intervenue en 2006. Au lieu de rechercher des remèdes « faute de mieux » que l'on vient de voir et dont on sait qu'ils sont inefficaces car infondés juridiquement, la Cour a cherché à tarir la source du mal-être elle-même, à savoir l'interprétation (trop) large de la notion de centre des intérêts principaux. Elle a apporté des précisions importantes quant à cette notion et au système du Règlement en général. Ces précisions laissent toutefois subsister un certain nombre d'interrogations.

A. Les précisions de l'arrêt Eurofood

460. Le 2 mai 2006, la Cour de justice a rendu un arrêt de principe dont l'importance est fondamentale pour l'interprétation du Règlement

108 Cf. *supra* § 1.

insolvabilité. Grâce à cette affaire *Eurofood IFSC Ltd*[109], dans laquelle les juridictions de deux États membres différents s'étaient déclarées compétentes pour ouvrir une procédure principale à l'égard d'une même filiale, la Cour eut l'occasion d'apporter trois séries de précisions particulièrement importantes pour les groupes de sociétés : renforcement de la présomption de l'art. 3 § 2, exclusion de tout contrôle de la décision d'ouverture d'une procédure principale et cantonnement du rôle de l'ordre public.

1. Le renforcement de la présomption de l'art. 3 § 1 phr. 2 R. ins.

a) Le but : l'équilibre

461. Après les excès des tribunaux nationaux retenant systématiquement leur compétence à l'égard des filiales dès lors que le siège de la société mère se trouvait sur leur territoire, il s'agissait de renforcer la stabilité du critère de compétence internationale du § 3 § 1 phr. 2 R. ins. La présomption selon laquelle le centre des intérêts principaux se trouve au lieu du siège statutaire devait faire l'objet d'une rééquilibrage dans le sens où elle ne devait plus pouvoir être réfutée aussi facilement que par le passé sans pour autant rendre impossible une réfutation dès lors qu'une société filiale avait réellement son centre des intérêts principaux au siège de la société mère.[110] Aussi, la solution devait consister à ne permettre l'ouverture de procédures principales contre les filiales que lorsque celles-ci sont véritablement « dirigées » par la société mère de façon à ce qu'elles aient véritablement leur centre des intérêts principaux au siège statutaire de la société mère. Pour ce faire, il convenait de retenir une interprétation plus restrictive que celle retenue par les juridictions nationales. À s'en tenir au considérant n°13 du Règlement, le centre des intérêts principaux correspond au *« lieu où le débiteur gère habituellement ses intérêts et qui est donc vérifiable par les tiers »*. En toute lo-

109 CJCE, 2 mai 2006, aff. C-341/04, *Eurofood IFSC Ltd*, *Rec.* 2006, p. I-03813 ; *D.* 2006, 1286, obs. A. LIENHARD, p. 1752, note R. DAMMANN et p. 2251, obs. F.-X. LUCAS ; *JCP éd. G* 2006, II, 10089, note M. MENJUCQ et I, 185, n° 2, obs. Ph. PETEL ; *Bull. Joly* 2006, 907, § 184, note D. FASQUELLE ; *Rev. soc.* 2006, 360, note J.-P. REMERY.

110 La *Supreme Court of Ireland* émettait, au contraire, l'avis dans sa question préjudicielle selon lequel, au risque de dénaturer les structures d'un groupe de sociétés, le siège de la société mère ne pouvait jouer aucun rôle dans la détermination du centre des intérêts principaux de la filiale, même lorsque la société mère détermine entièrement la marche de sa filiale.

gique, il convenait de revenir à une acception plus matérielle du centre des intérêts principaux s'inspirant des termes de ce considérant.[111]

b) Le moyen : objectivisation de la notion communautaire autonome du centre des intérêts principaux

462. Aussi, la Cour juge que

> « [...] *pour la détermination du centre des intérêts principaux d'une société débitrice, la présomption simple* [...] *au bénéfice du siège statutaire de cette société ne peut être écartée que si des* ***éléments objectifs et vérifiables par les tiers permettent d'établir l'existence d'une situation réelle différente de celle que la localisation audit siège statutaire est censée refléter.*** »[112]

Poursuivant l'analyse, la Cour estime que cette réfutation peut avoir lieu en présence d'une simple société *« boîte aux lettres »*[113], mais non dans l'hypothèse où une société exercerait effectivement son activité dans l'État membre où est situé son siège statutaire. Elle précise utilement à l'adresse des groupes internationaux de sociétés que

> *« le simple fait que ses* ***choix économiques soient ou puissent être contrôlés par une société mère établie dans un autre État membre ne suffit pas pour écarter la présomption*** [...] *».*[114]

c) Enseignements et précisions

463. Appréciation individuelle de chaque débiteur. Cette dernière précision est fondamentale pour notre sujet : la Cour indique que dans le cadre du Règlement, il faut raisonner par rapport à chaque débiteur individuellement[115], même s'il fait partie d'un groupe[116] et même s'il s'agit d'une filiale à 100 % comme en l'espèce. Cette précision porte *a priori* un coup d'arrêt à la jurisprudence extensive des tribunaux nationaux adoptant une

111 Tel est le souhait qu'exprimait M. MENJUCQ, *JCP éd. G* 2005, 1579 (1582).
112 Point 34 de l'arrêt (souligné par nos soins).
113 Point 35.
114 Point 36 (souligné par nos soins).
115 Point 30.
116 En ce sens : L. IDOT, *Europe* 2006, comm. 230.

vision plus économique que juridique du groupe laquelle fut jugée par de nombreux auteurs comme étant trop éloignée des termes du Règlement.[117]

464. Le centre des intérêts principaux – une notion autonome du droit communautaire. Il est précisé, en outre, que la notion du centre des intérêts principaux est une notion autonome du droit communautaire de sorte qu'elle ne saurait se rapporter à une notion de droit interne.[118]

465. L'objectivisation de la notion du centre des intérêts principaux qu'exprime le point 34 de l'arrêt permet néanmoins de tenir compte de la réalité (« *situation réelle différente* »). Mais la présomption au profit du siège statutaire ne pourra être réfutée qu'en présence d'*« éléments objectifs et vérifiables par les tiers »*. Cette approche qui se réfère à des critères purement objectifs – lesquels doivent être pertinents aux yeux des tiers – est connue sous le nom de ***business-activity-theory***[119]. Elle constitue la contrepartie de la théorie des *head-office-functions* laquelle est par conséquent écartée par la CJCE.[120] Selon la *business-activity-theory*, en effet, le centre des intérêts principaux d'une société est déterminé par des aspects externes ou extériorisés. Comme le constate déjà le rapport VIRGOS/SCHMIT[121], la compétence juridictionnelle internationale doit revenir au tribunal du lieu qui est connu par les créanciers afin qu'ils puissent évaluer les risques juridiques et économiques. Par conséquent les créanciers doivent être en mesure de reconnaître ce lieu. C'est le cas lorsque sont pris en compte les aspects de l'activité de la société qui s'extériorisent. Le centre des intérêts principaux se trouve par conséquent au lieu où ces aspects sont perceptibles pour des tiers : là où le débiteur gère habituellement son affaire, où il entre en contact avec le monde des affaires par l'action de ses organes sociaux... et non pas au lieu où seraient prises des décisions stratégiques internes dont les

117 Cf. *supra* § 1 B. En ce sens : G. JAZOTTES/M.-H. MONSERIE-BON, *Europe* août 2007, étude 19.

118 Point 31 de l'arrêt : *« La notion de centre des intérêts principaux est propre au Règlement. Partant, elle revêt une signification autonome et doit donc être interprétée de manière uniforme et indépendante des législations nationales. »* ; cf. également l'analyse de L. IDOT, *Europe* 2006, comm. 230 et M. MENJUCQ, *JCP éd. G* 2006, II, 10089 ; *contra* : G. KHAIRALLAH, cf. *supra* note de bas de page n° 62 et *JDI* 2007, 151 et s. (spéc. 158).

119 J. ISRAËL, *European Cross-Border Insolvency Regulation*, p. 258 ; PANNEN/PANNEN, *EuInsVO* Art. 3, n° 41 et s. ; PANNEN/RIEDEMANN, *NZI* 2004, 646 (651) ; MANKOWSKI, *BB* 2006, 1753 (1754).

120 PANNEN/PANNEN, *EuInsVO* Art. 3, n° 41.

121 n° 75.

tiers ignorent tout comme dans la théorie des *head-office-functions* ou *mind of management*. Les *« éléments objectifs et vérifiables par les tiers »* qu'évoque la Cour peuvent être multiples : le lieu des relations client, les comptes bancaires à l'aide desquels se font les paiements entre les créanciers et le débiteur, l'*electio juris* dans les contrats conclus avec les tiers, le recours aux modes locaux de financement, la location de bureaux, le lieu de travail effectif des salariés...[122] Il appartiendra aux tribunaux nationaux le soin d'apprécier, d'une manière objective et par une décision motivée, s'il existe un faisceau d'indices concordants pour renverser la présomption de l'art. 3 § 1.

La circulaire du 15 décembre 2006 fait sienne cette interprétation restrictive du centre des intérêts principaux par la CJCE.[123] Autrement dit, la question du « centre des intérêts principaux du groupe » dans son ensemble ne se pose plus.[124]

Cette approche présente l'avantage d'une plus grande prévisibilité juridique grâce à l'emploi de critères objectifs et ce non seulement au profit des tiers mais également au profit de la société elle-même. Si cette approche est donc préférable, nous verrons cependant que le critère que la Cour met en œuvre, à savoir les « éléments objectifs et vérifiables par les tiers », n'est pas non plus exempt de difficultés.[125]

2. *Interdiction de contrôler la compétence internationale du premier juge sauf par la mise en œuvre des voies de recours de droit national*

466. Exclusion de contrôle de la compétence internationale. Comme nous l'avons vu, certains auteurs avaient pu nourrir l'espoir que la CJCE admette un contrôle de la compétence du juge d'origine. Cet espoir a toujours été vain en raison des arguments qui s'y opposent.[126] Aussi, de manière peu surprenante, la Cour confirme dans l'arrêt *Eurofood*[127] qu'aucun contrôle ne peut être exercé par le deuxième juge :

122 *MüKo-IntWR(IntInsR)*/KINDLER, n° 141 ; MARSHALL, *European Cross Border Insolvency*, 2005, n° 1.006.

123 Art. 1.2.3 de la circulaire.

124 DKDC/DUURSMA-KEPPLINGER, *EuInsVO*, Art. 3 n° 121.

125 Cf. *infra* n° 468 et s.

126 Cf. *supra* n° 449.

127 CJCE, 2 mai 2006, aff. C-341/04, *Eurofood*, n° 39 et s. ; cf. également les Concl. gén. de l'Av. gén. JACOBS, 27 septembre 2005; *D.* 2006, *AJ* 2006, 1286, obs. A. LIENHARD. Solution réitérée dans CJCE, 17 janvier 2006, aff. C-1/04, *Susanne Staubitz-Schreiber*, *D.* 2006, *AJ* 2006, 367, obs. A. LIENHARD ; *ZIP* 2006, 188 ; *ZInsO* 2/2006, 88.

> *« l'article 16, paragr. 1, 1er al., du Règlement CE n° 1346/2000 doit être interprété en ce sens que la procédure d'insolvabilité principale ouverte par une juridiction d'un État membre doit être reconnue par les juridictions des autres États membres, sans que celles-ci puissent contrôler la compétence de la juridiction de l'État d'ouverture ».*

Renvoi aux voies de recours de l'État d'ouverture. Il n'est pas vain de préciser ici que la partie qui estime que le centre des intérêts principaux se situe dans un autre État que celui désigné par la juridiction d'ouverture doit utiliser les voies de recours prévues par le droit national de cette juridiction.[128] On a pu remarquer à juste titre que le droit national de cet État peut cependant parfaitement restreindre l'accès aux voies de recours contre le jugement d'ouverture d'une procédure collective[129] à condition qu'il le fasse de manière non discriminatoire. Ce danger semble devoir être supporté par les justiciables en présence d'un Espace judiciaire européen où la confiance mutuelle (doit) préside(r) aux relations judiciaires. Une *ultima ratio* existe cependant.

3. Cantonnement de l'ordre public (Art. 26 R. ins.)

467. Dans l'affaire *Daisytek*, le tribunal des faillites de Düsseldorf nomma un administrateur judiciaire provisoire pour la filiale allemande du groupe sans avoir connaissance de l'ouverture préalable d'une procédure principale en Angleterre à l'égard de cette même société. Lorsqu'il apprit l'existence de la procédure anglaise, il rendit une « ordonnance de clarification » dans laquelle il ouvrit une deuxième procédure principale constatant que la première procédure principale ouverte en Angleterre était contraire à l'art. 26 R. ins. relatif à l'ordre public en ce que les juges anglais n'auraient pas entendu les dirigeants de la société allemande.[130] Par la suite, le tribunal dut cependant reconnaître la procédure principale anglaise puisque les droits des dirigeants avaient été respectés.[131] Plus d'un an après l'ouverture de la procédure principale en Allemagne, celle-ci fut donc clôturée.[132]

128 Arrêt *Eurofood*, point 43.

129 J.-P. Remery, *Rev. soc.* 2007, 360 (378).

130 AG Düsseldorf, 6 juin 2003, *ZIP* 2003, 1363 ; Smid, *DZWIR* 2003, 397 ; Mankowski, *EWIR* 2003, 767.

131 AG Düsseldorf, 12 mars 2004, *ZIP* 2004, 623 ; Herweg/Tauschner, *EWiR* 2004, 495 ; Weller, *IPRax* 2004, 412.

132 AG Düsseldorf, 7 avril 2004, *ZIP* 2004, 866, note Westpfahl/Wilkens, *EWiR* 2004, 909.

Une hypothèse analogue se rencontre dans l'arrêt *Eurofood*. Le juge de l'exécution (irlandais) sous-entendait qu'il y avait eu en l'espèce violation de l'ordre public en l'absence pour le syndic de pouvoir se faire entendre et d'avoir accès à des pièces jugées essentielles. La Cour transposa au Règlement insolvabilité sa jurisprudence *Krombach*[133] relative à l'ordre public dans le cadre de la Convention de Bruxelles.[134] En l'espèce, était en cause l'ordre public procédural et le droit d'être entendu et, fort logiquement, la Cour retient que

> « [...] *l'article 26 du Règlement doit être interprété en ce sens qu'un État membre peut refuser de reconnaître une procédure d'insolvabilité ouverte dans un autre État membre lorsque la décision d'ouverture a été prise en violation manifeste du droit fondamental à être entendue dont dispose une personne concernée par une telle procédure* ».[135]

Il n'est pas facile de savoir ce qu'est exactement une « violation manifeste d'une règle de droit considérée comme essentielle dans l'ordre juridique de l'État requis ou d'un droit reconnu comme fondamental dans cet ordre juridique ».[136] La lecture restrictive qu'ordonne la CJCE semble avoir été entendue par les juges nationaux. Ainsi, dans un espèce qui aurait bien permis de retenir une solution contraire, la Cour de cassation[137] a jugé que

> « [l]*'absence d'audition des représentants du personnel préalablement à la décision d'ouverture de la procédure d'insolvabilité ne constitue pas une violation manifeste du droit fondamental à être entendue dont dispose une personne concernée par cette procédure.* »

Aussi, l'espoir peut *a priori* être nourri que l'ordre public de l'art. 26 R. ins. ne sera pas utilisé dans le but de « contrôler » de manière cachée la compétence internationale du premier juge.[138]

A priori, le tableau ainsi dessiné semble cohérent : application individuelle du Règlement à chaque personne morale, membre ou non d'un groupe ; mise en œuvre de critères objectifs pour fonder la compétence

133 CJCE, 28 mars 2000, aff. C-7/98 - *Krombach*, *Rec.*, p. I-1935 ; H. GAUDEMET-TALLON, *Compétence et exécution des jugements en Europe*, 3e éd., 2002, n° 404 ; L. IDOT, *Europe* 2000, comm. n° 157 ; Chr. VON BAR, *JZ* 2000, 725 ; M.-L. NIBOYET, *Gaz. Pal.* 2000, III Doctr., 1731 ; H. MUIR WATT, *Rev. crit. DIP* 2000, 489 ; C. NOURISSAT, *JCP éd. G* 2001, II, 10607.

134 Arrêt *Eurofood*, points 63 et s.

135 Arrêt *Eurofood*, point 67.

136 Arrêt *Krombrach* précité, points 23 et 37.

137 Cass. com., 27 juin 2006, aff. *Daisytek, précit.*

138 SMID, *DZWiR* 2006, 315 (326).

d'ouverture de la procédure principale ; reconnaissance automatique des décisions d'ouverture ... Or, un certain nombre de difficultés persistent néanmoins. Et l'on aurait tort de les sous-estimer.

B. Les problèmes subsistants

Les précisions apportées par la Cour dans l'arrêt *Eurofood* sont d'une importance fondamentale pour l'application (voire la non-application) du Règlement insolvabilité aux groupes de sociétés. Des interrogations insoupçonnées font cependant surface lorsque l'on analyse de près le système que la Cour a ainsi mis en place. Trois d'entre elles nous paraissent mériter d'être soulevés.

1. Quels « éléments objectifs » ?

468. Les éléments objectifs qui doivent être pris en compte pour réfuter la présomption selon laquelle le centre des intérêts principaux du débiteur se trouve au lieu de son siège statutaire n'ont pas fait l'objet d'autres précisions par la Cour. Il appartient par conséquent aux juridictions nationales de les apprécier au cas par cas. Il est donc intéressant de faire état de trois exemples de jurisprudence nationale intervenue à la suite de l'arrêt *Eurofood*, l'un en Allemagne, deux en France.

469. L'affaire *PIN II*. La première affaire concerne le PIN Group, groupe allemand spécialisé dans le marché des services postaux, composé de plus de quatre-vingt-dix sociétés. Au moment de la survenance des premières difficultés financières occasionnées par le refus de l'investisseur principal de soutenir davantage le groupe fin 2007, la direction était assurée par un *holding* prenant la forme d'une SA de droit luxembourgeois. Des procédures d'insolvabilité ont été ouvertes à l'égard de plus d'une cinquantaine de sociétés membres du groupe. C'est la procédure ouverte par le Tribunal des faillite de Cologne[139] à l'égard de la société *holding* luxembourgeoise elle-même qui présente un intérêt particulier pour nous puisqu'elle soulevait le problème de la détermination du centre des intérêts principaux dans le cadre du Règlement insolvabilité. De manière incontestée, le centre des intérêts principaux de cette société se trouvait au lieu de son siège à Luxembourg jusqu'en décembre 2007. Toutefois, afin de mieux restructurer le groupe exclusivement composé – mise à part la société mère – de socié-

139 AG Köln, 19.2.2008, 73 IE 1/08, *PIN II*, *EWiR* 2008, 531 ; C. G. Paulus, *NZI* 2008, 257.

tés de droit allemand, la direction prit la décision de se mouvoir à Cologne à partir de janvier 2008.

Le Tribunal prend le soin de préciser de manière détaillée les critères objectifs qui lui permettent de fonder sa compétence à l'égard de cette société débitrice luxembourgeoise. La motivation est d'une qualité telle qu'il convient d'en reproduire un bref extrait :

> « [...] *que le centre des intérêts principaux se trouvait depuis janvier 2008 – et ainsi* ***antérieurement à la demande d'ouverture*** *de la procédure – à Cologne. Le fait que les décisions essentielles et importantes ont été prises à Cologne à partir de janvier 2008 et non au lieu du siège statutaire à Luxembourg était* ***vérifiable par les créanciers mais également par d'autres personnes telles, par exemple, les cocontractants et les salariés des filiales régionales****. Les* ***fonctions essentielles du débiteur en tant que holding*** *du groupe – à savoir la planification et la détermination de la politique du groupe, achats, finances et controlling, marketing, communication et relation presse, la direction du groupe, le développement et la réalisation de mesures de redressement – ont été assurées non pas à Luxembourg mais* ***à Cologne****. Cette situation était perceptible pour les tiers. Ainsi,* ***c'est à Cologne que le nouveau directoire a mené les négociations avec des investisseurs, avec les banques ainsi qu'avec les créanciers principaux du débiteur****. Des négociations relatives à la conclusions d'accords de sursis de paiement ont été menées à Cologne. Les* ***communiqués de presse contenaient et contiennent toujours l'adresse de Cologne****.* »[140]

Cette décision est en tous points conforme à la jurisprudence communautaire *Staubitz-Schreiber* et *Eurofood* tant, tout en se plaçant au moment de la demande d'ouverture, elle prend le soin d'indiquer en quoi et de quelle manière les tiers ont pu vérifier les éléments objectifs énumérés.

470. L'affaire *Eurotunnel*. La deuxième affaire se situe quelques trois mois après l'arrêt *Eurofood* de la CJCE. Elle est connue en France sous le nom d'*Eurotunnel*. Le Tribunal de commerce de Paris a accepté d'ouvrir des procédures principales (de sauvegarde[141]) à l'égard de 17 membres d'un groupe.[142] Il retient sa compétence au motif qu'

140 *NZI* 2008, 257 (260), notre traduction, notre soulignement.

141 Face à l'application extensive, par les juridictions nationales, du Règlement aux groupes des sociétés d'une part et face aux règles de priorité et de reconnaissance automatique d'autre part, le Gouvernement français avait en effet revu sa position initiale relative à la définition de la « procédure d'insolvabilité » posée aux articles 1er et 2 a) R. ins. (En

« un faisceau d'indices concordants et vérifiables par les tiers démontre que le centre des intérêts principaux des différentes entités d'Eurotunnel est en France et plus particulièrement à Paris, puisque la ***direction stratégique et opérationnelle*** *des différentes entités [...] se trouve à Paris au siège d'Eurotunnel SA [...], la* ***direction financière*** *est également située en France [...],* ***l'essentiel des activités, des salariés et des actifs*** *est également situé en France [...], les* ***négociation de restructuration*** *de la dette [...] se font essentiellement à Paris [...]. [...]*
Attendu qu'il est d'une bonne administration de la justice de trouver une solution unique à la même difficulté financière qui menace les dix-sept entités requérantes toutes garantes solidaires d'une dette qui excède leur capacité de remboursement.
Qu'en conséquence ce tribunal retiendra sa compétence à l'égard de la demande d'Eurotunnel PLC. »[143]

---

vertu duquel le Règlement *« s'applique aux procédures collectives fondées sur l'insolvabilité du débiteur qui entraînent le dessaisissement partiel ou total de ce débiteur ainsi que la désignation d'un syndic ».*). Il a adopté une interprétation plus large de ces « procédures d'insolvabilité » fixées, pour chaque État, à l'annexe A du Règlement en y faisant inscrire par le Conseil (statuant à la majorité qualifiée conformément à l'art. 45 du Règlement.), en 2006, en plus des procédures de redressement et de liquidation judiciaires qui y figuraient dès le début, la procédure de sauvegarde issue de la réforme des procédures collectives de 2005 (Règlement (CE) n° 694/2006 du Conseil du 27 avril 2006 modifiant les listes des procédures d'insolvabilité, des procédures de liquidation et des syndics figurant aux annexes A, B et C du Règlement (CE) n° 1346/2000 relatif aux procédures d'insolvabilité, *JOCE* L. 121/1 du 6 mai 2006). Certains auteurs se félicitent du fait que comme la procédure de sauvegarde intervient assez tôt, à savoir lorsqu'il peut être justifié de « *difficultés* » « *de nature à* [...] *conduire à la cessation des paiements* » (art. L. 620-1, al. 1er, 1ère phr. C. com.), les tribunaux français sont en mesure d'ouvrir une procédure avant leurs homologues étrangers et auraient ensuite la possibilité de la convertir en procédure de redressement ou de liquidation judiciaires (en ce sens : M. MENJUCQ, *JCP éd. G* 2007, I 310 (points 16, 17) et *idem*, *RJC* 2007, 105 (113)). L'exemple de l'inscription de cette procédure de sauvegarde à l'annexe A a trouvé des admirateurs. Ainsi, d'autres pays en ont fait de même avec des procédures similaires (par exemple la Grèce et l'Italie (*concordato preventivo*)) ou, du moins, la doctrine en étudie et discute la possibilité (tel est le cas de l'Allemagne, cf. PAULUS, *NZI* 2008, 1 (4). La procédure de l'*Eigenverwaltung* des §§ 270 et s. InsO est la procédure la plus proche fonctionnellement de la procédure de sauvegarde du droit français.). Nous verrons cependant que cette course à la compétence internationale n'est pas une bonne méthode et ne devrait pas être encouragée, qui plus est par le législateur.

142 TC Paris, 2 août 2006, n° 2006047554, *Eurotunnel PLC*, *D.* 2006, 2329, note R. DAMMANN/G. PODEUR ; F. JAULT-SESEKE/D. ROBINE, *Bull. Joly Sociétés* 2007, 37.

143 Souligné par nos soins.

En lisant ce passage du jugement, on n'a pas l'impression que le Tribunal de commerce suive la nouvelle approche de *business-activity* indiquée par la Cour de justice mais, au contraire, adopte la théorie du *mind of management* ou *head-office-functions* d'une manière plus franche même que c'était le cas des décisions françaises antérieures (« *une solution unique* »).[144] En réalité, parmi les éléments énumérés par le Tribunal pour écarter la présomption, on trouve aussi bien des éléments subjectifs non extériorisés (directions stratégique, opérationnelle et financière) qu'objectifs (situation des activités et salariés, lieu des négociations). Jamais n'est-il fait référence de manière substantielle à des « tiers » pourtant censés « vérifier » ces éléments devant être « objectifs » selon l'arrêt *Eurofood*. *« L'existence d'une situation réelle différente de celle que la localisation audit siège statutaire est censée refléter »*[145], individuellement pour chaque débiteur, n'est pas davantage démontrée. Aussi, eut-il fallu répondre à la question de savoir en quoi l'une quelconque des dix-sept sociétés ne gère-t-elle pas *« habituellement ses intérêts »* au lieu de son siège statutaire.

471. L'affaire *Belvédère*.[146] Le groupe Belvédère était composé d'un *holding* sis à Beaune, d'une filiale bordelaise ainsi que de six filiales polonaises. Le tribunal de commerce de Beaune fit droit aux requêtes des sociétés de ce groupe tendant à l'ouverture de procédures de sauvegarde. Concernant les sociétés polonaises, il estima en effet que leur centre des intérêts principaux se trouvait en France, plus précisément à Beaune, en constatant

> *« l'existence d'un faisceau d'indices concordants et vérifiables par des tiers démontrant, pour chacune des sociétés demanderesses, que le* **centre effectif de la direction des affaires** *est localisé en France.* [...] **directions stratégiques, opérationnelle et financière** *sont localisées à Beaune,* [...] **centre névralgique** *où sont traitées les opérations de gestion et d'administration du groupe ».*[147]

Une fois de plus, l'on assiste ici à l'application de la théorie des *head-office-functions* sous sa forme la plus pure.

Partant, pour fonder sa compétence à l'égard de la société filiale dont le siège statutaire était à Bordeaux et écarter l'application de l'art. R 600-1 C. com., le tribunal de Beaune invoqua la primauté du Règlement insolvabi-

144 Même constat chez : R. DAMMANN, *Rec. Dalloz* 2006, 2329 (2335).

145 Arrêt *Eurofood*, n° 34.

146 Faits relevés chez DAMMANN/PODEUR, *Rec. Dalloz* 2008, 2738.

147 Cité d'après DAMMANN/PODEUR, *précit.* Souligné par nos soins.

lité sur le droit interne. Ce procédé est surprenant et erroné à la fois. En effet, la compétence territoriale ne relève nullement du Règlement insolvabilité qui se contente de désigner globalement *« les États membres dont les juridictions peuvent ouvrir une procédure insolvabilité »*.[148]

472. L'échec : constat et raison. Ces derniers exemples le montrent : la Cour de justice n'est pas parvenue à renverser le courant jurisprudentiel national antérieur.[149] Cela tient avant tout à ce que le simple fait que la société filiale *« exerce une activité sur le territoire de l'État membre où est situé son siège social »*[150] ne suffit pas pour empêcher la réfutation de la présomption et ainsi la localisation de son centre des intérêts principaux au siège de sa société mère par exemple.[151] Certes, en ce cas, *« le fait que ses choix économiques soient ou puissent être contrôlés par une société mère établie dans un autre État membre ne suffit pas pour écarter la présomption »*[152]. Or, cela signifie *a contrario* que des éléments pertinents, *« objectifs et vérifiables par les tiers »*, peuvent parfaitement suffire pour l'écarter. Autrement dit : en réalité, la porte reste largement ouverte aux juges pour ouvrir une procédure à l'égard d'une filiale étrangère, même exerçant une réelle activité.

Aussi, loin de condamner systématiquement l'ensemble des décisions rendues par les tribunaux nationaux appliquant les théories de *head-office-functions* ou *mind of management*, l'arrêt *Eurofood* laisse subsister le doute quant aux éléments à prendre en considération. Certes, la méthode repose sur des éléments d'appréciation souples ce qui peut être gage de solutions plus justes. Or, le danger est celui que le Professeur G. KHAIRALLAH résume parfaitement en ces termes :

> *« Dans la mesure où l'appréciation repose sur des éléments souples, voire vagues, les tribunaux risques de réintroduire dans leur appréciation leur propre conception de la notion de centre des intérêts principaux du débiteur. »*[153]

148 Cf. considérant 15 du Règlement. En ce sens également : PANNEN/PANNEN, *EuInsVO*, Art. 3 n° 1.

149 En ce sens : M. MENJUCQ, 'L'Europe et le droit de l'entreprise', *JCP éd. G* 2007, I 310 (points 16, 17).

150 Cf. Arrêt *Eurofood*, n° 37 *in principio.*

151 C. G. PAULUS, *NZG* 2006, 609 (612) ; R. DAMMANN, *Rec. Dalloz* 2006, 2329 (2334).

152 Cf. Arrêt *Eurofood*, n° 37 *in fine.*

153 G. KHAIRALLAH, *JDI* 2007, 151 (160).

Autrement dit, tout en se conformant formellement aux prescriptions de l'arrêt *Eurofood*, les juridictions nationales peuvent poursuivre leur jurisprudence antérieure en prenant, bien entendu, la précaution de motiver davantage leur décision.[154] Cela est d'autant plus vrai qu'un élément d'appréciation de la situation permettant la réfutation de la présomption prévue à l'art. 3 § 1 phr. 2 R. ins. est en réalité superfétatoire.[155]

473. Au demeurant, il convient donc de se demander si, dans le cadre de la réglementation *de lege lata*, une troisième voie après celle de la théorie des *head-office-functions* et celle de la *business activity* est théoriquement envisageable et souhaitable.

La théorie de la détermination du centre des intérêts principaux en fonction du mode d'organisation du groupe. Le Professeur C. G. PAULUS indique une ébauche de solution intermédiaire spécifique pour les groupes qui est axée sur son mode d'organisation.[156] Il distingue entre un groupe de sociétés centralisé et un groupe de sociétés décentralisé. Le premier devrait se voir appliquer le Règlement insolvabilité en tant qu'unité économique à l'aide de la théorie de *mind of management* de sorte que, souvent, le centre des intérêts principaux du groupe se trouvera au siège de la société mère. Le centre des intérêts principaux des sociétés d'un groupe décentralisé, au contraire, doit faire l'objet d'une détermination individuelle, selon lui.

Cette solution doit être récusée. La distinction proposée entre les groupes centralisés et les groupes décentralisés est en effet impossible à mettre en œuvre puisque le degré de centralisation à l'intérieur d'un groupe est multiforme et change en permanence. Par ailleurs, l'application de la théorie de *mind of management* que voudrait employer l'auteur pour les groupes centralisés vient d'essuyer une condamnation de la part de la Cour de justice dans l'arrêt *Eurofood* en raison des multiples inconvénients qu'elle comporte.

2. Qui sont les « tiers » ?

474. La question peut surprendre mais elle n'en doit pas moins être posée si l'on veut déterminer avec quelque sécurité si la présomption de l'art. 3 § 1 peut être réfutée ou non puisque les « tiers » sont un élément à prendre en considération dans le cadre de l'opération de réfutation. *A priori*, ces tiers peuvent être des personnes très différentes : les créanciers (con-

154 En ce sens également : M. MENJUCQ, *RJC* 2007, 105 (109).

155 Cf. *infra* 2.

156 PAULUS, *EuInsVO*, Art. 3, n° 33 et s.

tractuels ou délictuels) de la société, les titulaires d'une sûreté, les salariés, les personnes du *management* prises individuellement compte tenu de l'autonomie de principe de la personne morale... mais également le facteur ou toute autre personne qui perçoivent et peuvent « *vérifier* » des « *éléments objectifs* ». Qui parmi ces personnes doit alors déterminer en dernier lieu si le siège statutaire reflète la réalité ou non de la société ? La Cour ne l'indique pas et une réponse est impossible à trouver. Ce qui est sûr, c'est que, selon la Cour, l'appréciation personnelle du facteur ne constitue pas un élément à prendre en compte pour établir « *une situation réelle différente* ». Car même si ce facteur tient raisonnablement pour établi que la société « *boîte aux lettres* » à laquelle il apporte le courrier exerce une activité réelle et effective, son avis ne pèsera pas dans la balance.[157]

En réalité, « *les tiers* » auxquels se réfère la Cour et qui sont dotés de suffisamment d'objectivité pour apprécier utilement le critère tant important de la compétence internationales des juridictions sont... les juges. Ce sont en effet eux qui disposent de tous les éléments nécessaires pour apprécier la situation.[158] La qualité de l'appréciation en est peut-être assurée. Il reste que, du coup, la formule employée « *vérifiables par les tiers* » est sans portée réelle et devient une coquille vide.

Partant, les juges pouvant être amenés à intervenir dans le cadre du Règlement insolvabilité sont autant les juges de la CJCE que les juges nationaux. Ces derniers sont d'ailleurs les « juges communautaires » les premiers appelés pour apprécier la situation au regard du Règlement insolvabilité. Une conséquence importante en découle. Il apparaît en effet que l'objectivité recherchée par la CJCE comporte une part de subjectivité que l'on ne peut négliger : celle des juges nationaux. Pourquoi un juge, qu'il soit britannique ou non d'ailleurs, qui serait acquis à une vision plus économique du groupe n'écarterait-il pas la présomption de l'art. 3 § 1 phr. 2 afin de traiter globalement l'insolvabilité du groupe par une concentration des compétence en sa personne dès lors que, comme nous l'avons vu[159], une motivation quelque peu consistante suffit pour ce faire ?

157 Arrêt *Eurofood*, point 35.

158 En ce sens : PAULUS, *NZG* 2006, 609 (612).

159 *Infra* 1.

3. Quel rôle pour l'ordre public ?

475. Il est à craindre que le refus de reconnaissance pour contrariété à l'ordre public ne devienne plus récurrent à l'avenir.[160] Ceci peut avoir deux sources : soit une mauvaise application délibérée de l'art. 26 du Règlement afin de combattre une éventuelle usurpation de compétence de la part d'un juge étranger dans la mesure où la décision d'ouverture de celui-ci ne peut plus faire l'objet d'aucun autre contrôle, soit l'hypothèse particulière d'une procédure ouverte à l'égard d'une société *in bonis.*

a) Mauvaise application délibérée de l'article 26

476. L'affaire *Brochier.* Malgré la formule assez restrictive qu'emploie la Cour pour décrire le champ d'application limité de l'ordre public, une juridiction allemande a fait une application de l'art. 26 R. ins. relatif à l'ordre public qui paraît manifestement erronée. En l'espèce, une société d'origine allemande s'était transformée en société *holding* sous forme de *limited* de droit britannique par voie de fusion-absorption. Elle continuait cependant à déployer la totalité de ses activités en Allemagne, ne serait-ce que l'existence d'un bureau en Angleterre n'ayant pas pu être vérifiée. Alors que, objectivement, le centre de ses intérêts principaux se trouvait par conséquent en Allemagne, la demande d'ouverture d'une procédure d'insolvabilité introduite par la société elle-même a été accueillie par un tribunal anglais. La réaction du tribunal allemand normalement compétent était immédiate. Le tribunal de l'insolvabilité de Nuremberg refusa en effet de reconnaître la décision d'ouverture anglaise en invoquant l'ordre public allemand, considérant que la nomination par le tribunal anglais de personnes au poste de *joint admininstrators* qui avaient été de longue date conseillers juridiques de la société violait *« le principe fondamental du droit des faillites allemand de l'indépendance de l'administrateur judiciaire ».*[161]

Le recours à l'ordre public ne semble pas justifié dans cette hypothèse puisque l'on peut raisonnablement douter de la présence d'une *« une violation manifeste d'une règle de droit considérée comme essentielle dans l'ordre juridique de l'État requis ou d'un droit reconnu comme fondamental dans cet ordre juridique ».*[162] De surcroît, il eut été possible aux créanciers allemands de mettre en œuvre les

160 Même crainte exprimée par G. KHAIRALLAH, *JDI* 2007, 151 (162).

161 AG Nürnberg, 15 août 2006 - 8004 IN 1326-1331/06, *Brochier, NZI* 2007, 137, note D. ANDRES/A. GRUND.

162 Arrêt *Eurofood*, point 63.

voies de recours propre au droit anglais tout simplement pour combattre l'ouverture de la procédure par le tribunal anglais comme la Cour de justice prend le soin de l'indiquer dans l'arrêt *Eurofood*[163]. Cela est tellement évident qu'il apparaît possible que le tribunal allemand ait voulu sanctionner le défaut de compétence du tribunal anglais par un moyen détourné : celui de la réserve d'ordre public.

477. La raison de cette pratique. Le recours à l'ordre public par les juges nationaux s'explique cependant aisément. En effet, l'ordre public apparaît au juge national comme étant désormais la seule voie pour s'opposer à la reconnaissance dans son État d'une procédure ouverte dans un autre État membre.[164] A tort ou à raison, la possibilité pour les juges requis de réagir de la sorte à la réfutation infondée (à leurs yeux) de la présomption de l'art. 3 § 1 phr. 2 est mentionnée par une réponse ministérielle française en ces termes :

> *« **Retenir systématiquement que le centre principal des intérêts d'une société filiale serait le lieu où est établie sa société mère** serait un détournement du texte communautaire, de nature à porter **atteinte à l'ordre public**, notamment en ce que les représentants du personnel de la personne morale concernée ne seraient pas entendus préalablement à l'ouverture de la procédure ».*[165]

On le voit, le contrôle de la compétence du juge de la procédure d'ouverture, exclu et chassé par la porte par l'arrêt *Eurofood*[166] risque en réalité de revenir par la fenêtre de l'ordre public.[167] Et ce, bien que la Cour ne partage probablement pas ces vues...[168]

163 Point 43.

164 Chr. SERAGLINI, 'L'ordre public et la faillite internationale : une première application dans le cadre de l'affaire Eurofood', *in* G. AFFAKI (dir.), *Faillite internationale et conflit de juridiction (Regards croisés transatlantiques)/Cross-border insolvency and conflict of jurisdictions (A US-EU experience)*, Bruylant 2007, p. 171 (179 et s.).

165 Avis sur l'arrêt de la Cour d'appel de Versailles du 4 sept. 2003 dans l'affaire *Daisytek* (*D.* 2003, 2352), Réponse ministérielle n° 40288, *JOANQ* 3 août 2004, *D.* 2004, 2212. Souligné par nos soins.

166 Points 39 et s.

167 Même appréciation chez Chr. SERAGLINI, *op. cit.*, p. 191.

168. La mauvaise interprétation d'une règle de droit communautaire (ici : la notion de centre des intérêts principaux) par un juge ne saurait constituer une base au juge d'un autre État membre pour utiliser la réserve de l'ordre public national en vue de refuser la reconnaissance de la décision. Cela ressort de CJCE, 11 mai 2000, aff. 38/98 - *Maxi-*

b) La contrariété à l'ordre public d'une procédure d'insolvabilité ouverte à l'égard d'une société in bonis *?*

478. Signalons enfin que certains auteurs s'interrogent pour savoir si l'ouverture, à l'étranger, d'une procédure principale à l'égard d'une filiale locale[169] qui serait *in bonis* au regard du droit local, pourrait ne pas être reconnue par le juge local en invoquant une contrariété à l'ordre public.[170] Eu égard à l'importance fondamentale du rôle de la personnalité morale dans les ordres économique et juridique de nos pays occidentaux que nous avons déjà eu l'occasion de souligner à plusieurs reprises[171], une telle optique nous paraît au demeurant fondée.

Quoi qu'il en soit, la seule existence de réflexions doctrinales relatives à une catégorie entière de décisions qui pourraient être frappées par une non-reconnaissance au titre de l'art. 26 R. ins. – ici, les décisions qui concerneraient donc une société *in bonis* au regard de la *lex societatis* – sème le doute quant à la qualité de la solution adoptée en dernier lieu par la Cour de justice.

4. Quel avenir ?

479. Résumons. Le but recherché par la Cour de justice consistant à amoindrir le nombre des conflits de compétences en matière d'insolvabilité intracommunautaire des groupes est louable. Le système mis en place laisse cependant subsister le risque que certains tribunaux écartent trop hâtivement la présomption posée à l'art. 3 § 1 phr. 2 R. ins. . La notion d'*« éléments objectifs et vérifiables par les tiers »* n'est pas en effet exempte de tout équivoque. Dès lors qu'une société se trouve sous la surveillance étroite de sa société mère (détermination et contrôle de la marche quotidienne de l'entreprise, nomination et révocation des dirigeants, transfert total des bénéfices de la filiale à la mère) et qu'elle se borne à commercialiser les produits fabriqués par une société sœur, dira-t-on toujours que le centre des intérêts principaux se trouve au lieu du siège statutaire ? Ne s'attelera-t-on pas plutôt à

---

car, *Rec.* 2000, I- 02973 (et *Rev. crit. DIP* 2000, 497, note H. GAUDEMET-TALLON), spéc. point 33 : *« Le juge de l'État requis ne saurait, sous peine de remettre en cause la finalité de la convention, refuser la reconnaissance d'une décision émanant d'un autre État contractant au seul motif qu'il estime que, dans cette décision, le droit national ou le droit communautaire a été mal appliqué ».*

169 Dont le centre des intérêts principaux se trouverait donc de manière non disctuable dans l'État d'ouverture conformément à la jurisprudence *Eurofood.*

170 Ph. ROUSSEL GALLE, *JCl. Europe*, fasc. 871 (Règlement 1346/2000), n° 61 *in fine* ; F. MELIN, *La faillite internationale,* n° 91.

171 Cf. *supra* n° 401 *in fine* avec d'autres références.

écarter cette présomption alors même que des éléments objectifs et vérifiables par des tiers ne font pas penser à une situation réelle différente de celle reflétée par le siège statutaire ?

En réalité, le critère du contrôle intra-groupe expressément exclu par la CJCE dans l'arrêt *Eurofood*[172] semble loin d'être mort et oublié. Et puisqu'il risque de mettre en échec l'autonomie juridique des sociétés filiales, pourtant fondamentale d'un point de vue juridique et économique, les juridictions nationales n'hésiteront peut-être pas à rechercher des astuces pour répondre à la menace. L'ordre public n'est qu'un exemple parmi d'autres pour réintroduire un contrôle de la compétence internationale pourtant formellement exclu. Un auteur propose ainsi le refus de reconnaissance fondé sur l'adage *fraus omnia corrumpit, « du moins lorsque le juge étranger aurait été saisi par une partie dans le but d'échapper à la compétence des juridictions françaises »*[173]. En l'occurrence, le problème n'est cependant sans doute pas là : ce que l'on reproche aux décisions d'ouverture n'est pas la manœuvre frauduleuse par laquelle une partie aurait cherché à éviter la compétence du for mais l'attitude des juges étrangers d'en avoir sciemment accueilli les demandes...

Il est regrettable que les « appels à l'autodiscipline »[174] adressés aux juges des États membres n'aient pas suffi à prévenir l'évolution que nous connaissons. Ainsi, le Professeur néerlandais Bob WESSELS[175], a incité les juges, dès 2003, à observer que :

> *« As a central aim of the Regulation is to avoid incentives for parties seeking to obtain a more favourable legal position (forum shopping),* **judges may wish for more than 'sufficient' proof for rebutting the presumption**, *leaving it to petitioners and their counsel to provide an even better case, which leaves without any reasonable doubt that the request for an opening decision for this specific court indeed is not a sham or a tactical manoeuvre. »*

480. Et maintenant : *quo vadis,* Règlement insolvabilité ? La question est celle de savoir quelles peuvent être les solutions permettant de sortir de cette crise. Doit-on chercher à améliorer une réglementation qui est

172 Point 36.

173 F. MELIN, *Bull. Joly Sociétés* 2005, 927 et s. (*in fine*).

174 Formule de M. MENJUCQ, *Act. proc. coll.* 2006-9, 1 (cité d'après J.-P. REMERY, *Rev. soc.* 2006, 360 (381)).

175 'International jurisdiction to open insolvency proceedings in Europe, in particular against (groups of) companies', à consulter sur : *http://www.iiiglobal.org/*, p. 25.

mauvaise parce que, tout simplement, elle n'est pas faite pour accueillir l'hypothèse des groupes de sociétés ? Doit-on, au contraire, interdire purement et simplement l'application du Règlement insolvabilité aux groupes ? Faut-il inventer de toutes pièces une nouvelle réglementation spécifique pour les groupes internationaux de sociétés ? La solution idéale, sans doute, mais inaccessible dans l'état actuel des travaux, même sur un plan plus vaste que l'UE...[176]

481. Nuance importante. En réalité, ne perdons pas de vue, face à ces difficultés de technique juridique, qu'un traitement global coordonné de l'insolvabilité touchant une pluralité de sociétés membres d'un groupe international de sociétés a pourtant ses mérites. Le plan global de redressement dans l'affaire *Eurotunnel* a ainsi permis d'éviter l'effondrement de l'ensemble des structures. Ainsi encore, les créanciers peuvent parfois profiter d'un prix de cession plus élevé lorsqu'il est procédé à des cessions simultanées des actifs de plusieurs sociétés et non à des cessions séparées. Tel serait par exemple le cas d'un groupe dont une société détiendrait un brevet et une autre un deuxième brevet qui serait nécessaire à l'exploitation du premier : la cession conjointe des deux sociétés aura pour effet l'obtention d'un prix sensiblement supérieur à celui pouvant être obtenu par le biais de cessions séparées.

Seulement, la méthode employée pour réaliser la coordination consistant en la centralisation des compétences au sein d'une seule juridiction et, partant, l'application d'une seule loi de faillite à l'ensemble des sociétés n'est pas souhaitable, comme nous venons de le voir. En réalité, ce qui importe, ce n'est pas l'unicité de compétence et de loi mais la raison pour laquelle les tribunaux recherchent cet objectif, à savoir la coordination efficace des procédures ouvertes à l'égard des différents membres d'un groupe. Autrement dit, il s'agit d'obtenir la coordination de la pluralité de procédures. C'est là que doivent se situer les réflexions à entreprendre pour améliorer *de lege ferenda* le droit communautaire en matière des groupes.

176 L'état actuel des travaux en la matière est reflété par les efforts de la CNUDCI. Sur ce point, cf. les développements à la fin de ce chapitre.

Section 2 Réflexions sur une amélioration *de lege ferenda* du droit communautaire de l'insolvabilité en matière de groupes

De lege ferenda, le droit communautaire de l'insolvabilité des sociétés et des groupes de sociétés pourrait être simplifié et amélioré de deux manières, pensons-nous. La première concerne la méthode de détermination de la juridiction compétente (et ainsi de la *lex concursus*) qui a suscité et continuera sans doute à susciter des débats importants. La deuxième est relative aux modalités de mise en œuvre des procédures d'insolvabilité.

§ 1) Une détermination plus simple du for compétent

482. Tout comme il s'est avéré impossible de déterminer ou d'appliquer une *lex concilii societatium* au groupe pour régir les questions de responsabilité et de protection des différents intérêts en cause durant la formation et la vie du groupe, il s'est avéré difficile et surtout peu souhaitable de vouloir appliquer systématiquement une loi d'insolvabilité commune à l'ensemble des sociétés du groupe par le biais de la compétence juridictionnelle unique.

L'idée. Pour garantir une application plus « individuelle » à chaque société membre, on a ainsi essayé de recourir à des astuces consistant en la vérification de la décision d'ouverture par les juges requis ou encore en l'ouverture de procédures secondaires au lieu des filiales. Ces méthodes étant appelées à disparaître – la première étant inconciliable avec la jurisprudence la plus récente qui tend à renforcer la présomption de l'art. 3 § 1, la deuxième étant juridiquement infondée – , il faut se demander s'il ne serait pas préférable de conférer un caractère irréfragable à la présomption de l'art. 3 § 2[177] voire d'abandonner tout simplement toute idée de présomption au profit d'un critère de compétence juridictionnelle unique pour les personnes morales.

La raison. Nous savons qu'actuellement, le siège statutaire est le critère de principe pour les personnes morale et la présomption en sa faveur ne peut être réfutée que lorsque des « éléments objectifs et vérifiables par les tiers » indiquent la localisation du centre des intérêts principaux en un

177 En ce sens : J.-P. Remery, *Rev. soc.* 2006, 360 (381).

autre lieu. Autrement dit, pour des raisons de clarté, les rédacteurs du Règlement ont choisi d'établir une présomption. Celle-ci doit cependant céder lorsque les tiers risquent d'être abusés. On le voit, ce qui importe par dessus tout en matière d'insolvabilité est la **prévisibilité et la sécurité juridique des tiers** pour ce qui est de la compétence juridictionnelle et de la loi applicable. C'est ce que relève expressément la Cour de justice.[178]

Techniquement. Cela étant, ne serait-il pas alors plus simple pour trancher les questions relatives à la manière dont chaque société du groupe prise individuellement a vocation à disparaître ou à être redressée, de retenir la compétence de principe des tribunaux de l'État en vertu de la loi duquel la société s'est constituée (la *lex societatis*) ? Il suffirait, pour ce faire, de modifier l'art. 3 § 1 phrase 2 du Règlement insolvabilité en ce sens que le **siège statutaire serait le critère unique** pour les personnes morales.[179]

483. Les importants avantages. Retenir le siège statutaire comme critère unique aurait pour avantage premier un parallélisme entre la compétence législative et la compétence juridictionnelle, l'article 4 du Règlement donnant compétence à la loi de l'État d'ouverture. De sorte que ne se posera plus le problème de la délimitation entre *lex societatis* et *lex concursus*[180] puisque la *lex fori concursus* sera la *lex societatis.* Cela aurait pour avantage deuxième une prévisibilité parfaite pour les tiers, quels qu'ils soient, parce qu'il n'existerait qu'un seul critère stable et transparent qui ne pourra faire l'objet de manipulations contrairement à celui du « centre des intérêts principaux » ou encore celui du « siège réel ». A la différence de ces derniers critères, en effet, le siège statutaire ne peut être modifié frauduleusement et sans que le tiers n'aient la faculté de prendre connaissance du changement éventuel par la voie de la publicité du registre des sociétés. Le barrage fait au *forum shopping* serait total. Au final, les compétences juridictionnelles et législatives seront toujours celles de l'État de constitution.

Cette approche, il est vrai, ne correspond pas à la tendance actuelle de la plupart des pays, y compris les travaux de la CNUDCI[181]. Il reste que cette solution paraît préférable à la situation actuelle dans laquelle une société française ou allemande, dès lors qu'un juge anglais constatera l'existence du centre de ses intérêts principaux sur le territoire anglais, sera im-

178 Arrêt *Eurofood*, point 33.

179 En ce sens : EIDENMÜLLER, *ZHR* 169 (2005), 529 (562) ; *idem*, *NJW* 2004, 3455 (3458 et s.).

180 Cf. notamment *infra* Chapitre 2.

181 Cf. *infra* à la fin de ce chapitre.

pliquée dans une procédure d'insolvabilité régie par les règles de procédure anglaises et se verra soumise au droit anglais de l'insolvabilité.[182]

Un inconvénient majeur existe toutefois. Il s'agit de l'étrangeté qui consiste, pour les créanciers français ou allemands, de devoir demander l'ouverture d'une procédure d'insolvabilité à l'égard d'une société constituée conformément au droit anglais, non pas au tribunal du lieu où elle fait habituellement ses affaires et où les tiers seraient entrés en contact avec elle – par exemple Paris ou Berlin – , mais au tribunal d'*incorporation* anglais. Il faut cependant relativiser. Car ce qui importe davantage aux créanciers que la compétence juridictionnelle est bien la loi applicable parce que c'est d'elle qu'ils tiennent leurs droits. Dans notre hypothèse, le droit anglais s'appliquerait. Mais alors est-il vraiment encore choquant à l'heure actuelle que le droit des faillites anglais s'applique à une société anglaise sise dans un autre pays ? Avant les bouleversements dus à la liberté d'établissement dans les affaires *Centros*, *Überseering* et *Inspire Art*, l'on a pu légitimement penser de la même façon que la loi applicable à la société est celle du pays du siège réel, du moins à chaque fois lorsqu'est en cause la protection des créanciers locaux. Or, il n'en est rien, comme nous l'avons vu. Pourquoi en irait-il alors différemment en matière d'insolvabilité ? L'on peut certes penser que l'évolution du droit communautaire des sociétés comporte des dangers à certains égards et mériterait peut-être d'être repensée. Toutefois, la direction qu'il a prise ces dernières années paraît irréversible de sorte que toute discussion qui viserait à revenir en arrière est sans doute condamnée d'avance. Aussi, la solution qui est évoquée ici pour la matière de l'insolvabilité est loin d'être hors de propos.

Enfin, un tel parallélisme entre la loi applicable et le tribunal compétent est évidemment *a priori* contraire à l'idée d'optimisation par la concentration des compétences auprès d'un seul tribunal des différentes procédures d'insolvabilité ouvertes à l'égard des membres d'un groupe. Seulement, il ne faut pas oublier que les initiateurs d'un groupe international de sociétés, s'ils veulent s'assurer que leur groupe puisse faire l'objet d'une réorganisation maniable à l'avenir, peuvent parfaitement faire constituer les sociétés membres du groupe – au besoin par transformation ultérieure – conformément à la loi d'un même État.[183] En ce cas, en effet, la compétence juridictionnelle et le droit matériel des faillites seront identiques pour l'ensemble du groupe.

182 En ce sens : EIDENMÜLLER, *NJW* 2004, 3455 (3459).

183 En ce sens : EIDENMÜLLER, *ZHR* 169 (2005), 528 (563).

D'ailleurs, plus importante que la question de la compétence des juges est celle de savoir de quelle manière une pluralité de procédures peut être coordonnée utilement au profit des créanciers mais aussi au profit du débiteur. Tel est, en réalité, l'enjeu fondamental. Son dénouement heureux passe par une amélioration des modalités de mise en œuvre des procédures.

§ 2) Une amélioration des modalités de mise en œuvre des procédures face à un groupe

484. Que l'on suive notre proposition d'abandonner la présomption de l'art. 3 § 1 phr. 2 R. ins. et d'instaurer le siège statutaire comme critère unique[184] ou que l'on maintienne le système actuel de détermination de compétence dont nous savons cependant qu'il est inapproprié pour assurer la sécurité juridique : dans l'objectif de mieux coordonner une éventuelle pluralité de procédures d'insolvabilité (ouvertes concomitamment à l'égard de la société mère et sa filiale ou à l'égard de deux ou plusieurs filiales) afin d'en augmenter l'efficacité, deux voies complémentaires sont envisageables. Une voie est sans doute celle d'une amélioration voire d'un développement des outils juridiques. L'autre voie pourrait consister en une amélioration du rôle des acteurs de ces procédures.

A. Une amélioration du rôle des acteurs

485. Il est classiquement deux acteurs principaux dans une procédure d'insolvabilité : le juge et le syndic. Il convient d'étudier la question de savoir si la qualité de leur intervention dans les procédures ouvertes à l'égard de plusieurs sociétés membres d'un même groupe peut être améliorée dans le sens d'une coordination plus efficaces des procédures.

En outre, notamment lorsque l'on songe au droit allemand des groupes qui prévoit expressément un pouvoir de direction pour la société mère, il paraît de prime abord intéressant de prolonger ce pouvoir au-delà de l'ouverture des procédures d'insolvabilité. Si tel est le cas, la société mère (voire son syndic) pourrait utilement coordonner « l'insolvabilité du groupe ».

1. Un pouvoir de direction de la société mère en matière d'insolvabilité ?

486. L'on pourrait en effet penser que le droit allemand prévoit la possibilité pour la société mère (voire son syndic) de donner des directives aux

184 Cf. *supra* § 1.

syndics des filiales – une sorte de prolongement du droit des groupes en matière d'insolvabilité.

Or, il n'en est rien. Tout d'abord, rappelons qu'une filiale ne peut devenir insolvable dans le cadre d'un **groupe de droit** dès lors que la société mère est solvable.[185] Car la société mère a l'obligation de compenser systématiquement toutes les pertes de la filiale en vertu du § 302 AktG, peu importe leur cause. Si, au contraire, des procédures d'insolvabilité sont ouvertes à l'égard de la société mère et de la filiale, ces ouvertures n'ont pas pour effet de perpétuer le pouvoir de direction de la société mère mais, au contraire, elles suspendent les effets des contrats interentreprises et par là même le pouvoir de direction.[186] En toute hypothèse, le § 308 al. 1er AktG relatif au pouvoir de direction autorise la société mère à donner des directives au directoire de la société dépendante en dehors de l'insolvabilité mais cette disposition ne lui confère en aucun cas un quelconque pouvoir à l'égard du syndic de la filiale : tout syndic est autonome et compétent pour un seul sujet de droit seulement.[187] Cette dernière circonstance explique aussi que le syndic de la société mère en tant qu'organe autonome compétent pour la seule société mère ne saurait exercer le pouvoir de direction à l'égard d'un tiers, la société fille. Ce pouvoir excéderait ses compétences.

Dans le **groupe de fait**, il en va de même. Le syndic de la mère n'est pas compétent pour « inciter » la filiale dans le sens souhaité par lui. Il est vrai que, dans le groupe de fait, le droit de donner des directives à l'égard de la filiale découle de l'exercice des droits de vote que détient la mère dans la filiale et que cet exercice appartient en principe au syndic de la mère dès lors que celle-ci est en faillite. Seulement, du fait de ce qui précède, l'exercice de ces droits de vote devrait devenir illégal dès lors qu'il se fait sous la forme du pouvoir de direction.[188] Indubitablement, l'exercice est illégal lorsqu'il se fait dans l'intérêt de la société mère ou du groupe tout en causant des inconvénients à la filiale.[189] De plus, l'obligation de compenser les pertes du § 302 AktG qui s'applique par analogie au groupe de fait et qui fonde le droit de la société dominante d'influencer la marche de la filiale ne

185 VORMSTEIN, *Zuständigkeiten bei Konzerninsolvenzen*, p. 149 et s.

186 AG Düsseldorf, *ZIP* 2002, 1636 (1641) ; VORMSTEIN, *Zuständigkeiten bei Konzerninsolvenzen*, p. 148 ; EIDENMÜLLER, *ZHR* (169) 2005, 528 (548 et 564).

187 EIDENMÜLLER, *ZHR* (169 (2005), 528 (548 et 564).

188 En ce sens : KORT, *ZIP* 1988, 688 ; K. SCHMIDT, *Wege zum Insolvenzrecht der Unternehmen*, p. 228 (spéc. 229).

189 VORMSTEIN, *Zuständigkeiten bei Konzerninsolvenzen*, p. 153.

peut plus jouer en cas d'insolvabilité de la société mère. En ce cas, il est logique que la société mère ne soit plus autorisée à donner des directives à la filiale.[190]

Aussi, un prolongement dans l'insolvabilité de la hiérarchie interne du groupe fondée sur le droit des sociétés est *a priori* exclu.

2. *Les rôles possibles des syndics*

Le syndic joue un rôle essentiel dans toute procédure d'insolvabilité. En cas de pluralité de procédures ouvertes à l'encontre de sociétés appartenant à un même groupe, la gamme des formes d'organisation des relations entre les différents syndics impliqués va de la hiérarchisation stricte à une coopération souple. La nomination d'un syndic unique pour l'ensemble des sociétés du groupe contourne l'écueil de la nécessité d'organiser les relations entre plusieurs syndics.

a) Le syndic unique du groupe

487. Techniquement, cela suppose que toutes les juridictions impliquées se mettent d'accord sur la nomination d'un seul et même syndic chargé de l'ensemble des procédures.

Les avantages sont manifestes. Le syndic ainsi nommé pourra en effet prendre en compte la totalité des intérêts et les structures internes du groupe et assurer de cette manière une administration plus coordonnée, moins onéreuse et plus efficace de l'ensemble des différentes masses. Le gain en termes d'informations devrait d'ailleurs être considérable : l'information du syndic portera ainsi sur l'ensemble des procédures. Lui seul aura une vision d'ensemble cohérente. Aussi, les marchés internes conclus entre les différentes sociétés du groupe seront plus faciles à retracer.[191] Les avantages en termes économiques, par exemple le prix de cession sensiblement supérieur quand la cession se fait de manière coordonnée et l'élaboration d'un plan de redressement global, ont déjà été mentionnés.[192] Ce modèle présente aussi l'avantage d'éviter la concurrence entre les différents syndics dont chacun ne poursuivrait que le seul objectif d'agrandir la masse dont il a la charge.[193]

190 En ce sens : VORMSTEIN, *Zuständigkeiten bei Konzerninsolvenzen*, p. 152 et s.

191 EHRICKE, *DZWiR* 1999, 353 (356).

192 Cf. *supra* n° 443.

193 EIDENMÜLLER, *NJW* 2004, 3455 (3459).

Enfin, le regard unique et centralisé de cette approche permet de prendre en compte le plus fidèlement le groupe dans sa réalité économique.

Les difficultés que soulève ce modèle sont cependant de nature tant pratique que juridique. D'un point de vue pratique, d'abord. Il n'est pas acquis en premier lieu que les juridictions des États membres soient prêtes à nommer un syndic étranger pour administrer une société de droit local. Une tendance générale des juridictions européennes à privilégier largement les syndics nationaux peut être constatée.[194] En deuxième lieu, un syndic unique devrait parfaitement connaître les droits des différents États afin de pouvoir rechercher d'éventuels actes préjudiciables pouvant faire l'objet d'une nullité, annulation ou inopposabilité[195] ainsi que pour apprécier – selon la loi de cet État – les domaines échappant à la *lex fori concursus*[196]. Cette entreprise semble illusoire. En troisième lieu, la présence géographique du syndic auprès du débiteur qui est généralement perçue comme un gage de la qualité du travail du syndic, serait abandonnée au profit d'un syndic théoriquement omniprésent grâce à des moyens de télécommunication modernes mais pratiquement presque toujours absent.[197] La qualité de son travail en souffrirait, la communication avec la juridiction se compliquerait et les coûts de l'administration seraient sans doute sensiblement plus élevés en raison des frais de télécommunication et surtout de déplacement que ceux qu'engendrerait un syndic « sur place ».

D'un point de vue juridique, ensuite. En premier lieu, il semble erroné de penser que les intérêts des sociétés insolvables d'un groupe soient systématiquement convergents de façon à ce qu'une gestion par un seul syndic puisse les satisfaire.[198] Lorsque l'on analyse la situation des sociétés individuellement, on constatera que tantôt il sera recommandé de procéder à une liquidation, tantôt à un redressement, tantôt à une cession partielle ou totale... Si tel est le cas, un plan de redressement ou de redressement global pour l'ensemble des sociétés présenté par le syndic unique risque de se voir systématiquement reproché de ne pas prendre suffisamment en compte les intérêts de chaque filiale prise individuellement.[199] En deuxième lieu,

194 Ehricke, *EWS* 2002, 101 (103).

195 Cf. art. 4 § 2 m) Règlement.

196 Art. 5 et s. R. ins.

197 Ehricke, *DZWIR* 1999, 353 (356).

198 D. Adam/C. Poertzgen, *ZinsO* 2008, 281 (286).

199 En ce sens : Vormstein, *Zuständigkeiten bei Konzerninsolvenzen*, p. 247.

comme nous l'avons vu à l'image du droit allemand[200], il n'est pas sûr qu'un syndic ait le droit d'agir par rapport à plusieurs personnes défaillantes à la fois. Des conflits d'intérêts en la personne du syndic risquent en effet de survenir. Car le syndic commun à la société mère et à sa filiale réunira en sa personne les fonctions de créancier et de débiteur puisqu'il devra déclarer les créances de la société mère à l'égard de la filiale et *vice versa*. Pire, il lui incombera non seulement de faire valoir les créances au nom de l'une des sociétés mais également de les contester au nom de l'autre. Le même conflit d'intérêts apparaît en matière d'actes préjudiciables, le syndic devant demander au nom d'une filiale par exemple la nullité d'un acte, puis affirmer le contraire au nom de la mère.[201] Dans ces conditions, il lui sera impossible de présenter l'objectivité nécessaire à l'égard des différentes masses. C'est pourquoi les droits européens interdisent généralement la nomination d'un syndic commun pour les sociétés d'un groupe.[202] Enfin, le syndic unique du groupe lui même ne sera peut-être pas enclin à occuper cette fonction car il engagera sa responsabilité lorsqu'il néglige ses devoirs à l'égard d'un débiteur au profit d'un autre.

Aussi, la nomination d'un syndic unique commun aux sociétés du groupe n'est pas une option à retenir.

b) Syndic « principal » de la société mère et syndics « secondaires » des filiales

488. Nous avons vu que le droit allemand des groupes ne permet pas de prolonger automatiquement la position hiérarchique de la société mère en cas d'insolvabilité.[203] Toutefois, afin de mieux coordonner les procédures principales[204], l'on pourrait penser à **appliquer les art. 31 et s. du Règlement** relatifs au devoir de coopération, de coordination et d'information **de manière analogue** à l'hypothèse dans laquelle **plusieurs procédures principales** seraient ouvertes à l'égard de la société mère et ses

200 Cf. *supra* 1.

201 VORMSTEIN, *Zuständigkeiten bei Konzerninsolvenzen*, p. 239 et s.

202 Cf. *supra* n° 442 ; SMID, *DZWIR* 2004, 397 (400) ; PAULUS, *ZIP* 2005, 1948 (1951) ; *idem*, *ZIP* 1996, 2141.

203 Cf. *supra* n° 486.

204 La pluralité des procédures principales est celle à laquelle on aboutirait en suivant notre approche selon laquelle chaque société membre d'un groupe doit faire l'objet d'une procédure principale, cf. *supra* § 1.

filiales.[205] L'application se ferait de manière analogue puisque le champ d'application des art. 31 et s. R. ins. est circonscrit – on le rappelle – à l'hypothèse dans laquelle existerait une procédure principale et une ou plusieurs procédures secondaires. Pratiquement, ce serait la procédure relative à la société mère qui ferait figure de « procédure principale » alors que les procédures relatives aux filiales seraient traitées comme des « procédures secondaires » au sens des art. 31 et s. du Règlement. De cette manière, le syndic de la société mère détiendrait les mêmes compétences qu'à l'égard des syndics des procédures secondaires.

Les avantages. Cette approche comporte un avantage important. En effet, tant que la société mère n'est pas insolvable, la solution ne peut s'appliquer faute de syndic « principal ». Il en résulte que l'autonomie du syndic de la filiale et ainsi de la filiale est mieux respectée. Elle ne cède que lorsque l'insolvabilité des membres du groupe atteint l'entité la plus hautement placée, la société mère.[206]

Un autre avantage immédiatement perceptible de cette solution est qu'elle est suffisamment similaire aux règles existantes sur la relation entre la procédure principale et la ou les procédures secondaires pour pouvoir espérer une acceptation large en tant qu'amendement au Règlement, au contraire d'une solution complètement nouvelle.

Les inconvénients. L'inconvénient majeur de cette approche est celui de la détermination de la société mère dont le syndic sera par la suite investi du rôle directeur de l'ensemble des procédures en tant que « syndic de la procédure principale » selon le modèle présenté ici. En effet, dès lors que plusieurs procédures principales sont ouvertes et que l'on se trouve face à des structures intra-groupes complexes comportant plusieurs niveaux avec parfois plusieurs sociétés au même niveau, il sera assez difficile de déterminer avec suffisamment de précision celle parmi toutes ces sociétés qui est réellement la société mère. Ainsi, dans le groupe *Eurotunnel* par exemple, les *holdings* français (Eurotunnel SA) et anglais (Eurotunnel PLC) étaient expressément au même niveau et dirigeaient ensemble le groupe. De plus, les droits nationaux en matière de groupe de sociétés diffèrent largement sur le point de savoir à partir de quel moment une société doit être considérée comme étant dominante. Nous avons vu les différents degrés prévus par le

205 Déjà en ce sens : R. VAN GALEN, 'The European Insolvency Regulation and Groups of Companies', 2003, à consulter sur *www.iiiglobal.org*, p. 8 et s. ; SMID, *DZWiR* 2004, 397 (400).

206 En ce sens : D. ADAM/C. POERTZGEN, *ZinsO* 2008, 281 (285).

droit français et le droit allemand.[207] De sorte qu'une société peut être considérée par un juge comme étant la société mère alors que le juge d'un autre État membre considérera qu'elle ne l'est pas, ou pas encore. Cette divergence de définition et d'appréciation est source de difficultés, notamment d'un nouveau conflit de juridictions.

Il ne faut pas oublier, en outre, qu'il est des groupes dont les membres se gèrent de manière largement indépendante et dans lesquels le pouvoir de direction est minime. Il paraît inutile de vouloir appliquer aux sociétés d'un tel groupe le régime contraignant des art. 31 et s. R. ins. appliqués de manière analogue qui instaure une hiérarchie forte entre les procédures. Dans cette situation, mais aussi en général, les intérêts des différentes sociétés en cause peuvent être trop divergents voire même en opposition pour traiter leur insolvabilité globalement.

On remarque que cette solution se heurte aussi à un souci en pratique : à l'heure actuelle, la coopération entre les syndics est encore *« sous-développée et contre-productive »*[208], même s'agissant d'un seul débiteur. Cela tiendrait au fait que les art. 27 et s. R. ins. n'indiquent pas avec une précision suffisante les devoirs des uns et des autres en vue d'une coordination optimale.[209] A cet égard, le projet d'instaurer un régime contraignant pour une pluralité de débiteurs contre lesquels seraient ouverts des procédures principales semble quelque peu précoce.

Il faut en conclure qu'une position directrice forte du syndic de la société mère n'est pas souhaitable en l'état actuel du droit communautaire et des législations nationales relatives aux groupes de sociétés.

c) Une coopération accrue entre les syndics

489. Comme nous l'avons vu, les articles 31 et s. du Règlement relatifs à la coopération entre les syndics des différentes procédures sont inapplicables à l'hypothèse dans laquelle plusieurs procédure principales auraient été ouvertes à l'égard de sociétés faisant partie d'un groupe. L'application analogue de ces dispositions n'est pas davantage souhaitable tant il est apparu peu opportun d'établir un régime contraignant mettant systématique-

207 Cf. *supra* Partie I - Titre (n° 439 et s.).

208 PAULUS, *ZIP* 2005, 1948 (1952) (notre traduction).

209 D. ADAM/C. POERTZGEN, *ZinsO* 2008, 281 (285).

ment en présence un syndic principal, celui de la société mère, et des syndics secondaires, ceux des filiales.[210]

Une démarche volontaire. Il convient néanmoins de suggérer aux praticiens de coopérer bien plus activement que ce n'est le cas aujourd'hui. Car, comme nous l'avons vu, il y a bien des hypothèses dans lesquelles il peut s'avérer utile d'élaborer un plan de sauvegarde ou de redressement au niveau du groupe. Appelons en à la raison de tout un chacun : un bon syndic aura compris qu'une collaboration avec les syndics des autres sociétés du groupe peut, selon les hypothèses, être bénéfique à l'ensemble des procédures et donc y compris au débiteur et aux créanciers dont il a la charge.

La condition – l'échange d'informations. L'élaboration d'un plan global suppose toutefois que les syndics des différentes sociétés du groupe coopèrent activement. Car pour pouvoir faire des propositions utiles, encore faut-il être en possession de l'ensemble des informations pertinentes. En vue d'une coordination efficace, il semble recommandé de centraliser ensuite les informations auprès de l'un des syndics en présence. Celui-ci doit être tenu informé en permanence de la situation de chacune des autres sociétés.

Une coordination des procédures assurée par un syndic *primus inter pares*. La coordination de la phase d'analyse et des mesures à prendre pourrait revenir, si tel est la volonté exprimée par l'ensemble des syndics en présence, au syndic de la société mère. Celui-ci agirait alors en tant que *primus inter pares* parmi l'ensemble des syndics qui – rappelons-le – seront tous des syndics de procédures principales. A la différence du modèle précédent, la position du syndic de la société mère ne serait donc pas celle d'un directeur mais celle d'un guide organisationnel qui se trouverait au même niveau que les autres syndics. En conséquence, ceux-ci ne seront donc pas juridiquement obligés de suivre ses propositions. Ils ne le feront que si, à leurs yeux, ce plan respecte suffisamment les intérêts de la société (filiale) dont ils ont la charge et présente des sérieuses perspectives de succès. Cette manière de faire semble garantir une administration objective des intérêts de chaque débiteur et de chaque masse de créanciers.[211] Pour le syndic de la société mère, il s'agit, autrement dit, de convaincre les syndics des sociétés filiales ainsi que, le cas échéant, la juridiction ayant ouverte la procédure contre cette société, du bien-fondé et du caractère bénéfique de la solution globale – non de les contraindre au sens de l'art. 34 R. ins. – .

210 Cf. *supra* b).

211 Contrairement au modèle du syndic unique, cf. *supra* a).

Champ d'application. Le modèle semble performant et garantir de bons résultats lorsqu'il est possible de compter sur la bonne volonté des acteurs. En revanche et encore une fois, il ne l'est pas pour toutes les situations. Dès lors qu'un groupe n'est pas fortement intégré ou centralisé, il ne sera peut-être pas nécessaire et utile de coordonner aussi étroitement les actions des syndics. Afin de pouvoir apprécier si un plan global est utile ou non, les syndics doivent d'abord échanger les informations pertinentes. Si l'analyse révèle que le groupe est fortement intégré et qu'une société ne saurait être utilement administrée sans égard aux autres, une coopération volontaire entre les syndics devrait se mettre en place en vue du déroulement des procédures.

Aussi, la solution finalement recommandée est d'une nature originale. Elle repose sur une démarche volontaire de la part de syndics des sociétés membres d'un groupe international qui, clairvoyants et éclairés, sont capables d'échanger des informations et de coopérer avec les syndics des autres sociétés lorsque cela est utile pour leur débiteur et le groupe dans son ensemble. Cette solution est seule à même d'allier le respect de la personnalité juridique et des intérêts de chaque débiteur, y compris de ses créanciers, et le souci de traiter efficacement l'insolvabilité d'un groupe.

De lege ferenda, une obligation accrue des syndics d'échanger les informations avec les syndics des autres procédures (principales) ouvertes dans le cadre d'un même groupe semble souhaitable.

Pour assurer une meilleure coopération pratique, des outils juridiques non encore prévus par le Règlement peuvent être utilisés.[212] Il est évident cependant qu'une telle approche plus souple nécessite également une chose qui fait largement défaut à l'heure actuelle : des juges chevronnés en matière d'insolvabilité osant collaborer étroitement avec leurs confrères étrangers.

3. *Une meilleure coopération entre les juges*

Il apparaît fort utile d'instaurer une réelle confiance mutuelle entre les juridictions nationales. Celle-ci ne doit pas cependant se limiter à la reconnaissance des décisions comme l'entend le considérant 22 du Règlement insolvabilité mais doit aller au-delà. Cela concerne autant le moment de l'ouverture des procédures que le déroulement ultérieur de celles-ci.

212 Notamment la technique des protocoles, cf. *infra* n° 493.

a) La confiance et la coopération au moment de l'ouverture des procédures

490. Dès lors que l'on se trouve dans le système de détermination des compétences *de lege lata*, il convient en effet de faire jouer cette confiance mutuelle du considérant 22 en amont, c'est-à-dire au moment de l'ouverture des procédures, en arguant du fait qu'en principe, les « systèmes juridiques » et les « institutions judiciaires » des États membres doivent être tenus pour équivalents[213]. Les juges doivent être encouragés à coopérer plus activement afin d'éviter la course et l'usurpation de compétence.

Un exemple en a été donné par un juge munichois dans l'affaire *BenQ*.[214] La question s'est posée de savoir s'il convenait d'ouvrir la procédure principale à l'égard de cette société néerlandaise à Munich ou à Amsterdam. Au lieu de tomber dans le piège et d'ouvrir la procédure en premier – à la manière de *Lucky Luke*[215] – pour s'assurer à tout prix de sa compétence, le juge a cherché le dialogue avec son confrère néerlandais. Une solution a été élaborée par accord commun avec l'aide d'un interprète.[216]

b) La confiance et la coopération des juges pendant le déroulement des procédures

491. Même une fois les différentes procédures ouvertes[217], il serait tout à fait opportun et logique que les juridictions soient tenues d'un devoir de coopération. Comme on le verra, il est en particulier des outils juridiques tels les protocoles qui nécessitent que les juridictions des différentes procédures jouent un rôle très actif et dialoguent entre elles.[218] Or, un tel devoir de coopération n'est pas prévu par le Règlement insolvabilité en ce qui concerne les juges. En effet, le considérant 20 et l'art. 31 du Règlement ne visent que les syndics des différentes procédures et non les juges.

Il convient de remédier à cet oubli et d'instaurer un tel devoir à la charge des juges. Il est possible que le rôle du juge continental des faillites

213 CJCE, 27 avril 2004, aff. C-159/02, *Turner*, *Rec.* 2004, p. I-03565, point 24 et s.

214 AG München, 5 févr. 2007 - 1503 IE 4371/06, *BenQ Mobile Holding N.V.*, *ZIP* 2007, 495 ; MANKOWSKI, *NZI* 2007, 358.

215 Expression empruntée au Professeur P. LE CANNU, Matinée-débats de la Sorbonne, 13 juin 2006 (cité d'après M. MENJUCQ, *JCP* éd. G 2006, I 10147).

216 PAULUS, *NZI* 2008, 1 (6).

217 Elles seront en principe des procédures principales si l'on suit notre proposition (*supra* § 1). Elles peuvent être des procédures principales et secondaires comme dans la situation actuelle *de lege lata*.

218 Cf. *infra* n° 493.

doive être modifié pour ce faire.[219] La nécessité d'un changement est telle que la Cour d'appel de Vienne a pu constater sur le ton de l'évidence que *« l'article 31 du Règlement, au-delà de ces termes, oblige également les juridictions de la procédure principale et de la procédure secondaire à coopérer ».*[220]

492. La conclusion sur la coopération des juges doit par conséquent être la suivante. Le devoir de coopération de l'art. 31 R. ins. doit être étendu dans deux directions. *Ratione personae*, il convient d'y inclure les juges ; *ratione temporis*, le devoir doit exister dès avant l'ouverture afin de garantir une solution harmonieuse aux yeux des autorités concernées.[221]

Résumé. L'amélioration du rôle des acteurs est essentielle. *De lege ferenda*, face à un groupe de sociétés, le juge et le syndic de la procédure (principale) ouverte à l'égard de l'une des sociétés du groupe doivent être tenus de coopérer activement avec leurs confrères étrangers durant toutes les phases de la procédure et même à un stade antérieur, lorsqu'il s'agit de coordonner l'ouverture des procédures.

L'amélioration du rôle des acteurs ne saurait cependant suffire. Il faut, en outre, améliorer les outils procéduraux permettant de mieux traiter les faillites de groupes intra-communautaires.

B. Une amélioration des outils juridiques – les protocoles

Une amélioration des modalités de mise en œuvre des procédures d'insolvabilité ouvertes à l'égard des sociétés d'un groupe n'est possible – nous venons de le voir – que par une coopération plus active et une coordination plus étroite entre les juges et les syndics des différentes procédures. Aussi, il convient de mettre à leur disposition des outils juridiques qui leur permet-

219 C'est ainsi que le Professeur C. G. PAULUS, *NZI* 2001, 505 (508) remarque non sans quelque amertume qu'*« il est incompréhensible que cette norme* [l'art. 31 R. ins.] *n'inclue pas aussi les juges dans le devoir de coopération. Au lieu de choisir la modernité, le Règlement reste à une idée du juge qui s'inspire davantage du fonctionnaire mis sous tutelle du législateur du 19e siècle que de l'autorité responsable moderne telle que la connaît la* Common Law *depuis toujours »* (notre traduction).

220 OLG Wien, 9 nov. 2004 - 28 R 225/04w, *NZI* 2005, 57.

221 Tel est également le souhait exprimé par L. D'AVOUT (*Rev. crit. DIP* 2008, 649 (660)). Dans son commentaire de l'arrêt CA Versailles, 20 mars 2008, *BNP Paribas Suisse c. M. Chavane de Dalmassy ès qualité*, lequel avait limité, de manière préventive, les effets de la faillite française, en considération des conceptions du droit international privé suisse, l'auteur souligne que, face à une pluralité internationale de procédures locales de faillites, *« l'autolimitation volontaire* [...] *devrait se faire* [...] *dès le stade de la compétence judiciaire, non pas à celui, plus restreint mais également possible, de la loi applicable à la procédure ».*

tent de remplir cette tâche. Récemment, un nouvel outil a fait son apparition en droit international des faillites dont il convient de faire état : la technique des protocoles.

1. Présentation générale

493. En effet, afin de concrétiser davantage la coopération entre les acteurs des procédures d'insolvabilité en matière de groupes, l'on pourrait songer à la méthode des *protocols* connus de la pratique de l'insolvabilité anglo-saxonne.

Le premier cas. Ce type de protocole a été utilisé pour la première fois au début des années 1990 dans l'affaire *Maxwell Communication Corporation*[222]. Les procédures ouvertes simultanément à New York et à Londres à l'égard de l'ensemble des sociétés de ce groupe étaient en principe universelles et avaient chacune pour but déclaré de réorganiser le groupe. Il aurait pu et – il a failli – en résulter une bataille juridique d'envergure entre les syndics de part et d'autre de l'Atlantique. Or, la crise due à la concurrence des syndics put être évitée grâce à l'initiative du tribunal new-yorkais qui chargea le syndic américain de négocier et de conclure des protocoles de *cooperative administration* avec le syndic anglais. Ceux-ci firent ensuite l'objet d'une homologation par les deux tribunaux en cause. La technique des *protocols* permit en l'occurrence de délimiter et de coordonner utilement les domaines d'activité des uns et des autres en évitant des frictions.[223]

222 In re Maxwell Communication Corporation plc, 93 F.3d 1036, 29 Bankr.Ct.Dec. 788 (2nd Cir. (N.Y.) 21 August 1996) (No. 1527, 1530, 95-5078, 1528, 1531, 95-5082, 1529, 95-5076, 95- 5084) and Cross-Border Insolvency Protocol and Order Approving Protocol in Re Maxwell Communication plc between the United States United States Bankruptcy Court for the Southern District of New York, Case No. 91 B 15741 (15 January 1992), and the High Court of England and Wales, Chancery Division, Companies Court, Case No. 0014001 of 1991 (31 December 1991).

223 Sur l'application de cette méthode dans l'affaire citée : FLASCHEN/SILVERMAN, 'The Role of the Examiner as Facilitator and Harmonizer in the Maxwell Communication Corporation Insolvency', *in* ZIEGEL (dir.), *Current Developments in International and Comparative Corporate Insolvency Law*, Oxford 1994, p. 621 et s. ; J. L. WESTBROOK, 'International Judicial Negotiation', *Texas International L. J.* 38 (2003), 567 (572) ; PAULUS, *NZI* 2001, 505 (507). Sur la technique des protocoles en général : PAULUS, 'Protokolle – ein anderer Zugang zur Lösung grenzüberschreitender Insolvenzen', *ZIP* 1998, 977 (981). Pour le texte des protocoles intervenus dans cette affaire ainsi que dans de nombreuses autres : *http://www.iiiglobal.org/component/option,com_jdownloads/Itemid,790/task,viewcategory/catid,395/*(26/11/2008).

Objectifs et technique. L'objectif des protocoles est de répartir utilement les compétences des acteurs ainsi que d'amoindrir voire d'éviter, en harmonisant et en coordonnant les procédures, les frictions qui surviendraient en raison du concours d'une pluralité d'ordres juridiques.[224] Le but en est l'optimisation des masses par le biais d'une coordination des actions.[225] Jusqu'à quel point un syndic et une juridiction ont la possibilité de s'engager dans cette voie dépendra cependant de la *lex fori concursus* qui les régit,[226] notamment de la question de savoir si elle comporte des règles non impératives auxquelles il est par conséquent possible de déroger afin de se concerter davantage avec la procédure étrangère.[227] Ces protocoles peuvent comprendre des obligations de résultat et de moyens, ces derniers étant sans doute plus facilement acceptées par les acteurs.[228] L'avantage de la méthode des protocoles consiste, pour les syndics, en le fait de pouvoir prendre des mesures sans avoir besoin de consulter en permanence les collègues étrangers et surtout sans avoir à craindre une opposition de leur part. Ainsi, les protocoles ont pour but premier d'éviter d'éventuels litiges relatifs à la compétence. Mais ils peuvent également servir à régler des problèmes de moindre envergure.[229]

Cette pratique a d'ailleurs été mentionnée dès 1995 dans le cadre du *Cross Border Insolvency Concordat* élaboré par l'Association Internationale des Barreaux.[230, 231]

224 PAULUS, *ZIP* 1998, 977.

225 EIDENMÜLLER, *ZHR* 169 (2005), 528 (542).

226 En ce sens : PAULUS, *ZIP* 1998, 977 (981).

227 Pour les mécanismes en droit allemand, cf. EIDENMÜLLER, *ZHR* 169 (2005), 528 (542) et VORMSTEIN, *Zuständigkeiten bei Konzerninsolvenzen*, p. 296 et s.

228 VORMSTEIN, *Zuständigkeiten bei Konzerninsolvenzen*, p. 301-302.

229 Sur l'ensemble, cf. la thèse consacrée exclusivement à ce sujet M. A. WITTINGHOFER, *Der nationale und internationale Insolvenzverwaltungsvertrag*, 2004.

230 Elaboré par le Comité J, adopté par la Section du droit des affaires de l'Association internationale du barreau (Paris, 17 septembre 1995) et par le Conseil de l'Association (Madrid, 31 mai 1996) ; cf. spéc. Principle 4 a ; à consulter sur *http://www.iiiglobal.org/component/option,com_jdownloads/Itemid,790/task,finish/cid,1526/catid,395/* (26/11/2008).

231 Récemment, la CNUDCI a également publié une note sur la question, cf. *in fine* de ce chapitre n° 499.

2. *Application dans le cadre du Règlement*

a) *Les présupposés techniques de l'opération*

494. La nécessité d'une coopération préalable. Il faut inciter les juges et les syndics des différents procédures à coopérer et à échanger leurs informations avec leurs homologues étrangers afin de savoir si une action commune peut être bénéfique pour les sociétés du groupe, s'il est donc souhaitable de renforcer la coopération par la conclusion d'un protocole ou non. Dans le cadre du Règlement insolvabilité, seuls les syndics – non les juges – font l'objet du devoir de coopération au titre de l'art. 31 R. ins. et ce, seulement s'agissant de la présence d'une procédure principale et d'une ou plusieurs procédures secondaires. La technique des protocoles suppose cependant un dialogue actif entre l'ensemble des acteurs, tribunaux[232] et syndics, de sorte que notre souhait de voir cette disposition s'appliquer aux juges et aux syndics de la même façon, en présence de procédures principales également, peut être réitéré ici.[233]

Conclusion du protocole sur une base volontaire. Il dépendra sans doute de l'analyse de la situation concrète par chaque syndic voire de la force de conviction d'un syndic fort, en pratique souvent celui de la société mère, que l'information mutuelle des acteurs sera suivie ou non de la conclusion d'un protocole. Il ne saurait en effet être question de contraindre les uns ou les autres à conclure systématiquement un tel protocole lorsqu'est en cause l'insolvabilité d'un groupe. Une obligation de conclure un protocole serait en effet contraire au devoir des syndics d'assurer principalement la bonne gestion du patrimoine du débiteur dont ils ont la charge. Aussi, la conclusion d'un protocole ne peut avoir lieu que lorsque ses objectifs sont compatibles avec ceux du droit national des faillites auquel est soumis le syndic de chaque société. Mais dès lors qu'un protocole semble effectivement pouvoir accroître les chances d'obtenir des résultats plus favorables pour le débiteur et ses créanciers, le syndic peut être tenu à sa conclusion du fait de son devoir d'agir dans l'intérêt collectif des créanciers.[234]

Le contenu d'un tel protocole. Le contenu du protocole est défini au cas par cas. Il exige du temps pour être négocié et des actifs suffisants pour

232 J. L. WESTBROOK, 'International Judicial Negotiation', *Texas International L. J.* 38 (2003), 567 (580).

233 Cf. notre conclusion *supra* n° 492.

234 En ce sens : S. LIEDER, *Grenzüberschreitende Unternehmenssanierung im Lichte der EuInsVO*, p. 58-59, 64.

justifier une telle négociation. Il est indiqué de régler dans un protocole les principes généraux régissant la coopération entre les acteurs. Parmi ceux-ci devront sans doute figurer[235] : le principe d'harmonisation et de coordination des procédures ; la détermination et l'administration concertées du patrimoine des différents débiteurs ainsi que la mise en place de la gestion la plus efficace pour chaque élément ; un échange accru entre les syndics des informations relatives aux sociétés et leur fonctions dans le groupe ; la bonne foi des syndics et des juridictions ; l'analyse et, le cas échéant, l'élaboration coordonnée et commune d'un plan de sauvegarde ou de redressement à l'échelle du groupe ; l'adoption de ce plan à l'unanimité ; enfin, la mise en pratique orchestrée de ce plan.[236] Tout au long des procédures, des accords supplémentaires peuvent intervenir pour apporter des précisions.

b) Les premières applications dans le cadre du Règlement insolvabilité

Dans le cadre du Règlement 1346/2000, de tels protocoles ont été conclus dans les affaires *Daisytek* et *SENDO* pour instaurer une coopération entre des pays de droit romain et des pays de *Common law* (respectivement France, Allemagne et Royaume-Uni) et, dans l'affaire *EMTEC*, concernant des pays de droit romain seulement (France et Allemagne).

495. Dans **l'affaire *Daisytek***, le syndic de la procédure (principale) anglaise et celui de la procédure (secondaire) allemande ont élaboré un "accord de coopération et de compromis" afin de régler toutes les questions en suspens entre eux et de traiter des étapes futures de la procédure d'insolvabilité. Le protocole tendait à réglementer, entre autres, le paiement du produit dans la procédure en Allemagne, les distributions aux créanciers ainsi que la responsabilité des acteurs de l'insolvabilité. Pour le côté allemand, il contenait une disposition spéciale relative à son approbation préalable obligatoire par le comité des créanciers de la procédure allemande. Il

235 La liste qui suit constitue l'essence des protocoles des affaires *Maxwell* précitée et d'une autre affaire, *Nakash*, United States Bankruptcy Court for the Southern District of New York, Case No. 94 B 44840 (23 May 1996), and the District Court of Jerusalem (Israel), Case No. 1595/87 (23 May 1996) (= *ZIP* 1998, 1013).

236 Pour des exemples de protocoles, on se reportera au *working paper* n° 83 du Groupe de Travail V de la CNUDCI : 'Projet d'aide-mémoire de la CNUDCI sur la coopération, la communication et la coordination dans les procédures d'insolvabilité internationale', Note du Secrétariat, doc n° A/CN.9/WG.V/WP.83 du 2 septembre 2008, à consulter à partir du site *http://www.uncitral.org/uncitral/fr/commission/working_groups/5Insolvency.html* (31/12/2008).

contenait enfin une clause de choix de loi au profit de la loi anglaise et une clause de choix de for au profit des tribunaux anglais.[237]

496. Plus récemment, un tel protocole a vu le jour dans **l'affaire *SENDO***[238] où il servait à coordonner les actions d'un syndic anglais (de la procédure principale) et d'un syndic français (de la procédure secondaire). Constatant que le Règlement n'établissait que des principes de fonctionnement très généraux, ils sont convenus pour mettre en œuvre ces principes, d'agir dans un esprit de confiance mutuelle, et de respecter le devoir de se communiquer des informations et de coopérer. Le protocole précisait notamment les modalités pratiques de la notification et de la déclaration des créances des créanciers, de leur vérification, les modalités de traitement du passif et des éléments d'actifs ainsi que le paiement des frais de justice.[239]

497. Concernant spécialement la coopération entre acteurs français et allemands, **l'affaire *EMTEC*** mettait en présence une procédure principale française et une procédure secondaire allemande. Les syndics ont conclu un protocole en vue d'organiser leur coopération relative à la vérification des créances et la répartition des actifs entre les créanciers. Sur ce dernier point, des modalités concrètes ont été arrêtées. L'accord prévoyait que le syndic français transférerait une certaine somme d'argent au syndic allemand et que ce dernier, après en avoir informé son homologue français, répartirait cette somme entre les créanciers sans faire de distinction entre les créanciers des différentes procédures. Il a été convenu que les créances admises dans les deux procédures seraient payées là où elles recevraient le montant le plus élevé. Ce protocole prévoyait qu'il était régi exclusivement par la loi française et que le tribunal français aurait compétence exclusive pour tout litige le concernant.[240]

Toutes ces affaires concernaient certes une procédure principale et une procédure secondaire. Rien n'indique cependant que de tels protocoles ne pourraient pas aussi intervenir entre des syndics de deux procédures principales ouvertes à l'égard de deux sociétés membres d'un même groupe.

237 Informations indiquées dans le *working paper* n° 83 de la CNUDCI, *précité*, p. 95.
238 TC Nanterre, 29 juin 2006, *D.* 2006, 2237, obs. A. LIENHARD.
239 Pour les détails, cf. DAMMANN, *RLDA* 2006, 81 (84-87).
240 Informations indiquées dans le *working paper* n° 83 de la CNUDCI, *précité*, p. 93.

c) La loi applicable aux protocoles

498. Du fait du caractère processuel de tels accords internationaux qui modifient les règles procédurales normalement applicables, ces protocoles doivent être soumis à la *lex fori* du tribunal saisi en ce qui concerne leur validité et leurs effets. Selon certains auteurs, cela n'empêcherait cependant pas que leur conclusion et leur interprétation soient régies par la *lex contractus*. Du fait du lien étroit avec l'État de la procédure principale, la loi applicable serait alors en règle générale celle de la procédure principale. En cas d'ouverture de plusieurs procédures principales le lien le plus étroit devrait être déterminé par des indices tels que les actifs, le nombre de créanciers et le volume des créanciers.[241]

499. Qu'en est-il sur le plan mondial ? Dans cette étude, nous avons voulu apporter des précisions relatives au seul système communautaire de l'insolvabilité des sociétés et des groupes de sociétés. Il faut maintenant attirer l'attention sur le fait que sur la scène mondiale, toutes les questions abordées ici font également l'objet d'un débat entre praticiens et théoriciens des procédures d'insolvabilité dans le but de développer des solutions performantes en pratique. A ce propos, il faut savoir que le Groupe de travail V de la Commission des Nations Unies pour le droit du commerce international (CNUDCI) qui se consacre au droit de l'insolvabilité, étudie à l'heure actuelle les questions internationalistes relatives au traitement des groupes de sociétés en cas d'insolvabilité.[242] Les recherches entreprises par le Groupe de travail vont autant dans le sens d'une concentration des compétences juridictionnelles[243] que dans celui d'une coopération et coordination plus importantes des différentes procédures :

241 Sur l'ensemble, cf. WITTINGHOFER, *op. cit.*, p. 344 et s. (spéc. pp. 371 et s., 380 et s.) Dans le même sens : EIDENMÜLLER, *ZZP* 2001, 3 (29 et s.). Ces auteurs raisonnent dans les termes de l'art. 3 Convention de Rome/Règlement Rome I.

242 L'avancement des travaux du groupe de travail peut être consulté sur le site précité *http://www.uncitral.org/uncitral/fr/commission/working_groups/5Insolvency.html* (31/12/2008). Antérieurement, le Guide législatif sur le droit de l'insolvabilité, CNUDCI, New York, 2005 (*http://www.uncitral.org/pdf/french/texts/insolven/05-80723_all%20pagesF.pdf* (31/12/2008)) évoquait déjà la nécessité d'élaborer un instrument spécifique pour les groupes (p. 301-305). Sur l'ensemble : C. MONTINERI, 'Un droit moderne pour le commerce mondial', *JDI* 2007, biblio. 24.

243 Cf. CNUDCI, 'Guide législatif sur le droit de l'insolvabilité, Troisième partie : Traitement des groupes d'entreprises en cas d'insolvabilité', Note du Secrétariat, n° 10 et 11, (Doc.

> *« Au lieu de préciser la définition du centre des intérêts principaux pour chacun des membres du groupe d'entreprises, une certaine forme de coordination procédurale pourrait aussi être possible. »*[244]

Pour ce faire, le dernier *working paper* en date portant le n° 83 intitulé 'Projet d'aide-mémoire de la CNUDCI sur la coopération, la communication et la coordination dans les procédures d'insolvabilité internationale', traite longuement de la pratique internationale des protocoles[245] et souligne même que

> *« la coordination et la coopération fondées sur des accords d'insolvabilité internationale revêtiraient probablement une* ***importance considérable dans la recherche de solutions au traitement international des groupes d'entreprises en cas d'insolvabilité*** *»*[246].

500. Résultat. Une *lex europaea concursus concilii societatium* n'existe pas et semble aussi peu souhaitable qu'une *lex concilii societatium*. Ce qui importe, au contraire, est l'amélioration de la coordination des procédures d'insolvabilité. L'élaboration du rapport d'application pour le 1er juin 2012 qui incombe à la Commission en vertu de l'art. 46 du Règlement insolvabilité, sera l'occasion de réfléchir plus activement aux questions et réponses indiquées dans ce chapitre.

Après l'étude globale du système des compétences et procédures juridictionnelles en matière d'insolvabilité des groupes dans le cadre du Règlement insolvabilité, il convient de se pencher sur la question – assez technique – des actions en responsabilité dirigées contre la société mère ou ses organes en cas d'insolvabilité de la filiale.

---

n° A/CN.9/WG.V/WP.82/Add.4 du 10 septembre 2008), à consulter à partir du site *http://www.uncitral.org/uncitral/fr/commission/working_groups/5Insolvency.html* (31/12/2008).

244 Guide législatif sur le droit de l'insolvabilité, Troisième partie : Traitement des groupes d'entreprises en cas d'insolvabilité, Note du Secrétariat, Doc. n° A/CN.9/WG.V/WP.82/Add.4 du 10 septembre 2008, n° 29, à consulter à partir du site précité à la note de bas de page précédente.

245 *Précité* (cf. note de base de page 236), p. 25-104.

246 *Ibid.*, p. 2.

Chapitre 2 L'insolvabilité de la filiale et la mise en cause de la responsabilité de la société mère

501. Différence de conception. Il existe un certain nombre de mécanismes tendant à mettre en cause la responsabilité de la société mère dès lors que celle-ci a agi en tant que dirigeant d'une filiale laquelle se trouverait ensuite soumise à une procédure collective. Ces mécanismes entretiennent souvent un rapport, plus ou moins étroit selon les cas, avec la procédure collective ouverte à l'encontre de la filiale dans la mesure où le comportement fautif de la société mère est découvert en règle générale durant celle-ci. Certains cas de responsabilité de ce type sont réglementés au sein de textes relatifs au droit des procédures collectives (cela est particulièrement vrai en droit français : action en responsabilité pour insuffisance d'actif de l'art. L. 651-2 C. com., extension en cas de fictivité et de confusion de patrimoines de l'article L. 621-2, al. 2 C. com.), d'autres le sont au contraire au sein de textes relatifs au droit des sociétés (en droit allemand : *Insolvenzverschleppungshaftung* du § 64 GmbHG, autres). Compte tenu du fait que les mécanismes en question sont en réalité assez similaires, on ne peut que s'étonner de cet emplacement différent.

Origine de cette différence. La différence s'explique d'un point de vue systématique. Il faut en effet rechercher l'origine de cette différence non pas en droit substantiel mais en droit processuel. Ainsi, alors que le droit allemand interne des procédures collectives refuse en règle générale l'adjonction de procédures annexes à la procédure collective[247], le droit français ouvre grand la porte à cette *vis attractiva concursus*[248]. Sauf exceptions, celui-ci admet que la compétence relative aux *« contestations nées de la faillite ou*

247 La centralisation des compétences pour toutes les questions nées de la procédure collective auprès du tribunal ayant ouvert celle-ci a en effet été critiquée en Allemagne dès le 19e siècle pour être « exagérément centraliste » et, de ce fait, rendre la procédure plus complexe et plus longue de sorte qu'elle a été abandonnée dès la *Konkursordnung* de 1877 (cf. Ch. WILLEMER, *Vis attractiva concursus und die Europäische Insolvenzordnung*, p. 25). Pour les quelques rares exceptions de portée limitée en droit allemand, cf. *ibid.*, p. 26-28.

248 Terme généralement utilisé en droit allemand pour caractériser ce phénomène d'attribution de compétences supplémentaires au tribunal saisi de la procédure collective.

sur lesquelles l'état de faillite exerce une influence juridique »[249] soit attribuée au tribunal *« saisi d'une procédure de sauvegarde, de redressement judiciaire ou de liquidation judiciaire »*[250] ou ayant *« ouvert ou prononcé la sauvegarde, le redressement ou la liquidation judiciaires de la personne morale »*[251].

502. Importance de la qualification. Pour les auteurs, cette différence de situation semble jouer un rôle déterminant dans l'opération de qualification des mécanismes en droit des conflits ce qui mène à une certaine divergence d'interprétation. Cette divergence n'est pourtant pas acceptable dans un système de compétences internationales harmonisé. Plus que d'intérêt purement académique, la qualification à réaliser en ce domaine a des conséquences pratiques de taille. Il dépend en effet de la qualification retenue que la compétence juridictionnelle soit déterminée par application du Règlement 44/2001 (Bruxelles I) ou par application du Règlement 1346/2000 relatif aux procédures d'insolvabilité. Il en résulte deux conséquences. La première a trait à la loi applicable : dès lors que le Règlement insolvabilité est applicable, le tribunal compétent n'appliquera que sa propre loi, soit la *lex fori concursus* alors qu'une qualification autre (sociétaire, délictuelle voire même contractuelle) pourra mener à l'application d'une loi différente de la *lex fori.* Cette dernière remarque devient d'une importance capitale dès lors qu'une société s'implante sur le territoire d'un autre État que celui en vertu de la loi duquel elle est organisée[252] ou que le dirigeant d'une société dont on cherche à établir la responsabilité aurait son domicile à l'étranger. La deuxième conséquence est relative à l'exécution dont les modalités seront différentes selon le texte applicable.

249 Formule employée par Cass. req., 29 oct. 1888, *D.* 1889, 1, 13 et Cass. com., 8 juin 1993, *Bull. civ.* IV, n° 233.

250 Cf. art. 339 du décret n° 2005-1677 du 28 décembre 2005 pris en application de la loi du 26 juillet 2005 de sauvegarde des entreprises.

251 Cf. art. 316 du décret précité (relatif à l'action en responsabilité pour insuffisance d'actif).

252 Un exemple illustrera notre propos. Soit une société française dont le siège réel aurait été transféré en Allemagne. Ici, la qualification sociétaire ou celle de procédure d'insolvabilité de la *Insolvenzverschleppungshaftung* du § 64 GmbHG (retard fautif dans la déclaration de la cessation des paiements) mène à des solutions radicalement différentes. Dans le premier cas, si la compétence des tribunaux allemands peut être fondée en vertu de l'art. 60 § 1 b (administration centrale) ou c (principal établissement) du Règlement Brux. I, en revanche, la loi allemande n'est pas applicable à cette société française (cf. Partie première de cet ouvrage). Dans le deuxième cas, il pourrait être possible de considérer que cette action est annexe à la procédure d'insolvabilité ouverte par le tribunal allemand et la loi allemande s'appliquerait en tant que *lex fori concursus.*

On le voit, il en va de la sécurité juridique des usagers du droit de trancher ces questions. Aussi, ce n'est peut-être pas un hasard que le groupe de haut niveau d'experts en droit des sociétés, qui a communément pris l'appellation de commission WINTER par référence à la présidence de celle-ci par le Professeur Jaap WINTER, propose une harmonisation, par le biais d'une « règle cadre communautaire », des systèmes nationaux de responsabilité relatifs au retard fautif pris par les dirigeants de déclarer la cessation des paiements afin de renforcer la confiance des créanciers.[253]

Il sera nécessaire, dans un premier temps, de présenter les particularités des procédures analogues, ou annexes, au sein du système du Règlement insolvabilité. L'exécution de ces décisions fait l'objet d'une controverse. Pis, la question de la compétence internationale directe en matière de procédures annexes n'y est pas réglée. Aussitôt cette question résolue, se posera celle de savoir lesquelles parmi ces procédures voire décisions *« dérivent directement de la procédure d'insolvabilité et* [...] *s'y insèrent étroitement »* au sens de l'art. 25 § 1 al. 2e de sorte qu'elles bénéficieront du système simplifié de reconnaissance et d'exécution. Les différents mécanismes du droit français et du droit allemand permettant d'engager la responsabilité de la société mère en cas de faillite de la filiale seront examinés à la lumière des connaissances ainsi acquises.

Section 1 Les compétences juridictionnelles en matière de procédures annexes

503. Définition. Une procédure annexe est une procédure fondée sur d'autres causes d'ouverture que celle de l'insolvabilité du débiteur. Ces procédures sont assez nombreuses[254] mais seule la catégorie des actions en responsabilité nous intéresse ici.

253 Cf. Rapport du groupe de haut niveau d'experts en droit des sociétés du 4 novembre 2002, à consulter sur *http://ec.europa.eu/internal_market/company/docs/modern/report_fr.pdf* (31/12/2008), p. 80 et s.

254 Il faut y compter par exemple les actions révocatoires (en nullité, en annulation ou en inopposabilité) que peuvent intenter le syndic et les créanciers ou encore « les décisions prononçant des incapacités et déchéances contre le débiteur ou celles relatives aux tiers telles que la reprise des poursuites individuelles après clôture » (M. MENJUCQ, *in* BEGUIN/MENJUCQ, *Droit du commerce international,* n° 2334).

Il existe une discussion sur deux points. Le premier concerne l'exécution des décisions issues des procédures annexes, le deuxième la compétence internationale pour ces procédures annexes.

§ 1) L'exécution des décisions issues des procédures annexes

504. Concernant les décisions rendues à l'issue des procédures annexes, seul l'article 25 § 1er alinéa 2e du Règlement insolvabilité saurait en régir la reconnaissance et l'exécution.[255] Il dispose que les *« décisions qui dérivent directement de la procédure d'insolvabilité et qui s'y insèrent étroitement* [...] *»* sont soumises à l'alinéa 1er. L'alinéa 1er, quant à lui, indique qu'elles *« sont reconnues également sans aucune autre formalité »* et *« sont exécutées conformément aux articles 31 à 51 (à l'exception de l'article 34 § 2)*[256] *de la Convention de Bruxelles concernant la compétence judiciaire, la reconnaissance et l'exécution des décisions en matière civile et commerciale* [...] *»*.

Nous savons que la Convention de Bruxelles de 1968 a été remplacée par le règlement (CE) du Conseil n° 44/2001 du 22 décembre 2000[257], dit « Bruxelles I », de même objet mais qui prévoit des modalités encore simplifiées d'octroi du caractère exécutoire (simple demande de déclaration et examen purement formel par le juge, art. 38 et 41 Brux. I).[258] À ce titre, le règlement Bruxelles I précise dans son article 68 § 2 que *«* [d]*ans la mesure où le présent règlement remplace entre les États membres les dispositions de la convention de Bruxelles, toute référence faite à celle-ci s'entend comme faite au présent règlement »*.

255 En revanche, l'article 25 § 1 al. 2e ne constitue pas, à proprement parler, une règle de « compétence indirecte » puisqu'il ne précise pas, à l'intention du juge de la reconnaissance et de l'exécution, les conditions relatives à la compétence auxquelles, lorsqu'elle sont réunies, celui-ci doit tenir le premier juge pour internationalement compétent. En d'autres termes, c'est une règle *relative à* la compétence indirecte en ce qu'elle précise la procédure à suivre par le deuxième juge sans pour autant constituer une règle *de* compétence indirecte parce qu'elle ne l'autorise pas à ne pas reconnaître ou à ne pas exécuter une décision qui aurait été rendue par un tribunal non compétent. Le pouvoir du deuxième juge se résume en un examen formel de la décision du premier juge qui doit avoir mentionné le fondement en considération duquel il a retenu sa compétence. En ce sens avec d'autres références : Ch. WILLEMER, *op. cit.*, p. 80 et s. (spéc. 82-83).

256 L'article 34 § 2 de la convention prévoit les motifs pour lesquels les décisions peuvent ne pas être reconnues.

257 *JOCE* n° L 12, 16 janvier 2001, p. 1.

258 Pour plus de détail, on se référera à H. GAUDEMET-TALLON, *Compétence et exécution des jugements en Europe*, 3e éd., 2002, n° 437.

Il semble par conséquent logique de comprendre l'article 25 § 1 relatif à la reconnaissance et l'exécution d'autres décisions que celles d'ouverture, comme renvoyant aux dispositions du Règlement Bruxelles I. Telle est l'interprétation faite par toute l'Europe.[259] Seule la France semble y faire exception. En effet, considérant que le règlement 44/2001 exclut de son champ d'application les faillites de sorte qu'il ne pourrait de ce fait se substituer à la Convention de Bruxelles dans ce domaine, une circulaire du ministère de la justice du 17 mars 2003[260] précise que la Convention du Bruxelles s'applique par extension de son domaine d'application du fait du renvoi exprès fait par l'article 25.[261] Cela a pour conséquence que la procédure à suivre est celle de la convention de sorte que le contrôle approfondi de la décision étrangère pourra se faire d'office et non seulement sur recours. La doctrine a vivement critiqué la circulaire pour avoir fondé une solution faisant de la France l'un des rares États se référant à la convention du 27 septembre 1968[262] et surtout *« ne simplifi*[ant] *pas la circulation internationale des décisions de « faillite » »*[263], ni *« leur exécution rapide et effective »*[264]. Une nouvelle circulaire du 15 décembre 2006[265] *« annule et remplace la circulaire »* de 2003 *« dont elle procède à l'actualisation »*. Le débat est-il clos alors, et le législateur français a-t-il écouté ses docteurs ? La réponse est clairement négative : *« le nouveau texte* [est] *totalement silencieux sur cette question, pourtant d'importance. »*[266] En définitive, l'espoir de voir le Règlement Bruxelles I s'ap-

259 *MüKo-IntWR(IntInsR)*/KINDLER, n° 562.

260 Circ. NOR JUSC0320134C, 17 mars 2003, publiée au *Bulletin officiel du ministère de la Justice*, n° 89, au *JO* du 30 juillet 2003, p. 12939.

261 Introduction, point 5 de la Circulaire. Sur ce raisonnement pour le moins surprenant : Ph. ROUSSEL-GALLE, *JCl. Europe Traité*, n° 871, 20 avril 2004, n° 90 et s. ; P. REMERY, 'L'effet à l'étranger des solutions des procédures collectives', *in L'effet international de la faillite : une réalité ?*, Dalloz, coll. « Thèmes & commentaires », 2004, dir. F. JAULT-SESEKE et D. ROBINE, p. 109 et s. (115).

262 M. MENJUCQ, *Joly Communautaire, V° Faillite*, n° 24 ; BEGUIN/MENJUCQ, *Droit du commerce international*, n° 2335.

263 P. Rémery, *précit.*, p. 115-116.

264 Ph. ROUSSEL GALLE, 'De quelques pistes d'interprétation du règlement (CE) n° 1346/2000 sur les procédures d'insolvabilité : la circulaire du 15 décembre 2006', *JDI* 2008, 135 et s. (143-144).

265 Circulaire de la Direction des affaires civiles et du Sceau du 15 décembre 2006 relativement au Règlement n° 1346/2000 du 29 mai 2000 relatif aux procédures d'insolvabilité, n° 2006-19, NOR : JUSC0620990C, 15 déc. 2006 : *BO* min. justice n° 2007-01, 28 févr. 2007 ; également *JCP éd. E* 2007, 1498.

266 Ph. ROUSSEL GALLE, *JDI* 2008, 135 et s. (143).

pliquer *dans le silence du législateur* peut être nourri.[267] C'est la voie que nous suivrons par la suite.

§ 2) La compétence internationale directe en matière de procédures annexes

505. Concernant la reconnaissance et l'exécution, nous l'avons vu, l'art. 25 § 1 al. 2 précise clairement la solution à adopter. En revanche, cette même disposition ainsi que toutes les autres du Règlement sont totalement silencieuses pour ce qui est de la compétence internationale des tribunaux relative à ces procédures annexes.[268] S'agissant d'un texte communautaire, une interprétation communautaire autonome s'impose afin de garantir l'unité d'interprétation de celui-ci dans toute la Communauté.[269] Il semble exister trois manières d'analyser le silence du règlement 1346/2000 sur la question de la compétence internationale directe en matière de procédures annexes. Le sujet est vivement controversé.

A. Détermination de la compétence internationale en vertu du Règlement Bruxelles I

506. Afin de tenir compte des efforts d'harmonisation des compétences entrepris dans la Communauté européenne, l'on pourrait songer à appliquer, le cas échéant par analogie, le Règlement Bruxelles I afin de déterminer la compétence internationale directe pour ces procédures annexes.[270]

267 *Ibid.*, 144. Déjà dans le sens de l'application du règlement Bruxelles I : D. BUREAU, 'La fin d'un îlot de résistance, Le règlement du Conseil relatif aux procédures d'insolvabilité', *Rev. crit. DIP* 2002, 613 et s. (p. 648, n° 54).

268 *MüKo-IntWR(IntInsR)*/KINDLER, n° 580, 581 ; DKDC/DUURSMA-KEPPLINGER, *EuInsVO,* Art. 25 n°21 ; SCHOLLMEYER, *IPRax* 1998, 29 (30, note n° 2) ; LEIBLE/STAUDINGER, *KTS* 2000, 533 (559 et s.) ; HAUBOLD, *IPRax* 2002, 157 (160).

269 CJCE, aff. 150/77 du 21 juin 1978, *Rec.* 1978, 1431. Pour les méthodes, cf. BISCHOFF/HUET, *JDI* 1977, 702 (704 et s.) ; MARTINY, *RabelsZ* 45 (1981), 427 (437) ; B. AUDIT, *JDI* 2004, 789 (802 et s.).

270 D. BUREAU, *Rev. crit. DIP* 2005, 106 (110) évoque cette possibilité. Argument est tiré du fait que les « *faillites, concordats et autres procédures analogues* » avaient à l'origine été exclues du domaine de la Convention de Bruxelles parce que ces procédures devaient être soumises à un texte spécial. Et, avec l'adoption du Règlement insolvabilité, on aurait pu estimer que *« tout ce qui ne relevait pas de ce dernier aurait dû être désormais soumis directement à la Convention de Bruxelles (au Règlement Bruxelles I) »*. L'auteur abandonne finalement l'idée face à la jurisprudence contraire de la Cour de cassation.

Cela aurait cependant pour conséquence une certaine distorsion puisque le champ d'application du Règlement Bruxelles I serait plus important concernant la compétence internationale que concernant la reconnaissance et l'exécution, les décisions issues des procédures annexes bénéficiant du privilège prévu à l'art. 25 du Règlement insolvabilité.

Surtout, une telle application du Règlement Bruxelles I serait contraire aux textes en vigueur. En effet, l'art. 1 al. 2e b du Règlement Bruxelles I exclut de son champ d'application les procédures de *« faillites, concordats et autres procédures analogues »*.[271] Les considérants du Règlement insolvabilité, de leur côté, précisent également que les *« décisions qui dérivent directement de la procédure d'insolvabilité et qui s'y insèrent étroitement »* (n° 6) sont exclues du *« champ d'application de la convention de Bruxelles* [...] *»* (n° 7).[272] Ici, le Règlement insolvabilité fait référence à la jurisprudence *Gourdain* de la CJCE[273] qui avait jugé en ces termes que l'action en comblement du passif du droit français était exclue du champ d'application de la Convention de Bruxelles. Si les rédacteurs du Règlement insolvabilité avaient voulu modifier cet état de droit, encore eut-il fallu qu'ils l'indiquent clairement.

Une interprétation *a contrario* de l'art. 25 Règlement insolvabilité permet également de se convaincre de ce que le Règlement Bruxelles I ne devrait pas s'appliquer aux procédures annexes. En effet, l'art. 25 § 1 indique le renvoi aux dispositions pertinentes de la Convention de Bruxelles (du Règlement Bruxelles I) pour ce qui est de la seule exécution des décisions. En revanche, cette disposition est muette concernant la compétence internationale alors que, si l'application du Règlement Brux. I avait été voulue, un tel renvoi eut également été de mise.

Enfin, les décisions issues des procédures annexes de l'art. 25 sont privilégiées par rapport aux décisions rendues dans le cadre du Règlement Brux. I puisque ne s'appliquent pas à elles les articles 34 et 35 du Règlement Brux. I.[274] Un tel privilège n'a pas de raison d'être dès lors que la compétence internationale se déterminerait en vertu du... Règlement Bruxelles I.[275]

271 D. BUREAU, *Rev. crit. DIP* 2005, 106 (110) ; VIRGOS/SCHMIT, *Erläuternder Bericht,* n° 77 ; HAUBOLD, *IPRax* 2002, 157 (160).

272 En ce sens également : *MüKo-IntWR(IntInsR)*/KINDLER, n° 581.

273 CJCE 22 février 1979, aff. 133/78, *Rec.* 1979, 733.

274 En ce sens : LÜKE, *ZZP* 111 (1998), 175 (292).

275 LÜKE, *ZZP* 111 (1998), 175 (292) ; LEIPOLD, *FS Akira Ishikawa*, p. 221 (232 et s.) ; DKDC/DUURSMA-KEPPLINER, *EuInsVO*, Art. 25 n° 32 ; HAUBOLD, *IPRax* 2002, 157 (160).

B. Détermination de la compétence internationale en vertu d'une application (analogue) de l'article 3 § 1 du Règlement insolvabilité

Comme la Convention de Bruxelles et le Règlement Bruxelles I excluent de leur domaine d'application la matière des *« faillites, concordats et autres procédures analogues »*, ces textes ne peuvent s'appliquer, y compris par analogie, en matière de compétence internationale pour permettre l'ouverture d'une procédure annexe. Selon certains, il serait cependant possible de déterminer la compétence internationale pour les procédures annexes soit par une application directe de l'art. 3 § 1 du Règlement insolvabilité, soit par une application analogue de cette disposition.

1. L'application analogue de l'art. 3 § 1 R. ins.

507. Selon certains auteurs – de plume allemande – , il serait possible de remédier au vide juridique laissé par l'exclusion de ces actions par le Règlement Brux. I par une application analogue de l'article 3 § 1 du Règlement insolvabilité.[276] De cette manière, le tribunal de la faillite serait systématiquement compétent pour les procédures annexes.

L'existence d'un vide juridique résulterait de ce que les rédacteurs du Règlement insolvabilité affirment au considérant n° 6, 1ère phrase, que le Règlement insolvabilité

> *« [...] devrait se limiter à des dispositions qui règlent la* **compétence pour** *l'ouverture des procédures d'insolvabilité et la* **prise de décisions qui dérivent directement de la procédure d'insolvabilité et qui s'y insèrent étroitement.** *»*[277]

Par la suite, le Règlement évoque cependant seulement *« les procédures collectives fondées sur l'insolvabilité du débiteur »* à l'art. 1er § 1 et la compétence *« pour ouvrir la procédure d'insolvabilité »* à l'art. 3 § 1 et non les procédures annexes et une règle de compétence les concernant. L'indication du considérant n° 6 pourrait être considérée comme étant de nature à démontrer le désir du

276 *MüKo-IntWR(IntInsR)*/KINDLER, n° 562 et s. (spéc. 583 et s.) ; LEIPOLD, *FS Akira Ishikawa* 221 (234 et s.) ; DKDC/DUURSMA-KEPPLINGER, *EuInsVO*, Art. 25 n° 47 et s. ; CARSTENS, *Die internationale Zuständigkeit im europäischen Insolvenrecht*, p. 109 ; STÜRNER, *IPRax* 2005, 416 (418 et s.) ; PAULUS, *RabelsZ* 2006, 458 (468) ; E. LORENZ, *Annexverfahren bei internationalen Insolvenzen*, p. 119.

277 Souligné par nos soins.

législateur de régler la compétence internationale directe pour les procédures annexes au même titre que pour les procédures d'insolvabilité.[278]

D'autres raisons militent en faveur de cette solution. En premier lieu, l'existence du privilège accordé aux décisions issues des procédures annexes en vertu de l'art. 25 § 1 al. 2e serait justifiée par la présence de compétences directes harmonisées, assise de la confiance mutuelle inhérente à ce privilège. En deuxième lieu, l'alinéa 3 de la même disposition relatif aux mesures conservatoires est également interprété, par la plupart des auteurs, comme accordant la compétence au tribunal ayant ouvert la procédure d'insolvabilité.[279]

Nous verrons cependant que d'importantes raisons s'opposent à une telle interprétation.[280]

2. *L'application pure et simple de l'art. 3 § 1 R. ins.* (Deko Marty)

508. Récemment, dans l'affaire C-339/07 (*Christopher Seagon ./. Deko Marty Belgium N.V.*), l'Avocat général R.-J. COLOMER, dans ses conclusions générales du 16 octobre 2008[281], suggérait à la Cour de dire pour droit que

> *« [l]'article 3, paragraphe 1, du règlement (CE) n° 1346/2000 du Conseil, du 29 mai 2000, relatif aux procédures d'insolvabilité, doit être interprété en ce sens que la juridiction de l'État membre qui est saisie d'une procédure d'insolvabilité est compétente pour connaître d'une action révocatoire au titre de l'insolvabilité visant un défendeur domicilié dans un autre État membre. »*

La suggestion de l'avocat général signifie l'application pure et simple de l'art. 3 § 1 aux procédures annexes, ici à une action révocatoire. Il s'agissait, en l'espèce, d'une action en nullité relevant du droit allemand des faillites (§§ 129 et s. InsO) intentée par le syndic d'une société allemande devant un tribunal des faillites allemand aux fins d'obtenir le remboursement d'une

278 En ce sens : Ch. WILLEMER, *Vis attractiva concursus...*, p. 91 et s. ; LEIPOLD, *FS Akira Ishikawa* 221 (234) ; DKDC/DUURSMA-KEPPLINGER, *EuInsVO*, Art. 25 n° 36. Ces derniers auteurs expliquent d'ailleurs que si la compétence internationale en matière de procédures annexes n'a pas finalement été réglée expressément par le Règlement, ce serait par pure mégarde des rédacteurs.

279 En ce sens, cf. *MüKo-IntWR (IntInsR)*/KINDLER, n° 583 ; VIRGOS/SCHMIT, *Erläuternder Bericht,* n° 198 (201) ; LEIPOLD, *FS Akira Ishikawa*, 221 (235 et s.) ; DKDC/DUURSMA-KEPPLINGER, *EuInsVO*, Art. 25 n° 37.

280 Cf. *infra* n° 509.

281 À consulter sur *http://eur-lex.europa.eu/LexUriServ/LexUriServ.do?uri=CELEX:62007C0339:FR:HTML* (23/11/2008).

somme payée juste avant l'ouverte de la procédure d'insolvabilité par cette société allemande à une société belge, la *Deko Marty Belgium NV*.

La position qu'exprime l'avocat général est toute à fait novatrice. Il considère en effet qu'il n'y a pas de « lacunes » dans l'ordre juridique communautaire[282] et que ce n'est qu'

> « [e]*n apparence* [que] *le règlement n° 1346/2000 garde le silence sur la compétence judiciaire pour l'exercice de l'action révocatoire au titre de l'insolvabilité, mais son article 3, paragraphe 1, prévoit un critère de compétence générale, fondé sur la juridiction de l'État sur le territoire duquel est situé le centre des intérêts principaux du débiteur* »[283].

Pour asseoir cette position, il soutient qu'il est possible de

> *« percevoir la volonté du Conseil de régler le régime procédural des actions révocatoires au titre de l'insolvabilité de portée communautaire. L'examen du règlement n° 1346/2000 révèle non pas un silence total, mais un silence partiel. »*[284]

Il déduit ce « silence partiel » d'un passage du rapport VIRGOS/SCHMIT relatif au prédécesseur du Règlement insolvabilité, la Convention de 1995, en ces termes :

> *« Au point 77 du rapport, ses auteurs signalent clairement que, bien que le texte ne consacre pas le principe procédural de vis atractiva*[285] *concursus, il l'aborde en partie. En citant littéralement l'arrêt Gourdain, ils insistent sur le fait qu'il existe un élément d'attraction lorsque « les actions* [dérivent] *directement* [...] *de l'insolvabilité et* [sont] *étroitement liées à la procédure d'insolvabilité». Fort logiquement, ils ajoutent que « ces actions, pour éviter des lacunes injustifiables entre les deux conventions, sont désormais soumises à la convention relative aux procédures d'insolvabilité* ***et à ses règles de compétence*** *».*[286]

Ce faisant, M. COLOMER passe cependant sous silence ce que MM. VIRGOS et SCHMIT constatent par ailleurs, à savoir que

282 Point 42 des conclusions générales.
283 Point 44 des conclusions générales.
284 Point 50 des conclusions générales.
285 *sic* : attractiva.
286 Point 38 des conclusions générales.

> « [c]*ertain Contracting States recognize a "vis attractiva concursus" in their national law, by virtue of which the Court which opens the insolvency proceedings has within its jurisdiction not only the actual insolvency proceedings but also all the actions arising from the insolvency.* [...] ***Neither this precept nor this philosophy has been adopted in this Convention. There is no provision in Article 3 of the Convention addressing this problem. However, the Convention's silence on the matter is only partial. Article 25 thereof contains the delimitation criterion between both the 1968 Brussels Convention and this Convention.*** »[287]

MM. VIRGOS et SCHMIT se réfèrent par la suite à la jurisprudence *Gourdain* dont les critères ont été repris, nous le savons, à l'article 25 du Règlement insolvabilité. Toutefois, MM. VIRGOS et SCHMIT ne disent pas que le silence partiel doit s'analyser en une compétence juridictionnelle au sens de l'art. 3 du Règlement pour ces procédures annexes ou analogues comme l'a interprété l'avocat général dans la présente affaire. Ce qu'ils se bornent à dire, c'est que la théorie de la *vis attractiva concursus* n'a pas été adoptée, notamment pas par l'article 3 (!) mais le « *silence est seulement partiel* » en ce sens que l'article 25 contient un critère de distinction entre la Convention de Bruxelles et la Convention de 1995 (soit Règlement Brux. I et Règlement insolvabilité). Or, l'article 25 est relatif aux seules reconnaissance et exécution des décisions et non à la compétence internationale d'ouverture. Si les rédacteurs de la Convention de 1995 et du Règlement insolvabilité avaient voulu que les procédures annexes relèvent de l'article 3, encore eut-il fallu qu'ils le disent. Or, tel n'est manifestement pas le cas. D'autant que les États membres étaient en profond désaccord sur ce point puisque leur droit interne respectif adoptait ou non cette *vis attractiva concursus*.[288] Aussi, l'Avocat général lui-même doit finalement admettre que la compétence pour les actions révocatoires doit être *alternative* dans le sens où le règlement, par son article 25 § 2 *in fine* (« *décisions... même si elles sont rendues par une autre juridiction* »),

> « [...] *admet* [...] *que les décisions rendues à la suite d'une action révocatoire aux fins de l'insolvabilité soient adoptées par la juridiction saisie de la procédure d'insolvabilité* ***ou par une autre juridiction, qu'elle se trouve dans le même pays ou dans un autre État membre.*** »[289]

287 Souligné par nos soins.
288 On y reviendra, cf. *infra* 3.
289 Point 67 des conclusions générales. Souligné par nos soins.

Cette interprétation de l'avocat général relative au silence partiel est donc, pour le moins, aventureuse. Si sa position était fondée, on ne comprendrait pas d'ailleurs pourquoi les parties à l'instance elles-mêmes[290] ainsi que la quasi-totalité des auteurs décèlent un vide juridique au (seul) niveau communautaire ce qui les amène à réfléchir à une application du Règlement Bruxelles I voire de l'art. 3 du Règlement insolvabilité de manière analogue[291] voire encore à un retour au droit commun des États membres[292]. En réalité, les dispositions citées n'expriment aucunement ce que l'avocat général voudrait leur faire dire. Aussi, la conclusion selon laquelle

> *« [l]e règlement n° 1346/2000 n'effectue pas de différenciation entre le cas de figure de la compétence judiciaire et celui de la reconnaissance. En réalité, ils s'alimentent réciproquement : les décisions sujettes à la reconnaissance au sens de l'article 25 reflètent également les matières qui relèvent de la compétence du juge saisi du recours. »*[293]

peut donc tout au plus être perçue comme un avis minoritaire.

Mais aventureux est également le présupposé même du raisonnement, à savoir *« le principe de l'absence de lacunes » « dans l'ordre juridique communautaire »*[294] que l'Avocat général a pris la peine de faire inscrire au sommaire de ses conclusions générales. L'« ordre juridique communautaire » ne saurait prétendre à l'exhaustivité, autrement dit à la complétude. Celle-ci suppose en effet la présence d'un système contenant un ensemble de normes hiérarchisées dans lequel tout problème de droit peut être résolu en raison de l'existence d'une solution ou bien expresse ou bien déductible par analogie par les juges qui ont le devoir de juger.[295] Le système ainsi décrit prend communément le nom d'« ordre juridique étatique ». L'« ordre juridique communautaire » est cependant d'une nature différente : bien qu'il se juxtapose sur les ordres juridiques des États membres[296] dans la mesure où les compétences d'attribution ont été exercées, il ne les remplace pas et reste donc concurrencé par eux *ratione materiae*. Cela explique que lorsque le droit communautaire (originaire ou dérivé) est muet, le juge communautaire, que

290 Cf. Point 42 des conclusions générales.
291 Cf. *supra* A et B 1.
292 Cf. *infra* C.
293 Point 49 des conclusions générales.
294 Point 42 des conclusions générales.
295 Cf. les art. 4 et 5 C. civ. pour le droit français.
296 CJCE, 15 juillet 1964 - aff. 6/64, *Costa c. E.N.E.L., Rec.* 1964, p. 1141.

ce soit le juge national, le Tribunal de 1ère instance ou la CJCE elle-même, a le devoir de revenir aux droits nationaux des États membres. En conséquence, un principe général de droit « d'absence de lacunes » ne peut exister sans violer le traité instituant la Communauté européenne[297].

Il en va *a fortiori* de même en ce qui concerne un éventuel *« principe de l'absence de lacunes entre le règlement n° 44/2001 et le règlement n° 1346/2000 »* qui, allié au *« principe de la cohésion de l'ordre juridique communautaire »*, aboutirait à ce que *« les règles de compétence applicables aux actions révocatoires au titre de l'insolvabilité ayant une portée communautaire devraient figurer dans ces instruments »*.[298] Il n'est pas permis en droit d'affirmer que deux textes communautaires se complètent sans laisser de lacunes entre eux parce qu'il *devrait* en être ainsi alors que ni les textes eux-mêmes, ni leurs rédacteurs l'affirment et que, par conséquent, le retour aux droits nationaux des États membres s'impose. La bonne volonté de l'avocat général de transformer le système établi par les instruments communautaires en un système cohérent est donc louable. Sa manière de faire ne l'est pas.

Par un arrêt du 12 février 2009, la CJCE[299], sans suivre expressément les conclusions générales de l'Avocat général, est néanmoins parvenue – sans surprise – à la solution prônée par celui-ci. Pour ce faire, elle a notamment déduit du considérant n° 6 l'intention du législateur selon laquelle l'art. 3 § 1 R. ins.

> *« doit être interprété en ce sens qu'il attribue également une compétence internationale à l'État membre sur le territoire duquel a été ouverte la procédure d'insolvabilité pour connaître des actions qui dérivent directement de cette procédure et qui s'y insèrent étroitement. »*[300]

Elle a précisée sa pensée en faisant valoir que

> *«* [u]*ne telle concentration de l'ensemble des actions directement liées à l'insolvabilité d'une entreprise devant les juridictions de l'État membre compétent pour l'ouverture de la procédure d'insolvabilité apparaît également conforme à* ***l'objectif d'amélioration de l'efficacité et de la rapidité des procédures d'insolvabilité*** *ayant des effets*

297 Cf. notamment les articles 3 et 5 du traité CE.

298 Point 71 des conclusions générales.

299 CJCE, 12 février 2009, aff. C-339/07, à consulter sur *http://eur-lex.europa.eu/LexUriServ/LexUriServ.do?uri=CELEX:62007J0339:FR:HTML*.

300 *Ibid.*, point 21.

> *transfrontaliers, visé aux deuxième et huitième considérants du règlement n° 1346/2000.* »[301]

Pour corroborer son analyse, la Cour a enfin procédé au constat selon lequel l'art. 25 § 1 al. 2e du Règlement admettait implicitement la possibilité que les juridictions de l'État membre de l'ouverture de la procédure d'insolvabilité connaissent également d'une telle action annexe.[302]

L'argumentation quelque peu rapide de la Cour ne convainc pas tout à fait. Ainsi, l'admission par l'article § 25 § 1 al. 2e de la possibilité que la compétence internationale pour les actions annexes puisse appartenir aux juridictions de l'Etat d'ouverture ne signifie pas que la compétence internationale doit *systématiquement* revenir à celles-ci. Surtout, concernant l'argument principal de la Cour relatif à l'intention du législateur qu'elle déduit du considérant n° 6, force est de constater que cette déduction ne semble pas pouvoir être admise.

3. Le rejet de ces approches

509. En effet, des arguments importants s'opposent avec vigueur à l'application simple ou par analogie de l'art. 3 § 1 R. ins.. En premier lieu, l'article 3 est parfaitement clair et ne se réfère expressément qu'à la seule ouverture des seules procédures d'insolvabilité. En présence d'une disposition exempte de toute obscurité ou équivoque, procéder à une interprétation supplétive ne semble pas de bonne méthode. Cela est d'autant plus vrai que les considérants sur lesquels se fondent certains auteur ainsi que la CJCE n'ont pas la même force juridique que l'art. 3 § 1 lui-même.

Sur le plan de l'opportunité, en deuxième lieu, il faut se poser la question de savoir si une concentration des compétences, pour l'ouverture de la procédure d'insolvabilité d'une part, pour les procédures annexes d'autre part, auprès du tribunal de la faillite est souhaitable dès lors que bon nombre de pays, comme nous l'avons vu, ignorent totalement une telle concentration en droit interne. Dans ces pays, en effet, le tribunal saisi de la procédure d'insolvabilité n'est pas en règle générale matériellement et localement compétent pour les procédures annexes.[303] Cet argument doit cependant être relativisé parce que la concentration des compétences interna-

301 *Ibid.*, point 22.
302 *Ibid.*, point 26.
303 SCHLOSSER, *EU-Zivilprozessrecht*, 2e éd., 2003, Art. 1 EuGVVO, n° 21 et s.

tionales, à la différence de la concentration des compétences internes, ne vise pas l'unité de la procédure mais, au contraire, l'unicité du for saisi.[304]

En troisième lieu et surtout, tous les arguments mis en avant par les défenseurs d'une application analogue ou directe de l'article 3, quand bien même ils seraient justes, ne relèvent à l'heure actuelle que d'un dessein optatif. Car si le Règlement insolvabilité ne règle pas expressément la question, c'est parce que les États membres n'ont justement pas su se mettre d'accord sur ce point au moment de sa naissance. Ce désaccord sur la question de la compétence en matière de procédures annexes se manifeste en effet tout au long de la phase de gestation des projets européens sur la faillite, notamment en matière d'actions en responsabilité en rapport avec l'insolvabilité. Un avant-projet de convention sur la faillite, le concordat et les procédures similaires de 1970 présenté par la DG Marché intérieur[305], un deuxième de 1980[306], prévoyaient la compétence internationale exclusive du tribunal ayant ouvert la procédure collective pour les actions en responsabilité des dirigeants notamment. Un dernier avant-projet du 30 juillet 1984[307], au contraire, tend à soustraire de telles actions en responsabilité contre les dirigeants du champ d'application de la convention pour les soumettre à la Convention de Bruxelles[308] mais maintient l'application de la convention sur la faillite pour les actions en extension de la faillite aux dirigeants même domiciliés à l'étranger[309]. La critique fondamentale adressée à ces avant-projets provenait de la doctrine allemande qui, à juste titre, craignait une immixtion forte dans les compétences internationales allemandes puisque le droit allemand, comme nous le savons[310], ne retient pas en principe la possibilité d'adjoindre des procédures annexes à la procédure collective.[311] La doctrine des pays participant du cercle juridique français[312] accueillirent beaucoup plus facilement ces règles de compétence internationale « ramas-

304 OBERHAMMER, *ZinsO* 2004, 761 (767).

305 N° de document CEE- 3327/XIV/1/70-FR du 16 février 1970, reproduit *in RabelsZ* 36 (1972), 734 ; cf. art. 11 et 12.

306 N° de document CEE -III/D/72/80-FR ; reproduit *in* KEGEL/THIEME, *Vorschläge und Gutachten*, 1988, p. 43, commenté par THIEME, *RabelsZ* 45 (1981), 459 et DANIELE, *Cahiers de droit européen* 23 (1987), 512 ; cf. art. 11.

307 N° de document CEE 8759/84 DRS 64 (CFC).

308 Cf. art. 10a.

309 Cf. art. 11.

310 Cf. *supra* n° 501.

311 Cf. KEGEL/THIEME, *Vorschläge und Gutachten*, 1988, p. 213 et s. (275).

312 Sur cette notion, cf. *supra* n° 19 et s.

sée ».[313] Face à ces difficultés, on comprend pourquoi ni le Règlement actuel, ni même les travaux préparatoires ne mentionnent le problème et pourquoi il existe cette divergence entre le considérant n° 6 et l'article 3 § 1er. Dans ces conditions, il est douteux de vouloir déduire la volonté du législateur relative à la compétence internationale d'ouverture en matière des procédures annexes alors que, justement, les rédacteurs n'ont pas pu (ou voulu) prendre position sur la question.

Compte tenu de ces difficultés, il nous semble préférable, pour ce qui est de la suite de notre étude, de ne pas tenir pour acquis que les juridictions de l'État d'ouverture de la procédure d'insolvabilité sont systématiquement compétentes pour connaître de *l'ensemble* des procédures annexes, quand bien même le sort des actions révocatoires semble désormais scellé par l'arrêt reporté.

C. Détermination de la compétence internationale en vertu du droit international commun national

510. Aussi, puisque la question de la compétence internationale directe pour ces procédures annexes n'est pas expressément réglée par le Règlement, il semble permis de conclure naturellement à l'application du droit international commun des États membres.[314] Ainsi, le Professeur Dominique BUREAU constate, au sujet d'une action prétendument annexe[315], que le Règlement insolvabilité

> *« ne vise en effet à déterminer sur le terrain de la compétence internationale que celle des juridictions susceptibles* ***d'ouvrir*** *une procédure d'insolvabilité (art. 3),* [...] *; et puisque la Convention de Bruxelles – le Règlement Bruxelles I – ne s'y applique pas davantage, c'est donc toujours par extension des règles de compétence territoriale interne qu'il appartiendra aux tribunaux de se prononcer. »*[316]

313 GANSHOF, *Cahiers de droit européen* 7 (1971), 146 (165) ; COLESANTI, in *Les problèmes internationaux de la faillite et le marché commun*, Padua, 1971, p. 4 et s. (30).

314 En ce sens : BGH, arrêt du 27 mai 2003, reproduite *NJW* 2003, 2915 ; commentaire par HAUBOLD, *EuZW* 2003, 703 ; LEIBLE/STAUDINGER, *KTS* 2000, 533 (566) ; HENRY, *D.* 2004, 2145 (2146) ; M. BAIERLIPP, *Die Haftung der Muttergesellschaft eines multinationalen Konzerns*, 2002, p. 395 ; *contra MüKo-IntWR(IntInsR)*/KINDLER, n° 581 avec d'autres références.

315 Est en question l'action en comblement du passif.

316 D. BUREAU, *Rev. crit. DIP* 2005, 106 (110), souligné par cet auteur lui-même. Antérieurement déjà : *idem*, *Rev. crit. DIP* 2002, 613 (627-628, 636-637, 648-649).

511. Discussion – Les difficultés. Cette interprétation n'est pas exempte de difficultés. En particulier, les auteurs n'indiquent pas selon le droit international commun de *quel* État il convient de résoudre la question. Peuvent ainsi théoriquement être appelées à s'appliquer la loi de l'État de l'ouverture de la procédure collective ou encore la loi de l'État devant les tribunaux duquel l'action annexe a été portée.

Concernant la première hypothèse de la détermination de la compétence internationale directe en vertu de la loi de l'État ayant ouvert la procédure collective, ce serait la *lex fori concursus* qui s'appliquerait. L'on pourrait ainsi considérer la procédure annexe comme étant un « effet » au sens de l'art. 4 du Règlement de sorte que l'article serait, outre une règle de conflit de lois, une règle de conflit de... juridictions. Une telle interprétation ayant des conséquences considérables semble cependant aller au-delà de ce que le législateur communautaire aurait pu raisonnablement prévoir dans une disposition relative à la loi applicable et dont la portée elle-même paraît de surcroît incertaine à bien des égards.[317] Elle doit être écartée d'office.

La deuxième hypothèse est celle de la détermination de la compétence internationale en vertu de la loi de l'État du tribunal saisi pour statuer sur l'action annexe.[318] À condition que l'action n'entre pas dans le champ d'application du Règlement Bruxelles I, chaque législateur pourra alors décider quelles procédures annexes à la procédure d'insolvabilité il voudra admettre devant ses tribunaux. De cette manière, les différentes conceptions que se font les pays quant à la question de savoir s'il faut prévoir ou non des procédures annexes à la procédure d'insolvabilité peuvent coexister. Ainsi, un tribunal allemand ne permettra pas l'ouverture d'une procédure annexe alors qu'un tribunal français sera plus enclin à le faire.

Cette interprétation conduit cependant à des situations indésirables. En premier lieu, si l'on accorde au droit international commun des États membres le soin de définir la compétence internationale des tribunaux, rien n'empêche que soient retenues des titres de compétence exorbitante tels les articles 14 et 15 C. civ.[319] ou le § 23 *Zivilprozessordnung*[320] alors que l'on peut

317 DKDC/DUURSMA-KEPPLINGER, *EuInsVO,* Art. 4, n° 23 ; LEIBLE/STAUDINGER, *KTS* 2000, 533 (559) ; V. LORENZ, *Annexverfahren bei internationalen Insolvenzen*, 2005, p. 110 ; Ch. WILLEMER, *op. cit.*, p. 73.

318 Ce tribunal pourra alors théoriquement être différent de celui qui a ouvert la procédure d'insolvabilité (même si en pratique, une telle hypothèse sera rare, cf. *infra*).

319 Reposant, comme nous le savons, sur la nationalité (française) des plaideurs.

320 Permettant l'ouverture d'une procédure devant le tribunal du lieu où se trouve une partie du patrimoine du débiteur (« for du patrimoine »). En Allemagne, cette compé-

supposer que ceux-ci devaient justement être éliminés avec le Règlement insolvabilité[321]. C'est pourquoi certains proposent de limiter le renvoi au droit international commun national aux seules procédures annexes prévues par la *lex fori* du tribunal saisi et de renvoyer pour les actions restantes au Règlement Bruxelles I.[322] Cette solution présenterait l'avantage d'éviter les conflits négatifs de compétences ainsi que le jeu des compétences exorbitantes. En même temps, compte tenu du fait que le Règlement Bruxelles I ne régit pas « les faillites »[323], en laissant aux États membres le soin de définir les procédures annexes, ceux-ci pourraient indirectement déterminer eux-mêmes le champ d'application du Règlement Bruxelles I.[324]

En deuxième lieu, un argument de nature systématique fait douter de la justesse de la solution adoptée. En effet, comme cela a été vu, l'article 25 § 1er al. 2e du Règlement insolvabilité a pour objet de privilégier les décisions qui entretiennent un rapport étroit avec la procédure d'insolvabilité en ce qui concerne leur exécution. Ce privilège s'appliquerait dès lors aux décisions rendues à l'issue des procédures annexes.[325] La seule raison valable de privilégier de cette manière les décisions rendues dans le cadre d'une procédure d'insolvabilité par rapport à toutes les autres décisions rendues en Europe, serait l'existence de compétences internationales directes harmoni-

---

tence exorbitante est encore appelée, de façon imagée et sur le ton de la plaisanterie, la compétence du tribunal du lieu du « parapluie oublié ».

321 En ce sens : D. LEIPOLD, *FS Akira Ishikawa*, p. 221 (226 et s.). Pour le souhait d'éliminer le jeu des règles de compétence exorbitantes au niveau communautaire en général, cf. pour le Règlement Brux. I. l'art. 3 al. 2 et l'annexe I et H. GAUDEMET-TALLON, *Compétence et exécution des jugements en Europe*, n° 90 et s.

Toutefois, contrairement à ce qu'affirme M. MENJUCQ, *Droit international et européen des sociétés*, n° 324, « *le critère de compétence qui prévoit que le tribunal ayant ouvert la procédure à l'égard d'une personne morale est aussi compétent pour ouvrir une procédure distincte, en application des* [anciens] *articles L. 624-1 et s.* [relatifs, entre autres, à l'action en comblement du passif] » n'est pas écarté. En effet, ce critère ne peut logiquement être écarté que si l'on considère que ces actions relèvent du Règlement insolvabilité pour ce qui est de la compétence internationale puisque les seuls critères valables seraient alors le centre des intérêts principaux et, subsidiairement, l'établissement de l'art. 2 h. Or, l'auteur n'invoque pourtant pas une application analogue de l'art. 3 du même texte à l'image de la doctrine germanique pour fonder l'applicabilité du Règlement. De sorte que tout porte à croire que l'auteur a méconnu l'inapplicabilité du Règlement à la question. En ce sens également : D. BUREAU, *Rev. crit. DIP* 2002, 613 (636-637).

322 MÖRSDORF-SCHULTE, *IPRax* 2004, 31 (36).

323 Art. 1 al. 2 b.

324 HAUBOLD, *EuZW* 2003, 703 (704).

325 En ce sens : BUREAU, *Rev. crit. DIP* 2005, 106 (110).

sées en la matière.[326] Or, cela, justement, n'est pas le cas si la question de la compétence internationale est laissée à l'appréciation du droit international commun des États membres.[327]

En troisième lieu, d'une manière générale, il existe des arguments fondamentaux s'opposant à l'admission de l'application du droit international commun des États pour déterminer la compétence internationale en matière de procédures annexes. Le premier est relatif à l'objectif de la mise en place d'un système cohérent de compétences internationales au sein de l'UE. En effet, tous les efforts déployés au sein de l'UE vont en ce sens : une harmonisation des compétences internationale est expressément recherchée par l'article 65 b CE (*« favoriser la compatibilité des règles* [...] *de conflit de lois et de compétence »*), par le Règlement Bruxelles I en matière civile et commerciale, par le Règlement Bruxelles II bis en matière matrimoniale et parentale[328], ainsi que, bien sûr, par le Règlement insolvabilité lui-même. Admettre un retour au droit international commun des États membres pour déterminer la compétence internationale en matière de procédures annexes semble alors quelque peu contre-productif voire même constitue un pas en arrière. Le deuxième est relatif au risque de conflits de juridictions. Un conflit positif ne saurait normalement survenir dès lors que l'art. 25 § 1 al. 2 organise la reconnaissance et l'exécution des décisions rendues à l'issue des procédures annexes.[329] En revanche, la survenance d'un conflit négatif est tout à fait imaginable. Pourtant, il mettrait en cause la protection juridique que le Règlement insolvabilité veut justement procurer à tous les acteurs d'une insolvabilité transfrontalière.

512. Une solution réaliste. En revanche, d'autres arguments viennent au soutien de la thèse de l'application du droit international commun. Ils se révèleront décisifs. Les Professeurs M. VIRGOS et E. SCHMIT, après avoir

326 DKDC/DUURSMA-KEPPLINGER, *EuInsVO,* Art. 25 n° 28 ; E. LORENZ, *Annexverfahren bei Internationalen Insolvenzen*, p. 90 et s. ; Ch. WILLEMER, *Vis attractiva...*, p.78 et s.

327 LEIPOLD, *FS Akira Ishikawa*, p. 221 (227 et s.) ; HAUBOLD, *IPRax* 2002, 157 (160).

328 Règlement (CE) n° 2201/2003 du Conseil du 27 novembre 2003 relatif à la compétence, la reconnaissance et l'exécution des décisions en matière matrimoniale et en matière de responsabilité parentale abrogeant le règlement (CE) n° 1347/2000, *JO* du 23 décembre 2003, n° L. 338, p. 1.

329 À condition, bien sûr, de considérer que l'article 25 § 1 al. 2 vise également les décision rendues à l'issue d'une procédure annexe par un tribunal d'un autre État que celui dans lequel la procédure d'insolvabilité a été ouverte.

procédé à une fine analyse des mécanismes du Règlement, retiennent dans leur rapport au sujet de l'article 25 que

> « [...] *la reconnaissance et l'exécution de ces décisions – indépendamment du fait qu'elles aient été rendues par le tribunal ayant ouvert la procédure collective ou par un autre tribunal compétent* **en vertu du droit interne** – [...] *doit toujours se faire par application du Règlement insolvabilité.* »[330]

Cette référence faite au droit interne ne peut être comprise que dans le sens d'un renvoi au droit international privé commun des États membres en ce qui concerne la compétence internationale. Une telle précision serait en effet superflue et redondante si on l'interprétait comme signifiant que la compétence d'attribution et la compétence territoriale internes des tribunaux nationaux se déterminent selon la loi nationale puisque le Règlement lui-même prend le soin de le dire dans son considérant n° 15[331].

Enfin, un argument essentiel vient conforter cette thèse et convainc de sa justesse. Il ne faut pas oublier en effet qu'il ne saurait appartenir à la doctrine, aux tribunaux des États membres[332], ni même à la Cour de justice de réécrire le Règlement insolvabilité par une interprétation extensive de celui-ci, aussi mal rédigé soit-il. Comme nous l'avons vu[333], les États ayant participé à la rédaction du texte étaient en profond désaccord sur la compétence internationale en matière de procédure annexe. C'est la raison pour laquelle cette question n'a expressément pas été réglée. Face à ce refus de réglementation, toute interprétation dans un sens diamétralement opposé à la volonté des rédacteurs doit être bannie.

513. Solution. Il appartient par conséquent au seul droit international commun des États membres de se prononcer sur la compétence internationale en matière de procédure annexe. Tout au plus, les propositions de la

330 VIRGOS/SCHMIT, *Erläuternder Bericht,* n° 194.

331 *« Les règles de compétence contenues dans le présent règlement ne fixent que la compétence internationale, c'est-à-dire qu'elles désignent les États membres dont les juridictions peuvent ouvrir une procédure d'insolvabilité. La compétence territoriale au sein de cet État membre doit être déterminée par la loi nationale de l'État concerné ».*

332 D'autant que, ce faisant, une sérieuse et condamnable divergence entre les États membres peuvent surgir puisque le juge de la reconnaissance et de l'exécution (juge requis) n'est pas en principe obligé de suivre la qualification retenue par le premier juge (sur ce dernier point, H. GAUDEMENT-TALLON, *Compétences et exécution des jugements en Europe*, n° 55).

333 Cf. *supra* B.

doctrine allemande peuvent-elles être prises en compte par le législateur communautaire ou, éventuellement, par la Cour de justice lorsqu'elle serait saisie d'une question préjudicielle à ce sujet.

514. Conséquence pour la loi applicable à la procédure annexe. Si la compétence internationale directe se détermine en vertu du droit international commun, il ne saurait en aller autrement en matière de loi applicable. En effet, puisque le Règlement insolvabilité n'est pas applicable, la loi applicable à la procédure annexe n'est pas « celle de l'État membre sur le territoire duquel la procédure est ouverte »[334] mais celle qui est déterminée en vertu du droit international commun du tribunal saisi.[335] Autrement dit, le tribunal français ou allemand saisi qui se déclarerait compétent en vertu de son droit du conflit de juridictions, qualifiera l'action en cause selon sa *lex fori*[336].

515. Il faut cependant relativiser. Tout d'abord, le risque d'aboutir à des résultats différents en suivant l'une ou l'autre des solutions du conflit de juridictions est en réalité mineur. En effet, le tribunal saisi pour ouvrir la procédure annexe en vertu de l'article 3 appliqué de manière analogue sera celui du centre des intérêts principaux de la société, *« présumé être le lieu du siège statutaire »*. Le tribunal qui serait saisi de cette même procédure en vertu du droit international commun des États sera ou bien celui du siège social de la société puisque, en ce qui nous concerne, les actions en responsabilité engagées à l'encontre de la société mère pourraient s'analyser comme des actions dirigées à l'encontre des dirigeants sociaux[337], ou bien en cas de qualification de faillite, celui qui a déjà prononcé la sauvegarde, le redressement ou la liquidation judiciaires de la personne morale, à savoir le tribunal (de commerce) du siège voire du centre principal des intérêts de la société[338]. « Centre des intérêts principaux », « siège social », « centre principal

334 Art. 4 § 1 du Règlement insolvabilité.

335 Même solution : D. BUREAU, *Rev. crit. DIP* 2002, 613 (n° 55) ; BAIERLIPP, *Die Haftung der Muttergesellschaft eines multinationalen Konzerns*, p. 402 (à propos de l'action en comblement du passif).

336 La qualification *lege fori* est de principe en France et en Allemagne, cf. note de bas de page Partie II - Titre 1, n° 354.

337 De sorte que pourrait se déterminer la compétence en vertu par exemple de l'art. 5 § 1 du règlement 44/2001 (en ce sens : E. BRUHNS, *Das Verfahrensrecht der internationalen Konzernhaftung*, p. 382 et s.). Sur ce point, cf. tout de suite *infra* Section 2.

338 Cf. l'article 1er du décret n° 2005-1677 du 28 décembre 2005. Tel est le cas en ce qui concerne l'action en responsabilité pour insuffisance d'actif, de l'obligation aux dettes – cela va de soi – de l'extension de la procédure pour fictivité ou confusion de patrimoines.

des intérêts »... : dans la plupart des cas, ces critères coïncideront en pratique. Ce n'est, en réalité, que dans les hypothèses assez rares dans lesquelles il y aurait une dissociation internationale entre l'emplacement réel des activités de la société et son siège statutaire et à la condition supplémentaire que ce siège statutaire ne soit pas écarté au profit de l'emplacement réel que les solutions divergeraient. Il n'en reste pas moins qu'un tel risque, aussi mineur qu'il soit, existe et qu'il faut par conséquent en appeler au législateur communautaire afin qu'il remédie à cette situation.

Ensuite, indépendamment de la manière dont se fait la détermination de la compétence internationale pour ouvrir ces procédures annexes (application analogue de l'art. 3 § 1, retour au droit international commun national, application du Règlement 44/2000), une question préalable à celle de la détermination de la compétence se pose : celle de savoir si on est en présence ou non d'une procédure annexe. Car si tel n'est pas le cas, le débat mené n'a pas de raison d'être. Ce n'est en effet que pour des raisons pédagogiques que nous avons inversé cet ordre dans notre étude.

En effet, les tenants de la détermination de la compétence internationale en vertu du droit international commun national se poseront cette question pour savoir quelles procédures relèvent du droit international commun au titre de la compétence internationale pouvant ensuite bénéficier de la reconnaissance et de l'exécution simplifiées prévues à l'article 25 ; les tenants de la détermination de la compétence internationale en vertu du Règlement 44/2000 doivent se poser cette question concernant l'exécution au titre de l'art. 25 R. ins. ; les tenants de la détermination de la compétence internationale en vertu de l'art. 3 al. 1er appliqué par analogie aux procédures annexes, enfin, se posent la question sous le double aspect de la compétence internationale *et* de la reconnaissance et de l'exécution. Comme cela a été indiqué, nous suivrons la voie de la détermination de la compétence internationale en vertu du droit international commun des États.

En conséquence, il convient maintenant de rechercher des critères de qualification permettant de déterminer les *décisions*, voire plus précisément les actions à l'issue desquelles celles-ci sont rendues, *qui ne relèvent ni du Règlement Brux. I, ni du Règlement insolvabilité au titre de la compétence internationale d'ouverture mais qui relèveraient de l'article 25 § 1 al. 2 du Règlement 1346/2000 pour ce qui concerne leur exécution.*

Section 2 La qualification procédurale des différents mécanismes de mise en cause de la société mère en cas d'insolvabilité de la filiale

516. Dire que toutes les actions qui interviennent à la seule occasion d'une procédure d'insolvabilité ne relèvent pas forcément de cette dernière paraît être une banalité. Or, comment distinguer les actions qui en relèvent de celles qui n'en relèvent pas ?

L'enjeu est double : il s'agit de déterminer les décisions – les actions ouvrant une procédure annexe plus précisément – qui relèvent de l'art. 25 § 1 al. 2 du Règlement insolvabilité au stade de l'exécution sans pour autant relever ni du Règlement insolvabilité, ni du Règlement Brux. I mais du droit international commun des États au titre de la compétence internationale directe selon l'approche défendue ici.

Le critère de distinction qu'indiquent unanimement la jurisprudence *Gourdain* (compétence internationale) et l'article 25 § 1 al. 2 R. ins. (exécution) est celui de *« dériver directement de la procédure d'insolvabilité et s'y insérer étroitement »*. Autrement dit, une procédure est annexe dès lors qu'elle entretient un rapport direct et étroit avec la procédure d'insolvabilité. Cette description issue de la jurisprudence communautaire n'est pas des plus précises : elle pèche par sa généralité et nécessite une concrétisation. Afin de garantir la sécurité juridique et une application homogène du Règlement insolvabilité dans toute la Communauté, cette concrétisation doit passer par la détermination de critères généraux, valables dans tous les États membres.

Une fois ces réflexions théoriques menées, l'on pourra – fort de ces connaissances – procéder à la qualification des mécanismes du droit français et du droit allemand permettant la mise en cause de la responsabilité de la société mère.

§ 1) A la recherche de critères « communautaires » de qualification des procédures annexes

517. Précision du champ d'investigation. Il est important de noter que la « qualification » pour le besoin de laquelle sont recherchés des critères ici revêt une particularité. Il ne s'agit pas de la qualification classique qui a pour but d'identifier une règle de conflit *de lois* mais l'opération de

« qualification » menant à l'identification d'une règle de conflit *de juridictions*. En effet, la qualification des mécanismes français et allemand précités mènera à l'application soit du Règlement Bruxelles I, soit du Règlement insolvabilité,[339] soit encore aux règles de compétence internationale des États membres[340]. Une conséquence en découle : les développements qui vont suivre ne sont pas consacrés au droit des conflits de lois des États mais au système communautaire de compétences internationales.[341] Cela signifie notamment qu'il ne sera pas nécessaire, pour les besoins de cette étude, de redessiner en détail les différentes positions doctrinales quant à la manière de qualifier telle ou telle action en matière de conflit de lois. C'est dans le cadre de ce système, en effet, que l'opération de qualification des réglementations nationales aura lieu. De sorte que la qualification devra se faire de manière *autonome*, c'est-à-dire d'un point de vue communautaire sans égard à la qualification en droit national. Notons que cette qualification ne préjugera pas, en particulier, de celle qui pourrait être adoptée en droit international commun des États membres.[342]

Avant de proposer un examen systématique du Règlement insolvabilité sur ce point, il convient d'exposer brièvement les indications que la jurisprudence communautaire a pu donner.

339 Pour ce qui concerne l'exécution des décisions.

340 Dès lors qu'est en jeu la compétence internationale directe.

341 Sur l'indépendance du conflit de lois et du conflit de juridictions en matière de qualification : VON BAR/MANKOWSKI, *Interntationales Privatrecht*, t. 1, 2003, § 5 n° 152 et s. ; ZIMMER, *Internationales Gesellschaftsrecht*, 1996, p. 420. De ce principe d'indépendance, il découle notamment qu'il n'est pas permis, en principe, de déduire automatiquement du résultat de la qualification en matière de conflit de lois la qualification à retenir en matière de conflit de juridictions. Il en va notamment ainsi puisque les objectifs recherchés par les règles de conflits de lois ne sont pas automatiquement les mêmes que ceux poursuivis en matière de compétence juridictionnelle internationale. La CJCE elle-même accepte ce type contradiction : elle retient par exemple qu'une action revêt une nature délictuelle pour le besoin de la détermination de la compétence internationale dans le cadre du Règlement Brux. I pour ensuite qualifier cette même action de contractuelle en matière de conflit de lois (pour une analyse précise de plusieurs arrêts de la Cour, cf. GEIMER/SCHÜTZE, *Europäisches Zivilverfahrensrecht*, Art. 5 EUGVVO n° 235).

342 Sur ce point, cf. H. GAUDEMET-TALLON, *Compétences et exécution des jugements en Europe*, n° 55.

A. Les indications jurisprudentielles

518. Dans **l'affaire *Gourdain/Nadler***[343], la Cour de justice, saisie à des fins d'interprétation de la Convention de Bruxelles par la *Bundesgerichtshof*, a eu à trancher une question de qualification d'une action entretenant un rapport avec une procédure d'insolvabilité. En l'espèce, le gérant allemand (M. Nadler, domicilié en Allemagne) d'une société française, avait fait l'objet d'une condamnation sur le fondement d'une action en comblement du passif devant un tribunal français. Le liquidateur français, Me *Gourdain*, demanda l'exécution de cette décision en Allemagne, *exequatur* qui lui fut refusé au motif que la condamnation personnelle au titre de l'action en comblement du passif n'entrait pas dans le cadre des décisions relevant de la Convention de Bruxelles. Après avoir énoncé que

> *« en ce qui concerne les faillites, concordats et autres procédures analogues qui sont des procédures fondées, selon les diverses législations des parties contractantes, sur l'état de cessation de paiement, l'insolvabilité ou l'ébranlement du crédit du débiteur impliquant une intervention de l'autorité judiciaire aboutissant à une liquidation forcée et collective des biens ou, à tout le moins, à un contrôle de cette autorité,* ***il faut, pour que les décisions se rapportant à une faillite soient exclues du champ d'application de la convention qu'elles dérivent directement de la faillite et s'insèrent étroitement dans le cadre d'une procédure de liquidation des biens ou de règlement judiciaire, ainsi caractérisée.*** *»*[344],

la Cour de justice retient un ensemble d'éléments caractérisant, selon elle, l'action en comblement du passif comme action relevant du droit des faillites[345] et tombant ainsi sous le coup de l'exclusion du champ d'application de la Convention de Bruxelles (art. 1 § 2 b).

519. Critique générale. La Cour a été vivement critiquée par la suite pour s'être référée au seul droit français alors qu'elle avait souligné, dans un premier temps, la nécessité de retenir une qualification autonome de

343 CJCE, 22 février 1979, *Gourdain ès qualités de liquidateur c. Nadler*, Aff. 133/78, *Rec.* 1979, p. 733 ; *Rev. crit. DIP* 1979, 657, note J. LEMONTEY ; *Rev. soc.* 1980, 526, note J.-L. BISMUTH. À consulter en ligne également sur *http://eur-lex.europa.eu/smartapi/cgi/sga_doc?smartapi!celexplus!prod!CELEXnumdoc&lg=fr&numdoc=61978J0133* (31/12/2008).

344 Arrêt *Gourdain/Nadler*, point 4.

345 Arrêt *Gourdain/Nadler*, point 5. On aura ultérieurement l'occasion de revenir sur ces éléments d'appréciation, cf. *infra* n° 525 et s.

l'article 1 § 2 b[346].[347] En outre, les critères développés seraient imprécis[348] et trop larges parce que propres à toute action intervenant dans le cadre d'une procédure d'insolvabilité[349], a-t-on dit.

Enfin, l'arrêt de la Cour peut s'expliquer en prenant en compte les circonstances dans lesquelles elle l'a rendu. En effet, contrairement au droit positif où les actions en responsabilité ne sont pas expressément régies par le Règlement insolvabilité, un avant-projet de convention sur la faillite, le concordat et les procédures similaires de 1970[350] traitait des actions en responsabilité à l'encontre des dirigeants. Tout porte à croire que la CJCE a limité le champ d'application de la Convention de Bruxelles de la manière dont elle l'a fait afin de ne pas préjudicier les travaux législatifs en cours.[351] Aussi, l'interprétation large de l'époque faite par la Cour du champ d'application d'un futur instrument communautaire portant sur l'insolvabilité doit être mise en cause dès lors que les prévisions de la Cour ne se sont pas réalisées.[352]

Depuis, malgré les critiques doctrinales, les tribunaux nationaux se sont toujours référés aux critères dégagés par la CJCE sans pour autant procéder réellement à une analyse de fond.[353] De sorte qu'une approche systématique de la distinction entre les champs d'application des deux textes communautaires en matière de procédures annexes s'impose.

346 Arrêt *Gourdain/Nadler*, point 3.

347 BISMUTH, *Rev. soc.* 1980, 529 (537) ; H. SCHMIDT, *EuZW* 1990, 219 ; LÜKE, *ZZP* 111 (1998), 275 (294).

348 LUTTER/WAGNER, *Europäische Auslandsgesellschaften in Deutschland*, p. 288.

349 H. SCHMIDT, *EuZW* 1990, 219 ; EBENROTH/KIESER, *KTS* 1988, 19 (42).

350 Art. 11, 12. N° de document CEE- 3327/XIV/1/70-FR du 16 février 1970, reproduit *RabelsZ* 36 (1972), 734.

351 Sur ce point, cf. BERNER/KLÖHN, *ZIP* 2007, 106 (110).

352 En ce sens également : SMID, *DZWIR* 2006, 325 (329) ; *MüKo-InsO*/REINHART, Art. 25 EuInsVO, n° 6 ; DKDC, Art. 25 n° 18 et s.

353 Cf. en dernier lieu : Cass. com., 5 mai 2004, *Société Rewah France c. M. Walczak ès qual. et autres*, note D. BUREAU, *Rev. crit. DIP* 2005, 104 et s. Le commentateur de cet arrêt, le Professeur D. BUREAU, évoque d'ailleurs une *« explication un peu sommaire »* de la part de la Cour (*ibid.*, 108). Après avoir passé en revue les critères jadis retenus par la CJCE au sujet de l'action en comblement du passif dont il constate quelque *« profonds changements »* depuis, il soulève à nouveau la question de la qualification exacte *(« Action en responsabilité de droit commun ? soumise à un régime spécial ? entretenant des liens avec le droit des procédures collectives ? »* (*ibid.*, p. 109)).

B. Une proposition d'interprétation systématique

En vue d'une solution systématique du problème posé, il convient de prendre en compte un certain nombres de paramètres.

1. La cohérence entre les instruments communautaires

520. Il semble particulièrement indiqué de veiller à ce que le Règlement Brux. I et le Règlement insolvabilité reçoivent chacun un champ d'application défini précisément en fonction des buts poursuivis par l'un et par l'autre en vue d'assurer une cohérence entre ces instruments communautaires. Il en va de la prévisibilité du droit et de la sécurité juridique. Les buts du Règlement Bruxelles I étant de nature plus générale, il convient d'analyser plus précisément ceux du Règlement insolvabilité.

2. Les objectifs généraux du Règlement insolvabilité

521. Le Règlement insolvabilité lui-même fournit un certain nombre d'indications qui pourraient concourir à l'élaboration de clefs de lecture valables dans l'ensemble de la Communauté européenne. Ce sont en particulier les considérants liminaires qui révèlent les grandes lignes et buts de ce texte.

Efficacité et célérité des procédures transfrontalières. Ainsi, en premier lieu, les objectifs de l'amélioration de l'efficacité et de l'accélération des procédures d'insolvabilité transfrontalières[354] indiquent que seules des procédures contribuant d'une manière significative à l'efficacité et la célérité de la procédure d'insolvabilité devraient rentrer dans le champ d'application du Règlement insolvabilité.

Assurer **l'unité de la procédure d'insolvabilité** est le deuxième grand objectif que poursuit le Règlement : des règles de conflit de lois uniformes désignent la loi de l'État membre d'ouverture alors applicable à titre de *lex concursus, « tant à la procédure principale qu'aux procédures locales »*, concernant les *« **effets** de la procédure d'insolvabilité, **qu'ils soient procéduraux ou substantiels** [...] »*[355]. Est recherché, ce faisant, un parallélisme entre la compétence judiciaire et la loi applicable. Pour ce qui concerne la question des procédures annexes de l'art. 25 § 1 al. 2, cet objectif traduit la nécessité de faire

354 Considérants n° 2 (*« Le bon fonctionnement du marché intérieur exige que les procédures d'insolvabilité transfrontalières fonctionnent efficacement* [...] *»*) et 8 (*« Pour réaliser l'objectif visant à améliorer et à accélérer les procédures d'insolvabilité ayant des effets transfrontaliers* [...] *»*).

355 Considérant n° 23. Souligné par nos soins.

régir par le Règlement insolvabilité exclusivement les décisions qui nécessitent que concordent la compétence judiciaire et la loi applicable.

En dernier lieu, le **principe général de proportionnalité** posé au considérant n° 6 selon lequel le *« règlement devrait se* ***limiter*** *à des dispositions qui règlent la compétence pour l'ouverture de procédures d'insolvabilité et la prise de décisions qui dérivent directement de la procédure d'insolvabilité et qui s'y insèrent étroitement »* milite en faveur d'une interprétation stricte du champ d'application du Règlement.

3. Le rapport étroit et direct avec la procédure d'insolvabilité

522. En vertu de l'art. 25 § 1 al. 2 du Règlement, comme nous le savons, ne relèvent du droit des procédures collectives que les décisions qui *« dérivent directement d'une procédure d'insolvabilité et s'y insèrent étroitement »*. Un tel rapport étroit et direct entre une action annexe et une procédure d'insolvabilité peut résulter de deux séries de considérations.

L'objectif spécifique de la procédure d'insolvabilité. La première série, d'ordre fonctionnel, est relative à l'objectif poursuivi par la procédure annexe. En effet, toute procédure d'insolvabilité vise traditionnellement à assurer l'égalité de traitement des créanciers par le biais d'une procédure de dessaisissement partiel ou total du débiteur dont le déroulement est mis à la charge d'un organe, public ou non, habilité à cette fin.[356] La raison profonde de la mise en place de ce système est la volonté, d'une part, d'éviter un *« combat des créanciers entre eux, les uns contre les autres »*[357] et, d'autre part, celle de rétablir l'ordre public économique et social[358], peut-être perturbé par des risques de licenciement et de non-paiement des impôts, par le biais de la liquidation, le redressement voire la sauvegarde de la société en cause. Il s'ensuit, pour les actions intervenant à l'occasion d'une procédure d'insolvabilité, qu'elles ne sont annexes au sens de l'article 25 § 1 al. 2 que lorsqu'elles visent directement la réalisation du traitement égalitaire des créanciers (*par conditio creditorum*) et ce, par le biais d'une procédure collective.[359]

La nécessité de coordination entre les procédures. Le deuxième série de considérations, d'ordre processuel, tient au constat qu'il peut

356 Cf. notamment le considérant n° 10 et l'art. 20 § 2. En droit comparé, McBryde/Flessner/Kortmann, *Principles of European Insolvency Law*, p. 81.

357 Haas, *NZG* 1999, 1148 (1152).

358 En ce sens : Perochon/Bonhomme, n° 1.

359 En ce sens : Haas, *NZI* 2002, 457 (466) ; Mankowski, *RIW* 2004, 481 (486) ; Ulmer, *KTS* 2004, 291 (297) ; Eidenmüller, *RabelsZ* 2006, 474 (482 et s.).

s'avérer nécessaire de coordonner la procédure d'insolvabilité et la procédure annexe en vue d'une meilleure efficacité et de l'économie processuelle. En principe, ce sont les liens procéduraux qui existent en droit national entre ces procédures qui peuvent être pris en compte durant l'opération de qualification parce qu'ils peuvent indiquer la présence d'un lien direct et étroit.[360] Seulement, il faut garder à l'esprit que la qualification des instruments communautaires doit toujours se faire de manière autonome et la connexion processuelle de droit interne ne subsistera en droit international que lorsque la qualification autonome aboutit à la conclusion que la procédure en cause est annexe.[361]

523. D'autres considérations, en revanche, ne semblent pas être de nature à pouvoir établir un tel rapport direct et étroit. Ainsi, le seul fait qu'une action soit régie, en droit national, par une loi relative aux procédures d'insolvabilité n'est pas un critère suffisant pour établir un rapport étroit et direct entre la procédure d'insolvabilité et cette action.[362] À plusieurs reprises, nous avons déjà eu l'occasion de souligner le besoin de qualification autonome dans le cadre du Règlement insolvabilité. Il en va de même ici. L'emplacement isolé par un législateur dans tel ou tel code ne saurait préjuger le résultat de l'opération de qualification dès lors que celle-ci se fait sur le plan « communautaire » et surtout selon les seules clefs de lecture inhérente au Règlement insolvabilité. Tout au plus, cet emplacement peut-il jouer le rôle d'un indice.[363]

524. En résumé, plusieurs critères généraux résultant d'une lecture systématique du Règlement insolvabilité permettent d'identifier une procédure annexe : elle ne doit pas mettre en danger la cohérence du système communautaire de compétences établi par le Règlement insolvabilité et le Règlement Bruxelles I ; elle doit collaborer au sens strict du terme à la célérité et l'efficacité de la procédure d'insolvabilité et nécessiter l'unité de compétence législative et juridictionnelle ; son rapport étroit et direct avec la procédure d'insolvabilité résulte de ce qu'elle poursuit un objectif spécifique et propre aux procédures collectives dont la réalisation efficace suppose une coordination entre elle et la procédure d'insolvabilité.

360 B. AUDIT, *JDI* 2004, 789 (800).

361 Ch. WILLEMER, *Vis attractiva concursus…*, p. 139.

362 ZIMMER, *Internationales Gesellschaftsrecht*, p. 292 et s. ; KULMS, *IPRax* 2000, 488 (490) ; ULMER, *KTS* 2004, 291 (297).

363 ZIMMER, *ZHR* 2004, 355 (367) ; HAUBOLD, *IPRax* 2002, 157 (162).

Il convient de garder ces critères généraux soigneusement à l'esprit. En revanche, il ne sera pas utile à ce stade de concrétiser davantage les critères de distinction de « dériver directement » et « s'insérer étroitement ». Au contraire, une telle concrétisation résultera naturellement de la qualification comparées des mécanismes du droit français et du droit allemand qui permettent la mise en cause de la responsabilité de la société mère en cas d'insolvabilité de la filiale. Cette qualification se fera, bien sûr, à la lumière des clefs de lecture élaborées. Car,

> « [p]*our déterminer si une décision* [...] *entre ou non dans le champ d'application du Règlement communautaire sur les procédures d'insolvabilité* [...], *il faut* [...] *analyser les contours et les finalités. Cette approche est seule à même de donner aux règles communautaires leur interprétation adéquate et leur effet utile.* »[364]

§ 2) La qualification des mécanismes du droit français

Dans le cadre d'une procédure collective ouverte à l'égard d'une filiale, le droit français connaît deux moyens pour rechercher la responsabilité de la société mère : l'action en responsabilité pour insuffisance d'actif et l'extension de la procédure.[365] Il convient maintenant de déterminer si elles constituent des procédures annexes telle que nous les avons définies.

A. L'action en responsabilité pour insuffisance d'actif

525. Une **remarque liminaire** s'impose. Pour le juriste français, poser la question de la qualification de l'action en responsabilité pour insuffisance d'actif peut paraître incongru tant il est admis par la majorité des auteurs et la jurisprudence qu'elle relève « naturellement » des procédures collectives.[366] Mais ne faut-il pas justement se méfier d'un tel réflexe automatique

364 VALLENS, *D.* 2004, 1796 (1799).

365 Cf. *supra* n° 131-136.

366 CA Douai, 1er déc. 1955, *D.* 1956, 223 ; Cass. com., 14 oct. 1959, *JCP* 1959, II, 11308 ; Cass. com., 16 juillet 1981, *Rev. crit. DIP* 1982, 124 ; Cass. com. 5. mai 2004 : J.-L. VALLENS, *D.* 2004, n°25, 1796 et s., D. BUREAU, *Rev. crit. DIP* 2005, 106 et s. ; F. GORE, *D.* 1956, 224 et s. ; Y. LOUSSOUARN, *Rev. crit. DIP* 1956, 494 et s. ; LOUSSOUARN/BREDIN, *Droit du commerce international*, n° 381 et s. ; H. SYNVET, *L'organisation juridique du groupe international de sociétés*, t. 1, p. 441 et s. (n° 200 et s.), *idem*, *Rép. international, Dalloz*, n° 113 et Annie BOTTIAU, *Faillite internationale et groupe de sociétés*, th. Lille 2, 1989, p. 249 retien-

en droit, notamment en matière de qualification ? Cela est d'autant plus vrai que, comme nous avons déjà eu l'occasion de le dire[367], la qualification entreprise ici est relative au système communautaire de conflit de juridictions, non au conflit de lois. Et le droit communautaire exerce une influence toujours croissante sur le droit interne, y compris le droit international privé, des États membres. Il nous semble nécessaire, du moins légitime, de soumettre la question de la qualification procédurale de cette action à un examen systématique lequel devra prendre en compte toutes les évolutions récentes du droit communautaire.

526. Le point de départ de tout raisonnement relatif à la qualification de l'action en responsabilité pour insuffisance d'actif doit être la jurisprudence *Gourdain c. Nadler* de la Cour de justice des Communautés européennes.[368] C'est elle en effet qui a indiqué que le prédécesseur de l'actuelle action, l'action en comblement du passif, devait recevoir la qualification internationaliste de procédure d'insolvabilité. Il convient maintenant d'apprécier l'arrêt de la Cour – le seul en la matière, datant de 1979[369] – quant à sa *portée actuelle*. Pour cela, il faut procéder à une nouvelle qualification de l'action à partir des caractéristiques énoncées par la Cour en raison des modifications que le régime de l'action a pu subir pendant les réformes législatives successives et l'évolution générale du droit depuis. Nous verrons que les critères jadis retenus par la Cour ne sont pas (ou plus, selon les cas) pertinents aujourd'hui.

Il deviendra alors nécessaire de procéder à une qualification communautaire autonome des actions visées en prenant en compte les clefs de lecture dégagées précédemment.[370]

---

nent toutefois une qualification double afin, selon eux, de garantir l'exécution des décisions à l'étranger : qualification de *lex concursus* pour les aspects procéduraux, qualification de *lex societatis* pour déterminer l'étendue des pouvoirs et ainsi la responsabilité des dirigeants fautifs.

367 Cf. *supra* n° 517.

368 Arrêt précité, cf. *supra* n° 518.

369 Ce qui, d'avance, révèle le faible secours de la jurisprudence communautaire pour interpréter le champ d'application respectif des Règlements en cause. Même appréciation par A. MARTIN-SERF, *JCl. comm*, Fasc. 2200, n° 70.

370 Cf. *supra* n° 520 et s.

1. La portée actuelle des éléments de qualification retenus par l'arrêt Gourdain

527. Les éléments de qualification retenus. La Cour s'est fondée sur un « faisceau de six caractéristiques »[371] pour retenir que l'action tirait « son fondement juridique uniquement des dispositions du droit de la faillite tel qu'interprété au regard de la Convention »[372]. Les six caractéristiques retenues par la Cour dans l'arrêt Gourdain sont les suivantes[373] : 1) la compétence interne et le type de loi régissant l'action, 2) les conditions de saisine de la juridiction (possibilité de saisine par le syndic), 3) les différences du régime de responsabilité d'avec le droit commun de la responsabilité (le jeu de la présomption), 4) les règles particulières de prescription (trois ans), 5) le résultat de l'action (attribution d'un élément d'actif à la masse des créanciers), 6) le pouvoir exorbitant du tribunal (possibilité de prononcer le règlement judiciaire ou la liquidation des biens des dirigeants sans qu'il y ait lieu de vérifier si ces dirigeants sont commerçants et en état de cessation de paiement).

528. Appréciation des éléments à l'heure actuelle. Le renversement de la charge de la preuve en raison de la présomption de responsabilité doit être cité en premier puisque c'est sur ce point que le régime de l'action a

371 J. LEMONTEY, *Rev. crit. DIP* 1979, 657 (664).

372 Point 6.

373 Le point 5 de l'arrêt *Gourdain c. Nadler* énonce, un à un, les six critères de qualification employés par la Cour de justice : *« Attendu que l'action en comblement du passif social, prévue spécialement dans une loi sur la faillite, est exercée exclusivement devant le tribunal qui a prononcé le règlement judiciaire ou la liquidation des biens ;*

Que seul le syndic – en dehors du tribunal qui peut agir d'office – peut introduire cette action au nom et dans l'intérêt de la masse en vue du remboursement partiel des créanceirs en respectant entre eux le principe d'égalité compte tenu des droits de préférence régulièrement acquis ;

Que cette action, dérogeant aux règles générales du droit de la responsabilité, faut peser sur les dirigeants sociaux de droit ou de fait, une présomption de responsabilité dont ils ne puvent se dégager qu'en faisant la preuve qu'ils ont apporté à la gestion des affaires sociales toute l'activité et la diligence nécessaires ;

Que la prescription de l'action (3 ans) court à compter de l'arreté définitif des créances et se trouve suspendue pour la durée du concordat, s'il en a été conclu un, et recommence à courir en cas de résolution ou d'annulation de celui-ci ;

Que, si l'action contre le dirigeant social réussit, c'est la masse des créanceirs qui en bénéficie, un élément d'actif entrant dans son patrimoine, comme lorsque le syndic fait reconnaître l'existence d'une créance au profit de la masse ;

Qu'en outre, le tribunal peut prononcer le règlement judiciaire ou la liquidation des biens de ceux des dirigeants à la charge desquels a été mis tout ou partie du passif d'une personne morale et qui ne s'acquittent pa de cette dette, sans qu'il y ait lieur de vérifier si ces dirigeants sont commerçants et en état de cessation de paiement ».

connu la plus forte évolution. En 1979, la Cour de justice constatait que les dirigeants *« ne pouvaient se dégager* [de leur responsabilité] *qu'en faisant la preuve qu'ils avaient apporté à la gestion des affaires sociales toute l'activité et la diligence nécessaires »*. À cette époque, était en effet en vigueur l'ancien article 99 de la loi de 1967 sur les sociétés commerciales qui présumait l'existence de la faute et du lien de causalité[374], disposition perçue par les milieux dirigeants comme une « redoutable machine »[375]. Il convient cependant de nuancer ce propos puisque, en réalité, les tribunaux se sont depuis toujours attachés à relever expressément les fautes commises.[376] Enfin, depuis la loi du 25 janvier 1985[377], la caractérisation et l'établissement de la faute de gestion sont expressément requis. La loi du 26 juillet 2005 et l'Ordonnance du 18 décembre 2008 vont dans le même sens.[378] De sorte que l'action se rapprocherait notablement, de ce point de vue, des principes généraux de la responsabilité civile.[379] Au-delà et surtout, l'argument utilisé par la Cour selon lequel une qualification de *lex concursus* s'impose en raison de l'existence de cette présomption ne saurait convaincre puisqu'un tel mécanisme existe maintes fois en dehors des procédures collectives, en droit de la responsabilité délictuelle notamment.[380] Au final, la caractéristique de la présomption de faute n'est pas pertinente. De surcroît, elle a tout simplement cessé d'exister en droit positif français.

Concernant le premier critère, on a critiqué la Cour à juste titre d'avoir érigé la compétence interne en critère de qualification. Car l'article 1 § 1 de la Convention de Bruxelles tout comme aujourd'hui la même disposition du Règlement Bruxelles I précisent que, pour déterminer le champ d'application de l'instrument communautaire, il ne doit pas être tenu compte de la « nature de la juridiction ».[381] N'est donc pas pertinent le constat que le

374 L. n° 67-503, 13 juill. 1967, art. 99, al. 1er et 3.

375 Cf. Ch. HANNOUN, *JCl. Commercial*, Fasc. 2905, n° 43.

376 F. DERRIDA, *D.* 2001, Chron. 1377 ; J.-P. SORTAIS, *Mél. P. Bézard*, 2002, p. 321.

377 Art. 180 de la loi du 25 janvier 1985.

378 Art. L. 651-2, al. 1er C. com.

379 J.-M. DELENEUVILLE, *Rev. proc. coll.* 2002, 76 et s. Cela n'empêcherait pourtant pas l'action de conserver son caractère spécifique de procédure collective, notamment quant à son régime : ainsi D. BUREAU, *Rev. crit. DIP* 2005, 106 (109) avec d'autres références ; cf. sur ce point également *infra* 2.

380 JUNKER, *RIW* 1986, 337 (345) ; BISMUTH, *Rev. soc.* 1980, 529 (536-539).

381 En ce sens : EBENROTH/KIESER, *KTS* 1988, 19 (43) ; HAAS, *NZG* 1999, 1148 (1151) ; W. KUCKERTZ, *Der Haftungsdurchgriff auf ausländische Unternehmen und Geschäftsleiter nach französischem Recht*, p. 122.

tribunal ayant ouvert la procédure d'insolvabilité est également compétent en droit interne pour ouvrir l'action en comblement du passif.[382] En particulier, le principe de l'extension des compétences territoriales internes sur le plan international du droit français[383] ne joue pas en droit communautaire. L'argument selon lequel l'emplacement de l'action dans tels ou tels loi ou code puisse jouer un rôle quelconque dans l'opération de qualification a déjà été réfuté.[384]

La particularité de la saisine par le syndic en guise de deuxième critère milite *a priori* clairement en faveur d'une qualification de droit de l'insolvabilité. Si c'est le syndic (aujourd'hui, le liquidateur), qui seul[385] peut saisir le tribunal de l'action, n'est-ce pas la preuve irréfutable d'une qualification de procédure d'insolvabilité ? En réalité, il convient de nuancer. Car si l'action reçoit une telle qualification du seul fait de l'intervention du liquidateur, toutes les actions exercées par celui-ci devraient être qualifiées de cette manière. Or, tel n'est pas le cas. Il est évident qu'une action en responsabilité contractuelle ou délictuelle exercée par ce mandataire *« au nom et dans l'intérêt collectif des créanciers »*[386] à l'encontre d'un tiers en vue de reconstituer le capital social de la société insolvable ne prendrait aucunement la qualification de procédure d'insolvabilité en droit international privé[387] mais une qualification... contractuelle ou délictuelle.[388] En particulier, la procédure ne devient pas collective du seul fait du transfert de la qualité pour agir (légitimation active) sur la personne du liquidateur.[389] Ce n'est que l'objet de l'action même qui peut conférer une qualification de procédure d'insolvabilité à celle-ci. Et c'est n'est le cas que dès lors que l'objet de l'action vise directement (et non pas indirectement) l'un des buts de la procédure d'insolvabilité. En particulier, il ne suffit pas qu'une procédure contribue simplement à l'augmentation de l'actif de débiteur pour la qualifier comme

382 Cependant en ce sens la jurisprudence la plus récente de la Cour de cassation : Cass. com., 5 mai 2004, *Rev. crit. DIP* 2005, 104, note D. BUREAU.

383 Cass. civ. 1ère, 19 oct. 1957, *Pelassa, D.* 1960, 37, note G. HOLLEAUX ; Cass. civ. 1ère, 30 oct. 1962, *Scheffel, Rev. crit. DIP* 1963, 387, note P. FRANCESCAKIS ; Cass. civ. 1ère, 13 janvier 1981, *Rev. crit. DIP* 1081, 331, note H. GAUDEMET-TALLON.

384 Cf. *supra* n° 523.

385 Sauf intervention du ministère public.

386 Art. L. 622-20 C. com.

387 H. SCHMIDT, *EuZW* 1990, 219 ; HAAS, *NZG* 1999, 1148 (1151) ; en droit anglais : *Ashurst v. Pollard* [2001] 2 WLR 722 (728).

388 Cf. Cass. com., 24 mai 2005, *Rev. crit. DIP* 2005, 489-492, note D. BUREAU.

389 HAUBOLD, *IPrax* 2002, 57 (163).

appartenant au droit des procédures d'insolvabilité. L'objectif du maintien du capital social voire celui de la réaugmentation en cas de remboursement frauduleux des apports aux associés par exemple incombe plutôt au droit des sociétés et non au droit des procédures d'insolvabilité.[390]

La prescription triennale de l'action[391] à compter du jour du jugement de la liquidation judiciaire, en quatrième lieu, fait certes figure de prescription spéciale en droit positif français où celle de droit commun est quinquennale[392]. Seulement, la prescription est systématiquement de trois ans également pour les actions en responsabilité en matière de sociétés[393] de sorte qu'il n'est pas permis de tirer argument de la durée de la prescription en faveur d'une qualification de procédure d'insolvabilité. Enfin, ailleurs, la prescription triennale est celle de droit commun.[394]

En cinquième lieu, l'affectation du produit de l'action à la masse des créanciers a disparu avec la loi de 1985. Depuis, en effet, le produit entre d'abord dans le patrimoine de la société avant sa distribution au marc le franc[395] aux créanciers.[396]

Enfin, le sixième critère, soit l'extension-sanction de la procédure de l'ancien art. L 624-4 C. com. visant les dirigeants fautifs ne s'acquittant pas de la dette mise à leur charge par le tribunal, a simplement disparu avec la loi du 26 juillet 2005.[397]

529. Résultat. Force est de constater que les éléments retenus par la Cour de justice des Communautés européennes, s'ils n'ont pas simplement disparu du droit positif français, ont perdu beaucoup de leur valeur et de leur pertinence – si jamais ils en avaient. Une appréciation actuelle de l'action en responsabilité pour insuffisance d'actif à l'aune des caractéristiques dégagées par la Cour en 1979 amène à un résultat strictement inverse de celui jadis retenu par la Cour : comme ces éléments de qualification ne sont pas remplis ou alors se révèlent peu pertinents aujourd'hui, l'action ne

390 En ce sens : EBENROTH/KIESER, *KTS* 1988, 19 (28-29).

391 Art. L. 651-2, al. 2e C. com.

392 Art. 2224 C. civ. (loi n° 2008-561 du 17 juin 2008, art. 1er).

393 Cf. art. L. 223-23 C. com. (SARL), art. L. 225-254 C. com. (SA).

394 La prescription de droit commun est en effet triennale dans tous les projets européens (Principes du droit européen des contrats (art. 14.201), Principes Unidroit (art. 10.2)) ainsi qu'en droit allemand (§ 195 BGB).

395 Art. L. 651-2, al 3 C. com.

396 On reviendra sur cette caractéristique, cf. *infra* n° 533.

397 Cf. *supra* n° 135.

devrait pas *a priori* être qualifiée comme appartenant à la matière des procédures d'insolvabilité dans le système communautaire des compétences du Règlement insolvabilité et du Règlement Bruxelles I.[398]

2. La qualification communautaire autonome de l'action

530. L'examen systématique de l'action étudiée, à l'aide des clefs d'interprétation dégagées précédemment, finira par convaincre que la démarche entreprise par la Cour est quelque peu erronée en ce qu'elle ne s'inscrit pas au sens propre dans une qualification communautaire autonome. Il a été constaté, en particulier, que le rapport étroit et direct d'une procédure annexe avec la procédure d'insolvabilité résulte de ce que la première poursuit un objectif spécifique et propre aux procédures collectives dont la réalisation efficace suppose une coordination entre elle et la procédure d'insolvabilité.[399] Il convient de vérifier la présence d'au moins un de ces deux éléments dans l'action en responsabilité pour insuffisance d'actif.

a) La recherche d'un objectif spécifique de procédure d'insolvabilité de l'action de l'article L. 651-2 C. com.

La poursuite d'un objectif spécifique du droit des procédures collectives par l'action en responsabilité pour insuffisance d'actif de l'art. L. 651-2 C. com. pourrait se manifester de différentes manières : par l'existence d'un régime spécifique de responsabilité, par la mise en place d'un système de désintéressement égalitaire des créanciers ou encore par la recherche de la sauvegarde de l'entreprise.

531. L'exigence de l'ouverture préalable d'une procédure d'insolvabilité ? Ne traduit certainement pas, en revanche, la poursuite d'un tel objectif le fait que l'action en responsabilité pour insuffisance d'actif exige, comme condition d'application, l'ouverture préalable d'une procédure collective.[400] Ce n'est qu'une condition formelle.[401] Il est en effet possible pour le législateur national d'ériger cette ouverture en une condition d'application d'une autre action alors que cette action ne poursuivrait, en réalité, aucun

398 *Contra* Cass. com., 5 mai 2004, *précit.*

399 C'est le résultat de l'examen systématique du Règlement insolvabilité : cf. *supra* n° 522 et s. (spéc. n° 524).

400 *Contra* LE CORRE, *Rev. soc.* 2004, 717 (718).

401 W. KUCKERTZ, *Der Haftungsdurchgriff auf ausländische Unternehmen und Geschäftsleiter nach französischem Recht*, p. 121 et s. (122).

des buts spécifiques du droit de l'insolvabilité (des procédures collectives). En ce cas, cette action ne doit pas être rangée dans la matière « insolvabilité » puisque la seule occasion de l'insolvabilité à laquelle l'action est habituellement exercée ne suffit pas à lui conférer une qualification de droit d'insolvabilité. La raison d'être de l'action est en effet le dommage subi par la société qui existe indépendamment de l'ouverture préalable d'une procédure collective. La faute de gestion quant à elle est antérieure à l'ouverture de la procédure collective, indépendante de la période suspecte et doit être appréciée à l'aune des obligations que le droit des sociétés imposent aux dirigeants. La procédure collective n'est que l'occasion à laquelle le dommage est constaté.[402]

532. Un régime spécifique de responsabilité ? Un objectif propre au droit des procédures collectives pourrait cependant résulter du jeu d'un régime spécifique de responsabilité. Nous savons que la seule existence d'une présomption de faute ne suffit pas à conférer une particularité suffisante aux actions pour permettre une qualification de droit de l'insolvabilité.[403] En revanche, l'étendue de la responsabilité des dirigeants fautifs, plus précisément sa détermination par le juge, au titre de l'action en responsabilité pour insuffisance d'actif semble *a priori* différer du régime de responsabilité de droit commun.[404] En effet, le juge dispose d'une très grande liberté d'appréciation : il décide souverainement de mettre la totalité ou une partie de l'insuffisance d'actif de la personne morale à la charge du dirigeant voire même de ne pas condamner pour des raisons d'opportunité.[405] Ainsi, il semblait que *« (L)a réparation n'est pas calquée sur le préjudice causé par la faute »*.[406] Mais ce serait oublier que les juges ont toujours été fortement incités à respecter le principe de proportionnalité en mettant en rapport la gravité de la faute de gestion qui se traduit par le préjudice subi et le montant de la sanction mise à la charge du dirigeant.[407] D'ailleurs, le

402 MANKOWSKI, *NZI* 1999, 56 (57) ; HAUBOLD, *IPRax* 2000, 375 ; HAAS, *NZI* 2002, 457 (466) : ULMER, *KTS* 2004, 291 et s. ; EBENROTH/KIESER, *KTS* 1988, 19 (30) ; *contra MüKo-IntWR(IntInsR)*/KINDLER, n° 576.

403 Cf. *supra* 1.

404 En ce sens : J.-L. VALLENS, *D.* 2004, 1796 (1797).

405 Sur le droit matériel, cf. *supra* n° 132.

406 C. SAINT-ALARY-HOUIN, *Rev. proc. coll.* 2004, 145 (149).

407 Le risque étant une contrariété du jugement à la Convention européenne des droits de l'homme (C. MASCALA, *LPA* 6 sept. 2000, p. 50 et s. ; rapport DE ROUX, AN, n° 2095, p. 423).

montant maximum de la condamnation n'est pas laissé à la discrétion du juge mais était plafonné au montant de l'insuffisance d'actif.[408]

De plus, le règlement global du litige par le juge dans le cadre de son pouvoir d'appréciation n'est pas propre aux procédures d'insolvabilité. L'idée peut également être sous-jacente en droit commun de la responsabilité contractuelle et délictuelle.[409] En l'occurrence, le pouvoir d'appréciation large permet au juge de tenir compte des effets bénéfiques pour la société que le fait dommageable peut avoir occasionnés en plus du préjudice, et de procéder à une compensation.[410] De manière générale, dans une large mesure, le succès des décisions prises par un dirigeant ne dépend pas de lui. Il en est ainsi parce que les décisions sont prises pour l'avenir, l'avenir qui est tributaire de l'économie générale dont le développement dépend d'une multitude de facteurs.[411] Il serait alors injuste de condamner systématiquement les dirigeants sans égard aux bienfaits éventuels de la mesure prise et aux facteurs économiques entourant son exécution.

Au final, le régime des actions se révèle ne pas être spécifique aux procédures d'insolvabilité dans le cadre d'une qualification communautaire autonome. D'ailleurs, en réalité, loin de poursuivre principalement l'objectif de désintéresser les créanciers, cette limitation de la responsabilité au montant de la seule insuffisance d'actif sans égard aux pertes réellement subies par l'entreprise constitue un privilège des dirigeants qui joue au détriment des créanciers.[412]

533. La mise en place d'un système de désintéressement égalitaire des créanciers ? Une qualification de droit de l'insolvabilité de ces actions serait justifiée si elles avaient pour objectif le désintéressement égalitaire des créanciers. Tel ne semble cependant pas être le cas et ce, pour plusieurs raisons.

En premier lieu, sous l'égide de l'art. 99 de la loi du 13 juillet 1967, l'action en comblement du passif était une procédure « collective » au sens propre du terme : les créanciers constituaient une masse qui, à l'aide du syndic qui agissait en son nom, actionnait le dirigeant fautif pour obtenir la réparation d'un préjudice collectif et le produit de l'action était attribuée

408 Cf. art. 651-2 al. 1er C. com. dans sa rédaction issue de l'Ordonnance du 18 décembre 2008. Antérieurement, la limitation était le fait de la Cour de cassation : cf. *supra* n° 132.

409 Pour le droit allemand : PALANDT-*BGB*/HEINRICHS, Vorb § 249 n° 119-147.

410 A. JUNKER, *RIW* 1986, 337 (345).

411 En ce sens : DAIGRE, *Rev. soc.* 1988, 199 (205 et s.).

412 DAIGRE, *Rev. soc.* 1988, 199 (204).

directement à cette masse. Aujourd'hui, la réparation du préjudice collectif des créanciers n'est plus au centre des préoccupations. En effet, le produit de l'action entre d'abord dans le patrimoine de la société afin *« d'assurer la réparation, totale ou partielle, du préjudice subi de ce fait par la personne morale »*[413]. Le produit n'est ensuite réparti parmi les créanciers qu'en cas de liquidation de la société.[414] De sorte qu'est visée principalement la réparation du préjudice subi par la société et subsidiairement seulement la réparation du préjudice subi par les créanciers. Le fait, cependant, que le produit bénéficie ainsi *indirectement* aux créanciers ne suffit pas à conférer aux actions un caractère de procédure d'insolvabilité. Cela est d'autant plus vrai qu'il existe un risque réel que le produit des actions ne bénéficie nullement aux créanciers puisqu'il peut parfaitement disparaître au cours des transactions avant la fin de la clôture.[415]

Le désintéressement n'étant pas assuré, l'égalité de traitement l'est encore moins. Comment, en effet, justifier la rupture d'égalité des créanciers dans le cas de l'action en responsabilité pour insuffisance d'actif résultant de la répartition du produit de l'action – si elle a lieu – au marc le franc[416] ? Il ne semble pas y avoir d'explication valable.[417]

En deuxième lieu, l'on pourrait être tenté de tirer argument en faveur d'une qualification de procédure d'insolvabilité du fait que le traitement égalitaire des créanciers est recherché par l'exclusion des actions individuelles en responsabilité à l'encontre des dirigeants concomitamment à l'exercice de l'action de l'art. L 651-2 C. com. pour les préjudices subis par la société et ainsi, par contrecoup, indirectement par les créanciers.[418] L'exclusion des actions individuelles est en effet typique pour les procédures collectives et empêche que les créanciers cherchent à se désintéresser par le biais d'actions individuelles. Seulement ici, les actions des créanciers viseraient un tiers, le dirigeant, et non la société elle-même. La présente exclusion des actions individuelles n'est pas par conséquent typique des procédures collectives. En outre, limiter les actions individuelles des créanciers à

413 PEROCHON/BONHOMME, n° 560-1.

414 C. PERNICE, *Die Insolvenzverschleppung durch das Geschäftsführungsorgan der kleinen Kapitalgesellschaft im deutschen, französischen und englischen Recht*, p. 148 et s.

415 C. PERNICE, *op. cit., ibid.* ; H. SCHMIDT, *EuZW* 1990, 219 ; W. KUCKERTZ, *Der Haftungsdurchgriff auf ausländische Unternehmen und Geschäftsleiter nach französischem Recht*, p. 124.

416 Cf. art. L. 651-2, al. 3 C. com.

417 Cf. l'interrogation chez PEROCHON/BONHOMME, n° 571-1 C. com. avec d'autres références.

418 Telles celles, de nature sociétaires, des art. L. 223-22, 225-251 C. com. ou celles, de nature délictuelle, des art. 1382, 1383 C. com., cf. *supra* n° 134.

l'encontre des dirigeants ne signifie pas qu'un traitement égalitaire des créanciers est recherché à l'aide de la seule action de l'art. L 651-2 C. com. restante puisque, comme on l'a vu, le produit de l'action ne bénéficie justement pas en premier lieu aux créanciers mais à la société. Au contraire, l'exclusion des actions individuelles est destinée à éviter le cumul avec d'autres cas de responsabilité à caractère indemnitaire[419] ainsi qu'à éviter la possibilité de déjouer le privilège de responsabilité dont bénéficient les dirigeants au titre de l'action de l'art. L 651-2 C. com. consistant en la limitation de responsabilité à l'insuffisance d'actif et la limitation du nombre de demandeurs[420].

534. La recherche de la sauvegarde de l'entreprise ? Il a été constaté à plusieurs reprises que le produit des actions bénéficie principalement à la société et non aux créanciers afin de permettre à la société de continuer ses activités. Cet objectif semble être celui – spécifique – de la sauvegarde de l'entreprise au sens du droit des procédures collectives. La continuation de l'activité de l'entreprise est certes visée ici. Or, cela n'empêche pas le constat que l'action contribue à la sauvegarde de la société comme n'importe quelle action en responsabilité exercée par la société elle-même ou pour son compte à l'encontre de ses dirigeants lui ayant causé un dommage. En effet, l'action en responsabilité pour insuffisance d'actif ne vise que la réintégration dans le patrimoine social des sommes perdues en raison de la faute de gestion du dirigeant. Une mesure de sauvegarde supposerait maintenant que l'on recherche à réintégrer dans le capital social l'ensemble des sommes perdues. Or, là encore, dans le cadre de la détermination par le juge de l'étendue de la responsabilité du dirigeant, il ne s'agit pas de prendre en compte l'ensemble du préjudice réellement subi par la société – puisque le montant de la réparation est limitée à l'insuffisance d'actif – mais de sanctionner le mauvais comportement du dirigeant en tant qu'organe de la société comme l'ont pour objectif les actions en responsabilité dirigées contre les dirigeants du droit des sociétés.

b) La recherche d'une nécessité de coordination de la procédure de l'article L. 651-2 C. com. avec la procédure d'insolvabilité

535. Un objectif spécifique des procédures collectives n'a pas pu être décelé pour l'action en responsabilité pour insuffisance d'actif. Toutefois, nous avons dit qu'un rapport étroit et direct pouvait également résulter

419 PEROCHON/BONHOMME, n° 560-1.
420 DAIGRE, *Rev. soc.* 1988, 199 (203 et s.).

d'une nécessité de coordination des procédures.[421] Pour ce qui est des actions étudiées ici une telle nécessité ne semble pas s'imposer.

Premièrement, un intérêt de coordonner les procédures avec la procédure d'insolvabilité pourrait résulter du fait que les demandeurs à l'action sont d'un nombre réduit et que, parmi eux, se trouve le ministère public. La présence de ce demandeur particulier semble indiquer qu'il ne s'agit pas d'actions de droit commun de la responsabilité. Ainsi, l'intervention du procureur de la République dans le cadre d'une procédure étrangère semble mal aisée. Pour examiner cependant le bien-fondé de cette supposition, il convient d'évaluer les possibilités d'intervention du ministère public dès lors que ces actions seraient soumises au Règlement Bruxelles I. En ce cas, rien n'empêche, en réalité, que le ministère public intente les actions devant les juridictions du lieu du domicile d'un dirigeant domicilié hors de France en vertu de l'art. 2 § 1 du Règlement Brux. I (domicile du défendeur), le droit d'agir étant soumis à la *lex causae* et donc à la loi française[422].[423]

Deuxièmement, de manière générale, ce n'est pas parce qu'une procédure d'insolvabilité est ouverte que, systématiquement, toutes les actions en responsabilité en rapport avec la société seront soumises à la compétence du tribunal ayant ouvert la procédure d'insolvabilité. Il appartient, au contraire, à la personne habilitée à cette fin (le liquidateur ou le ministère public) d'exercer les actions au nom et pour le compte de la société dans les conditions de droit commun.

Troisièmement, quand bien même on qualifierait ces actions dans le sens de leur appartenance au droit de l'insolvabilité, il n'en résultera pas automatiquement la compétence du tribunal ayant ouvert la procédure collective (au sens de l'art. 3 du Règlement insolvabilité) pour ce qui concerne ces actions puisque nous savons qu'en ce cas, c'est le droit international commun du tribunal saisi qui résoudra la question de la compétence internationale.[424] Autrement dit, en dépit d'une éventuelle nécessité de coordination, le droit positif ne permet pas d'y aboutir d'une manière satisfaisante.

421 Cf. *supra* n° 522.

422 R. GEIMER, *Internationales Zivilprozessrecht*, n° 2235.

423 Dans l'hypothèse inverse -celle dans laquelle la procédure d'insolvabilité à l'égard d'une société constituée conformément à la loi française aurait été ouverte à l'étranger-, le même raisonnement devrait valoir d'ailleurs : le ministère public français, à condition d'avoir un intérêt à agir (par exemple la présence de créanciers domiciliés en France), pourra intenter les actions à l'encontre du dirigeant domicilié hors de France devant le tribunal du domicile de ce dirigeant, la *lex causae* étant à nouveau la loi française.

424 Cf. *supra* n° 510 et s. (513).

3. Détermination des solutions

536. La qualification de procédure annexe au sens de la jurisprudence *Gourdain* et de l'art. 25 § 1 al. 2 du Règlement Bruxelles I ne s'impose pas pour l'action en responsabilité pour insuffisance d'actif. Plusieurs bonnes raisons recommandent le contraire, en effet. La conséquence de ce constat est simple : puisque l'action *« ne dérive pas directement et ne s'insère pas étroitement »* dans une procédure d'insolvabilité, elle doit recevoir la qualification procédurale d'action en responsabilité civile. En tant que telle, elle doit être soumise au Règlement Bruxelles I, tant en ce qui concerne la compétence internationale qu'en ce qui concerne l'exécution. D'éventuels problèmes de reconnaissance et d'exécution peuvent être résolus, comme on le démontrera à l'exemple des relations juridiques franco-allemandes.

a) Une qualification sociétaire

537. Pour l'action en responsabilité pour insuffisance d'actif, le fondement de la responsabilité des dirigeants est de nature sociétaire. Cela résulte déjà de l'objet de l'action lui-même. Comme pour l'*Insolvenzverschleppungshaftung* du droit allemand[425], il s'agit en effet de sanctionner le comportement fautif des dirigeants et de réparer le préjudice qu'ils ont causé par leur fautes de gestion à la société. La violation de leurs devoirs de dirigeants qui est au cœur de l'action constitue une question qui relève clairement du droit des sociétés.[426]

À la différence de l'*Insolvenzverschleppungshaftung* laquelle sanctionne exclusivement le retard pris dans la déclaration de la cessation des paiements, d'où un minimum de rapport thématique avec le droit de l'insolvabilité, l'action en responsabilité pour insuffisance d'actif cherche à protéger la société contre tous types de comportement nocifs de la part des dirigeants en général. Il n'y a pas, de ce point de vue, un rapport particulier avec l'insolvabilité de la société. La justesse de cette appréciation est démontrée par la preuve supplémentaire que les mêmes fautes de gestion dont il est

425 Cf. *infra* n° 557 et s.

426 C'est ce qu'un examen attentif des différentes théories commercialistes et de la jurisprudence communautaire nous a permis de constater en amont déjà, cf. n° 232. La Cour de cassation elle-même constate ce fait (Cass. com., 5 mai 2004, *Rev. crit. DIP* 2005, 104 (105) :« [...] *cette action* [...] *trouve son fondement dans l'existence de fautes de gestion imputables au dirigeant* [...] ») mais n'en tire pas les conséquences nécessaires au vu d'une qualification procédurale *autonome* telle que l'exigent les textes internationaux et communautaires en particulier.

question dans le cadre de l'action en responsabilité pour insuffisance d'actif peuvent être sanctionnées, lorsqu'aucune procédure collective n'est ouverte, par la responsabilité délictuelle de droit commun ainsi que l'action en responsabilité des art. L. 223-22 et L. 225-251 C. com.[427]

Force est par conséquent de constater que ces actions sont de nature sociétaire[428] et doivent être traitées comme telles.[429]

b) Application du Règlement Bruxelles I

538. L'action n'étant pas annexe, elle relève du Règlement Bruxelles I, aussi bien sur le plan de la compétence internationale que sur celui de la reconnaissance et de l'exécution.

Le système de reconnaissance et d'exécution étant unique et par conséquent indépendant des différentes manières de déterminer la compétence internationale, il n'est nul besoin de l'expliciter davantage. Subsiste cependant la question de savoir selon quelle disposition du Règlement Bruxelles I se détermine la compétence internationale pour l'action en responsabilité pour insuffisance d'actif. Pour ce faire, il faut rechercher, établir et qualifier le lien (contractuel, délictuel, autre) entre le demandeur et les dirigeants en tant que défendeurs à l'instance puisque c'est ce lien qui indiquera la disposition applicable. Une première interrogation est donc relative à la personne du titulaire de l'action, la deuxième aux dirigeants.

539. Le titulaire de l'« action ».[430] Nous savons que le tribunal peut être saisi par le liquidateur et le ministère public ainsi que, subsidiairement, dans l'intérêt collectif des créanciers, par des contrôleurs.[431] Face à la pluralité des acteurs, il ne semble pas de bonne méthode de distinguer simplement en fonction de la personne pouvant saisir le tribunal puisque cela mènera à des qualifications multiples et, le cas échéant, à des compétences concurrentes. Cela est d'autant plus grave que l'objet du litige est unique, nous semble-t-il, et ce, peu importe la personne saisissant le tribunal.[432] De

427 W. KUCKERTZ, *Der Haftungsdurchgriff auf ausländische Unternehmen und Geschäftsleiter nach französischem Recht*, p. 121 et s. ; sur la question (mal posée) de la responsabilité des dirigeants à l'égard des tiers, cf. déjà *supra* n° 414.

428 *Idem*, p. 126.

429 Même résultat chez : E. BRUHNS, *Das Verfahrensrecht der internationalen Konzernhaftung*, p. 258 et s. ; *MüKo-InsO*/REINHART, Art. 3 EuInsVO, n° 100.

430 *Prozessstandschaft.*

431 Cf. *supra* n° 134.

432 En ce sens également : E. BRUHNS, *Das Verfahrensrecht der internationalen Konzernhaftung*, p. 268.

sorte qu'il semble au contraire recommandé de rechercher non le titulaire de « l'action » au sens procédural du terme mais le titulaire du « droit » ou de la « prétention » que l'on souhaite faire valoir par le biais de l'action. Seul le lien tissé entre le titulaire de la prétention et le dirigeant est en effet de nature à permettre une qualification adéquate de l'objet du litige.

Le titulaire de la « prétention ».[433] Théoriquement, l'on peut distinguer deux groupes de personnes qui sont susceptibles d'avoir un droit à faire valoir par le biais de l'action : les créanciers de la filiale d'une part, la société d'autre part.

Les créanciers de la filiale, en premier lieu, en actionnant le dirigeant (= la société mère) chercheraient à obtenir réparation du dommage qui résulte pour eux de la non-exécution des engagements de la société insolvable (filiale) du fait de l'agissement de son dirigeant (= la société mère). Un cas de responsabilité peut être exclu de suite : il ne peut en effet s'agir de la responsabilité du commettant au sens de l'art. 1384, al. 5 C. civ. lequel se servirait de son préposé pour remplir ses obligations. Ce fondement aboutirait en effet à engager la responsabilité de la société filiale (commettant) alors que l'on cherche à engager, au contraire, celle de son dirigeant, la société mère (préposé). Une stipulation pour autrui au profit des créanciers ne pouvant pas davantage être ni décelée ni présumée dans cette hypothèse – ce qui mène à l'exclusion de l'art. 5 § 1 R. Brux. I (compétence en matière contractuelle) – , seule une responsabilité de nature délictuelle (application de l'art. 5 § 3 R. Brux. I) est envisageable. Il faut pourtant se demander si les créanciers peuvent réellement être titulaires de la prétention puisqu'ils n'ont subi qu'un préjudice indirect (après celui de la société). Surtout, un obstacle juridique fondamental invalide ce raisonnement : les créanciers ne sont pas légitimés à agir. En effet, ils ne peuvent pas agir à titre individuel et ils n'ont pas davantage la personnalité juridique depuis la suppression de la « masse » en 1985 de sorte que même les contrôleurs de l'art. L. 651-3, al. 2e C. com. ne sauraient agir en leur nom mais seulement dans leur « intérêt collectif ». Il s'ensuit que l'action vise la réalisation de la prétention de la société.

En effet, la société, en deuxième lieu, cherche à obtenir réparation du préjudice personnellement subi par elle du fait de la faute de gestion de son dirigeant. C'est aussi dans son patrimoine que le produit des actions est intégré. Seulement elle ne peut agir elle même en raison de l'état exceptionnel dans lequel elle se trouve : son « organe », son dirigeant, son seul moyen

433 *Aktivlegitimation.*

d'expression, lui a causé un dommage et il serait naïf de croire que ce dirigeant le réparera s'il n'y est pas contraint. La contrainte ne peut dès lors provenir que de l'extérieur. C'est pourquoi plusieurs acteurs sont habilités à agir « en son nom » afin qu'elle puisse obtenir réparation du son préjudice. Pour les besoins de qualification dans le cadre du Règlement Brux. I, il convient par conséquent de considérer que la société est le demandeur à l'action.

540. Identification du « dirigeant » et qualification. Il faut ensuite distinguer entre deux hypothèses selon que le dirigeant est de droit ou de fait.

S'agissant d'un **dirigeant de droit**, le type de sa responsabilité se détermine en fonction du lien le liant à la société. Ainsi, la responsabilité sera fondée sur la violation de ses devoirs découlant du *« mandat social »*[434], c'est-à-dire de ses fonctions de gestion déterminées par la loi, ainsi que, le cas échéant, sur la violation des stipulations de son contrat de travail.

Dans l'hypothèse où un contrat de travail a été conclu, la responsabilité des dirigeants sociaux à l'égard de la société sur le fondement de l'action en responsabilité pour insuffisance d'actif doit bien sûr être qualifiée de contractuelle au sens de l'art. 5 § 1 a) du Règlement Brux. I.[435]

En l'absence d'un contrat de travail, le fondement de la responsabilité du dirigeant est le *« mandat social »*. L'appellation est quelque peu trompeuse. Nous savons que ce n'est pas un contrat de mandat au sens de l'article 1984 et s. C. civ. Il s'agit néanmoins là d'une relation particulière entre le dirigeant et la société qui est formée par la nomination du premier par la seconde, nomination à laquelle la loi confère une certaine force et attache la conséquence d'imposer un certain nombre d'obligations au dirigeant. Mais, à la différence d'une relation de nature délictuelle, il y a plus qu'un simple fait préjudiciable de l'homme auquel la loi attache des conséquences directement. Ici, il y a d'abord l'intervention d'une sorte d'accord : en effet, le dirigeant s'oblige dans un premier temps à l'égard de la société à exercer ses fonctions en vertu des prescriptions législatives – en acceptant, ne serait-ce que tacitement, la tâche conférée – . Ce n'est qu'ensuite que la loi attache

434 Pour un exemple de cette appellation : CA Versailles, 5 avril 1991, *Bull. Joly* 1991, 847.

435 ...voire, à condition de qualifier la société mère de « travailleur » de sa filiale, au sens de l'art. 20 R. Brux. I (compétence du lieu du domicile du « travailleur », c'est-à-dire de la société mère). Cette interprétation nous paraît cependant aller à l'encontre de l'intention et du système des art. 18 et s. R. Brux. I qui visent à privilégier le travailleur perçu comme une partie faible. Dans ces conditions, qualifier la société mère de « travailleur » de sa filiale reviendrait à la privilégier par rapport à cette dernière et ainsi tourner le sens des dispositions. En conséquence, cette interprétation n'est pas acceptable.

des conséquences en termes de responsabilité à ses actes. En réalité, on le voit, la différence avec un contrat est bien ténue[436], en tout cas bien moins grande que celle avec un délit. Aussi, il semble admis, dans le cadre d'une qualification processuelle autonome qui est de rigueur avec le Règlement Bruxelles I, de qualifier le lien entre la société et le dirigeant de « contractuel » au sens large avec la conséquence que la compétence pour l'action de l'art. L 651-2 C. com. se déterminera en vertu de l'art. 5 § 1 a) R. Brux I.[437]

De sorte que l'action, dès lors qu'elle se dirige à l'encontre de dirigeants de droit, relève de la compétence des tribunaux du *« lieu où l'obligation »* du dirigeant *« a été ou doit être exécutée »*[438] lequel sera systématiquement celui du siège (réel), celui de l'administration centrale... ou encore celui du centre des intérêts principaux de la société filiale insolvable.

Notons d'ailleurs qu'une qualification délictuelle[439] du « *mandat social* » n'aurait pas pour conséquence un résultat opposé : si l'on considère en effet que le dirigeant (peu importe alors qu'il soit de fait ou de droit) a violé la loi en commettant la faute de gestion, la responsabilité délictuelle qui s'ensuit mène à l'application de l'art. 5 § 3 R. Brux. I et, assez probablement, également à la compétence du tribunal du lieu de la société insolvable.[440]

S'agissant d'un **dirigeant de fait**, sauf conclusion (rare) d'un contrat interentreprises, il n'y aura pas de liens contractuels entre ce dernier – la société mère – et la société (filiale). En ce cas, le tribunal compétent est

436 En droit allemand, d'ailleurs, en plus de la nomination, chaque dirigeant conclut avec la société un contrat d'*Anstellung*, qualifié en règle générale de contrat de service de droit commun, qui a pour but de préciser ses devoirs (par exemple de fidélité et de confidentialité), le montant de sa rémunération ainsi que, de manière supplétives, les fonctions que la loi lui confère. Ce contrat n'est pas soumis au droit du travail et ne peut être cumulé avec un contrat de travail (cf. HUECK/WINDBICHLER, *Gesellschaftsrecht*, § 23 n° 7 et s.). Cette situation en droit matériel est sans doute la raison pour laquelle la doctrine allemande qualifie de contractuelle la responsabilité interne (à l'égard de leur société) des dirigeants et la soumet par voie de conséquence à l'art. 5 § 1 du Règlement Bruxelles I : HAUBOLD, *IPRax* 2000, 375 (376-378) ; KROPHOLLER, *EuZPR*, Art. 5 EuGVO n° 13.

437 En droit des **conflits de lois**, une qualification sociétaire de la responsabilité des dirigeants, que ce soit de droit ou de fait, à l'égard de la société s'impose cependant, cf. par exemple *supra* n° 370.

438 Cf. art. 1247 C. civ.

439 Qualification délictuelle que le seul représentant de la doctrine française à s'être exprimé sur la question, semble préférer (cf. A. BOTTIAU, *Faillite internationale et groupes de sociétés*, th. Lille, 1989, p. 282 et s., p. 342 et s.).

440 Cf. *infra*.

celui du « fait dommageable » de l'art. 5 § 3 Règlement Brux. I.[441] Conformément à l'arrêt de la CJCE *Mines de potasse d'Alsace* [442], l'expression « lieu où le fait dommageable s'est produit » employée par l'art. 5 § 3 de la Convention de Bruxelles (aujourd'hui= Règlement Brux. I) doit être comprise en ce sens qu'elle vise à la fois – et au choix du demandeur – le lieu où le dommage est survenu et le lieu de l'événement causal. Ainsi, le tribunal compétent peut être soit celui du lieu où le dommage survient qui est, en toute hypothèse, le lieu du siège (réel) de la société, soit le lieu où le dirigeant agit qui sera sans doute également dans la plupart des cas celui du siège (réel) de la société.

541. Qu'il s'agisse alors de dirigeants de fait ou de droit, la compétence internationale pour l'action en responsabilité pour insuffisance d'actif incombera en principe aux tribunaux du lieu de la situation de la société (filiale). En vertu de l'art. 2 du Règlement Bruxelles I, les actions pourront également être portées devant les tribunaux du lieu de domiciliation du dirigeant (c'est-à-dire de la société mère) mais tout porte à croire que, s'agissant d'une filiale française, les personnes habilitées préféreront agir devant les tribunaux français en vertu de l'art. 5 R. Brux. I.

De manière intéressante, l'on constatera enfin que dans toutes les hypothèses, le lieu de la situation de la société filiale devrait être identique au « centre des intérêts principaux » de cette société au sens de l'art. 3 § 1 du Règlement insolvabilité. De sorte que la compétence des tribunaux de l'État de l'ouverture de la procédure d'insolvabilité s'étend, par le jeu de l'art. 5 § 1 et § 3 R. Brux. I, à la responsabilité des dirigeants sur le fondement de l'action de l'art. L 651-2 C. com. Dans de telles conditions, une qualification de droit de l'insolvabilité de l'action n'est donc guère nécessaire afin d'aboutir à la compétence des tribunaux dans l'État de l'ouverture.[443]

441 En ce sens déjà : le premier moyen du pourvoi en cassation dans l'aff. Cass. com., 5 mai 2004, *Rev. crit. DIP* 2005, 104 (105). Commentant cet arrêt, le Professeur D. BUREAU critique d'ailleurs la solution en son inverse de la Cour de cassation en faisant valoir qu'« [i]*l faut pourtant se souvenir que si les faillites, concordats et autres procédures analogues avaient à l'origine été exclues du domaine de la Convention de Bruxelles, c'est parce que ces procédures devaient être soumises à un texte spécial projeté de longue date* » et que l'« [o]*n aurait dès lors pu estimer qu'en raison précisément de l'adoption du règlement relatif aux procédures d'insolvabilité, tout ce qui ne relevait pas de ce dernier aurait dû être désormais soumis directement à la Convention de Bruxelles (au règlement Bruxelles I)* » (*ibid.*, 110).

442 CJCE, 30 novembre 1976, *Rev. crit. DIP* 1977, 568, note P. BOUREL.

443 C'est ce que note expressément D. BUREAU, *Rev. crit. DIP* 2005, 106 (107) : « [...] *En toute hypothèse, le demandeur aurait alors disposé d'une option lui permettant de saisir le tribunal*

c) *Le problème particulier de la reconnaissance à l'étranger du jugement français fondé sur les actions en responsabilité pour insuffisance d'actif*

542. Si les procédures fondées sur une action en responsabilité pour insuffisance d'actif ne sont pas annexes et doivent être soumises au Règlement Bruxelles I comme précédemment démontré, un problème particulier se pose. L'on peut penser que, s'agissant de sociétés françaises, très souvent la compétence internationale du tribunal français sera retenue. En ce cas, qu'en est-il de la reconnaissance et de l'*exequatur* de ce jugement à l'étranger, en Allemagne en particulier ?

On se situe dans l'hypothèse dans laquelle une décision de justice aurait été rendue au siège de la filiale française en France condamnant la société mère allemande à combler le passif. L'exécution serait demandée en Allemagne auprès des autorités locales afin de mettre la main sur les actifs de la société mère allemande.

Il est une partie de la doctrine en Europe qui considère que l'action en comblement du passif du droit français, et il faut certainement désormais y compter également l'action de l'art. L. 651-2 C. com, est contraire à leur ordre public (art. 34 du Règlement Brux. I).[444] Ces auteurs tirent argument de la déconnexion que prévoit l'action en comblement du passif entre la faute de gestion et l'étendue de la responsabilité, en d'autres termes le défaut de lien de causalité. Ceci serait contraire au régime allemand de la responsabilité[445] et aboutirait à des résultats *« sensiblement contraires à ce qui est approprié et juste »*[446].

La majeure partie de la doctrine allemande considère, au contraire, que le droit allemand connaît des hypothèses fonctionnellement équivalentes à celle de l'action en comblement du passif.[447] Il a été démontré en particulier que l'action en comblement du passif poursuivait des objectifs que le droit allemand attribuait plutôt au jeu de la responsabilité générale de la société

---

français du lieu où le dommage est survenu, situé par conséquent dans le même État que le tribunal compétent pour ouvrir la procédure collective ».

444 W. Kuckertz, *Der Haftungsdurchgriff auf ausländische Unternehmen und Geschäftsleiter nach französischem Recht*, p. 133 ; Ebenroth/Kieser, *Konkurs-, Treuhand- und Schiedsgerichtswesen* 1988, 19 et s. (44) (Allemagne) ; M. Wick, *Der Durchgriff und das auf ihn anwendbare Recht gemäß IPRG*, Zurich, 1996, p. 137 et s. (Suisse).

445 E. C. Stiefel/R. Stürner, *Versicherungsrecht* 1987, 829 (833-837).

446 Ainsi Wick, *loc. cit.*

447 En guise de tous les auteurs : R. Müller, *Kollisionsrechtliche Probleme der Durchgriffslehre bei Kapitalgesellschaften*, Frankfurt a. M., 1974, p. 105.

mère.[448] Ainsi, le § 302 AktG oblige la société mère à compenser toutes les pertes que subit la filiale et ce, sans qu'il soit nécessaire qu'existe un lien de causalité entre le comportement de la société mère et les pertes. Que l'on pense encore à la responsabilité (en dommages-intérêts) de la société mère en cas de non-compensation, au cours d'un même exercice, des inconvénients infligés à la filiale au sein d'un groupe de fait, § 317 AktG. Cette responsabilité joue de manière préventive avant même l'ouverture d'une procédure collective. Ainsi, une décision de justice provoquée par l'action en comblement du passif qui reposerait sur des conditions plus strictes (ouverture de la procédure collective) ne semble pas pouvoir heurter l'ordre public allemand.

Un autre argument, très proche du premier, en faveur de la contrariété à l'ordre public allemand consiste à dire que la marge de manœuvre (l'appréciation souveraine) dont dispose le juge français pour fixer librement le montant des pertes qui seront mises à la charge du dirigeant fautif n'est pas seulement inconnue en droit allemand mais, de plus, transformerait l'action en une sorte de '*punitive damages*' lesquels ne sont également pas admis en Allemagne. Or, la fonction compensatoire de cette action et le rapport étroit entre la gravité de la faute et le montant des pertes à supporter par le dirigeant fautif montre que l'action en comblement du passif est un cas de responsabilité en dommages-intérêts et non une peine civile.[449] La Cour de cassation, sous l'empire de la législation antérieure et en présence d'un texte identiquement rédigé, a en effet précisé que le dirigeant ne peut être condamné à la totalité du passif, à moins que l'actif ne soit inexistant.[450] La nature juridique de l'action en comblement de passif d'action en responsabilité est clairement posée. Il apparaît impossible, dans ce contexte, de condamner à plus que le préjudice, lequel est égal au montant de l'insuffisance d'actif.

En définitive, l'action ne peut être considérée comme étant contraire à l'ordre public allemand.[451] Ce résultat est également conforme au présupposé de la méthode conflictuelle qui est la nôtre car retenir une règle de conflit bilatérale donnant compétence à la loi de la filiale signifie accepter les systèmes de responsabilité intra-groupes des ordres juridiques étrangers comme équivalents au propre système national. Il serait alors contradictoire

448 D. ZIMMER, *Internationales Gesellschaftsrecht*, p. 284 et s.

449 Dans le même sens : CA Lyon, 7 nov. 1955, *Rev. soc.* 1956, 359 ; CA Aix-en-Provence, 21 avril 1971, *D.* 1972, 164.

450 Cass. com., 30 juin 2004, n° 03-12.816.

451 Même résultat chez E. BRUHNS, *Das Verfahrensrecht der internationalen Konzernhaftung*, p. 372-377.

de vouloir réduire à nouveau la compétence de la loi désignée par un refus de reconnaissance et d'*exequatur*.

Il existe un autre moyen en droit français des procédures collectives de rechercher la responsabilité de la société en cas d'insolvabilité de la filiale : l'extension de la procédure en cas de fictivité et de confusion de patrimoines.

B. Extension de la procédure en cas de fictivité et de confusion de patrimoines de l'article L. 621-2, al. 2 C. com.

Depuis la loi du 26 juillet 2005, l'extension de la procédure collective pour confusion de patrimoines et fictivité a un fondement législatif et figure à l'article L. 621-2, al. 2 C. com. (relatif à la procédure de sauvegarde). Contrairement à l'action en responsabilité pour insuffisance d'actif, il y a une unité de procédure, la procédure collective initiale étant étendue aux personnes avec lesquelles le patrimoine a été confondu ou à celles qui profitent de la fictivité, selon les cas.[452]

1. Une procédure annexe ?

543. L'interprétation donnée par la circulaire du 17 mars 2003. Après avoir rappelé que le Règlement insolvabilité régit des « procédures collectives fondées sur l'insolvabilité du débiteur qui entraînent le dessaisissement partiel ou total de ce débiteur ainsi que la désignation d'un syndic » (art. 1er § 1) et que *« les procédures n'étant pas fondée sur l'insolvabilité* [du débiteur] *ne sont donc pas concernées »*, la circulaire du 17 mars 2003 retient que l'

> *« extension de la procédure à une société déclarée fictive ou à une personne dont le patrimoine est confondu avec celui du débiteur insolvable* [...] *: dès lors que les patrimoines ne peuvent plus être distingués,* **l'état de cessation des paiements leur est commun. L'instance, après extension, sera donc soumise au règlement.** *Néanmoins, si elle concerne une personne demeurant dans un autre État que celui dans lequel a été prononcée l'extension, la décision devra y être reconnue conformément à l'article 25 du règlement (examiné au chapitre 5 de la présente circulaire) ».* [453]

Dans le chapitre 5 mentionné, on peut lire que les

452 cf. *supra* n° 135.

453 Art. 1.1.2. de la Circulaire du 17 mars 2003 relative à l'entrée en vigueur du règlement 1346/2000, *JO* 30 juillet 2003, 12939 (souligné par nos soins).

> *« [...] décisions [...] qui* ***dérivent directement de la procédure ou s'y insèrent étroitement****. Cette dernière catégorie [...] inclut par exemple l'ouverture de la procédure [...] à l'égard d'une personne ayant confondu son patrimoine avec celui du débiteur [...]. »*

Il en ressort que la circulaire prend pour acquis que l'extension constitue une procédure annexe au sens de la jurisprudence *Gourdain* et de l'art. 25 § 1 al. 2 du Règlement.

S'il s'agissait d'une procédure annexe, il faudrait que la décision d'extension *« dérive directement de la procédure ouverte* [ici : contre la filiale] *ou s'y insère étroitement »*, sans être fondée sur l'insolvabilité du débiteur. Sur ce point, les termes de la circulaire sont contradictoires. Elle constate dans un premier temps que *« l'état de cessation des paiements* [...] *est commun »* aux deux personnes et, ce faisant, caractérise leur insolvabilité[454], pour ensuite affirmer qu'il s'agit d'une procédure annexe de l'art. 25 § 1 al. 2 du Règlement alors que la conséquence du premier constat eut été la qualification de procédure d'insolvabilité et ainsi l'application des articles 3 et 4 du Règlement.[455] On aurait pu s'attendre à ce que la nouvelle circulaire du 15 décembre 2006[456] apporte plus de précision sur ces points. Or, il est surprenant voire irritant de constater qu'elle passe sous silence l'action de l'art. L 621-2, al. 2 C. com. alors que la circulaire de 2006 est censée annuler et remplacer la circulaire de 2003[457] et que l'action venait d'être codifiée à l'époque.

Pour savoir s'il convient de qualifier cette mesure d'extension de « procédure annexe », il serait possible, tout d'abord, de remarquer que sur le plan terminologique la décision d'extension ne saurait « dériver directement de la procédure » puisqu'en l'occurrence, elle fait partie de celle-ci. De la même manière, elle ne peut « s'y insérer étroitement » puisque elle en est un mécanisme constitutif. En réalité, ce débat est vain et il serait inutile de rechercher si l'extension présente les caractéristiques d'une procédure annexe ou non. Il en va ainsi puisque l'extension ne constitue pas une « procédure » autonome et indépendante de la procédure d'insolvabilité. Pour

454 D. BUREAU, *Rev. crit. DIP* 2002, 613 (626) : *« En France, insolvabilité signifie donc désormais cessation des paiements* [...] ».

455 Notons au passage qu'il n'est nul besoin de caractériser l'insolvabilité de la société objet de l'extension pour cause de confusion de patrimoines.

456 Circulaire de la Direction des affaires civiles et du Sceau du 15 décembre 2006 relativement au Règlement n° 1346/2000 du 29 mai 2000 relatif aux procédures d'insolvabilité, n 2006-19, NOR : JUSC0620990C, 15 déc. 2006 : *BO* min. justice n° 2007-01, 28 févr. 2007 ; également *JCP éd. E* 2007, 1498.

457 Cf. motifs de la circulaire.

s'en rendre compte, il convient d'analyser la situation en distinguant la compétence internationale pour prendre la décision d'extension et les modalités de sa reconnaissance et de son exécution.

a) Au niveau de la compétence internationale

544. En réalité, s'agissant de l'extension d'une procédure existante et non de l'ouverture d'une procédure supplémentaire, il y a une **unité de procédure** de sorte que, en l'absence de dualité de procédure, le mécanisme de l'art. L. 621-2, al. 2 C. com. ne peut techniquement être caractérisé de « procédure annexe ». Ainsi, la question du rapport direct et étroit avec la procédure d'insolvabilité ne peut se poser, n'a pas besoin d'être posée : le mécanisme d'extension en cas de confusion ou de fictivité fait partie de la procédure d'insolvabilité dès lors que la loi applicable est la loi française.

Elément/effet procédural de la *lex fori concursus*. Dans le cadre du Règlement insolvabilité, cette extension de la compétence internationale s'explique spécialement par le fait que le mécanisme de l'art. L 621-2, al. 2 C. com. s'applique à la société (mère) étrangère, dans une procédure principale ouverte par un tribunal français, en tant que *lex fori concursus* (art. 4 § 1).[458] C'est ce qui ressort déjà du considérant 23 :

> *« La lex concursus détermine tous les* ***effets*** *de la procédure d'insolvabilité, qu'ils soient* ***procéduraux*** *ou substantiels, sur les* ***personnes*** *et les rapports juridiques concernés. Cette loi régit toutes les* ***conditions de l'ouverture, du déroulement*** *et de la clôture de la procédure d'insolvabilité. »*[459]

Ainsi, le mécanisme d'extension de l'art. 621-2 al. 2 C. com. doit être considéré comme s'inscrivant dans le « *déroulement* » de la procédure d'insolvabilité au sens de l'article 4 § 2, autorisant le tribunal compétent à déterminer, en application de sa *lex fori concursus*, *« les débiteurs susceptibles de faire l'objet d'une procédure d'insolvabilité* [...] *»*, art. 4 § 2 a) du Règlement. De sorte que l'on peut dire *brevitatis causa* que le mécanisme d'extension de l'art. L. 621-2 al. 2 C. com. relève, en tant qu'élément ou effet procédural de la *lex fori concursus*, de la compétence internationale définie à l'art. 3 du Règlement insolvabilité. Cette extension internationale de la procédure initiale repose

458 Egalement en ce sens : BAIERLIPP, *Die Haftung der Muttergesellschaft eines multinationalen Konzerns*, p. 428-430.

459 Souligné par nos soins.

donc très précisément *« sur une extension des chefs de compétence posés par le règlement »*[460]. La conséquence en est que la décision d'extension n'est pas soumise au droit international commun français comme le sont les procédures annexes.[461]

545. Aperçu historique. Cette position est confirmée par une analyse historique. C'est en effet dans le même sens qu'allait l'avant-projet de convention sur la faillite, le concordat et les procédures similaires de 1970[462]. Il prévoyait d'obliger les États membres à adopter un mécanisme d'extension à l'image du droit français[463] et d'en soumettre la compétence internationale au tribunal ayant ouvert la procédure d'insolvabilité (à l'égard de la filiale donc)[464]. Le deuxième avant-projet de 1980[465] ne contenait aucune indication sur l'extension de procédure mais une doctrine autorisée indiquait que les règles générales de compétence pour l'ouverture de la procédure d'insolvabilité devaient également s'appliquer à l'hypothèse de l'extension.[466]

546. Contrariété à la jurisprudence *Eurofood*? Un auteur[467] remarque que parce que la jurisprudence *Eurofood* indique que la compétence juridictionnelle doit être déterminée pour chaque débiteur individuellement et qu'une extension *« est une décision plus lourde de conséquences que la simple ouverture d'une procédure principale »,* il serait préférable de subordonner l'extension de procédure fondée sur l'art. L 621-2, al. 2 C. com. à l'ouverture préalable d'une procédure principale à l'égard de la société (mère) étrangère par le tribunal français. Le but en est qu'*«* [u]*ne fois ouvertes les procédures principales*

460 En ce sens : D. BUREAU, *Rev. crit. DIP* 2002, 613 (635, 636) au terme d'un raisonnement portant sur la comparaison avec les mécanismes d'extension de compétence internationale contenus implicitement dans des conventions internationales sur la faillite auxquelles la France est partie ; MENJUCQ, *Droit international et européen des sociétés*, n° 324.

461 Cf. *supra* n° 510 et s.

462 N° de document CEE- 3327/XIV/1/70-FR du 16 février 1970, reproduit *RabelsZ* 36 (1972), 734.

463 Art. 76 de l'avant-projet et l'art. 1er de son annexe I.

464 Art. 11 de l'avant-projet.

465 N° de document CEE -III/D/72/80-FR ; reproduit *in* KEGEL/THIEME, *Vorschläge und Gutachten*, 1988, p. 43, commenté par THIEME, *RabelsZ* 45 (1981), 459 et DANIELE, *Cahiers de droit européen* 23 (1987), 512.

466 J. LEMONTEY, Rapport sur l'avant-projet, 1980, p. 43 (reproduit *in* KEGEL/THIEME, *Vorschläge und Entwürfe*).

467 R. DAMMANN, *Rec. Dalloz* 2006, 1752 (1756).

pour les sociétés concernées par la même juridiction, une mesure d'extension à titre de sanction relèverait exclusivement de la lex fori concursus. »[468]

Il faut savoir que cet auteur favorise une lecture extensive de la possibilité de réfuter la présomption de l'art. 3 § 1 phr. 2 pour permettre facilement l'ouverture d'une procédure à l'égard d'une société ayant son siège statutaire à l'étranger par le tribunal du siège de la société mère.[469] Nous avons cependant vu qu'une telle lecture n'est pas en principe compatible avec le système établi par le Règlement et devra, à terme, disparaître.[470] Un système basé sur la compétence de principe du tribunal du lieu du siège statutaire paraît d'ailleurs être la meilleure solution.[471] Aussi, exiger systématiquement l'ouverture préalable d'une procédure principale à l'égard de la société étrangère par le tribunal français aboutirait à raréfier les possibilités d'étendre la procédure sur le fondement de l'art. L. 621-2, al. 2 C. com. voire à les supprimer. La méthode préconisée ne peut donc être suivie.

Plus fondamentalement, il faut se poser la question de savoir si le mécanisme d'extension de procédure du droit français est réellement contraire à la règle communautaire selon laquelle *« dans le système de détermination de la compétence des juridictions des États membres mis en place par le règlement, il existe une compétence juridictionnelle propre pour chaque débiteur »*[472]. Nous pensons que tel n'est pas le cas. Car, d'une manière générale, le Règlement donne compétence, en ce qui concerne un débiteur déterminé, à un tribunal saisi et celui-ci doit appliquer sa *lex fori concursus*. Cela résulte d'une lecture combinée des articles 3 et 4 du texte. Dès lors que cette *lex fori concursus* prévoit cependant que la procédure ouverte peut être étendue à un autre débiteur – dans des hypothèses spéciales et nécessitant sans doute aucun une motivation sans faille du juge qui l'entreprend – , cette extension doit pouvoir s'appliquer en tant qu'effet procédural de la *lex fori concursus* que le Règlement lui-même a déterminée. Autrement dit, la règle communautaire « un débiteur – une compétence juridictionnelle » est auto-limitée par le fait que le droit communautaire renvoie au droit national le soin de préciser les effets substantiels et procéduraux de la procédure d'insolvabilité.

468 *Ibid.*
469 Cf. en dernier lieu R. DAMMANN, *Rec. Dalloz* 2008, 2738.
470 Cf. *supra* n° 463 et s.
471 Cf. *supra* n° 482 et s.
472 Arrêt *Eurofood*, point 30.

b) Au niveau de la reconnaissance et l'exécution de la décision

547. S'agissant de l'extension d'une procédure déjà ouverte et non d'une décision d'ouverture au sens strict, la décision d'extension ne pourra pas être reconnue au titre des articles 16 et 17 relatifs à la seule décision d'ouverture. En revanche, s'agissant d'une décision relative au « *déroulement* » de la procédure, sa reconnaissance se fera *« également sans aucune formalité »*, art. 25 § 1 phr. 1. L'exécution quant à elle sera soumise au Règlement Bruxelles I conformément à l'art. 25 § 1 phr. 2.[473]

548. Solution. Il s'ensuit que l'extension de la procédure de l'article L. 621-2, al. 2 C. com. n'est pas une procédure annexe au sens de la jurisprudence *Gourdain* et l'art. 25 § 1 al. 2 R. ins.. Elle s'applique à titre de *lex fori concursus* lorsque les conditions en sont remplies dans le cadre d'une procédure ouverte par un tribunal français.

2. Le destin du mécanisme en pratique – l'obstacle de l'ordre public

549. Il est vrai que les autres États membres pourraient trouver choquant qu'une procédure collective française aboutisse à attirer dans cette procédure collective en cours l'une de leurs sociétés, de surcroît *in bonis* le cas échéant, en tant que débiteur (supplémentaire).[474] En ce cas, ils risquent de résister à cette décision en soulevant l'exception de l'ordre public pour en refuser l'exécution (art. 26 du Règlement).

Il ne faut cependant pas oublier que la confusion des patrimoines ou la fictivité de la personne morale ne sont pas des hypothèses quotidiennes mais des situations graves pour toute société. Il y a une unité de fait telle qu'il est impossible de traiter différemment les deux sociétés en cause.[475] Ces cas de figure nécessitent cependant d'être caractérisés spécialement[476], ce que surveille la Cour de cassation d'un œil attentif. En outre, d'autres ordres juridiques connaissent souvent des mécanismes analogues qui aboutissent pareillement à rendre la société mère responsable directement, ce qui

473 C'est ce qui a été constaté *supra* n° 504.

474 F. MELIN, *La faillite internationale*, L.G.D.J., coll. Systèmes droit, 2004, n° 91 exprime cette crainte. De même, KOPPENSTEINER, *Colloque international*, p. 105.

475 BEGUIN/MENJUCQ, *Droit du commerce international*, n° 2290 ; MENJUCQ, *Droit international et européen des sociétés*, n° 324.

476 En faveur d'une une motivation spéciale pour ne pas faire encourir à la décision d'extension le risque de la sanction de l'ordre public : Ph. ROUSSEL GALLE, *JCl. Europe, fasc. 871*, n° 29.

peut en provoquer la faillite.[477] Aussi, tout porte à croire que dès lors que la confusion des patrimoines ou le caractère fictif de la personne morale, selon les cas, est démontré et prouvé de manière convaincante par le juge français, les tribunaux des autres États membres n'invoqueront pas leur ordre public pour faire opposition au mécanisme d'extension.

Notons enfin que cette figure de *substantive consolidation* strictement limitée aux hypothèse de confusion de patrimoines et de fictivité sera probablement admise sur la scène internationale (extra-communautaire) dans un avenir proche.[478]

§ 3) La qualification des mécanismes du droit allemand

Les instruments du droit des groupes s'appliquent avant la faillite et constituent même une protection préventive contre les situations de cessation des paiements des filiales. En revanche, il est des institutions juridiques relevant du droit des sociétés et des procédures collectives lesquelles peuvent s'appliquer à l'hypothèse particulière du groupe. Il convient d'en qualifier les plus importantes en pratique, à savoir les *Existenzvernichtungshaftung* et *Insolvenzverschleppungshaftung*, pour savoir si elles constituent des procédures annexes.

A. L'Existenzvernichtungshaftung *(responsabilité pour mise en cause de l'existence de la société GmbH)*

550. Résumé du droit matériel. Le problème auquel la jurisprudence a tenté de répondre est le suivant : dès lors que la *GmbH* n'a plus qu'un seul associé le système du maintien du capital social est déjoué. En effet, en présence d'un seul associé, l'assemblée de la *GmbH* consentira unanimement à sa propre perte tout en respectant le devoir de fidélité de sorte que la responsabilité de la société dominante ne pourra être recherchée sur ce terrain.[479] Il est néanmoins possible de protéger la *GmbH*. Pour ce faire, il faut partir de l'idée que chaque personne, qu'elle soit physique ou morale, a

477 Pour le droit allemand : le *Durchgriff*, cf. *supra* n° 416 et s.

478 Cf. sur ce point les travaux de la CNUDCI, A/CN.9/WG.V/WP.82/Add.3, Recommandations n° 16 et 18, à consulter à partir du site *http://www.uncitral.org/uncitral/fr/commission/working_groups/5Insolvency.html* (31/12/2008).

479 *BGHZ* 31, 258 (278 et s.) = *NJW* 1960, 258 ; *BGHZ* 119, 257 (262) = *NJW* 1993, 193 ; *BGHZ* 122, 333 (336) = *NJW* 1993, 1922 ; Baumbach/Hueck/Zöllner, *GmbHG*, Anh. I n° 83 ; Burgard, *ZIP* 2002, 827 (831 et s.) ; Wilhelm, *NJW* 2003, 175 (178 et s.).

un intérêt à subsister et que l'ordre juridique se doit de protéger cet intérêt. C'est cet intérêt de subsistance ou d'existence de la *GmbH* que l'associé unique doit respecter et dont la violation entraîne sa responsabilité.[480]

La jurisprudence a par conséquent constitué une responsabilité personnelle de l'associé unique de la *GmbH* à l'égard de la société pour les dettes de celle-ci dès lors qu'il a commis un tel *« acte grave détruisant l'existence de la société »*. L'acte litigieux, le fait générateur de la responsabilité, prend la forme d'un retrait frauduleux d'actifs du patrimoine de la société amenant celle-ci à la cessation des paiements (cas d'ouverture de la procédure d'*Insolvenz*, procédure collective).[481] Il y a eu débat sur le point de savoir quel fondement était le plus à même pour régir cette responsabilité.[482] Finalement, après des hésitations en jurisprudence[483] et en doctrine[484], la BGH a tranché en faveur de l'application du § 826 BGB relatif à la *responsabilité délictuelle* pour atteinte intentionnelle contraire aux bonnes mœurs.[485] L'associé devient responsable *à l'égard de la société* pour abus du principe de la séparation des patrimoines.[486] L'action fondée sur le § 826 BGB se cumule avec

480 ULMER, *ZHR* 148 (1984), 391 (416 et s.) ; WINTER, *ZGR* 1994, 570 (585 et s.) ; PRIESTER, *ZGR* 1993, 512 (521 et s.).

481 Pour une présentation d'ensemble de cette responsabilité en droit matériel, cf. *supra* n° 61 et s.

482 Une partie de la doctrine y voyait une responsabilité de l'associé unique à **l'égard de la société**, fondée sur une faute de gestion (ALTMEPPEN, *ZIP* 2001, 1837 (1844) ; *idem*, *NJW* 2002, 321 (323 et s.) ; *idem*, *ZIP* 2002, 961 (966 et s.) ; *idem*, *ZIP* 2002, 1553 (1562) ; WILHELM, *NJW* 2003, 175 (178 et s.)) voire sur le devoir de fidélité qui existerait même dans une société unipersonnelle (K. SCHMIDT, *NJW* 2001, 3577 (3580)).

Une autre partie de la doctrine y voyait plutôt une responsabilité de l'associé unique **à l'égard des créanciers**, de nature délictuelle (HABERSACK, *in* EMMERICH/HABERSACK, § 31 II 1 ; HAAS, *WM* 2003, 1929 (1940) ; BURGARD, *ZIP* 2002, 2025 et s. ; WESTERMANN, *NZG* 2002, 1129 et s.), voire une responsabilité directe fondée sur la réduction téléologique du § 13 al. 2 GmbHG (principe de la séparation des patrimoines de la société et de l'associé) de sorte que l'associé « détruisant l'existence de la société » devient responsable directement, *Durchgriffshaftung* (BITTER, *WM* 2001, 2133 ; ULMER, *Haftung im qualifizierten faktischen GmbH-Konzern*, p. 41 (62, 69 et s.) ; *idem*, *JZ* 2002, 1049 ; HOFFMANN, *NZG* 2002, 268 (271) ; KESSLER, *GmbHR* 2001, 1095 (1100) ; KOPPENSTEINER, *FS Honsell*, p. 607 et s. ; LUTTER/HOMMELHOFF, *GmbHG*, § 13 n° 20 ; RAISER, *FS Ulmer*, p. 493 (504 et s.) ; WILHELM, *NJW* 2003, 175 (178 et s.)).

483 *KBV*, *préc.* ; OLG Thüringen *GmbHR* 2002, 112 (114 et s.) ; OLG Rostock, *ZIP* 2004, 118 ; LAG Köln *ZIP* 2003, 1893.

484 Cf. réf. précit.

485 BGH, 16 juillet 2007 - II ZR 3/04, *NJW* 2007, 2689.

486 BGH *NJW* 2007, 2689 (2690).

l'action du § 31 GmbHG relatif à l'obligation de l'associé ayant reçu des sommes indues appartenant à la société, de les rembourser à celle-ci.[487]

551. Comparaison. Au sein d'un groupe international de sociétés, la société dominante étrangère est fréquemment l'associé unique de sa *GmbH* filiale.[488] L'*Existenzvernichtungshaftung* rappelle les cas de figure de l'action en paiement des dettes sociales du droit français : à l'origine se trouve une « faute » commise dans un intérêt autre que celui de la société[489], faute qui « contribue à la cessation des paiements » et qui est sanctionnée par une responsabilité limitée au montant de l'insuffisance d'actif[490]. Mais à la différence de l'action en paiement des dettes sociales qui ne vise que les dirigeants, l'*Existenzvernichtungshaftung* vise l'associé unique ou les associés consentant à la mesure nocive. La différence se révèle cependant être bien mineure puisque la société mère dirigera également *de facto* la marche des affaires : en tant qu'associé unique elle le fera à travers le gérant personne physique qu'elle aura choisi.

552. Problème posé. La question qui se pose est celle de savoir si cette procédure est annexe au sens de l'arrêt *Gourdain* et de l'art. 25 § 1 al. 2e du Règlement insolvabilité, c'est-à-dire si *« elle dérive directement... ou s'insère étroitement... »* dans une procédure collective. La réponse semble *a priori* devoir être positive. En effet, la responsabilité pour mise en cause de la société ne joue que lorsque la cessation des paiements est manifeste.[491] En d'autres termes, l'acte de l'associé a – tout le moins – contribué à cet état critique de la société l'entraînant en principe dans une procédure collective. De plus, du même coup, la responsabilité ne sera systématiquement recherchée que dans le cadre d'une procédure d'insolvabilité.

487 C'est ce qu'indique la BGH dans son arrêt du 16 juillet 2007, *NJW* 2007, 2689.
NOTA BENE – Le cumul des responsabilités sur plusieurs fondements (contrat, délit, quasi-délits, autres) est extrêmement fréquent en droit allemand, sinon tout simplement la règle. En revanche, tout comme en droit français – le bon sens l'impose par ailleurs – il n'y a pas cumul des dommages-intérêts.

488 Mais une personne morale ne peut être dirigeant de droit de la GmbH, rôle que doit alors remplir une personne physique de son choix, cf. § 6 al. 3 GmbHG.

489 WELLER, *DStR* 2007, 116 (119) précise au sujet de l'*Existenzvernichtungshaftung* qu'il ne s'agit pas d'une simple faute de *management* ou de gestion mais d'une faute délibérée, commise dans l'intérêt personnel de l'associé ou dans celui d'un proche de cet associé.

490 Sur cette limitation : *BGHZ* 151, 181 (188) ; *MüKo-InsO*/BRANDES, 2001, § 93 n° 25.

491 EMMERICH/HABERSACK, § 31 II 3 b.

Il convient néanmoins d'analyser de plus près la situation afin de savoir si ces éléments sont suffisants pour conférer à l'*Existenzvernichtungshaftung* le caractère de procédure annexe. Pour ce faire, il faut vérifier si cette responsabilité poursuit un objectif propre aux procédures d'insolvabilité et si le fait que cette action est habituellement exercée lors de cette procédure d'insolvabilité contribue à l'« insérer étroitement » dans celle-ci. Comme on l'a indiqué, l'évaluation dans le cadre de cette qualification doit se faire d'un point de vue communautaire autonome. Dans la doctrine allemande, la qualification de cette responsabilité est très discutée.[492]

1. *La recherche d'un objectif spécifique du droit de l'insolvabilité*

553. Pour certains, en effet, une qualification de droit de l'insolvabilité s'impose dès lors que l'agissement de l'associé a causé, du moins en partie, l'insolvabilité de la société.[493]

Il faut pourtant se demander si le fait que l'acte litigieux a participé de manière causale à la réalisation de la cessation des paiements est un élément caractéristique qui justifie à lui seul une qualification de droit de l'insolvabilité de la responsabilité fondée sur cet acte. Tel ne semble pas être le cas puisque maints actes peuvent causer l'insolvabilité sans pour autant appartenir spécifiquement au droit de l'insolvabilité : que l'on pense aux actes qui

492 Pour une qualification de droit de l'insolvabilité : KIENLE, *in* SÜß/WACHTER, *Handbuch des internationalen GmbH-Rechts,* 2006, § 3 n° 210 et s. ; WIEDEMANN, *GesR II,* § 1 IV 3 c aa, p. 61 ; M.-Ph. WELLER, *Rechtsformwahlfreiheit,* p. 235 et s. (en particulier p. 283 et s.), *idem, IPRax* 2003, 208 ; *idem, DStR* 2007, 116-122: si l'auteur admet que, théoriquement, une double qualification de l'*Existenzvernichtungshaftung* comme droit des sociétés et comme droit des procédures collectives puisse se concevoir (dans le même sens : KINDLER, *FS Jayme,* 2004, 409), il se prononce cependant en faveur de la qualification de droit des procédures collectives dès lors que l'on se trouve dans la champ d'application du Règlement insolvabilité en raison même de cette unification communautaire et de l'effet utile du droit communautaire.

Pour une qualification sociétaire : ULMER, *NJW* 2004, 2101 (1207) ; KINDLER, *NZG* 2003, 1086 ; ROTH, *NZG* 2003, 1081 (1085) ; ZIMMER, *NJW* 2003, 3585 (3588) ; HORN, *NJW* 2004, 893 (899).

Pour une qualification délictuelle : RAISER, § 29, n° 21 ; DAUNER-LIEB, *DStR* 2006, 2034 (2041) ; BAYER, *BB* 2003, 2357 (2365) ; KERSTING/SCHINDLER, *RdW* 2003, 621 (625) ; MÜLLER, *NZG* 2003, 414 (417).

Pour une qualification triple, enfin : *MüKo-IntWR(IntInsR)*/KINDLER, n° 211.

493 WELLER, *IPRax* 2003, 207 (210) ; *idem, IPRax* 2003, 324 (328) ; *idem, DStR* 2003, 1800 (1804) ; KINDLER, *FS Erik Jayme,* 409 (416 et s.) ; GOETTE, *DStR* 2005, 197 (200) ; SCHANZE/JÜTTNER, *AG* 2003, 661 (669).

ont à la base d'actions en responsabilité délictuelle ou du délit (pénal) d'escroquerie. Ce n'est pas parce que la responsabilité d'un acteur est recherchée à l'occasion d'une procédure d'insolvabilité que le fondement de la responsabilité en devient spécifique aux procédures d'insolvabilité.

Une qualification spécifique d'insolvabilité pourrait cependant résulter de ce que l'*Existenzvernichtungshaftung* soit considérée comme une sanction de fraude aux dispositions des procédures collectives.[494] Il est vrai qu'il est fréquent que l'acte *« détruisant l'existence de la société »* intervienne lorsque la société est déjà au bord de la cessation des paiements.[495] Cela s'explique par le fait que l'associé unique sent la fin venir et cherche à « sauver des meubles » en retirant des actifs du patrimoine de la société. Cette circonstance ne signifie pas pour autant que l'*Existenzvernichtungshaftung* sanctionne spécifiquement le contournement des dispositions impératives des procédures collectives. Si tel était le cas, en effet, comme de coutume en matière de fraude, la sanction devrait consister en l'application des dispositions que l'on a cherché à éviter, soit les dispositions des procédures collectives. Or, la jurisprudence n'applique pas les règles des procédures collectives mais celles relevant de la responsabilité délictuelle pour sanctionner cette fraude. En réalité, ce qui est sanctionné, ce n'est pas le fait pour l'associé de ne pas avoir déclaré la cessation des paiements à temps mais, au contraire, le fait d'avoir intentionnellement porté atteinte au patrimoine de la société en méconnaissant le principe de la séparation des patrimoines des §§ 30 et 31 GmbHG. De ce point de vue, l'*Existenzvernichtungshaftung* ne constitue que la prolongation des cas de responsabilité sociétaire sur un fondement délictuel.

Il en résulte que l'*Existenzvernichtungshaftung* ne poursuit pas un but spécifique du droit de l'insolvabilité.

2. La recherche d'une nécessité de coordination avec la procédure d'insolvabilité

554. Il reste que, le plus souvent en pratique, cette responsabilité n'est engagée que dans le cadre d'une procédure collective ce qui pourrait indiquer « l'insertion étroite » dans celle-ci. Or, rien n'empêche d'engager l'action en *Existenzvernichtungshaftung* à l'encontre de l'associé avant l'ouver-

494 WELLER, *IPRax* 2003, 207 (210).
495 LUTTER/BANERJEA, *ZGR* 2003, 402 (410 et s.).

ture de la procédure collective voire même en l'absence du toute ouverture ultérieure d'une telle procédure.[496]

Il est vrai que, dès lors que la procédure d'insolvabilité est ouverte, le titulaire de l'action est le seul administrateur judiciaire et non les créanciers[497] de sorte que cette exclusion des actions individuelles semble indiquer l'objectif propre aux procédures collectives qui est celui du traitement égalitaire des créanciers[498]. Mais comment expliquer alors que la même action, dès lors qu'elle est exercée en dehors d'une procédure collective, puisse être intentée principalement par la société et, subsidiairement, par un seul créancier ? [499] Aussi, prendre en compte le titulaire de l'action aboutirait à faire dépendre la qualification de l'*Existenzvernichtungshaftung* de la circonstance qu'une procédure d'insolvabilité a été ouverte ou non. En d'autres termes, la qualification serait conditionnée par le critère de l'ouverture d'une procédure collective. Or, nous venons de voir que ce critère n'est pas davantage pertinent puisqu'il n'est nullement nécessaire d'ouvrir une procédure collective afin d'engager l'action. L'argumentation en faveur d'une qualification de droit de l'insolvabilité se transforme un cercle vicieux.

Enfin, un besoin particulier de coordonner les deux procédures ne peut être constaté, d'autant que l'action en responsabilité pour *Existenzvernichtung* peut être exercée sans difficultés procédurales en dehors de toute procédure collective.[500]

3. Solutions

555. Conflit de juridictions. En raison de ses caractéristiques, il ne semble pas recommandé de qualifier l'*Existenzvernichtungshaftung* de procédure annexe dans le cadre du Règlement insolvabilité. S'applique par conséquent le Règlement Brux. I pour la compétence internationale mais aussi pour l'exécution de la décision.[501]

496 BGH, 24 juin 2002, *NJW* 2002, 3024, *KBV* ; LUTTER/BANERJEA, *ZGR* 2003, 402 (430) ; SCHÖN, *ZHR* 168 (2004, 268 (292).

497 EMMERICH/HABERSACK, *commentaire*, Anh. § 318 n° 45.

498 En ce sens : WELLER, *Europäische Rchtsformwahlfreiheit und Gesellschafterhaftung*, p. 265 et s.

499 Il peut en effet actionner l'associé fautif par le biais de la saisine du droit à réparation entre les mains de la société, possibilité que la BGH elle-même indique dans son dernier arrêt relatif à la *Existenzvernichtungshaftung* (BGH *NJW* 2007, 2689 (2693, n° 36).

500 En ce sens : Ch. WILLEMER, *Vis attractiva concursus*..., p. 252.

501 À quelques différences près, le raisonnement est identique à celui mené en droit français, cf. *supra* n° 538 et s.

556. Conflit de lois. Contrairement au Règlement insolvabilité, le Règlement Brux. I ne préjuge pas la qualification à retenir en matière de conflit de lois. Sur ce terrain, l'on pourrait hésiter ensuite entre une qualification sociétaire et délictuelle. En guise d'argument en faveur de cette dernière qualification, il suffit de rappeler que la BGH fonde la *Existenzvernichtungshaftung*, en droit matériel, sur le § 826 BGB[502] qui est une disposition relative à la responsabilité délictuelle.

En faveur de la première qualification (sociétaire), il est cependant important de souligner que cette responsabilité ne joue qu'au sein de la société, à savoir l'actionnaire unique se rend responsable à l'égard de la société et non à l'égard de tiers qui ne peuvent l'actionner directement. C'est d'ailleurs exactement cette exclusion des actions des créanciers qu'a recherché la BGH dans son dernier arrêt de 2007.[503] En effet, le fondement antérieur – la *Durchgriffshaftung* – jouait à l'égard des tiers et la BGH craignait que les créanciers mettent en échec le système de la *GmbH* à long terme.[504]

De plus, ce que sanctionne l'*Existenzvernichtungshaftung* est certes le fait d'avoir porté atteinte au patrimoine de la société, un fait que l'on pourrait qualifier de délictuel. Mais ce fait s'inscrit dans un cadre précis, à savoir la méconnaissance par l'associé du principe de la séparation des patrimoines. En conséquence, il paraît normal de qualifier la responsabilité d'un associé à l'égard de sa société qui serait fondée sur un fait relatif à la spoliation du patrimoine social qu'il a commis en tant qu'associé de... sociétaire. Aussi, une qualification sociétaire s'impose. Autrement dit, la *lex societatis* de la filiale régit cette responsabilité.

*B. L'*Insolvenzverschleppungshaftung *(responsabilité pour le retard fautif pris dans la déclaration de l'insolvabilité)*

557. Nous savons qu'en droit français, le retard avec lequel les dirigeants déclarent la cessation des paiements constitue l'une des fautes de gestion déclenchant la responsabilité de ceux-ci dans le cadre de l'action en responsabilité pour insuffisance d'actif. Le droit allemand a fait de cette hypothèse une action autonome : l'*Insolvenzverschleppungshaftung*, littéralement la responsabilité pour le retard fautif pris dans la déclaration de l'insolvabilité.

502 BGH, 16 juillet 2007 - II ZR 3/04, *NJW* 2007, 2689.

503 *Ibid.*

504 BGH *NJW* 2007, 2689 (2691 et s.).

Les dirigeants d'une *AG* et d'une *GmbH* peuvent faire l'objet de cette responsabilité personnelle. Une personne morale – donc la société mère – ne peut être dirigeant de droit de la filiale constituée sous forme de *GmbH* ou d'*AG*.[505] En revanche, comme cette responsabilité frappe également les dirigeants de fait[506], y compris ceux qui sont associés ou actionnaires en même temps[507], l'on peut supposer qu'elle concerne également la société mère[508].

Il existe deux fondements distincts pour cette responsabilité. Une loi récente de modernisation, la MoMiG, est venue apporter quelques changements.[509] La qualification de ces responsabilités est fortement discutée par la doctrine allemande, que ce soit en droit matériel ou en droit processuel. En vue d'une meilleure compréhension, les développements à suivre seront consacrés à la seule *GmbH*. Ils valent cependant également pour l'*AG* du fait du contenu identique des formes de responsabilité pour les deux types de sociétés.

1. *Responsabilité personnelle à l'égard des créanciers pour déclaration tardive de la cessation des paiements*

558. Aperçu. En vertu des §§ 64 al. 1er GmbHG (voire 92 al. 2 AktG), devenus depuis la réforme le § 15a InsO (Code des procédures d'insolvabilité)[510], lequel remplace des dispositions spécifiques à chaque type de

505 § 6 al. 2 GmbHG, § 73 al. 3 phr. 1 AktG.

506 *BGHZ* 104, 44 ; HACHENBURG/ULMER, *GmbHG,* § 64 n° 11 ; LUTTER/HOMMELHOFF, *GmbHG* § 64 n° 49.

507 Le principe étant admis, seules les conditions de mise en oeuvre sont discutées. cf. SCHOLZ/SCHMIDT, *GmbHG*, § 64 n° 45 ; HACHENBURG/ULMER, *GmbHG* § 64 n° 77 ; BAUMBACH/HUECK/SCHULZE-OSTERLOH, *GmbHG*, § 64 n° 36 et s.

508 Dans le sens d'une telle possibilité : BAIERLIPP, *Die Haftung der Muttergesellschaft eines multinationalen Konzerns,* p. 60 et s. La question n'est généralement pas discutée par la doctrine puisqu'il est rare en pratique de rechercher la responsabilité de la société mère sur ce fondement, cf. KÜBLER, *ZGR* 1995, 418.

509 Loi du 23 octobre 2008, *BGBl.* du 28 octobre 2008, I, n° 48, p. 2026 et s. (à consulter sur : *http://www.bmj.de/files/-/3339/Gesetz%20MoMiG.pdf*) ; cf. aussi *supra* n° 225.

510 Le nouveau § 15a InsO est libellé comme suit :

« (1) Wird eine juristische Person zahlungsunfähig oder überschuldet, haben die Mitglieder des Vertretungsorgans oder die Abwickler ohne schuldhaftes Zögern, spätestens aber drei Wochen nach Eintritt der Zahlungsunfähigkeit oder Überschuldung, einen Insolvenzantrag zu stellen. Das Gleiche gilt für die organschaftlichen Vertreter der zur Vertretung der Gesellschaft ermächtigten Gesellschafter oder die Abwickler bei einer Gesellschaft ohne Rechtspersönlichkeit, bei der kein persönlich haftender Gesellschafter eine natürliche Person ist; dies gilt nicht, wenn zu den persönlich haftenden Gesellschaftern eine andere Gesellschaft gehört, bei der ein persönlich haftender Gesellschafter eine natürliche Person ist.

société, en combinaison avec le § 823 al. 2 BGB (responsabilité délictuelle pour violation d'une loi de protection), les dirigeants d'une *GmbH* et d'une AG engagent leur responsabilité délictuelle pour les dommages qu'ils ont causés aux créanciers de la société du fait de la déclaration tardive de la cessation des paiements (*Beantragung der Eröffnung des Insolvenzverfahrens*).[511] L'*Insolvenzverschleppungshaftung* ne nécessite pas l'ouverture d'une procédure d'insolvabilité et joue même en l'absence de toute procédure faute d'actifs.[512]

Distinction des créanciers en fonction de la date de leur créance. Dans le cadre de cette action, il faut distinguer entre les créanciers anciens, c'est-à-dire ceux dont la créance à l'égard de la société a été fondée antérieurement à la cessation des paiements, et les créanciers nouveaux dont la créance n'est née qu'après la cessation des paiements. La loi cherche à protéger les créanciers anciens dans leur ensemble contre toute forme de disparition des actifs par l'obligation du dirigeant de déclarer rapidement la cessation des paiements. Cela explique que seul l'administrateur judiciaire puisse intenter cette action. Il en en va différemment en ce qui concerne les créanciers nouveaux qui doivent être protégés individuellement contre le danger de faire des affaires avec la société insolvable alors qu'ils ignorent la mauvaise santé financière de cette dernière. De plus, le montant de leur préjudice varie en fonction de la date de naissance de leur créance de sorte qu'il

---

(2) Bei einer Gesellschaft im Sinne des Abs. 1 S. 2 gilt Abs. 1 sinngemäß, wenn die organschaftlichen Vertreter der zur Vertretung der Gesellschaft ermächtigten Gesellschafter ihrerseits Gesellschaften sind, bei denen kein Gesellschafter eine natürliche Person ist, oder sich die Verbindung von Gesellschaften in dieser Art fortsetzt.

(3) Im Fall der Führungslosigkeit einer Gesellschaft mit beschränkter Haftung (§ 35 Abs. 1 S. 2 des Gesetzes betreffend die Gesellschaften mit beschränkter Haftung) ist auch jeder Gesellschafter, im Fall der Führungslosigkeit einer Aktiengesellschaft (§ 78 Abs. 1 S. 2 des Aktiengesetzes) oder einer Genossenschaft (§ 24 Abs. 1 S. 2 des Genossenschaftsgesetzes) ist auch jedes Mitglied des Aufsichtsrats zur Stellung des Antrags verpflichtet, es sei denn, dieser oder dieses hat von der Zahlungsunfähigkeit und der Überschuldung oder der Führungslosigkeit keine Kenntnis.

(4) Mit Freiheitsstrafe bis zu drei Jahren oder mit Geldstrafe wird bestraft, wer entgegen Abs. 1 S. 1, auch in Verbindung mit S. 2 oder Abs. 2 oder Abs. 3, einen Insolvenzantrag nicht, nicht richtig oder nicht rechtzeitig stellt.

(5) Handelt der Täter in den Fällen des Abs. 4 fahrlässig, ist die Strafe Freiheitsstrafe bis zu einem Jahr oder Geldstrafe ».

511 BGH 30 mars 1998, *BGHZ* 138, 211 ; LUTTER/HOMMELHOFF, *GmbHG*, § 64 n° 41.

512 HACHENBURG/ULMER, *GmbHG* § 64 n° 57.

appartient à chaque créancier nouveau d'intenter l'action individuellement afin de faire valoir son préjudice personnel.[513]

a) L'action intentée dans l'intérêt des créanciers anciens

559. Se pose la question de savoir si l'action en responsabilité introduite dans l'intérêt des créanciers anciens peut être qualifiée de procédure annexe. Il est vrai qu'en droit interne, la responsabilité se fonde sur une disposition de nature délictuelle (§ 823 al. 2 BGB) ainsi qu'une disposition de nature sociétaire. L'emplacement des dispositions ne saurait cependant préjuger la qualification communautaire autonome. Sont, en effet, seuls pertinents pour la qualification l'objectif de l'action et les liens procéduraux qu'elle entretient avec la procédure d'insolvabilité.[514]

La recherche d'un objectif propre au droit de l'insolvabilité. L'objectif pourrait résulter du fait que l'action suppose l'état de cessation des paiements et la violation consécutive de ses devoirs, déclenchés par cet événement, par le dirigeant.

Se pose alors la question de savoir si l'obligation de demander l'ouverture d'une procédure d'insolvabilité (la déclaration de cessation de paiements) est régie et, par conséquent, sanctionnée par le Règlement insolvabilité. Or, si l'art. 4 du Règlement insolvabilité régit bel et bien *« les conditions d'ouverture* [...] *de la procédure d'insolvabilité »*[515], l'obligation de déclarer la cessation des paiements n'en fait pas partie[516]. Cela est assez normal en réalité puisque le droit des procédures collectives se borne en général à réglementer les hypothèses d'ouverture d'une procédure d'insolvabilité. Il incombe, au contraire, au droit des sociétés de déterminer la personne et le moment

513 BGH, 6 juin 1994, *BGHZ* 126, 181 ; BGH 30 mars 1998, *BGHZ* 138, 211 ; LUTTER/HOMMELHOFF, *GmbHG*, § 64 n° 46-49 ; EIDENMÜLLER, *RabelsZ* 2006, 474, (494 et s.).

514 Cf. *supra* n° 522 et s.

515 Cf. art. 4 § 2.

516 BERNER/KLÖHN, *ZIP* 2007, 106 ; SCHUMANN, *DB* 2004, 743 (746) ; SPINDLER/BERNER, *RIW* 2004, 7 (12) ; ULMER, *NJW* 2004, 2101 (1207) ; EIDENMÜLLER, *RabelsZ* 2006, 474, (495). Ce dernier auteur en tire cependant la conclusion que comme l'obligation de déclarer la cessation des paiements n'est pas régie par l'art. 4 R. insolvabilité mais que cette obligation poursuit néanmoins des objectifs des procédures d'insolvabilité, il conviendrait de développer une règle de conflit de lois relative à cette obligation et de la faire insérer dans le Règlement insolvabilité. *Contra* WACHTER, *BB* 2006, 1463 (1464 et s.) ; SCHILLING, *EWiR* 2006, 429 ; VALLENDER, *ZGR* 2006, 425 (455) ; LEUTNER/LANGNER, *GmbHR* 2006, 713 (714) ; KUNTZ, *NZI* 2005, 424 (426) ; MÜLLER, *NZG* 2003, 414 (416) ; WELLER, *Europäische Rechtswahlfreiheit*, p. 263 et s.

de l'ouverture obligatoire de la procédure d'insolvabilité dès lors que cette obligation pèse sur un membre de la société – en l'occurrence le dirigeant – de sorte qu'il s'agira d'un devoir d'origine sociétaire.[517] Mais si l'obligation est de nature sociétaire, il ne semble pas pertinent de vouloir qualifier autrement la sanction de cette obligation.[518]

Les liens procéduraux avec la procédure d'insolvabilité. Un rapport étroit de cette action laquelle – on le rappelle – peut également être engagée en dehors de toute procédure collective, pourrait résulter de ce que les modalités de sa mise en œuvre sont notablement modifiées par l'ouverture d'une procédure collective. Il est vrai que seul l'administrateur judiciaire peut alors engager l'action au profit de l'ensemble des créanciers anciens.[519] Il s'agit là cependant d'une condition formelle. En réalité, il n'y a pas de nécessité de coordonner l'action en responsabilité et la procédure d'insolvabilité ce que démontre déjà le fait que la première peut être intentée sans l'ouverture de la seconde.

b) L'action intentée par les créanciers nouveaux

560. Ce qui vient d'être dit vaut en principe pour les créanciers nouveaux. S'y ajoute le fait que les créanciers nouveaux peuvent faire valoir leur préjudice individuellement et ce, alors même qu'une procédure d'insolvabilité a été ouverte.[520]

561. Résultat. Il en résulte que la responsabilité personnelle des dirigeants à l'égard des créanciers pour déclaration tardive de la cessation des paiements ne peut faire l'objet d'une procédure annexe. Elle doit au contraire être qualifiée de sociétaire. Ce faisant, elle sera soumise au Règlement Bruxelles I. La compétence des tribunaux au lieu de l'emplacement réel de

517 Mock/Schildt, *ZinsO* 2003, 396 (399) ; Ulmer, *NJW* 2004, 1201 (1207) ; Spindler/Berner, *RIW* 2004, 7 (12) ; Schumann, *DB* 2004, 743 (746).

518 Mock/Schildt, *ZinsO* 2003, 396 (399) ; Ulmer, *NJW* 2004, 1201 (1207) ; Spindler/Berner, *RIW* 2004, 7 (12) ; Schumann, *DB* 2004, 743 (746) ; *contra* cependant Müller, *NZG* 2003, 414 (416) et Schanze/Jüttner, *AG* 2003, 661 (670) : ils font valoir que l'obligation est de nature sociétaire et doit être qualifiée comme telle mais la violation de cette obligation serait de nature délictuelle. Sur le parallélisme nécessaire de la qualificaiton de l'obligation et de la qualification de la sanction de cette obligation: *Deutscher Rat für Internationales Privatrecht*, Vorschlag IntGesR 16.

519 § 92 InsO.

520 BGH 6 juin 1994, *BGHZ* 126, 180 (190) ; OLG Karlsruhe, 20 juin 2002, *ZIP* 2002, 2001 (2002) ; Haas, *DStR* 2003, 423 (431).

la société (voire du centre des intérêts principaux) résultera régulièrement de l'art. 5 § 3 dudit Règlement.[521]

2. Responsabilité personnelle à l'égard de la société pour transfert illicite de liquidités

562. Aperçu. En vertu du § 64 al. 2 GmbHG (voire le § 92 al. 3 et le § 93 al. 3 n° 6 AktG) devenant avec la MoMiG le § 64 GmbHG (voire le § 92 al. 2 et le § 93 al. 3 n° 6 AktG), les mêmes dirigeants engagent leur responsabilité à l'égard de la société pour les transferts de liquidité effectués soit entre les mains de tiers après la cessation des paiements soit entre les mains des associés dans la mesure où ces paiements ont contribué à la cessation des paiements de la société.[522] La dernière hypothèse rejoint celle de *l'Existenzvernichtungshaftung* étudiée préalablement à la différence près toutefois qu'ici, la responsabilité pèse sur les dirigeants, non sur les associés (uniques). Ce faisant, le législateur entend expressément laisser libre cours à l'évolution jurisprudentielle en matière d'*Existenzvernichtungshaftung*.[523]

L'action vise à compenser les pertes subies par la société du fait du transfert illicite des liquidités par le dirigeant en l'obligeant à rembourser les sommes allouées. Aussi, le titulaire de l'action est la société qui, en cas d'ouverture d'une procédure d'insolvabilité, est représentée par l'administrateur judiciaire. L'ouverture d'une procédure d'insolvabilité n'est cependant pas une condition préalable de l'action. Ainsi, l'action est possible même lorsqu'une procédure collective ne peut être ouverte faute d'actifs.[524]

563. Positionnement du problème. Même si l'action en responsabilité personnelle pour transfert illicite de liquidités semble présenter la plupart des caractéristiques jadis indiquées par la Cour de justice dans l'arrêt *Gourdain* au sujet de l'action en comblement du passif, il ne saurait suffire de se contenter du constat que cette action est fonctionnellement équivalente à l'action en comblement du passif.[525] Il a en effet été démontré qu'une analyse nouvelle de la qualification s'imposait[526] d'autant que l'on a toujours pu douter de la pertinence d'un certain nombre de caractéristiques retenues à

521 Pour une analyse détaillée de l'application du Règlement Brux. I, cf. *supra* n° 538 et s.
522 Cf. le nouveau libellé du § 64 phrase 3 GmbHG et du § 92 al. 2 phrase 3 AktG.
523 Cf. MoMiG-RegE, *précit.*, p. 106.
524 BGH 11 septembre 2000, *ZIP* 2000, 1896 ; FLECK, *GmbHR* 1974, 224 (230).
525 Toutefois, en ce sens : *MüKo-IntWR(IntGesR)*/KINDLER, n° 653.
526 Cf. *supra* n° 519 et s.

l'époque[527]. En conséquence, il convient de rechercher si cette action du droit allemand, pour être qualifiée de procédure annexe, satisfait aux critères de qualification autonome élaborés précédemment, à savoir si elle poursuit un objectif propre aux procédures d'insolvabilité et si elle présente des liens procéduraux avec la procédure d'insolvabilité.

564. La recherche d'un objectif propre au droit de l'insolvabilité. Un objectif propre aux procédures collectives est susceptible de résulter du fait que l'action semble participer à la réalisation du traitement égalitaire des créanciers. D'aucuns font en effet valoir qu'à l'image des actions en nullité de la période suspecte, l'objectif de l'action en responsabilité pour transfert illicite de liquidités serait de rétablir l'égalité des créanciers avant même l'ouverture de la procédure de redressement ou de liquidation.[528] Ce serait cependant oublier qu'à la différence de ces actions en nullité, la responsabilité pour transfert illicite de liquidités frappe les dirigeants et non les créanciers ayant bénéficié de l'acte frauduleux.[529] Cela a pour conséquence que le créancier destinataire des sommes litigieuses peut garder ce qu'il a reçu, le dirigeant fautif rembourse à la société le montant en question et les créanciers restants se trouvent même mieux placés qu'ils le seraient dans la situation où l'acte n'était jamais intervenu puisque le créancier désintéressé n'aura plus besoin d'être désintéressé à partir des *boni* de liquidation. De sorte qu'il est peut-être possible de considérer que l'action en responsabilité pour transfert illicite de liquidités complète les actions en nullités.[530] Mais il n'en résulte pas pour autant un objectif de traitement égalitaire des créanciers aboutissant à une qualification de l'action comme appartenant à la matière de l'insolvabilité. De plus, il est théoriquement envisageable qu'un même créancier reçoive d'abord les sommes litigieuses par le dirigeant, puis fasse saisir entre les mains de la société le droit de celle-ci d'actionner le dirigeant sur le fondement de la responsabilité pour transfert illicite.[531] En ce cas, il est encore plus évident que la responsabilité du dirigeant ne sert qu'à réaugmenter le capital de la société et non à traiter de manière égale les créanciers.

527 Cf. sur ces points les développements relatifs aux actions en responsabilité pour insuffisance d'actif, *supra* n° 527.

528 BAUMBACH/HUECK/SCHULZE-OSTERLOH, *GmbHG* § 64 n° 78 ; HAAS, *DStR* 2001, 363 ; GOETTE, *DStR* 2005, 197 (200) ; EIDENMÜLLER, *RabelsZ* 2006, 474 (498).

529 C'est ce que remarque à juste titre K. SCHMIDT, *KTS* 2001, 373 (387 et s.).

530 En ce sens : LUTTER/HOMMELHOFF, *GmbHG* § 64 n° 58.

531 BGH 11 septembre 2000, *ZIP* 2000, 1896 ; K. SCHMIDT, *GmbHR* 2000, 1225 (1227 et s.).

Partant, l'argument en faveur d'une qualification de procédure d'insolvabilité selon lequel le produit de l'action bénéficie indirectement à l'ensemble des créanciers, comme pour réparer un préjudice collectif de ceux-ci, est erroné. Il l'est à deux titres. Il est évidemment faux de dire que le produit bénéficie aux créanciers dès lors qu'aucune procédure d'insolvabilité n'est ouverte. Mais l'argument reste faux même en présence d'une procédure d'insolvabilité puisque le produit revient au patrimoine social, non aux créanciers ce qui est le résultat de n'importe quelle action en responsabilité engagée à l'encontre des dirigeants pour des agissements fautifs. Celles-ci sont cependant généralement soumises au droit des sociétés.[532] De sorte que le seul effet indirect de l'action sur le traitement des créanciers ne saurait suffire à la qualifier dans le sens du droit de l'insolvabilité.

565. Les liens procéduraux avec la procédure d'insolvabilité. Il se peut cependant que cette action, malgré l'absence d'objectif propre aux procédures d'insolvabilité, doive recevoir une qualification de droit de l'insolvabilité dès lors que son régime est modifié de manière importante du fait de l'ouverture de la procédure d'insolvabilité. En particulier, l'action ne peut être engagée que par l'administrateur judiciaire dès lors qu'une procédure est ouverte. Cela n'indique pourtant pas une appartenance suffisante à la procédure d'insolvabilité puisque, dans le cas contraire, toutes les actions engagées par ce dernier devrait être qualifiées de droit de l'insolvabilité ce qui n'est évidemment pas le cas.[533]

566. Une qualification sociétaire. Les caractéristiques ainsi énumérées indiquent plutôt, selon nous, une qualification sociétaire. L'action en responsabilité personnelle des dirigeants pour transfert illicite de liquidités constitue en effet une réglementation portant sur la sanction des devoirs sociétaires des dirigeants. Le devoir sociétaire en cause est celui de la protection de la substance même de toute vie sociale, à savoir le patrimoine social, et ainsi la protection des créanciers sociaux.[534] Le maintien du capital social est au cœur des préoccupations du droit des sociétés et l'*Insolvenz-*

532 Pour plus de détails, cf. les développements comparables au sujet de l'action en responsabilité pour insuffisance d'actif, *supra* n° 531 et s.

533 Cf. *supra* n° 528 et le rapport rendu par MM. VIRGOS et SCHMIT, *Erläuternder Bericht*, n° 196.

534 En ce sens : HÄSEMEYER, *Insolvenzrecht*, n° 30.68 et s. (30.74) ; SCHOLZ/K. SCHMIDT, *GmbHG*, § 64 n° 10 et 23.

verschleppungshaftung est l'un des moyens de protection. Qualifier autrement cette responsabilité risquerait de créer des distorsions.[535]

Une raison supplémentaire démontre le caractère indubitablement sociétaire de cette responsabilité. En effet, les différentes dispositions de la GmbHG et de l'AktG indiquent une possibilité d'exonération des dirigeants. Ceux-ci peuvent en effet s'exonérer de leur responsabilité en prouvant que les paiements effectués ont été *« conformes au soin et à la diligence d'un commerçant ordonné »*[536]. Or, la question du soin et de la diligence d'un commerçant ordonné relève clairement du droit des sociétés.[537] Il en va ainsi puisque, de manière générale, l'examen régulier par les dirigeants du bien-être financier de leur société ne s'inscrit pas dans un objectif relevant spécialement du droit de l'insolvabilité.

Enfin, il n'est pas nécessaire, pour engager l'action en responsabilité pour transfert illicite de liquidités, qu'une procédure collective soit ouverte. Cette indépendance procédurale en droit interne fait penser que les liens procéduraux entre cette action et la procédure collective ne sont pas « étroits ». Une qualification de procédure d'insolvabilité doit par conséquent être rejetée. Il en résulte que l'action est une procédure sociétaire et doit être soumise en tant que telle aux dispositions du Règlement Bruxelles I.[538]

567. Solution. L'*Existenzvernichtungshaftung* et l'*Insolvenzverschleppungshaftung* (dans ses deux volets) ne sont pas des procédures annexes au sens de la jurisprudence *Gourdain* et de l'art. 25 du Règlement insolvabilité. Elles doivent en effet être qualifiées d'actions de type sociétaire. Il en résulte l'application du Règlement Bruxelles I et ainsi une compétence alternative (art. 5 § 3) dans le sens indiqué précédemment[539] dont celle du tribunal ayant ouvert la procédure d'insolvabilité.

§ 4) Détermination des solutions et les conséquences pour la loi applicable

568. Conflit de juridictions. L'action en responsabilité pour insuffisance d'actif, l'*Existenzvernichtungshaftung* et l'*Insolvenzverschleppungshaftung* ne

535 BAIERLIPP, *Die Haftung der Muttergesellschaft eines multinationalen Konzerns*, p. 204 et s.

536 (notre traduction) cf. §§ 64 al. 2 GmbHG, 92 al. 3 AktG devenus avec la MoMiG les §§ 64 GmbHG, 92 al. 2 AktG : *« Sorgfalt eines ordentlichen Geschäftsmannes [...] »*.

537 EBENROTH/KIESER, *KTS* 1988, 19 (31).

538 Pour les détails sur la compétence en vertu du Règlement Bruxelles I, cf. *supra* n° 538 et s.

539 *Ibid.*

sont pas soumises aux dispositions du Règlement insolvabilité, comme on vient de le voir, mais à celles du Règlement Bruxelles I.[540]

569. Conflit de lois. Malgré l'indépendance de principe entre la qualification procédurale ainsi faite et la qualification matérielle de ces actions, les arguments en faveur d'une qualification procédurale sociétaire indiqués semblent également valoir pour ce qui est de la qualification matérielle. Parmi ces arguments, c'est notamment celui invoquant le fondement même de ces cas de responsabilité, à savoir la violation d'une obligation ou d'un devoir sociétaire, qui paraît fondamental. Car nous savons déjà que de tels devoirs et, corrélativement, leur sanction (les actions en responsabilité à l'encontre des dirigeants et associés) font partie de la *lex societatis*.[541]

Plus généralement, il faut se reporter à l'avis exprimé par le groupe de haut niveau d'experts en droit des sociétés WINTER. Il retient la nécessité d'une harmonisation de cette question par la biais d'une règle-cadre communautaire (matérielle) afin de renforcer la responsabilité des administrateurs dans toute l'UE. Si le rapport final ne se prononce pas clairement en faveur d'une qualification au détriment d'une autre au sujet des ces actions, le groupe de travail n'en constate pas moins que *« la responsabilité des administrateurs en cas d'insolvabilité a son effet le plus important avant la faillite »*[542].

La nécessité de qualifier ces actions de sociétaires dès lors que le droit communautaire s'applique, résulte également de l'impératif de la libre circulation des personnes des articles 43 et 48 CE. Sauf à vouloir ériger un obstacle non justifié à la libre circulation des personnes morales, l'État saisi ne peut en effet appliquer les dispositions de sa loi relative à la responsabilité des dirigeants pour le retard fautif de la déclaration de la cessation des paiements qu'aux seules sociétés dont la *lex societatis* est sa loi nationale.[543] Cela résulte de ce que le fonctionnement interne d'une société – et la responsabilité des dirigeants à l'égard de la société est une telle question de fonctionnement interne – relève des seules règles de la loi sous laquelle la société s'est constituée.[544] Autrement dit, il serait contraire à la libre circulation des personnes au sens de la jurisprudence *Inspire Art*, pour un tribunal

540 *MüKo-InsO*/REINHART, Art. 3 EuInsVO, n° 100.

541 Cf. *supra* n° 229 et s. et n° 435.

542 Cf. Rapport du groupe de haut niveau d'experts en droit des sociétés du 4 novembre 2002, à consulter sur *http://ec.europa.eu/internal_market/company/docs/modern/report_fr.pdf* (30 juin 2008), p. 80.

543 En ce sens : BERNER/KLÖHN, *ZIP* 2007, 106 (111 et s.).

544 Cf. *supra* n° 229 et s.

français, de retenir la responsabilité fondée sur l'action en responsabilité pour insuffisance d'actif à l'égard du dirigeant d'une société allemande et, pour un tribunal allemand, de retenir la responsabilité fondée sur l'*Insolvenzverschleppungshaftung* à l'égard du dirigeant d'une société française. En revanche, la nationalité du dirigeant n'étant pas préjugée par ces propos, ce qui vient d'être dit ne signifie évidemment pas qu'un tribunal français ne pourrait pas retenir la responsabilité de la société mère allemande en tant que dirigeant de sa filiale française sur le fondement de l'action en responsabilité pour insuffisance d'actif.

Précisons que du fait de l'exclusion de son champ d'application de la matière du droit des sociétés, le Règlement Rome II ne devrait pas pouvoir s'appliquer à ces actions.[545]

Tout porte par conséquent à croire que la qualification sociétaire l'emportera et que ces différents cas de responsabilité ne pourront donc être engagés que lorsque les conditions de la loi conformément à laquelle la société s'est constituée sont remplies.[546]

545 Règlement (CE) n° 864/2007 du Parlement européen et du Conseil du 11 juillet 2007 sur la loi applicable aux obligations non contractuelles («Rome II»), article 1 al. 2 d : *« Sont exclues du champ d'application du présent règlement* [...] *les obligations non contractuelles découlant du droit des sociétés, des associations et des personnes morales concernant des matières telles que la constitution, par enregistrement ou autrement, la capacité juridique, le fonctionnement interne et la dissolution des sociétés, des associations et des personnes morales, de la responsabilité personnelle des associés et des organes pour les dettes de la société, de l'association ou de la personne morale et de la responsabilité personnelle des auditeurs vis-à-vis de la société ou vis-à-vis de ses organes chargés du contrôle légal des documents comptables ».* Sur la question également : G. WAGNER, *IPRax* 2008, 1 (2).

546 Exprime, de manière hésitante, sa préférence pour une attribution au droit des faillites : Conseil allemand pour le DIP, *Rev. crit. DIP* 2006, 712 (729).

CONCLUSION DU TITRE 3

570. Le groupe et son traitement dans le système du Règlement insolvabilité. La place à accorder aux groupes de sociétés dans le cadre du Règlement 1346/2000 relatif aux procédures d'insolvabilité a fait l'objet d'appréciations divergentes, notamment de la part des tribunaux des États membres. En apparence, la Cour de justice des Communautés européennes, dans l'arrêt *Eurofood*, a clarifié le débat dans le sens d'une exclusion de principe des groupes. Ainsi, chaque débiteur devra être considéré individuellement. La présomption du critère de compétence internationale de l'art. 3 § 1 a également été renforcée par le biais d'une objectivisation s'inscrivant dans la théorie de *business-activity*. À y regarder de près, on remarque cependant que le danger d'interprétations divergentes impliquant une insécurité juridique n'est nullement banni. La jurisprudence récente des juridictions nationales le démontre. Dans cette situation, et compte tenu du fait que l'ouverture d'une procédure secondaire au lieu du siège de la filiale est manifestement de mauvaise méthode et que la compétence internationale ne peut faire l'objet d'aucun contrôle, la réserve de l'ordre public risque d'être sollicitée outre mesure.

En réalité, une analyse d'ensemble des mécanismes du Règlement face au défi du groupe de sociétés fait apparaître que des modifications *de lege ferenda* s'imposent. Ainsi, en matière de sociétés, un critère unique de compétence internationale, celui du siège statutaire, présenterait l'avantage de la prévisibilité parfaite des solutions (compétence et loi applicable) et endiguerait enfin les querelles insupportables relatives aux compétences en Europe. Ceci étant, dans un espace juridique européen, il serait tout de même souhaitable de pouvoir traiter globalement l'insolvabilité d'un groupe de sociétés si – *et seulement si* – ce traitement global promet d'être couronné de succès et d'optimiser la situation des débiteurs et de leurs créanciers. Pour ce faire, il faut tout d'abord souligner, comme le fait la Cour de justice, la nécessité d'une confiance mutuelle entre les acteurs des différentes procédures. Mais il faut sans doute aller au-delà de ce vœux pieux. *De lege ferenda*, face à un groupe de sociétés, les juges et les syndics de la procédure (principale) ouverte à l'égard de l'une des sociétés du groupe doivent être tenus de coopérer activement avec leurs confrères étrangers durant toutes les phases de la procédure et même au stade antérieur à celle-ci en vue de coordonner les ouvertures des procédures. La simple amélioration du rôle des acteurs ne saurait cependant pas encore suffire. Dès lors que le traitement global promet un résultat bénéfique, il faut, en outre, leur conseiller d'avoir recours à de nouveaux outils juridiques tels les protocoles permettant une meilleure coordination et ainsi un meilleur traitement des faillites de groupes de sociétés intra-communautaires.

571. Les procédures « annexes » ou « analogues ». Les mécanismes tendant à mettre en cause la responsabilité de la société mère ayant agi en tant que dirigeant ou associé d'une filiale laquelle se trouverait soumise à une procédure collective, ont parfois été qualifiés de « procédures annexes » au sens du Règlement insolvabilité. Cette catégorie de décisions, révélée par la jurisprudence *Gourdain* et inscrite à l'art. 25 § 1 al. 2 du Règlement insolvabilité, rencontre un certain nombre de difficultés.

La question de la compétence internationale a été résolue : elle se détermine par application du droit international commun du tribunal saisi (et non en vertu de l'art. 3 R. ins. appliqué directement ou par analogie ou encore en vertu du Règlement Brux. I). L'exécution desdites décisions, quant à elle, doit se faire en vertu des dispositions du Règlement Bruxelles I (non en vertu de celles de la Convention de Bruxelles).

La question, de loin la plus difficile en ce domaine, est celle de la détermination de ces « procédures annexes » dans les différentes législations nationales. Pour cela, une interprétation communautaire autonome du Règlement fut proposée. Elle permit de dégager un certain nombre de critères. C'est à la lumière de ces critères que les mécanismes français et allemands ont été examinés. Le résultat en est que les litiges relatifs à la responsabilité de la société mère en tant que dirigeant ou associé de sa filiale, même s'ils naissent typiquement à l'occasion d'une procédure d'insolvabilité ouverte à l'égard de cette dernière, ne doivent pas être soumis au Règlement insolvabilité, faute de rapport étroit et direct avec la procédure d'insolvabilité. En effet, les dispositions nationales sanctionnent toujours la violation d'obligations sociétaires par le dirigeant. La qualification procédurale sociétaire qui en résulte, évite de scinder en deux, dans le cadre du conflit de compétences, les mécanismes préventifs et réactifs de protection des créanciers. Une telle scission serait d'autant plus artificielle que la protection des créanciers est assurée, dans tous les ordres juridique, par le jeu combiné des dispositions relatives au maintien du capital social et celles relatives aux responsabilités des dirigeants et associés. Il en va ainsi puisque la menace de la condamnation au titre des actions en responsabilité produit, outre son effet réactif, un effet préventif de dissuasion pour les acteurs.[547] En outre, la compétence internationale pour les mêmes litiges ne variera pas selon l'ouverture ou non d'une procédure d'insolvabilité alors que le fondement de la responsabilité est le même dans tous les cas. Enfin, une qualification procédurale de droit de l'insolvabilité n'est pas même nécessaire pour fonder la compétence des tribunaux de l'État dans lequel la procédure d'insolvabilité a été ouverte : le Règlement Bruxelles I permet d'aboutir à des résultats satisfaisants à cet égard. Concernant la loi applicable à ces actions en responsabilité, il est assez probable qu'une future règle-cadre communautaire les soumette à la *lex societatis.*

L'extension de procédure de l'art. L 621-2, al. 2 C. com. constitue une hypothèse spéciale. Techniquement, elle intervient à titre d'effet procédural lorsque la lex fori concursus est la loi française. Méthodologiquement, elle constitue une sorte d'exception à la règle, une admission limitée de la substantive consolidation circonscrite aux hypothèses spécifiques que sont la confusion des patrimoines et la fictivité, nécessitant une motivation spéciale de la part du juge français.

547 Ebenroth/Kieser, *KTS* 1988, 19 (29 et s.) ; Ziemons, *ZIP* 2003, 1913 (1916) ; Zimmer, *NJW* 2003, 3585 (3588).

CONCLUSION DE LA DEUXIEME PARTIE

572. Les droits français et allemand apportent des solutions largement similaires aux différentes hypothèses de conflits de lois relatifs au groupe international de sociétés agissant dans la Communauté européenne.

573. Principaux résultats. La quasi-totalité des questions soulevées par l'existence d'un groupe de sociétés est résolue, en droit des conflits de lois français et allemand, par application de la ***lex societatis***. Les exceptions à ce principe sont très peu nombreuses et concernent des matières spécifiques telles que, notamment, les marchés de capitaux.[548] D'autres catégories de rattachement, telle la *lex contractus* et la *lex rei sitae,* n'interviennent qu'accessoirement pour régir des aspects secondaires de nature non sociétaire.

Le critère de rattachement de principe est le siège statutaire de la société filiale. Autrement dit, c'est la **loi de la filiale** qui reçoit une compétence de principe.

Le nécessaire respect dû aux intérêts de la société mère et de ses actionnaires n'en est pas pour autant bafoué. Il est assuré par le biais de l'application de la loi de cette société aux aspects qui la concernent (notamment les conditions, la procédure et les effets d'une scission internationale ; la composition active et passive du capital de ses sociétés en matière de participations réciproques) ainsi que par le biais de la technique de la substitution et de celle de la question préalable concernant la conclusion des contrats interentreprises. Ce sont en effet des questions qui relèvent naturellement du domaine de la *lex societatis* de la société mère.

574. Fondement du principe de la compétence de la *lex societatis* de la filiale. La compétence de principe de la *lex societatis* de la société dominée résulte de ce que, mises à part les quelques hypothèses susmentionnées, seul son domaine est concerné par les questions que soulève l'appartenance de la société dominée à un groupe international de sociétés.

548 Tel est le cas, comme nous l'avons vu, dès lors qu'une société cotée constitue la cible d'une offre publique.

Au stade de la **formation et de l'extension du groupe**, il est clair que dès lors que cela passe par la constitution d'une filiale à l'étranger (constitution de toutes pièces ou apport partiel d'actif/*Ausgliederung*, constitution d'une SE filiale commune ou d'une SE filiale de SE, prise de contrôle internationale d'une société étrangère) le fonctionnement, la composition et l'organisation internes de cette société (créée ou reprise) sont en cause, ce qui est de nature à justifier l'application de la loi régissant cette société. Les mécanismes de formation spécifiques issus du droit allemand sont également régis par la loi de la filiale (allemande) puisque les contrats interentreprises, autant ceux du § 291 AktG que ceux du § 292 AktG, et l'intégration du § 319 AktG comportent des effets modificateurs importants pour la structure et le fonctionnement de cette société. La qualification *a priori* différente des contrats du § 292 AktG en droit français ne conduira pas le juge français à une solution différente de celle obtenue par application de la *lex societatis*.

La **vie quotidienne** du groupe international est *a priori* marquée par une liberté de décision de la part de la société mère à l'égard de ses filiales étrangères. Il n'en reste pas moins que cette liberté fait l'objet d'une surveillance voire d'une limitation par la *lex societatis* de la filiale dans le sens où la société mère devra respecter les dispositions du droit des sociétés régissant la filiale. La raison en est que la société mère agit en tant que dirigeant (le cas échéant, de fait) ou associé de la filiale et participe ainsi à son fonctionnement. La question de la relation entre le dirigeant (ou l'associé) et la société ainsi que celle du fonctionnement de celle-ci relèvent, on le sait, du domaine de la *lex societatis*. C'est ainsi que c'est la *lex societatis* de la filiale qui détermine la manière dont la société dominante peut influencer la marche des affaires de la société filiale. Cette loi prévoit les comportements à adopter mais aussi les sanctions éventuelles. De sorte que c'est elle qui détermine aussi l'étendue de la responsabilité de la société mère (voire de ses dirigeants) pour les actes de domination intervenus. La responsabilité joue à l'égard de la société filiale, ses associés et ceux des créanciers de la filiale dont les intérêts sont mis en cause du fait du danger lié à la limitation de responsabilité de leur débiteur qui est accru par la dépendance de celui-ci (« ensemble des créanciers »). Autrement dit, pour diriger le groupe, la société mère devra se conformer à autant de lois qu'elle a des filiales soumises à une loi différente.

Les créanciers « individuels » qui doivent faire face à des soucis d'un genre différent sont protégés par l'application de la *lex contractus* ou *lex delicti*. Ces hypothèses ne constituent cependant pas une exception au principe de l'application de la *lex societatis* parce qu'elles rejoignent tout simplement le droit commun de la responsabilité. Plus généralement, nous avons eu l'occasion de préciser les conditions dans lesquelles la responsabilité à l'égard des tiers est de nature sociétaire de sorte que la *lex societatis* doit trouver application : tel est le cas lorsqu'est en cause la violation d'un devoir sociétaire. Un mécanisme employé en droit allemand, celui du rattachement accessoire, semble utile dans ce cadre et mérite de faire l'objet de réflexions.

Au stade de **l'insolvabilité**, la compétence de *lex societatis* est bien sûr en principe abandonnée au profit de la *lex fori concursus*. Dans le système du Règlement insolvabilité, une interprétation communautaire autonome des actions françaises et allemandes tendant à engager la responsabilité de la société mère en tant que dirigeant ou associé de sa filiale a cependant montré que celles-ci ne devaient justement pas être régies par le Règlement insolvabilité, faute de rapport étroit et direct avec la procédure d'insolvabilité. Comme elles sanctionnent la méconnaissance d'un devoir par nature sociétaire et en raison de l'influence de la liberté d'établissement, il semble en outre indiqué de les attribuer à la catégorie de rattachement sociétaire sur le plan du conflit de lois.

Plus généralement, il est des raisons sérieuses de penser qu'il serait souhaitable de faire en sorte *de lege ferenda* que ces deux lois – la *lex societatis* et la *lex concursus* – coïncident en pratique. Techniquement, cet objectif pourrait être obtenu par la compétence juridictionnelle unique du tribunal du lieu de siège statutaire de la société débitrice, comme cela a été démontré. Ce faisant, il serait possible de faire d'une pierre deux coups. En premier lieu, il serait mis un terme au concours néfaste entre les juridictions des États membres pour ouvrir des procédures à l'égard de l'ensemble des sociétés membres d'un groupe. En deuxième lieu, les soucis de délimitation entre la matière sociétaire et la matière d'insolvabilité sus-mentionnés deviendraient sans objet.

CONCLUSION GENERALE

575. Le couple franco-allemand, moteur historique et actuel de l'Union européenne, connaît un nombre important de relations juridiques de type *Konzern* qui se multiplient sans cesse. Par une vision comparatiste franco-allemande, nous avons voulu attirer l'attention sur les problèmes existants, notamment en droit international privé, et indiquer des solutions permettant un maniement plus facile de l'instrument économique que constitue le groupe (international) de sociétés.

En tant que membres fondateurs de la CEE et partenaires commerciaux les plus importants, la France et l'Allemagne constituent aussi un exemple significatif de deux États qui ont emprunté des voies différentes en matière de réglementation des groupes de sociétés. Ainsi, le groupe de sociétés fait l'objet d'une réglementation globale spécifique en Allemagne (*Recht der verbundenen Unternehmen*) alors que la notion recouvre avant tout une réalité économique en France où le régime juridique découle d'un nombre réduit de dispositions légales qui sont complétées au cas par cas par la jurisprudence. Différences d'approches, mais différences des solutions pratiques aussi. Alors que le droit allemand privilégie une intervention *a priori* et prévoit un régime automatique pour compenser les inconvénients ou réparer les dommages subis du fait de l'existence du groupe, le droit français a tendance à assurer la protection de ces intérêts par la voie du droit des procédures collectives, intervenant donc *a posteriori* et bien après les faits.

576. Ces différences d'approche et de structure du droit matériel ne se retrouvent pas en ce qui concerne la notion du groupe de sociétés en droit international privé. L'on aurait pu penser que du fait de l'approche globale allemande en droit matériel, une solution globale puisse éventuellement être trouvée en matière de conflit de lois. Or, une loi unique du groupe international de sociétés – une *lex concilii societatium* – n'est ni souhaitable en termes d'opportunité, ni réalisable techniquement en droit international privé à l'heure actuelle. En effet, le droit français et le droit allemand saisissent le groupe en tant qu'entité pluraliste dans ses différents éléments et non pas dans son ensemble. Autrement dit, chaque société du groupe est soumise à sa propre loi. Le système de rattachement des sociétés, sous l'impulsion du droit communautaire primaire et jurisprudentiel, est identique. Son critère est le seul siège statutaire de la société, qu'elle soit membre d'un groupe ou non. Plus généralement, la mobilité des sociétés dans l'espace européen a connu une valorisation importante récemment (*SEVIC Systems MoMiG, Cartesio*) ouvrant la voie d'une plus grande diversité des formes d'organisation d'un groupe.

577. Le rôle de la *lex societatis*. Étant donnée cette approche pluraliste du groupe en droit des conflits, la question la plus importante est celle du rattachement des diverses relations que fait naître le groupe (entre société mère, filiale, actionnaires minoritaires de l'une et de l'autre, créanciers). Une étude précise de l'étendue de la catégorie de rattachement « société » permet de penser que la *lex societatis* est apte à régir ces relations, sauf exceptions.

La pertinence de cette idée a pu être vérifiée au fil de l'étude, dans la deuxième partie, du conflit de lois aux stades de la formation (ont alors été étudiés les régimes de la constitution d'une filiale à l'étranger, de l'apport partiel d'actif/*Ausgliederung*, des mécanismes de la SE, des contrats interentreprises et de l'intégration du droit allemand, de la prise de contrôle internationale) et du fonctionnement (système allemand de compensation légale, interdiction de domination, abus de majorité, responsabilité des dirigeants, participations réciproques, *Haftungsdurchgriff*, confusion de patrimoines et fictivité, etc.) du groupe international. Aussi, les questions soulevées par le groupe international se résument en principe au couple société mère – filiale, plus précisément au fonctionnement, à la structure et à l'organisation de la filiale qui sont modifiés du fait de son appartenance à un groupe, ce qui comporte des effets à l'égard de ses créanciers également. Ces éléments sont identifiés comme étant essentiels à la personne morale et doivent, de ce fait, faire partie intégrante de la *lex societatis*, en l'occurrence de celle de la filiale. La délimitation plus précise de cette catégorie de rattachement permet également d'expliquer les titres de compétences de la loi de la société mère dont le domaine est exceptionnellement concerné par certains aspects du groupe international.

578. Le groupe et l'insolvabilité. Enfin, tout comme il n'existe pas – et n'est pas souhaitable – une loi unique applicable à l'ensemble des sociétés du groupe (*lex consilii societatium*), une *lex concursus* du groupe fait défaut. Cela tient d'abord à la condition technique selon laquelle, dans le système établi par le Règlement insolvabilité, chaque tribunal applique son propre droit (*lex fori concursus*) de sorte que la loi applicable à l'insolvabilité est directement tributaire des compétences juridictionnelles internationales en matière d'insolvabilité. Comme nous l'avons démontré, une concentration des compétences au sein d'un tribunal ou entre les mains d'un syndic (unique ou directeur) n'est cependant envisageable que par le biais d'une lecture extensive de ses dispositions qui est incompatible tant avec la lettre qu'avec l'esprit de ce texte. La relativisation de cette approche par les auteurs et les tribunaux consistant en l'admission de procédures secondaires au lieu des filiales l'est cependant tout autant. Pis encore, un tel procédé aboutit à une *substantive consolidation* laquelle heurte de front les fondements de nos ordres économiques. Après l'obstacle procédural relatif au parallélisme des compétences législative et juridictionnelle, c'est là l'obstacle substantiel à une *lex concursus consilii societatium.*

Au lieu de concentrer la compétence juridictionnelle ou retenir une *lex concursus* pour le groupe en son entier, il semble au contraire recommandé pour plusieurs raisons de revenir au principe selon lequel un tribunal est compétent pour un (seul) débiteur, fût-il membre d'un groupe ou non. Un effet secondaire bénéfique en serait que chaque société se verra alors appliquer sa propre *lex concursus* de sorte que les problèmes relatifs à la délimitation entre la *lex societatis* et la *lex concursus* cesseraient d'exister. Il appartiendra ensuite aux acteurs (juges et syndics) de ces procédures – lesquelles seront alors des procédures principales dans le système du Règlement – de coopérer le plus étroitement possible avec les moyens que leur donnent leurs procédures nationales respectives ainsi que par la technique des protocoles suggérée.

À y réfléchir, cette solution est bien plus satisfaisante que l'on pourrait le croire au premier abord. En effet, il ne peut appartenir au seul droit des faillites, *a fortiori* au Règlement insolvabilité, de prendre en considération autrement qu'il ne le fait le groupe de sociétés qui est, certes, une unité économique mais qui est expressément voulue par ses dirigeants comme étant composée d'une pluralité d'entités juridiques distinctes afin de minimiser les risques entrepreneuriaux. En conséquence, il n'y a aucune raison de faire cesser juridiquement le modèle choisi de la « pluralité juridique dans l'unité économique » au moment où le groupe doit faire face à l'insolvabilité.[549] Il convient au contraire de rendre la responsabilité de la tempête à ceux qui ont semé le vent. En réalité, les dirigeants du groupe ont la possibilité de prévenir les hypothèses d'insolvabilité en développant des concepts communs de restructuration pour l'ensemble des sociétés du groupe dès

549 Dans le même sens : S. LIEDER, *Grenzüberschreitende Unternehmenssanierung im Lichte der EuInsVO*, p. 243.

lors que les premières difficultés se font sentir. Si la situation se dégrade davantage, ils pourront alors soumettre ces concepts aux tribunaux et aux syndics appelés à intervenir dans le cadre de procédures préventives telles que la conciliation ou la sauvegarde du droit français. Les concepts élaborés par les dirigeants peuvent alors constituer la base d'une coopération internationale des acteurs.

Ces résultats sont riches d'enseignements pour la **méthodologie du conflit de lois** relatif au groupe de sociétés.

579. Un conflit de lois classique. En premier lieu, l'étude du groupe international de sociétés en droit français et allemand a démontré que les outils classiques du droit international privé sont en mesure de répondre aux besoins de ce phénomène économique. Il n'est donc nullement nécessaire de mettre en œuvre des méthodes nouvelles telles que l'approche fonctionnelle venue des États-Unis ou encore d'avoir systématiquement recours à des règles impératives telles que les lois de police et l'ordre public afin d'assurer, d'une part la protection des groupes à risque et, d'autre part une administrabilité cohérente du groupe par la société mère.

580. Indifférence quant au type de réglementation matérielle du « droit des groupes ». En deuxième lieu, il est apparu que le type de réglementation matérielle nationale est indifférent pour le résultat de la solution du conflit de lois. La concordance des solutions internationalistes en droit français et allemand signifie en effet que l'ensemble des règles du droit français et du droit allemand des sociétés relatives aux groupes peuvent être qualifiées de *lex societatis*. En ce qui concerne le droit français, ce résultat ne saurait surprendre. Concernant le droit allemand, au contraire, le constat n'est pas sans importance puisqu'il signifie que les règles du *Konzernrecht* ne nécessitent point un rattachement spécifique mais s'appliquent en tant que *lex societatis* dès lors qu'une société allemande fait partie d'un groupe international de sociétés comme société dominée. Autrement dit, il n'y a pas dualité de rattachement face à deux sociétés dont l'une serait indépendante et l'autre membre d'un groupe quand bien même le droit des groupes constituerait une réglementation spéciale en droit interne.

581. Identité des problèmes (société indépendante, société affiliée). En troisième lieu et surtout, il faut noter que la notion de *lex societatis* et le domaine de cette catégorie de rattachement constituent des sujets récurrents dans cette étude. Il est temps maintenant de conclure qu'en réalité, le problème du conflit de lois en matière de groupe international de sociétés est identique à celui de la détermination exacte du champ d'application de la loi applicable à une société individuelle. Au contraire, une délimitation plus attentive et exacte de la catégorie de rattachement « société » permet aux règles de conflits existantes de rendre compte du phénomène des groupes. Une conséquence en est qu'il n'est pas nécessaire de formuler une règle de conflit de lois spécifique pour la matière des groupes de sociétés.[550] C'est le respect du domaine de la *lex societatis* qui permet en effet d'expliquer pourquoi c'est en principe la loi de la filiale qui est compétente et pourquoi, parfois, c'est aussi la loi de la société mère qui s'applique à certains aspects de la relation interentreprises (exemples : scission internationale, consentement de la société mère à la conclusion d'un contrat interentreprises). En réalité, c'est lorsque les éléments essentiels d'une société sont concernés (fonctionnement, organisation, statut des organes, responsabilité, capital social) que la loi de cette société est appelée à régir la question posée.

550 *Contra :* Chr. VASTHOFF, *Kollisionsrechtliche Qualifikation von Personengesellschaftskonzernen*, p. 221 qui propose une *« une règle de conflit de lois spécifique pour les groupes »*. Celle-ci n'aboutit cependant guère à des résultats distincts des nôtres *in fine* puisqu'elle distingue entre le fonctionnement « interne » des sociétés (question régie par la loi de la société en cause) et les « droits et obligations entre les entreprises » (question soumise, pour la domination et ses conséquences, à la loi de la filiale et, pour le respect de principes fondamentaux communs aux deux lois (exemple donné : interdiction de participations réciproques), aux deux lois cumulativement).

TABLE DES MATIÈRES

PARTIE I

L'APPREHENSION DE LA NOTION DE GROUPE DE SOCIETES EN DROIT MATERIEL ET EN DROIT INTERNATIONAL PRIVE

PARTIE II

L'ELABORATION D'UN REGIME DU GROUPE INTERNATIONAL DE SOCIETES

BIBLIOGRAPHIE

1) Ouvrages généraux

ANCEL, Bertrand LEQUETTE, Yves	*Les grands arrêts de la jurisprudence française de droit international privé,* 4e éd., Paris, Dalloz, 2001 (cité : ANCEL/LEQUETTE, *Grands arrêts DIP*).
AUDIT, Bernard	*Droit international privé,* Paris, Economica, 2006, 910 p. *La fraude à la loi,* Paris, Dalloz, 1974.
BATIFFOL, Henri LAGARDE, Paul	*Traité de droit international privé,* 8e éd., Paris, L.G.D.J., 1993, 656 p. (cité : BATIFFOL/LAGARDE).
BEGUIN, Jacques MENJUCQ, Michel (dir.)	*Droit du commerce international,* Paris, Litec, 2005, 1119 p. (cité : BEGUIN/MENJUCQ, *Droit du commerce international*).
BUREAU, Dominique MUIR WATT, Horatia	*Droit international privé,* Paris, PUF, 2007, Tome 1 - Partie générale, 645 p./ Tome 2 - Partie spéciale, 523 p. (cité : BUREAU/MUIR WATT).
CLARKSON, C M V HILL, Jonathan	*Jaffey on the Conflict of Laws,* 2e éd., Butterworths LexisNexis, 2002, 613 p. (cité : CLARKSON/HILL).
CONSTANTINESCO, Léontin-Jean	*Rechtsvergleichung, Band I, Einführung in die Rechtsvergleichung,* Köln, Berlin, Bonn, München, Carl Heymanns, 1971, 298 p. (cité : CONSTANTINESCO, *Rechtsvergleichung I*). *Rechtsvergleichung, Band II, Die rechtsvergleichende Methode,* Köln, Berlin, Bonn, München, Carl Heymanns, 1972, 472 p. (cité : CONSTANTINESCO, *Rechtsvergleichung II*).
COLLIER, J. G.	*Conflict of Laws,* 3e éd., Cambridge University Press, 2001, 403 p.
COZIAN, Maurice VIANDIER, Alain DEBOISSY, Florence	*Droit des sociétés,* 17e éd., Paris, Litec, 2004, 656 p.

DANNEMANN, Gerhard — *Die ungewollte Diskriminierung in der internationalen Rechtsanwendung : zur Anwendung, Berücksichtigung und Anpassung von Normen aus unterschiedlichen Rechtsordnungen,* Tübingen, Mohr Siebeck, 2004, 528 p.

DAVID, René
JAUFFRET-SPINOSI, Camille — *Les grands systèmes de droit contemporains,* Paris, Précis Dalloz, 11e éd., 2002, 600 p.

DE GEEST, Gerrit
VAN DEN BERG, Roger (dir.) — *Comparative Law and Economics,* vol. I, 2004.

FLETCHER, Ian F. — *Insolvency in Private International Law (National and International Approaches),* 2e éd., Oxford University Press, 2005, 716 p.

FLUME — *Allgemeiner Teil des Bürgerlichen Rechts, Band I 2 : Die juristische Person*, 1983.

GAUDEMET-TALLON, Hélène — *Compétence et exécution des jugements en Europe*, 3e éd., Paris, L.G.D.J., 2002.

GAVALDA, Christian
PARLEANI, Gilbert — *Droit des affaires de l'Union européenne*, 4e éd., Paris, Litec, 2002 (cité : GAVALDA/PARLEANI).

GEIMER, Reinhold
SCHÜTZE, Rolf A. — *Europäisches Zivilverfahrensrecht,* Kommentar, 2e éd., München, 2004.

GEIMER, Reinhold — *Internationales Zivilprozessrecht,* 5e éd., Köln, 2005.

GOLDMAN, Berthold
LYON-CAEN, Antoine
VOGEL, Louis — *Droit commercial européen,* 5e éd., Précis Dalloz, 1994, 835 p.

GUINCHARD, Serge
MONTAGNIER, Gabriel (dir.) — *Lexique des termes juridiques*, 12e éd., Paris, 1999.

HUECK, Götz
WINDBICHLER, Christine — *Gesellschaftsrecht,* 20e éd., München, Beck, 2003, 570 p.

JESTAZ, Philippe
JAMIN, Christophe — *La doctrine,* Paris, Dalloz, coll. Méthodes du droit, 2004, 314 p.

JOHN, Uwe — *Die organisierte Rechtsperson – System und Probleme der Personifikation im Zivilrecht*, 1977.

KEGEL, Gerhard
SCHURIG, Klaus — *Internationales Privatrecht*, 9e éd., München, Beck, 2004, 1189 p. (cité : KEGEL/SCHURIG, *IPR*).

KIENINGER, Eva-Maria — *Wettbewerb der Privatrechtsordnungen im Europäischen Binnenmarkt*, Max-Planck-Institut, Tübingen, 2002.

KIRAT, Thierry — *Economie du droit*, Paris, La Découverte, 1999, 123 p.

KÖBLER, Gerhard — *Rechtsfranzösisch*, 4e éd., München, Vahlen, 2004.

KROPHOLLER, Jan — *Internationales Privatrecht*, 5e éd., Tübingen, Mohr Siebeck, 2004, 719 p.

LEGRAND, Pierre — *Fragments on Law-as-Culture*, Deventer, 1999, 163 p.

LEGRAND, Pierre
MUNDAY, Roderick J. C. — *Comparative Legal Studies : Traditions and Transitions*, Cambridge University Press, 2003, 520 p.

LE PETIT ROBERT — *Le nouveau PETIT ROBERT- Dictionnaire de la langue française*, Paris, Dictionnaires Le Robert, 2003.

LOUSSOUARN, Yvon
BOUREL, Pierre
DE VAREILLES-SOMMIERES, Pascal — *Droit international privé*, 8e éd., Paris, Précis Dalloz, 2004.

LOUSSOUARN, Yvon
BREDIN, Jean-Denis — *Droit du commerce international*, Paris, Sirey, 1969, 1036 p.

MAYER, Pierre
HEUZE, Vincent — *Droit international privé*, Paris, Montchrestien, coll. Domat droit privé, 8e éd., 2004, 780 p. (cité : MAYER/HEUZE).

MATTEI, Ugo — *Comparative Law and Economics,* 1997.

MCBRYDE, W. W.
FLESSNER, A.
KORTMANN, S.C.J.J. (dir.) — *Principles of European Insolvency Law*, Kluwer, 2003, 674 p.

MELIN, François — *La faillite internationale*, Paris, L.G.D.J., coll. Systèmes droit, 2004, 237 p.

MOUSSERON, Jean-Marc
RAYNARD, Jacques
FABRE, Régis
PIERRE, Jean-Luc — *Droit du commerce international*, 3e éd., Paris, Litec, 2003, 576 p.

NORTH, P. M.
FAWCETT, J. J. — *Cheshire and North's Private International Law*, 13e éd., London, Dublin, Edinburgh, Butterworths, 1999, 1069 p. (cité : CHESHIRE/NORTH/FAWCETT).

PEROCHON, Françoise
BONHOMME, Regine — *Entreprises en difficulté - Instruments de crédit et de paiement*, 7e éd., Paris, L.G.D.J., 2006, 1035 p. (cité : PEROCHON/BONHOMME).

RAISER, Thomas
VEIL, Rüdiger — *Recht der Kapitalgesellschaften*, 4e éd., 2006.

REIMANN, Mathias
ZIMMERMANN, Reinhard (dir.) — *The Oxford Handbook of Comparative Law*, Oxford University Press, 2006, 1430 p. (cité: *Oxford Handbook of Comparative Law*).

RIPERT, Georges
ROBLOT, René
GERMAIN, Michel (dir.) — *Traité de droit commercial, t. 1, vol. 2, Les sociétés commerciales*, 18e éd., Paris, L.G.D.J., 2002, 760 p.

SACCO, Rodolfo — *La comparaison juridique au service de la connaissance du droit*, Paris, Economica, 1991, 175 p.

SCHMIDT, Karsten — *Gesellschaftsrecht*, 4e éd., 2002. (cité: K. SCHMIDT, *GesR*).
Wege zum Insolvenzrecht der Unternehmen, Köln 1990.

WIEDEMANN, Herbert — *Gesellschaftsrecht, Band 1, Grundlagen*, München, Beck, 1980, 904 p. (cité : WIEDEMANN, *GesR I*).
Gesellschaftsrecht, Band 2, Recht der Personengesellschaften, München, Beck, 2004, 978 p. (cité : WIEDEMANN, *GesR II*).

ZWEIGERT, Konrad
KÖTZ, Hein — *Einführung in die Rechtsvergleichung*, 3e éd. entièrement renouvelée, Tübingen, Mohr Siebeck, 1996.

2) Ouvrages spécialisés, *Kommentare*, thèses et monographies

BACHE, Wolfgang — *Der internationale Unternehmensvertrag nach deutschem Kollisionsrecht*, Bad Homburg, Berlin, Zürich, 1969.

BAIERLIPP, Matthias — *Die Haftung der Muttergesellschaft eines multinationalen Konzerns für die Verbindlichkeiten ihrer ausländischen Tochtergesellschaft - Eine vergleichende Untersuchung nach deutschem und französischem Recht,* Diss. Bayreuth 2002, Hamburg, Verlag Dr. Kovač, 2002, 464 p. (cité : BAIERLIPP, *Die Haftung der Muttergesellschaft eines multinationalen Konzerns*).

BASEDOW, Jürgen
KONO, Toshiyuki (dir.) — *An Economic Analysis of Private International Law,* Tübingen, Mohr Siebeck, 2006.

BAUMBACH, Adolf
HUECK, Alfred — *GmbHG,* 18e éd., Beck, München, 2006, 2383 p. (cité : BAUMBACH/HUECK/AUTEUR, *GmbHG*).

BAYER, Walter — *Der grenzüberschreitende Beherrschungsvertrag,* Diss. Mannheim, Heidelberg, C.F. Müller, 1988, 165 p.

BEHRENS, Peter — *Die GmbH im europäischen und internationalen Recht,* 2e éd., 1997.

BEJOT, Michel — *La protection des actionnaires externes dans les groupes de sociétés en France et en Allemagne*, Bruxelles, Bruylant, 1976, 244 p.

BEZARD, P.
DABIN, L.
ECHARD, J.-F.
JADAUD, B.
SAYAG, A. — *Les groupes de sociétés - Une politique législative,* Etudes du Centre de Recherche sur le Droit des Affaires de la Chambre de commerce et d'industrie de Paris (C.R.E.D.A.), Paris, Librairies techniques, 1975, 372 p. (cité : *Etude C.R.E.D.A*).

BLUMBERG, Philip I. — *The Law of Corporate Groups : Problems in the Bankruptcy or Reorganizsation of Parent and Subsidiary Corporations, including the Law of Corporate Guaranties,* Boston 1985, 860 p. (supp. 1989 and 1990) (cité : Ph. I. BLUMBERG, *The Law of Corporate Groups*).

BRAUER, Joachim — *Kollisionsrechtliche Probleme der Konzerne und Unternehmensvertrage*, Diss. Göttingen, 1969, 196 p.

BRUHNS, Eva — *Das Verfahrensrecht der internationalen Konzernhaftung - Durchsetzung von Konzernhaftungsansprüchen bei grenzüberschreitenden Unternehmensverbindungen im Rahmen der EuGVVO unter besonderer Berücksichtigung des deutschen und französischen Konzernhaftungsrechts,* Diss. Bonn 2005, Berlin, Duncker & Humblot, 2006, 422 p.

BOUCOBZA, Xavier — *L'acquisition internationale de société*, Paris, L.G.D.J., 1998, Bibliothèque de droit privé, t. 301, th. Paris II, 569 p.

CAEMMERER, Ernst (VON) (dir.) — *Vorschläge und Gutachten zur Reform des deutschen internationalen Privatrechts der außervertraglichen Schuldverhältnisse*, Tübingen 1983 (cité : VON CAEMMERER, *Vorschläge und Gutachten*).

CHARVERIAT, Anne
COURET, Alain
MERCARDAL, Barthélémy — *Mémento Pratique Francis Lefebvre, Groupes de sociétés*, 2005-2006, éd. Francis Lefebvre, 2004 (cité : *Mémento F. Lefebvre, Groupes de sociétés*).

COHEN, Daniel — *Arbitrage et société*, Paris, L.G.D.J., 1993.

DEININGER, Reinhard — *Grenzüberschreitende Verlegung des Hauptverwaltungssitzes und der Geschäftsleitung von Kapitalgesellschaften*, Dissertation Universität Augsburg, 2001.

DUURSMA-KEPPLINGER, Henriette Christine; DUURSMA, Dieter; CHALUPSKY, Ernst — *Europäische Insolvenzverordnung, Kommentar,* Springer, Wien New York, 2002 (cité : DKDC/AUTEUR, *EuInsVO*).

EBENROTH, Carsten Thomas — *Die verdeckten Vermögenszuwendungen in transnationalen Unternehmen,* Diss. Bielefeld 1979 (cité : EBENROTH, *Vermögenszuwendungen*).

Konzernkollisionsrecht im Wandel außenwirtschaftlicher Ziele, Universitätsverlag, Konstanz, 1978, 40 p. (cité : EBENROTH, *Konzernkollisionsrecht*).

EBENROTH, Carsten Thomas; BOUJONG, Karlheinz; JOOST, Detlef (dir.) — *Kommentar zum Handelsgesetzbuch,* t. 1, §§ 1-342a, 2001 (cité : EBENROTH/BOUJONG/JOOST/AUTEUR, *HGB*).

EIDENMÜLLER, Horst (dir.) — *Ausländische Kapitalgesellschaften im deutschen Recht,* München, Beck Verlag, 2004, 394 p. (cité : EIDENMÜLLER/AUTEUR, *Ausländische Kapitalgesellschaften*).

EHRICKE, Ulrich — *Das abhängige Konzernunternehmen in der Insolvenz: Wege zur Vergrößerung der Haftungsmasse abhängiger Konzernunternehmen im Konkurs und Verfahrensfragen; eine rechtsvergleichende Analyse,* Tübingen, Mohr Siebeck, 1998, 655 p.

EMMERICH, Volker; HABERSACK, Mathias — *Konzernrecht,* München, Beck, 2005 (cité : EMMERICH/HABERSACK).

Aktien- und GmbH-Konzernrecht, 4e éd., C.H. Beck, München, 2005 (cité : EMMERICH/HABERSACK, *commentaire*).

FOUCHARD, Philippe; GAILLARD, Emmanuel; GOLDMAN, Berthold — *Traité de l'arbitrage commercial international,* Paris, Litec, 1996.

GERMAIN, Michel
PARIENTE, Maggy — *Encyclopédie juridique Dalloz, Répertoire des sociétés*, V° Groupe de sociétés (cité : *Encycl. jur. Dalloz, Rép. soc., Groupe de sociétés*).

GIBIRILA, Deen — *JurisClasseur Commercial, Fasc. 1574 - Groupes de sociétés,* 15 novembre 2005.

GRASMANN, Günther — *System des internationalen Gesellschaftsrechts: Außen- und Innenstatut der Gesellschaften im internationalen Privatrecht,* Herne, Berlin, Verlag Neue Wirtschafts-Breife, 1970, 668 p.

GROßFELD, Bernhard — *Internationales Unternehmensrecht*, 1986.

GROTHE, Helmut — *Die « ausländische Kapitalgesellschaft & Co. » : Zulässigkeit grenzüberschreitender Grundtypvermischungen und Anknüpfung des Gesellschaftsstatuts unter besonderer Berücksichtigung des europäischen Gemeinschaftsrechts,* Diss. Osnabrück 1988/89,Köln, Heymanns, 1989.

HABERSACK, Mathias — *Europäisches Gesellschaftsrecht,* 3e éd., Beck, München, 2006.

HACHENBURG, Max — *GmbHG*, 1990 (cité : HACHENBURG/AUTEUR, *GmbHG*).

HALBHUBER, Harald — *Limited Compagny statt GmbH? Europarechtlicher Rahmen und deutscher Widerstand (Ein Beitrag zur Auslegung von Art. 48 EG und zum europäischen Gesellschaftsrecht)*, Nomos, 2001.

HALEN, Curt Christian (VON) — *Das Gesellschaftsstatut nach der Centros-Entscheidung des EuGH*, Verlag Recht und Wirtschaft, 2001.

HANNOUN, Charley — *Le droit et le groupe de sociétés*, Paris, L.G.D.J., 1991, 321 p.

HÄSEMEYER, Ludwig — *Insolvenzrecht*, 3e éd., Heymanns, Köln Berlin Bonn München, 2003, 947 p. (cité : HÄSEMEYER, *Insolvenzrecht*).

HIRTE, Heribert (dir.)
BÜCKER, Thomas — *Grenzüberschreitende Gesellschaften : Praxishandbuch für ausländische Kapitalgesellschaften mit Sitz im Inland,* Köln, Heymanns, 2005, 576 p. (cité : HIRTE/BÜCKER/AUTEUR).

HOFSTETTER, Karl A. — *Sachgerechte Haftungsregeln für multinationale Konzerne: zur zivilrechtlichen Verantwortlichkeit von Muttergesellschaften im Kontext internationaler Märkte,* Tübingen, Mohr Siebeck, 1995, 309 p.

HOMMELHOFF, Peter
HOPT, Klaus J.
LUTTER, Marcus — *Konzernrecht und Kapitalmarktrecht*, 2001.

HOPT, Klaus J.
JESSEL-HOLST, Christa
PISTOR, Christa — *Unternehmensgruppen in mittel- und osteuropäischen Ländern,* Tübingen, Mohr Siebeck 2003, 315 p.

HÜFFER, Uwe — *Aktiengesetz*, 8e éd., München, Beck, 2008 (cité : HÜFFER)

ISRAËL, Jona — *European Cross-Border Insolvency Regulation, a study of regulation 1346/2000 on insolvency ; proceedings in the light of a paradigm of co-operation and a Comitas Europaea,* Antwerpen, Intersentia 2005, 383 p.

JAULT-SESEKE, Fabienne
ROBINE, David (dir.) — *L'effet international de la faillite : une réalité ?*, Paris, Dalloz 2004, 185 p.

JOBARD-BACHELLIER, Marie-Noëlle — *La transparence en droit international privé*, Paris, Pichon 1984, 425 p.

KALLMEYER, Harald — *Umwandlungsgesetz*, *Kommentar*, 3e éd., Dr. Otto Schmidt, Köln, 2006 (cité : KALLMEYER, *UmwG*).

KEGEL, Gerhard — *Vorschläge und Gutachten zum Entwurf eines EG-Konkursübereinkommens*, Tübingen, 1988 (cité : KEGEL/AUTEUR, *Vorschläge und Entwürfe*).

KINDLER, Peter — *Der Wegzug von Gesellschaften in Europa*, Institure for Law and Finance, Working Paper Series n° 55, 11/2006, *http://publikationen.ub.uni-frankfurt.de/volltexte/2007/3794/*, 25 p. (cité : KINDLER, *Wegzug*).

KLOCKE, Detlef — *Deutsches Konzernkollisionsrecht und seine Substitutionsprobleme,* Diss. Bielefeld 1973, Nomos, 1974, 229 p.

KROPFF, Bruno — *Aktiengesetz*, Düsseldorf, 1965, 672 p.

KOPPENSTEINER, Hans-Georg — *Internationale Unternehmen im deutschen Gesellschaftsrecht,* Diss., Frankfurt am Main, 1971, 366 p. (cité : KOPPENSTEINER, *Internationale Unternehmen*).

Kölner Kommentar zum Aktiengesetz, Band 6, §§ 15-22, §§ 291-328, 3e éd., 2004 (cité : *KöKo-AktG*/AUTEUR).

KUCKERTZ, Wera — *Der Haftungsdurchgriff auf ausländische Unternehmen und Geschäftsleiter nach französischem Recht,* Heidelberg, Verlag Recht und Wirtschaft, 2002 (Diss. Münster 2001), 219 p.

LAZARUS, Claude
LEBEN, Charles
LYON-CAEN, Antoine
VERDIER, Bernard — *L'entreprise multinationale face au droit*, Paris, 1977.

LIEDER, Solveig — *Grenzüberschreitende Unternehmenssanierung im Lichte der EuInsVO (Unter Berücksichtigung der Entwicklungen im deutschen, österreichischen, englischen und spanischen Insolvenzrecht)*, Diss. Kiel 2006, Berlin, De Gruyter, 2007, 246 p.

LEVY, Laurent — *La nationalité des sociétés*, Paris, L.G.D.J., 1984.

LORENZ, Verana — *Annexverfahren bei internationalen Insolvenzverfahren,* Diss. Innsbruck 2004, Tübingen, Mohr Siebeck, 2005, 432 p.

LOUSSOUARN, Yvon
TROCHU, Michel — *JurisClasseur Société Traité, Fasc. 194-20 - Conflits de lois en matière de sociétés*, 1997.

LUBY, Monique
MENJUCQ, Michel — *JurisClasseur Europe Traité, Fasc. 862 - Offres publiques d'acquisition (OPA) - Directive n° 2004/25 du 21 avril 2004*, 2005.

LUCHTERHANDT, Hans-Friedrich — *Deutsches Konzernrecht bei grenzüberschreitenden Konzernverbindungen*, Stuttgart, 1971, 235 p.

LUTTER, Marcus — *Empfehlen sich für die Zusammenfassung europäischer Unternehmen neben oder statt der europäischen Handelsgesellschaft und der internationalen Fusion andere Möglichkeiten der Gestaltung auf dem Gebiete des Gesellschaftsrechts,* Verhandlungen des 48. Deutschen Juristentages, Mainz 1970, Band I, Teil H, München, Beck, 1970.

idem (dir.) — *Konzernrecht im Ausland*, Zeitschrift für Unternehmens- und Gesellschaftsrecht: Sonderheft 11, Berlin, New York, DeGruyter, 1994, 378 p.

idem (dir.) — *Europäische Auslandsgesellschaften in Deutschland,* Köln, 2005, 447 p.

LUTTER, Marcus
HOMMELHOFF, Peter — *GmbHG,* 16e éd., Köln, Dr. Otto Schmidt, 2004, 1489 p. (cité : LUTTER/HOMMELHOFF, *GmbHG*).

LUTTER, Marcus
WINTER, Martin — *Umwandlungsgesetz*, 3e éd., Köln, Dr. Otto Schmidt, 2004 (cité : LUTTER/AUTEUR, *UmwG*).

MAGE, Clarisse — *Les groupes de sociétés en droit international privé*, thèse Nice, 1996.

MENJUCQ, Michel — *Droit international et européen des sociétés*, Paris, éd. Montchrestien, coll. Précis Domat droit privé, 2001, 445 p. (cité : MENJUCQ, *Droit international et européen des sociétés*).

La mobilité des sociétés dans l'espace européen, Paris, L.G.D.J., Bibliothèque de droit privé, tome 285, 1997, 478 p. (cité : MENJUCQ, *La mobilité des sociétés*).

MERKT, Hanno — *Internationaler Unternehmenskauf*, 2e éd., Köln 2003, 365 p.

MESTMÄCKER, Ernst-Joachim, BEHRENS, Peter (dir.) — *Das Gesellschaftsrecht der Konzerne im internationalen Vergleich*, 1991.

Münchener Kommentar — *Kommentar zum Bürgerlichen Gesetzbuch, t. 1, Allgemeiner* Teil *(1. Halbband §§ 1-240, ProstG)*, München, Beck, 2006 (cité : *MüKo-BGB (AT)*/AUTEUR).

Kommentar zum Bürgerlichen Gesetzbuch, Internationales Privatrecht, t. 10, Einführungsgesetz zum Bürgerlichen Gesetzbuche (Art. 1-46), 3e éd., München, Beck, 1998 (cité : *MüKo-IPR (1998)*/AUTEUR).

Kommentar zum Bürgerlichen Gesetzbuch, t. 10, Internationales Privatrecht, Einführungsgesetz zum Bürgerlichen Gesetzbuche (Art. 1-46), 4e éd., München, Beck, 2006 (cité : *MüKo-IPR (2006)*/AUTEUR).

Kommentar zum Bürgerlichen Gesetzbuch, t. 11, Internationales Handels- und Gesellschaftsrecht (Artt. 50- 237 EGBGB), 3e éd., München, Beck, 1999 (cité : *MüKo-IntGes*R/AUTEUR).

Kommentar zum Bürgerlichen Gesetzbuch, t. 11, Internationales Wirtschaftsrecht (Artt. 50- 245 EGBGB), 4e éd., München, Beck, 2006 (cité : *MüKo-IntWR(« matière »)*/AUTEUR).

Kommentar zum Aktiengesetz, 3e éd., 2008 (cité: *MüKo-AktG*/AUTEUR).

Kommentar zur Insolvenzordnung, t. 3, 2e éd., 2008 (cité : *MüKo-InsO*/AUTEUR).

Münchener Handbuch des Gesellschaftsrechts — *Bd. 3, Gesellschaft mit beschränkter Haftung*, 2e éd., 2003 (cité: *MüHb-GmbH*/AUTEUR).

Bd. 4, Aktiengesellschaft, 2e éd., 1999 (cité : *MüHb-AktG*/AUTEUR).

NURIT-PONTIER, Laure — *Les groupes de sociétés*, Paris, Ellipses, coll. Le droit en questions, 1998, 128 p.

PANNEN, Klaus (éd.) — *Europäische Insolvenzverordnung, Kommentar,* Berlin, De Gruyter Recht, 2007, 972 p. (cité : PANNEN/AUTEUR, *EuInsVO*).

PAULUS, Christoph G. — *Europäische Insolvenzverordnung, Kommentar,* Frankfurt a. M., Verlag Recht und Wirtschaft, 2006, 331 p. (cité : PAULUS, *EuInsVO*).

PALANDT, Otto — *Bürgerliches Gesetzbuch,* 66e éd., München, Beck, 2007 (cité : PALANDT-*BGB*/AUTEUR).

Bürgerliches Gesetzbuch, EGBGB, 62e éd., 2002 (cité: PALANDT-*EGBGB (2002)*/AUTEUR).

Bürgerliches Gesetzbuch, EGBGB, 66e éd., 2007 (cité: PALANDT-*EGBGB (2007)*/AUTEUR).

PERNICE, Christina — *Die Insolvenzverschleppung durch das Geschäftsführungsorgan der kleinen Kapitalgesellschaft im deutschen, französischen und englischen Recht,* Frankfurt a. M., 2002, 315 p.

PILLET, Antoine-Louis — *Des personnes morales en droit international privé. Sociétés étrangères (civiles et commerciales) ; États, établissements publics, associations, fondations ; Étude complète de doctrine et de jurisprudence*, Paris, Tenin, 1914, 434 p.

PRÜM, Thomas — *Die grenzüberschreitende Spaltung*, Konstanz, Hartung-Gorre Verlag, 2006 (Diss. Heidelberg), 272 p.

REHBINDER, Eckhard — *Konzernaußenrecht und allgemeines Privatrecht,* Bad Homburg, 1969.

REINER, Günter — *Unternehmerisches Gesellschaftsinteresse und Fremdsteuerung: Eine rechtsvergleichende Studie zum Schutz der Kapitalgesellschaft vor dem Mißbrauch organschaftlicher Leitungsmacht*, Beck, München, 1995, 365 p.

RICHTER, Rudolf / FURUBOTN, Eirik G. — *Neue Institutionenökonomik,* 3e éd., Tübingen, Siebeck, 2003.

ROHR, Andreas — *Der Konzern im IPR unter besonderer Berücksichtigung des Schutzes der Minderheitsaktionäre und der Gläubiger,* Diss. Zürich 1983, Zürich, Schulthess, 512 p.

ROUSSEL GALLE, Philippe — *JurisClasseur Europe Traité > Fasc. 871 : PROCÉDURES COLLECTIVES. - Règlement (CE) n° 1346/2000 du conseil du 29 mai 2000 relatif aux procédures d'insolvabilité,* 20 avril 2004.

ROWEDDER, Heinz; SCHMIDT-LEITHOFF, Christian — *GmbHG,* 4e éd., München, Vahlen, 2002 (cité : ROWEDDER/SCHMIDT-LEITHOFF/AUTEUR, *GmbHG*).

SANDROCK, Otto (dir.); WETZLER, Christoph F. — *Deutsches Gesellschaftsrecht im Wettbewerb der Rechtsordnungen: nach Centros, Überseering und Inspire Art,* Heidelberg, Verlag Recht und Wirtschaft, 2004, 307 p. (cité : SANDROCK/WETZLER/AUTEUR).

SCHOLZ, Franz — *GmbHG,* Band 1 (2000), Band 2 (2002), 9e éd., Köln, Schmidt, (cité : SCHOLZ /AUTEUR, *GmbHG*).

SEMLER, Johannes; STENGEL, Arndt — *Umwandlungsgesetz,* Beck'sche Kurzkommentare, Band 56, München, Beck, 2003 (cité : SEMLER/STENGEL, *UmwG*).

SOERGEL — *Bürgerliches Gesetzbuch, Allgemeiner Teil 1*, 13e éd., 2000 (cité: SOERGEL/AUTEUR).

SPAHLINGER, Andreas; WEGEN, Gerhard — *Internationales Gesellschaftsrecht in der Praxis*, München, Beck, 2005, 413 p.

STAUDINGER, Julius (VON) (dir.) — *Kommentar zum BGB mit Einführungsgesetzen und Nebengesetzen, Buch 1, Allgemeiner Teil, §§ 21-79 (Allgemeiner Teil 2),* Berlin, Sellier-de Gruyter, 2005 (cité : STAUDINGER-*BGB*/AUTEUR).

Kommentar zum BGB mit Einführungsgesetzen und Nebengesetzen, EGBGB/IPR, Internationales Gesellschaftsrecht, Berlin, Sellier-de Gruyter, 1998 (cité : STAUDINGER-*IntGes*R/AUTEUR).

SYNVET, Hervé — *Encyclopédie juridique Dalloz, Répertoire de droit international, V°* Société, août 2004 (cité : *Encycl. jur. Dalloz, Rép. Droit international, Société).*

L'organisation juridique du groupe international de sociétés- Conflits de lois en matière de sociétés et défaut d'autonomie économique de la personne morale, thèse dactyl., Rennes, 1979, t. 1 : 627 p. ; t. 2 : 602 p. (cité : SYNVET, *L'organisation juridique du groupe international de sociétés*).

TEIPEL, Klemens — *Die Bedeutung der lex fori für die Anknüpfung des Haftungsdurchgriffs*, Heidelberg, 1994.

TERSTEEGEN, Jens Axel — *Kollisionsrechtliche Behandlung ausländischer Kapitalgesellschaften im Inland (unter besonderer Berücksichtigung von Scheinauslandsgesellschaften)*, Beck, 2002.

ULMER, Peter
HABERSACK, Matthias
WINTER, Martin — *GmbHG, Großkommentar,* Tübingen, Mohr Siebeck, t. 1 : 2005 ; t. 2 : 2006 (cité: ULMER/AUTEUR, *GmbHG*).

VASTHOFF, Christiane — *Kollisionsrechtliche Qualifikation von Personengesellschaftskonzernen,* Diss. Konstanz, 2005, 250 p., *http://w3.ub.uni-konstanz.de/v13/volltexte/2006/1881//pdf/Diss_Vasthoff.pdf*

VIRGOS, Miguel
SCHMIT, Etienne — *Erläuternder Bericht zu dem EU-Übereinkommen über Insolvenzverfahren, in* H. STOLL (dir.), *Vorschläge und Gutachten zur Umsetzung des EU-Übereinkommens über Insolvenzverfahren im deutschen Recht*, Mohr Siebeck, Tübingen, 1997, pp. 32-136 (et, en langue anglaise : *http://aei.pitt.edu/952/01/insolvency_report_schmidt_1988.pdf*) (cité : VIRGOS/SCHMIT).

VORMSTEIN, Frank — *Zuständigkeiten bei Konzerninsolvenzen - Verfahrensablauf bei grenzüberschreitenden Konzerninsolvenzen unter besonderer Berücksichtigung der Europäischen Insolvenzverordnung (EuInsVO),* Diss. Univ. Kiel 2005, München, Martin Meidenbauer, 2005, 326 p.

WATSON, Alan — *Legal Transplants, An Approach to Comparative Law,* Edinburgh, Scottish Academic Press, 1974, 106 p.

WELLER, Marc-Philippe — *Europäische Rechtsformwahlfreiheit und Gesellschafterhaftung : zur Anwendung der Existenzvernichtungshaftung auf Scheinauslandsgesellschaften nach 'Überseering' und 'Inspire Art',* Diss. Heidelberg 2004, Köln, Heymanns, 2004, 383 p. (cité : WELLER, *Rechtsformwahlfreiheit*).

WIEDEMANN, Herbert — *Die Unternehmensgruppe im Privatrecht*, 1987 (cité : WIEDEMANN, *Unternehmensgruppe*).

WILLEMER, Charlotte — *Vis attractiva concursus und die Europäische Insolvenzordnung,* Max-Planck-Institut für ausl. und internationales Privatrecht, t. 163, Mohr Siebeck, Diss. Hamburg, 2006, 430 p.

WITTINGHOFER, Mathias A. — *Der nationale und internationale Insolvenzverwaltungsvertrag : Koordination paralleler Insolvenzen durch ad-hoc Vereinbarungen,* Diss. Münster 2003, Bielefeld, Gieseking, 2003, 218 p.

WÜRDINGER, Hans — *Aktienrecht und das Recht der verbundenen Unternehmen,* 4e éd., Heidelberg, Karlsruhe 1981, 360 p.

ZIMMER, Daniel — *Internationales Gesellschaftsrecht*, Heidelberg, Verlag Recht und Wirtschaft, 1996, 487 p.

3) Articles et chroniques

DAM, Dietmar
POERTZGEN, Christoph — 'Überlegungen zum Europäischen Konzernkollisionsrecht (Teil 1)', *ZInsO* 2008, 281-287 et 'Überlegungen zum Europäischen Konzernkollisionsrecht (Teil 2)', *ZInsO* 2008, 347-352.

ANTUNES, José Engrácia — 'Neue Wege im Konzernhaftungsrecht', *FS Lutter*, Köln 2000, pp. 995-1009.

ALTMEPPEN, Holger — 'Schutz vor „europäischen" Kapitalgesellschaften', *NJW* 2004, 97 et s.

BAUDENBACHER, Carl
BUSCHLE, Dirk — 'Niederlassungsfreiheit für EWR-Gesellschaften nach Überseering', *IPRax* 2004, 26-31.

BARALE, Jean — 'Les droits nationaux des procédures collectives dans l'Union européenne, *Revue des procédures collectives*, 2003, 75-80.

BEAUBRUN, Marcel — 'Le règlement CE n° 1346/2000 du Conseil du 29 mai 2000 relatif aux procédures d'insolvabilité', *Répertoire du Notariat Défrenois* 2005, 1874 et s.

BEGUIN, Jacques — 'Un texte à abroger: La loi sur la reconnaissance internationale des sociétés anonymes étrangères', *Mélanges Champaud*, Dalloz 1997.

'La nationalité juridique des sociétés commerciales devrait correspondre à leur nationalité économique', in : *Le droit français à la fin du XXe siècle*, Litec 2001.

BEHME, Carsten
NOHLEN, Nicolas — 'Zur Wegzugsfreiheit von Gesellschaften - Der Schlussantrag von Generalanwalt Maduro in der Rechtssache Cartesio (C-210/06)', *NZG* 2008, 496-498.

BEHRENS, Peter — 'Der Durchgriff über die Grenze', *RabelsZ* 46 (1982), 309-356.

BEITZKE, Günther — 'Bemerkungen zur Kollisionsrechtsvergleichung in der Praxis', *RabelsZ* 48 (1984), 623-648.

'Zur Entwicklung des internationalen Konzernrechts', *ZHR* 138 (1974), 533-539.

'Les conflits de lois en matière de fusion de sociétés (droit communautaire et droit international privé), *Revue critique de droit international privé* 1967, 1-22.

BERNARDEAU, Ludovic — 'Droit communautaire d'établissement et transfert du siège des sociétés', *Gazette du Palais* 2003, 38 et s.

BERNER, Olaf / KLÖHN, Lars — 'Insolvenzantragspflicht, Qualifikation und Niederlassungsfreiheit', *ZIP* 2007, 106-114.

BLANC, Gérard — 'La société européenne : la pluralité des rattachements en question', *Dalloz* 2002, 1052 et s.

BLAISE, Jean-Bernard — 'Une cohabitation difficile : nationalité des sociétés et libre établissement dans la Communauté européenne', *in : Souveraineté étatique et marchés internationaux à la fin du 20e siècle, Mélanges P. Kahn*, Litec 2000, Vol. 20.

BOLZE, Christian — 'La notion d'entreprise', *RJ com, numéro spécial novembre 1987 « L'influence du droit communautaire sur le droit des affaires en France dans la perspective de 1992 »*, 65-71.

BOULOUKOS, Marios — 'Le régime juridique de la société européenne : vers une société européenne « à la carte » ?, *Revue de droit des affaires internationales* 2004, 489 et s.

BRACHVOGEL, Gerrit — 'Frankreich auf dem Weg zu einem Konzernrecht (Die Gesetzesvorlage COUSTE)', *ZGR* 1972, 87-97.

BRIERE, CARINE — 'Le règlement (CE) n° 864/2007 du 11 juillet 2007 sur la loi applicable aux obligations non contractuelles (« Rome II »)', *JDI* 2008, 31-74.

BUREAU, Dominique — 'La fin d'un îlot de résistance, Le règlement du Conseil relatif aux procédures d'insolvabilité', *Revue critique du droit international privé* 2002, 613 et s.

CALON, Jean-Pierre — 'La société internationale, Eléments d'une théorie générale', *JDI* 1961, 694-732.

CASSONI, Guiseppe — 'Le droit international privé des groupes de sociétés. L'exemple italien pourrait-il devenir un modèle ?', *Revue critique de droit international privé* 1986, 633-671.

CHAPELLE, André — 'L'arbitrage et les tiers : Le droit des personnes morales (Groupe de sociétés ; Interventions d'État)', *Revue de l'arbitrage* 1988, 475-500.

COHEN, Daniel — 'La responsabililté civile des dirigeants sociaux en droit international privé', *Revue critique de droit international privé* 2003, 585-624.

DAMMANN, Reinhard — 'Le droit européen des faillites : source d'incertitudes et d'opportunités pour les banques', *Banque et Droit* 2005, 36-42.

'La procédure secondaire du Règlement (CE) n° 1346/2000 : mode d'emploi', *Revue Lamy Droit des affaires* 2006, 81-87.

'Les groupes de sociétés face aux procédures d'insolvabilité', *Revue Lamy Droit des affaires* 2007, 65-69.

'Mobility of companies and localization of assets - Arguments in favor of a dynamic and teleological interpretation of EC Regulation no 1346/2000 on Insolvency Proceedings', *in* Georges AFFAKI (dir.), *Faillite internationale et conflit de juridiction (Regards croisés transatlantique)/ Cross-border insolvency and conflict of jurisdictions (A US-EU experience)*, Bruylant 2007, pp. 105-124.

'Die Schlüssel des Erfolgs der französischen Vorverfahren und der neuen *procédure de sauvegarde*', *NZI* 2008, 420-421.

DAMMANN, Reinhard; PODEUR, Gilles — 'Le mandat *ad hoc*, une « porte d'entrée » pour l'application aux groupes de sociétés du règlement européen relatif aux procédures d'insolvabilité', *Revue Lamy Droit des affaires* 2006, 104-107.

'Procédures d'insolvabilité : interprétation jurisprudentielle souple du règlement', *Rec. Dalloz* 2008, 2738-2741.

DAMMANN, Reinhard; WYNAENDTS, Laurence; NADER, Rita — 'La renaissance inattendue de la théorie du siège réel', *D.* 2009, 574-575.

DEHARVENG, Jérôme — 'Le droit de la faillite en Europe : présentation générale', *Revue des procédures collectives* 2003, 46-48.

'Bilan de quatre années d'application du règlement n° 1346/2000/CE : influence réciproque des législations et conséquences de la jurisprudence de la CJCE', *Revue Lamy Droit des affaires* 2006, 108-109.

DERAINS, Yves
SCHAF, Sylvie — 'Clauses d'arbitrage et groupe de sociétés', *Journal de droit des affaires international* 1985, 231-238.

DIDIER, Paul — 'Brèves notes sur le contrat-organisation', *in : Mélanges en hommage à François Terré*, Paris, PUF, Dalloz, éd. J. Cl. 1999, 868 p., p. 635-642.

DIEKMANN, Hans — 'Änderungen im Wertpapiererwerbs- und Übernahmegesetz anlässlich der Umsetzung der EU-Übernahmerichtlinie in das deutsche Recht', *NJW* 2007, 17-21.

DOM, Jean-Philippe — 'Les dimensions du groupe de sociétés après la réforme de l'année 2001', *Revue des sociétés* 2002, 1 et s.

'Société à l'étranger et succursale chez soi: le law shopping communautaire', *Bull. Joly* 1999, § 156/157, 705 et s.

'La liberté d'établissement comme fondement de la reconnaissance mutuelle des sociétés : principe et conditions de mise en œuvre', *Revue des sociétés* 2003, 315 et s.

DUCOULOUX-FAVARD, Claude — 'Nature juridique du contrat de société- un exemple d'écueil possible pour le comparatiste', *Revue des sociétés*, 1966, 1-12.

'Droit d'établissement et libre choix de l'ordonnancement juridique dans l'Union européenne', *Petites affiches* 2003, 7 et s.

Ebert, Sabine
Levedag, Christian — 'Die zugezogene „private compagny limited by shares (Ltd.)" nach dem Recht von England und Wales als Rechtsformalternative für in- und ausländische Investoren in Deutschland', *GmbHR* 2003, 1337 et s.

EBKE, Werner F. — 'Die Würfel sind gefallen: Die Sanktionen der Sitztheorie sind europarechtswidrig!', *BB* 2003, 1 et s.

EIDENMÜLLER, Horst — 'Wettbewerb der Gesellschaftsrechte in Europa', *ZIP* 2002, 2233 et s.

'Mobilität und Restrukturierung von Unternehmen im Binnenmarkt', *JZ* 2004, 24 et s.

'Der Markt für internationale Konzerninsolvenzen: Zuständigkeitskonflikte unter der EuInsVO', *NJW* 2004, 3455-3459.

'Verfahrenskoordinatoin bei Konzerninsolvenzen', *ZHR* 169 (2005), 528-569.

'Gesellschaftsstatut und Insolvenzstatut', *RabelsZ* 2006, 474-504.

EKKENGA, Jens
KUNTZ, Thilo — 'Grundzüge eines Kollisionsrechts für grenzüberschreitende Übernahmeangebote', *WM* 2004, 2427-2436.

FASQUELLE, Daniel — 'Les faillites des groupes de sociétés dans l'Union européenne : la difficile conciliation entre approche économique et juridique', *Bull. Joly Sociétés* 2006, 151 et s.

FATOUROS, A. A. — 'Problèmes et méthodes d'une réglementation des entreprises multinationales', *JDI* 1974, 495- 521

FINGERHUTH, Jörn
RUMPF, Joachim — 'MoMiG und die grenzüberschreitende Sitzverlegung - Die Sitztheorie ein (lebendes) Fossil ?', *IPRax* 2008, 90-96.

FLEISCHER, Holger — 'Neue Entwicklungen im englischen Konzernrecht', *AG* 1999, 350-362.

FLESSNER, Axel — 'Europäisches und internationales Insolvenzrecht - Eine Einführung', *RabelsZ* 2006, 453-457.

FORSTHOFF, Ulrich. — 'EuGH fördert Vielfalt im Gesellschaftsrecht', *Der Betrieb* 2002, 2471 et s.

GOERDELER, Reinhard — 'Überlegungen zum europäischen Konzernrecht', *ZGR* 1973, 389-409.

GOFFAUX-CALLEBAUT, Géraldine — 'Le plan d'action de la Communauté européenne en droit des scoiétés: une approche française', *Bull. Joly* 2003, § 213, 997 et s.

GOLDMAN, Berthold — 'Le droit des sociétés internationales', *JDI* 1963, 320-388.

'Les obstacles du droit interne des sociétés aux coopérations, concentrations et fusions d'entreprises dans la Communauté Economique Européenne', *Revue du Marché Commun*, 1986, 297-316.

'La nationalité des sociétés dans la communauté économique européenne', *Travaux du comité français de droit international privé*, 1966-69, Dalloz, 1970, 215-246.

GROHMANN, Uwe
GROSCHINSKE, Nancy — 'Beschränkungen des Wegzugs von Gesellschaften innerhalb der EU - die Rechtssache Cartesio', *EuZW* 2008, 463-464.

GRELON, Bernard
DESSUS-LARRIVE, Carole — 'La confusion des patrimoines au sein d'un groupe', *Rev. soc.* 2006, 281-303.

GRIFFITHS, David
HELLMIG, Nina — 'Insolvenzkulturen - Kampf oder Harmonisierung? - Eine angelsächsische Perspektive', *NZI* 2008, 418-420.

HECKSCHEN, Heribert — 'Deutsche GmbH vor dem Aus? Eine merkwürdige „wissenschaftliche" Diskussion', *GmbHR* 2004, R 25.

HIRSCH, Alexander — 'Artfully Inspired –Werden deutsche Gesellschaften englisch?', *NZG* 2003, 1100 et s.

HIRTE, Heribert — 'Vorschläge für die Kodifikation eines Konzerninsolvenzrechts', *ZIP* 2008, 444- 449.

'Wettbewerb der Rechtsordnungen nach „Inspire Art": Auch das Beurkundungserfordernis für GmbH-Anteilsübertragungen steht zur Disposition', *GmbHR* 2003, R 421.

'Die große GmbH-Reform - Ein Überblick über das Gesetz zur Modernisierung des Gmb-Rechts und zur Bekämpfung von Missbräuchen', *NZG* 2008, 761-766.

HOIR-LAUPETRE, Catherine — 'L'émergence d'un droit des obligations adapté au phénomène des groupes de sociétés', *Rec. Dalloz* 1993, chron., 248 et s.

HOLZBORN, Timo
ISRAEL, Alexander — 'Internationale Handelsregisterpraxis', *NJW* 2004, 3014 et s.

HOMMELHOFF, Peter
BOUCOURECHLIEV, Jeanne
DRUDY, Robert — 'Pour une "société européenne"', *Gazette du Palais* 1998, 34- 47.

HOPT, Klaus J. — 'Le droit des groupes de sociétés, Expériences allemandes, perspectives européennes', *Revue des sociétés* 1987, 371-390.

'Le gouvernement d'entreprise', *Revue des sociétés* 2001, 1 et s.

'L'entreprise et le droit européen', *Revue des sociétés* 2001, 301 et s.

HORN, Norbert — 'Verträge über internationale Unternehmenszusammenschlüsse', *FS Lutter*, Köln 2000, 1113-1131.

IDOT, Laurence — 'La notion d'entreprise', *Revue des sociétés* 2001, 191 et s.

IMMENGA, Ulrich — 'Abhängige Unternehmen und Konzerne im europäischen Gemeinschaftsrecht', *RabelsZ* 48 (1984), 48-80.

IMMENGA, Ulrich
KLOCKE, Detlef — 'Konzernkollisionsrecht - Eine Problemskizze auf der Grundlage des deutschen Rechts der Unternehmungsverbindung', *ZSR* 1973 I, 27-54.

KONECNY, Walter — 'Kampf oder Harmonisierung?', *NZI* 2008, 416-417.

KOPPENSTENER, Hans-Georg — 'Das Konzernrecht des EWG-Verordnungsentwurfs über eine europäische Aktiengesellschaft aus kollisionsrechtlicher Sicht', *Außenwirtschaftsdienst des Betriebs-Beraters* 1970, 433 et s.

JACQUET, Jean-Michel — 'Version révisée des principes directeurs de l'OCDE à l'intention des entreprises multinationales', *Revue trimestrielle de droit commercial* 2001, 296 et s.

JAYME, Erik — 'Zur Krise des « Gouvernmental-Interest Approach »', *FS Kegel (1977)*, 359-366.

JONET, Jean-Matthieu — 'Sociétés commerciales: La théorie du siège réel à l'épreuve de la liberté d'établissement', *Journal des tribunaux droit européen* 2003, 33-37.

JUNKER, Abbo — 'Die faktische Geschäftsführung (« gérance de fait ») in Frankreich und ihre Gefahren für deutsche Unternehmen', *RIW* 1986, 337-347.

KEGEL, Gerhard — 'The Crisis of Conflict of Laws', *Rec. des Cours de l'Académie de droit international de La Haye* (112) 1964, 95-268.

KERSTING, Christian — 'Rechtswahlfreiheit im Europäischen Gesellschaftsrecht nach Überseering – Ein Richtlinienvorschlag', *NZG* 2003, 9-13.

KINDLER, Peter — 'Hauptfragen des Konzernrechts in der internationalen Diskussion', *ZGR* 26 (1997), 449-463

'Auf dem Weg zur Europäischen Briefkastengesellschaft?', *NJW* 2003, 1073 et s.

'Die „Aschenputtel"-Limited und andere Fälle der Mehrfachqualifikation im Schnittfeld des internationalen Gesellschafts-, Delikts- und Insolvenzrechts', *FS Jayme* 2004, 409-418.

'Grundzüge des neues Kapitalgesellschaftsrechts' - Das Gesetz zur Modernisierung des GmbH-Rechts und zur Bekämpfung von Missbräuchen (MoMiG)', *NJW* 2008, 3249-3256.

'Ende der Diskussion über die sogenannte Wegzugsfreiheit', *NZG* 2009, 130-132.

KIRCHNER, Christian — 'Ökonomische Überlegungen zum Konzernrecht', *ZGR* 2 (1985), 215-234.

'Zur Ökonomik des legislatorischen Wettbewerbs im europäischen Gesellschaftsrecht', *FS Immenga*, 2004.

KLOSTER, Lars — 'EU-grenzüberschreitende Verschmelzungen sind (steuerneutral) durchführbar - zugleich Anmerkungen zu LG Koblenz v. 16.9.2004 - 4 HK.T 1/03, GmbHR 2003 1213', *GmbHR* 2003, 1413- 1417.

KNOBBE-KEUK, Brigitte — 'Umzug von Gesellschaften in Europa', *ZHR* 1990, 325-356.

KÖTZ, Hein — 'Abschied von der Rechtskreislehre', *ZEuP* 1998, 493-505.

KRONKE, Herbert — 'Capital Markets and the conflict of laws', 2000, 286 *Ac. de DI de La Haye, Rec. des cours*, pp. 245-385.

LABORDE, Jean-Pierre — 'Droit international privé et groupes internationaux de sociétés : une mise à l'épreuve réciproque', *Mélanges Derruppé, Les activités et les biens de l'entreprise,* Litec 1991, 49-61.

LE CANNU, Paul — 'La loi pour l'initiative économique et le droit des sociétés', *Rev. soc.* 2003, 409 et s.

LECOURT, Benoît — 'Avenir du droit français des sociétés et droit européen', *Revue des sociétés* 2004, 224- 257.

LEIPOLD, Dieter — 'Zuständigkeitslücken im neuen Europäischen Insolvenzrecht', *FS Akira Ishikawa*, Berlin, New York, 2001, pp. 221-239.

LEGRAND, Marie-Noëlle — 'La défaillance de l'entreprise : le règlement 1346/2000 relatif aux procédures d'insolvabilité', *Revue des sociétés* 2001, 292 et s.

LEIBLE, Stefan / STAUDINGER, Ansgar — 'Die europäische Verordnung über Insolvenzverfahren', *KTS* 2000, 533-575.

LOUSSOUARN, Yvon — 'Règles de conflit et règles matérielles dans le droit international des sociétés', *Mélanges Goldman, Le droit des relations économiques internationales,* Paris, Litec 1987, 167-183.

'La nationalité des sociétés', Rapport introductif, *Travaux du comité français de droit international privé,* 1966-60, Dalloz 1970, 205-213.

'La concentration des entreprises dans la communauté économique européenne', *Revue critique de droit international privé* 1974, 236-271.

'La proposition d'un statut des sociétés anonymes européennes et le droit international privé', *Revue critique de droit international privé* 1971, 383-413.

LUBY, Monique — 'La societas europaea (SE): beaucoup de bruit pour rien (ou si peu...)!', *Droit des sociétés* 2002, chron., 4 et s.

MAGNIER, Véronique — 'L'arrêt Inspire Art, inspiré par les sources et, dans le même temps, source d'inspirations?', *JCP éd. E 2004*, 277 et s.

MANN, Frederick Alexander — 'Bemerkungen zum Internationalen Privatrecht der Aktiengesellschaft und des Konzerns', *FS Barz,* 1974, pp. 219-238 (également in : *Beiträge zum Internationalen Privatrecht,* Berlin, 1976, p. 70 et s.)

MARQUETTE, Vanessa / BARBE, Candice — 'Les procédures extracommunautaires', *JDI* 2006, 511-562.

MATTEI, Ugo — 'Efficiency in Legal Transplants : An Essay in Comparative Law and Economics', *International Review of Law and Economics* (1994) 14, 3-19.

MAUL, Silja / SCHMIDT, Claudia — 'Inspire Art- Quo vadis Sitztheorie?', *BB* 2003, 2297-2300.

MENJUCQ, Michel — 'Mondialisation et rattachement juridique des sociétés', *Mélanges Y. Guyon, Aspects actuels du droit des affaires,* Dalloz 2003, 831-843.

'Aspects de droit international privé relatifs aux conflits de compétence et aux conflits de lois', *Revue des procédures collectives* 2003, 49-59.

'La notion de siège social : une unité introuvable en droit international et en droit communautaire', *Mélanges Béguin,* Litec 2005, 499-506.

'Tribunal compétent . Centre des intérêts principaux d'une filiale', *Revue des procédures collectives* 2005, 241 et s.

'La mobilité des entreprises', *Revue des sociétés* 2001, 210 et s.

'Réflexion critique sur la proposition de 14e directive relative au transfert intra-communautaire de siège social', *Bull. Joly Sociétés* 2000, n° 2, § 26.

'La circulation internationale des sociétés', *Bull. Joly Sociétés* 2001, 233 et s., § 65.

'Transfert international de siège social: état du droit positif', *JCP éd. E* 1999, n°41, 1617.

'La société européenne : enfin l'aboutissement!', *Rec. Dalloz* 2001, chron., n° 13, 1085-1090.

'L'articulation du droit d'établissement communautaire et des droits nationaux relatifs au rattachement juridique des sociétés', *JCP éd. G* 2003, II, n° 10032, 359 et s. (= *JCP éd. E* 2003, 448, 520-526).

'Rattachement de la société européenne et jurisprudence communautaire sur la liberté d'établissement: incompatibilité ou paradoxe?', *Rec. Dalloz* 2003, n° 42, 2874 et s.

'Liberté d'établissement et définition du statut juridique des sociétés', *Bull. Joly Sociétés* 2003, n°4, 467 et s.

'Liberté d'établissement et fraude en droit communautaire', *Rec. Dalloz* 1999, Jurisprudence, 550 et s.

'La coordination des droits nationaux par le droit communautaire', *Petites affiches* 19 octobre 2006 n° 209, p. 21 et s.

'Les interactions du règlement n° 1346/2000/CE et des droits nationaux', *Revue Lamy Droit des affaires* 2006, 98-100.

'Le droit communautaire des procédures d'insolvabilité à l'épreuve des juridictions nationales', *Revue de jurisprudence commerciale* 2007, 105-117.

'L'Europe et le droit de l'entreprise', *JCP éd. G* 2007, I 130.

MOULIN, Jean-Marc — 'La loi n° 2006-387 du 31 mars 2006 transposant la Directive OPA du 21 avril 2004', *JCP* éd. E 2006, 1651 et s.

MUIR WATT, Horatia — 'La fonction subversive du droit comparé', *Revue internationale de droit comparé* 2000, 503-527.

MÜLLER, Hans-Friedrich — 'Insolvenz ausländischer Kapitalgesellschaften mit inländischem Verwaltungssitz', *NZG* 2003, 414 et s.

MÜLLER-BONANNI, Thomas — 'Unternehmensmitbestimmung nach „Überseering" und „Inspire Art"', *GmbHR* 2003, 1235 et s.

NEUMAYER, Karl Heinz — 'Betrachtungen zum internationalen Konzernrecht', *ZVglRWiss* 83 (1984), 129 et s.

NIBOYET, Jean-Pierre — 'Existe-t-il vraiment une Nationalité des Sociétés ?', *Revue de droit international privé* 1927, 402-417.

NIBOYET, Marie-Laure — 'Liberté d'établissement et loi applicable à la capacité juridique d'une société ayant transféré son siège social effectif dans un autre État membre', *Gazette du Palais* 2003, 27 et s.

NOURISSAT, Cyril — 'Capacité d'ester en justice des sociétés étrangères et libre établissement', *Procédures* 2003, 13-14.

NURIT-PONTIER, Laure — 'La détermination statutaire du capital social: enjeux et conséquences', *Dalloz* 2003, chron., 1612 et s.

OGUS, Anthony — 'Economic Analysis and Comparative Law', in : *D'ici, d'ailleurs : harmonisation et dynamique du droit*, Mél. Denis TALLON, Paris, Société de législation comparée, 1999, 169-178.

OPPETIT, Bruno — 'Les sociétés multinationales et les États nationaux', *Mélanges Bastian*, tome 1, 161-175.

OPPETIT, Bruno; SAYAG, Alain — 'Méthodologie d'un droit des groupes de sociétés', *Revue des sociétés* 1973, 577-598.

PAEFGEN, Walter — 'Auslandsgesellschaften und Durchsetzung deutscher Schutzinteressen nach „Überseering"', *DB* 2003, 487 et s.

'Umwandlung, europäische Grundfreiheiten und Kollisionsrecht', *GmbHR* 2004, 463- 476.

PAILLUSSEAU, Jean — 'La notion de groupe de sociétés et d'entreprises en droit des activités économiques', *Rec. Dalloz*, 2003, chron., 2346 et s.

'Les groupes de sociétés – Analyse de droit positif français et perspectives de réforme, *Revue trimestrielle de droit commercial* 1972, 813-849.

PAULUS, Christoph G. — 'Protokolle - Ein anderer Zugang zur Abwicklung grenzüberschreitender Insolvenzen', *ZIP* 1998, 977-982.

'Die europäische Insolvenzverordnung und der deutsche Insolvenzverwalter', *NZI* 2001, 505-516.

'Zuständigkeitsfragen nach der Europäischen Insolvenzverordnung' (en même temps note sous *High Court of Justice Leeds,* 16 mai 2005), *ZIP* 2003, 1725-1728.

'Überlegungen zu einem modernen Konzerninsolvenzrecht', *ZIP* 2005, 1948-1955.

'Die ersten Jahre mit der Europäischen Insolvenzverordnung - Erfahrungen und Erwartungen', *RabelsZ* 2006, 458-473.

'Der EuGH und das moderne Insolvenzrecht', *NZG* 2006, 609-613.

'Die EuInsVO - wo geht die Reise hin ?', *NZI* 2008, 1-6.

PETERS, Carsten
WÜLLRICH, Philipp — 'Grenzenlose gesellschaftsrechtliche Flexibilität - die Societas Privata Europaea (SPE)', *NZG* 2008, 807-812.

PRIETO, Catherine — 'Liberté d'établissement et de prestation de service', *RTD eur.* 2003, n°3, 489 et s.

RAISER, Thomas — 'Der Begriff der juristischen Person – Eine Neubesinnung', *AcP* 199, 104-144.

REHBINDER, Eckhard — 'Das auf multinationale Unternehmen anwendbare Recht', in: Max-Planck-Institut für ausländisches und internationales Privatrecht, Hamburg (dir.), *Deutsche zivil- und kollisionsrechtliche Beiträge zum IX. internationalen Kongreß für Rechtsvergleichung in Teheran*, 1974, 122-154.

REINHARD, Yves — 'L'établissement d'une succursale par une société sans activité effective est contraire au principe de la liberté d'établissement', *JCP éd. E* 1999, 1285 et s.

RICHTER, Lutz — 'Der identitätswahrende Wezug deutscher Gesellschaften ins EU/EWR-Ausland auf dem Vormarsch - zugleich Anmerkung zu den Schlussanträgen in der Rechtssache *Cartesio* vom 22.5.2008', *IStR* 2008, 719-723.

RIES, Peter — 'Das Ende der deutschen GmbH? Anmerkungen zu den Folgen von „Inspire Art", gleichzeitig ein Leitfaden zur Anmeldung von Zweigniederlassungen ausländischer Gesellschaften', *Anwaltsblatt* Juni 2004.

RODRIGUEZ, Karine — 'L'attractivité, nouvelle perspective du droit national des sociétés', *Bull. Joly* 2004, 330 et s.

RONTCHEVSKY, Nicolas — *RTD com.* 2006, chron. Droit des marchés financiers, 437-445.

ROTH, Wulf-Henning — 'Internationales Gesellschaftsrecht nach Überseering', *IPRax* 2003, 117-127.

ROUSSEL GALLE, Philippe — 'De quelques pistes d'interprétation du règlement (CE) n° 1346/2000 sur les procédures d'insolvabilité : la circulaire du 15 décembre 2006', *JDI* 2008, 135-144.

SANDROCK, Otto — 'Centros: ein Etappensieg für die Überlagerungstheorie', *BB* 1999, 1337 et s.

'Nach Inspire Art – Was bleibt vom deutschen Sitzrecht übrig?', *BB* 2003, 2588-2594.

idem (dir.) — *FS Beitzke*, Berlin, de Gruyter, 1979, 1129 p., p. 669 et s.

SAPPER, Helmut — 'Les contrats d'affiliation en droit français et allemand', *Revue trimestrielle de droit commercial,* 1963, 37-65.

SCHANZE, Erich
JÜTTNER, Andreas — 'Anerkennung und Kontrolle ausländischer Gesellschaften – Rechtslage und Perspektiven nach der Überseering-Entscheidung des EuGH', *AG* 2003, 30 et s.

'Die Entscheidung für Pluralität: Kollisionsrecht und Gesellschaftsrecht nach der EuGH-Entscheidung „Inspire Art"', *AG* 2003, 661 et s.

SCHAPIRA, Jean — 'Quelques aspects juridiques récents de l'activité des entreprises dites multinationales', *Travaux du comité français de droit international privé*, 1973-1975, Paris, Dalloz, 1977, 103-135.

SCHULZ, Martin — '(Schein-) Auslandsgesellschaften in Europa – Ein Schein-Problem?', *NJW* 2003, 2705 et s.

SCHULZ, Martin
SESTER, Peter — 'Höchstrichterliche Harmonisierung der Kollisionsregeln im europäischen Gesellschaftsrecht: Durchbruch der Gründungstheorie nach „Überseering"', *EWS* 2002, 545 et s.

SERAGLINI, Christophe — 'L'ordre public et la faillite internationale : une première application dans le cadre de l'affaire Eurofood', *in* Georges AFFAKI (dir.), *Faillite internationale et conflit de juridiction (Regards croisés transatlantique)/ Cross-border insolvency and conflict of jurisdictions (A US-EU experience)*, Bruylant 2007, pp. 171-196.

SINAY, Robert — 'Vers un droit des groupes de sociétés (L'initiative allemande et le marché commun)', *Gaz. Pal.* 1967, 70-86.

SOINNE, Bernard — 'Droit communautaire des entreprises en difficulté : prospective', *Revue des procédures collectives* 2003, 81-82.

SPAHLINGER, Andreas
WEGEN, Gerhard — 'Deutsche Gesellschaften in grenzüberschreitenden Umwandlungen nach „SEVIC" und der Verschmelzungsrichtlinie in der Praxis', *NZG* 2006, 721-728.

SYMEONIDES, Symeon C. — 'The American Choice-of-Law Revolution', *RCADI (298)* 2002, 13-414.

TEBOUL, Georges — 'Vers une évolution du droit des groupes : la jurisprudence sur le règlement communautaire sur l'insolvabilité', *Petites affiches* 6 mars 2007 n° 47, p. 6 et s.

TRICOT, Daniel — 'Les enjeux de la réforme française des procédures collectives dans la mise en œuvre du règlement communautaire', *Revue Lamy Droit des affaires* 2006, 100-104.

TRIEBEL, Volker — 'Wegzug und grenzüberschreitende Umwandlungen deutscher Gesellschaften nach „Überseering" und „Inspire Art"', *BB* 2003, 2409-2417.

URBAN, Quentin — 'La « communauté d'intérêts », un outil de régulation du fonctionnement du groupe de sociétés', *Revue trimestrielle du droit commercial* 2000, 1 et s.

VALLENS, Jean-Luc — 'Le droit de la faillite en Europe : les procédures secondaires', *Revue des procédures collectives* 2003, 60-65.

'Le règlement européen sur les procédures d'insolvabilité à l'épreuve des groupes de sociétés - l'arbitrage de la CJCE', *JCP éd. E* 2006, 1220-1227.

'L'harmonisation : voie et degré de convergence entre les droits nationaux, européens et internationaux- l'européanisation et l'internalisation du droit de l'insolvabilité', *Petites affiches* 19 octobre 2006 n° 209, p. 31 et s.

VON HALEN, Curt Christian — 'Das internationale Gesellschaftsrecht nach dem Überseering-Urteil des EuGH', *WM* 2003, 571 et s.

WACHTER, Thomas — 'Errichtung, Publizität, Haftung und Insolvenz von Zweigniederlassungen ausländischer Kapitalgesellschaften nach „Inspire Art" – Rechtspraktische Anleitung und Wegweisung', *GmbHR* 2003, 1254-1257.

'Frankreich: Die „Ein-Euro-GmbH" ab 2004', *GmbHR* 2003, R377.

'Ende der Wegzugsbeschränkungen in Europa', *GmbHR* 2004, R161 et s.

'Auswirkungen des EuGH-Urteils in Sachen Inspire Art Ltd. auf Beratungspraxis und Gesetzgebung (Deutsche GmbH vs. englische private limited company)', *GmbHR* 2004, 88 et s.

WAGNER, Gerhard — 'Die neue Rom II - Verordnung', *IPRax* 2008, 1-17.

WAGNER, Rolf / TIMM, Birte — 'Der Referentenentwurf eines Gesetzes zum Internationalen Privatrecht der Gesellschaften, Vereine und juristische Personen', *IPRax* 2008, 81-90.

WAUTELET, Patrick — 'Some considerations on the Center of Main Interests a jurisdictional test under the European Insolvency Regulation', *in* Georges AFFAKI (dir.), *Faillite internationale et conflit de juridiction (Regards croisés transatlantique)/ Cross-border insolvency and conflict of jurisdictions (A US-EU experience)*, Bruylant 2007, pp. 73-104.

WEHLAU, Andreas — 'The Societas Europea: a critique of the Commission's 1991 amended proposal', *Common Market Law Review*, 1992, 473-510.

WELLER, Marc-Philippe — '„Inspire Art": Weitgehende Freiheiten beim Einsatz ausländischer Briefkastengesellschaften', *DStR* 2003, 1800-1804.

	'Scheinauslandsgesellschaften nach Centros, Überseering und Inspire Art: Ein neues Anwendungsfeld für die Existenzvernichtungshaftung', *IPrax* 2003, 207-210.
	'Inländische Gläubigerinteressen bei internationalen Konzerninsolvenzen', *ZHR* 169 (2005), 570-593.
WIEDEMANN, Herbert	*FS KEGEL* (1977), 187-211.
WIENBERG, Rüdiger SOMMER, Nicola	'Anwendbarkeit von deutschem Eigenkapitalersatzrecht auf EU-Kapitalgesellschaften am Beispiel eines Partikularinsolvenzverfahrens im engeren Sinn nach Art. 3 II, IV EuInsVO', *NZI* 2005, 353-357.
ZIEMONS, Hildegard	'Freie Bahn für den Umzug von Gesellschaften nach Inspire Art?!', *ZIP* 2003, 1913-1920.
ZIMMER, Daniel	'Nach „Inspire Art": Grenzenlose Gestaltungsfreiheit für deutsche Unternehmen?', *NJW* 2003, 3585 et s.
	'Wie es Euch gefällt? Offene Fragen nach dem Überseering-Urteil des EuGH', *BB* 2003, 1-7.
ZIMMER, Daniel NAENDRUP, Christoph	'Das Cartesio-Urteil des Eugh : Rück- oder Fortschritt für das internationale Gesellschaftsrecht', *NJW* 2009, 545-550.

4) Notes et conclusions

ADELINE, Antoine	'Les créanciers en matière de faillite internationale : information/déclaration de créances/recouvrement (Quelques enseignements des affaires Isa-Daisytek et Rover)', *Petites Affiches* 13 mars 2007 n° 52, p. 9 et s.
BAYER, Walter	'Die EuGH-Entscheidung „Inspire Art" und die deutsche GmbH im Wettbewerb der europäischen Rechtsordnungen', *BB* 2003, 2357 –2366.
	'Herrschaftsveränderungen im Vertragskonzern- Besprechung der Entscheidung *BGHZ* 119, 1', *ZGR* 1993, 599-613.
BEHRENS, Peter	'Die grenzüberschreitende Sitzverlegung von Gesellschaften in der EWG (zu „*Daily Mail and General Trust PLC*")', *IPRax* 1989, 354 et s.
	'Das Internationale Gesellschaftsrecht nach dem *Centros*-Urteil des EuGH', *IPRax* 1999, 323 et s.

'Das Internationale Gesellschaftsrecht nach dem *Überseering*-Urteil des EuGH und den Schlussanträgen zu Inspire Art', *IPRax* 2003, 193-207.

'Gemeinschaftsrechtliche Grenzen der Anwendung inländischen Gesellschaftsrechts auf Auslandsgesellschaften nach *Inspire Art*', *IPRax* 2004, 20-26.

BUREAU, Dominique — 'L'universalité de la faillite au soutien de la compétence du tribunal français du lieu d'implantation d'un établissement secondaire', note sous Cass. com., 21 mars 2006, EURL Khalifa Airways et autre c/ SCP Becherte-Thierry ès qualité, *Bull. Joly Sociétés* 2006, 930.

Note sous Cass. com., 5 mai 2004, « Société Rewah France c. M. Walczak ès qual. et autres », *Revue critique de droit international privé* 2005, 106-110.

CASTELL, Nicolas — 'Application du règlement CE 1346/2000 relatif aux procédures d'insolvabilité - Aperçu des solutions apportées par la Cour d'appel de Versailles dans les affaires Daisytek et Rover', *Gaz. Pal.* 2006, 8 et s.

CHAPUT, Yves — 'Centre des intérêts principaux et catégories juridiques de l'insolvabilité des entreprises (à propos de l'arrêt de la CJCE du 2 mai 2006)', *Revue Lamy Droit des affaires* 2006, 26-32.

DAMMANN, Reinhard — 'Droit européen des procédures d'insolvabilité : problématique des conflits de juridictions et de forum shopping', *Rec. Dalloz* 2005, chron., 1779-1786.

'L'affaire Rover : priorité donnée à la *High Court of Justice* de Birmingham', note sous T. com. Nanterre, 19 mai 2005, *Rec. Dalloz* 2005, 1787-1792.

'L'affaire Rover : la Cour d'appel de Versailles précise les conditions d'ouverture d'une procédure secondaire dans le cadre du règlement CE 1346/2000', note sous CA Versailles, 15 décembre 2005, *Rec. Dalloz* 2006, 379 et s.

'L'application du règlement CE n° 1346/2000 après les arrêts *Staubitz-Schreiber* et *Eurofood* de la CJCE', *Rec. Dalloz* 2006, 1752-1760.

'L'affaire *Eurotunnel*, première application du règlement CE n° 1346/2000 à la procédure de sauvegarde' (note sous T. com. Paris, 2 août 2006), *Rec. Dalloz* 2006, 2329-2336.

D'AVOUT, Louis — Commentaire, CA Versailles (13e ch.), 20 mars 2008, BNP Paribas Suisse c. M. Chavane de Dalmassy ès qualités, *Revue critique de droit international privé* 2008, 649-660.

DOM, Jean-Philippe — Commentaire de l'arrêt CJCE, 9 mars 1999, aff. C-212/97, *Dalloz* 1999, n° 37, pp. 550 et s.

Note sous Cass. com., 20 janvier 1998, *Bull. Joly*, 1998, § 163.

DRYGALA, Tim — 'Kurzkommentar zu „Inspire Art"', *EWiR*, Art. 43 EG, 4/03, 1029 et s.

FASQUELLE, Daniel — 'D'importantes précisions de la Cour de justice sur l'application du règlement n° 1346/2000 sur les procédures d'insolvabilité', note sous CJCE, Gd. Ch., 2 mai 2006, n° C-341/04, Eurofood IFSC Ltd, *Bull. Joly Sociétés* 2006, 907.

'Première application par la Cour de cassation du règlement CE 1346/2000 relatif aux procédures d'insolvabilité en Europe', note sous Cass. com., 27 juin 2006, n° 03-19863, Procédure. gén. CA Versailles c/ SAS ISA Daisytek et autres, *Bull. Joly Sociétés* 2006, 1379.

'Une nouvelle application controversée du règlement n° 1346/2000 relatif aux procédures d'insolvabilité aux groupes de sociétés', *JCP* éd. E 2005, 1576-1582.

'Faillite internationale : première interprétation du règlement insolvabilité n° 1346/2000' (note sous CJCE, 17 janv. 2006, n° C-1/04 (S.-S.), *Bull. Joly Sociétés* 2006, § 158, pp. 753-764.

FORSTHOFF, Ulrich — 'Internationales Gesellschaftsrecht im Umbruch – zugleich Anmerkung zu BGH-Urteil v. 13.3.2003', *Der Betrieb* 2003, 979-981.

FOUSSARD, Dominique — Note sous Cass. com., 28 novembre 1989, *Bull. Joly Sociétés* 1990, § 50.

GÄNßLER, Peggy; GEYRHALTER, Volker — '„Inspire Art" – Briefkastengesellschaften „on the Move"', *DStR* 2003, 2167 et s.

HIRTE, Heribert — Commentaire de l'arrêt *Überseering*, *EWS* 2002, 569 et s.

HORN, Norbert — 'Deutsches und europäisches Gesellschaftsrecht und die EuGH-Rechtsprechung zur Niederlassungsfreiheit – Inspire Art', *NJW* 2003, 893 et s.

IDOT, Laurence — Commentaire de l'arrêt CJCE, 9 mars 1999, Centros Ltd., aff. C-212/97, *Europe*, mai 1999, comm 183, p. 17-18.

Commentaire de l'arrêt CJCE, 5 nov. 2002, Überseering BV, aff. C-208/00, *Europe*, 2003, n°1, chron. 19, p. 20 et s.

JAULT-SESEKE, Fabienne; ROBINE, David — 'Centre des intérêts principaux : le libéralisme mesuré du tribunal de commerce de Nanterre', note sous T. com. Nanterre, 15 févr. 2006, SAS Emtec RPS professional products, *Bull. Joly Sociétés* 2006, 575 et s.

'Procédure de sauvegarde transfrontalière', note sous T. com. Paris, 2 août 2006, Société Eurotunnel PLC, *Bull. Joly Sociétés* 2007, 37 et s.

JAZOTTES, Gérard; MONSERIE-BON, Marie-Hélène — 'Premières application du règlement insolvabilité : la recherche de l'efficacité', *Europe* 2007, étude 19.

KERSTING, Christian; SCHINDLER, Clemens Philipp — 'Die EuGH-Entscheidung „Inspire Art" und ihre Auswirkungen auf die Praxis', *RdW* 2003, 621 et s.

KHAIRALLAH, Georges — Note sous Cour d'appel de Versailles (24e ch.), 4 septembre 2003, MM. Klempka, Taylor et Green, ès qualité c/ ISA Daisytek et autres, *Revue critique de droit international privé* 2003, 655-668.

Note sous CJCE, 2 mai 2006 - aff. C-341/04. - Eurofood, *JDI* 2007, 151-163.

KIENINGER, Eva-Maria — 'Niederlassungsfreiheit als Rechtswahlfreiheit' (Besprechung der Entscheidung Centros), *ZGR* 1999, 725 et s.

KLEINERT, Jens; PROBST, Peter — 'Schein-Auslandsgesellschaften –Erneute Betonung der Niederlassungsfreiheit durch den EuGH', *MDR* 2003, 1265 et s.

'Endgültiges Aus für Sonderanknüpfungen bei (Schein-) Auslandsgesellschaften – Anmerkungen zu „Inspire Art"', *Der Betrieb* 2003, 2217-2218.

KOVAR, Robert — 'La mobilité des sociétés dans l'espace européen' (note sous CJCE 16 déc. 2008 (Cartesio)), *D.* 2009, 465-470.

KÜBLER, Friedrich — 'Neues zur Haftung im qualifizierten Konzern - TBB (BGH, Urt. v. 29.3.1993 - II ZR 265/91 (Oldenburg))', *NJW* 1993, 1200-1205.

LAFORTUNE, Maurice-Antoine — 'Les clarifications jurisprudentielles des dispositions du règlement communautaire du 29 mai 2000 relatif aux procédures d'insolvabilité', note sous Cass. com., 27 juin 2006, Proc. gén. près la CA Versailles c. M. Edouard X et autres, *Gaz. Pal.* 2006, 3 et s.

'L'ouverture et la reconnaissance d'une procédure principale d'insolvabilité fondée sur le règlement communautaire du 29 mai 2000', *Petites affiches* 27 mars 2007 n° 62, p. 4.

LAGARDE, Paul — Commentaire de l'arrêt CJCE, 5 nov. 2002, aff. C-208/00, Überseering BV, *Revue critique du droit international privé* 2003, 508-536.

LEIBLE, Stefan / HOFFMANN, Jochen — '*Überseering* und das (vermeintliche) Ende der Sitztheorie', *RIW* 2002, 925 et s.

'Wie inspiriert ist *Inspire Art*', *EuZW* 2003, 677 et s.

'Cartesio – fortgeltende Sitztheorie, grenzüberschreitender Formwechsel und Verbot materiellrechtlicher Wegzugsbeschränkungen', *BB* 2009, 58-63.

LE CANNU, Paul — Cass. com., 2 avril 1996, *Bull. Joly*, 1996, § 173.

LIENHARD, Alain — 'Procédures d'insolvabilité : détermination du centre des intérêts principaux', act. jurispr. (T. com. Nanterre, 15 févr. 2006, GmbH MPOTEC), *Rec. Dalloz* 2006, 651-653.

LUBY, Monique — Commentaire de l'arrêt CJCE, 9 mars 1999, Centros Ltd., aff. C-212/97, *JDI* 2000, p. 484 et s.

Note sous CJCE, Überseering BV c/ Nordic Construction Company – Baumanagement GmbH (NCC), *Bull. Joly* n° 4, avril 2003.

'Quand la Cour de justice consacre la loi de l'État d'immatriculation en tant que lex societatis' (note sous CJCE, 30 septembre 2003, aff. C-167/01, « Inspire Art »), *JCP éd. G.* 2004, 30-36.

LUTTER, Matthias — '*Überseering* und die Folgen', *BB* 2003, 7-10.

Meilicke, Wienand — 'Kommentar des EuGH-Urteils „Inspire Art" v. 30.09.-2003, Rs C-167/01', *GmbHR* 2003, 1271-1273.

'Kommentar des EuGH-Urteils „Hughes de Lasteyrie du Saillant vom 11.3.2004, Rs. C-9/02', *GmbHR* 2004, 504-512.

MELIN, François

'Conflits de juridictions et procédures européennes d'insolvabilité : suite...', *Bull. Joly Société,* 2005, 328 et s.

'Conflits de juridictions et procédures européennes d'insolvabilité, approche critique', *Bull. Joly Société* 2005, 927 et s.

Note sous Cour d'appel de Versailles, (13e ch.), 15 décembre 2005, Société Rover France, *Gaz. Pal.* 2006, 4 et s.

Note sous Cass. com., 27 juin 2006, Société Isa Daisytek, *Gaz. Pal.* 2006, 7 et s.

Note sous Trib. com. de Nanterre (3e ch.), 15 février 2006, SPA Emtec Media Italia, *Gaz. Pal.* 2006, 12 et s.

'Déplacement de siège social dans la Communauté européenne' (note sous CJCE 16 déc. 2008, Cartesio), *JCP éd. E* 2009, 42-45.

MENJUCQ, Michel

Note sous Cass. civ 1ère, 8 décembre 1998, *Revue critique de droit international privé* 1999, 284 et s.

'Droit européen de la « faillite » : confirmation du principe de « communautarisation » d'une procédure d'insolvabilité principale ouverte en Angleterre, en application du règlement 1346/2000', (note sous CA Versailles, 24e ch., 4 septembre 2003, Klempka, ès qualité entreprise a. c/ SAS ISA Daisytek), *JCP éd. G* 2004, 88-92.

'Compétence de la High Court of Justice pour ouvrir une procédure d'insolvabilité à l'égard de la filiale française d'une société britannique' (note sous T.com. Nanterre, 9e ch., 19 mai 2005, SAS Rover France), *JCP éd. G* 2005, 1579 et s.

'Droit d'établissement communautaire des sociétés : la CJCE repousse encore les limites' (note sous CJCE, 30 septembre 2003, aff. C-167/01, « Inspire Art Ltd. »), *Bull. Joly Société* 2003, n° 12, § 272.

'« Société de droit suisse » et recours en matière de marques' (note sous CA Paris, 4e ch., sect. A, 30 avril 1997), *Bull. Joly Société* 1997, n° 9, § 286.

'La loi applicable aux pouvoirs des dirigeants d'une société ayant son siège à l'étranger' (note sous Cass. Civ 1ère, 8 décembre 1998, Société Générale accident c/BNP et autres), *Bull. Joly Société* 1999, n° 4, § 95.

'Groupe de sociétés : quelle information pour le comité d'entreprise européen ? (note sous CJCE, 13 janvier 2004, Gesamtbetriebsrat der Kühne & Nagel AG & Co. KG)', *Bull. Joly sociétés*, 2004, 655 et s.

'Compétence de La High Court of Justice pour ouvrir une procédure d'insolvabilité à l'égard de la filiale française d'une société britannique' (note sous T. com. Nanterre, 9e ch., 19 mai 2005, SAS Rover France), *JCP* 2005, II 10116.

'Première application par la Cour de cassation du règlement du 29 mai 2000 sur les procédures d'insolvabilité' (note sous Cass. com., 27 juin 2006, Proc. g. CA Versailles c/ SAS Daisytek), *JCP éd. G* 2006, II 10147.

'Notion autonome du centre des intérêts principaux d'une filiale étrangère d'un groupe' (note sous CJCE, *Eurofood*), *JCP éd. G* 2006, II, 10089.

'Les possibilités de transfert de siège social au sein de la Communauté européenne' (note sous CJCE 16 déc. 2008, Cartesio), *JCP éd. G* 2009, 37-42.

NEPVEU, Frédéric — CA Paris, 14e ch., 22 mai 1965, Soc. Fruehauf Corporation c/ Massardy et autres, *JCP* 1965, II, 14274 bis.

PARLEANI, Gilbert — 'La mise en concurrence des législations nationales des États membres de l'Union européenne pour constituer dans l'un deux une société inactive, qui agira dans un autre pays de l'Union par une succursale concentrant toute l'activité, n'est pas une fraude au droit de l'État de la succursale (commentaire de l'arrêt Centros)', *Revue des sociétés* 1999, p. 386 et s.

PATAUT, Etienne — 'Liberté d'établissement et droit international privé des sociétés : un pas de plus', *Dalloz* 2004, Jurisprudence, pp. 491 et s.

PORACCHIA, Didier — 'Action en comblement de passif et direction de fait par personne interposée' (note sous Cass. com., 2 novembre 2005, Société Nort Est c/ M. Villa), *Rev. soc.* 2006, 398-409.

PRADEL, Xavier — 'Cession de créance et transfert de la clause compromissoire (à propos de l'arrêt de la deuxième Chambre civile de la Cour de cassation du 20 décembre 2001)', *Rec. Dalloz* 2003, chron., 569 et s.

REMERY, Jean-Pierre — 'Un exemple de la délicate application du règlement CE n° 1346/2000 du Conseil du 29 mai 2000 relatif aux procédures d'insolvabilité (note sous CA Versailles (24e ch.) 4 septembre 2003 Klempka ès qualité et autres c/ SAS Isa Daisytek)', *Revue des sociétés,* 2003, 891 et s.

'L'application à une filiale du règlement communautaire relatif aux procédure d'insolvabilité' (note sous CJCE 2 mai 2006, Eurofood IFSC (Société)), *Rev. soc.* 2006, 360-381

ROUSSEL GALLE, Philippe — 'Première application du règlement européen sur les procédures d'insolvabilité par la Cour de cassation (note sous Cass. com., 27 juin 2006, Procureur général près la cour d'appel de Versailles c/ M. Edward Klempka, et a.)', *Rev. soc.* 2007, 166-174.

STORCK, Michel — Commentaires joints de l'arrêt CJCE, 30 sept. 2003, Inspire Art Ltd., C-167/01 et de l'arrêt Cass.com., 8 juillet 2003 « Banque international pour le commerce et l'industrie de la Guinée c/ Sté Grégori international », *Banque et droit*, 2003, n° 92, 42-43.

SYNVET, Hervé — Note sous CA Paris, 3 octobre 1984, *Revue critique de droit international privé* 1985, 526-533.

Note sous Cass. com., 21 décembre 1987, *Revue des sociétés,* 1988, 398-409.

SZYDLO, Marek — Note sous CJCE, 16 déc. 2008, *Cartesio*, aff. C-210/06, *Common Market Law Review* 46 (2009), 703-722.

VALLENS, Jean-Luc — Note sous CA Versailles, 4 septembre 2003, SAS ISA Daisytek, *Dalloz* 2003, jurisprudence, 2352 et s.

'Le règlement communautaire sur les procédures d'insolvabilité et le déménagement du débiteur' (note sous CJCE 17 janvier 2006, Susanne Staubitz-Schreiber), *Rev. soc.* 2006, 346-360.

'La maison mère d'un groupe, centre des intérêts principaux de ses filiales étrangères', note sous T. com. Nanterre, 15 févr. 2006, EMTEC, *Rec. Dalloz* 2006, 793-800.

ZIMMER, Daniel — 'Ende der Konzernhaftung in 'internationalen' Fällen ?', note sous OLG Düsseldorf, 26.10.1995 – 13 U 192/94, *IPRax* 1998, 187-192.

'Mysterium „Centros" – Von der schwierigen Suche nach der Bedeutung eines Urteils des Europäischen Gerichtshofes', *ZHR* 2000, 23-42.

5) Décisions et conclusions générales

Avocat gén. près la CJCE ALBER, Siegbert, Schlussanträge vom 30.01.2003 in Rs. C-167/01, *Inspire Art*, *Rec.* 2003, p. 10155 ; *NZG* 2003, 262 et s.

Avocat gén. près la CJCE POIARES PESSOA MADURO, Luís Miguel, Conclusion du 22 mai 2008, aff. 210/06 (*Cartesio*), *Rec.* 2008, p. I-9641.

BayObLG, Beschluss vom 11.2.2004 – 3 Z BR 175/03, note STIEB, Stephan, *GmbHR* 2004, 490 et s.

BGH, 1.7.2002, II ZR 380/00, *DStR* 2002, 1678 (concl. GOETTE, Wulf).

BGH, 29.1.2003, VIII ZR 155/02 ; *DStR* 2003, 948 et s. (concl. GOETTE, Wulf).

BGH, 13.3.2003, VII ZR 370/98 ; *DStR* 2003, 947 f. (concl. GOETTE, Wulf); *DB* 2003, 979 et s. (concl. FORSTHOFF, Ulrich) ; *GmbHR* 2004, 527 et s. (concl. STIEB, Stephan).

BGH, 16.7.2007, II ZR 3/04, *Trihotel*, *NJW* 2007, 2689 et s.

Cass. com., 10 janvier 2006, Pellegrini ès qualité c/ Sté Holco, note 'Extension à une société mère de la procédure collective d'une filiale', *Bulletin rapide de droit des affaires*, 4/06, MSC n° 25811.

CJCE, 22 février 1979 - aff. 133/78, *Gourdain ès qualités de liquidateur c. Nadler*, *Rec.* 1979, p. 733 ; *Revue critique de droit international privé* 1979, 657, note J. LEMONTEY.

CJCE, 10 juillet 1986 – aff. 79/85, *Segers*, *Rec.* 1986, p. 2375.

CJCE, 27 septembre 1988 – aff. 81/87, *The Queen c. Daily Mail and General Trust PLC*, *Rec.* 1988, p. 5483 et s.

CJCE, 9 mars 1999 – aff. C-212/97, *Centros*, *Rec.* 1999, p. I-1459.

CJCE, 5 novembre 2002 – aff. C-208/00, *Überseering BV gegen Nordic Construction Company Baumanagement GmbH (NCC)*, *Rec.* 2002, p. I-9919.

CJCE, 30 septembre 2003 – aff. C-167/00, *Kamer van Koophandel en Fabrieken voor Amsterdam c. Inspire Art Ltd.*, *Rec.* 2003, p. I-10155 ; *D.* 2003, 2504 ; *DB* 2003, 2219.

CJCE, 13 décembre 2005 – aff. C-411/03, *Sevic Systems*, *Rec.* 2005, p. I. 10805.

CJCE, 17 janvier 2006 – aff. C-1/04, *Susanne Staubitz-Schreiber*, *Rec.* 2006, p. I-701 ; *D.* 2006, *AJ* 2006, 367, obs. A. LIENHARD ; *ZIP* 2006, 188 ; *ZInsO* 2/2006, 88.

CJCE, 2 mai 2006 - aff. C-341/04, *Eurofood IFSC Ltd*, *Rec.* 2006, p. I-3813.

CJCE, 16 décembre 2008 - aff. 210/06, *Cartesio*, *Rec.* 2008, p. I-9641.

CJCE, 12 février 2009 – aff. C-339/07, *Deko Marty*, *http://eur-lex.europa.eu/LexUriServ/LexUriServ.do?uri=CELEX:62007J0339:FR:HTML*.

Kammergericht Berlin, Beschluss vom 18.11.2003 – 1 W 444/02, *DB* 2004, 2695.

TC Paris, 2 août 2006, n° 2006047554, *Société Eurotunnel PLC* ; *Rec. Dalloz* 2006, 2329, note DAMMANN/PODEUR ; *Bull. Joly Sociétés* 2007, 37, note F. JAULT-SESEKE/D. ROBINE.

6) Rapports et colloques

Deutscher Rat für Internationales Privatrecht	'Proposition du Conseil allemand pour le droit international privé en vue de l'adoption d'une réglementation du droit international des sociétés au niveau européen/national', (rapporteurs : Hans Jürgen SONNENBERGER, Frank BAUER), *Revue critique de droit international privé* 2006, 712 et s.
	'Vorschlag des Deutschen Rates für Internationales Privatrecht für eine Regelung des Internationalen Gesellschaftsrechts auf europäischer/nationaler Ebene' (Redaktion : Hans Jürgen SONNENBERGER, Frank BAUER), *RIW* Beilage zu Heft 4/2006, 24 p.
Forum Europaeum sur le droit des groupes de sociétés	'Un droit des groupes de sociétés pour l'Europe', *Revue des sociétés* 1999, p. 43 et s., pp. 285 et s.
Groupe de haut niveau d'experts en droit des sociétés (Winter)	'Un cadre réglementaire moderne pour le droit européen des sociétés', Bruxelles 4 novembre 2002, *http://ec.europa.eu/internal_market/company/docs/modern/report_fr.pdf*.
HOPT, Klaus J.(dir.)	*Groups of Companies in European Laws – Legal and Economic Analyses on Multinational Enterprises (vol. II); Les groupes de sociétés en droit européen – Analyses légales et économiques sur les entreprises multinationales (vol. II),* Berlin- New York, De Gruyter, 1982 (cité : *Groups of Companies*).

JARROSSON, Charles — 'Conventions d'arbitrage et groupes de sociétés', in *Groupes de sociétés : contrats et responsabilités (actes de la journée d'études du 19 novembre 1993 organisée par le Laboratoire d'études et de recherches appliquées en droit privé (LERADP) de l'Université de Lille II et Ecole des Hautes Etudes commerciales du Nord (EDHEC))*, Paris, L.G.D.J. 1994, pp. 53-69.

LALIVE, Pierre
VISCHER, Frank
(dir.) — *Colloque international sur le droit international privé des groupes de sociétés*, Genève 1973 (cité : *Colloque international*).

7) Textes et communications

Règlement (CE) n° 1346/2000 du Conseil du 29 mai 2000 relatif aux procédures d'insolvabilité, *JOCE* L. 160/1 du 30 juin 2000.

Règlement (CE) n° 694/2006 du Conseil du 27 avril 2006 modificant les listes des procédures d'insolvabilité, des procédures de liquidation et des syndics figurant aux annexes A, B et C (...), *JOCE* L. 121/1 du 6 mai 2006.

Règlement (CE) n° 593/2008 du Parlement européen et du Conseil sur la loi applicable aux obligations contractuelles (Rome I), *JOCE* L. 177/6 du 4 juillet 2008.

Règlement (CE) n° 865/2007 du Parlement européen et du Conseil du 11 juillet 2007 sur la loi applicable aux obligations non contractuelles (Rome II), *JOCE* L. 199/40 du 31 juillet 2007.

Règlement n° 2157/2001 du Conseil du 8 octobre 2001 relatif au statut de la société européenne (SE), *JOCE* L. 294/1 du 10 novembre 2001.

Règlement (CE) n° 1206/2001 du Conseil du 28 mai 2001 relatif à la coopération entre les juridictions des États membres dans le domaine de l'obtention des preuves en matière civile ou commerciale, *JOCE* L 174/1 du 27 juin 2001.

Directive n° 2001/86/CE du Conseil du 8 octobre 2001 complétant le statut de la SE pour ce qui concerne l'implication des travailleurs, *JOCE* L. 294/22 du 10 novembre 2001.

Directive n° 2004/25/CE du Parlement européen et du Conseil concernant les offres publiques d'acquisition, *JOCE* n° L. 142/12 du 30 avril 2004.

Communication de la Commission au Conseil et au Parlement européen, 'Modernisation du droit des sociétés et renforcement du gouvernement d'entreprise dans l'Union européenne – Un plan pour avancer', *COM (2003),* 284 final.

Communiqué de presse n° 89/08, 16 décembre 2008, Arrêt de la Cour dans l'affaire C-210/06, *Cartesio Oktató és Szolgáltató bt.*, *http://curia.europa.eu/fr/actu/communiques/cp08/aff/cp080089fr.pdf.*

Circulaire de la Direction des affaires civiles et du Sceau du 15 décembre 2006 relativement au Règlement n° 1346/2000 du 29 mai 2000 relatif aux procédures d'insolvabilité, Circ. DACS n 2006-19, NOR : JUSC0620990C, 15 déc. 2006 : *BO* min. justice n° 2007-01, 28 févr. 2007 ; (= *JCP éd. E* 2007, 1498).

Propositions de loi « COUSTE », Proposition de loi n° 1055 déposée sur le bureau de l'Assemblée nationale par MM. COUSTE et autres le 9 avril 1970 ; déposée de nouveau, sous le n° 52, le 12 avril 1973 et, dans son dernier état, le 2 juillet 1981, *Français. AN,* n° 25.

Proposition de règlement du Conseil relatif au statut de la société privée européenne du 25 juin 2008, COM/2008/0396 final, *http ://eur-lex.europa.eu/LexUriServ/LexUriServ.do ?uri=COM :2008 :0396 :FIN :-FRANÇAIS :PDF.*

Proposition de résolution du Parlement européen sur des recommandations à la Commission sur les transferts transfrontaliers des sièges des sociétés (2008/2196(INI)), projet de rapport Klaus-Heiner Lehne du 17 octobre 2008.

Résolution de l'Institut de Droit International, 'Les obligations des entreprises multinationales et leurs sociétés membres', *Revue critique de droit international privé* 1996, p. 383-386.

CNUDCI, Groupe de Travail V, 'Projet d'aide-mémoire de la CNUDCI sur la coopération, la communication et la coordination dans les procédures d'insolvabilité internationale', Note du Secrétariat, doc n° A/CN.9/WG.V/WP.83 du 2 septembre 2008, *http://daccessdds.un.org/doc/UNDOC/LTD/V08/563/54/PDF/V0856354.pdf* (31/12/2008).

INDEX

Les chiffres renvoient aux numéros des paragraphes.

FSC
www.fsc.org
MIX
Papier | Fördert gute Waldnutzung
FSC® C083411

Kolibri 360 GmbH
Ferdinand-Jühlke-Straße 7
99095 Erfurt, Deutschland
produktsicherheit@kolibri360.de